PRODUÇÕES EM TERAPIA COGNITIVO-COMPORTAMENTAL

PRODUÇÕES EM TERAPIA COGNITIVO-COMPORTAMENTAL

Eliane Mary de Oliveira Falcone
Angela Donato Oliva
Cristiane Figueiredo

(Organizadoras)

1ª Edição	*2012*
Diretor Geral	*Ingo Bernd Güntert*
Publisher	*Marcio Coelho*
Coordenadora Editorial	*Luciana Vaz Cameira*
Produção Editorial	*ERJ Composição Editorial*
Capa	*Ana Karina Rodrigues Caetano*

Dados Internacionais de Catalogação na Publicação (CIP)
Angélica Ilacqua CRB-8/7057

Produções em terapia cognitivo-comportamental /
Eliane Mary de Oliveira Falcone, Angela Donato
Oliva, Cristiane Figueiredo (organizadoras) – São
Paulo : Casa do Psicólogo, 2012.

ISBN 978-85-8040-137-0

1. Psicoterapia 2. Terapia cognitivo-comportamental
I. Falcone, Eliane Mary de Oliveira II. Oliva, Angela
Donato III. Figueiredo, Cristiane

12-0201	CDD 616.89142

Índices para catálogo sistemático:
1. Psicologia – Terapia cognitivo-comportamental

As opiniões expressas neste livro, bem como seu conteúdo, são de responsabilidade de seus autores, não necessariamente correspondendo ao ponto de vista da editora.

Reservados todos os direitos de publicação em língua portuguesa à

Casapsi Livraria e Editora Ltda.
Rua Simão Álvares, 1020
Pinheiros • CEP 05417-020
São Paulo/SP — Brasil
Tel. Fax: (11) 3034-3600
www.casadopsicologo.com.br

Aos nossos familiares, a quem tanto amamos e com quem escolhemos compartilhar prazeres cotidianos, cada vez mais raros, mas não menos importantes que os projetos profissionais que escolhemos.

Prefácio I

Cada vez mais tem se dedicado atenção a tratamentos baseados em evidências, tanto na área médica quanto na área da psicoterapia. Esse tipo de tratamento dá mais importância à efetividade de intervenções, com base em artigos publicados em revistas científicas revisados por pares, do que a relatos de caso, puros e simples. Tenho convicção de que esse tipo de orientação não permite que se retorne a um período em que se valorizava mais a intuição clínica de psicoterapeutas habilidosos do que os fundamentos empíricos das intervenções.

Há dez anos, quando ocupou a presidência da Sociedade Brasileira de Terapias Cognitivas, a Profª Drª Eliane Mary de Oliveira Falcone teve duas grandes ideias para orientar o seu mandato: (1) criar uma revista científica que permitisse a publicação de trabalhos de pesquisa da área; e (2) estabelecer uma mostra em que alunos e profissionais do estado do Rio de Janeiro pudessem apresentar seus trabalhos de pesquisa e clínicos. A *Revista Brasileira de Terapias Cognitivas* é hoje uma referência na área e a Mostra Universitária completa dez anos de existência de apresentações anuais.

O livro *Produções em Terapia Cognitivo-Comportamental*, organizado por Eliane Mary de Oliveira Falcone, Angela Donato Oliva e Cristiane Figueiredo, representa um esforço de grande número de psicólogos, entre os quais muitos com títulos de mestrado e doutorado, professores de algumas das melhores universidades brasileiras, incluindo também alunos de mestrado e de doutorado e estudantes de graduação que trabalham na linha cognitivo-comportamental, para demonstrar a variedade de temas pesquisados nessa abordagem. Essa obra é composta de uma seleção de trabalhos apresentados em dez anos da Mostra Universitária de Terapia Cognitivo-Comportamental. E que seleção! São 50 capítulos com temas extremamente atuais nas pesquisas e nas atividades clínicas e de saúde, com crianças, adolescentes e adultos.

A primeira parte contempla capítulos sobre temas emergentes nas terapias cognitivo-comportamentais, com o texto da professora da PUC-Rio Helene Shinohara, ex-presidente e fundadora da Associação de Terapia Cognitiva do Rio de Janeiro (ATC-Rio) – "Novos temas em Terapia Cognitiva" –, e o capítulo sobre meditação, em que a Profª Drª Maria Lucia Seidl-de-Moura demonstra uma aproximação com as concepções orientais, marcantes neste momento de globalização. Há ainda um debate sobre a importância da empatia, como demonstram as pesquisas da Profª Drª Eliane Falcone: a empatia aparece como um elemento fundamental nos diversos aspectos do nosso funcionamento social, sobretudo na relação terapêutica. A Profª Drª Angela Oliva nos brinda com capítulos que apresentam a importância das pesquisas sobre o processo evolucionista, para que possamos entender por que agimos da maneira como agimos atualmente. Vanuza Francischetto e Adriana Benevides Soares destacam, em seu texto, a importância das habilidades sociais e do apego no desenvolvimento de dependências de drogas psicoativas.

A segunda parte, dedicada a crianças e adolescentes, inicia com um artigo da Profª Drª Margarida Gaspar de Matos, psicóloga portuguesa que também participou de uma das Mostras Universitárias. Ela nos apresenta um capítulo sobre competências sociais, no qual incentiva os jovens a não abrir mão de seu estilo pessoal. Contamos também com um capítulo de membros do curso de especialização da Santa Casa de Misericórdia do Rio de Janeiro envolvidos com casos de jovens com transtorno obsessivo-compulsivo. Patricia Barros e Eliane Falcone, por sua vez, descrevem uma proposta de intervenção em crianças e adolescentes com Síndrome de Asperger, um transtorno invasivo do desenvolvimento caracterizado pela deficiência de habilidades sociais, sobretudo da capacidade empática. Pais de filhos portadores da Síndrome de Down costumam ter crenças de desqualificação das capacidades de seus filhos: esse quadro recorrente é objeto da atenção de Aline Melo-de-Aguiar, Maria Lucia Seidl-de-Moura e Deise Maria Leal Fernandes Mendes, no capítulo seguinte. A segunda parte desta obra termina com um capítulo voltado para a orientação de pais, tema da mais alta relevância, de autoria da Profª Drª Angela Alfano Campos.

A terceira parte é voltada para o atendimento de adultos e inclui um tipo de problema que tem tido pouco destaque em obras nacionais de Terapia Cognitivo-Comportamental: os transtornos de somatização, que incluem aspectos relacionados à dor, aos problemas gastrointestinais etc. O tema é muito bem abordado por Cristiane Figueiredo. Há também vários capítulos destinados ao transtorno de pânico, incluindo o trabalho da Drª Angélica Borba e de seus colaboradores num protocolo de tratamento já validado para esse problema intensamente perturbador. Mariana Rodrigues Poubel Alves e Mariana Lessa Sucupira, juntamente com minha colaboração, da Profª Drª Rosinda Martins Oliveira e de Marcele Regine de Carvalho, discutem o papel de circuitos cerebrais envolvidos na neurobiologia do transtorno do pânico. Em outro capítulo, Aline Sardinha ressalta a importância da atividade física como um elemento importantíssimo no tratamento desse transtorno e, finalmente, Marcele Regine de Carvalho apresenta o papel da realidade virtual como alternativa de intervenção nesse tratamento. Flávia Paes e seus colaboradores – Sergio Machado, Profª Drª Adriana Cardoso de Oliveira e Silva e Prof. Dr. Antonio Egidio Nardi – apresentam uma discussão sobre a importância da estimulação magnética transcraniana repetitiva (EMTr) como estratégia terapêutica eficaz para o tratamento de transtornos de ansiedade. Cristiane Figueiredo e Maria Pia Coimbra demonstram, em seu artigo, como pode ser feito um trabalho de recuperação com pessoas que sofreram os efeitos de queimaduras. Na mesma linha, Helga Rodrigues, membro do grupo de pesquisa em transtorno de estresse pós-traumático do Instituto de Psiquiatria da UFRJ, coordenado pelo Prof. Dr. Ivan Figueira e pela Profª Drª Paula Ventura, conta com o auxílio desses pesquisadores e de Tania Macedo e Ana Lucia Pedro só para nos oferecer uma ideia das dificuldades de se trabalhar com pessoas com esse quadro e do sucesso que estão tendo em ajudá-los. A Profª Drª Monica Duchesne apresenta seu trabalho sobre terapia cognitivo-comportamental de obesos com compulsão alimentar, assim como a Profª Drª Carmem Beatriz Neufeld, André Luiz Moreno e Gabriela Affonso. Juliana D'Augustin e Eliane Falcone discutem a existência de déficits em habilidades sociais em indivíduos com transtornos alimentares. Finalmente, o Prof. Dr. Raphael Fischer Peçanha e seus colaboradores apresentam algumas intervenções baseadas em evidências na terapia cognitivo-comportamental de casais.

A área da saúde destaca-se como um campo produtivo para a terapia cognitivo-comportamental, pois suas intervenções têm conseguido demonstrar uma grande efetividade. Assim, a quarta parte desta obra apresenta sete capítulos de alta qualidade sobre o assunto. O primeiro deles é uma descrição do trabalho feito na Faculdade de Medicina de São José do Rio Preto, no estado de São Paulo, pela equipe liderada pela Profª Drª Maria Cristina Miyazaki e pela Profª Drª Neide M. Domingos, um grande exemplo de sucesso nas intervenções em psicologia da saúde. A Profª Drª Lucia Novaes lidera um grupo de pesquisa em Psicologia da Saúde na Universidade Federal do Rio de Janeiro que produz trabalhos que seguem essa linha, juntamente com Raquel Ayres de Almeida. Ela também apresenta resultados em pessoas com quadro de hipertensão e, juntamente com Glória Moxotó, discute o papel da raiva na hipertensão arterial. A área de saúde também aborda problemas de estresse ocupacional em diversas categorias profissionais, como os próprios profissionais de saúde; esse é o caminho de Aurineide Canuto Cabraíba Fiorito ao tratar de marinheiros de submarinos, conforme descrito por Camila Menkes e Angela Donato Oliva. Esta última também colabora no capítulo de Aline Sardinha sobre controle de tabagismo.

Este livro ainda tem uma parte dedicada a trabalhos de pesquisa. Na quinta seção de artigos, apresentam-se pesquisas que estão sendo realizadas na área da terapia cognitivo-comportamental em vários grupos de pesquisa do estado do Rio de Janeiro, como o da Universidade do Estado do Rio de Janeiro (UERJ) e o da Universidade Federal do Rio de Janeiro (UFRJ). O primeiro tem a liderança de Eliane Falcone e de Angela Oliva e o segundo é comandado por Lucia Novaes e Bernard Rangé. Do primeiro pode-se destacar o trabalho de Priscila Tenenbaum Tyszler e Josemberg Moura de Andrade sobre empatia em estilos parentais; as pesquisas de Vanessa Dordron de Pinho sobre o perdão interpessoal e a relação com habilidades empáticas; e ainda as relações entre empatia e transtornos mentais em que Monique Gomes Plácido, Stèphanie Krieger, Lucimar da Costa Torres Electo, Evlyn Rodrigues Oliveira, Juliana Furtado D´Augustin, Vanessa Dordron de Pinho, examinam essa questão sob a orientação de Eliane Falcone. Do grupo da UFRJ, a Profª Drª Maria Amélia Penido, com colaboração minha, de Carla Giglio e de Larissa Lessa, apresenta sua pesquisa de doutorado sobre a habilidade de falar em público e o uso do *videofeedback* no tratamento para transtorno de ansiedade social

(TAS). Há também o capítulo do Prof. Dr. André Pereira sobre a avaliação de um protocolo de tratamento para o transtorno de ansiedade generalizada; sob orientação de Lucia Emmanoel Novaes Malagris, Liliane de Carvalho discute o estresse e os estressores ocupacionais em médicos e enfermeiros na área de atenção básica; Juliana Caversan de Barros apresenta um capítulo sobre a avaliação do nível de estresse e da depressão em pacientes portadores da hepatite viral crônica. Além disso, Débora Barbosa Gil e Angela Maria Monteiro Silva discorrem sobre estressores e fases de estresse em militares brasileiros servindo no Haiti. Esta parte termina com uma contribuição de Camila Morais Ribeiro sobre uma construção de uma escala de crenças conjugais, com a colaboração da Profª Drª Eliane Gerk.

A sexta e última parte traz uma seção sobre estudos de casos clínicos em que Raquel Gonçalves, Maria Pia Coimbra e Mariana Pires Luz apresentam um caso de transtorno de estresse pós-traumático resistente ao tratamento farmacológico com a participação de Ivan Figueira, Paula Ventura; Heitor Pontes Hirata, sob a supervisão de Lucia Emmanoel Novaes Malagris. Por minha vez, apresento um caso de depressão na adolescência a partir de um caso de *bullying* escolar; Gabriela Malamut descreve uma avaliação e o tratamento de um caso de depressão através da terapia do esquema, assim como Cleyton Brust Marins, ambos sob supervisão de Eliane Mary de Oliveira Falcone; os dois destacam a importância da conceituação cognitiva no tratamento de um indivíduo com diagnóstico de depressão maior. Conceição dos Santos Fernandes, Cristiane Figueiredo e Eliane Mary de Oliveira Falcone apresentam um caso de fobia social generalizada. Finalizando essa seção, Vanessa Dordron de Pinho e Cristiane Figueiredo nos brindam com um relato de caso sobre o uso da contratransferência como ferramenta terapêutica.

Sinto-me honrado em fazer o prefácio deste livro significativo e importante e convido os leitores a apreciar o que há de moderno e atual no trabalho das terapias cognitivo-comportamentais. Espero que outros livros de qualidade possam vir de futuras Mostras Universitárias.

Bernard Rangé
Professor do Programa de Pós-Graduação em Psicologia
Instituto de Psicologia, Universidade Federal do Rio de Janeiro

Prefácio II

"A mente que se abre a uma nova ideia jamais voltará ao seu tamanho original"

(Albert Einstein)

A Mostra de Terapia Cognitivo-Comportamental, uma realização da Federação Brasileira de Terapias Cognitivas (FBTC) e posteriormente da Associação de Terapias Cognitivas do Estado do Rio de Janeiro (ATC), ocorreu pela primeira vez em 2003 e tem se constituído em evento de extrema relevância para o cenário da abordagem cognitivo-comportamental em nosso estado. Chamada de Mostra Universitária de Produção Científica, sempre realizada na Universidade do Estado do Rio de Janeiro (UERJ), vai muito além dos muros da universidade e é uma importante oportunidade de divulgação de trabalhos científicos de estudantes de graduação, de pós-graduação, de professores e de psicólogos clínicos que atuam na área. É também um momento de trocas com profissionais de áreas afins, os quais têm sido muito bem recebidos no evento. O livro comemorativo dos 10 anos da Mostra é um reflexo da grandiosidade do evento, pois congrega uma gama de trabalhos apresentados ao longo de todos esses anos de sua existência. Trata-se de uma importante e louvável iniciativa que homenageia cada um dos estudantes e dos profissionais que têm participado das várias edições do evento e que têm contribuído para que este pudesse completar seus 10 anos com tanto brilho e sucesso.

Como parte da diretoria da FBTC na época do lançamento da 1ª Mostra, pude testemunhar e acompanhar o nascimento da ideia do evento que deu voz àqueles que vinham produzindo conhecimento na área das terapias cognitivas em nosso estado. Evento que deu força à abordagem cognitivo-comportamental no estado do Rio de Janeiro e foi se tornando amplo o bastante para congregar estudantes e profissionais de diversos segmentos e instituições. Registro aqui o empenho de toda a diretoria da FBTC da época, que trabalhou com afinco para a realização da 1ª Mostra, mas não poderia deixar de ressaltar que a grande idealizadora do evento foi a Professora Eliane Falcone que, com seu entusiasmo e otimismo característicos, apostou no sucesso dessa empreitada.

Essa obra comemorativa dos 10 anos da Mostra de Terapia Cognitivo-Comportamental, organizada pela Prof.ª Eliane Falcone, pela Prof.ª Angela Donato Oliva e pela Psicóloga Cristiane Figueiredo, se constitui em um marco histórico na área e se trata de uma síntese das apresentações que abrilhantaram o evento ao longo desse caminho. Além de capítulos de profissionais renomados, não só do Rio de Janeiro, mas também de outros estados e até mesmo do exterior, esta obra apresenta contribuições de alunos de graduação e pós--graduação com seus orientadores.

A partir dos capítulos que compõem o livro, organizados em seis módulos, pode-se observar a abrangência da Terapia Cognitivo-Comportamental. O primeiro módulo enfatiza atualizações e contribuições interdisciplinares, oferecendo a oportunidade de o leitor entrar em contato com novos temas em Terapia Cognitiva, meditação, resiliência, psicologia evolucionista e habilidades sociais. No segundo módulo, o livro apresenta intervenções com crianças e adolescentes voltadas para competências sociais, transtorno obsessivo--compulsivo, síndrome de Asperger e de Down e, finalmente, enfatiza a importância do papel dos pais. A seguir, no terceiro módulo, a obra traz contribuições quanto a intervenções com adultos, apresentando uma série de trabalhos nos quais se pode verificar o grande campo de atuação da Terapia Cognitivo-Comportamental nessa faixa etária, como no tratamento da somatização, dos transtornos de ansiedade, da obesidade, de habilidades sociais e de intervenções com casais.

O quarto módulo se dedica à área da Psicologia da Saúde e traz experiências de profissionais que atuam nesse campo, ressaltando a prática baseada em evidências, a contribuição da abordagem no tratamento de doenças crônicas, tabagismo, estresse, raiva e estresse ocupacional. Nos dois últimos módulos, ênfase é dada ao trabalho de pesquisa e ensaios clínicos, onde são apresentados estudos que buscam contribuir para a cientificidade da Terapia Cognitivo-Comportamental na área das habilidades sociais, dos transtornos de ansiedade, do estresse, assim como relatos de casos na área do estresse pós-traumático e da depressão que ilustram aplicações clínicas.

A presente obra se constitui, portanto, em uma demonstração do intenso desenvolvimento da abordagem cognitivo-comportamental em nosso estado e nos brinda com uma gama de trabalhos que, tenho certeza, dariam extremo orgulho a Albert Ellis e Aaron Beck, reconhecidos como importantes nomes no surgimento da Terapia Cognitiva. Trata-se de um livro do qual muitos psicólogos interessados na Terapia Cognitivo-Comportamental se beneficiarão pela variedade de contribuições que apresenta, sendo uma forma criativa e cientificamente elaborada de comemorar os 10 anos de existência da Mostra de Terapia Cognitivo-Comportamental no Rio de Janeiro.

Lucia Emmanoel Novaes Malagris
Prof.ª do Instituto de Psicologia, Universidade Federal do Rio de Janeiro

Apresentação

Dez anos de produção de conhecimento: uma história de conquistas

Os sistemas de saúde em todo o mundo têm exigido, de maneira crescente, intervenções eficazes para os problemas de saúde mental, com tempo reduzido e associadas a resultados empíricos. Além disso, o desenvolvimento da medicina e da psicoterapia baseadas em evidências têm favorecido uma crescente demanda pela Terapia Cognitivo-Comportamental (TCC) por parte das instituições clínicas e dos usuários de psicoterapia. Essa é a razão pela qual, nos Estados Unidos e no Canadá, por exemplo, os padrões de abonação de treinamentos de psicólogos clínicos por parte das associações psicológicas requerem que seus alunos sejam treinados na prática de tratamentos empiricamente sustentados (Dobson & Dobson, 2010). O Colégio de Psiquiatras, na Inglaterra, exige que esses profissionais tratem de vários casos supervisionados com TCC para que possam obter os seus títulos (Salkovskis, 1999). Em estudo que avaliou as preferências de psicólogos espanhóis, verificou-se que a orientação psicoterápica dominante na Espanha é a TCC (Buela-Casal, Alvarez--Castro & Sierra, 1993).

Embora não exista no Brasil nenhuma demanda oficial por um tipo específico de escola psicoterápica, verifica-se uma crescente popularidade da TCC no país. Tal crescimento tem sido identificado pela quantidade cada vez maior de publicações na área por parte de autores brasileiros, assim como pela profusão de livros desse tema traduzidos. A fundação da Federação Brasileira de Terapias Cognitivas (FBTC) em 1997, assim como a criação da *Revista Brasileira de Terapias Cognitivas* (*RBTC*) em 2005, também são importantes fatores que vêm contribuindo para o aumento da popularidade da TCC no Brasil (Rangé, Falcone & Sardinha, 2007).

No período de 2003 a 2005, o Rio de Janeiro sediou a FBTC, ainda com o seu antigo nome (Sociedade Brasileira de Terapias Cognitivas). Eliane Falcone assumiu a presidência, Maria Cristina Miyazaki a vice--presidência, Helene Shinohara era a tesoureira, Paula Ventura e Monica Duchesne eram respectivamente primeira e segunda secretárias. Lucia Novaes, a coordenadora de Comissões. A esse grupo cabia, entre outras metas, o compromisso de divulgar a TCC por todo o Brasil através do Congresso Brasileiro de Terapias Cognitivas (CBTC). O CBTC ocorre a cada dois anos, assim, pensou-se em um evento ainda para o ano de 2003. A ideia proposta pela presidente foi a de um evento estudantil de produção científica e de preço acessível, do qual estudantes de graduação e de pós-graduação pudessem participar. Para isso, o evento deveria ocorrer sempre dentro de uma universidade. Essa seria uma forma de estimular a pesquisa e a intervenção em TCC não só no Rio de Janeiro, mas também no Brasil. Seria também uma oportunidade de confrontar conceitos sobre essa abordagem que, há tempos, vinham sendo distorcidos, inclusive em instituições universitárias. Quando Eliane Falcone expôs sua ideia, houve, entre os membros da diretoria de então, uma preocupação inicial de o evento ter pouca procura. Entretanto, todos aceitaram correr o risco. Helene Shinohara sugeriu o nome *Mostra*, já indicando o caráter diferenciado que se pretendia imprimir ao encontro, e assim foram iniciados os trabalhos de divulgação e de realização de uma nova empreitada. Foi nesse contexto que a *1ª Mostra Universitária de Terapia Cognitivo-Comportamental* foi criada.

Pensava-se que seria uma atividade modesta, mas, para surpresa de todos, uma semana antes do início do evento já havia mais de seiscentos inscritos, muito mais do que se havia previsto, o que obrigou o encerramento das inscrições dias antes do evento. Um dado a salientar é que a grande maioria dos inscritos era proveniente de cidades do estado do Rio de Janeiro. Isso indicava que havia espaço e demanda para promover uma atividade local.

Desde então, a *Mostra TCC* tem ocorrido anualmente na UERJ, inicialmente organizada pela FBTC (2003 e 2004). Com a mudança da diretoria da Federação para outro estado, seria necessário criar uma associação no estado do Rio de Janeiro que pudesse dar continuidade ao evento. Assim, foi fundada a Associação de Terapias Cognitivas do Estado do Rio de Janeiro, a ATC-Rio, cujo nome deveu-se novamente à criatividade de Helene, que se tornou a primeira presidente, no período de 2005 a 2008, sendo reeleita para o período de 2008 a 2011. Helene e seu grupo, constituído por Monica Duchesne, Paula Ventura, Cristiane Figueiredo e Angela Oliva, trabalharam arduamente na organização das mostras até 2010. Em 2011, Angela Oliva assumiu o desafio da presidência da ATC-Rio, com um novo grupo constituído por Eliane Falcone, Cristiane Figueiredo, Vanessa Dordron de Pinho e Juliana Furtado D'Augustin.

Dados obtidos informalmente junto a professores e profissionais da área sugerem que as mostras têm sido de grande importância para o crescimento da popularidade da TCC nas universidades. Em algumas instituições particulares, a disciplina TCC, dada como eletiva, tinha inicialmente uma quantidade incipiente de alunos inscritos, hoje, as salas de aula estão lotadas. Além disso, o evento tem contribuído para o avanço da produção científica na área, para a redução de distorções sobre o que é a TCC, além de fortalecer a interdisciplinaridade nos estudos psicoterápicos com a presença de pesquisadores interessados em neurociências, perspectiva evolucionista, psicofisiologia, psiquiatria, psicologia do desenvolvimento, psicologia cognitiva, entre outros. Muitos alunos que conheceram a Mostra de TCC no início da graduação são hoje mestrandos ou doutorandos e produtores de conhecimento na área.

Este livro, intitulado *Produções em Terapia Cognitivo-Comportamental*, foi organizado em comemoração à *10ª Mostra* e pretende documentar alguns dos trabalhos apresentados nos eventos ao longo desses anos. É destinado a estudantes de graduação e de pós-graduação, docentes, pesquisadores e também serve para leitores interessados em conhecer a diversidade da TCC. Os cinquenta capítulos foram organizados em seis seções, de acordo com os temas e as modalidades de apresentação. A primeira seção contém nove capítulos de revisão da literatura, cujos temas retratam o caráter interdisciplinar da TCC. Contribuições da Psicologia do Desenvolvimento (capítulos 7 e 9) e da Psicologia Evolucionista (capítulos 4 e 9) permeiam alguns desses capítulos. Outros temas, como meditação (Capítulo 2), resiliência (Capítulo 3) e empatia (Capítulos 4, 5, 6, 7 e 8), têm sido de grande impacto para a prática clínica. O primeiro capítulo apresenta uma revisão sobre as novas tendências em TCC, trazendo, assim, informações relevantes para todos os demais textos.

A segunda seção inclui os capítulos sobre intervenções com crianças e adolescentes e seus pais ou revisões sobre as crenças dos pais e seus padrões parentais. Programas de desenvolvimento de competências pessoais, como prevenção para promoção da saúde (Capítulo 10) e de desenvolvimento de empatia em crianças e jovens com Síndrome de Asperger (Capítulo 11); revisão de estudos sobre as crenças parentais em relação à Síndrome de Down (Capítulo 12); a importância do treinamento de pais como facilitador na intervenção com crianças (Capítulo 13); as crenças dos pais sobre os papéis sociais (Capítulo 14), são temas dessa seção.

Na terceira seção estão os capítulos referentes às intervenções com adultos. A integração entre as neurociências cognitivas e a TCC no transtorno de pânico (Capítulo 16) e nos transtornos de ansiedade (Capítulo 19) são discutidas. Ainda com relação ao transtorno de pânico, são apresentadas novas modalidades de tratamento, como um protocolo de intervenção realizado em grupo (Capítulo 15), exercícios físicos (Capítulo 17) e os efeitos da realidade virtual (Capítulo 18). Dois capítulos apresentam uma visão atualizada sobre o tema da obesidade, envolvendo outros problemas específicos relacionados ao transtorno (Capítulo 21) e uma revisão sistemática sobre intervenções em grupo nessa população (Capítulo 22). Também contamos com uma revisão atualizada sobre o transtorno de estresse pós-traumático (Capítulo 20) e sobre os transtornos alimentares relacionados a deficiências em habilidades sociais (Capítulo 23). Finalmente, podemos encontrar uma reflexão com base na literatura científica sobre TCC com casais (Capítulo 24).

A integração entre a TCC e a Psicologia da Saúde é outro tópico que mostra a interdisciplinaridade dessa abordagem; esse tema é discutido nos capítulos que compreendem a quarta seção do livro. Uma revisão de estudos sobre o assunto marca algumas das reflexões apresentadas (capítulos 25 e 26). Há destaque também para as intervenções cognitivo-comportamentais no tratamento da somatização (Capítulo 27), no tratamento das doenças crônicas (Capítulo 28), assim como no controle do tabagismo (Capítulo 29). Todos esses temas ilustram a importância e a utilidade da TCC como abordagem que se ajusta perfeitamente a programas de saúde pública. Os outros temas relacionam o estresse aos problemas de saúde, como raiva e hipertensão (Capítulo 30), ao trabalho dos profissionais de saúde (Capítulo 31) e às deficiências em habilidades sociais (Capítulo 32).

Os doze capítulos que compreendem a sexta seção constituem trabalhos empíricos, a maioria dos quais conta com a colaboração de professores de pós-graduação e seus alunos de mestrado, doutorado e iniciação científica. Os cinco primeiros abordam as relações entre empatia e/ou habilidades sociais e estilos parentais (Capítulo 33), perdão interpessoal (Capítulo 34), transtornos mentais (Capítulo 35), transtorno da ansiedade social (Capítulo 36) e apego e dependência de substância psicoativa (Capítulo 37). Outros avaliam a TCC em diferentes transtornos: o transtorno da ansiedade generalizada (Capítulo 38) e o transtorno obsessivo-compulsivo (Capítulo 39). Os demais capítulos relacionam o estresse com diferentes temas, como o transtorno de estresse agudo em queimados (Capítulo 40), estressores ocupacionais em médicos e enfermeiros (Capítulo 41), hepatite viral crônica (Capítulo 42) e militares que servem no Haiti (Capítulo 43). A avaliação de uma escala de crenças conjugais (Capítulo 44) compreende o último tema desta seção.

A sexta e última seção reúne os ensaios clínicos em TCC. Desses ensaios, quatro ocorreram em um contexto de clínica-escola: o tratamento do Transtorno de Estresse Pós-Traumático (TEPT) em um caso resistente ao psicofármaco (Capítulo 45), tratamento da depressão em um caso de *bullying* escolar (Capítulo 46), tratamento de um caso de fobia social (Capítulo 49) e um caso clínico em que a relação terapêutica e a contratransferência do terapeuta constituem o foco principal (Capítulo 50). Os outros dois artigos relatam casos atendidos em clínica privada: tratamento baseado na terapia do esquema (Capítulo 47) e avaliação e tratamento em um caso de depressão (Capítulo 48).

Os autores deste livro incluem professores doutores, docentes da graduação e da pós-graduação, figuras ilustres no panorama da pesquisa e/ou da abordagem cognitivo-comportamental. Outros, mestres ou doutores, são professores de graduação ou trabalham em instituições onde realizam as suas pesquisas e/ou intervenções. Há ainda mestrandos e doutorandos, muitos dos quais se iniciaram nas pesquisas em TCC desde as primeiras mostras, quando eram ainda graduandos. Alguns dos autores são alunos de iniciação científica, que já se mostram envolvidos em pesquisas. Assim, em sua grande maioria, os trabalhos aqui reunidos foram realizados com a participação de vários autores, de diferentes níveis acadêmicos.

A concretização desta obra, assim como a realização de todas as mostras ocorridas em todos esses anos, reflete um esforço coletivo, pois foi com a participação de todos os colegas que acreditaram no projeto que este livro se tornou uma realidade. Gostaríamos, ainda, de expressar os nossos mais sinceros agradecimentos à Universidade do Estado do Rio de Janeiro, que nos acolhe todos os anos com seus amplos auditórios e com toda a sua infraestrutura; à Casa do Psicólogo, que tem nos apoiado nos eventos e na produção deste livro; e aos colaboradores, que contribuíram para tornar esta obra um marco na variedade de produções de conhecimento. Desejamos que os leitores possam se beneficiar com a leitura dos trabalhos publicados.

Eliane Mary de Oliveira Falcone
Angela Donato Oliva
Cristiane Figueiredo

Referências

Buela-Casal, G., Álvares-Castro, S., Sierra, J. C. (1993). Perfil de los psicólogos de la ultima promocion de las universidades españolas. *Psicología Conductual, 1*, 181-206.

Dobson, D., & Dobson, K. S. (2010). *A Terapia Cognitivo-Comportamental baseada em evidências*. Porto Alegre: Artmed.

Rangé, B. P., Falcone, E. M. O., & Sardinha, A. (2007). História e panorama atual das terapias cognitivas no Brasil. *Revista Brasileira de Terapias Cognitivas, 3* (2) 53-68.

Salkovskis, P. (1999). Entrevista de clinica psicologica con Paul Salkovskis. *Revista Argentina de Clínica Psicológica, 8*, 183-187.

Sumário

PARTE I

TERAPIA COGNITIVO-COMPORTAMENTAL: ATUALIZAÇÕES E CONTRIBUIÇÕES INTERDISCIPLINARES

Novos temas em terapia cognitiva

Helene Shinohara

1.1 Introdução

Em muitos anos de pesquisa e prática clínica, foi possível observar que a expansão e o crescimento da Terapia Cognitiva se deveram principalmente às bases teórico-clínicas sólidas e à abertura para explorar e incorporar novos estudos (Clark & Steer, 2005; Leahy, 1997). Além disso, os resultados clínicos positivos para diversos problemas explicitaram a credibilidade dos procedimentos e a abrangência da abordagem. O presente capítulo pretende explorar alguns dos temas recentes nos quais psicoterapeutas cognitivistas estão envolvidos. Esses temas foram apresentados e discutidos em eventos científicos nos últimos anos, como as mostras de *terapias cognitivas* da Associação de Terapias Cognitivas do Estado do Rio de Janeiro e os *congressos* da Federação Brasileira de Terapias Cognitivas.

1.2 Sobre a história, o modelo e as evidências empíricas

A insatisfação com modelos terapêuticos anteriores, problemas clínicos que ressaltaram a necessidade de uma perspectiva que incorporasse fatores cognitivos, a intensa pesquisa realizada acerca do funcionamento cognitivo humano, e a eficácia dos resultados de intervenções cognitivas foram alguns dos fatores que propiciaram o desenvolvimento das terapias cognitivistas (Dobson & Block, 1988).

Desde o movimento cognitivo que marcou a Psicologia na década de 1960, diferentes teóricos ou psicoterapeutas passaram a incluir a cognição em seus trabalhos, segundo suas próprias perspectivas. Várias formas de psicoterapia que compartilham pressupostos comuns em relação à mediação da cognição, sua acessibilidade e sua influência sobre o comportamento passaram a ser consideradas (Dobson & Block, 1988).

Beck (1967) desenvolveu um modelo de terapia que propunha uma nova forma de interação entre os cinco elementos geralmente abordados pelas diferentes psicoterapias existentes: ambiente (incluindo a história de vida), biologia, afeto, comportamento e cognição. Isso não quer dizer que um dos elementos seja mais determinante dos transtornos psicopatológicos que os outros, mas sim que através da modificação de um ou mais padrões cognitivos distorcidos ou disfuncionais podemos alterar os outros e, consequentemente, obter uma melhora global do funcionamento de um indivíduo (Dattilio & Freeman, 1998).

Evidências contundentes de que a avaliação cognitiva dos eventos afeta as respostas a eles levaram ao desenvolvimento de técnicas que pudessem monitorar, tornar acessível e alterar essa atividade cognitiva. Uma das proposições fundamentais da Terapia Cognitiva de Beck é de que, com esse conhecimento, as mudanças desejadas podem ser obtidas por um método alternativo que focalize e priorize as mudanças cognitivas.

Filosoficamente, a Terapia Cognitiva adota valores sobre uma ciência empírica fundamentando o trabalho clínico e estabelecendo, assim, ênfase em dados que suportam o valor de suas teorias, além de preocupar-se com o desenvolvimento de tratamentos cientificamente eficazes (Shinohara & Figueiredo, 2011). Entende também o ser humano como construtor fenomenológico da realidade e, dessa forma, as conclusões ou as inferências que faz sobre suas experiências são os fatores que influenciarão sua relação com o mundo.

As estruturas cognitivas possuem níveis de organização; na superfície, com acesso mais imediato, encontram-se os pensamentos automáticos. Os pensamentos automáticos são ideias, avaliações e imagens específicas à situação, eles percorrem a mente sem o mínimo esforço deliberado; é um diálogo interno que parece óbvio e natural para cada pessoa. A importância do conhecimento dos conteúdos desse nível está na possibilidade que se abre para podermos descobrir, então, as suposições transituacionais subjacentes e os respectivos esquemas centrais (Beck, 1997).

Os esquemas constituem a base para a codificação, a categorização e a avaliação das experiências ao longo da vida; são crenças básicas, inflexíveis e incondicionais que os indivíduos abstraem das especificidades dos acontecimentos. Além disso, servem como lentes que filtram o mundo e registram significados.

Beck (2010), em conferência durante o 6º Congresso Mundial de Terapias Comportamentais e Cognitivas, em Boston, reafirmou o caráter integrativo da Terapia Cognitiva, especialmente em função de novos dados empíricos, incorporados à prática ao longo dos anos, sempre visando a uma melhor compreensão do ser humano e a uma forma mais eficaz de intervenção terapêutica. Na ocasião, também declarou que essa abertura é característica da abordagem e essencial para seu aprimoramento e sua sustentação científica.

Apesar de até recentemente alguns temas como relação terapêutica, transferência, contratransferência, resistência, inconsciente e sonhos, entre outros, terem sido pouco enfatizados na literatura especializada, e falados com certo cuidado nos meios acadêmicos, mudanças são evidentes entre terapeutas e pesquisadores (Beck, 2007).

Observa-se que a descrição e a compreensão desses fenômenos sob uma perspectiva cognitivista têm propiciado referencial teórico e condições para ampliar o raio de interesses e as intervenções terapêuticas. E isso é imprescindível para a expansão das fronteiras da Terapia Cognitiva.

1.3   Novos temas teóricos e clínicos

Vários assuntos são pouco explorados na literatura sobre Terapia Cognitiva, por diferentes razões. Apesar de fronteiras terem sido ampliadas e problemas antes considerados de difícil prognóstico já poderem ser analisados e tratados, outros temas relacionados a aspectos clínicos relevantes acabaram por ficar fora do âmbito dos estudos da mais promissora abordagem psicoterapêutica.

Até bem pouco tempo atrás, os principais livros sobre Terapia Cognitiva para profissionais, recomendados pelo *site* do Beck Institute, enfatizavam teoria e técnica, e quase nada tinha sido publicado sobre o que mais acontece no processo terapêutico. É importante que artigos já publicados sobre esses assuntos sejam compartilhados e novos sejam escritos, por mais que pareça difícil ou pretensioso.

1.3.1   Relação Terapêutica

A psicoterapia é um processo complexo que acontece em um contexto interpessoal, no qual terapeuta e cliente interagem em um trabalho que visa à aquisição de autoconhecimento e de mudanças. A grande maioria dos terapeutas, atualmente, considera aceitável a ideia de que a qualidade da relação terapêutica determina fortemente o processo psicoterápico.

Uma revisão da literatura cognitivista sobre a importância da relação terapêutica nos mostra uma evolução: nas primeiras publicações, havia pouca ênfase nesse aspecto, mais recentemente, passou a ser um fator relevante percebido como crucial pelos clientes e terapeutas. A relação terapêutica tem, seguindo esse curso, se tornado assunto de maior interesse e discussão em trabalhos e congressos recentes (Burns & Awerbach, 2005; Falcone, 2004; 2011).

A eficácia da terapia parece estar diretamente relacionada não somente a avaliação, análise e procedimentos adequados, mas também aos aspectos interpessoais do contexto terapêutico (Abreu & Shinohara, 1998). Os estudos sobre fatores específicos (conjunto de técnicas específico àquela forma de terapia) e os não específicos (fatores comuns a todas as terapias) realizados por Lambert, Shapiro e Bergin (1986, citados em Safran & Segal, 1990) concluíram que apenas 15% das mudanças podiam ser atribuídas aos primeiros e 45%, aos últimos.

Os processos interacionais na Terapia Cognitiva vêm sendo ressaltados como recursos valiosos para uma rica formulação de caso e adequado planejamento estratégico da terapia. A relação terapêutica passa a ser vista como veículo central para revelação dos esquemas interpessoais disfuncionais do cliente. É ali que a história do cliente é descoberta e assuntos como confiança, valia, dependência, etc. poderão ser conhecidos (Beck, 2007; Shapiro, Friedberg & Bardenstein, 2006).

Os padrões interpessoais manifestados na relação terapêutica propiciam trabalhar, por exemplo, com os padrões de apego estabelecidos remotamente e o significado deles para o cliente. Young (1990) claramente define métodos terapêuticos que enfatizam o uso da relação terapêutica e de técnicas experienciais no tratamento dos transtornos de personalidade.

Freeman (2001) chama atenção para o despreparo de alguns terapeutas para reconhecer a influência de seus próprios conflitos internos na compreensão e na condução da terapia. A maioria dos textos ignora ou minimiza a ideia de contratransferência; entendê-la pode ajudar significativamente no avanço da terapia. Ao nos tornarmos conscientes de nossas reações, nossos pensamentos e nossos sentimentos com relação a determinados clientes, teremos importantes indícios acerca de seus esquemas pessoais.

Quanto à resistência, esta foi, inicialmente, considerada fenômeno não desejável, que deveria ser trabalhado em termos de solução de problemas para que não atrapalhasse o desenrolar da terapia (Beck, Rush, Shaw, & Emery, 1979). Essa não cooperação apareceria tanto devido a fatores relacionados ao cliente (pessimismo, medo da mudança, incapacidade para assumir responsabilidade, falta de motivação, limitações biológicas etc.), quanto a aspectos relacionados ao terapeuta (erro na aplicação das técnicas, avaliação inadequada das prioridades, inflexibilidade etc.), ou ainda relacionados à relação desses dois sujeitos (colisão das características pessoais de ambos, principalmente).

Atualmente, existem novas compreensões sobre a função da resistência no processo de mudança (Beck & Freeman, 1993), sobretudo em casos de transtornos de personalidade: ela pode ser entendida como importante fonte de informação sobre a natureza das crenças, das expectativas e do comportamento do cliente. As velhas estruturas cognitivas tendem a se preservar, visando à manutenção da estabilidade conhecida. A resistência tem, portanto, uma função autoprotetora saudável, na tentativa de resguardar essas estruturas de mudanças muito rápidas ou impactantes.

1.3.2 Inconsciente

Estudos neuropsicológicos recentes têm fornecido bases para novas compreensões acerca do funcionamento cerebral, inclusive sobre os substratos neurais mediadores do processo de mudança em psicoterapia (LeDoux, 1998). Segundo Moraes (2006), a Terapia Cognitivo-Comportamental favorece a reestruturação de pensamentos e a modificação de sentimentos e comportamentos, ações que envolvem mudanças sinápticas.

Uma nova teoria sobre os processos automáticos inconscientes foi baseada no conceito de mente como mecanismo de processamento de informações (Kihlstrom, 1987, citado por Callegaro, 2011). O inconsciente cognitivo apresenta-se como um modelo alternativo sobre a mente inconsciente.

Para Kihlstrom (1987, citado por Callegaro, 2005), o cérebro realiza muitas operações complexas cujo resultado pode se transformar em conteúdo consciente. Os conteúdos conscientes provêm do processamento das informações, um processo inconsciente. A visão atual das neurociências sobre o funcionamento do sistema cérebro-mente estabelece que apenas pequena parte dos processos é consciente. A ideia central é de que existem processos inconscientes e conteúdos conscientes. O cérebro executa várias operações complexas cujo resultado pode se transformar em conteúdo consciente, embora não se tenha acesso a essas operações. Esse novo modelo do inconsciente representa os processos automáticos ou implícitos. Dessa forma, os pensamentos automáticos dos clientes são produtos declarativos, resultados conscientes do processamento esquemático inconsciente (Damásio, 2003, citado por Callegaro, 2011).

Beck (2005) elabora o conceito de modos como ampliação à teoria dos esquemas. Nessa proposta, os modos são concebidos como unidades estruturais e operacionais de personalidade, que imprimem orientação e são inconscientes, ativados imediata e prioritariamente. Os modos podem explicar uma variedade de funções, desde as mais emergenciais até as mais elaborativas. A disponibilidade de conjuntos de crenças e de memórias relevantes facilita o processamento paralelo que, uma vez ativado, coordena os sistemas emocional, motivacional e comportamental.

A noção de modos como processadores de informações é útil para explicar a complexidade, a previsibilidade, a regularidade e a singularidade das reações normais e patológicas. Beck afirma, ainda, que a formulação do conceito de modo oferece a possibilidade de compreensão da interação entre funções conscientes e inconscientes.

1.3.3 Sonhos

Na medida em que a Terapia Cognitiva foi se ampliando como abordagem, os assuntos inerentes ao processo terapêutico, que não são exclusivos de uma abordagem psicodinâmica, passaram a ser estudados e incorporados em uma perspectiva cognitivista. O trabalho com sonhos é um exemplo dessa abordagem.

O modelo cognitivo vê o sonhador como ser idiossincrático. Seus sonhos são como uma dramatização de suas crenças sobre si, sobre o mundo e sobre o futuro, sujeitos às mesmas distorções do pensamento quando está acordado.

Beck (2004) afirma que o conteúdo de alguns sonhos tem relação com a personalidade do sonhador, que os sonhos contêm temas e expectativas de desfechos semelhantes aos pensamentos do sonhador enquanto acordado, e que as mesmas preocupações conscientes são expressas na experiência do sonho. Os sonhos, então, representam material clínico relevante.

Explica, ainda, que o sonho deve ser entendido como temático em vez de simbólico. A compreensão do conteúdo e dos temas dos sonhos oferece oportunidade para o cliente entender suas cognições e questionar os pensamentos que provocam ansiedade ou que são depressores, podendo ter, como resultado, uma mudança afetiva. Os fatores cognitivos dominantes exercem influência máxima sobre os sonhos, já que outros processos ativados durante a vigília não estão presentes.

A recordação e a interpretação do sonho ocorrem no estado normal de vigília e essas memórias relatadas estão sujeitas às mesmas distorções aparentes nas outras dimensões da vida do cliente. Os pensamentos, os sentimentos e os comportamentos que aparecem nos sonhos estão intimamente relacionados. O conteúdo e o tema do sonho podem ser identificados, questionados e reestruturados (Freeman & White, 2004).

A narrativa imposta pelo sonhador a seu sonho no processo contá-lo pode servir como uma tentativa de interpretar e estabelecer alguma ordem à experiência sensorial caótica vivenciada durante o sono. Esse "barulho" refletido da atividade cerebral durante o sono, ao ser lembrado em partes ao acordar, será arranjado numa sequência coerente para ser relatado.

Essa narrativa será construída de um jeito personalizado, isto é, alguma estrutura será dada aos fragmentos de lembrança do sonho. O sonho contado também conterá as mesmas distorções características da interpretação da realidade feitas pelo sonhador. Já que o processo de lembrança e de discussão do sonho ocorre em estado de vigília, a forma usada pelo cliente para lembrar detalhes e interpretar as memórias do sonho será peculiar e característica (Gonçalves & Barbosa, 2004).

Técnicas de reestruturação cognitiva, compreensão e questionamento das crenças, de criação de finais alternativos ou de solução de problemas e de autoinstruções podem resultar na mudança de humor e no desenvolvimento de habilidades de controlar e interferir em sonhos aflitivos ou repetitivos. O conteúdo e as imagens dos sonhos são sujeitos à mesma reestruturação cognitiva que os pensamentos automáticos.

1.3.4 *Mindfulness*

Os procedimentos usados pelos terapeutas cognitivos vêm incorporando diferentes técnicas que se mostram eficazes na obtenção de resultados terapêuticos. A prática de *mindfulness* é apresentada como uma opção no desenvolvimento de habilidades essenciais para se lidar com diferentes tipos de problemas clínicos.

No contexto evolucionário, os hábitos mentais de rever o passado e prever o que poderia acontecer no futuro ajudaram nossos ancestrais a sobreviver. No entanto, apesar do aspecto adaptativo dessa prática, estar constantemente atento e preparado é disfuncional quando nada está realmente acontecendo. Observar e prestar atenção à experiência interna, descrever e dar nome a essa experiência com aceitação e sem julgamento, ser capaz de se empenhar em atividades de forma consciente, sem se distrair e sem reagir à experiência interior parecem ser atitudes terapeuticamente relevantes.

As práticas de meditação de tradição oriental se baseiam, essencialmente, na constatação da transitoriedade e impermanência da experiência. Esses alicerces são enfatizados e confirmados nos exercícios de atenção plena. De certa forma, todas essas práticas foram criadas para que o ser humano pudesse lidar com suas dificuldades. Recentemente, vários estudos científicos controlados têm comprovado seus benefícios para uma variedade de situações e, praticamente, qualquer um pode aprender a meditar formal ou informalmente (Siegel, 2010).

Em casos de ansiedade, verifica-se que as tentativas de controle frequentemente não funcionam, interferem nas respostas emocionais, perpetuam a forma de lidar com as experiências internas e prejudicam o funcionamento global do cliente (Barlow, Allen & Choate, 2004). A evitação experiencial se mostra também como um modo improdutivo de viver a vida: a busca de prazer e a fuga das emoções negativas geram mais desconforto do que sucesso. Uma postura aceitadora e compassiva em relação a si mesmo e o empenho em ações consistentes com valores pessoais relevantes alteram o relacionamento com a experiência interna e o ciclo perpetuador do transtorno.

Para a dor crônica, existem evidências de que é possível diminuir o sofrimento causado pela resistência à experiência da dor (Siegel, Urdang & Johnson, 2001); na tristeza, na depressão e na insônia, estudos relatam menos recaídas (Williams, Teasdale, Segal & Kabat-Zinn, 2007); e o estresse pode ser controlado pelo aumento da atividade parassimpática (Bishop, 2002). Portanto, a técnica de meditação pode ser incorporada à prática da Terapia Cognitiva com o devido treinamento do terapeuta e a discussão das mudanças necessárias nos protocolos tradicionais.

1.4 Considerações finais

Como se pode observar, muito tem sido estudado nos últimos cinquenta anos para tornar a prática da Terapia Cognitiva atraente aos pesquisadores mais exigentes, aos terapeutas mais cuidadosos e aos clientes em sofrimento. Os resultados são consistentes.

Segundo estudos compilados por Almeida e Lotufo Neto (2004), a Terapia Cognitiva é uma abordagem baseada nas melhores evidências clínicas disponíveis e fortemente indicada para depressão, dores crônicas, fibromialgia, insônia, transtorno do pânico e agorafobia, transtorno obsessivo-compulsivo, transtornos de comportamentos infantis e esquizofrenia. Em vários outros quadros clínicos, apresenta também resultados promissores.

O futuro está em aberto!

1.5 Referências

Abreu, C. N. & Shinohara, H. (1998). Cognitivismo e construtivismo: uma fértil interface. In R. F. Ferreira & C. N. Abreu (Orgs.), *Psicoterapia e Construtivismo* (pp. 65-82). Porto Alegre: Artes Médicas.

Almeida, A. M. & Lctufo Neto, F. (2004). Indicações e contraindicações. In P. Knapp (Org.), *Terapia Cognitivo-Comportamental na Prática Psiquiátrica* (pp. 159-167). Porto Alegre: Artes Médicas.

Barlow, D. H., Allen, L. B., & Choate, M. L. (2004). Toward a unified treatment for emotional disorders. *Behavior Therapy, 35*, 205-230.

Beck, A. T. (2010). A Conversation period with Dr Aaron Beck and Dr David Clark. Trabalho apresentado no *6th World Congress of Behavioral and Cognitive Therapies*, Boston.

Beck, A. T. (2005). Além da crença: uma teoria de modos, personalidade e psicopatologia. In P. M. Salkovskis (Ed.), *Fronteiras da Terapia Cognitiva* (pp. 21-40). São Paulo: Casa do Psicólogo.

Beck, A. T. (2004). Cognitive patterns in dreams and daydreams. In R. I. Rosner; W. J. Lyddon & A. Freeman (Orgs.), *Cognitive Therapy and Dreams* (pp. 27-32) New York: Springer.

Beck, A. T. (1967). *Depression: causes and treatment*. Philadelphia: University of Philadelphia Press.

Beck, A. T. & Freeman, A. (1993). *Terapia Cognitiva dos Transtornos de Personalidade*. Porto Alegre: Artmed.

Beck, A. T.; Rush, A.; Shaw, B. F., & Emery, G. (1979). *Cognitive therapy of depression*. New York: The Guilford Press.

Beck, J. (2007). *Terapia cognitiva para desafios clínicos*. Porto Alegre: Artmed.

Beck, J. (1997). *Terapia cognitiva – teoria e prática*. Porto Alegre: Artes Médicas.

Bishop, S. R. (2002). What do we really know about mindfulness-based stress reduction? *Psychosomatic Medicine, 64*, 71-84.

Burns, D. B. & Awerbach, A. (2005). Empatia terapêutica em terapia cognitivo-comportamental: realmente faz diferença? In P. M. Salkovskis (Ed), *Fronteiras da Terapia Cognitiva* (pp. 127-150). São Paulo: Casa do Psicólogo.

Callegaro, M. M. (20:1). O novo inconsciente e a terapia cognitiva. In B. Rangé (Ed.), *Psicoterapias Cognitivo-Comportamentais – um diálogo com a psiquiatria* (pp. 82-92). Porto Alegre: Artmed.

Callegaro, M. M. (2005). A neurobiologia da terapia do esquema e o processamento inconsciente. *Revista Brasileira de Terapias Cognitivas, 1* (1), 9-20.

Clark, D. A. & Steer, R. A. (2005). *Status* empírico do modelo cognitivo de ansiedade e depressão. In P. M. Salkovskis (Ed.), *Fronteiras da Terapia Cognitiva* (pp. 83-100). São Paulo: Casa do Psicólogo.

Dattilio, F. M. & Freeman, A. (1998). Introdução à terapia cognitiva. In A. Freeman & F. M. Dattilio (Orgs.), *Compreendendo a Terapia Cognitiva* (pp. 19-28).Campinas: Editorial Psy.

Dobson, K. S. & Block, L. (1988). Historical and philosophical bases of the cognitive-behavioral therapies. In K. S. Dobson (Org.), *Handbook of Cognitive-Behavioral Therapies* (pp. 3-38). New York: Guilford.

Falcone, E. (2004). A relação terapêutica. In P. Knapp (Org.), *Terapia Cognitivo-Comportamental na Prática Psiquiátrica* (pp. 483-495). Porto Alegre: Artmed.

Falcone, E. (2011). Relação terapêutica como ingrediente ativo de mudança. In B. Rangé (Ed.), *Psicoterapias Cognitivo-Comportamentais – um diálogo com a psiquiatria* (pp. 145-154). Porto Alegre: Artmed.

Freeman, A. (2001). Entendiendo la contratransferencia: un elemento que falta en la terapia cognitiva y del comportamiento. *Revista Argentina de Clínica Psicológica, X*, (1), 15-31.

Freeman, A. & White, B. (2004). Dreams and the dream image: using dreams in cognitive therapy. In R. I. Rosner; W. J. Lyddon & A. Freeman (Orgs.), *Cognitive Therapy and Dreams* (pp. 69-88) New York: Springer.

Gonçalves, O. F. & Barbosa, J. G. (2004). From reactive to proactive dreaming. In R. I. Rosner, W. J. Lyddon & A. Freeman (Orgs.), *Cognitive Therapy and Dreams* (pp. 125-136) New York: Springer.

Leahy, R. L. (1997). Reflections on cognitive therapy. In: R. Leahy (Ed.), *Practicing Cognitive Therapy* (pp. 451-466). New Jersey: Aronson.

LeDoux, J. (1998). *O cérebro emocional: os misteriosos alicerces da vida emocional*. Rio de Janeiro: Objetiva.

Moraes, K. (2006). The value of neuroscience strategies to accelerate progress in psychological treatment research. *Canadian Journal Psychiatry, 51* (13), 810-822.

Safran, J. D. & Segal, Z. V. (1990). *Interpersonal Process in Cognitive Therapy.* New York: Basic Books.

Shapiro, J. P., Friedberg, R. D., & Bardenstein, K. K. (2006). *Child and adolescent therapy: science and art.* New Jersey: Wiley.

Shinohara, H. & Figueiredo, C. (2011). A prática da Terapia Cognitiva no Brasil. In B. Rangé (Ed.), *Psicoterapias Cognitivo-Comportamentais – um diálogo com a psiquiatria* (pp. 33-39). 2ª. Ed. revisada. Porto Alegre: Artmed.

Siegel, R. D. (2010). *The Mindfulness Solution.* New York: The Guilford Press.

Siegel, R. D.; Urdang, M. H., & Johnson, D. R. (2001). *Backsense: A revolutionary approach to halting the cycle of chronic back pain.* New York: Broadway Books.

Young, J. E. (1990). *Cognitive Therapy for Personality Disorders: a schema-focused approach.* Sarasota: Professional Resource Exchange.

Williams, M.; Teasdale, J.; Segal, Z., & Kabat-Zinn, J. (2007). *The mindful way through depression: freeing yourself from chronic unhappiness.* New York: Guilford Press.

Autora:

Helene Shinohara – Mestre em Psicologia Clínica pela PUC-Rio. Professora do Departamento de Psicologia da PUC-Rio. E-mail: helene.shinohara@gmail.com

Meditação e psicoterapia: algumas reflexões com base na literatura

Maria Lucia Seidl-de-Moura

2.1 Introdução

O objetivo deste capítulo é apresentar algumas possibilidades do uso de meditação em psicoterapia, especialmente de TCC, as evidências de seus efeitos positivos e alguns cuidados a serem observados em sua aplicação. Esse texto foi escrito com base na experiência clínica da autora e em sua prática em meditação há 10 anos e não em pesquisas por ela desenvolvidas diretamente. Seus possíveis méritos vêm daí, assim como suas limitações, que são certamente diversas. A primeira delas é esta: não é uma discussão do "estado da arte" na área, mas uma breve, introdutória e seletiva discussão do tema.

A primeira questão que deve ser respondida é por que esse tema figura em um livro sobre Terapia Cognitivo-Comportamental. Considera-se que a justificativa é que nas últimas décadas tem sido crescente o interesse pelo uso potencial de práticas meditativas em psicoterapia. Isso deu origem a um fértil diálogo sobre as confluências e as divergências entre tradições de prática contemplativa e de abordagens ocidentais de psicoterapia. Algumas das questões que têm sido debatidas são se os dois métodos são compatíveis; se a meditação pode contribuir para a eficácia da psicoterapia e em que casos; quão significativos são os efeitos fisiológicos e cognitivos da meditação; e se há perigos em introduzir práticas meditativas no contexto terapêutico e como eles podem ser evitados.

2.2 Terapia cognitivo-comportamental e seus desdobramentos

A Terapia Cognitiva ou Terapia Cognitivo-Comportamental (Beck, 2005), como se sabe, utiliza um modelo de mente humana, em especial de processos cognitivos para ajudar os clientes, pessoas que estão experimentando dificuldades emocionais a superá-las, mudando seus pensamentos, suas repostas emocionais e seus comportamentos. Seus pressupostos são de que percepções e pensamentos influenciam reações emocionais e fisiológicas de indivíduos e, com isso, seu comportamento. Quando tais percepções e pensamentos são, de alguma forma, distorcidos em razão de um esquema disfuncional, isso causa estresse, mal-estar e mesmo condições psicopatológicas. Para Beck, qualquer influência na cognição deveria ser seguida de uma mudança em estados de ânimo e, em consequência, no nível de comportamentos. Mudanças podem ser produzidas em qualquer uma dessas três áreas, afetando as demais. Pressupõe-se que o indivíduo pode aprender a modificar percepções e pensamentos, além de sua imagem de si, dos outros e do mundo através de técnicas adequadas.

Segundo M. Miller, que era o editor da *Harvard Mental Health Letter* em 2005, a introdução da prática de meditação na Terapia Cognitivo-Comportamental representaria um momento significativo na evolução histórica da psicoterapia. Acredito que, sete anos depois dessa afirmação, já se pode dizer que esse estágio está em curso.

O estágio atual da Terapia Cognitivo-Comportamental pode ser considerado o terceiro de uma história relativamente recente. O primeiro foi o da aplicação de teorias de aprendizagem na modificação do comportamento; o segundo, o da introdução de modelos cognitivos; e a "terceira onda" (Hayes, 2002) é a de alguns desdobramentos importantes que incorporam outras técnicas e perspectivas, inclusive as orientais. Algumas das tendências contemporâneas ou desdobramentos da TCC que mostram relação com práticas meditativas ou Zen são a Terapia Comportamental Dialética *(Dialectical Behavior Therapy* – DBT); a Terapia de aceitação e compromisso (*Acceptance and Commitment Therapy* – ACT); e a *Mindfulness-based Cognitive Therapy* – MCT), entre outras (Korman & Garay, 2012).

A **Terapia Comportamental Dialética** (DBT) busca ensinar pessoas com distúrbios emocionais a reconhecer e aceitar suas emoções e seus comportamentos não funcionais, frequentemente usando um enfoque Zen. Tem sido usada com pacientes com transtorno de personalidade *borderline* (Palmer, 2002).

A **Terapia de aceitação e compromisso** (ACT) (Fledderus, Bohlmeijer, Pieterse & Schreurs, 2012) busca ajudar os clientes a aceitar suas experiências individualmente únicas, a identificar valores centrais em suas vidas e a se comprometer com ações baseadas nesses valores. Depois de uma análise diagnóstica, são utilizadas técnicas diversas, várias delas de consciência plena, como contato com o momento presente e aceitação. Uma diferença de algumas vertentes da TCC mais clássica é que não se busca mudar ou interromper pensamentos não desejados, mas desenvolver a consciência e a aceitação como seu nome diz, para que a pessoa possa agir de acordo com seus valores. ACT é pronunciada não pelo som de cada letra da sigla, mas como a palavra "agir" em inglês.

A *Mindfulness-based Cognitive Therapy* (MCT) ou **Terapia Cognitivo - Comportamental baseada na consciência plena** (Korman & Garay, 2012) orienta as pessoas a observar seus pensamentos, seus sentimentos, suas sensações e seu comportamento de uma forma não apegada. Simplesmente por tomar contato com eles e deixá-los ir, as pessoas podem, de modo mais efetivo, quebrar a cadeia de pensamentos depressivos, segundo essa perspectiva. Ela tem sido utilizada no tratamento de quadros de depressão, inclusive os que apresentam episódios recorrentes.

Esses três tipos de abordagem são exemplos de iniciativas que têm se preocupado em inserir alguma prática de atenção e/ou de aceitação nas estratégias terapêuticas cognitivas disponíveis na TCC. Todas se baseiam em modelos de funcionamento mental que pressupõem sua possibilidade de modificar-se. Cabe, então, examinar brevemente o que considero a mente que se transforma através da terapia, a mente do *Homo sapiens* que evoluiu na história de nossa espécie.

2.3   Nossa mente adaptada: a perspectiva da psicologia evolucionista (PE)

De acordo com Cole (1998, p. 336), "a natureza humana não é o resultado mecânico da interação de duas forças independentes, como duas bolas de gude que se chocam. É o produto biosociocultural de um longo processo evolucionário". De acordo com a psicologia evolucionista, a natureza humana é o conjunto de programas de processamento de informação típicos da espécie que se desenvolvem consistentemente no cérebro humano – a arquitetura da mente humana (Barkow, Cosmides & Tooby, 1992). Essa arquitetura inclui programas ou mecanismos de processamento de informação responsáveis pela capacidade dos seres humanos de produzir, absorver, modificar e transmitir cultura. A origem da arquitetura da mente humana é o processo de seleção natural e a necessidade de solução de problemas adaptativos enfrentados por nossos ancestrais. Esses ancestrais eram primatas que viveram nas savanas da África, no período do Pleistoceno, no que é denominado o Ambiente de Adaptação Evolutiva (AAE). Tinham um alto coeficiente de encefalização. As fêmeas tinham um tamanho corporal grande, e, em consequência, uma reprodução custosa. Daí a necessidade de grande proporção de carne na dieta e de uma intensa participação de outros, além da mãe, no cuidado dos filhotes. Com isso, entre outros aspectos, foi selecionada a formação de laços afiliativos entre machos e fêmeas dentro de um grupo social de múltiplos machos e fêmeas (Izar, 2009) como forma de garantir a sobrevivência da espécie.

O organismo humano apresenta características selecionadas durante o passado evolutivo e que podem ou não ser funcionais no presente. A organização do esforço de vida era necessária para que nossos ancestrais pudessem sobreviver (aspecto somático), reproduzir-se (aspecto reprodutivo) e garantir a sobrevivência de seus parentes (aptidão inclusiva). Para tal, campos motivacionais e sistemas comportamentais específicos foram sendo selecionados nos diversos domínios específicos (sobrevivência, tecnologia, acasalamento, cuidados parentais, relações de parentesco, interações sociais e aspectos cognitivos). A diversidade de problemas é relacionada à especificidade das soluções necessárias (Carrol, 2005). Para alguns autores, em especial os fundadores da PE, Barkow, Tooby e Cosmides (1992), isso indica que a mente humana tem uma organização modular generalizada.

No entanto, Chiappe e Macdonald (2005) propõem que sejam incluídos no modelo módulos de domínio específico e também mecanismos gerais de processamento, considerados "instrumentos poderosos para obter metas evolutivas em ambientes novos e incertos, não recorrentes no AAE" (Chiappe & Macdonald, 2005, p. 5). Mithen (2002) também é um dos defensores dessa estrutura dupla de módulos para resolver grupos específicos de problemas e de um tipo de mecanismo geral, como proposto por Chiappe e Macdonald. Para Mithen, a evolução da mente de nossa espécie seguiu em uma direção dupla. Por um lado, caminhou na direção do desenvolvimento de formas generalizadas de pensamento, ou seja, de um aumento da fluidez ou da flexibilidade cognitiva. Por outro, tornou-se também capaz de maior especialização ou modularização. Foi justamente essa primeira trajetória, de aumento gradual da capacidade de processamento central, que possibilitou aos membros da espécie desenvolver instrumentos complexos, criar arte e acreditar em ideologias religiosas. A ciência é uma das consequências dessa capacidade, apresentando como propriedades a geração e a verificação de hipóteses, o desenvolvimento de ferramentas para resolver problemas específicos e o uso de metáforas e analogias. Todas essas propriedades dependem, para Mithen, da fluidez cognitiva. O mesmo ocorre com nossa capacidade metacognitiva e de autorregulação. Assim, o aumento da fluidez cognitiva e da capacidade de processamento central possibilita a realização desses novos tipos de atividade caracteristicamente humanos. A realização dessas atividades e os produtos delas decorrentes ensejam a disponibilidade de novos contextos de desenvolvimento para os membros da espécie.

2.4 Meditação, consciência plena (*Mindfulness*) e seus efeitos

É com essa visão de mente que se pode pensar as possibilidades de efeito da meditação. O cérebro evoluiu com especialidades para resolução de problemas adaptativos, mas com uma grande plasticidade, cujos limites e consequências ainda não conhecemos totalmente. Entre elas as que se referem às capacidades envolvidas no processo meditativo e seus efeitos.

De acordo com tradições orientais, meditação ou *Dhyana*, em sânscrito, consiste no ato de concentração dirigida ao interior no sentido mais amplo, bem como ao estado intermediário entre a mera atenção para um objeto (*dharana*) e a absorção completa nele (*samadhi*). É uma prática milenar e presente em tradições religiosas diversas, principalmente no budismo (Smith & Novak, 2003). Em seus desenvolvimentos modernos, técnicas meditativas são histórica e culturalmente situadas (Tulku, 2002). Ou seja, embora o despertar místico exista em muitas culturas, a meditação em si pode ser considerada um fenômeno asiático, que apenas mais recentemente atraiu a atenção do Ocidente e que, em especial nos Estados Unidos, foi "apropriada" e ocidentalizada de certa forma, sendo difundida para outros países e culturas (Mace, 2007).

Dentre os tipos de técnicas meditativas já ocidentalizadas, podem-se identificar as de *insight* e as de concentração (Bogart, 1991; Jain *et al.*, 2007). Numa caracterização mais superficial, as técnicas de *insight* têm como objetivo, como seu nome indica, obter *insights* sobre a natureza do funcionamento psíquico. A atenção é focalizada em registrar sentimentos, pensamentos e sensações, exatamente como ocorrem, sem elaboração, preferência, seleção, comentários, julgamento ou interpretação. Busca-se compreender a natureza "impermanente", não satisfatória e não substancial de todos os fenômenos e a cadeia mental que leva ao sofrimento, assim como aprender a dar forma e a controlá-la ou aceitá-la. É um exemplo desse tipo de prática a Meditação Vipassana da tradição Theravada do budismo (Monge de Burma Mahasi Sayadaw – ver http://www.dhamma.org/.

As técnicas de concentração fixam a mente em um único objeto, como a respiração ou um mantra, e buscam excluir todas as outras formas de pensamento e consciência. Induzem estados de absorção caracterizados por tranquilidade e bem-estar. São prescritas em Sutras de Yoga e no budismo e foram popularizadas na forma de "Meditação Transcendental" (MT) e Ensinamentos de Maharishi Mahesh Yogi. Observando-se essa breve caracterização, pode-se facilmente imaginar que tipos diferentes de meditação devem levar a efeitos e a estados diferentes, segundo seus próprios objetivos.

Tradicionalmente, meditação é praticada em contextos religiosos, mas, em sua apropriação por grupos ocidentais, tem sido usada para alcançar bem-estar e para melhorar a saúde em geral. Há algumas décadas a preocupação com seus efeitos começou a ser traduzida em investigações sistemáticas (Menezes & Dell'Aglio, 2009a, b).

Existe uma ampla literatura sobre os efeitos da meditação (entre algumas revisões, ver Bogart, 1991; Cahn & Polich, 2006; Menezes & Dell'Aglio, 2009b; Perez-de-Albeniz & Holmes, 2000). Há, no entanto, muitas dificuldades metodológicas para realizar estudos rigorosos sobre esse tema, como, por exemplo, a distribuição de sujeitos por grupos experimental e de controle ou a comparação de grupos com características semelhantes, exceto a prática de meditação. Quem pratica meditação regularmente pode já apresentar outras diferenças com relação aos indivíduos que não o fazem, além da prática em si.

Duas hipóteses são formuladas sobre os efeitos da meditação. Uma é de que é eficaz porque induz a um estado de relaxamento. A outra, de que tem efeito porque provoca um estado alterado de consciência. Dados fisiológicos indicam eficácia no tratamento de problemas relacionados a estresse de base somática: adicções, hipertensão, medos, fobias, asma, insônia e estresse. Sujeitos usando meditação mudam mais do que grupos de controle na direção de saúde mental positiva, autoatualização, aumento de espontaneidade, autoestima e percepção de aumento de capacidade para contatos íntimos com os outros (Tanner *et al.*, 2009).

No modelo de relaxamento, tem sido observado que a meditação conduz à diminuição significativa de consumo de oxigênio e à eliminação de dióxido de carbono; reduz ritmo e coeficiente respiratórios, bem como de batimentos cardíacos, do ritmo respiratório, da pressão arterial e da temperatura corporal. Meditação também é associada com aumento da resistência da pele, com ondas Alfa[1] lentas e diminuição de ondas Beta.[2] Induz a condição de um estado de alerta relaxado (Bogard, 1991; Carmody & Baer, 2008). Muitos programas aplicam essas técnicas para efeitos de saúde, como os de Herbert Benson da *Harvard School of Medicine* (http://www.massgeneral.org/bhi/about/benson.aspx); e de Jon Kabat-Zinn do *University of Massachussets Medical Center* (Kabat-Zinn, 2003), entre outros.

Em contraste à hipótese de relaxamento, para alguns autores a chave da eficácia da meditação está em princípios de inibição recíproca (Goleman, 1972), que significam a substituição de estados mentais não saudáveis por outros saudáveis. Baseado em princípios da psicologia budista, Goleman (2003) mostra que a meditação visa a descrever o fluxo constante de estados mentais. Estes são compostos por um conjunto de propriedades de fatores mentais, que são classificados em saudáveis e "impuros ou insalubres". Estes últimos podem ser neutralizados pelos fatores presentes nos estados saudáveis, vistos como antagônicos aos insalubres. Os aspectos mais importantes são a atenção plena e a visão clara (percepção do objeto como ele realmente é), que suprimem o fator insalubre fundamental de ilusão. Esse modelo, no entanto, tem sofrido críticas e há discussão de que o relaxamento propiciado pela meditação possa não ser suficiente para atingir a dessensibilização para pensamentos e imagens perturbadores que podem surgir durante a meditação (Perez-De-Albeniz & Holmes, 2000).

Segundo Bogart (1991), a perspectiva cognitiva entende que a meditação envolve um processo de alteração da atenção de um foco no mundo externo, na variedade de estímulos, para um foco no mundo interno. O modo ativo de consciência que envolve atenção focal, orientação para tarefa e manipulação do ambiente orienta-se para um modo receptivo de atenção difusa e de desligar-se. Para esse mesmo autor, em relação à meditação e aos estados alterados de consciência, considera-se que se for alterado o nível e a variedade de *input* sensorial (através da redução sensorial ou de um bombardeio sensorial), as capacidades de processamento de informação do cérebro são afetadas. Como consequência indesejável, essa experiência pode provocar perturbação no equilíbrio pessoal, levando a isolamento, confusão e dúvida. No entanto, em geral, observa-se que a transcendência produz mais saúde psicológica do que patologia. Observa-se que pessoas que tiveram essas experiências são menos autoritárias, mais assertivas, imaginativas, autossuficientes e relaxadas.

Recentemente, têm aumentado os estudos com técnicas de neuroimagem que demonstram efeitos cerebrais das práticas de meditação (Cahn & Polich, 2006; Luders *et al.*, 2012). Neste último estudo foram confirmadas evidências de que meditar fortalece o cérebro. Foi verificado, ainda, que pessoas que meditam durante muitos anos têm quantidades maiores de dobras no córtex cerebral do que pessoas que não meditam, o que pode ter consequências no processamento de informações. Encontrou-se uma relação direta entre a quantidade de dobras corticais e o número de anos de prática, mais uma prova da neuroplasticidade do cérebro ou de sua capacidade de se adaptar em resposta a estímulos externos e internos. Isso ocorreu particularmente

---

[1] Ondas cerebrais que são oscilações neuronais detectadas por eletroencefalogramas; em geral, ocorrem em estados de relaxamento.

[2] São em geral associadas com estados de atividade, ansiedade e concentração ativa.

na amídala, associada às emoções humanas, o que os autores consideram sua descoberta mais interessante. Foram feitos exames de ressonância magnética em cinquenta praticantes de meditação – 28 homens e 22 mulheres – e comparou-se seus resultados com os de não praticantes, com idade e sexo equivalentes. Os praticantes haviam praticado tipos diversos de meditação, em média há vinte anos. Esses resultados abrem novas perspectivas de investigação e apoiam a ideia da flexibilidade característica de nossa mente adaptada.

2.5 Meditação e psicoterapia

Em geral, quando se pensa em utilização de técnicas de meditação em terapia, pensa-se nos pacientes, o que é o mais natural. Antes de falar nesse tipo de aplicação, é interessante apontar outra possibilidade: a de o terapeuta ser um praticante. Nem todas as abordagens mencionadas anteriormente indicam a necessidade de o terapeuta ser praticante, mas penso que, para poder orientar seus pacientes, a experiência pessoal é importante. Além de favorecer uma compreensão dos obstáculos que podem surgir para seus pacientes nos exercícios propostos, a prática do terapeuta pode favorecer seu desenvolvimento em vários aspectos. Um deles, que pode ser uma qualidade importante para seu sucesso como terapeuta, é a atenção plena. O terapeuta necessita focalizar o paciente diante de si, sem deixar sua mente vagar de forma descontrolada. O outro é o do desenvolvimento da autoaceitação, da aceitação do outro (paciente) e da empatia. Com essas qualidades, aumentam as chances de sucesso da terapia.

Do ponto de vista do paciente, a primeira questão a se considerar quando se pensa em utilizar meditação em psicoterapia, inclusive em TCC, é que os objetivos das duas práticas podem ser diferentes. A psicoterapia, de uma maneira geral, visa a superação de problemas do indivíduo e a construção de uma autoimagem mais positiva e saudável. A meditação, por outro lado, é uma prática milenar, que foi retirada de seu quadro de referência espiritual e religioso, apropriada pela sociedade ocidental e introduzida na psicoterapia, visando ao aumento do bem-estar subjetivo. Em geral, em sua origem, objetiva a compreensão da impermanência e da falta de substancialidade de todos os constructos de identidade, o cultivo da equanimidade, a compaixão e a amizade em relação a si e aos outros. Deve ser levado em conta que sua aplicação fora de um contexto teórico e de um sistema de crenças pode fazer com que perca sua essência e, com isso, parte de seus efeitos positivos.

De qualquer maneira, embora com controvérsias e problemas metodológicos, a literatura indica efeitos positivos da meditação na terapia, em especial, um autocontrole tranquilo e o que foi chamado de resposta de relaxamento. Verifica-se que a prática pode contribuir para a modificação de pensamentos e de emoções distorcidos, bem como conduzir a maior autoaceitação e, com isso, a mudanças de comportamento. As evidências atuais indicam que o uso dessas práticas na terapia pode ser útil, principalmente no tratamento de transtorno de estresse e ansiedade, mas também em situações de desordens da personalidade, transtorno obsessivo-compulsivo e quadros depressivos. No entanto, vários autores advertem que o emprego deve ser feito com cautela, examinando-se cada caso e as características do paciente (Bogart, 1991; Perez-de-Albeniz & Holmes, 2000). Os estudos sobre os efeitos cerebrais são instigantes, mas é preciso lembrar que envolvem praticantes muito experientes. Os efeitos de uso esporádico em sessões clínicas podem ser bem menos expressivos ou diferentes, de acordo com as características do caso e a sensibilidade do terapeuta. Quando o paciente apresenta uma estrutura de ego mais frágil ou tendência ao isolamento, certos tipos de meditação podem ser deletérios. Em geral, mesmo em outros tipos de dificuldades, as práticas meditativas devem ser introduzidas gradativamente, junto a outras estratégias terapêuticas. De qualquer maneira, há ainda a necessidade de estudos rigorosos e de meta-análises de estudos clínicos para que se tenha mais segurança e padrões confiáveis de práticas.

2.6 Considerações finais

Meditação é uma prática milenar e complexa, que se apresenta de formas diversas. Tem origem em contextos de busca espiritual, dos quais foi, em geral, separada no Ocidente, dirigida a aplicações pessoais e terapêuticas. Pode ser usada clinicamente de diferentes maneiras. Se a meditação deve ou não ser usada em psicoterapia é uma questão que só pode ser respondida se forem considerados os objetivos da terapia e se o tipo de técnica usado pode contribuir para que esses objetivos sejam atingidos, em cada caso. A meditação está associada a estados de relaxamento fisiológico, que podem ser usados para diminuir estresse, ansiedade, e outros sintomas físicos. Além disso, promove mudanças cognitivas que podem ser aplicadas à auto-observação, ao controle de comportamento e à compreensão de padrões cognitivos pouco saudáveis. A prática da meditação também pode permitir o acesso mais profundo ao inconsciente com técnicas como Vipassana. Por outro lado, meditação pode ser contraindicada ou não eficaz para promover alguns tipos de objetivos terapêuticos, como o de trabalhar relações dinâmicas complexas. De qualquer maneira, o sucesso de seu uso depende de muitos fatores, inclusive da habilidade do terapeuta e de sua experiência. Não é, definitivamente, uma panaceia. Esse capítulo apenas explorou brevemente alguns dos aspectos da relação entre meditação e psicoterapia, para, assim, incentivar o aprofundamento do tema, a reflexão e o desenvolvimento de investigações na área.

2.7 Referências

Barkow, J. H., Cosmides, L., & Tooby, J. (Orgs.) (1992). *The adapted mind.* Oxford: Oxford University Press.

Beck, A. T. (2005). The current state of Cognitive Therapy. *Archives of General Psychiatry, 62,* 953-959.

Bogart, G. (1991). Meditation and psychotherapy: A review of the literature. *The American Journal of Psychotherapy, 45* (3), 383-412.

Cahn, B. R. & Polich, J. (2006). Meditation states and traits: EEG, ERP, and Neuroimaging Studies. *Psychological Bulletin, 132* (2), 180-211.

Carmody, J. & Baer, R. A. (2008). Relationships between mindfulness practice and levels of mindfulness, medical and psychological symptoms and well-being in a mindfulness-based stress reduction program. *Behavioral Medicine, 31,* 23-33.

Carrol, J. (2005). Literature and evolutionary psychology. In D. M. Buss (Org.), *The Handbook of evolutionary psychology* (pp. 931-952). Hoboken, NJ: John Wiley & Sons.

Chiappe, D. & MacDonald, K. (2005). The evolution of domain-general mechanisms in intelligence and learning. *Journal of General Psychology, 132* (1), 5-40.

Cole, M. (1998). *Cultural psychology: A once and future discipline.* Cambridge: The Belknap Press of Harvard University Press.

Fledderus, M., Bohlmeijer, E. T., Pieterse, M. E., & Schreurs, K. M. G. (2012). Acceptance and commitment therapy as guided self-help for psychological distress and positive mental health: a randomized controlled trial. *Psychological Medicine, 42* (3), 485-495.

Goleman, D. (1972). The Buddha on meditation and states of consciousness, Part 2: a topology of meditation techniques, *Journal of Transpersonal Psychology, 4,* 151-210.

Goleman, D. (2003). *Como lidar com emoções destrutivas.* Rio de Janeiro: Elsevier.

Hayes, S. C. (2002). Buddhism and Acceptance and commitment therapy. *Cognitive and Behavioral Practice, 9,* 58-66.

Izar, P. (2009). Ambiente de Adaptação Evolutiva. In E. Otta & M. E. Yamamoto (Orgs.), *Psicologia Evolucionista.* São Paulo: Guanabara Koogan. (pp. 22-32)

Jain, S., Shapiro, S. L., Swanick, S., Roesch, S. C., Mills, P. J., Bell, I., & Schwartz, G. E. R. (2007). A randomized controlled trial of mindfulness meditation versus relaxation training: Effects on distress, positive states of mind, rumination and distraction. *Annals of Behavioral Medicine, 33* (1), 11-21.

Kabat-Zinn, J. (2003). Mindfulness-based interventions in context: Past, present and future. *Clinical Psychology: Science and Practice, 10* (2), 144-156.

Korman, G. P. & Garay, C. J. (2012). El modelo de Terapia Cognitiva Basada en La Conciencia Plena (Mindfulness). *Revista Argentina de Clínica Psicológica, 21,* 5-13.

Luders, E., Kurth, F., Mayer, E. A., Toga, A. W., Narr, K. L., & Gaser, C. (2012). The unique brain anatomy of meditation practitioners: alterations in cortical gyrification. *Frontiers of Human Neuroscience, 6* (34), 1-9.

Mace, C. (2007). Mindfulness in psychotherapy: An introduction. *Advances in Psychiatric Treatment, 13,* 147-154

Menezes, C. B. & Dell'Aglio, D. D. (2009a). Por que meditar? A experiência subjetiva da prática de meditação. *Psicologia em Estudo* (Maringá), *14* (3), 565-573.

Menezes, C. B. & Dell'Aglio, D. D. (2009b). Os efeitos da meditação à luz da investigação científica em psicologia: Revisão da literatura. *Psicologia: Ciência e Profissão, 29* (2), 276-289.

Mithen, S. (2002). *A pré-história da mente: uma busca das origens da arte, da religião e da ciência.* São Paulo: Editora da UNESP.

Palmer, R. L. (2002). Dialectical behaviour therapy for borderline personality disorder. *Advances in Psychiatric Treatment, 8,* 10-16.

Perez-de-Albeniz, A. & Holmes, J. (2000). Meditation: concepts, effects and uses in therapy. *International Journal of Psychotherapy, 5* (1), 49-58.

Smith, H. & Novak, P. (2003). *Budismo: uma introdução concisa.* São Paulo: Cultrix.

Tanner, M. A., Travis, F., Gaylord-King, C., Haaga, D. A. F., Grosswald, S & Schneider, R. H. (2009). The effects of the Transcendental Meditation Program on mindfulness. *Journal of Clinical Psychology, 65* (6), 574–589.

Tulku, T. (2002). *Mind over matter: Reflections on Buddhism in the West.* Berkeley (CA): Dharma Press.

Autora:

Maria Lucia Seidl-de-Moura – Pós-doutora pela Universidade de São Paulo e Professora Titular do Instituto de Psicologia da Universidade do Estado do Rio de Janeiro; docente do Programa de Pós-Graduação em Psicologia Social – UERJ.

Promoção de resiliência baseada em Terapia Cognitivo-Comportamental

Tânia Fagundes Macedo
Herika Cristina da Silva
Alessandra Pereira Lopes
Maísa Furtado
Karla da Glória
Paula Ventura

3.1   O conceito de resiliência

A ideia de que experiências negativas de vida e acontecimentos estressantes poderiam levar ao desenvolvimento de transtornos mentais esteve presente desde os primórdios da psiquiatria. Por muito tempo, estudos enfatizaram a demonstração de que as experiências ruins levavam a consequências negativas para a saúde mental. No entanto, estudos na área de psicopatologia do desenvolvimento, no final da década de 1970, começaram a evidenciar que, mesmo com exposição a graves estressores, algumas crianças não eram afetadas negativamente, mas demonstravam competência apesar da adversidade.

Com base nessas observações, na época lançou-se mão do equivocado conceito de vulnerabilidade, entendido como a predisposição do indivíduo para desenvolver alguma forma de psicopatologia ou a suscetibilidade para resultados negativos no desenvolvimento. Essas crianças, portanto, passaram a ser chamadas de "crianças invulneráveis" (Rutter, 1985). Porém, após alguns estudos comparativos e de acompanhamento de crianças em situação de risco (Werner, 1989; 1992), observou-se que a resistência aos eventos adversos não é uma qualidade fixa, mas varia de acordo com o tempo e as circunstâncias (Rutter, 1985).

Assim, ao se observar a grande variabilidade de resposta ao estresse demonstrada pelos indivíduos, a hipótese de que fatores protetores pudessem impedir, amortecer ou atenuar o efeito do estresse, evitando o desenvolvimento de transtornos mentais, é lançada. Compreendendo os mecanismos subjacentes a essa variação, poderíamos tentar esclarecer os processos causais; assim, surgiriam implicações para estratégias de intervenção no que diz respeito tanto à prevenção quanto ao tratamento (Rutter, 1985; 2006).

Riscos ou adversidades são variáveis individuais, ambientais ou contextuais que aumentam a vulnerabilidade para resultados negativos ao desenvolvimento. Considerados inicialmente como eventos estáticos, os fatores de risco, tais como os biológicos, genéticos, ambientais, psicossociais, os eventos de vida estressantes e a exposição a maus-tratos, vêm sendo cada vez mais reconhecidos como processo. Além da exposição ao risco, devem ser considerados os limites individuais: a interpretação que o indivíduo atribui à determinada situação e o modo como percebe o evento estressor são fundamentais para os efeitos negativos que ele poderá acarretar (Vilete, 2009).

No que se refere às adversidades e aos momentos de dificuldades, percebemos que os indivíduos os vivenciam e superam de formas diferentes, alguns saem da experiência até mais fortalecidos. Na clínica, também observamos que alguns pacientes conseguem superar os sintomas ou as situações que os levaram até a terapia de forma mais saudável a partir de suas interpretações sobre a situação adversa, saindo desse processo mais adaptados aos problemas identificados (Macedo & Santos, 2010).

Para analisar esses fenômenos descritos na literatura e observados na clínica como exemplificados acima, recorremos ao conceito de resiliência. Esse termo é hoje bastante utilizado pela psicologia e pela psiquiatria, porém sua origem está nas ciências físicas. Originalmente, a palavra "resiliência" era usada para descrever a capacidade de um material não se deformar ou quebrar ao sofrer pressão ou também a velocidade com que um sistema volta ao equilíbrio após sofrer deslocamento. Partindo desses significados provenientes da física, a psicologia e a psiquiatria passaram a adotar tal termo, desde o final da década de 1970, como metáfora de uma adaptação após um evento estressor (Gordon, 1978, como citado em Norris, Stevens, Pfefferbaum, Wyche, & Pfefferbaum, 2008). No entanto, ainda não há consenso na literatura, com diferentes autores apresentando reflexões variadas sobre o tema.

A maior parte das definições refere-se à resiliência como capacidade de adaptação bem-sucedida diante de um distúrbio, estresse ou adversidade (Norris *et al.*, 2008). Também se considera que a resiliência é mais bem definida como habilidade ou processo do que como um desfecho, e mais como adaptabilidade do que como estabilidade. De acordo com Norris *et al.*, a resiliência corresponde a um processo que liga um conjunto de capacidades adaptativas a uma trajetória positiva de funcionamento e adaptação após um distúrbio. Portanto, é um processo que liga recursos (capacidades adaptativas) a desfechos (adaptação).

A resiliência é considerada, por muitos pesquisadores, um conceito multifacetado e contextual, que expressa um processo dinâmico envolvendo a interação entre processos sociais e intrapsíquicos de risco e de proteção. Para Rutter (1985), trata-se de um processo interativo entre o indivíduo e seu meio, sendo uma variação individual no que se refere a respostas ao risco, de maneira que os mesmos fatores causadores de estresse podem ser vivenciados de diversos modos por diferentes pessoas. Ainda segundo Rutter, a resistência ao estresse é relativa e não absoluta: ela varia ao longo do tempo e de acordo com as circunstâncias, portanto, não é uma qualidade fixa. Segundo Masten e Coatsworth (1998; Masten, 2001), para que a resiliência seja identificada, é necessário que haja ameaça significativa ao indivíduo, exposição à adversidade grave ou um trauma, e que, diante disso, a qualidade de adaptação ou do desenvolvimento seja boa. Indivíduos que nunca sofreram ameaça significativa não podem ser considerados resilientes.

Os estudos visando a entender as diferenças entre pessoas que passam pelas mesmas situações de risco (que se dedicam a compreender por que algumas respondem de maneira a apresentar transtornos mentais e outras não, saindo do evento até mais fortalecidas) ajudaram a pensar em possibilidades de ação preventiva. A partir do que foi levantado sobre fatores que constituem a resiliência, pode-se pensar em modos de promovê-la, aumentando, desse modo, a capacidade do indivíduo de superar as adversidades e prevenindo transtornos mentais (Wolff, 1995).

Tendo em vista a atenção desproporcional dada à patologia e à reparação do dano durante anos, e após diversos estudos relatando a resiliência em contextos adversos, faz-se necessário focar nos aspectos sadios do desenvolvimento humano. Nesse sentido, estudar os fatores protetores do indivíduo, como as emoções positivas (otimismo e bom humor, por exemplo), a flexibilidade cognitiva, o estilo de enfrentamento ativo, o apoio social percebido, a competência social e o senso de propósito de vida, é importante para entendermos os mecanismos que protegem o indivíduo e nos orientar para pensar formas de promover o fortalecimento dos pontos fortes da personalidade.

3.2   Relação da TCC com resiliência

Protocolos de resiliência baseados em Terapia Cognitivo-Comportamental (TCC) estão sendo construídos e testados para contribuir com o estudo da prevenção de transtornos mentais e de promoção de qualidade de vida e bem-estar.

O paradigma central da TCC é o modelo cognitivo, o qual parte do pressuposto de que emoções e comportamentos são modulados pela interpretação que um indivíduo faz sobre eventos externos ou internos. Cabe ressaltar que as avaliações cognitivas são únicas para cada pessoa, de maneira que o mesmo evento pode ser interpretado como neutro, negativo ou positivo por pessoas diferentes. Dessa forma, estados emocionais disfóricos são eliciados e mantidos por maneiras distorcidas de pensar. Na TCC, o papel do terapeuta é ajudar o paciente a identificar e avaliar tais pensamentos, de maneira a torná-los mais realistas (Leahy, 2006). A TCC pode, dessa forma, promover a resiliência através de técnicas cognitivas e comportamentais, dentre elas a reestruturação cognitiva e a resolução de problemas; técnicas de manejo de ansiedade e treinamento em habilidades sociais. Vale ressaltar que o treinamento em habilidades sociais favorece o aumento da percepção do apoio social, considerado um importante fator de resiliência.

Na reestruturação cognitiva, quando o indivíduo aprende a identificar e avaliar seus pensamentos distorcidos, seu nível de resiliência pode ser aumentado, já que a interpretação diante da situação adversa será baseada na realidade. Com isso, haverá a possibilidade de desencadear menos sentimentos negativos desadaptativos e comportamentos disfuncionais. Isso está de acordo com a visão de Knapp (2004) sobre a resolução de problemas: essa ação consiste em tornar disponíveis respostas efetivas para lidar com uma situação problemática, de maneira a aumentar a possibilidade de o indivíduo encontrar a resposta alternativa mais eficaz. Entre as técnicas de manejo de ansiedade para se atingir esse objetivo estão a respiração controlada e o relaxamento muscular progressivo, responsáveis pela regulação da atividade autonômica do organismo.

3.3 Estudos que utilizam protocolos de promoção de resiliência baseados em TCC com adultos

A maioria dos estudos sobre resiliência tem como público-alvo crianças, adolescentes e pessoas em circunstâncias adversas, ou então enfatizam características pessoais associadas ao enfrentamento efetivo de adversidades. Poucos estudos focam a promoção de resiliência em adultos saudáveis ou com níveis de estresse e depressão que não caracterizam transtornos psiquiátricos. Há, ainda, um limitado número de estudos que investigam a efetividade de programas de treinamento e de promoção de resiliência e não enfatizam apenas as características necessárias para enfrentamento de situações de estresse (Burton, Pakenham & Brown, 2010).

Tendo em vista a escassez de estudos sobre programas de promoção de resiliência em adultos, Macedo e Santos (2010) realizaram uma revisão sistemática sobre o tema e encontraram sete estudos que descrevem protocolos de treinamento em resiliência baseados na TCC para adultos.

O estudo desenvolvido por Cohn e Pakenham (2006) foi realizado com soldados do Exército Australiano, recrutados para o programa de treinamento militar. O treinamento dos soldados, oferecido pela academia militar, envolve disciplina, trabalho sob pressão, demandas físicas, isolamento social, agressividade, ameaças à sensação pessoal de segurança, perda do sentimento de liberdade, redução da privacidade, privação do sono, renúncia às próprias vontades e aumento da intensidade das emoções. Tendo em vista essas condições, o objetivo do estudo é avaliar a eficácia de um breve programa cognitivo-comportamental para modificação de atribuições causais, expectativa de controle, estratégias de enfrentamento e ajustamento psicológico. Participaram do estudo um total de 174 soldados (homens e mulheres), que foram randomizados, sendo 101 do grupo experimental e 73 do grupo controle.

A intervenção baseou-se na psicoeducação, na reestruturação cognitiva e em estratégias de enfrentamento. Foram realizadas duas sessões de quarenta minutos conduzidas por um psicólogo, além de uma terceira sessão apenas para avaliação, sem intervenções. O número de sessões foi reduzido tendo em vista a disponibilidade dos soldados durante o intensivo treinamento militar. A primeira sessão foi realizada no 13º dia de treinamento militar e consistiu em psicoeducação e reestruturação cognitiva com auxílio de exercícios práticos e *role-play*: eles foram encorajados a considerar suas dificuldades como resultado de fatores controláveis, como falta de esforço ou estratégia, e não falta de aptidão. Foi-lhes mostrado como desafiar suas crenças irreais e adotar uma abordagem mais realista. A segunda sessão (que ocorreu no 20º dia de treinamento militar), que aconteceu uma semana depois, baseou-se no incentivo à escolha de estratégias adaptativas que coincidam com a sua interpretação realista das causas das dificuldades do treinamento. Por exemplo, se eles concluíram que seus problemas em algum teste foram realisticamente causados pela falta de esforço ou de preparação, foram incentivados a utilizar uma série de estratégias de enfrentamento relacionadas. A terceira sessão, destinada apenas à avaliação e sem qualquer intervenção, foi realizada no 43º dia de treinamento militar, dos 45 dias totais, em que as mesmas medidas psicométricas coletadas, antes do início da intervenção, foram novamente administradas aos participantes.

A grande maioria (82%) dos participantes do grupo experimental avaliou o programa como sendo de grande utilidade, de relevância pessoal (86%) e relevante também para a formação do recruta (92%). Noventa e cinco por cento aprovaram o material e o modo como foi apresentado. Mais de 65% consideraram que as sessões o ajudaram a lidar com os problemas do treinamento, e apenas 11,4% consideraram as sessões como de pouca utilidade.

A hipótese do estudo de que os militares que receberam a intervenção demonstraram melhor ajustamento psicológico (baixos níveis de estresse e mais pensamentos positivos) em comparação com os soldados do grupo controle foi comprovada. De acordo com o relato dos participantes, a intervenção os ajudou a pensar e a mudar o modo como lidavam com os problemas, o que sugeriu que o programa foi eficaz no que se refere à mudança de pensamentos e crenças, assim como no auxílio para encontrar estratégias de enfrentamento mais adequadas. Cohn e Pakenham identificam como limitações do estudo a ausência de *follow-up*, sem realização de avaliação após o término do treinamento, o que leva à impossibilidade de avaliar se os efeitos benéficos identificados da intervenção são duradouros. Os autores sugerem para futuros estudos que o programa está apto para replicação em outras instituições militares, especialmente com profissionais que estejam em situação de estresse ocupacional.

Millear, Liossis, Shochet, Biggs e Donald (2008), da Escola de Psicologia e do Instituto de Saúde e Inovação Biomédica da Universidade de Tecnologia de Queensland, desenvolveram o *Promoting Adult Resilience* (PAR), um programa para desenvolver a resiliência no local de trabalho, já que este é considerado um dos principais responsáveis pelas crescentes taxas de depressão e estresse, o que causa significativos impactos na produtividade e no bem-estar. Os autores do estudo argumentam que adultos resilientes possuem maior capacidade de se adaptar às situações e de gerir bem sua vida profissional e pessoal, incluindo as demandas por atualização tecnológica e os conflitos laborais. O estudo piloto desse programa foi realizado em uma empresa ao longo de onze semanas, com a participação de vinte funcionários, que foram comparados com grupo controle não randomizado, mas com características semelhantes ao grupo de intervenção. As sessões foram apresentadas na seguinte ordem: "Pontos Fortes e Resiliência" (semanas 1 e 2, compreensão da força pessoal e superação dos problemas), "Calma e Tranquilidade" (semanas 3 e 4, manejo do estresse), "Falando com Si Mesmo" (semanas 5 e 6, os princípios da TCC), "Resolvendo Problemas no Trabalho e na Vida" (semanas 7 e 8, técnicas de resolução de problemas), "Prevenção e Gerenciamento de Conflitos (semanas 9 e 10, habilidades sociais). Ao longo de cada sessão, as habilidades que os participantes iam aprendendo eram reforçadas. Na semana 11 houve um resumo do programa. O grupo controle não recebeu nenhum treinamento.

Foram avaliados níveis de depressão, ansiedade e estresse, satisfação com a vida, bem-estar psicológico, autoeficácia e habilidades sociais através de escalas de autorrelato. Os participantes relataram melhora significativa nos níveis de autoeficácia imediatamente após a participação no programa e essa melhora foi mantida ao longo de seis meses. Os níveis de estresse e depressão caíram depois do programa, sendo que os níveis de estresse continuaram caindo após o fim do programa, enquanto que os níveis de depressão se mantiveram. No grupo de comparação, essas variáveis não foram alteradas ao longo de noves meses. Depois de seis meses, os participantes relataram sentir que possuíam melhor adaptação no trabalho e na família, na medida em que era mais fácil gerenciar suas demandas. Não houve mudanças significativas nas medidas de satisfação com a vida, bem-estar psicológico, satisfação no trabalho e equilíbrio entre trabalho e vida. Os resultados medidos foram complementados com respostas qualitativas, em que os participantes deram exemplos dos benefícios de usar as habilidades aprendidas no programa PAR.

Liossis, Shochet, Millear, Biggs e Herbert (2009) avaliaram a segunda aplicação piloto do Programa PAR em profissionais do setor de atendimento ao cliente de uma organização do governo. A amostra foi composta por vinte e oito trabalhadores, sendo catorze pertencendo ao grupo de não intervenção, com características semelhantes ao grupo de intervenção. O objetivo do programa foi aumentar a resiliência, o bem-estar e a saúde mental na população de trabalhadores. Nessa segunda aplicação piloto, o número de sessões foi reduzido, a pedidos dos participantes da primeira aplicação piloto. Segundo os participantes, era difícil conciliar o trabalho com uma sessão semanal por onze semanas. Então, o programa foi reorganizado para ser aplicado em sete sessões, agora de noventa minutos (e não de sessenta minutos, como era na primeira).

De acordo com os autores, o programa PAR mostrou-se eficaz também no formato de sete sessões, aumentando os fatores relacionados à resiliência dos participantes. Contudo, eles não sabem afirmar se esse formato é ou não mais eficaz que o outro, de onze sessões, já que o tipo de profissionais não foi o mesmo. O primeiro foi feito com profissionais da área de engenharia e o segundo com profissionais da área de atendimento ao cliente. Ainda assim, segundo os autores, é possível afirmar que o conteúdo do programa é eficaz para diversos tipos de profissionais/funcionários, para diversos problemas de saúde mental e para aumentar a resiliência, o bem-estar e o equilíbrio vida-trabalho.

Em estudo piloto, Burton *et al.* (2009), avaliaram o programa de resiliência READY (*Resilience and Activity for every Day*), com o objetivo de promover o bem-estar no ambiente de trabalho em onze sessões de duas horas cada, oferecidas no próprio local de trabalho. Participaram do estudo dezesseis pessoas em um único grupo, funcionários da *The University of Queensland*, que foram avaliados (através de escalas, avaliação física e exame de sangue) antes e após a intervenção.

O programa visa a cinco fatores de proteção identificados a partir de evidências empíricas: emoções positivas, flexibilidade cognitiva, apoio social, significado de vida e estratégias de enfrentamento. A abordagem de intervenção é baseada na Terapia de Aceitação e Compromisso (ACT), uma terapia oriunda da TCC. São utilizadas técnicas de aceitação, de compromisso e de atenção para produzir mudanças no comportamento, flexibilidade psicológica e resiliência. Todas as sessões incluem psicoeducação, discussões, reflexões individuais e de grupo, exercícios experimentais, atividade física e trabalhos de casa para o desenvolvimento de habilidades.

A avaliação dos participantes com relação ao programa foi positiva, principalmente quanto a sua aplicação no aspecto pessoal, assim como com relação aos recursos utilizados (livro de tarefas e planejamento pessoal) e ao tempo/número de sessões. Os níveis de aceitação, emoções positivas, atenção, crescimento pessoal e autonomia aumentaram, e os níveis de estresse e depressão diminuíram. O único aspecto com pouco efeito estatístico encontrado foi o colesterol.

Assim, os resultados desse estudo piloto viabilizam a aplicação do programa READY no ambiente de trabalho. Apesar dos resultados positivos, algumas considerações foram feitas pelos participantes para melhoria do programa: maior tempo em sessão para revisão da tarefa de casa, planejamento pessoal, atividades para a semana seguinte e grupos menores.

Kirby, Williams, Hocking, Lane e Williams (2006) analisaram o programa de intervenção comportamental *Williams Life Skills* (WLS), que tem por objetivo levar sujeitos não clínicos a enfrentar, de maneira mais eficaz, as emoções negativas e as situações estressantes em sua vida diária, implementando a forma de autoadministração do programa. O *workshop* WLS envolve ensinamento de técnicas cognitivo-comportamentais, treino de habilidades e relaxamento, que são apresentados em formato de aulas com um facilitador. Em estudos anteriores, essa intervenção resultou em queda da hostilidade, da depressão, da raiva, da ansiedade e do isolamento social – benefícios de redução dos fatores de risco psicossociais mantidos em longo prazo. Os participantes eram sujeitos estressados por conta da demanda do dia a dia, randomizados em quatro grupos: apenas *workshop*, apenas vídeo com conteúdo do *workshop*, *workshop* mais vídeo e controle. Todos os três grupos de intervenção contaram com duas sessões por semana, com duração de uma a duas horas, ao longo de três semanas, e tinham de oito a dez participantes. As intervenções nos grupos ocorriam da seguinte maneira:

- **apenas *workshop*:** os participantes assistiam às aulas expostas pelo facilitador, que treinou as várias competências comportamentais, modelando-as se necessário, tendo-se tempo para a prática através de exercícios e tarefas de casa, além de *feedback* em grupo;

- **apenas vídeo:** os participantes assistiam juntos aos vídeos em uma sala, para garantir iguais condições entre eles. Os vídeos continham, além de explicações sobre o conteúdo do *workshop* já mencionado, exemplos com atores que apresentam modelos eficazes e ineficazes em situações de estresse. Após as exibições, fez-se uma revisão e uma atividade prática com livro, que incluem exercícios e tarefas de casa. Ao final da sessão, os participantes levaram uma cópia do vídeo e o livro para a prática dos exercícios em casa. Os pesquisadores garantiram a não existência de grupos de discussão ou apoio após as exibições;

- ***workshop* + vídeo:** aos participantes era oferecida a aula expositiva com facilitador; em grupo, realizaram os exercícios e, posteriormente, a discussão. Ao final da aula, levaram os vídeos e o livro para a prática dos exercícios em casa.

As avaliações foram realizadas com os participantes dos três grupos de intervenção e o grupo controle antes do *workshop*, 10 dias, dois e seis meses após a intervenção.

Como resultado, as três formas do *workshop* mostraram-se eficazes no aumento do bem-estar, bem como na queda da ansiedade e do estresse. Apesar dos resultados eficazes quanto ao programa, os grupos de *workshop* + vídeo e apenas vídeo apresentaram melhores resultados do que o grupo de *workshop* apenas. O mesmo ocorreu com relação à manutenção dos benefícios a longo prazo, o que demonstra a importância da disponibilidade de materiais para continuidade do aprendizado e fornecimento de exercícios e exemplos práticos. Desse modo, os pesquisadores concluíram que o programa acelerou o retorno ao estado normal após um período estressante, tendo efeito benéfico sobre o bem-estar psicossocial de uma população saudável.

Mitchell, Stanimirovic, Klein e Vella-Brodrick (2009), de escolas de psicologia e psiquiatria da Austrália, realizaram uma intervenção para promoção de bem-estar através da Internet. O estudo teve por base a Psicologia Positiva, que foca no bem-estar e no bom funcionamento mental, dando ênfase às emoções positivas, aos traços de caráter e ao desenvolvimento de habilidades. Para os autores, promover a saúde mental é divulgar intervenções que tenham demonstrado eficácia e que sejam acessíveis e sustentáveis, e a Internet tem o potencial para abordar essas questões de eficácia, acessibilidade e sustentabilidade. O número de intervenções disponíveis na Internet para a prevenção e o tratamento de doenças mentais cresce rapidamente, assim como as intervenções que promovem mudanças de comportamento. Essas intervenções têm eficácia comprovada e a maioria é baseada em abordagens cognitivo-comportamentais. O objetivo desse estudo foi testar a eficácia de uma intervenção baseada em psicologia positiva e TCC via Internet.

Os participantes foram randomizados em três grupos: intervenção com psicologia positiva focando nos pontos fortes pessoais (n = 48); intervenção baseada em resolução de problemas (n = 58) e placebo (n = 54).

Foram avaliados: bem-estar pessoal, satisfação com a vida, afeto positivo e negativo, depressão, ansiedade e estresse e orientação para a felicidade através de escalas de autorrelato em três momentos (pré-intervenção, pós-intervenção e *follow-up* de três meses). Os programas de intervenção foram baseados em protocolos adaptados para uso na Internet. As intervenções ativas (pontos fortes e resolução de problemas) foram baseadas em textos e gráficos (sem áudio, animação ou vídeo) e recursos interativos foram utilizados para envolver o usuário em um processo de aprendizagem ativo. Os programas foram realizados em três sessões, com intervalos de uma semana entre elas.

A Psicologia Positiva ajudou os participantes do grupo de pontos fortes a identificar e utilizar seus pontos fortes com base em uma lista com 24 itens. Foi-lhes solicitada uma tarefa de casa (*off-line*) que pedia para compartilharem com um amigo o que tinham aprendido sobre a identificação pessoal. Depois, os participantes forneceram *feedback* sobre seu progresso com a atividade anterior e selecionaram três de suas dez maiores forças para continuar a desenvolver em sua vida cotidiana. A última sessão foi uma revisão do conteúdo.

O grupo de resolução de problemas baseou-se em uma abordagem cognitivo-comportamental. Os pacientes foram apresentados a uma abordagem de seis passos para resolver o problema: (1) identificar o problema; (2) gerar possíveis soluções; (3) avaliar as alternativas; (4) decidir sobre uma solução; (5) implementar a solução; e (6) avaliar os progressos. Os participantes receberam uma atividade *off-line* que lhes pedia para compartilhar o que aprenderam sobre a resolução de problemas com algum amigo ou membro da família. Assim como ocorreu com o outro grupo, solicitou-se que eles recebessem *feedback* sobre a atividade e aplicassem essa solução a um problema da vida real. Na última sessão, ocorreu a revisão do conteúdo. Nos dois grupos, era fornecido suporte *on-line* para ajudá-los a gravar seu progresso.

Os resultados apoiam as conclusões de que o bem-estar pode ser melhorado através de atividade intencional (isto é, identificar e usar forças pessoais) e que as mudanças continuam numa trajetória ascendente durante pelo menos três meses. Os resultados demonstram que a Internet é um meio eficaz de disseminar intervenções que visam a promoção de bem-estar com a possibilidade de atingir um público maior.

3.4 Considerações finais

Percebemos que em todos os programas de resiliência pesquisados, os resultados apontaram para ganhos dos indivíduos participantes ao final das intervenções. Os estudos expostos neste capítulo foram aplicados em diferentes contextos: em treinamento militar, no ambiente de trabalho, na atenção básica à saúde, através da Internet e com uso de recursos audiovisuais. Incluíram, ainda, diferentes sujeitos.

As técnicas cognitivo-comportamentais foram um ponto em comum, embora com diferentes "fatores" de proteção enfatizados, diferentes técnicas empregadas e divergências quanto à duração dos programas. Apesar dessas diferenças, todos os protocolos incluíram psicoeducação do programa, da base terapêutica (no caso a TCC) e sobre o tema a ser trabalhado, resiliência, que recebeu ao longo dos estudos diferentes nomenclaturas como "bem-estar" (Mitchell *et al.*, 2009), "autoconfiança" (Brown *et al.*, 2008) e "manejo de estresse" (Kirby *et al.*, 2006).

A reestruturação cognitiva foi a base de todos os protocolos. Todas as outras técnicas empregadas eram oriundas dessa, pois para se aumentar a capacidade de resiliência, é necessário alterar pensamentos distorcidos e procurar estratégias mais adaptativas. A partir da reestruturação, as estratégias de enfrentamento podem ser mais bem aplicadas, além de atribuir-se a real identificação pessoal, com ênfase nos pontos fortes e na aceitação do que não pode ser mudado. Com enfoque dado ao eixo pensamento-emoção-comportamento, os indivíduos são capazes de dar maior atenção ao modo como reagem aos pensamentos. Percebem, assim, a interdependência desses três eixos e se engajam na identificação, na avaliação e na reestruturação de interpretações que podem estar distorcidas quanto à realidade. Outras técnicas cognitivas utilizadas nos protocolos foram a resolução de problemas e o estabelecimento de metas; o planejamento do futuro e a definição de barreiras também ajudam na superação do problema, pois ajuda a "prever" quando o obstáculo será enfrentado.

Além das técnicas cognitivas, foi observado também o uso do treinamento de habilidades sociais, de técnicas de relaxamento, de técnicas de manejo do estresse e de métodos para o aumento da autoestima baseados na Psicologia Positiva. Tais técnicas apareceram como fatores importantes no processo de promoção de resiliência.

O uso dos protocolos de promoção de resiliência podem representar vantagens em termos da saúde pública, tendo em vista que sua aplicação em pacientes com problemas cardíacos, portadores de HIV e outras doenças, trouxe benefícios para o bem-estar psicológico; e nos adultos saudáveis apresentou como resultado redução da tensão arterial (que, quando alterada, representa grande risco de manifestação de doença cardiovascular). Considerando-se essas vantagens, o uso desses protocolos seriam um investimento na prevenção, o que reduziria possíveis custos de tratamento (Kirby *et al.*, 2006).

Os estudos de Kirby *et al.* (2006) e Mitchell *et al.* (2009), com base nos resultados positivos do grupo que participou do programa com uso de vídeos e da intervenção através da Internet, abrem portas para que protocolos de promoção de resiliência sejam administrados à distância, na ausência de um profissional especializado ou em comunidades de difícil acesso, por exemplo, mantendo os ganhos do protocolo realizado presencialmente.

Kirby *et al.* (2006) e Burton *et al.* (2010) salientam a importância de disponibilizar materiais para uso dos participantes em casa ou mesmo após o término da pesquisa (para revisão do conteúdo de acordo com a necessidade), o que, de acordo com os autores, auxiliou na manutenção dos ganhos com os programas em longo prazo (de acordo com o *follow-up* de 6 meses). Esse recurso de tarefa de casa já é bem difundido na TCC, por facilitar a continuidade do aprendizado extraconsultório, e pode-se perceber que na promoção de resiliência também teve grande valor, garantido melhores resultados aos que tiveram a oportunidade de levar o vídeo e de ter o livro com exercícios práticos para casa, de acordo com os estudos.

Quanto a intervenções no local de trabalho, Burton *et al.* (2010) caracterizam essa prática como uma boa opção, pois ela aumenta o número de comparecimentos às sessões e evita deslocamentos ou atrasos. Porém, outros pontos devem ser considerados, como a disponibilidade de horários – que deve ser acordada com a empresa, funcionários e quem está oferecendo o programa –, assim como os interesses da empresa e dos funcionários com relação ao que será discutido nas sessões e suas vantagens.

Apesar das divergências quanto ao conceito de resiliência e suas múltiplas aplicações em contextos diferenciados, a verdade é que todos os programas que envolvem um mesmo objetivo: fazer os participantes enfrentar, de modo mais eficaz, suas emoções negativas e as situações estressantes, para, assim, aumentar a quantidade de aspectos positivos em sua vida cotidiana, apesar das situações adversas. Toda pesquisa realizada no campo contribui de alguma forma para o conhecimento e o enriquecimento da proposta da TCC, mas ainda há muito que ser feito, já que é um tema que vem sendo explorado há pouco tempo e por poucos pesquisadores. Recomenda-se, dessa forma, mais estudos com *follow-up* (tendo em vista o baixo número apresentado pelos estudos apresentados) para verificar se os efeitos benéficos mencionados dos programas de promoção de resiliência são mantidos após longo período.

3.5   Referências

Brown, J. S.L.,Elliott, S. A., Boardman, J., Andiappan M. S, Landau, S., Howay, E. (2008). Can the effects of a 1-day CBT psychoeducational workshop on self-confidence be maintained after 2 years? A naturalistic study. *Depress Anxiety. 25* (7), 632-640.

Burton, N. W., Pakenham, K. I., & Brown, W. J. (2010). Feasibility and effectiveness of psychosocial resilience training: A pilot study of the READY program. *Psychology, Helath & Medicine, 15* (3), 266-277.

Cohn, A. & Pakenham, K. (2006). A cognitive-behavioural intervention for enhancing psychological resilience in military recruits. *School of Psychology, University of Queensland*, Austrália. Recuperado em 23 de junho de 2012, de <www.internationalmta.org/Documents/2006/2006023P.pdf>.

Kirby, E. D., Williams, V. P., Hocking, M. C., Lane, J. D., & Williams, R. B. (2006). Psychosocial benefits of three formats of a standardized behavioral stress management program. *Psychosomatic Medicine, 68*, 816-823.

Knapp, P. (Org.). (2004). *Terapia Cognitivo-Comportamental na prática psiquiátrica*. Porto Alegre: Artmed.

Leahy, R. (2006). *Técnicas de terapia cognitiva: manual do terapeuta*. Porto Alegre: Artmed.

Liossis, P. L., Shochet, I. M., Millear, P. M., & Biggs, Herbert. (2009). The Promoting Adult Resilience (PAR) Program: The Effectiveness of the Second, Shorter Pilot of a Workplace Prevention Program. *Behaviour Change, 26* (2), 97-112.

Macedo, T. F. & Santos, C. T. (2010). *Os indivíduos podem tornar-se resilientes? Promoção de resiliência baseada em Terapia Cognitivo-comportamental*. Monografia, Universidade Federal do Rio de Janeiro, Rio de Janeiro, RJ, Brasil.

Masten, A. S. & Coatsworth, J. D. (1998). The development of competence in favorable and unfavorable environments: Lessons from research on successful children. *American Psychologist, 53*, 205-220.

Masten, A. S. (2001). Ordinary magic: Resilience processes in development. *American Psychologist, 56*, 227-238.

Mitchell, J., Stanimirovic, R., Klein, B., & Vella-Brodrick, D. (2009). A randomised controlled trial of a self-guided internet intervention promoting well-being. *Computers in human behavior.* 1-12.

Millear, P. M., Liossis, P., Shochet, I. M., Biggs, H. C., & Donald, M. (2008) Being on PAR: outcomes of a pilot trial to improve mental health and wellbeing in the workplace with the Promoting Adult Resilience (PAR) Program. *Behaviour Change. 25* (4). 215-228.

Norris, F. H., Stevens, S. P., Pfefferbaum, B., Wyche, K. F., & Pfefferbaum, R. L. (2008). Community resilience as a metaphor, theory, set of capacities, and strategy for disaster readiness. *Am. J Community Psychol, 41*, 127-150.

Rutter, M. (1985). Resilence in the Face of Adversity: Protective Factors and Resistance to Psychiatric Disorder. *British Journal of Psychiatry, 147*, 598-611.

Rutter, M. (2006). Implications of Resilience Concepts for Scientific Understanding. *Ann. N.Y. Acad. Sci. 1094:* 1-12.

Villete, L. M. P. V. (2009) *Resiliência a eventos traumáticos: conceito, operacionalização e estudo seccional*. Tese de Doutorado em Ciências na área de Saúde Pública. FIOCRUZ, Rio de Janeiro, RJ, Brasil.

Werner, E. E. (1989) High-Risk Children in Young Adulthood: A Longitudinal-Study from Birth to 32 Years. *American Journal of Orthopsychiatry, 59*, 72-81.

Werner, E. E. (1992) The children of Kauai: resiliency and recovery in adolescence and adulthood. *J. Adolesc. Health, 13*, 262-268.

Wolff, S. (1995) The concept of resilience. *N. Z. J. Psychiatry 29*, 565-574.

Autoras:

Tânia Fagundes Macedo – Psicóloga pelo Instituto de Psicologia da UFRJ. Contato: fmacedo.tania@gmail.com

Herika Cristina da Silva – Bacharel em Psicologia pelo Instituto de Psicologia da Universidade Federal do Rio de Janeiro.

Alessandra Pereira Lopes – Bacharel em Psicologia pelo Instituto de Psicologia da UFRJ. Contato: alessandra_perlopes@hotmail.com

Maísa Furtado – Bacharel em Psicologia pelo Instituto de Psicologia da UFRJ.

Karla da Glória – Aluna de graduação do Instituto de Psicologia da Universidade Federal do Rio de Janeiro. Contato: ks.dagloria@gmail.com

Paula Ventura – Professora adjunta do Instituto de Psicologia e Instituto de Psiquiatria da Universidade Federal do Rio de Janeiro. Contato: paularventura@gmail.com

A mente sob uma ótica evolucionista: bases do comportamento pró-social

Angela Donato Oliva

A mente possibilita nossos pensamentos, nossas emoções, nossos comportamentos e tudo o mais que se refere a nossa existência. É possível contar de muitas formas a história sobre como a mente vem sendo estudada e de que maneira isso foi feito ao longo do tempo. O objetivo deste capítulo é destacar alguns comportamentos que possibilitam a vida social e como estão relacionados a um modelo de funcionamento mental oferecido pela perspectiva evolucionista.

4.1   Abrindo a "caixa preta"

No início do século XX, a objetividade ganhava espaço na física, na química e na biologia. O behaviorismo, que estava despontando naquela época, tinha como proposta estabelecer uma psicologia científica. Para realizar essa tarefa elegeu como objeto de estudo o comportamento, banindo dessa empreitada a mente e demais estados mentais por não serem passíveis de observação (Gardner, 1985). O comportamento, alçado à condição de protagonista nesse cenário de objetividade, passava a ser explicado em uma análise funcional, entendido como uma reação do organismo a um conjunto de estímulos, levando em conta, em situações análogas e futuras, as consequências decorrentes dessa ação sobre o ambiente e sobre o próprio organismo. Em termos clínicos, e consoante a essas diretrizes, Guilhardi (2004) destaca que as bases de investigação do analista de comportamento são a situação antecedente, a resposta e a consequência dessa resposta sobre o organismo. Como se vê, o papel da mente, nessa equação, não parece ser relevante.

Nos anos 1930, desenvolvimentos científicos em outras áreas contribuíram para fundamentar reações à escola behaviorista. Surgiam as chamadas máquinas inteligentes. Allan Turing, John Von Neumann, entre outros, começavam a construir programas e computadores capazes de resolver problemas lógicos e matemáticos. A máquina de Turing é um exemplo disso e se notabilizou à época porque podia ser descrita como um programa composto por algumas poucas instruções que obedeciam a um algoritmo. Embora muito mais simples se comparada a computadores digitais, a máquina de Turing apresentava a mesma lógica de equipamentos atuais. Uma vez que o processo de resolução de um problema podia ser descrito em etapas, abria-se espaço para se conjecturar sobre como funcionava o raciocínio lógico apoiando-se não em meras especulações, mas em princípios expressos em linguagem matemática (Teixeira, 2010).

Nos anos 1950, pela primeira vez um programa de computador, denominado *Logical Theorist*, criado por Herbert Simon e Allan Newell, era capaz de demonstrar teoremas lógicos. Os resultados desse feito inédito na história não puderam ser publicados na revista *Journal of Symbolic Logic* porque seus editores se recusaram a publicar um artigo no qual um dos coautores era um programa de computador (Teixeira, 2010).

Esse evento contribuiu para o surgimento da Inteligência Artificial (IA), que viabilizava um caminho para estudar o pensamento restrito, porém, ao raciocínio lógico. Nas neurociências, nessa época, despontavam estudos importantes que se constituíam em crítica ao comportamentalismo radical (Gardner, 1985). Um dos mais famosos foi o artigo de Karl Lashley, publicado em 1948, *The serial order of behavior*. Nele, o autor defendia a ideia de que a linguagem e o comportamento complexo não poderiam ser explicados por intermédio do modelo behaviorista de estímulo e resposta. Linguagem e comportamento complexo exigiriam planejamento ou algum mecanismo mental. Trabalhos realizados na década de 1950 por neurofisiologistas como David Hubel e Torsten Wiesel sobre células do córtex visual de gatos, por exemplo, indicavam a capacidade de extrema especialização do sistema nervoso. Com as neurociências, o estudo do cérebro constituía-se em outra porta de entrada para investigar objetivamente o mundo mental. Esses e outros desenvolvimentos em diversas áreas contribuíram para a ideia base da psicologia cognitiva de que o funcionamento cognitivo poderia ser descrito em termos de representações mentais, distinguindo-se do comportamentalismo estrito (Gardner, 1985; Gazzaniga & Heatherton, 2005).

Certamente muito já se havia avançado em direção à abertura da "caixa preta" desde seu fechamento pelos behavioristas. Afinal, podia-se considerar o funcionamento mental como análogo ao programa de computador e circunscrito a estruturas cerebrais (Gardner, 1985). Porém, isso ainda era insuficiente para dar conta da complexidade da mente humana.

No ano de 1956 foram publicados, entre outros, clássicos da literatura psicológica. Podemos mencionar, por exemplo, o artigo de George Miller, *The magical number seven, plus or minus two: some limits on our capacity for processing information*, e o livro de Jerome Bruner, Jacqueline Goodnow e George Austin, *A study of thinking*, que vieram a se somar ao acervo cada vez maior de pesquisas empíricas no âmbito da psicologia que visavam compreender o pensamento, a memória e outros processos mentais por intermédio de métodos objetivos. Em setembro desse mesmo ano, teóricos de diferentes áreas de estudo reuniram-se em um simpósio sobre Teoria da Informação, no Massachusetts Institute of Technology (MIT). Esse encontro reuniu teóricos como Jerome Bruner, Allen Newell, Herbert Simon, George Miller, Michael Posner, entre outros, que, de maneira independente, se dedicavam a estudar processamento de informação, inteligência artificial, pensamento, linguagem, memória e neurociências. Esse simpósio deixou como legado a importância da interdisciplinaridade para estudar a mente, o compromisso de manter a investigação dos processos inteligentes pautada em cânones científicos e o paradigma computacional como metáfora de explicação do funcionamento mental (Gardner, 1985). Surgiam, assim, as Ciências Cognitivas.

Como se vê, em meados do século XX, teóricos que buscavam estudar a mente humana sem incorrer em subjetivismos encontraram na metáfora computacional um modelo que julgaram ser eficiente para substituir a caixa preta dos behavioristas (Oliva *et al.*, 2006). Contudo, no afã de não perder o rumo da objetividade, o estudo da mente ficou restrito à cognição e à solução de problemas, deixando de fora, estrategicamente de acordo com Gardner (1985), o estudo das emoções.

Na década de 1990, consolidadas as conquistas pioneiras sobre o estudo da mente, o panorama propiciava novos avanços. Houve grande profusão de estudos sobre o cérebro no campo das neurociências, com descobertas impressionantes para a psicologia: por exemplo, a existência dos neurônios-espelho. A recuperação dos trabalhos evolucionistas de Darwin e sua aplicação no âmbito da psicologia permitiram novas explicações sobre as origens comuns dos comportamentos humanos e dos animais (Darwin, 1872/1965). Foram mapeadas áreas cerebrais de processamento das emoções e as ideias contribuíram para a retomada do estudo das emoções (Oliva *et al.*, 2006). Segundo LeDoux (2002) não se pode compreender a mente em sua totalidade estudando apenas parte dela: a cognição. Razão e emoção fazem parte do intrincado funcionamento mental.

4.2 Programas mentais

De acordo com Cosmides e Tooby (1992), a psicologia evolucionista resultou do casamento entre a biologia evolucionista e as ciências da cognição. Uma de suas teses é a da modularidade mental. Esses autores concebem a arquitetura mental como modular, isto é, subdividida em unidades que teriam se especializado para o processamento de informação ambiental específica. Para eles, a mente opera com algoritmos e módulos altamente especializados, extremamente rápidos para processar as informações, independentes uns dos outros, automáticos e de funcionamento involuntário (Oliva, 2011). Cosmides e Tooby deixam de utilizar a metáfora do computador para explicar o funcionamento mental e, em seu lugar, colocam como paradigma o canivete suíço. Esse instrumento possui diferentes lâminas, cada qual com uma função. Essa é a tese da modularidade: os módulos, assim como as lâminas, seriam especializados para executar certas tarefas. Outra tese que esses autores defendem, e que se soma à anterior, é a de que os comportamentos relacionados à sobrevivência apoiam-se sobre bases emocionais (Oliva *et al.*, 2006). Essa suposição encontra seus pilares originais em Darwin (1872/1965).

A perspectiva evolucionista pressupõe a existência de uma natureza humana universal constituída de mecanismos psicológicos (Cosmides & Tooby, 1992). Tais mecanismos são adaptações resultantes de um processo de seleção natural ao longo do tempo evolutivo. Eles processam informação que permite produção, absorção, modificação e transmissão de cultura. Nossa mente, portanto, está preparada ou adaptada para lidar com os problemas de sobrevivência e reprodução com os quais se deparavam nossos ancestrais caçadores-coletores do Pleistoceno. De acordo com a lógica evolucionista, as estruturas que resolveram de maneira eficaz problemas de sobrevivência – as que se mostraram mais adaptativas ao ambiente ancestral – foram as que se mantiveram até os dias atuais. Isso poderia explicar a facilidade de associar reações de medo a cobras, exibida por chimpanzés (*Pantroglodytes*) criados em cativeiros, e a dificuldade que apresentam de fazer essa associação com flores (Ridley, 2004).

As emoções, como já salientado, têm função importantíssima. Atuam como um mecanismo de alerta, propiciando respostas adaptativas, rápidas e automáticas capazes de proteger os indivíduos de situações potencialmente perigosas. São responsáveis por direcionar o curso de nossas ações e estão na base das trocas sociais e das relações de afeto. Somos biologicamente preparados para responder às emoções dos outros. De modo geral, estruturas subcorticais estão envolvidas no processamento das emoções (implícito) e interatuam com diversas outras estruturas cerebrais, incluindo as corticais (LeDoux, 2002).

Para sobreviver, precisamos nos alimentar, nos proteger e nos reproduzir. Isso envolve interagir e trocar com os outros. Os primeiros membros da família *Hominidae* também se deparavam com o problema de interagir com as pessoas do grupo. Precisavam formar alianças e construir relações de amizade para obter recursos de maneira diferenciada; era necessário trabalhar com os demais para realizar tarefas que possibilitavam a sobrevivência, como caçar e se defender de predadores. Ser capaz de se organizar com os demais era tão importante quanto encontrar alimento (Cosmides & Tooby, 1992).

Porém, viver em grupos não traz apenas vantagens e acarreta problemas decorrentes das interações sociais. Em alguns momentos estamos em competição com nossos semelhantes, mas é extremamente importante reconhecer os momentos em que cooperar é o que realmente deve ser feito. Foi necessário desenvolver a habilidade para identificar quando se pode ganhar alguma coisa e quando se deve abrir mão dela para não prejudicar o bom convívio.

Primatas descendem de uma longa linhagem de animais que eram altamente sociáveis e organizados em uma complexa hierarquia e alianças. Ao longo do processo evolutivo, foram sendo criadas as bases para a vida em sociedade. Os animais sociais tiveram que restringir ou alterar seu comportamento de várias formas para a vida em grupo valer a pena. Porém, isso fica particularmente difícil quando surgem as disputas por recursos escassos. A mente humana construída ao longo do processo evolucionário contém programas que regulam diversos comportamentos sociais, incluindo o compartilhar (Cosmides & Tooby, 2006). Eles produzem diferentes intuições morais sobre cooperação e compartilhamento de recursos em situações que envolvem decisões sobre quem ajudar e quando isso deve ser feito. Esses programas seriam ativados por diversas pistas sociais e funcionariam de acordo com avaliações, regras e dinâmicas complexas. O sucesso na obtenção de recursos envolve, por parte do indivíduo, esforço, habilidade e interesse. O valor de um recurso depende de o custo envolvido nessa conquista ser alto ou baixo, e se esse recurso é abundante ou escasso. Há ainda fatores fortuitos, como o acaso ou a sorte de o recurso ser encontrado rapidamente (ou não).

De acordo com Cosmides e Tooby (2006), todas essas variáveis são consideradas, por exemplo, na divisão da caça de grandes animais. Caçar é uma ação coletiva que produz uma situação social complexa: dividir o resultado. A moral estabelecida pela evolução, sob a forma de um programa mental, regularia o dividir recursos ponderando os fatores já descritos. Por isso, ajudar aqueles que, apesar do claro empenho, não encontraram um recurso, pode ser resultado de pressões evolutivas. Nossas mentes estão equipadas com o mesmo programa "dividir quando faltou sorte". É assim que a seleção natural trabalha (Cosmides e Tooby, 2006).

4.3   Nascidos para cooperar

O cérebro consome 25% de nosso gasto diário de glicose. Ele também é responsável pela utilização de 20% do oxigênio que respiramos. Apesar do elevado custo desse órgão para o organismo, seu tamanho aumentou ao longo do tempo evolutivo. A consequência direta disso foi o aumento da inteligência dos indivíduos. No entanto, a evolução do cérebro, tanto na espécie humana quanto, e em menor proporção, em alguns animais é uma questão em aberto (McNally, Brown & Jackson, 2012). Uma explicação dada por alguns autores é a de que viver em grupos enseja complexas interações sociais e fornece as pressões seletivas necessárias para aumento de áreas do neocórtex que permitem a evolução de habilidades cognitivas complexas. As exigências para convívio em grupo estimulam o cérebro, pois são muitos os desafios que se apresentam relacionados às interações sociais. Essa maneira de explicar o aumento cerebral ficou conhecida como a hipótese do cérebro social (Dunbar, 1998), também chamada de hipótese da inteligência social (McNally *et al.* 2012). Cooperar socialmente é uma capacidade que envolve sofisticada análise e um elevado nível de inteligência (Emery, Clayton & Frith, 2007; Reader, Hager & Laland, 2011).

McNally *et al.* (2012) realizaram um estudo no qual um modelo de rede neural artificial simula o comportamento de um dos indivíduos diante de dilemas sociais. Uma camada dessa rede neural funciona como uma estrutura em evolução, permitindo a construção de uma memória baseada em experiências anteriores. No dilema do prisioneiro, dois cúmplices, que estão presos em celas separadas, devem decidir se denunciam ou não seu cúmplice. Se os dois se calarem, a pena é branda para ambos. Se apenas um se calar, o que denunciar recebe pena mínima e o outro uma grande. Se ambos denunciarem a pena é alta para os dois. O melhor cenário para eles é quando ambos se calam, ou seja, quando resolvem colaborar entre si. No dilema do monte de neve, dois indivíduos presos em um carro coberto de neve devem decidir se vão cooperar para sair dessa situação ou se um espera que o outro, sozinho, trabalhe para retirar a neve. Em ambas as situações, é possível apresentar resposta egoísta de não cooperação, buscando apenas receber benefícios do outro. O estudo indicou que, na medida em que a rede neural artificial se torna mais inteligente com a construção de novas unidades, a resposta do sistema é de cooperar. Apesar de ser uma situação artificial, a conclusão do estudo indica que quanto mais inteligente for o cérebro, mais o indivíduo tende a cooperar com o outro.

A cooperação depende da memória. Podemos registrar se uma pessoa no passado cooperou ou não conosco e usar essa informação no presente. Isso vai regular as trocas futuras. A cooperação, em certa medida, não é totalmente desinteressada, pois avalia os custos e os benefícios envolvidos e, a longo prazo, se os favores são devolvidos. A cocperação funciona na medida em que todos cooperam e de maneira continuada. Além de ser a resposta mais inteligente, a cooperação serviria para impulsionar a própria inteligência. A seleção desse mecanismo é, em parte, responsável pelo avanço de habilidades cognitivas.

Ressalta-se, contudo, que um traço tão complexo como a inteligência tenha evoluído por pressão de muitos fatores, não apenas por um. Assim, ao lado da hipótese da inteligência social, muitas outras teorias tentam explicar a evolução da inteligência, entre elas a de que seria uma adaptação para o uso de ferramentas (Wynn, 1988), uma adaptação para a aprendizagem social e a acumulação da cultura (Whiten & Van Schaik, 2007), ou o resultado de seleção sexual (Miller, 2000). Todas essas teorias recebem algum tipo de apoio com evidência empírica da etologia e da psicologia animal. Para Smith, Seid, Jiménez e Wcislo (2010) a evolução da socialização conduz à evolução de cérebros maiores. Eles mostraram que a experiência social foi capaz de moldar o volume cerebral em uma espécie de abelha. Os resultados indicaram que a passagem da condição de comportamento solitário para comportamento dentro de um grupo, ainda que composto apenas por duas abelhas, produziu modificações cerebrais desses indivíduos. No entanto, permanece a dificuldade de identificar quais características são fatores causais da evolução da inteligência e quais são subprodutos de seu avanço.

Os primatas, em sua maioria, são animais que vivem em grupos caracterizados por fortes laços sociais e seus membros passam grande parte do tempo a serviço de relações sociais. Lehmann e Dunbar (2009) avaliaram, em grupos de primatas, relações entre o tamanho do grupo, o tamanho total do cérebro e a proporção do neocórtex, entre outras variáveis. Eles concluíram que o tamanho do neocórtex é um preditor de redes sociais complexas melhor do que o volume total craniano. Um aspecto destacado por esses autores é que conforme os grupos aumentam, ocorrem subdivisões e formação de pequenos grupos de colaboração e coalizão entre alguns membros.

Lehmann e Dunbar (2009) explicam que, se o grupo for grande, os indivíduos tendem a concentrar suas habilidades sociais em poucos parceiros. Para esses autores, nosso cérebro, por razões ancestrais, limita o tamanho do grupo com o qual podemos interagir, fazendo com que as interações ocorram dentro do grupo do qual nos sentimos parte. Mesmo em um grupo numeroso, o que é bastante comum em sociedades ocidentais urbanas, nossos mecanismos adaptativos predispõem os indivíduos a formar coalizões sociais com pequeno número de parceiros.

Um aspecto distintivo da espécie humana é a capacidade de cooperar com indivíduos não aparentados. Se o comportamento de cooperar foi selecionado é porque cumpriu papel na sobrevivência (Alcock, 1942/2005). Que tipo de mecanismo psicológico evoluído favorece a cooperação? A cooperação, conhecida pelos biólogos como altruísmo recíproco, é um tipo de acordo social implícito baseado na troca de favores, algo como "Eu ajudo você se você me ajudar". As condições para a ocorrência do altruísmo recíproco ou cooperação são: alta probabilidade de reencontro (longo tempo de vida e grupo estável); capacidade de reconhecer indivíduos e lembrar se agiram como trapaceiros; razão entre o "custo para doador e o benefício para recebedor" deve ser baixa (Alcock, 1942/2005) – por exemplo, se você entregar seu último pedaço de pão para um amigo, custará muito se você estiver com fome ou pouco se você tiver acabado de comer; o mesmo favor beneficia muito seu amigo se ele estiver faminto ou pouco se ele estiver alimentado (Cosmides & Tooby, 1992).

O altruísmo recíproco envolve um risco: um dos membros da aliança recebe os benefícios sem pagar pelos custos. Aceitar o favor de outros membros da aliança e nunca dar de volta é conhecido como o problema do *free rider*. Os *free riders* (caronistas ou trapaceiros) são indivíduos oportunistas que se beneficiam dos esforços dos outros membros do grupo, tornando a cooperação instável e difícil de se sustentar (Cosmides & Tooby, 2006). Protegidos pelo anonimato que os grandes grupos possibilitam, recebem benefícios sem trabalhar para obtê-los e nunca retornam os favores.

De um ponto de vista evolucionista, é difícil explicar a cooperação, pois o aparecimento dos *free riders* imputa ao grupo um alto custo. Segundo Puurtinen e Mappes (2012), o esperado seria que os *free riders* conduzissem a cooperação à destruição, mas surpreendentemente, não é isso que se observa. Cosmides e Tooby (1992) supõem a existência de uma adaptação neurocognitiva, funcionalmente especializada para raciocinar a respeito de trocas sociais e que inclui capacidade para detecção e punição de trapaceiros.

Nos grupos humanos (e em alguns animais como chimpanzés) as disputas que eventualmente ocorrem pela obtenção de recursos não são ditadas puramente pela capacidade física dos indivíduos, mas principalmente por sua habilidade em formar coalizões. Alguém terá mais chance de alcançar melhores posições dentro do grupo quanto mais importantes e numerosos forem seus amigos; e quanto maior for seu poder de convencimento para levar esses simpatizantes a defendê-lo. Portanto, para se conseguir prestígio social e mais recursos, não é suficiente ser bom de briga: é preciso cultivar relações e, ainda, ter algo a oferecer em troca aos aliados (Cosmides & Tooby, 2006). Em suma, os módulos mentais relacionados às interações sociais parecem incluir sub-rotinas que predispõem os indivíduos a cooperar com os outros, a detectar eventuais mentiras e *free riders* e a formar alianças e relações sociais.

4.4 O módulo de leitura da mente

O cérebro humano tem sistemas de neurônios-espelho múltiplos que se especializam em realizar e entender não apenas as ações dos outros, mas suas intenções e o significado social de seu comportamento e suas emoções. De acordo com Rizzolatti e Craighero (2004), para compreendermos os outros, precisamos de um conhecimento interno ligado ao sistema motor. Para esses autores, nosso cérebro está ligado aos outros; estes, ao agirem, "entram" em nós. A empatia é a capacidade de compreender, de forma acurada, sentimentos, necessidades e perspectivas dos outros (Falcone *et al.*, 2008). Essa habilidade teria sido selecionada por permitir a formação e a manutenção de coalizões sociais, resolução de conflitos interpessoais etc. (para ampla revisão, ver nesta obra Capítulo 5 de Falcone). Nossa sobrevivência no âmbito social depende fundamentalmente da compreensão das ações, das intenções e das emoções das pessoas que nos rodeiam.

O sistema espelho mostra que existe um mecanismo de base fisiológica que permite ficarmos contentes ou tristes quando os outros ficam. A base material que possibilita isso é um grupo especial de células, denominadas neurônios-espelho. Os neurônios-espelho expõem a natureza social do cérebro. Foram descobertos na área F5 da parte inferior do córtex pré-motor de um macaco rhesus, onde as ações são planejadas e iniciadas. O mecanismo espelho é um sistema neural que unifica a percepção e a execução da ação. Cumpre papel de dar um entendimento das ações e das emoções dos outros sem mediação cognitiva de ordem superior. Não entra em cena o raciocínio conceitual, mas a ativação de áreas sensoriais (Rizzolatti & Craighero, 2004). Hipóteses recentes indicam que o desenvolvimento limitado do mecanismo espelho parece estar relacionado a aspectos centrais dos transtornos do espectro autista (Southgate, Gergely & Csibra, 2008).

Há ativação de neurônios-espelho quando o indivíduo pega um objeto e também quando ele vê (ou ouve) outros fazerem isso. **É isso que permite ao indivíduo simular as ações e compreender as intenções dos outros**. Já quando a ação observada não se concretiza e o experimentador agarra o vazio e não um objeto, não há ativação dessas células; porém, quando **a ação se concretiza a**trás de um anteparo e se pode inferir o comportamento insinuado, há ativação dessas células (Bråten, 2007). De acordo com esse autor, o ponto que parece ser crucial não é a ação, mas sim a intenção que se infere a partir da ação do outro. Em síntese, neurônios-espelho são especializados em realizar e entender não apenas as ações dos outros, mas suas intenções, o significado social de seu comportamento e suas emoções.

4.5. Considerações finais

Atualmente, falar em mente não é algo que traga embaraços metodológicos nem conceituais. Temas como cooperação, empatia, moral, senso de justiça e comportamento pró-social mostram-se relevantes e não podem prescindir de uma concepção sobre o funcionamento mental. A contribuição da perspectiva evolucionista tem sido importante para compreender condutas semelhantes nos indivíduos: estimula, sobretudo, a pesquisa empírica para testar hipóteses sobre os programas mentais que permitem determinados comportamentos mais facilmente do que outros.

A natureza humana não é boa ou má. Ela é um conjunto de programas que executam certas funções. Interagir com outras pessoas no grupo, ter empatia, cooperar, formar alianças e relações de amizade foram comportamentos sociais que permitiram a sobrevivência dos indivíduos, tanto quanto a alimentação ou a proteção contra predadores.

Esses programas teriam sido selecionados pelas demandas do curso da evolução e não seriam exclusivos dos humanos. Resultante do processo evolucionário, o cérebro tem um mecanismo (conjunto de módulos) geneticamente determinado para adquirir regras morais e pró-sociais. Agir em prol dos outros é um processo complexo e não há uma estrutura cerebral determinando isso; há uma série de estruturas que interagem de maneira sofisticada e inteligente de modo a produzir uma conduta pró-social. E o papel da emoção é crucial nesse processo.

Nossos antepassados, nos grupos sociais, frequentemente tinham que tomar decisões muito rápidas diante do perigo, e qualquer demora poderia ser fatal. Esse processamento veloz não era preciso. A avaliação acurada era feita depois, com o raciocínio. Como destaca de Waal (2005), grande parte de nosso comportamento se baseia em julgamentos rápidos, automatizados e de base emocional. A racionalidade, por mais valorizada que seja, parece ter um papel secundário, se comparada com as emoções. Estas dirigem as condutas adaptativas básicas, porque foram moldadas pela evolução; elas **são ativadas** até mesmo quando estamos diante de manifestações de emoção do outro. Essa capacidade de ser afetado pelo sofrimento, pela alegria ou por outras expressões do outro é uma característica especial, chamada de empatia, e provavelmente é a condição de possibilidade para vivermos em grupo de maneira eficiente e saudável. A empatia é nossa segunda natureza, e as pessoas desprovidas dela parecem ser perigosas ou mentalmente doentes (de Waal, 2005).

Reside aí a base do comportamento pró-social. Para entender a cultura e a organização social humana, precisamos entender os programas esculpidos pela seleção natural. Esses programas organizam nossas experiências, geram inferências, inserem conceitos e motivações em nossa vida mental, colocam as paixões e fornecem enquadramentos interpretativos universais que permitem que entendamos as ações e as intenções dos outros. A compreensão de sistemas e mecanismos mentais esculpidos pela evolução que permitem estabelecer coalizões sociais é um grande desafio. Espera-se que essas questões possam nortear práticas clínicas, ajudando a compreender a ontogênese do que somos a partir de nossa história filogenética.

4.6 Referências

Alcock, J. (2005). *Animal Behavior*. Massachusetts: Sinauer Associates, Inc. (Trabalho original publicado em 1942.)

Bråten, S. (Ed.). (2007). *On Being Moved: From Mirror Neurons to Empathy*. Amsterdam/Philadelphia: John Benjamins.

Cosmides, L. & Tooby, J. (1992). Cognitive adaptations for social exchange. In J. H. Barkow, L. Cosmides & J. Tooby (Eds.), *The adapted mind: Evolutionary psychology and the generation of culture* (pp. 163-228). New York/Oxford: Oxford University Press.

Cosmides, L. & Tooby, J. (2006). Evolutionary Psychology, Moral Heuristics, and the Law. In G. Gigerenzer & C. Engel (Eds.), *Heuristics and the Law* (pp.181-212). Cambridge, MA: MIT Press.

Darwin, C. (1965). *The expression of the emotions in man and animals*. Chicago: University of Chicago Press. (Trabalho original publicado em 1872.)

Dunbar, R. I. M. (1998). The Social Brain Hypothesis. *Evolutionary Anthropology, 6*(5), 178-190.

Emery, N. J., Clayton, N. S., & Frith, C. D. (2007). Introduction. Social intelligence: from brain to culture. *Philosophical Transactions of Royal Society B, 362*, 485-488.

Falcone, E. M. O., Ferreira, M. C., Luz, R. C. M., Fernandes, C. S., Faria, C. A., D'Augustin, J. F., Sardinha, A., & Pinho, V. D. (2008). Inventário de Empatia (I.E.): desenvolvimento e validação de uma medida brasileira. *Avaliação Psicológica, 7*(3), 321-334.

Gardner, H. (1985). *The mind's new science*. Cambridge, Massachusetts: BasicBooks.

Gazzaniga, M. S. & Heatherton, T. F. (2005). *Ciência psicológica: mente*, cérebro e comportamento. Porto Alegre: ArtMed.

Guilhardi, J. (2004). Terapia por contingências de reforçamento. In C. N. de Abreu & H. J. Guilhardi (Orgs.), *Terapia Comportamental e Cognitivo-Comportamental – práticas clínicas* (pp. 3-40). São Paulo: Roca.

LeDoux, J. (2002). *Synaptic Self: how our brains become who we are*. New York: Penguin Books.

Lehmann, J. & Dunbar, R. I. M. (2009). Network cohesion, group size and neocortex size in female-bonded Old World primates. *Proceedings of the Royal Society Britsh, 276*, 4417-4422.

Miller, G. F. (2000). *The mating mind: how sexual choice shaped the evolution of human nature*. London, UK: Heinemann.

McNally, L., Brown, S. P., & Jackson, A. L. (2012). Cooperation and the evolution of intelligence. *Proceedings of the Royal Society B* (publicação *online*). Disponível em: <http://rspb.royalsocietypublishing.org/lookup/doi/10.1098/rspb.2012.0206>. Acesso em: jun. 2012.

Oliva, A. D. (2011). Psicopatologia e adaptação: origens evolutivas dos transtornos psicológicos. In B. Rangé (Org.), *Psicoterapias cognitivo-comportamentais: um diálogo com a psiquiatria* (pp. 104-117). Porto Alegre: ArtMed.

Oliva, A. D., Otta, E., Ribeiro, F. L., Bussab, V. S. R., Lopes, F. A., Yamamoto, M. E. & Moura, M. L. S. (2006). Razão, emoção e ação em cena: a mente humana sob um olhar evolucionista. *Psicologia: Teoria e Pesquisa, 22*(1), 53-62.

Puurtinen, M. & Mappes, T. (2012). Between-group competition and human cooperation. *Proceedings of the Royal Society B, 276*, 355-360.

Reader, S. M., Hager, Y., & Laland, K. N. (2011). The evolution of primate general and cultural intelligence. *Philosophical Transactions of Royal Society B, 366*, 1017-1027.

Ridley, M. (2004). *O que nos faz humanos*. São Paulo. Editora Record.

Rizzolatti, G. & Craighero, L. (2004). The mirror-neuron system. *Annual Review of Neuroscience, 27*, 169-92.

Smith, A. R., Seid, M. A., Jiménez, L. C., & Wcislo, W. T. (2010). Socially induced brain development in a facultatively eusocial sweat bee *Megalopta genalis* (*Halictidae*). *Proceedings of the Royal Society B, 277*, 2157-2163.

Southgate, V., Gergely, G., & Csibra, G. (2008). Does the mirror neuron system and its impairment explain human imitation and autism? In J. A. Pineda (Ed.), *Mirror Neuron Systems: The Role of Mirroring Processes in Social Cognition* (pp. 331-354). California: Humana Press.

Teixeira, J., F. (2010). *A mente pós-evolutiva: a filosofia da mente no universo do silício*. Petrópolis: Editora Vozes.

de Waal, F. (2005). *Our inner ape*. New York: Riverhead Books.

Whiten, A. & Van Schaik, C. P. (2007). The evolution of animal "cultures" and social intelligence. *Philosophical Transactions of Royal Society B, 362,* 603–620.

Wynn, T. (1988). Tools and the evolution of human intelligence. In R. W. Byrne & A. Whiten (Eds.), *Machiavellian intelligence: social expertise and the evolution of intellect in monkeys, apes and humans* (pp. 271-294). Oxford, UK: Clarendon Press.

Autora:

Angela Donato Oliva – Doutora em Psicologia da Aprendizagem e do Desenvolvimento Humano pela Universidade de São Paulo. Professora adjunta do Instituto de Psicologia da Universidade do Estado do Rio de Janeiro e da Universidade Federal do Rio de Janeiro; Docente do Programa de Pós-Graduação em Psicologia Social – UERJ. Contato: angeladonatoliva@uol.com.br

O papel da tomada de perspectiva na experiência da empatia

Eliane Mary de Oliveira Falcone

5.1 Introdução

Em sua publicação mais recente traduzida para o português, (de Waal, 2010) afirma que a empatia está na moda e a ganância, ultrapassada. Entre outras coisas, o autor pretende mostrar, nessa obra, que a sensibilidade frente à necessidade alheia não é uma simples demagogia sentimentalista ou uma visão ingênua sobre a generosidade. Em vez disso, ela representa uma manifestação ancestral, presente em todos os mamíferos, com o propósito de garantir a sobrevivência das espécies.

Na espécie humana, a empatia evoluiu para além dos propósitos da reprodução (de Waal, 2010) e se constitui como uma habilidade de comunicação essencial para a formação e a manutenção de vínculos seguros (Feschbach, 1992; 1997; Preston & de Waal, 2002), de satisfação pessoal e interpessoal (Canale & Beckley, 1999; Moll *et al.*, 2006), de satisfação conjugal (Cramer & Jowett, 2010; Oliveira, Falcone & Ribas Jr., 2009; Sardinha, Falcone & Ferreira, 2009), de resolução de conflitos (Epstein & Schlesinger, 2004), entre outros, que contribuem para a promoção da saúde e do bem-estar coletivo.

Por outro lado, a deficiência em experimentar e expressar empatia ou a ausência dela pode estar na base de conflitos sociais e interpessoais (Beck, 1999), assim como de transtornos mentais (Decety & Moriguchi, 2007). Desse modo, não é por acaso que pesquisadores de diferentes áreas têm se debruçado nos estudos que visam compreender, avaliar e promover a empatia.

A partir de uma abordagem multidimensional de habilidade de comunicação, a empatia pode ser conceituada como a "capacidade de compreender, de forma acurada, bem como de compartilhar ou considerar sentimentos, necessidades e perspectivas de alguém, expressando este entendimento de tal maneira que a outra pessoa se sinta compreendida e validada" (Falcone *et al.*, 2008, p. 323). Desse modo, a experiência da empatia envolve processos cognitivos, afetivos e comportamentais.

O componente cognitivo refere-se à habilidade para inferir sentimentos e pensamentos de alguém em determinado contexto, sendo também conhecido como tomada de perspectiva (Decety & Lamm, 2009; de Waal, 2010). O componente afetivo envolve um interesse genuíno em compartilhar sentimentos, bem como em experimentar compaixão, preocupação ou consideração pelo estado de alguém (Falcone, Gil & Ferreira, 2007; Thompson, 1992). Já o componente comportamental é identificado pela expressão, verbal ou não verbal, de entendimento da experiência interna da outra pessoa, além de ações pró-sociais (Falcone, 1998; Ickes, Marangoni & Garcia, 1997).

Cabe ressaltar que os componentes envolvidos na experiência da empatia não ocorrem de forma independente. Pelo contrário, eles se encontram interligados e cada um deles pode ser mais ou menos ativado de acordo com a idade e as características pessoais daquele que experimenta a empatia, além do contexto situacional (Feschbach & Feschbach, 2009).

Contribuições das neurociências, da psicologia sociocognitiva, da psicologia clínica e da perspectiva evolucionista têm sido fundamentais para prover uma compreensão sobre como os componentes cognitivos, afetivos e comportamentais se articulam na experiência da empatia (Decety & Lamm, 2009). Neste capítulo pretende-se discutir como os componentes afetivos e cognitivos contribuem para a manifestação do comportamento empático, ressaltando o papel regulador da tomada de perspectiva nesse processo.

5.2 Processos automáticos da empatia: a angústia pessoal e a simpatia

Diante de um indivíduo gravemente enfermo que está experimentando dor intensa, manifestada por contrações dos músculos faciais, entre gritos e pedidos desesperados de socorro, uma enfermeira experimenta compaixão e forte motivação para o cuidado. Aproxima-se do paciente, procurando acalmá-lo com toques e palavras indicadoras de acolhimento, aplicando-lhe uma injeção eficaz e mantendo-se próxima até que ele obtenha alívio. Diante das mesmas circunstâncias, outra enfermeira poderá se sentir angustiada por testemunhar essa cena, afastando-se imediatamente ou pedindo ajuda a outra colega.

Embora processos semelhantes de contágio emocional, disparados pelo reconhecimento do sofrimento do paciente e envolvidos na experiência empática tenham ocorrido nos dois casos, apenas o primeiro caracteriza a experiência da empatia. Assim, o que leva uma pessoa a ajudar e outra a fugir ao testemunhar a dor alheia?

Ao reconhecer os sentimentos, os pensamentos e os comportamentos de alguém em uma experiência de dor, física ou emocional, avaliações cognitivas acompanhadas de respostas afetivas e comportamentais serão ativadas no observador. Goubert, Craig e Buysse (2009) apontam dois tipos de reações afetivas ativadas após a percepção de angústia em alguém: respostas afetivas auto-orientadas e respostas afetivas orientadas para o outro.

As respostas afetivas auto-orientadas, conhecidas na literatura como angústia pessoal (Batson, 2009; Thompson, 1992), são caracterizadas por sentimentos de angústia, medo e/ou alarme e por preocupação com proteção pessoal, levando ao desejo de aliviar a própria angústia, em vez da angústia do outro, além de motivar comportamentos de esquiva (Eisenberg & Eggum, 2009; Goubert *et al.*, 2009). Esse estado não é congruente com a dor do outro e não leva a ações em prol dessa pessoa. Não indica sentimentos de angústia *pelo* outro ou *como* a do outro; envolve apenas sentimentos de angústia provocados *pelo estado* do outro (Batson, 2009).

Já as respostas afetivas orientadas para o outro são acompanhadas de sentimentos de compaixão, simpatia e interesse em cuidar, levando a ações pró-sociais (Goubert *et al.*, 2009). Ao contrário da angústia pessoal, as respostas emocionais orientadas para o outro são congruentes com os sentimentos deste. Tal congruência não quer dizer que o conteúdo da emoção do observador seja o mesmo, ou semelhante ao da pessoa alvo, significa apenas sentir tristeza ou pesar pela dor do outro (Batson, 2009). As manifestações afetivas orientadas para o outro são também referidas como simpatia (Eisenberg & Eggum, 2009).

Estudos a partir de neuroimagem mostram que a percepção do sofrimento de alguém ativa redes neurais no observador, as quais são envolvidas no processamento da experiência imediata de dor (Decety & Lamm, 2009). Em outras palavras, regiões no cérebro associadas a sentimentos de uma determinada emoção são ativadas diante do reconhecimento dessa emoção em alguém, seja por testemunhar a experiência do outro ou por imaginar essa experiência (Watson & Greenberg, 2009). Essa reação de contágio emocional é chamada de espelhamento, referido como um mecanismo ancestral e automático que aparece em idade precoce e nos permite sentir a dor do outro (de Waal, 2010).

O espelhamento pode levar a uma superposição completa entre o *eu* e o *outro*, ou seja, entre a percepção da dor do outro e a percepção subjacente da própria experiência de dor. Quando isso ocorre, a angústia pessoal é produzida, impedindo a manifestação pró-social (Decety & Lamm, 2009). Assim, separar o próprio estado mental do de outra pessoa é crucial para a identificação da verdadeira fonte dos próprios sentimentos. A delimitação entre o eu e o outro é, portanto, uma condição fundamental para essa separação. Somente nessas condições torna-se possível emergir o interesse pelo outro, levando ao comportamento de ajuda (de Waal, 2010; Decety & Lamm, 2009).

Pesquisas em neurociência cognitiva demonstram que tomar a perspectiva de alguém produz ativação em partes específicas do córtex pré-frontal, as quais estão implicadas nas funções executivas, particularmente no controle inibitório. Assim, os lobos frontais podem servir para separar as perspectivas, ajudando o observador a resistir à interferência da própria perspectiva, ao adotar a do outro. Essa capacidade é fundamental para evitar uma completa fusão com o estado da pessoa-alvo, identificando quem realmente está experimentando a emoção negativa e quem seria a pessoa que necessita de ajuda (Decety & Lamm, 2009).

Os estudos de neuroimagem sustentam o modelo de percepção-ação (PAM) proposto por de Waal (2010), segundo o qual a percepção do estado de uma pessoa-alvo produz ativação automática das representações correspondentes desse estado no observador. Essas representações, por sua vez, ativam respostas somáticas e autonômicas, que serão reguladas pela tomada de perspectiva. Segundo o autor, a empatia emergiu há milhões de anos, com o mimetismo motor e o contágio emocional. Com a evolução, nossos ancestrais se tornaram capazes não apenas de sentir o que os outros sentem, mas também de compreender os desejos e as necessidades de seus semelhantes.

A metáfora de uma boneca russa (bonecas encaixadas umas dentro das outras) foi utilizada por de Waal (2010) para ilustrar o PAM. Em seu núcleo (boneca menor) encontra-se um processo automático, que inclui o contágio emocional e a mímica motora, partilhado por um grande número de espécies. Esse núcleo é rodeado por camadas externas que regulam a finalidade e o alcance da empatia (simpatia, consolo, compaixão). A camada mais periférica (boneca maior) é representada pela tomada de perspectiva e pelo comportamento de ajuda. Somente algumas espécies (por exemplo, chimpanzés, bonobos, elefantes, golfinhos e humanos) são capazes de tomar a perspectiva do outro, embora, como será comentado mais adiante, os seres humanos sejam mais sofisticados nessa capacidade. Entretanto, mesmo as camadas mais sofisticadas da boneca permanecem firmemente ligadas a seu núcleo (de Waal, 2010).

Em síntese, as manifestações emocionais da empatia (contágio, angústia pessoal e simpatia) emergem mais cedo no desenvolvimento e dependem menos de aprendizagem. Com a idade e a experiência, essas manifestações decrescem a partir do funcionamento pré-frontal aumentado, da formação da autoconsciência, da consciência do outro e das manifestações de regras aprendidas (Preston & de Waal, 2002).

A ação de fugir ou de ajudar diante do sofrimento de uma pessoa pode ser influenciada por características pessoais. Eisenberg e Eggum (2009) sugerem que a tendência a experimentar simpatia *versus* angústia pessoal depende de habilidades individuais para a regulação das próprias emoções. Indivíduos propensos à simpatia são capazes de focar e mudar a atenção, além de modular suas emoções vicárias negativas a fim de manter um nível adequado de ativação emocional. Embora tendo força emocional, esse nível adequado de ativação aumenta a atenção, porém não chega a ser aversivo ou fisiologicamente emocional a ponto de promover atenção autofocada (Eisenberg & Eggum, 2009). Por outro lado, pessoas com tendência a experimentar emoções negativas intensas e que são incapazes de regular as próprias emoções, são menos propensas à simpatia e mais inclinadas à angústia pessoal. Assim, a angústia pessoal parece estar mais relacionada a níveis elevados de ativação fisiológica do que a simpatia (Eisenberg & Eggum, 2009).

Alguns dados empíricos revisados por Eisenberg & Eggum (2009) que apoiam essas afirmações, através da utilização de medidas de controle do esforço (eficiência da atenção executiva), incluem: a) o controle do esforço de crianças relatado por seus pais foi correlacionado com simpatia elevada e baixa angústia pessoal; b) a simpatia mostrou-se associada à regulação e a modos construtivos de enfrentamento, bem como à autoeficácia relatada em adolescentes jovens; c) o controle do esforço autorrelatado por participantes idosos correlacionou-se positivamente à simpatia e negativamente à angústia pessoal; d) disfunções executivas em adultos se relacionaram positivamente à angústia pessoal e inversamente à simpatia e à tomada de perspectiva.

Com base nessa revisão, a ativação de emoções resultante do reconhecimento do estado de outra pessoa pode levar à angústia pessoal ou à simpatia, dependendo do equilíbrio entre o espelhamento e a separação mental, o qual é regulado pela diferenciação entre o "eu" e o "outro". Tal diferenciação permite a ação da tomada de perspectiva e de processos de autorregulação, que irão prover motivação para quem deve receber a ajuda e que tipo de ajuda deve ser dado. Indivíduos mais capazes de regular as próprias emoções e de tomar a perspectiva do outro tenderão a experimentar simpatia e a manifestar ajuda. Entretanto, como será discutido a seguir, a experiência da empatia não ocorre apenas de forma automática, a partir do contágio emocional.

5.3 Processos conscientes da empatia: a flexibilidade mental e a tomada de perspectiva

Como visto anteriormente, alguns componentes envolvidos na empatia ocorrem implicitamente, fora da consciência (como o compartilhamento de emoções e o espelhamento); outros requerem um processamento explícito, através da tomada de perspectiva, da representação de nossos pensamentos e sentimentos, bem como dos pensamentos e dos sentimentos dos outros, além da regulação emocional (Decety & Jackson, 2004; Decety & Moriguchi, 2007).

A empatia experimentada por seres humanos envolve um estado psicológico mais complexo do que o compartilhamento automático de emoções. Os seres humanos também são capazes de "sentir por alguém" de forma intencional e de agir em prol de outras pessoas cujas experiências podem ser muito diferentes das próprias (Decety & Jackson, 2004). Tal capacidade exige maior esforço da mente e se refere a uma habilidade sociocognitiva mais ampla, utilizada para explicar e predizer os próprios comportamentos e os dos outros, atribuindo a esses estados mentais independentes, como crenças, desejos, emoções ou intenções (Decety & Moriguchi, 2007).

Especula-se que a capacidade do autorreconhecimento contém uma consciência introspectiva dos próprios estados mentais, bem como a capacidade para atribuir estados mentais aos outros (Humphrey, 1990, citado por Decety & Moriguchi, 2007). Entretanto, Decety e Moriguchi (2007) propõem que um aspecto geral da cognição humana refere-se a uma tendência a usar a própria perspectiva ao antecipar o que os outros estão pensando ou sentindo. Assim, somos naturalmente egocêntricos e temos dificuldade para ir além de nossa própria perspectiva, especialmente quando tentamos entender o estado mental daqueles que são percebidos como semelhantes a nós.

Embora isso constitua um mecanismo vantajoso e parcimonioso para entender e predizer o comportamento dos outros, usar a própria perspectiva nessas condições representa um estilo negligente da mente humana. Muitos mal entendidos estão enraizados nas falhas das pessoas para suprimir a própria perspectiva e reconhecer o grau no qual as próprias interpretações sobre uma situação diferem das dos outros (Decety & Moriguchi, 2007; Nichols, 1995). Para que as relações sociais sejam gratificantes e bem-sucedidas, é fundamental que haja um ajustamento operando sobre essas representações compartilhadas, de tal maneira que a pessoa seja capaz de, temporariamente, abrir mão da própria perspectiva (Goleman, 1995; Nichols, 1995). Para isso, a flexibilidade mental e a autorregulação correspondem a componentes importantes da empatia (Decety & Jackson, 2004; Decety & Moriguchi, 2007).

Na interação empática consciente, o indivíduo está envolvido em compreender a perspectiva e os sentimentos da pessoa-alvo e, de algum modo, em experimentar o que está acontecendo com ela naquele momento. Isso implica em prestar atenção nas pistas que expressam emoções e ouvir, dando ao outro a oportunidade de ser ouvido em seus próprios termos, sem ser julgado (Barrett-Lennard, 1981; Greenberg & Elliot, 1997). Segundo Nichols (1995), o bom ouvinte é aquele que aprecia a outra pessoa tal como ela é, aceitando seus sentimentos e suas ideias como eles são. Em situações de conflito, a habilidade em ouvir depende do esforço em resistir ao impulso de reagir emocionalmente à posição de alguém que manifesta uma perspectiva muito diferente. Do contrário, o impulso para tomar atitudes que reduzam ou evitem a própria emoção do momento torna a pessoa pouco flexível, aumentando o conflito na interação (Goleman, 1995; Nichols, 1995).

Avaliações a partir de neuroimagem confirmam as proposições acima. A partir de revisão de estudos, Decety e Moriguchi (2007) sustentam a hipótese de que o córtex pré-frontal regula a tendência a manter a própria perspectiva, permitindo uma flexibilidade tanto cognitiva quanto afetiva, ambas necessárias para a avaliação da perspectiva da outra pessoa. Nesses estudos, a tomada de perspectiva do outro através da simulação de seu comportamento resultou em uma ativação seletiva do córtex fronto-polar e do lóbulo parietal inferior direito. Adotar a perspectiva de alguém para entender seus sentimentos corresponde a um processo autogerado que opera sobre a informação representada internamente, alimentada pela ativação interna das representações compartilhadas (Decety & Moriguchi, 2007).

A empatia que ocorre de forma intencional e consciente está presente nas interações sociais cotidianas. É requerida pelo professor, quando procura ser complacente com um aluno que manifesta dificuldade para entender a matéria; pelo cônjuge, que se esforça para apreender o estado interno de seu par, a partir do comportamento retraído e distante deste; ou pelo terapeuta, que procura compreender os processos mentais envolvidos na expressão (ou na ausência) de emoção do seu paciente. A forma consciente de experimentar empatia através da tomada de perspectiva leva à ativação dos componentes emocionais, como sentimentos de compaixão, simpatia ou de consideração pelo estado da outra pessoa (Falcone, 1998).

As habilidades cognitivas para identificar intencionalmente os pensamentos e os sentimentos dos outros reduzem mal-entendidos, resolvendo conflitos e agressões, além de aumentar a probabilidade de cooperação e de outras respostas pró-sociais (Feshbach, 1997). Além disso, tendem a reduzir a tensão através da escuta sensível e do esforço consciente para entender as razões e os sentimentos da outra pessoa (Barrett-Lennard, 1981; Goleman, 1995; Nichols, 1995). Assim, a nossa natureza egocêntrica em usar a própria perspectiva para compreender o estado do outro pode ser equilibrada pela capacidade de controlar essa tendência, através do esforço consciente da mente. A partir de recursos de simulação, seja nos colocando no lugar do outro ou imaginando seus sentimentos e suas perspectivas, podemos experimentar um entendimento empático. Dependendo do contexto, tal entendimento é o que nos permitirá resolver conflitos, perdoar, ajudar, negociar, validar a perspectiva do outro, consolar etc.

Alguns dados empíricos têm sustentado essas afirmações. A capacidade de adotar a perspectiva do outro, de se importar com o bem-estar deste e de estar disposto a abrir mão dos próprios interesses em prol de alguém se correlacionaram significativamente com a expressão de comportamentos sinalizadores do perdão (Pinho, 2011). A tomada de perspectiva e a flexibilidade interpessoal também são apontadas como preditivas de controle na expressão da raiva (Falcone, Bussab & Ferreira, 2009; Mohr, Howells, Gerace, Day & Wharton, 2007). Em estudo de Pavarino, Del Prette e Del Prette (2005), a empatia relacionou-se inversamente ao comportamento agressivo.

Em síntese, o esforço consciente em tomar a perspectiva de alguém em uma interação social poderá facilitar o vínculo, evitar ou solucionar problemas interpessoais, além de reduzir sentimentos de mágoa ou de raiva. Isso ocorre porque as cognições negativas prévias a respeito do ofensor (relacionadas à própria perspectiva) serão substituídas por uma compreensão mais acurada sobre este último, bem como por sentimentos de compaixão ou de consideração e por comportamentos pró-sociais.

5.4 As duas vias de ativação da experiência empática

De acordo com a revisão apresentada neste capítulo, especula-se que a experiência da empatia pode ser ativada a partir de duas vias: uma automática, não consciente, e outra intencional e consciente. A empatia ativada de forma automática está relacionada a uma reação emocional, provocada pelo reconhecimento da situação de uma pessoa que está experimentando sofrimento ou diante de uma situação adversa. Tal reconhecimento envolve compartilhamento de emoções através do espelhamento ou do contágio. Processos cognitivos envolvendo separação mental (distinção entre o "eu" e o "outro") irão moderar a experiência emocional, levando-a a um nível adequado, permitindo que esta se expresse por sentimentos em prol do outro (compaixão e interesse em ajudar, por exemplo). Caso contrário, o espelhamento manterá uma superposição entre os sentimentos da díade e ativará a emoção negativa, acompanhada de confusão sobre quem está vitimado, além de angústia pessoal e esquiva comportamental.

A empatia ativada de forma intencional e consciente envolve uma tentativa de inibir a própria perspectiva e o egocentrismo. Depende da flexibilidade mental e do esforço da mente para inferir o ponto de vista da outra pessoa, sem o julgamento pessoal (interferência da própria perspectiva). Esse esforço intencional para compreender a situação do outro é o que permitirá, por meio da tomada de perspectiva, a ativação do componente afetivo da empatia (como sentimentos de compaixão e de consideração pelo estado da pessoa-alvo), levando a uma ação em prol do outro. Tomando como base as considerações feitas por de Waal (2010) e Decety e Jackson (2004), é plausível considerar a empatia ativada intencionalmente como uma habilidade de comunicação fundamental para as relações sociais, especialmente para aquelas que envolvem conflitos de interesse, constituindo-se como uma condição essencial, por exemplo, na relação terapêutica. Assim, depende mais de aprendizagem. A *Figura 1* indica o diagrama que apresenta as duas vias de ativação da experiência empática.

A proposição das duas formas ou vias de ativação da experiência empática aqui apresentada é congruente com afirmações da literatura, sugerindo que os três componentes (cognitivo, afetivo e comportamental) funcionam de forma interligada (de Waal, 2010, Feschbach & Feschbach, 2009), sendo necessária a participação de todos eles para que ocorra a empatia (Decety & Lamm, 2009; Falcone, 1998; Ickes, Marangoni & Garcia, 1997). Entretanto, é o componente cognitivo que, por meio da tomada de perspectiva e de processos regulatórios, age como um guia no processo da experiência empática, qualquer que seja a via de ativação dessa experiência.

Tomando como base o PAM (de Waal, 2010; Preston & de Waal, 2002), sugere-se que a empatia ativada pela via automática está mais vinculada a um mecanismo ancestral; surge no início do desenvolvimento e está presente em mamíferos de várias espécies (de Waal, 2002). Já a ativação intencional da empatia requer recursos de percepção mais sofisticados e parece constituir uma habilidade interpessoal presente entre os seres humanos (Decety & Jackson, 2004; Decety & Moriguchi, 2007). A capacidade encontrada apenas entre humanos de traduzir as próprias emoções em palavras, relatando-as no tempo presente, passado ou futuro e permitindo que essas emoções sejam identificadas não apenas através de expressões (Decety & Moriguchi, 2007), provavelmente contribui, entre outros recursos, para a percepção empática consciente.

Figura 1 Diagrama das vias de ativação da empatia

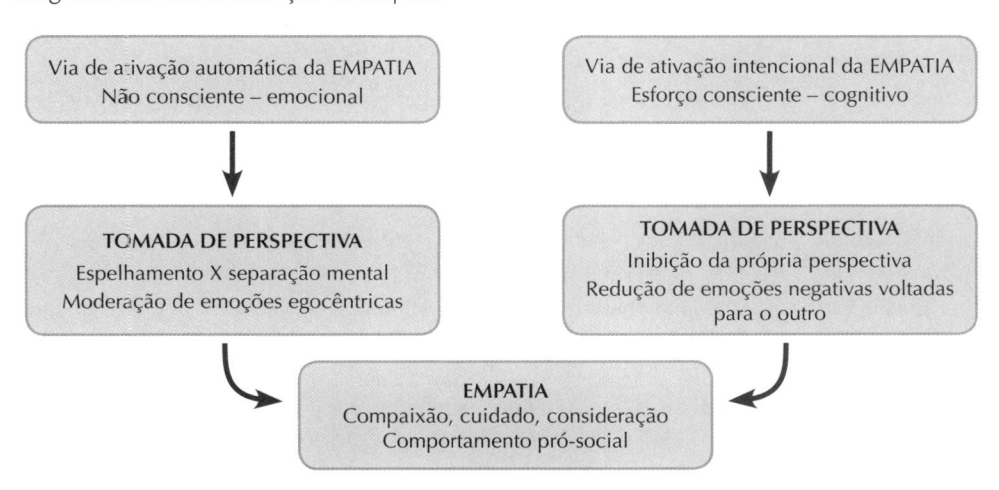

Cabe ressaltar que os seres humanos podem experimentar a empatia a partir de qualquer uma das duas vias de ativação. Além disso, como apresentado anteriormente, tanto o contexto quanto as características pessoais influenciam a forma como a empatia é ativada ou inibida (Feschbach & Feschbach, 2009). Contudo, ainda são necessários mais estudos para avaliar que fatores estão envolvidos na motivação das pessoas para se engajar em uma busca consciente da perspectiva de alguém ou para insistir com a própria perspectiva.

Compreender a experiência da empatia através de ativação automática ou consciente pode contribuir para a elaboração de programas visando à promoção da empatia. Por exemplo, a redução da atenção autofocada e da angústia pessoal poderia ser realizada através de recursos de relaxamento e de imagens que permitam a separação mental e a tomada de perspectiva, facilitando a ação para a ajuda. Do mesmo modo, técnicas de imagem poderiam ser utilizadas para permitir o espelhamento mental em situações de conflito, para facilitar a tomada de perspectiva da outra pessoa. Tais recursos poderiam contribuir especialmente para a redução da raiva e da mágoa e para a ativação de sentimentos de compaixão e consideração pelo outro.

5.5 Considerações finais

Este capítulo teve como objetivo apresentar um modelo explicativo sobre como os componentes cognitivos, afetivos e comportamentais se articulam para a ocorrência da empatia. Contribuições da perspectiva evolucionista, das neurociências, da psicologia social e da psicologia clínica têm fornecido bases para favorecer esse entendimento. Um tópico digno de atenção nesse sentido é o papel da tomada de perspectiva na regulação emocional da experiência da empatia.

Apesar dos avanços, vimos que muitas pesquisas ainda são necessárias para compreendermos mais profundamente como e em que condições as pessoas podem experimentar ou inibir a experiência da empatia. Um dos desafios a serem vencidos refere-se ao desenvolvimento de uma teoria explicativa, com seus desdobramentos empíricos, sobre de que maneira as deficiências em empatia podem contribuir para a compreensão do funcionamento interpessoal de indivíduos com transtornos de ansiedade, do humor e da personalidade. Tais descobertas poderão ampliar as possibilidades de recursos terapêuticos, visando a desenvolver empatia nessa população.

5.6   Referências

Barrett-Lennard, G. T. (1981). The empathy cycle: refinement of a nuclear concept. *Journal of Counseling Psychology, 28*, 91-100.

Batson, C. D. (2009). These things called empathy: eight related but distinct phenomena. In J. Decety & W. Ickes (Orgs.), *The social neuroscience of empathy* (pp. 3-15). Massachusetts: A Bradford Book.

Beck, A. T. (1999). *Prisoners of hate.* New York: Harper Collins Publishers.

Canale, J. R. & Beckley, S. R. (1999). Promoting altruism in troubled youth: considerations and suggestions. *North American Journal of Psychology, 1*, 95-102.

Cramer, D. & Jowett, S. (2010). Perceived empathy, accurate empathy and relationship satisfaction in heterosexual couples. *Journal of Social and Personal Relationships, 27* (3), 327-349.

Decety, J. & Jackson, P. L. (2004). The functional architecture of human empathy. *Behavioral and Cognitive Neuroscience Reviews, 3* (2), 71-100.

Decety, J. & Lamm, C. (2009). Empathy versus personal distress: recent evidence from social neuroscience. In J. Decety & W. Ickes (Orgs.), *The social neuroscience of empathy* (pp. 199-213). Massachusetts: A Bradford Book.

Decety, J. & Moriguchi, Y. (2007). The empathic brain and its dysfunction populations: implications for intervention across different clinical conditions. *BioPsychoSocial Medicine, 1* (22), 1-21. Recuperado em 30 de abril de 2012, de <www.bpsmedicine.com/content/1/1/22>.

Eisenberg, N. & Eggum, N. D. (2009). Empathic responding: sympathy and personal distress. In J. Decety & W. Ickes (Orgs.), *The social neuroscience of empathy* (pp. 71-83). Massachusetts: A Bradford Book.

Epstein, N. B., & Schlesinger, S. E. (2004). Casais em crise. In F. M. Dattilio & A. Freeman (Orgs.), *Estratégias cognitivo-comportamentais de intervenção em situações de crise* (pp. 243-263). 2 ed. Porto Alegre: Artmed.

Falcone, E. M. O. (1998). *A avaliação de um programa de treinamento da empatia com universitários.* Tese de Doutorado não publicada, Instituto de Psicologia, Universidade de São Paulo, São Paulo, Brasil.

Falcone, E. M. O., Bussab, V. S. R., & Ferreira, M. C. (2009). A evolução e as relações entre os estilos de vinculação, a empatia e a raiva. Resumo. *Anais do II Seminário Internacional de Habilidades Sociais.* p. 96.

Falcone, E. M. O., Ferreira, M. C., Luz, R. C. M., Fernandes, C. S., Faria, C. A., D'Augustin, J. F., Sardinha, A., & Pinho, V. D. (2008). Inventário de Empatia (I.E.): Desenvolvimento e validação de uma medida brasileira. *Avaliação Psicológica, 7* (3), 321-334.

Falcone, E. M. O., Gil, D. B., & Ferreira, M. C. (2007). Um estudo comparativo da frequência de verbalização empática entre psicoterapeutas de diferentes abordagens teóricas. *Estudos de Psicologia, 24* (4), 451-461.

Feshbach, N. D. (1992). Empatía parental y ajuste/desajuste infantil. In N. Eisenberg & J. Strayer (Orgs.), *La empatia y su desarrollo* (pp. 299-320). Bilbao: Desclée de Brouwer.

Feshbach, N. D. (1997). Empathy: the formative years – implications for clinical practice. In A. C. Bohart & L. S. Greenberg (Orgs.), Empaty reconsidered (pp. 33-59). Washington DC (APA).

Feshbach, N. D. & Feshbach, S. (2009). Empathy and education. In J. Decety & W. Ickes (Orgs.), *The social neuroscience of empathy* (pp. 85-97). Massachusetts: A Bradford Book.

Goleman, D. (1995). *Inteligencia emocional.* Rio de Janeiro: Objetiva.

Goubert, L., Craig, K. D., & Buysse, A. (2009). Perceiving others in pain: experimental and clinical evidence on the role of empathy. In J. Decety & W. Ickes (Orgs.), *The social neuroscience of empathy* (pp. 153-165). Massachusetts: A Bradford Book.

Greenberg, L. S. & Elliott, R. (1997). Varieties of empathic responding. In A. C. Bohart & L. S. Greenberg (Orgs.), *Empathy reconsidered. New directions in psychotherapy.* (pp. 167-186). Washington DC: American Psychological Association.

Ickes, W., Marangoni, C., & García, S. (1997). Studying empathic accuracy in a clinically relevant context. In W. Ickes (Org.), *Empathic accuracy.* (pp. 282-310). New York: Guilford.

Mohr, P., Howells, K., Gerace, A., Day, A., & Wharton, M. (2007). The role of perspective taking in anger arousal. *Personality and Individual Differences, 43*, 507-517.

Moll, J., Krueger, F., Zahn, R., Pardini, M., Oliveira-Souza, R., & Grafman, J. (2006). Human fronto-mesolimbic networks guide decisions about charitable donation. *PNAS, 103* (42), 15623-15628. Disponível no World Wide Web: <www.pnas.org>.

Nichols, M. P. (1995). *The lost art of listening*. New York: Guilford.

Oliveira, M. G. S., Falcone, E. M. O., & Ribas Jr., R. C. (2009). A avaliação das relações entre a empatia e a satisfação conjugal: um estudo preliminar. *Interação em Psicologia, 13* (2), 287-298.

Pavarino, M. G., Del Prette, A. & Del Prette, Z. A. P. (2005). O desenvolvimento da empatia como prevenção da agressividade na infância. *Psico, 36* (2), 127-134.

Pinho, V. D. (2011). *A influência da habilidade empática sobre o perdão interpessoal*. Dissertação de Mestrado não publicada, Instituto de Psicologia, Universidade do Estado do Rio de Janeiro, Rio de Janeiro, Brasil.

Preston, S. D. & de Waal, F. B. M. (2002). Empathy: its ultimate and proximate bases. *Behavioral and Brain Sciences, 25*, 1-72.

Sardinha, A., Falcone, E. M. O., & Ferreira, M. C. (2009). As relações entre a satisfação conjugal e as habilidades sociais percebidas no cônjuge. *Psicologia: Teoria e Pesquisa, 25* (3), 395-402.

Thompson, R. A. (1992). Empatía y comprensión emocional el desarrollo temprano de la empatía. In N. Eisenberg & J. Strayer (Orgs.), *La empatia y su desarrollo* (pp. 133-161). Bilbao: Desclée de Brouwer.

de Waal, F. (2010). *A era da empatia: lições da natureza para uma sociedade mais gentil*. São Paulo: Companhia das Letras.

Watson, J. C. & Greenberg, L. S. (2009). Empathic resonance: a neuroscience perspective. In J. Decety & W. Ickes (Orgs.), *The social neuroscience of empathy* (pp. 125-137). Massachusetts: A Bradford Book.

Autora:

Eliane Mary de Oliveira Falcone – Mestre em Psicologia Clínica pela PUC-Rio; Doutora em Psicologia Clínica pela Universidade de São Paulo; Pós-Doutora em Psicologia Experimental pela Universidade de São Paulo; Professora adjunta do Instituto de Psicologia do Estado do Rio de Janeiro; Docente do Programa de Pós-Graduação em Psicologia Social – UERJ. Contato: elianefalcone@uol.com.br

Empatia em enfermeiros: a importância da tomada de perspectiva na redução da angústia pessoal

Celia Caldeira Fonseca Kestenberg
Eliane Mary de Oliveira Falcone

6.1 Introdução

A empatia corresponde a uma habilidade social que favorece relações interpessoais saudáveis. Refere-se à capacidade de compreender, de forma acurada, os pensamentos e os sentimentos alheios, de experienciar compaixão e de manifestar, através de comportamentos verbais e não verbais, essa compreensão de forma sensível, de modo a levar a pessoa a se sentir compreendida em seu ponto de vista (Falcone, 1998). A enfermagem muito se beneficia dessa habilidade, pois é uma profissão cujo objeto de trabalho é o cuidado ao ser humano, em que o profissional lida, quase sempre, com algum tipo de sofrimento ou desconforto.

A tentativa de compreender e definir a habilidade empática no ser humano tem sido alvo de pesquisas em diferentes áreas da psicologia – a clínica, do desenvolvimento, a psicologia social, a psicologia evolutiva – e, mais recentemente, também os estudos das neurociências têm avançado nessa direção. As definições seguem as diferentes orientações teóricas dos pesquisadores, mas dois componentes estão sempre presentes: a cognição e o afeto (Falcone, Bussab & Ferreira, 2009).

O componente cognitivo da empatia tem sido nomeado como *tomada de perspectiva* e o componente afetivo como consideração empática/sensibilidade afetiva. Um terceiro componente da habilidade empática, o comportamento verbal e não verbal, vem sendo apontado como fundamental para caracterizar o processo empático. Para Ickes, Marangoni e Garcia (1997), somente através da expressão empática é que se pode afirmar sobre a capacidade de alguém ter compreendido os pensamentos e os sentimentos do outro. Considerando-se a empatia como uma habilidade social, os três componentes devem estar presentes em sua manifestação (Falcone *et al.*, 2008). Serão descritos a seguir os três componentes da empatia nessa perspectiva multidimensional.

6.2 Empatia na perspectiva multidimensional

6.2.1 Componente cognitivo

O componente cognitivo da empatia, referido como tomada de perspectiva, é caracterizado pela capacidade de perceber com precisão os sentimentos e os pensamentos de outra pessoa, através de inferência ou colocando-se no lugar dessa pessoa (Davis, 1980; Ickes *et al.*, 1997).

6.2.2 Componente afetivo

Requer compartilhamento da emoção do outro, o que significa entender e considerar o que é sentido pelo outro (Falcone, Gil & Ferreira, 2007) ou experimentar um afeto ou compaixão que está mais voltado para a situação do outro do que para a própria situação (Hoffman, 1992).

6.2.3 Componente comportamental

Caracterizado pela expressão verbal e não verbal de entendimento empático, é o indicador de que a outra pessoa se sentiu realmente compreendida (Falcone, 1998), além de revelar a acuidade da percepção do ouvinte (Ickes *et al.*, 1997).

Diferenciar o componente afetivo da empatia é de fundamental importância. Esse componente é caracterizado por sentimentos de preocupação, de compaixão, de simpatia e de interesse pela angústia de alguém, levando a comportamentos de ajuda dirigidos à outra pessoa, da angústia pessoal. Esta última é identificada por uma reação emocional aversiva e autocentrada, disparada pela percepção de angústia em outra pessoa, que leva o indivíduo a distanciar-se física ou emocionalmente (Davis, 1983; Falcone, 1998; Ickes *et al.*, 1997). A angústia pessoal, embora também seja disparada pela experiência da empatia (quando o indivíduo sente angústia ao presenciar o sofrimento de alguém), é considerada egoísta, uma vez que o foco de atenção localiza-se no próprio bem-estar, em vez de concentrar-se na ajuda ao outro (Davis, 1983) e pode estar presente nas relações enfermeiro-paciente, interferindo no cuidado adequado.

Alguns pesquisadores (Morse, Bottorff, Anderson, O'brien & Solberg, 1992) afirmam que a angústia pessoal tem sido uma barreira que dificulta a relação com o paciente e, como consequência, compromete a efetividade do cuidado em enfermagem. Esse dado é confirmado em estudos realizados por diferentes autores: Gomes, Thiengo, Anunciação, Oliveira e Kestenberg (2010) analisaram as representações sociais das atividades da enfermagem junto aos pacientes soropositivos para HIV; Stumm, Leite e Maschio (2008) avaliaram a vivência da equipe de enfermagem junto a pacientes oncológicos; Formozo (2007), se debruçou sobre a representação social do cuidado de enfermagem à clientela soropositiva do HIV; Filizola e Noeli (1997) estudaram o que pensa a equipe de enfermagem sobre o envolvimento emocional no cuidado de enfermagem. Os resultados evidenciaram manifestações de angústia pessoal nesses profissionais, bem como distanciamento e impessoalidade no cuidado como forma de autoproteção frente ao sofrimento dos pacientes. Tal manifestação pode ser resultante de uma confusão entre o "eu" e o "outro" (Decety & Lamm, 2009).

Decety e Lamm (2009) propõem que as habilidades de tomar a perspectiva de alguém nos permitem superar o egocentrismo, guiando nossos comportamentos em direção às expectativas do outro, facilitando a ajuda e o cuidado. A tomada de perspectiva nos torna mais capazes de observar o mundo através dos olhos do outro, mas também de experimentar sentimentos semelhantes aos da outra pessoa. Contribuições das neurociências propõem que a tomada de perspectiva produz ativação em partes específicas do córtex pré-frontal implicadas nas funções executivas, principalmente relacionadas ao controle inibitório. Além disso, os lobos frontais podem servir para separar ambas as perspectivas, ajudando o indivíduo a resistir à interferência da própria perspectiva ao tomar a perspectiva do outro (Decety & Jackson, 2004).

A capacidade para representar e relatar os próprios estados mentais (autoconsciência) é o que permitirá o conhecimento inferencial do estado mental dos outros (consciência do outro) (Decety & Jackson, 2004). Do mesmo modo, a consciência de nossos próprios sentimentos e a habilidade para regular conscientemente nossas emoções é o que nos permitirá desconectar as respostas empáticas dirigidas aos outros, provenientes de nossa própria angústia pessoal. Assim, a empatia requer um mínimo de distinção entre o "eu" e o "outro", sendo tal distinção demonstrada experimentalmente em estudos recentes, tanto em níveis neurais quanto comportamentais (Decety & Lamm, 2009).

Em síntese, a tomada de perspectiva, relacionada à autoconsciência, à autorregulação das emoções e à flexibilidade cognitiva permite:

- reduzir a angústia pessoal, conduzindo a ações de ajuda e cuidado;
- regular a raiva, através de uma compreensão acurada do estado interno da outra pessoa (Falcone *et al.*, 2009; Mohr, Howells, Gerace, Day & Wharton, 2007).

A expressão de entendimento, de forma verbal ou não verbal, resulta da tomada de perspectiva e é fundamental para que uma interação empática ocorra, especialmente no contexto profissional. Assim, tanto manifestações não verbais (acenos, toques, postura voltada para o outro, olhar indicando atenção e interesse) quanto verbais (declarações indicando validação dos sentimentos e perspectivas do outro, ausência de julgamento etc.) indicam percepção acurada do estado da outra pessoa, fazendo com que esta se sinta compreendida (Falcone, 1998).

Alguns exemplos de verbalizações não empáticas seguidas de verbalizações empáticas no cotidiano da prática profissional do enfermeiro serão apresentadas a seguir.

Verbalizações não empáticas

PACIENTE	ENFERMEIRO
"Eu estou tão preocupada com a minha cirurgia."	"Não se preocupe, a equipe médica é ótima!"
"Enfermeira, eu estou triste, estou aqui faz tempo... nem sei por que Deus ainda não me levou..."	"Não fale assim, o senhor está melhorando. Tenha fé."

Essas verbalizações mostram que o enfermeiro se mostrou sensível à situação do paciente. Entretanto, o profissional não considerou a perspectiva da pessoa sob seus cuidados, não validou sua experiência focalizando a solução para o problema do paciente, com base em sua própria perspectiva. Falcone (1998) afirma que algumas pessoas emitem verbalizações que consideram positivas quando, na verdade, o efeito é negativo. Acrescenta que quando a pessoa diz que está preocupada com acontecimentos futuros e o ouvinte lhe tranquiliza afirmando que tudo vai correr bem, não ajuda porque não suprime a preocupação no aqui e agora.

Ajuda muito a experiência empática quando a pessoa presta atenção e vai ouvindo atentamente o outro de maneira sensível, buscando compreender a ideia central do conteúdo de sua fala, bem como os sentimentos que acompanham a narrativa. Para isso, nos dois exemplos apresentados, seria adequado se o enfermeiro se perguntasse mentalmente:

"Sobre o que o paciente está falando?"

"Qual é o sentimento do paciente? Ou seja, qual é a sua dor? O seu sofrimento?"

"Por que o paciente se sente assim?"

Essas perguntas direcionam o foco para o paciente e levam em consideração seus sentimentos e seu ponto de vista. As respostas e as soluções não estão prontas, elas precisam ser esclarecidas, compreendidas a partir do compartilhamento com o outro.

Verbalizações empáticas

PACIENTE	ENFERMEIRO
"Eu estou tão preocupada com a minha cirurgia."	"Eu posso entender que você esteja preocupada com a sua cirurgia. Você gostaria de falar comigo sobre suas preocupações?"
"Enfermeira, eu estou triste, estou aqui faz tempo... nem sei por que Deus ainda não me levou..."	"Eu imagino como deve ser difícil ficar internado tanto tempo, sr. Fulano. O senhor tem razão. Vamos conversar sobre essa tristeza que está sentido...?"

As verbalizações mostram que o enfermeiro foi capaz de prestar atenção e ouvir sensivelmente o paciente, percebendo seus sentimentos, relacionando-os com a perspectiva do paciente e com o contexto. Ao verbalizar dessa maneira, deixa a possibilidade para o paciente fazer autorrevelações. Esse comportamento empático ajuda o paciente a se sentir acolhido, respeitado e validado, sentimentos que podem favorecer na redução do grau de afetos negativos sobre sua situação de saúde e ajudá-lo a compreender seu quadro de maneira mais realista. No primeiro exemplo, *"Eu estou tão preocupada com a minha cirurgia."*, inúmeros podem ser os motivos, pois são muitas "as fantasias" que levam às preocupações, dependendo da experiência pessoal de cada um. No segundo exemplo, o paciente indaga sobre o sentido da vida. Então, quando o profissional considera essa singularidade, ele demonstra com esse ato o cuidado de enfermagem individualizado.

6.3 A tomada de perspectiva favorece a redução da angústia pessoal no enfermeiro

Em estudo experimental realizado por Kestenberg (2010), no qual foi avaliada a eficácia de um Programa de Desenvolvimento da Empatia (PDE) para graduandos de enfermagem, emergiram dados que possibilitam ampliar a compreensão sobre a importância da tomada de perspectiva, a partir da autoconsciência e da consciência do outro, na redução da angústia pessoal do enfermeiro.

O programa foi conduzido ao longo de um estudo com dois grupos tipificados, sob delineamento experimental (grupos experimental e de controle), do qual participaram 33 estudantes do 8º período do curso de graduação em enfermagem de uma universidade pública do Rio de Janeiro. Os 17 estudantes do grupo experimental e os 16 do grupo controle foram avaliados antes da intervenção, imediatamente após e com *follow-up* de 30 a 40 dias. O PDE foi realizado em 16 encontros semanais, com duração média de três horas cada. Para a avaliação da eficácia do programa foram utilizadas medidas pertencentes à estatística inferencial. Os participantes realizaram avaliação do PDE e de seus desempenhos, que foi utilizada como um suplemento das medidas quantitativas. Tais relatos foram analisados a partir da técnica de análise de conteúdo proposta por Bardin (1991).

Neste capítulo serão apresentados alguns dados extraídos da análise qualitativa dos relatos dos participantes. Essa análise foi consubstanciada a partir da demarcação de 441 unidades de registro (UR) agrupadas em 84 temas que, por sua vez, geraram 7 categorias (ver Kestenberg, 2010). Serão abordadas duas categorias: "tomada de perspectiva", que abarca a capacidade de compreensão dos sentimentos e dos pensamentos de outra pessoa e envolve a autoconsciência e a consciência do outro; e "redução da angústia pessoal".

As temáticas que constituem as duas categorias evidenciam que os participantes compreenderam a experiência empática como um processo de retroalimentação, ou seja, ela aumenta a autoconsciência e a consciência do outro e esses processos são responsáveis, por sua vez, por ampliar a empatia. Os participantes relatam que a capacidade para discriminar "o que é meu e do outro" favorece a redução da angústia pessoal. Indicam também que os processos cognitivos de autoconsciência e consciência do outro alimentam a capacidade humana de adotar a perspectiva do outro e mostram a dimensão sensível da enfermagem. Os participantes acrescentam, ainda, que podem ocorrem generalizações das habilidades empáticas para diferentes contextos sociais. Essas temáticas serão analisadas a seguir a partir de alguns relatos.

> *Eu gostei muito quando eu consegui separar o que era meu e o que era do paciente. É tão bom que parece que você tira um peso das costas. Tem coisa que é difícil, mas eu não posso viver a vida do paciente. Então, eu sei que não estou sofrendo tanto como eu sofria quando eu ia cuidar do paciente. Eu sou eu e o paciente é o paciente e então eu me sinto mexida no sentimento sim, mas eu estou conseguindo cuidar melhor do paciente. É mesmo.* (v.e 10)

> *Professora, eu acho que é muito difícil você cuidar de um paciente que está sofrendo e não se sentir um pouco angustiada. Não tem como não sentir porque quando a gente vê, já está sentindo. Eu pensava que isto era empatia, sinceramente eu pensava que eu era empática porque eu sofria muito com o paciente. Agora estou vendo que era só angústia mesmo [risos].* (v.e 5)

> *A nossa profissão parece ser muito técnica, mas não é. Tem muitos elementos sensíveis que às vezes a gente nem percebe e se dá mal. Sai cansada e nem trabalhou tanto e isto ninguém quase percebe. Agora estou vendo que devem ser as coisas que eu guardo sem saber que estou guardando, por exemplo: chateações, ver o paciente mal, às vezes os outros não tratam bem e aí dá pena.* (v.e 12)

A situação experimentada pelo paciente pode mobilizar emoções no profissional que são importantes para ativar o comportamento de ajuda, mas precisam ser administradas. Alguns estudos (Benincá, Fernandez & Grumann, 2005; Camargos & Dias, 2002; Pinho & Santos, 2008; Takaki & Sant'Ana, 2004) mostram que o profissional de enfermagem tem uma tendência a experimentar sentimentos de compaixão e de interesse pelo estado emocional do paciente. A questão para alguns profissionais é o fato de não saberem lidar com a situação de angústia vivida pelo paciente, o que sugere dificuldade em discriminar o que é seu (autoconsciência) e o que é do paciente (consciência do outro).

Alguns enfermeiros, via de regra, se identificam com os pacientes, o que pode lhes causar sofrimento emocional porque ficam "encharcados" de emoções, enquanto outros se afastam da situação como mecanismo de autopreservação, mas em ambos os casos há uma probabilidade de comprometer a efetividade do cuidado de enfermagem. Batson, Fultz e Schoenrade (1992) afirmam que em situações de desconforto emocional diante do compartilhamento de experiências emocionais, pode surgir o sentimento de autopreservação e, então, a pessoa tende a se afastar da situação incômoda. É possível pensar que um dos grandes desafios da enfermagem é ter a capacidade de se compadecer, se sensibilizar diante da dor, do sofrimento do paciente, contando com recursos cognitivos que permitam a gestão afetiva e uma prática de cuidado/profissional efetiva.

Estudos de Preston e de Waal (2002) ajudam na compreensão dessa situação vivenciada pelo enfermeiro cotidianamente. Os autores afirmam que o compartilhamento da experiência emocional do outro pode ativar automaticamente respostas somáticas e autonômicas, traduzindo-se em angústia pessoal – sensação caracterizada por um sentimento de desconforto diante do sofrimento de outra pessoa. No entanto, a regulação dessas respostas através de processos cognitivos mais sofisticados como a autoconsciência e consciência do outro, a flexibilidade cognitiva e a autorregulação vão possibilitar a empatia de forma mais plena. Desse modo, parece existir no processo empático um *continuum* que começa com a angústia pessoal e culmina com a empatia, como afirmou Thompson (1992). Se a pessoa não consegue regular suas próprias emoções no contato com o outro em sofrimento, torna-se difícil ativar um comportamento de ajuda, pois, experimentando a angústia o indivíduo, foca a experiência em si mesmo, o que dificulta prestar atenção, ouvir e compreender as razões do outro e isso pode provocar consequências danosas nas interações sociais (Falcone, 1998).

Particularmente nas profissões "de ajuda", é muito importante a compreensão de que a decisão de ajudar alguém pressupõe uma análise complexa que leva em consideração a relação custo-benefício sobre os efeitos percebidos em ajudar. Entram em jogo tanto os processos afetivos quanto os cognitivos necessários para avaliar até que ponto a ajuda pode acontecer de forma saudável. Nessa elaboração, se o custo for maior que o benefício, a pessoa pode não concretizar a ação de ajudar, o que não invalida a sensibilidade afetiva, a mobilização experimentada diante da situação presenciada, bem como não desqualifica a intenção altruísta ativada pela preocupação empática (Falcone, 1998; Falcone *et al.*, 2009).

Alguns profissionais de enfermagem, movidos pelo desejo de ajudar, deixam muitas vezes de atender suas próprias necessidades como, por exemplo, tirar um momento adequado para se alimentar. O altruísmo parece se constituir num *continuum* que precisa ser equilibrado. Se uma pessoa priorizar de forma indiscriminada o bem-estar do outro em detrimento de seu próprio, possivelmente se colocará em estado de autossacrifício, um dos efeitos negativos do altruísmo extremo. Pessoas com esse padrão de comportamento tendem a se deprimir e a sentir raiva com frequência, o que dificulta os relacionamentos e é um entrave para a empatia (Falcone *et al.*, 2009).

6.4 A tomada de perspectiva e redução da angústia pessoal ajuda na qualidade do cuidado ao paciente

Há uma ideia do senso comum de que o enfermeiro, no contato constante com as dores humanas, se torna necessariamente frio. Os depoimentos a seguir mostram que é possível aprender outra maneira de lidar com o sofrimento humano. Indicam, ainda, que a aprendizagem de uma habilidade social pode se estender para diferentes contextos sociais, favorecendo a qualidade dos relacionamentos interpessoais.

> *Cada vez eu vejo que o mais importante para mim é a gente saber separar a parcela de responsabilidade. Eu estou sabendo separar o que é meu e o que é do outro. Não é só com os pacientes, com os amigos, com os colegas de turma, com a minha família. Com os pacientes eu percebo que não entro no sofrimento deles e não quer dizer que fiquei fria, não é isto. Mas quando eu não sofro, eu posso cuidar melhor. E também eu sinto que eu me respeito mais também. Fico menos angustiada, menos aflita.* (v.e 3)

> *Lá na DIP eu sofri muito... tanto que eu mudei de paciente. Agora eu estou vendo que isto é normal e tem cura (risos) porque hoje eu estou numa outra enfermaria com um paciente que está muito grave e eu fico com pena dele... da família, sabe? Mas o que eu posso fazer é cuidar bem dele.* (v.e 7)

> *Eu treinei com os pacientes, mas treinei lá em casa também. Minha mãe disse que eu estou mais calma... escutando mais. É que eu estou vendo que tem coisas que são dela e eu não vou mudar. Agora eu estou entendendo. Engraçado...* (r.q 2)

O trabalho do enfermeiro implica em conviver e lidar com sentimentos e emoções demandadas dos pacientes, de seus familiares e também de si próprios. Esse aumento da consciência dos aspectos afetivos inerentes à enfermagem parece ter contribuído para que os estudantes identificassem a necessidade de automonitoramento na interação com os pacientes, através do desenvolvimento de uma maior percepção e regulação das próprias emoções. Isso favorece o distanciamento necessário para o entendimento de que a experiência de sofrimento é do paciente, o que ajuda a reduzir a angústia e a abrir espaço para a responsabilidade profissional de fazer pelo paciente o que deve ser feito. Ao afirmar "o que posso fazer é cuidar bem dele", o estudante confere *status* moral ao relacionamento enfermeiro-paciente.

Os depoimentos indicam que os estudantes se mostraram capazes de experimentar o afeto mais voltado para o paciente do que para si mesmos, o que possibilita uma preocupação genuína com o bem-estar do outro, uma consideração, uma compaixão. Para Sponville (2000), essa capacidade de se compadecer é o que permite passar da ordem afetiva para a ordem ética, do que somos ou queremos para o que devemos ser. Então os *insights* cognitivos são importantes e entram em jogo para ajudar a modular as emoções, sem que se perca a capacidade de se sensibilizar.

Sentimentos profundos, quando são divididos com uma pessoa empática e retornam de modo clarificado, resultam em um senso assegurado de ser entendido, validado e de ser aceito tal como se é. Esse sentimento de pertencimento se configura dentre os eventos mais importantes da experiência humana (Nichols, 1995).

É importante destacar que essa capacidade de compreender e respeitar os sentimentos e o ponto de vista do paciente é um recurso para ajudar o enfermeiro a cuidar do paciente, mas também a cuidar de si. A redução do afeto negativo favorece a proximidade, o fortalecimento de vínculos e as trocas: todos são elementos essenciais para que a relação com o paciente se construa de forma terapêutica. A empatia é um caminho de mão dupla porque gera uma série de respostas positivas tanto em quem está sendo alvo do comportamento quanto em quem o emite (Batson, Fultz, & Schoenrade, 1992; Bohart & Greenber, 1997; Falcone, 1998).

6.5 Algumas considerações finais

A enfermagem é gente que cuida de gente, como afirmara a enfermeira Horta (1979). Em seu cotidiano, o profissional vai se deparar diuturnamente com o outro em sofrimento, com afetos e desafetos de toda ordem dada a grande rede de relações que ali se estabelecem. Talvez um dos fatores mais difíceis seja conviver permanentemente com o adoecimento humano; é difícil conviver com esse fenômeno sem ser afetado por ele. Então, é possível pensar que uma das saídas mais adequadas é aprender a lidar com essa situação.

O enfermeiro convive com o paradoxo do "curador ferido". O contato com suas próprias sensações, seus sentimentos e suas fragilidades humanas podem ajudá-lo a entender a vulnerabilidade do paciente e a adotar uma atitude compreensiva na relação com essa pessoa "cuidada". Mas os estudos apresentados neste texto mostram que alguns enfermeiros têm dificuldade para lidar com o sofrimento, ora se "encharcando" de emoções que geram a angústia pessoal, ora adotando o comportamento de esquiva como mecanismo de autopreservação. Ambas as atitudes não ajudam ao paciente nem ao próprio profissional. Então é preciso encontrar saídas que promovam a qualidade do cuidado de enfermagem e também o bem-estar do enfermeiro.

As manifestações empáticas possibilitam a construção desse caminho porque favorecem a formação de vínculos emocionais, tão essenciais na relação enfermeiro-paciente. A autoconsciência e a consciência do outro, bem como a flexibilidade interpessoal, são recursos cognitivos que ajudam o enfermeiro a gerenciar suas emoções diante das fragilidades que o adoecimento impõe ao ser humano. Isso favorece maior efetividade no cuidado de enfermagem. Ao mesmo tempo, esse comportamento empático beneficia o próprio enfermeiro, porque ajuda na redução do desconforto e do sentimento de angústia, concorrendo, assim, para aumentar sua sensação de alívio e seu bem-estar pessoal.

6.6 Referências

Bardin, L. (1991). *Análise de conteúdo.* São Paulo: Martins Fontes.

Batson, C. D., Fultz, J., & Schoenrade, P. A. (1992). Las reacciones emocionales de los adultos ante el malestar ajeno. In N. Eisenberg & J. Strayer (Orgs.), *La empatía y su desarrollo* (pp. 181-204). Bilbao, Espanha: Desclée de Brower.

Benincá, C. R., Fernandez, M., & Grumann, C. (2005). Cuidado e morte do idoso no hospital: vivência da equipe de enfermagem. *Revista Brasileira de Ciências do Envelhecimento Humano, 2,* 17-29.

Bohart, A. C. & Greenberg, L. S. (1997). Empathy in psychotherapy: an introductory overview. In A. C. Bohart & L. S. Greenberg (Orgs.), *Empathy reconsidered: new directions in psychotherapy* (pp. 3-31). Washington, DC: APA.

Camargos, A. T. & Dias, L. O. (2002). Comunicação: um instrumento importante para humanizar o cuidado de enfermagem em unidade de terapia intensiva. *Anais do 8º Simpósio Brasileiro de Comunicação em Enfermagem.* Recuperado em 24 de junho de 2012 em <www.proceedings.scielo.br>.

Davis, M. H. (1980). A multidimensional approach to individual differences in empathy. *Catalog of Selected Documents in Psychology, 10,* p. 85.

Davis, M. H. (1983). Measuring individual differences in empathy: evidence for a multidimensional approach. *Journal of Personality and Social Psychology, 44,* 113-126.

Decety, J. & Jackson, P. L. (2004). The functional architecture of human empathy. *Behavioral and Cognitive Neuroscience Reviews, 3,* 71-100.

Decety, J. & Lamm, C. (2009). Empathy versus personal distress: Recent evidence from social neuroscience. In J. Decety & W. Ickes (Orgs.), *The social neuroscience of empathy* (pp. 199-213). Massachusetts: A Bradford Book.

Falcone, E. M. O. (1998). *A avaliação de um programa de treinamento da empatia com universitários.* Tese de Doutorado não publicada, Pós-Graduação em Psicologia Clínica, Universidade de São Paulo, São Paulo.

Falcone, E. M. O.; Gil, D. B. & Ferreira, M. C. (2007). Um estudo comparativo da frequência de verbalização empática entre psicoterapeutas de diferentes abordagens teóricas. *Estudos de Psicologia, 24,* 451-461.

Falcone, E. M. O., Ferreira, M. C., Luz, R. C. M., Fernandes, C. S., Faria, C. A., D'Augustin, J. F., Sardinha, A., & Pinho, V. D. (2008). Inventário de Empatia (I.E.): desenvolvimento e validação de uma medida brasileira. *Revista Avaliação Psicológica, 7* (3), 321-334.

Falcone, E. M. O., Bussab, V. S. R., & Ferreira, M. C. (2009). A evolução e as relações entre os estilos de vinculação, a empatia e a raiva. *Anais do II Seminário Internacional de Habilidades Sociais.* Recuperado em DATA de <http://newpsi.bvs-psi.org.br/eventos/ANAIS_II-SIHS2009pdf>.

Filizola, C. L. A. F. & Noeli, M. L. A. (1997). O envolvimento emocional para a equipe de enfermagem: realidade ou mito? *Revista Latino-Americana de Enfermagem, 5,* 9-17.

Formozo, G. A. (2007). *As representações sociais do cuidado de enfermagem prestado à pessoa que vive com HIV/AIDS na perspectiva da equipe de enfermagem.* Dissertação de Mestrado na publicada, Universidade do Estado do Rio de Janeiro, Faculdade de Enfermagem, Rio de Janeiro.

Gomes A. M. T, Thiengo, P. C. S, Anunciação, C. T., Oliveira, D. C., & Kestenberg C. C. F. (2010). Representações sociais das atividades da enfermagem junto aos pacientes soropositivos: caracterizando ações e atores sociais. *Rev. Eletr. Enf. [Internet], 1,* 16-23.

Hoffman, M. L. (1992). La aportación de la empatía a la justicia y al juicio moral. In N. Eisenberg & J. Strayer (Orgs.), *La empatía y su desarrollo* (pp. 59-93). Bilbao: Desclée de Brouwer.

Horta, W. A. (1979). Processos de enfermagem. São Paulo: EPU/Ed. Universidade de São Paulo.

Ickes, W. (1997). Introduction. In W. Ickes (Ed.), *Empathic accuracy.* (pp. 1-16). New York: Guilford.

Ickes, W., Marangoni, C. & García, S. (1997). Studying empathic accuracy in a clinically relevant context. In W. Ickes (Ed.), *Empathic accuracy.* (pp. 282-310). New York: Guilford.

Kestenberg, C. C. F. (2010). *Avaliação de um programa de desenvolvimento da empatia para graduandos de enfermagem.* Tese de Doutorado não publicada, Curso de Pós-Graduação em Psicologia Social, Universidade do Estado do Rio de Janeiro, Rio de Janeiro.

Mohr, P., Howells, K, Gerace, A., Day, A,. & Wharton, M. (2007). The role of perspective taking in anger arousal. *Personality and Individual Differences, 43*, 507-517.

Morse, J. M., Bottorff, J., Anderson, G., O'brien, B., & Solberg, S. (1992). Beyond empathy: expanding expressions of caring. *Journal of Advanced Nursing, 17*, 809-821.

Nichols, M. P. (1995). *The lost art of listening*. New York: Guilford.

Pinho, L. B. & Santos, S. M. A. (2008). Dialética do cuidado humanizado na UTI: contradições entre o discurso e a prática profissional do enfermeiro *Revista Escola de Enfermagem da USP, 1*, 66-72.

Preston, S. D. & de Waal, F. B. M. (2002). Empathy: its ultimate and proximate bases. *Behavior and Brain Sciences, 25*, 1-72.

Stumm, E. M. F., Leite, M. T., & Maschio, G. (2008). Vivência de uma equipe de enfermagem no cuidado ao paciente com câncer. *Revista Cogitare Enfermagem, 1*, 75-82.

Sponville, A. C. (2000). *Pequeno tratado das grandes virtudes*. São Paulo: Martins Fontes.

Takaki, M. H. & Sant'Ana, D. M. G. (2004). A empatia como essência no cuidado prestado ao cliente pela equipe de enfermagem na unidade de terapia intensiva. *Cogitare Enfermagem, 9*, 78-83.

Thompson, R. A. (1992). Empatía y comprensión emocional: el desarrollo temprano de la empatía. In N. Eisenberg & J. Strayer (Orgs.), *La empatía y su desarrollo* (pp. 133-161). Bilbao, Espanha: Desclée de Brower.

Autoras:

Celia Caldeira Fonseca Kestenberg – Doutora em Psicologia Social pela Universidade do Estado do Rio de Janeiro. Docente da Faculdade de Enfermagem da UERJ. Contato: celiaprofuerj@gmail.com

Eliane Mary de Oliveira Falcone – Mestre em Psicologia Clínica pela PUC-Rio; Doutora em Psicologia Clínica pela Universidade de São Paulo; Pós-Doutora em Psicologia Experimental pela Universidade de São Paulo; Professora adjunta do Instituto de Psicologia do Estado do Rio de Janeiro; Docente do Programa de Pós-Graduação em Psicologia Social – UERJ. Contato: elianefalcone@uol.com.br

Empatia e trajetórias de desenvolvimento: algumas reflexões[1]

Rafael Vera Cruz de Carvalho

Maria Lucia Seidl-de-Moura

It is vital that when we educate our children's brains we do not neglect to educate their hearts by nurturing their compassionate nature.

[É vital que quando educamos o cérebro de nossas crianças, não negligenciemos a educação de seus corações, nutrindo sua natureza compassiva].

Dalai Lama

[1] Os autores agradecem a diversos colaboradores com os quais têm mantido discussões muito produtivas sobre os temas aqui abordados, especialmente ao professor Mauro Luis Vieira (UFSC). Este capítulo foi possível através do financiamento da *International Society for the Study of Behavioural Development* (ISSBD) e da *Jacobs Foundation* (JF) através da ISSBD-JF *Mentored Fellowship* concedida ao primeiro autor, que também é doutorando em Psicologia Social da UERJ, bolsista FAPERJ, orientado pela segunda autora, que possui *grant* do CNPq (bolsista 1A) e da FAPERJ (Cientista do Nosso Estado).

7.1   Introdução

Qual a importância de termos habilidades sociais? Mais especificamente, qual a importância de sermos empáticos? Muito já se estudou sobre treinamento de habilidades sociais, incluindo a habilidade empática, e parece que essa é uma capacidade universal dos seres humanos e até compartilhada em algum grau com outras espécies. No entanto, será que podemos considerar o *desenvolvimento* da empatia uma característica humana universal? A forma como ela se apresenta em diversos contextos será única? Será que é diferente ser empático em um contexto onde é valorizado o individualismo ou o coletivismo? Este capítulo visa a levantar algumas reflexões e discutir o papel de trajetórias de desenvolvimento na ontogênese dessa habilidade social.

A abordagem teórica que norteia esta discussão é a Psicologia Evolucionista do Desenvolvimento (Geary & Bjorklund, 2000). Essa abordagem servirá de alicerce para este capítulo, sustentando o argumento de que somos "apenas mais uma espécie única" (expressão de R. Foley, citada por Leakey, 1995) e que, dentre as características de nossa espécie estão: o longo período de dependência de cuidados parentais para a sobrevivência no curso do desenvolvimento (Seidl-de-Moura & Ribas, 2009), a formação de núcleos familiares para proporcionar esses cuidados (Geary & Flinn, 2001) e a necessidade de desenvolver capacidades sociocognitivas para lidar com o meio social (Lopes, Magalhães & Brito, 2005; Seidl-de-Moura, 2005). Além disso, concordamos com a visão de Bussab e Ribeiro (1998) de que somos seres "biologicamente culturais". Temos uma base biológica que nos permite o aprendizado na interação com o meio cultural de nascimento. É através de mecanismos epigenéticos que ocorre nosso desenvolvimento, ou seja, na interação de nossa carga genética com o ambiente físico e social, o que permite a produção de respostas melhores ajustadas ao meio cultural que nos rodeia. Essa noção pode ser relacionada com o conceito de Vygotsky (1998) de zona de desenvolvimento proximal (ZDP). A ZDP é a diferença entre as capacidades do desenvolvimento real, as atividades que a criança consegue desenvolver sem precisar de ajuda e as capacidades que ainda estão sendo aprimoradas e que podem ser realizadas com algum auxílio (Vygotsky, 1998). Ou seja, a ZDP representa as capacidades que estão no processo de desenvolvimento e serão integradas quando passarem a ser realizadas autonomamente. A epigênese ocorre na fronteira de interação entre as capacidades que estão dentro da ZDP e as demandas do meio. O *feedback* que esse meio traz para o desenvolvimento favorece o aprimoramento e a realização autônoma das atividades pela criança. Isso é possível devido à flexibilidade para o aprendizado característica de nossa espécie.

Integrados a essa visão mais geral estão os modelos de Bronfenbrenner (1996) e de Harkness e Super (1996), que fornecem uma concepção sobre o desenvolvimento situado no contexto, tendo a família como ambiente de interação inicial que nos influencia por meio das crenças e práticas de cuidado parentais. Sobre essa base teórica, abordaremos as relações entre empatia e o desenvolvimento voltado para a autonomia ou para a relação.

7.2   A empatia como habilidade de uma espécie social

A empatia pode ser definida, de uma maneira ampla, como a capacidade de compreender a visão do outro e de expressar essa compreensão (Falcone, 2003). É uma habilidade social que compartilhamos em algum grau com alguns outros animais, principalmente com outras espécies de primatas,[2] com cetáceos[3] e até com roedores.[4] Considerando essa continuidade, Preston e de Waal (2002) defendem um modelo que possa dar conta dos fenômenos empáticos que ocorrem em espécies diversas. Para os autores, haveria um mecanismo

---

[2]   Exemplo da gorila Kuni, citada por de Waal (2007) que tentou ajudar uma ave caída em sua jaula.

[3]   Exemplo de um grupo de golfinhos que cercou uma família de mergulhadores protegendo-os de um ataque de tubarão na Nova Zelândia (Recuperado em DATA de: **23/11/2004**. http://noticias.terra.com.br/mundo/noticias/0,OI427239- -EI294,00-Golfinhos+salvam+nadadores+de+ataque+de+tubarao.html).

[4]   Em estudo recente, Bartal, Decety e Mason (2011) sugerem evidências prossociais em ratos.

de percepção-ação (PAM, na sigla em inglês, de *Perception-Action Model*), que funcionaria inicialmente para o filhote (humano ou não) perceber e aprender a partir das expressões dos seus cuidadores. Preston e de Waal (2002) argumentam que o PAM teria evoluído para as respostas básicas ao ambiente e à vida social e depois teve sua função extrapolada e passou a se relacionar ao cuidado parental da prole. Nesse ponto específico, discordamos dos autores, já que o cuidado da prole pode ser considerado um dos mais importantes problemas adaptativos enfrentados não apenas por nossa espécie, mas por toda a gama de espécies em que o investimento parental está presente (Carroll, 2005). Logo, o cuidado parental deve ser considerado uma resposta básica tanto quanto as respostas que os organismos precisam apresentar na sua interação com o ambiente físico e social. Podemos levantar a hipótese de que o PAM tenha surgido nessa complexa dinâmica de lidar com aspectos da vida social e do cuidado com a prole, entre outros problemas adaptativos, que são as pressões seletivas enfrentadas no decorrer de longos períodos de tempo na evolução (Izar, 2009).

A influência do PAM nas interações entre pais e filhos permitiu que o filhote se desenvolvesse quanto à regulação e à sincronia emocionais necessárias para o desenvolvimento empático. O contágio emocional inicial teria sua função adaptativa no cuidado parental, pois se os pais percebem emoção similar, tendem a agir de forma apropriada, o que aumenta a sobrevivência do filhote e, consequentemente, o sucesso reprodutivo dos pais.

Além disso, direcionar cuidado para reduzir o choro infantil, por exemplo, evitaria chamar a atenção de eventuais predadores próximos. Falk (2004) apresenta uma hipótese relacionada à evolução linguística considerando a importância do "manhês" (do inglês *motherese*)[5] como forma de cuidado distal para acalmar o filhote e evitar seu choro. Concebendo um ambiente de coleta, em que não haveria outra forma de carregar os bebês a não ser nos braços, Falk sugere que os filhotes eram colocados no solo para que suas mães pudessem ter as mãos livres para coletar alimentos. Com a distância do colo materno, os bebês tenderiam a chorar, mas seriam acalentados por suas mães através dessa forma de falar que tanto lhes chama a atenção. E aquelas crianças que se calavam mais com o manhês tendiam a chamar menos a atenção de predadores, por sua vez. O PAM parental pode ter apresentado importante função nesse caso, permitindo pronta reação dos cuidadores e mais chances de sobrevivência a sua prole.

Assim, segundo a concepção desses autores, o PAM permite perceber as condições ambientais e incorporá-las a nosso plano de ação, "afinando" as respostas dos circuitos lapidados pela seleção natural. Esse mecanismo em aberto seria baseado nos neurônios-espelho, que dão suporte à relação flexível entre percepção e ação (Preston & de Waal, 2002). Neurônios-espelho são células nervosas ligadas ao córtex motor, que disparam ativação durante a execução de uma ação e também ao observar a ação alheia (Hauser & Wood, 2010; Iacoboni, 2009).

Segundo Iacoboni (2009), a maioria dos neurônios-espelho não dispara somente durante a execução das mesmas ações observadas (que é a característica dos neurônios-espelho de congruência estrita), mas sim para ações que não são as mesmas observadas, porém visam ao mesmo objetivo ou estão relacionadas logicamente (o que caracteriza os de congruência abrangente). Esse padrão de funcionamento da maioria dos neurônios-espelho é coerente com o PAM de Preston e de Waal (2002), pois sua flexibilidade nas interações sociais permite ações de cooperação para além da pura imitação (Iacoboni, 2009).

Há evidências do funcionamento dos neurônios-espelho e do uso da empatia ligados à música (por exemplo, Engel & Keller, 2011 e Kohler *et al.*, 2002) e aos esportes (Yarrow, Brown & Krakauer, 2009). O "ensaio mental" é considerado fundamental nessas duas áreas de atividades humanas que exigem um desempenho que evite erros. Também podemos considerar fundamental o "ensaio mental" das ações dos outros, se considerarmos o sentido adaptativo da aprendizagem de determinados comportamentos que exigem destreza, como manejo de ferramentas para obtenção de alimento através da caça, da abertura de cascas de frutos etc.

---

[5] Também conhecido como Fala Dirigida a Crianças (FDC). Refere-se à forma como adultos falam com crianças de até cerca de 3 anos de idade, ressaltando vogais e tornando a entonação melódica.

Na literatura também há sugestões sobre a existência de um sistema espelho auditivo (*auditory mirror system*) em humanos, assim como em outros primatas. Esse sistema pode estar relacionado à empatia – foi observada sua ativação em ressonâncias (fMRI) –, tanto quando os participantes observaram ações, quando apenas ouviram sons ligados a essas ações; além dessa ativação ter sido maior naqueles que obtiveram escores mais altos em um instrumento para avaliar tomada de perspectiva (Gazzola, Aziz-Zadeh & Keysers, 2006). Esse estudo demonstrou correlação apenas entre o escore de tomada de perspectiva e a ativação do sistema espelho auditivo, no entanto, os próprios autores reconhecem o papel exploratório dessa pesquisa. Diferentes áreas cerebrais podem estar envolvidas nos diferentes componentes da empatia (Gallese, Keysers & Rizzolatti, 2004; Keysers & Gazzola, 2006), como a preocupação empática, apontada como correlacionada à ativação cerebral da ínsula (Singer *et al.*, 2004; Singer *et al.*, 2006; Singer, Critchley & Preuschoff, 2009).

Além dessa integração com a visão das neurociências, em 2008, de Waal. fez algumas adaptações a seu modelo teórico e o denominou modelo da "boneca russa" (*Russian doll model*). Ele insere o mecanismo de percepção-ação na sua camada mais interna, que é base para as camadas mais externas e complexas na medida em que a distinção entre si e os outros ("*self*-outros") aumenta ao longo do desenvolvimento. No modelo "boneca russa", quanto mais externa a camada, maior o uso do córtex pré-frontal que ela requer e maiores as possibilidades de extrapolação da função empática para outras pessoas não aparentadas e até mesmo para indivíduos de outras espécies. Assim, seu modelo busca englobar os fenômenos empáticos dos níveis mais simples – o mimetismo motor e o contágio emocional –, passando pelos intermediários – a imitação coordenada e a preocupação e a consolação simpáticas –, chegando aos níveis mais complexos – em que se apresentam a emulação, a tomada de perspectiva e a ajuda direcionada. Devido a sua amplitude, esse modelo de Waal (2008) nos serve de base para compreensão da empatia, associada às formas que a distinção "*self*-outros" mencionada nesse modelo pode assumir, como uma "corda guia" do desenvolvimento da noção de si.

7.3 Trajetórias de desenvolvimento: variedade na ontogênese do *Homo sapiens*

Antes de definirmos as próprias trajetórias de desenvolvimento, precisamos discutir um tema que as embasa: o desenvolvimento do *self*. O *self*, que se refere à noção que temos de nós mesmos, tem sido amplamente estudado pela Psicologia do Desenvolvimento e as evidências têm mostrado, ao contrário do que acreditava W. James, que o bebê não nasce em uma "confusão estonteante". Longe disso, um conjunto de mecanismos sensoriais possibilita ao recém-nascido, mesmo poucas horas após o nascimento, identificar a voz e o padrão de faces humanos comparados a outros sons e padrões de imagem e reconhecer a voz materna, por exemplo (para uma revisão sobre as capacidades iniciais, vide Seidl-de-Moura & Ribas, 2004; 2009).

As evidências também não corroboram a visão de um recém-nascido se vendo em estado fusional em relação a seus cuidadores. Diversos estudos testaram as capacidades iniciais sobre a identificação do bebê como um ser único, capacidades essas que continuam se desenvolvendo ao longo do ciclo vital. Por exemplo, imitar comportamentos faciais não visíveis, como colocar a língua para fora, pode ser considerado um comportamento relativamente complexo para um bebê. No entanto, está presente desde o nascimento e pode ser uma das bases da empatia a partir de certo grau de diferenciação de si e dos outros (para uma revisão sobre as bases do desenvolvimento do *self*, ver Seidl-de-Moura, Mendes, Pessôa & De Marca, 2009).

Assim, o bebê nasce com potencial de identificar seus cuidadores principais, delimitar o tipo de informação sensorial que recebe do meio (o que permite aquisições cada vez mais complexas em seu desenvolvimento) e de conceber a si próprio como um indivíduo. A essas capacidades também se somam as propensões de mobilização dos seus cuidadores para suas necessidades. Cuidadores, por sua vez, também possuem propensões e capacidades que são afetadas e respondem a sinais dos bebês, por exemplo, a pronta resposta que, em geral, temos ao choro de um bebê. Essas parecem ser capacidades e propensões universais, da nossa espécie *Homo sapiens*. Portanto, o desenvolvimento da noção de si (*self*) como ser separado dos demais no *plano sensorial* parece ser universal, embora, no *plano psicossocial*, a forma como o *self* se desenvolve varia de modo intimamente relacionado ao contexto sociocultural e ecológico em que vivemos.

Keller (2007), Kağitçibaşi (2007) e Greenfield (2009), entre outros autores, vêm propondo explicações e evidências empíricas de como as características humanas desenvolvem-se na ontogênese, em interação com características do contexto. Assim, o *self* desenvolve-se em algumas direções gerais de ênfase na autonomia e na relação, em conjunto com o desenvolvimento do que é ser socialmente competente em dado contexto. Essas direções são as trajetórias de desenvolvimento, que podem ser definidas como um reflexo na ontogênese de um conjunto de crenças e práticas parentais ajustadas ao contexto cultural e sociodemográfico. Os diferentes caminhos que o desenvolvimento pode tomar afetam diversos aspectos cognitivos e socioemocionais da mente e, podemos considerar a hipótese de que ocorre o mesmo com a empatia. Muitos estudos têm sido feitos sobre trajetórias de desenvolvimento com famílias de crianças pequenas e, em geral, com mães, mas não com o desenvolvimento da empatia em trajetórias diversas.

7.4 Relações entre empatia e trajetórias de desenvolvimento

Através de uma busca em periódicos no Google Acadêmico com os termos "empatia" e "Rio de Janeiro", encontramos estudos sobre empatia relacionados ao desenvolvimento e à utilização de instrumentos sobre empatia (por exemplo, Falcone *et al.*, 2008; Furtado, Falcone & Clark, 2003), a programas de intervenção com estudantes universitários (Falcone, 1999), a discussões sobre a humanização da saúde (Deslandes, 2005; Fernandes, 1993) e também relacionados a habilidades sociais de idosos (Carneiro, Falcone, Clark, Del Prette & Del Prette, 2007). No entanto, para o contexto do Rio de Janeiro, não foram encontrados estudos que abordassem o desenvolvimento da empatia sob uma ótica evolucionista, nem artigos que relacionassem essa habilidade social às trajetórias de desenvolvimento.

Embora a propensão ao desenvolvimento da empatia seja uma característica de nossa espécie, a trajetória que esse desenvolvimento segue na ontogênese pode ser afetada por variáveis diversas (Strayer & Roberts, 2004), inclusive a aprendizagem de modelos e a transmissão geracional. A família é um microcontexto importante desse processo. Pode-se pensar que esse desenvolvimento segue trajetórias e formas de socialização distintas, dependendo da valorização relativa das dimensões de autonomia e de relação que caracterizam a construção do *self* com o outro, como discutido no item anterior.

O desenvolvimento do *self* ocorre em caminhos diversos dependendo do contexto, mas há a tendência universal para a formação de relações primárias, já que fazemos parte de uma espécie social (Keller, Harwood & Carlson, 2009). Da mesma forma, é uma característica da espécie tender ao equilíbrio entre as dimensões de autonomia e relação, permitindo diferentes modos de "desenvolvimento saudável" em função do contexto.

Em alguns contextos, são mais valorizadas nos indivíduos características de autonomia e independência; em outros, são enfatizadas a relação com outros e a interdependência. Para Greenfield (2009) e Keller (2012), faz-se necessário pensar em um *continuum* entre essas duas formas de socialização, concebendo variações na manifestação dessas características de acordo com o valor maior dado a pessoas autônomas ou a pessoas que saibam se relacionar. Já para Kağitçibaşi (2012), essas formas de socialização (ou, como prefere a autora, trajetórias de desenvolvimento)[6] não são polos de um *continuum*, mas sim representam o cruzamento de duas dimensões distintas, relativas à agência e à distância interpessoal. Enfatizando a autonomia, estão as sociedades urbanas, ocidentais, com economia de comércio e de serviços e com mudanças rápidas nas crenças, negociadas dentro de uma mesma geração. Enfatizando aspectos relacionais, há as pequenas comunidades não urbanas, com predomínio da economia de subsistência e com resistência maior a mudanças nos sistemas de

---

[6] O conceito "trajetórias de socialização" tem sido bastante utilizado por diversos autores da área. Para alguns autores, como Kağitçibaşi, esse conceito pode ter uma conotação culturalista em excesso, como um "doutrinamento" e um fluxo de fora para dentro no indivíduo. No entanto, cabe esclarecer que essa expressão tem sido usada na literatura da área se referindo à socialização como um processo interacional entre indivíduo e meio social, à sua inserção ativa no ambiente físico-social.

crenças, dada a valorização da tradição (Seidl-de-Moura, 2009). Essas duas vias de desenvolvimento estão relacionadas a metas de socialização distintas, de independência/autonomia (sucesso, autorrealização, felicidade etc.) ou de interdependência/relação (relação harmoniosa com a família, bom comportamento, obediência a normas sociais etc.) (Leyendecker, Lamb, Harwood & Schölmerich, 2002) e correspondem, no nível da sociedade e aos padrões de individualismo e coletivismo, respectivamente (Kağitçibaşi, 2007; 2012).

Diversos estudos brasileiros buscaram contemplar a variabilidade das trajetórias de desenvolvimento. Moinhos, Lordelo e Seidl-de-Moura (2007) investigaram as metas de socialização de mães de Salvador, Bahia, que indicaram "expectativas sociais", "maximização do *self*" e "bom comportamento", categorias tanto de valorização da autonomia quanto da interdependência. Seidl-de-Moura *et al.* (2008) estudaram 350 mães de todas as regiões do Brasil e notaram variações culturais entre as diferentes cidades, demonstrando a presença dos três modelos culturais de Keller (2002) (autonomia, interdependência e autonomia relacionada) em função do tamanho da cidade e da escolaridade da mãe. Vieira, Seidl-de-Moura, Rimoli *et al.* (2010) investigaram as crenças e as práticas da mesma amostra de 350 mães em relação ao cuidado de crianças de 0 a 3 anos e foram mais valorizadas a "apresentação apropriada" de práticas e a "estimulação do desenvolvimento". Outra pesquisa conduzida por Seidl-de-Moura *et al.* (2009) analisaram as respostas de 200 mães do Rio de Janeiro, que valorizaram a autonomia de suas crianças, mas também acreditam na importância de elas saberem se relacionar. Também Vieira, Seidl-de-Moura, Mafioletti *et al.* (2010) verificaram que, apesar de tanto mães que vivem em capitais quanto mães de cidades do interior valorizarem ambas as dimensões de autonomia e relação, as do interior deram maior importância à relação e as das capitais deram igual importância a ambas. Considerando esse cenário, parece que a trajetória de desenvolvimento predominante no contexto nacional e, mais especificamente, no Rio de Janeiro é uma tendência para a autonomia-relacionada (Seidl-de-Moura, Carvalho & Vieira, submetido).

É importante também incluir nestas reflexões as ideias dos autores Henrich, Heine & Norenzayan (2010). Para eles, a grande maioria dos estudos sobre desenvolvimento (e na Psicologia, de um modo geral) é feita nas sociedades *WEIRD* (sigla em inglês para "*Western, Educated, Industrialized, Rich and Democratic*", que pode ser traduzido como "Ocidentais, escolarizadas, industrializadas, ricas e democráticas", com o significado de "estranho", no sentido de "minoria"). Em geral, o conhecimento científico psicológico que temos refere-se uma estreita faixa da variabilidade humana e as capacidades estudadas nos participantes *WEIRD* não devem ser tomadas *a priori* como universais, a menos que encontremos evidências mais gerais para afirmá-las (Henrich, Heine & Norenzayan, 2010). Kağitçibaşi (2007) se refere à mesma limitação dos estudos usando a expressão "maioria do mundo" ao mencionar os países que são berço da grande maioria das crianças que nascem no planeta (países que *não* são os Estados Unidos ou do continente europeu), apesar de serem considerados "o resto do mundo" por alguns. Esse argumento é apropriado por nós para enfatizar a importância de estudarmos desenvolvimento no Brasil, como um dos representantes da "maioria do mundo".

A partir da revisão desses temas na literatura, algumas reflexões foram feitas. Podemos pensar que o funcionamento PAM depende da interdependência entre o sujeito (agente da empatia) e o objeto (alvo da empatia) e da inter-relação entre ambos também – quanto mais forem relacionados, mais o sujeito se interessará pela situação do objeto, mais suas representações similares serão ativadas e maiores as chances de respostas apropriadas facilitadas pela compreensão do objeto (Preston & de Waal, 2002). Portanto, podemos supor que, em núcleos familiares em que a interdependência é valorizada, os membros poderão ser mais automaticamente empáticos por enfatizar a relação com o outro (seriam voltados para os outros). Por sua vez, os independentes usariam a capacidade empática de forma mais controlada, para perceber sinais emocionais dos outros relacionados às suas ações.

Por outro lado, se o PAM (considerando o funcionamento da empatia embasado pelo sistema espelho) ajuda também na predição de comportamento do outro, quanto mais se conhece o outro pelo convívio, menos precisaríamos lançar mão desse sistema. Logo, teoricamente tenderíamos a ser menos empáticos de um modo geral com familiares ou pelo menos isso ocorreria em situações cotidianas, que não as com risco ou perigo (*distress*), nas quais a ajuda aos aparentados seria adaptativa.

Também surgem questões como: em um contexto prototípico de interdependência, há mais empatia entre familiares do que entre pessoas não aparentadas? O que ocorre em um contexto de autonomia? A empatia em situações de ajuda difere da empatia em um momento de compreensão genérico? Podemos afirmar que a empatia depende do desenvolvimento de um *self* minimamente separado (para não ser contágio emocional), mas também do desenvolvimento do reconhecimento do outro como um "igual", através de algum grau de ligação emocional e relacionado ao problema adaptativo de reconhecer coespecíficos (a empatia entre espécies seria uma exaltação, ou seja, uma extrapolação da sua função original, para a qual foi selecionada) (Gould & Vrba, 1982). Logo, de que formas diferentes o PAM funcionaria se considerarmos os contextos de desenvolvimento?

7.5 Discussão

Mais do que deixar respostas, este capítulo teve como objetivo levantar reflexões sobre as relações entre empatia e as trajetórias de desenvolvimentos variadas que os seres de nossa espécie podem tomar. O estudo da literatura sobre as trajetórias nos leva e pensar que o modelo de *self* autônomo-relacionado pode ser o mais ajustado para lidar com as características de vida no mundo contemporâneo, globalizado, em concordância com Kağitçibaşi (2012). Para essa autora, equilibrar a capacidade de tomar decisões e agir por conta própria com a capacidade de se relacionar pode ser considerado uma meta de desenvolvimento saudável no mundo atual. Esse equilíbrio envolve também a empatia, como habilidade mediadora de relações mais agradáveis e que permitem maior coesão nos grupos sociais de que participamos. Portanto, treinos de habilidades sociais em intervenções ou atendimentos clínicos podem incluir considerações sobre as trajetórias de desenvolvimento, já que faz sentido pensarmos nas relações entre estas e a empatia. Assim como as metas da Terapia Cognitivo-Comportamental de considerar o cliente ativo no processo terapêutico, podemos pensar na importância de utilizar a clínica como um contexto de valorização tanto de autonomia do cliente quanto de suas relações pessoais. A partir da discussão apresentada neste capítulo, podemos planejar melhores estratégias de intervenção, mantendo em mente um objetivo importante da Psicologia, que é propiciar um desenvolvimento mental saudável para os indivíduos. As intervenções também podem ter como meta favorecer o desenvolvimento socioeconômico do país, por meio da valorização dos aspectos autônomo-relacionais frente a um mundo globalizado.

Acredita-se que uma abordagem que contemple a diversidade das formas que a ontogênese humana pode seguir permite uma visão mais ampla para lidar com a diversidade de clientes atendidos na clínica. Como foi visto, uma grande parte do conhecimento psicológico publicado está baseado em uma pequena parcela da população do mundo. Considerar as variações nas concepções de desenvolvimento pode ser mais efetivo do que pressupor generalizações a partir de pesquisas feitas em outros contextos para guiar o processo terapêutico. O que é ser socialmente competente em um contexto pode não ser o mesmo que em outro contexto. Assim, "ter saúde psicológica" também é uma definição situada e o psicoterapeuta precisa considerar isso em seus atendimentos. Certamente é um desafio que se apresenta tanto na clínica infantil quanto na psicoterapia de adultos e, de modo especial pela dinâmica entre gerações, no atendimento a famílias.

Espera-se que as reflexões aqui apresentadas sirvam de base para a realização de estudos teóricos, empíricos e de intervenção sobre empatia, considerando tanto sua base filogenética como as características do contexto e seu desenvolvimento em trajetórias diversas ao longo do ciclo vital.

7.6 Referências

Bartal, I. B. A., Decety, J., & Mason, P. (2011). Empathy and pro-social behavior in rats. *Science, 334*, 1427-1430.

Bronfenbrenner, U. (1996). *A ecologia do desenvolvimento humano: experimentos naturais e planejados.* Porto Alegre: Artes Médicas.

Bussab, V. S. R. & Ribeiro, F. L. (1998). Biologicamente cultural. In L. Souza, M. F. Quintal Freitas & M. M. P. Rodrigues (Orgs.), *Psicologia: reflexões (im)pertinentes* (pp. 175-193). São Paulo: Casa do Psicólogo.

Carneiro, R. S., Falcone, E., Clark, C., Del Prette, Z., & Del Prette, A. (2007). Qualidade de vida, apoio social e depressão em idosos: relação com habilidades sociais. *Psicologia: Reflexão e Crítica, 20* (2), 229-237.

Carroll, J. (2005). Literature and Evolutionary Psychology. In D. Buss. (Org.), *The handbook of Evolutionary Psychology* (pp. 931-952). Hoboken, NJ: John Wiley & Sons.

Deslandes, S. F. (2005). A ótica de gestores sobre a humanização da assistência nas maternidades municipais do Rio de Janeiro. *Ciência & Saúde Coletiva, 10* (3), 615-626.

Engel, A. & Keller, P. E. (2011). The perception of musical spontaneity in improvised and imitated jazz performances. *Frontiers in Psychology, 2*, 1-13.

Falcone, E. (1999). A avaliação de um programa de treinamento da empatia com universitários. *Revista Brasileira de Terapia Comportamental e Cognitiva, 1* (1), 23-32.

Falcone, E. (2003). Empatia. In C. N. Abreu & M. Roso. (Orgs.), *Psicoterapias construtivistas: novas fronteiras da prática clínica* (pp. 275-287). Porto Alegre: Artmed.

Falcone, E. M. O., Ferreira, M. C., Luz, R. C. M., Fernandes, C. S., Faria, C. A., D'Augustin, J. F., Sardinha, A., & Pinho, V. D. (2008). Inventário de empatia (I.E.): desenvolvimento e validação de uma medida brasileira. *Avaliação Psicológica, 7* (3), 321-334.

Falk, D. (2004). Prelinguistic evolution in early hominins: whence motherese? *Behavioral and Brain Sciences, 27*, 491-541.

Fernandes, J. C. L. (1993). A quem interessa a relação médico paciente? *Cadernos de Saúde Pública, 9* (1), 21-27.

Furtado, E. S., Falcone, E. M. O., & Clark, C. (2003). Avaliação do estresse e das habilidades sociais na experiência acadêmica de estudantes de medicina de uma universidade do Rio de Janeiro. *Interação em Psicologia, 7* (2), 43-51.

Gallese, V., Keysers, C., & Rizzolatti, G. (2004). A unifying view of the basis of social cognition. *Trends in Cognitive Science, 8* (9), 396-403.

Gazzola, V., Aziz-Zadeh, L., & Keysers, C. (2006). Empathy and the somatotopic auditory mirror system in humans. *Current Biology, 16*, 1824-1829.

Geary, D. C. & Bjorklund, D. F. (2000). Evolutionary developmental psychology. *Child Development, 71* (1), 57-65.

Geary, D. C. & Flinn, M. V. (2001). Evolution of human parental behavior and the human family. *Parenting: Science and Practice, 1* (1), 5-61.

Gould, S. J. & Vrba, E. S. (1982). Exaptation – a missing term in the science of form. *Paleobiology, 8* (1), 4-15.

Greenfield, P. M. (2009). Linking social change and developmental change: shifting pathways of human development. *Developmental Psychology, 45* (2), 401-418.

Harkness, S. & Super, C. M. (1996). *Parents' cultural beliefs systems: their origins, expressions, and consequences.* New York: The Guilford Press.

Hauser, M. & Wood, J. (2010). Evolving the capacity to understand actions, intentions, and goals. *Annual Review of Psychology, 61*, 303-324.

Henrich, J., Heine, S. J., & Norenzayan, A. (2010). The weirdest people in the world? *Behavioral and Brain Sciences, 33*, 61-135.

Iacoboni, M. (2009). Imitation, empathy, and mirror neurons. *Annual Review of Psychology, 60*, 653-670.

Izar, P. (2009). Ambiente de adaptação evolutiva. In M. E. Yamamoto & E. Otta (Orgs.), *Psicologia evolucionista* (pp. 22-32). Rio de Janeiro: Guanabara Coogan.

Kaǧitçibaşi, Ç. (2007). *Family, self, and human development across cultures: theory and applications.* Mahwah, NJ: Lawrence Erlbaum Associates.

Kağitçibaşi, Ç. (2012). Sociocultural change and integrative syntheses in human development: autonomous-related self and socio-cognitive competence. *Child Development Perspectives*, *6*(1), 5-11.

Keller, H. (2002). Development as the interface between biology and culture: a conceptualization of early ontogenetic experiences. In H. Keller, Y. H. Poortinga & A. Schölmerich (Eds.), *Between Culture and Development. Perspectives on Ontogenetic Development* (pp. 215-240). London: Cambridge University Press.

Keller, H. (2007). *Cultures of Infancy*. London: Lawrence Erlbaum Associates.

Keller, H. (2012). Autonomy and relatedness revisited: cultural manifestations of universal human needs. *Child Development Perspectives*, *6*(1), 12-18.

Keller, H., Harwood, R., & Carlson, V. (2009). Culture and developmental pathways of relationship formation. In S. Bekman & A. Aksu-Koç (Eds.). *Perspectives on human development, family and culture* (pp. 157-177). Cambridge: Cambridge University Press.

Keysers, C. & Gazzola, V. (2006). Towards a unifying neural theory of social cognition. *Progress in Brain Research*, *156*, 383-405.

Kohler, E., Keysers, C., Umilta, M. A., Fogassi, L., Gallese, V., & Rizzolatti, G. (2002). Hearing sounds, understanding actions: action representation in mirror neurons. *Science*, *297*, 846-848.

Leakey, R. (1995) *A origem da espécie humana*. Rio de Janeiro: Rocco.

Leyendecker, B., Lamb, M. E., Harwood, R. L., & Schölmerich, A. (2002). Mothers' socialisation goals and evaluations of desirable and undesirable everyday situations in two diverse cultural groups. *International Journal of Behavioral Development*, *26*(3), 248-258.

Lopes, L. W. R., Magalhães, C. M. C., & Brito, R. C. S. (2005). Reflexões acerca da pró-sociabilidade humana. In F. A. R. Pontes, C. M. C. Magalhães, R. C. S. Brito & W. L. B. Martin (Orgs.), *Temas pertinentes à construção da psicologia contemporânea* (pp. 97-116). Belém: EdUFPA.

Moinhos, M. V. C., Lordelo, E. R., & Seidl-de-Moura, M. L. (2007). Metas de socialização de mães baianas de diferentes contextos socioeconômicos. *Revista Brasileira de Crescimento e Desenvolvimento Humano*, *17*(1), 114-125.

Preston, S. D. & de Waal, F. B. M. (2002). Empathy: its ultimate and proximate bases. *Behavioral and Brain Sciences*, *25*(1), 1-72.

Seidl-de-Moura, M. L. (2005). Bases para uma psicologia do desenvolvimento sociocultural e evolucionista. In F. A. R. Pontes, C. M. C. Magalhães, R. C. S. Brito & W. L. B. Martin (Orgs.), *Temas pertinentes à construção da psicologia contemporânea* (pp. 15-41). Belém: EdUFPA.

Seidl-de-Moura, M. L. (2009). *Autonomia e interdependência em famílias do Rio de Janeiro*. Projeto de Pesquisa. Faperj – Cientista do Nosso Estado.

Seidl-de-Moura, M. L., Carvalho, R. V. C., & Vieira, M. L. (submetido). Related-autonomy: Evidences from Brazilian studies. *The Journal of Latino-Latin American Studies*.

Seidl-de-Moura, M. L., Lordelo, E., Vieira, M. L., Piccinnini, C. A., Siqueira, J. O., Magalhães, C. M. C., Pontes, F. A. R., Salomão, N. M., & Rimoli, A. (2008). Brazilian mothers' socialization goals: Intracultural differences in seven cities. *International Journal of Behavioral Development*, *32*(6), 465-472.

Seidl-de-Moura, M. L., Mendes, D. M. L. F., Pessôa, L. F., & De Marca, R. G. C. (2009). O desenvolvimento do *self* com o outro. In M. L. Seidl-de-Moura, D. M. L. F. Mendes & L. F. Pessôa (Orgs.), *Interação social e desenvolvimento* (pp. 131-145). Curitiba: CRV.

Seidl-de-Moura, M. L. & Ribas A. F. P. (2004). Evidências sobre características de bebês recém-nascidos: um convite a reflexões teóricas. In M. L. Seidl-de-Moura (Ed.), *O bebê do século XXI e a psicologia em desenvolvimento* (pp. 21-60). São Paulo: Casa do Psicólogo.

Seidl-de-Moura, M. L., & Ribas, A. F. P. (2009). Evolução e desenvolvimento humano. In M. E. Yamamoto & E. Otta (Orgs.). *Psicologia evolucionista* (pp. 77-85). Rio de Janeiro: Guanabara Coogan.

Seidl-de-Moura, M. L., Targino, T., Nahum, K., Cruz, E. M., Amaral, G., & De Marca, R. (2009). Parenting cultural models of a group of mothers from Rio de Janeiro, Brazil. *Spanish Journal of Psychology*, *12*(2), 506-517.

Singer, T., Critchley, H. D., & Preuschoff, K. (2009). A common role of insula in feelings, empathy and uncertainty. *Trends in Cognitive Science*, *13*(8), 334-340.

Singer, T., Seymour, B., O'Doherty, J., Kaube, H., Dolan, R. J., & Frith, C. D. (2004). Empathy for pain involves the affective but not sensory components of pain. *Science, 303*, 1157-1162.

Singer, T., Seymour, B., O'Doherty, J. P., Stephan, K. E., Dolan, R. J., & Frith, C. D. (2006). Empathic neural responses are modulated by the perceived fairness of others. *Nature, 439*, 466-469.

Strayer, J. & Roberts, W. (2004). Children's anger, emotional expressiveness, and empathy: relations with parents' empathy, emotional expressiveness, and parenting practices. *Social Development, 13* (2), 229-254.

Vieira, M. L., Seidl-de-Moura, M. L., Mafioletti, S. M., Martins, G. D. F., Tokumaru, R. S., Lordelo, E., Oliva, A. D., & Keller, H. (2010). Autonomy and interdependency: beliefs of Brazilian mothers from State capitals and small towns. *Spanish Journal of Psychology, 13* (2), 816-824.

Vieira, M. L.; Seidl-de-Moura, M. L.; Rimoli, A.; Magalhães, C. M. C.; Piccinnini, C. A., Lordelo, E.; Salomão, N. M. R.; Martins, G. D. F.; Macarini, S. M.; Moncorvo, M. C. (2010). Mother's beliefs about childrearing practices in seven Brazilian cities. *Journal of Cross-Cultural Psychology, 41* (2), 195-211.

Vygotsky, L. S. (1998). *A formação social da mente: o desenvolvimento dos processos psicológicos superiores.* 6 ed. São Paulo: Martins Fontes.

de Waal, F. (2007). *Eu, primata – por que somos como somos.* São Paulo: Companhia das Letras.

de Waal, F. (2008). Putting the altruism back into the altruism: the evolution of empathy. *Annual Review of Psychology, 59*, 279-300.

Yarrow, K., Brown, P., & Krakauer, J. W. (2009). Inside the brain of an elite athlete: the neural processes that support high achievement in sports. *Nature Reviews Neuroscience, 10*, 585-596.

Autores:

Rafael Vera Cruz de Carvalho – Mestre e Doutorando em Psicologia Social pela Universidade do Estado do Rio de Janeiro. Contato: rafaelvcc@gmail.com

Maria Lucia Seidl-de-Moura – Pós-doutora pela Universidade de São Paulo e Professora Titular do Instituto de Psicologia da Universidade do Estado do Rio de Janeiro; Docente do Programa de Pós-Graduação em Psicologia Social – UERJ.

A empatia no contexto esportivo: relações preliminares

Livia Gomes Viana-Meireles
Angela Donato Oliva

8.1 Introdução

Quem já se aventurou em alguma prática esportiva, seja como praticante ou como espectador, já vivenciou o prazer e a dor de ganhar ou perder uma partida. Saltar, correr, nadar, dançar e todas as demais formas de movimentar o corpo provocam nos praticantes sensações e sentimentos que podem ser bons ou ruins, mas que sempre estão presentes quando se trata de prática esportiva. As emoções no contexto esportivo estão ligadas, muitas vezes, aos relacionamentos entre as pessoas envolvidas no esporte, pois mesmo em práticas individuais, o atleta divide com seu semelhante (técnico, adversários, familiares, torcida e outros) seus aprendizados e suas emoções. Por essa razão, pretende-se, neste capítulo, realizar uma revisão teórica sobre a empatia, um conceito necessariamente relacional, com o contexto esportivo. Será que a empatia é desejável em um contexto competitivo do esporte? Que contribuições o estudo da empatia pode oferecer para a compreensão da relação entre técnicos e atletas? Questões como essas nortearam as reflexões teóricas deste capítulo.

A empatia é objeto de estudo da psicologia desde 1909 quando Titchener traduziu pela primeira vez o termo *Einfühlung* por *empathy* (Sampaio, Camino & Roazzi, 2009). Outros autores teceram reflexões teóricas sobre a empatia, mas foi Carls Rogers que desenvolveu pesquisas empíricas sobre a importância da relação empática no contexto terapêutico: a "empatia assumiu importância fundamental na teoria rogeriana quando esse autor afirmou ser necessário que o terapeuta desenvolvesse uma compreensão empática pelo cliente" (Sampaio *et al.*, 2009, p. 214). Muitos estudos nas áreas clínica, social e do desenvolvimento são atualmente dedicados à investigação da empatia e, além da teoria rogeriana, outras vertentes da Psicologia também tratam desse constructo, como a Psicologia Evolucionista e Teoria Cognitiva-Comportamental.

Pesquisas em diversos contextos envolvendo relações empáticas podem ser facilmente encontradas em uma rápida revisão teórica nas bases de pesquisas disponíveis. São muitos os estudos sobre as capacidades empáticas em crianças (Bussab, Pedrosa & Carvalho, 2007; Cecconello & Koller, 2000; Minzi, 2008; Pavarino, Del Prette & Del Prette, 2005); sobre o desenvolvimento de escalas para medir a empatia (Falcone *et al.*, 2008; Koller, Camino & Ribeiro, 2001; Magalhães, DeChamplain, Salgueira & Costa, 2010); sobre as relações entre empatia e a psicologia evolucionista (Carter, Harris & Porges, 2009; de Waal, 2010; Preston & de Waal, 2002); acerca de investigações do papel da empatia em diversos contextos, como satisfação conjugal (Sardinha, Falcone & Ferreira, 2009); sobre a relação pais e filhos (Dadds *et al.*, 2008); que versam sobre a capacidade empática em diferentes idades (Kunzmann, 2011), entre outros.

O contexto esportivo também é palco de estudos envolvendo a relação empática (Jackson, Grove & Beauchamp, 2010; Jowett & Clark-Carter, 2006; Lorimer & Jowett, 2010). No entanto, são poucos os estudos brasileiros que enfocam tal relação. Realizou-se um levantamento bibliográfico nos periódicos disponibilizados pala Capes com a palavra-chave "empatia" e foram encontrados 155 artigos, mas nenhum que relacionasse o estudo da empatia ao contexto esportivo. Nas bases de pesquisa da Scielo, na pesquisa com a palavra-chave "empatia" apareceram 36 artigos, novamente, nenhum envolvendo o estudo do esporte. Em função dessa lacuna, justifica-se a importância de uma aproximação preliminar entre empatia e o ambiente esportivo, para assim endossar os estudos nacionais na área da empatia.

Além disso, o estudo do esporte também é emergente na Psicologia e necessita de mais pesquisas a fim de os aspectos psicológicos envolvidos na prática de atividade física sejam compreendidos. A Psicologia do Esporte dedica-se ao estudo dos aspectos emocionais e psicológicos que influenciam o desempenho de atletas de competição e de alto rendimento, e também busca entender os efeitos da participação em atividades esportivas sobre o desenvolvimento psicológico e emocional dos praticantes (Weinberg & Gould, 2001). Estudos apontam que treinadores e professores de sucesso que entendem as necessidades dos atletas influenciam em maior grau de desenvolvimento de seus atletas (Moraes, Medeiros Filho, Lôbo & Silveira, 2010), por isso a tentativa de aproximação teórica entre empatia e o contexto esportivo contribuirá diretamente para compreender os fatores que podem influenciar o desempenho esportivo, foco importante para a Psicologia do Esporte.

8.2 Compreendendo a empatia

O termo empatia é usado para descrever sentimentos, expressões e comportamentos que qualificam o indivíduo a reconhecer, perceber e responder apropriadamente aos estados emocionais dos outros (Carter *et al.*, 2009). Segundo Falcone (1999), a empatia "caracteriza-se pela habilidade em compreender, de forma acurada, os sentimentos e a perspectiva da outra pessoa, bem como de transmitir entendimento de tal maneira que esta se sinta verdadeiramente compreendida e acolhida" (p. 24). As diversas correntes de pensamento da Psicologia têm explicações diferentes sobre a empatia. A revisão realizada por Sampaio *et al.* (2009) aponta para três formas de se compreender a empatia. A primeira é a empatia vista como um traço de personalidade ou uma habilidade geral; a segunda é um aspecto contextual no qual o nível de empatia muda de momento a momento; e a terceira é entender a empatia na forma como ela é vivenciada em um contexto terapêutico. Sampaio *et al.*, (2009) destacam que, para alguns teóricos, a empatia envolveria somente componentes cognitivos em termos de processamento de informação, ou seja, pessoas mais empáticas seriam aquelas que conseguissem, de forma mais acurada inferir, os sentimentos e os pensamentos das outras pessoas, mesmo que não fosse afetivamente tocado por esses sentimentos.

No entanto, compreende-se que o componente cognitivo (tomada de perspectiva) não contempla a empatia como um todo, pois os componentes afetivos e comportamentais também devem ser considerados (Falcone, 1999). Assim, o comportamento empático envolve, além do componente cognitivo, um componente afetivo que se caracteriza por sentimentos de compaixão/preocupação com a outra pessoa e um componente comportamental que seriam manifestações verbais e não verbais de compreensão dos estados internos da outra pessoa (Falcone, 1999). Desse modo, a empatia é compreendida como um constructo multidimensional, pois "as inter-relações entre os componentes cognitivos e afetivos indicam que as pessoas experimentam diferentes tipos de experiências emocionais durante os episódios empáticos" (Sampaio *et al.*, 2009, p. 217).

Segundo teóricos da Psicologia Evolucionista, a empatia é compreendida também como uma característica tipicamente humana fundamental, evolutivamente, para a sobrevivência e a perpetuação da espécie (de Waal, 2010). Vivendo em sociedade, os seres humanos foram aprendendo com os outros, entendendo suas necessidades e reconhecendo os desejos uns dos outros. Esses comportamentos sociais permitiram a sobrevivência em grupo, pois aumentavam a sensação de segurança dos indivíduos. de Waal (2010), afirma que "somos de uma linhagem de primatas que viviam em grupos e era ligada entre si por uma dependência mútua, por isso a necessidade de segurança molda a vida social" (p. 39). Confiar no outro, aproximar-se de seu semelhante e sensibilizar-se pelas emoções dos outros foram comportamentos adaptativos e aqueles indivíduos que desenvolveram esses padrões típicos de sociabilidade passaram essas características a seus descendentes (Carter *et al.*, 2009). Nesse sentido, a capacidade de desenvolver comportamento empático tem também uma base evolutiva (de Waal, 2010).

A capacidade empática do ser humano pode ser considerada uma característica inata na medida em que ela é transmitida de geração para geração, como típica da espécie que foi selecionada por ser adaptativa. Por isso, desde a mais tenra idade, podemos perceber o fenômeno de contágio, que seria precursor dos comportamentos empáticos nas crianças. Bussab *et al.* (2007), apontam a experiência de contágio em bebês menores de um ano, observada em um berçário de uma cidade do Nordeste brasileiro. O artigo levanta questionamentos sobre a natureza do desenvolvimento dos sentimentos na criança a partir do relato da observação de duas crianças de 9 meses, em que uma consola a outra que chora. Para os autores, esse episódio parece demonstrar que o ser humano nasce com uma capacidade de reconhecer o sentimento do outro. Segundo de Waal (2010), "a empatia faz parte de uma herança tão antiga quanto a própria linhagem mamífera. Ela mobiliza regiões do cérebro que existem há mais de cem milhões de anos" (p. 294). De acordo com Decety e Ickes (2009), a empatia humana envolve vários componentes, como, por exemplo, a excitação afetiva, a compreensão, a emoção e a regulação da emoção. Esses elementos são executados por uma complexa rede de distribuição que interage com regiões neuronais, com o sistema autônomo e neuroendócrino. "A evolução foi acrescentando cada vez mais novas características, permitindo que fossemos capazes não só de sentir o que os outros sentem, mas também de compreender as necessidades de seus semelhantes" (de Waal, 2010, p. 295).

Essa capacidade é fruto da história evolutiva do homem e é necessário que seu semelhante auxilie no desenvolvimento da capacidade empática. Ser mais ou menos empático vai depender da história de vida de cada um e do contexto a ser observado. Por isso, o estudo da empatia requer um recorte contextual, para que possamos compreender como ela se desenvolve para além do que foi adquirido evolutivamente. Dessa forma, a compreensão do contexto esportivo deve ser ressaltada para que seja feito esse recorte e, assim, possamos tecer considerações sobre a importância da empatia nessa situação.

8.3 O contexto esportivo

O desporto pode ser considerado um fenômeno social que surge com a hominização, "na dialética existente entre o ato produtivo para a subsistência e o ato de sobrevivência" (Vargas, 1995, p. 5). Para Huizinga (1971), o esporte acompanha a história da humanidade como um elemento intrínseco à condição humana. Ele considera que o esporte tem uma característica temporal, que existe desde a origem dos homens e foi se modificando com o passar dos tempos. Conforme lembram Costa, Moreira, Moletta Jr. e Capraro (2005), Norbert Elias considera que deve haver uma diferenciação entre essas atividades físicas ligadas à sobrevivência, na Pré-história, e o esporte moderno, que surgiu em meados do século XIX nas escolas secundaristas inglesas. Apesar de haver discordância sobre a origem do esporte, observando a evolução humana, percebe-se que há um percurso contínuo de transformação do simples movimentar do corpo até o esporte organizado e complexo existente atualmente.

Quando o ser humano era apenas caçador, o exercício físico se restringia à sobrevivência cotidiana em relação aos animais predadores (Almeida, Almeida & Gomes, 2000). Era importante que tentasse correr o mais rápido possível, tivesse agilidade e destreza, além de outras características para sobreviver em meio a tantos predadores. O desenvolvimento de comportamentos, como aprender a nadar, foi importante para a sobrevivência e a origem da preparação do corpo humano para praticar esportes; isso veio da movimentação do corpo para atacar, defender e sobreviver, e como essas características físicas importantes eram importantes, eram transmitidas de geração para geração. Assim, o esporte se apresenta como um produto cultural existente em diferentes formas ao redor do mundo e está ligado a características humanas selecionadas evolutivamente. Dessa forma, a maturação e a estabilização do esporte incluem tanto processos evolutivos quanto mecanismos culturais (Block & Dewitte, 2009).

Segundo Huizinga (1971), os jogos humanos podem ser comparados a tipos de rituais de cortejo em outros animais, sendo uma atividade tanto competitiva quanto ornamental. Competitiva porque ganhar é inerente à prática de qualquer esporte e todos eles, mesmo que informais, incluem um teste de competências e habilidades entre os adversários. Ornamental no sentido de que o esporte não tem uma função vital ao homem, ele serve mais como forma de obter *status*. E é essa característica que pode, também, ser relacionada a uma forma de seleção sexual (Block & Dewitte, 2009).

No entanto, nem a possibilidade de escolha sexual de parceiros nem a obtenção de *status* parecem ser os motivos mais fortes para que os jogos sejam praticados e admirados até os dias de hoje. O aspecto relacional é, talvez, o que mais chama a atenção no contexto esportivo, que se apresenta como um local de interação social e um ambiente propício para a ocorrência de episódios empáticos.

Há uma estreita relação entre desenvolvimento social, emocional e cognitivo e a prática de esportes, tanto os coletivos e competitivos quanto os esportes que focalizam o divertimento, o lazer e a parceria nos jogos (Machado, Cassepp-Borges, Dell'Aglio & Koller, 2007). A Psicologia do Esporte, ao longo de seu desenvolvimento, tem estudado os possíveis efeitos da atividade física no desenvolvimento de crianças e de adolescentes. Weinberg e Gould (2001) apontam que a prática esportiva promove bem-estar psicológico, maior autoconhecimento e também proporciona novas relações de amizade. Além desses aspectos, o esporte está envolvido em desafios físicos e mentais e contribui para o desenvolvimento social, promovendo a identidade social e grupal, as interações sociais positivas, o autoconceito e a autoestima. Outros benefícios psicológicos, como um melhor desempenho acadêmico, confiança, estabilidade emocional, como positividade, eficiência e funcionamento físico, poderiam surgir a partir da prática de exercícios (Machado *et al.*, 2007). Nota-se que a maioria desses benefícios se relaciona com a característica social e interacional do esporte. O praticante desenvolve seu lado social, a interação e o saber lidar com o outro para construir um espaço onde ser empático parece ser essencial.

Analisando os relacionamentos no esporte, pode-se perceber que os atletas interagem entre si, passando por experiências semelhantes e reconhecendo mutuamente suas emoções. Em equipe, os atletas sentem-se mais acolhidos, há o suporte físico e moral: se um erra ou acerta, é ruim ou bom para todo o grupo; se um ganha, todos ganham; se um perde, todos perdem, a responsabilidade é sempre dividida. O atleta não teme o adversário sozinho quando está em esportes coletivos e suas dificuldades pessoais podem ser amenizadas pelo grupo (Galano, 2006). Mesmo em esportes em que se compete individualmente, a maioria dos atletas treina em grupo e a possibilidade de experimentar a empatia em esportes individuais também é possível.

Ao se pensar especificamente as relações entre técnicos (ou treinadores) e os atletas, seja de modalidade competitiva ou não, o estudo da empatia parece ganhar força, pois praticar qualquer esporte implica necessariamente na instrução de uma pessoa (técnico) a outra (atleta), culminando numa relação onde comportamentos empáticos podem emergir. Particularmente no esporte, o comportamento do treinador influencia no desenvolvimento da performance dos atletas, pois os treinadores auxiliam seus atletas a estabelecer objetivos e a alcançar altos níveis de preparação física, técnica, tática e psicológica (Ferreira, Penna, Paiva, Simim & Moraes, 2011).

Estudos mostram a importância do técnico na motivação e no comprometimento dos atletas, além da criação e da manutenção do clima do treino e da competição (Gonçalves, Coelho e Silva, Cruz & Figueiredo, 2010). Autores como Lorimer e Jowett (2010) também chamam a atenção para a importância da percepção mútua do treinador e do atleta na motivação para a prática e no aumento da satisfação na atividade. Outro ponto importante para motivar os atletas é a experiência do treinador. Técnicos com mais de três anos de experiência prática parecem estar mais atentos ao jogo e à observação, tanto para os aspectos técnicos-táticos quanto para as atitudes dos atletas (Gonçalves *et al.*, 2010), o que possibilita uma compreensão empática acurada. Treinadores e professores de sucesso são aqueles que entendem as necessidades dos atletas e planejam os treinos a partir dessa percepção, a fim de obter maior grau de desenvolvimento dos atletas (Moraes *et al.*, 2010). Diante disso, parece ser importante que o técnico tenha uma capacidade empática bem desenvolvida para compreender as necessidades de seus atletas e auxiliá-los a alcançar os melhores resultados.

8.4 Considerações finais

Diante dessas considerações, percebe-se que no contexto esportivo a empatia é apreciada e desejada, pois dessa forma o atleta se sente valorizado e compreendido por seu técnico e por seus colegas. No esporte, assim como ocorre nas relações conjugais (Sardinha *et al.*, 2009), ser empático pode promover maior entendimento na interação e redução de atrito nas situações de conflito. Vale ressaltar que os aspectos referentes à empatia no contexto esportivo podem auxiliar a pensar como fatores – como tomada de perspectiva, flexibilidade, compaixão e escuta sensível – podem elevar o rendimento de atletas e técnicos, diminuindo sofrimento e níveis indesejáveis de ansiedade e de estresse. Parece ser fundamental para os atletas o reconhecimento de suas emoções dentro desse ambiente. Como lembram Rose Jr. e Simões (1999), em sua revisão, o fator crucial para determinar a qualidade do desempenho esportivo é a capacidade de os atletas lidarem com o estresse. Quanto mais o atleta for capaz de identificar as fontes de estresse em seu ambiente esportivo, provavelmente ele estará mais bem preparado para enfrentar situações de pressão emocional na competição. Diante disso, é importante que o técnico compreenda as emoções dos atletas e possa se comportar de modo a orientar o treino de forma a entender cada atleta como único.

Entretanto, quando se trata de um contexto esportivo, fatores como a competição e a busca por ganhar podem vir a embaçar a empatia. Técnicos de esportes de alto rendimento, mesmo percebendo e reconhecendo a dor do atleta, acabam sendo muito exigentes nos treinos. Os níveis de estresse que extrapolam certos patamares podem produzir um efeito indesejável de baixo rendimento (Rose Jr. & Simões, 1999). Considerando a importância da empatia no contexto esportivo, pode-se sugerir a vantagem que um treinamento de empatia pode ter nesse ambiente, principalmente na relação entre técnicos e atletas.

É possível que o desenvolvimento da compreensão empática, que inclui prestar atenção e ouvir sensivelmente o outro (Falcone, 1999), no ambiente esportivo, contribua para melhorar a qualidade das relações, afetando o desempenho dos atletas e o sucesso profissional dos técnicos. Espera-se, a partir do que foi apresentado, incentivar psicólogos do esporte a investir na relação entre técnicos e atletas, elaborando programas de treinamento de empatia adequados às especificidades do treino esportivo em diferentes modalidades.

8.5 Referências

Almeida, H. F. R., Almeida, D. C. M., & Gomes, A. C. (2000). Uma ótica evolutiva do treinamento desportivo através da história. *Revista Treinamento Desportivo, 5* (1), 40-52.

Block, A. & Dewitte, S. (2009). Darwinism and the cultural evolution of sports. *Perspectives in Biology and Medicin, 52* (1), 1-16.

Bussab, V. S. R., Pedrosa, M. I., & Carvalho, A. M. A. (2007). Encontros com o outro: empatia e intersubjetividade no primeiro ano de vida. *Psicologia USP, 18* (2), 99-133.

Carter, C. S., Harris, J., & Porges, S. W. (2009). Neural and evolutionary perspectives on empathy. In J. Decety & W. Ickes (Eds.), *The Social Neuroscience of Empathy* (169-182). Cambridge, Mass: MIT Press.

Cecconello, A. M. & Koller, S. H. (2000). Competência social e empatia: um estudo sobre resiliência com crianças em situação de pobreza. *Estudos de Psicologia 5* (1), 71-93.

Costa, F. S. da, Moreira, T. S., Moletta Jr, C. L., & Capraro, A. M. (2005). Características sociais do futebol: notas a partir da teoria de Norbert Elias e Eric Dunning. In Anais *IX Simpósio Internacional processo civilizador*. Ponta Grossa, Paraná. Recuperado em 29 de julho de 2012.

Dadds, M. R., Hunter, K., Hawes, D. J., Frost, A. D. J., Vassallo, S., Bunn, P., Merz, S., & Masry, Y. E. (2008). A measure of cognitive and affective empathy in children using parent ratings. *Child Psychiatry Human Development 39*, 111-122.

Decety, J. & Ickes, W. (2009). *The social neuroscience of empathy.* Cambridge, Mass: MIT Press.

Falcone, E. (1999). A avaliação de um programa de treinamento da empatia com universitários. *Revista Brasileira de Terapia Comportamentai e Cognitiva 1* (1), 23-32.

Falcone, E. M. O., Ferreira, M. C., Luz, R. C. M., Fernandes, C. S., Faria, C. A., D'Augustin, J. F., Sardinha, A., & Pinho, V. D. (2008). Inventário de empatia (I.E.): desenvolvimento e validação de uma medida brasileira. *Avaliação Psicológica, 7* (3), 321-334.

Ferreira, R. M., Penna, E. M., Paiva, A. R., Simim, M. A. A., & Moraes, L. C. C. A. (2011). Comparação do perfil do comportamento dos treinadores: perspectivas de atletas titulares, reservas e não selecionados. *Revista Digital EFDeportes. com*, 16 (156). Recuperado em 02 de maio de 2012 de <http://www.efdeportes.com/efd156/comparacao-do-perfil-do-comportamento-dos-treinadores.htm>.

Galano, M. H. (2006). As emoções no interjogo grupal. In S. T. M. Lane & B. B. Sawaia (Orgs.), *Novas veredas da Psicologia Social.* São Paulo: Brasiliense.

Gonçalves, C. E., Coelho e Silva, M. J., Cruz, J., & Figueiredo, A. (2010). Efeito da experiência do treinador sobre o ambiente motivacional e pedagógico no treino de jovens. *Revista Brasileira de Educação Física e Esporte, 24* (1), 15-26.

Huizinga, J. (1971). *Homo Ludens: o jogo como elemento da cultura.* São Paulo: Perspectiva/Editora da USP.

Jackson, B., Grove, J. R , & Beauchamp, M. R. (2010). Relational efficacy beliefs and relationship quality within coach-athlete dyads. *Journal of Social and Personal Relationships, 27*, 1035-1050.

Jowett, S. & Clark-Carter, D. (2006). Perceptions of empathic accuracy and assumed similarity in the coach-athlete relationship. *British Journal of Social Psychology, 45*, 617-637.

Koller, S. H., Camino, C., & Ribeiro, J. (2001). Adaptação e validação interna de duas escalas de empatia para uso no Brasil. *Estudos de Psicologia, 18* (3), 43-53.

Kunzmann, D. R. (2011). Age Differences in Three Facets of Empathy: Performance-Based Evidence. *Psychology and Aging 26* (1), 60-70.

Lorimer R. & Jowett, S. (2009). Empathic Accuracy, Meta-Perspective, and Satisfaction in the Coach-Athlete Relationship. *Journal of Applied Sport Psychology, 21*, 206-211.

Machado, P. X., Cassep-Borges, V., Dell'Aglio, D. D., & Koller, S. H. (2007). O impacto de um projeto de educação pelo esporte no desenvolvimento infantil. *Revista Semestral da Associação Brasileira de Psicologia Escolar e Educacional (ABRAPEE), 11* (1), 51-62.

Magalhães, E., DeChamplain, A., Salgueira, A., & Costa, M. J. (2010). Empatia médica: adaptação e validação de uma escala para estudantes de medicina. *Actas VII simpósio nacional de investigação em psicologia*. Universidade do Minho, Portugal.

Minzi, M. C. R. (2008). Evaluación de la empatía em población infantil argentina. *Revista IIPSI Facultad de Psicologia, 11* (1), 101-115.

Moraes, L. C. C. de A., Medeiros Filho, E. S., Lôbo, I. L. B., & Silveira, D. R. (2010). Escala do comportamento do treinador: versão treinador (ECT-T) e versão atleta (ECT-A): o que o treinador diz é confirmado pelos seus atletas? *Revista Brasileira de Educação Física e Esporte 24* (1), 37-47. Recuperado em 11 de abril de 2011, de <http://www.revistasusp.sibi.usp.br/scielo.php?script=sci_arttext&pid=S1807-55092010000100004&lng=pt&nrm=iso>.

Pavarino, M. G., Del Prette, A., & Del Prette, Z. A. P. (2005). O desenvolvimento da empatia como prevençãc da agressividade na infância. *Psico, 36* (2), 127-134.

Preston, S. D. & de Waal, F. B. M. (2002). Empathy: its ultimate and proximate bases. *Behavioral and brain scienses 25*, 1-72.

Rose Jr., D. de & Simões, A. C. (1999). Psicossociologia aplicada ao esporte: contribuição para a sua compreensão. *Revista Paulista Educação Física*. São Paulo, *13*, 88-97.

Sampaio, L. R., Camino, C. P. S., & Roazzi, A. (2009). Revisão de aspectos conceituais, teóricos e metodológicos da empatia. *Psicologia, ciência e profissão, 29* (2), 212-227.

Sardinha, A., Falcone, E. M. O., & Ferreira, M. C. (2009). As relações entre a satisfação conjugal e as habilidades sociais percebidas no cônjuge. *Psicologia: teoria e pesquisa, 25* (3), 395-402.

Vargas, A. L. de S. (1995). *Desporto: fenômeno social*. Rio de Janeiro: Sprint.

de Waal, F. (2010). *A era da empatia: lições da natureza para uma sociedade mais gentil*. São Paulo: Companhia das Letras.

Weinberg, R. S. & Gould, D. (2001). *Fundamentos da psicologia do esporte e do exercício*. Porto Alegre: Artmed Editora.

Autoras:

Livia Gomes Viana-Meireles – Doutoranda em Psicologia do Programa de Pós-Graduação em Psicologia Social – UERJ.

Angela Donato Oliva – Doutora em Psicologia da Aprendizagem e do Desenvolvimento Humano pela Universidade de São Paulo. Professora adjunta do Instituto de Psicologia da Universidade do Estado do Rio de Janeiro e da Universidade Federal do Rio de Janeiro; Docente do Programa de Pós-Graduação em Psicologia Social – UERJ.
Contato: angeladonatoliva@uol.com.br

Compreendendo o desenvolvimento do sentido de propriedade sob a ótica da psicologia evolucionista

Gabriela Fernandes Castanheira
Débora Aguiar Soares da Cunha
Livia Gomes Viana-Meireles
Angela Donato Oliva

9.1 Introdução

A Psicologia Evolucionista é considerada uma disciplina recente e multidisciplinar que tem seu embasamento na Teoria da Evolução de Darwin e foi influenciada pelas ciências cognitivas, pela Antropologia e pela neurociência (Cosmides & Tooby, 2000; Yamamoto, 2008). Segundo Varella (2011), além da Psicologia, diversas disciplinas, como Medicina, Antropologia, Psiquiatria, História, estética, Direito, literatura e musicologia também estão pensando seus estudos sob a ótica evolucionista, considerando que "o ser humano é moldado pelos mesmos processos naturais que moldaram as adaptações anatômicas e psicológicas das outras espécies" (p. 19). Portanto, as explicações do comportamento humano, sob a ótica da Psicologia Evolucionista, levam em conta os milhões de anos de evolução do homem como ponto importante na compreensão do comportamento e da cognição humanos (Varella, 2011).

Muitos de nossos comportamentos têm explicações no passado evolutivo da espécie humana. O desenvolvimento dos órgãos; as características anatômicas, neurocognitivas e comportamentais; a formação da mente e os mecanismos de processamento de informação; as predisposições biológicas, assim como demais fatores individuais, foram selecionados durante o processo evolutivo, quando o ser humano foi submetido aos desafios do ambiente primitivo (Cosmides & Tooby, 2000; Vieira & Prado, 2004; Yamamoto, 2008).

A partir da análise de fósseis, sabe-se que os seres humanos adaptaram-se ao modo de vida caçador-coletor e isso traz consequências para as circunstâncias atuais (Bussab & Ribeiro, 1998). Os comportamentos selecionados foram vantajosos no passado, uma vez que possibilitaram a sobrevivência e a reprodução dos ancestrais por meio da caça e da coleta. De acordo com Barkow, Cosmides e Tooby (1992) foi durante o Pleistoceno, Ambiente de Adaptação Evolutiva (AAE) entre dois e dez milhões de anos atrás, que a arquitetura mental se estabeleceu como resultado de um processo de seleção de estruturas ou traços mentais que se mostraram funcionais no passado (Oliva, 2011). A utilização sistemática de ferramentas para a caça e o processamento da carne pelo *Homo habilis* ilustra como esse processo ocorreu lentamente. O uso de ferramentas permitiu o desenvolvimento de habilidades cognitivas mais refinadas, trazendo mudanças para a convivência em grupos cada vez maiores. Conjectura-se que o uso de ferramentas possa ter ampliado a inteligência por ter permitido uma dieta alimentar mais rica em proteínas derivadas da caça (Varella, 2011). Apesar do ambiente atual da vida humana ser bastante diferente daquele em que se processou a maior parte da história evolutiva da espécie, o *Homo sapiens* de hoje é o mesmo que veio se constituindo ao longo de pelo menos dois milhões de anos (Carvalho, 1998).

Cosmides e Tooby (1997) destacam como um dos princípios da Psicologia Evolucionista (PE) o fato de o ser humano ter um cérebro arcaico – cuja construção em termos filogenéticos ocorreu durante o Pleistoceno – vivendo em um mundo moderno. Contudo, o homem pode se adaptar a diferentes contextos. E essa é outra característica da PE (Cosmides & Tooby, 1997): a mente humana apresenta plasticidade, apesar de guardar mecanismos ancestrais adaptativos (Vieira & Prado, 2004). A mente, como qualquer outro órgão do corpo humano, é resultado da evolução. No percurso evolutivo, a mente e os circuitos neurais foram moldados de forma a capacitar o ser humano a resolver problemas de sobrevivência e reprodução, por isso permanecem a despeito das mudanças ambientais às quais a espécie humana foi submetida ao longo do tempo (Alencar & Yamamoto, 2008; Cosmides & Tooby, 1997; Yamamoto, 2008).

Os circuitos neurais selecionados ao longo do tempo e passados de geração em geração possibilitaram ao ser humano aprender diante do mundo em que vive. A capacidade de aprender foi uma das adaptações selecionadas ao longo do processo evolutivo (Seidl-de-Moura & Oliva, 2009). Um bebê aprende, por exemplo, a distinguir uma face conhecida de uma desconhecida; com o desenvolvimento da linguagem, aprende a recitar um poema; aprende a se portar bem à mesa, a se locomover, a tocar piano, a jogar basquete e tudo o mais que o homem é capaz de fazer atualmente (Keller, 1973); e também aprende a distinguir o que é "meu" e o que é "seu".

A possibilidade de aprender é uma característica tipicamente humana e a seleção natural possibilitou o desenvolvimento de uma natureza humana que é universal. Assim, de acordo com a hipótese evolucionista, todos os nossos comportamentos são possibilitados por essas adaptações evolutivas. Em qualquer parte do mundo, o homem vai se desenvolver de acordo com essas capacidades tipicamente humanas, produto da seleção natural (Seidl-de-Moura, Oliva & Vieira, 2009).

O nível filogenético dá base para que os comportamentos individuais apareçam dentro de um contexto cultural específico. Assim, segundo a Psicologia Evolucionista, a biologia é fundamental para o surgimento de certos comportamentos, mas a história ontogenética também. Ela tem papel essencial na emergência e na ativação das adaptações (Vieira & Prado, 2004). Portanto, o comportamento humano deve ser entendido levando em conta tanto as características da espécie humana (filogênese) quanto as características individuais (ontogênese) e culturais que estão intimamente relacionadas.

Não se trata de privilegiar a biologia em detrimento do ambiente ou, ao contrário, sobrepor os aspectos ambientais aos genéticos. Uma leitura superficial da Psicologia Evolucionista poderia, de certa forma, induzir, por um lado, a um determinismo biológico ou, por outro, a um determinismo cultural. Porém, para a perspectiva evolucionista seria negligente estudar o comportamento humano sem considerar as dimensões genética e ambiental em interação. Os mecanismos biológicos, produtos da evolução, se manifestam de variadas maneiras dependendo das condições ambientais.

Essa forma de ver o desenvolvimento humano se aplica a todas as etapas do ciclo de vida, inclusive para antes do nascimento. A perspectiva evolucionista considera a criança um ser cultural desde a gestação (Seidl-de-Moura, 2005). Mesmo antes de nascer, o bebê humano está imerso em uma cultura: a expectativa dos pais, sua espera ao nascer, a forma como a mãe se relaciona com o bebê durante a gestação, o tipo de parto, como ele vai ser criado e todas as características que são singulares a cada cultura. No entanto, por fazer parte da espécie humana existem características que são universais: por exemplo, todos os bebês precisaram de cuidados de seus pais ou outros adultos para sobreviver. Mas a forma dada a esses cuidados por cada cultura poderá ser diferente uma da outra. Espera-se, portanto, encontrar desenvolvimentos semelhantes ao longo da vida dos indivíduos.

O cuidado parental é uma característica evolutiva da espécie humana. A infância estendida de nossa espécie demanda grande investimento parental. A sobrevivência da espécie dependerá, primeiramente, de seu sucesso reprodutivo, mas também do cuidado que se dedica à prole, garantindo a geração futura (Vieira, Rimoli, Prado & Chelini, 2009). Adota-se aqui uma perspectiva de desenvolvimento que considera todo o ciclo vital e que reconhece as influências do ambiente (físico, social e cultural) e da genética, e entende que todos esses fatores atuam sobre os indivíduos de maneira integrada (Seidl-de-Moura & Ribas, 2009).

9.2 Sentido de propriedade

Para compreender o desenvolvimento do sentido de propriedade, assim como qualquer outro aspecto desenvolvimental, devem ser consideradas as questões culturais e de criação anteriormente mencionadas.

Segundo Rochat (2004), o desenvolvimento da noção de posse está diretamente relacionado ao desenvolvimento da noção de "eu". Desde os primeiros meses de vida, o bebê apresenta comportamentos aleatórios e repetitivos de natureza funcional; parecem configurar um ritual de exploração que resultará futuramente na noção de "eu", a partir da diferenciação de seu próprio corpo como um objeto distinto dos demais objetos a seu redor. Essa exploração do corpo é, inicialmente, diádica, em que mães e pais se envolvem com seu bebê através do toque, dos movimentos, da nomeação das partes do corpo e da percepção das reações do bebê, que, aos poucos, vai aprendendo os limites de seu corpo (Seidl-de-Moura & Ribas, 2009).

Nesse primeiro momento, não há avanços cognitivos explícitos. Trata-se, por enquanto, de uma exploração sensorial e motora de seu próprio corpo que, dentro de algum tempo, chegará a se firmar como consciência de si e dos outros. Rochat (2004) observou que, muito precocemente, os bebês apresentam esse comportamento de repetidas ações motoras, como levar as mãos à boca, agitar os braços, abrir e fechar as mãos etc., muitas vezes sem se tratar de resposta a sensações de dor ou a qualquer tipo de incômodo. Ao contrário, os bebês se dedicam a esse tipo de atividade de forma lúdica e sem que alguém precise estar com eles. É algo particular e relacionado com a autoexploração (Rochat, 2004).

De acordo com Rochat (2004), o comportamento de exploração do próprio corpo, presente durante toda a primeira infância, conduz o bebê de uma relação consigo mesmo em direção a uma relação com o meio. Esse autor conclui, a partir de alguns estudos próprios (Rochat, 1989; Rochat & Goubet, 1995; Rochat, Querido & Striano, 1999) que desde o nascimento o bebê já demonstra estar dotado de sistemas sensoriais e motores coordenados entre si e do qual fazem uso durante a autoexploração. Isso possibilita uma noção de "eu" precoce. Até aproximadamente 18 meses, essa noção está limitada ao reconhecimento do corpo como "una entidad diferenciada que está organizada, está situada en el entorno y desarrolla su propia actividad"[1] (Rochat, 2004, p.54) e já é suficiente para permitir ao bebê se envolver em interações sociais, culminando em interações triangulares entre seu próprio corpo, um objeto e uma outra pessoa.

Rochat e Ferreira (2008) destacam o período dos 9 meses porque nesse momento é possível observar que o bebê manifesta preferência por determinados cuidadores, expressando sentimentos desagradáveis quando chega a hora de se separar, especialmente se deve ficar com estranhos. É também aos 9 meses, de acordo com esses autores, que ele logra usar um objeto para chamar e/ou recuperar a atenção do outro. Com essas manifestações, o bebê já está esboçando um sentido de propriedade; está tentando dizer que se sente possuidor e merecedor de atenção exclusiva. A relação triangular entre criança, objeto e outra pessoa é para Rochat e Ferreira (2008) o primeiro indício visível da origem do sentido de propriedade.

Ribeiro, Bussab e Otta (2004) revelam que os gestos protodeclarativos como apontar, exibir e entregar diretamente objetos – capacidades que já estão presentes no primeiro ano de vida do bebê humano – revelam uma de nossas características mais fundamentais: a de compartilhar atenção. Porém, o bebê não recebe atenção exclusivamente de seu cuidador preferido, ficando, muitas vezes aos cuidados de pessoas que lhes são estranhas. Para lidar com a insegurança que isso provoca, muitos recorrem ao objeto transicional. Pode tratar-se de "a blanket, a doll or any other suck-able, hug-able, and transportable physical object"[2] (Winnicott, 1982 como citado por Rochat & Ferreira, 2008), no qual a criança parece projetar o forte apego emocional que mantém com a mãe (ou cuidador preferido). Por essa razão, o objeto escolhido terá mais valor que qualquer outro brinquedo e ajudará a criança a fazer a transição entre a segurança transmitida pela mãe e a exploração do mundo.

Por volta dos 18 meses, a noção de "eu" já se refinou e ocorre uma importante aquisição: a criança passa a ser capaz de se reconhecer no espelho. Isso parece demonstrar que ela apresenta uma autoconsciência para além do seu corpo físico. É uma habilidade de autorreconhecimento, que se sofisticou da sua imagem concreta refletida no espelho até formar autoimagem, introduzindo uma dimensão de representação, inexistente até então. "Para objetivarse a sí mismos, los niños de algún modo necesitan combinar su percepción directa del yo con la contemplación de una representación"[3] (Rochat, 2004, p. 105), assim como o objeto transicional é uma representação de sua mãe.

A criança se vincula tão fortemente a esse objeto, que o transforma em seu primeiro bem material, algo que, pela primeira vez, ela realmente possui. O valor afetivo que esse objeto contém em si produz na criança uma forte vinculação e o sentido de propriedade. Rochat e Ferreira (2008) presumem que as primeiras experiências de posse se concretizam aí. Sendo esse momento "the first tangible sign of a property sense in the child"[4] (Rochat & Ferreira, 2008, p. 144).

Perner (1991), teórico do desenvolvimento, compreende que o estabelecimento da representação mental nas crianças se dá em três níveis: o primário, o secundário e a metarrepresentação. Por volta de 1 ano de idade, a criança se relaciona diretamente com o objeto, mas o processo mental é limitado, apenas se observam

---

[1] Traduzido livremente como: "uma entidade diferenciada que está estabelecida, situada no ambiente ao seu redor e desenvolve sua própria atividade".

[2] Traduzido livremente como: "um cobertor, uma boneca ou qualquer outro objeto físico sugável, agarrável e transportável".

[3] Traduzido livremente como: "Para se objetivar a si mesmo, as crianças precisam, de alguma forma, combinar sua percepção direto de eu com a contemplação de uma representação".

[4] Traduzido livremente como: "o primeiro indício do sentido de propriedade na criança".

indicadores de atenção sem a identificação do objeto. No nível secundário, em torno do segundo ano de vida, a criança desenvolve uma habilidade interpretativa acerca do objeto, através da formação prévia de múltiplos modelos e esboça teorias mentais em relação ao objeto. Por volta dos 4 anos, a criança compreende que o objeto é algo em si, que representa algo e é passível de interpretação.

Embora Perner (1991) só reconheça a verdadeira compreensão do objeto por parte da criança a partir dos 4 anos de idade e Rochat (2004) localize essa compreensão aproximadamente aos 2 anos, ambos convergem na necessidade da exploração sensorial e motora do objeto como pré-requisito para sua representação mental. Há conquistas de ordem postural e motora pelas quais o bebê deve passar (Seidl-de-Moura & Ribas, 2009) – como desenvolvimento do movimento de pinça dos dedos, segurar um objeto, deixá-lo à altura dos olhos, ficar de pé e caminhar – que permitem maior exploração e maior reconhecimento do mundo a seu redor e culminam na construção das propriedades de um objeto. Assim, a ação sobre o mundo dos objetos depende da integração com o desenvolvimento motor e, a partir daí, da possibilidade de nomear os objetos como "meu".

Rochat (2004) afirma que em torno dos 2 anos de idade há um marco no desenvolvimento da criança associado à conquista da função simbólica, principalmente com o domínio gradual da linguagem, que caracteriza o fim da primeira infância. A criança atinge a capacidade de expressar com clareza sua propriedade, uma vez que consegue dizer "É meu!". Rochat e Ferreira (2008) encontram nessa simples frase a expressão do reconhecimento do poder da criança sobre os objetos e em relação aos outros, porque quando ela diz "meu", o que ela está dizendo também é "isso não é seu". Essa demarcação de posse estabelece, ao mesmo tempo, a possibilidade de negociação e as primeiras ações cooperativas. "This is the child's entrance into the adult culture of reciprocal exchanges"[5] (Rochat & Ferreira, 2008, p. 145).

É do desenvolvimento da autoconsciência, isto é, da noção de "eu", que deriva sentido de propriedade e a consequente possibilidade de negociação e compartilhamento (Rochat, 2004). Assim, o desenvolvimento de comportamentos cooperativos depende, entre outras coisas, da sadia construção da noção de "eu". Uma vez que tenha logrado a diferenciação eu-outros, a criança será capaz de cooperar e compartilhar com seus pares, se esse for o comportamento socialmente aceito.

No entanto, não está claro como a criança aprende a compartilhar; como ela passa do "é meu" para um possível "é nosso". É através da influência familiar? Ou, considerando que hoje em dia as crianças passam muito tempo na escola, teria esta instituição alguma influência no desenvolvimento do sentido de propriedade e da possibilidade de compartilhamento de seus alunos? Que tipo de comportamento é estimulado por nossa sociedade (ocidental, branca, industrializada, escolarizada etc.)?

Fato é que somos seres sociáveis e o comportamento de compartilhar é, necessariamente, aprendido ao longo de nossas vidas, pois é fundamental para a espécie humana viver em grupo. Para Alencar e Yamamoto (2008), as trocas sociais e a cooperação entre os homens foram fundamentais para sobrevivência e a perpetuação da espécie, ou seja, o homem só sobreviveu porque formou grupos, dividiu as tarefas, encontrou apoio, formou sociedades e essas capacidades foram passadas de geração para geração.

Segundo de Waal (2010), de modo geral, "quanto mais vulnerável é uma espécie, maiores são suas aglomerações" (p. 39). Além disso, "nosso ciclo de vida inclui longos estágios nos quais dependemos uns dos outros, como na infância, na velhice e quando ficamos doentes" (p.38). Como consequência dessa dependência entre os indivíduos da espécie, aperfeiçoamos o desenvolvimento de nossas habilidades cognitivas ligadas à comunicação e à organização social (Bussab & Ribeiro, 1998).

A vida em grupo permite que o indivíduo realize novas aprendizagens decorrentes de suas próprias experiências de vida, ao mesmo tempo em que acumula as aprendizagens de gerações anteriores que lhes são transmitidas, sem necessidade de "aprender por ensaio, tudo de novo, a cada geração" (Bussab & Ribeiro,

---

[5] Traduzido livremente como: "Essa é a entrada da criança na cultura adulta das trocas sociais".

1998, p.175). Vivendo em sociedade, o ser humano passa a aprender com o outro, reconhecendo e compreendendo as necessidades e os desejos uns dos outros.

Precisamos do contato com nossos semelhantes para compreender e nomear os sentimentos aos quais nos expomos. Desenvolvemo-nos de forma que os circuitos neurais adquiridos no processo de evolução são fundamentais para a expressão afetiva e emocional da nossa espécie, permitindo-nos conhecer as expressões e os sentimentos dos outros (Carter, Harris & Porges, 2009).

Sendo assim, a intervenção de um adulto com explicações que embutem a noção de posse, como "Esse brinquedo não é seu", "Isso é dele", são oferecidas no cotidiano das crianças, que, no curso do desenvolvimento, criam representações sobre seu sentido de propriedade. Dentro dessa perspectiva, o ensinamento é tido como instrumental para o desenvolvimento da cultura humana, uma vez que acelera a aquisição de novos comportamentos nos indivíduos (Jou & Sperb, 1999). A noção de posse e as práticas de compartilhamento são amplamente influenciadas pelo papel da experiência social, sobretudo na relação pais e filhos.

9.3   Considerações finais

O estudo do desenvolvimento do sentido de propriedade é claramente um tema da Psicologia do Desenvolvimento, cujo desafio está em entender, explicar e, se preciso, intervir nos processos de mudanças que ocorrem ao longo do ciclo de vida dos indivíduos (Seidl-de-Moura, 2011). Isso não significa que não tenha influência em outras áreas da Psicologia. Ao contrário, conhecer o desenvolvimento do ser humano é necessário em diversos outros campos. Entre eles, merecem ser destacadas aqui a Psicologia Educacional e a Psicologia Clínica.

Se o sentido de propriedade é pré-requisito para c omportamentos sociais de compartilhamento e ele sofre influência cultural na forma pela qual se manifesta (Rochat, 2004), não é imprudente afirmar que a escola possui uma parcela de responsabilidade. Numa sociedade escolarizada como a nossa, em que pais e professores dividem a tarefa de educar crianças e jovens, vislumbra-se uma implicação que recai sobre a escola.

Há ainda uma implicação clínica. Shinohara e Araújo (2002) salientam que um dos princípios fundamentais da Terapia Cognitiva-Comportamental é que as emoções, os comportamentos e as reações fisiológicas estão diretamente ligados à forma como o indivíduo avalia suas experiências. Assim, o modo como a pessoa interpreta as situações será determinante para a maneira como ela reagirá afetiva, sentimental, fisiológica e comportamentalmente.

Considera-se, ainda, que o modo como as crianças interpretam e reagem às situações de seu cotidiano está permeado pela interpretação e pela reação de seus pais (Keller, 2002). Por essa razão, a revisão teórica sobre o sentido de propriedade aqui proposta estimula a reflexão sobre as interações entre pais e filhos, pois é nessa relação que se introduz o contato com a noção de posse comum à cultura familiar. Tal sentido de propriedade é desencadeador das primeiras representações mentais sobre "meu" e "seu" e serão socialmente apresentados como regras de compartilhamento em futuras interações sociais, podendo chegar a uma clara representação de "nosso".

A perspectiva evolucionista auxilia a compreensão do comportamento humano mais atual. Conhecendo a adaptabilidade selecionada nos ancestrais que acompanha o ser humano até hoje, esse olhar integra a filogênese à ontogênese e mostra que os comportamentos sociais são adaptativos, uma vez que a adoção de um modo de vida grupal aumentou os ganhos em proteção e em acesso a recursos, como alimentos e parceiros sexuais. Ao mesmo tempo, a vida em sociedade promoveu o desenvolvimento de altas habilidades cognitivas. As interações sociais, na tensão entre a competição por recursos e por aprovação social, exigiram maior necessidade de organização e cooperação entre os indivíduos (Yamamoto, Alencar & Lacerda, 2009).

Espera-se, com essas reflexões, chamar a atenção de psicólogos, pais e professores para a relevância do papel que desempenham no desenvolvimento das crianças, estimulando aspectos de negociação e de compartilhamento nas trocas sociais cotidianas.

9.4 Referências

Alencar, A. I. & Yamamoto, M. (2008). A teoria dos jogos como metodologia de investigação científica para a cooperação na perspectiva da Psicologia Evolucionista. *Psico, 39*, 4, 522-529.

Barkow, J. H., Cosmides, L., & Tooby, J. (Orgs.). (1992). *The adapted mind*. Oxford: Oxford University Press.

Bussab, V. S. R. & Ribeiro, F. L. (1998). Biologicamente Cultural. In L. de Souza, M. F. Q. de Freitas & M. M. P. Rodrigues (Orgs.), *Psicologia: reflexões (im)pertinentes*. (pp. 175-193). São Paulo: Casa do Psicólogo.

Carter, C. S., Harris, J. & Porges, S. W. (2009). Neural and evolutionary perspectives on empathy. In J. Decety & W. Ickes (Eds), *The Social Neuroscience of Empathy* (169-182). Cambridge, Mass: MIT Press.

Carvalho, A. M. A. (1998). Etologia e comportamento social. In L. de Souza, M. F. Q. de Freitas & M. M. P. Rodrigues (Orgs.), *Psicologia: reflexões (im)pertinentes*. (195-224). São Paulo: Casa do Psicólogo.

Cosmides, L. & Tooby, J. (1997). *Evolutionary psychology: a primer*. Recuperado em 02 de abril de 2012 de <http://www.psych.ucsb.edu/research/cep/primer.html>.

Cosmides, L. & Tooby, J. (2000). Evolutionary psychology and the emotions. In M. Lewis & J. M. Haviland-Jones (Orgs.), *Handbook of Emotions*. (91-115). New York: Guilford.

Jou, G. I. & Sperb, T. M. (1999). Teoria da mente: diferentes abordagens. *Psicologia: Reflexão e Crítica, 12* (2), 287-306.

Keller, F. S. (1973). *Aprendizagem: teoria do reforço*. São Paulo: E.P.U.

Keller, H. (2002). Development as the interface between biology and culture: a conceptualization of early ontogenetic experience. In H. Keller, Y. H. Poortinga & A. Schölmerich (Orgs.), *Between culture and biology: perspectives on ontogenetic development* (215-240), Cambridge: Cambridge University Press.

Oliva, A. D. (2011) Psicopatologia e adaptação: origens evolutivas dos transtornos psicológicos. In B. Rangé *et al.* (Org.) *Psicoterapias cognitivo-comportamentais*. Porto Alegre: Artmed.

Perner, J. (1991) *Undestanding the representational mind*. Cambridge, Mass: Bradford Books/MIT.

Ribeiro, F. L., Bussab, V. S. R., & Otta, E. (2004). De colo em colo, de berço em berço. In M. L. Seidl-de-Moura (Org.), *O bebê do século XXI e a Psicologia em Desenvolvimento* (229-277). São Paulo: Casa do Psicólogo.

Rochat, P. (1989). Objeto manipulation and exploration in two-to five-month-old infants. *Developmental Psycholgy, 25*, (6), 871-884.

Rochat, P. (2004). *El Mundo del Bebé*. Madri: Morata.

Rochat, P. & Goubet, N. (1995). Developmental of sitting and reaching in five-to six-month-old infants. *Infant Behavior and Development, 18* (1), 53-68.

Rochat, P., Querido, J., & Striano, T. (1999). Emerging sensitivity to the timing and structure of protoconversation in early infancy. *Developmental Psychology, 35* (4), 950-957.

Rochat, P. & Ferreira, C. P. (2008). *Homo Negotiatus*: Ontogeny of the Unique Ways Humans Own, Share and Reciprocate. In S. Itakura & K. Fujita (Eds.), *Origins of the Social Mind: Evolutionary and Developmental Views*. (141-156). Hicom: Springer.

Seidl-de-Moura, M. L. (2005). Bases para uma psicologia do desenvolvimento sociocultural e evolucionista. In F. A. R. Pontes; R. C. S. Brito & C. M. C. Magalhães (Orgs.), *Temas pertinentes na construção da Psicologia contemporânea*. (163-190). Belém: Editora Universitária UFPA.

Seidl-de-Moura, M. L. (2011). Algumas reflexões sobre a Psicologia do Desenvolvimento e sua importância no estudo da mente e comportamento humanos. In Gondim, S. M. & Chaves, A. M. (Orgs.), *Práticas e saberes psicológicos e suas conexões* (163-206). Salvador: UFBA

Seidl-de-Moura, M. L. & Oliva, A. D. (2009). Arquitetura da mente, cognição e emoção: uma visão evolucionista. In M. Yamamoto & E. Otta (Orgs.), *Psicologia Evolucionista*. (42-53) Rio de Janeiro: Guanabara Koogan.

Seidl-de-Moura, M. L., Oliva, A. D., & Vieira, M. L. (2009). Human development in an evolutionary perspective. *Avances en Psicologia Latinoamericana, 27* (2), 252-262.

Seidl-de-Moura, M. L. & Ribas, A. F. P. (2009). Evolução e desenvolvimento humano. In M. Yamamoto & E. Otta (Orgs.), *Psicologia Evolucionista* (77-85). Rio de Janeiro: Guanabara Koogan.

Shinohara, H. & Araújo, C. F. (2002). Avaliação e diagnóstico em Terapia Cognitivo-Comportamental. *Interações em Psicologia, 6* (1), 37-43.

Varella, M. A. C. (2011). *Variação individual nas estratégias sexuais: alocação de investimentos parentais e pluralismo estratégico.* Dissertação de Mestrado, não publicada, Instituto de Psicologia da Universidade de São Paulo, São Paulo. Recuperado em 10 de abril de 2012 de <http://www.teses.usp.br/teses/disponiveis/47/47132/tde-23112007-100030/pt-br.php >.

Vieira, M. L. & Prado, A. B. (2004). A abordagem evolucionista sobre a relação entre filogênese e ontogênese no desenvolvimento infantil. In M. L. Seidl-de-Moura (Org.), *O bebê do século XXI e a Psicologia em Desenvolvimento* (155-199). São Paulo: Casa do Psicólogo.

Vieira, M. L., Rimoli, A. O., Prado, A. B., & Chelini, M. O. M. (2009). Cuidado e responsividade parentais: uma análise a partir da teoria da história de vida e da teoria do investimento parental. In M. Yamamoto & E. Otta (Orgs.), *Psicologia Evolucionista.* (86-95). Rio de Janeiro: Guanabara Koogan.

de Waal, F. (2010). *A Era da Empatia: lições da natureza para uma sociedade mais gentil.* São Paulo: Companhia das Letras.

Yamamoto, M. E. (2008). Por que somos como somos? A Psicologia Evolucionista e a natureza humana. *Ciência Sempre, 4,* 12-17.

Yamamoto, M. E., Alencar, A. I., & Lacerda, A. L. R. (2009). Comportamento moral ou como a cooperação pode trabalhar a favor de nossos genes egoístas. In E. Otta & M. E. Yamamoto (Orgs.), *Psicologia Evolucionista* (133-143). Rio de Janeiro: Guanabara Koogan.

Autores:

Gabriela Fernandes Castanheira – Mestranda em Psicologia do Programa de Pós-Graduação em Psicologia Social – UERJ.

Débora Aguiar Soares da Cunha – Mestranda em Psicologia do Programa de Pós-Graduação em Psicologia Social – UERJ.

Livia Gomes Viana-Meireles – Doutoranda em Psicologia do Programa de Pós-Graduação em Psicologia Social – UERJ.

Angela Donato Oliva – Doutora em Psicologia da Aprendizagem e do Desenvolvimento Humano pela Universidade de São Paulo. Professora adjunta do Instituto de Psicologia da Universidade do Estado do Rio de Janeiro e da Universidade Federal do Rio de Janeiro; Docente do Programa de Pós-Graduação em Psicologia Social – UERJ. Contato: angeladonatoliva@uol.com.br

PARTE II

INTERVENÇÕES COGNITIVO-COMPORTAMENTAIS COM CRIANÇAS E ADOLESCENTES

Siga sendo você mesmo, mas optimize o seu estilo pessoal: dois programas recentes de competências sociais e pessoais

Margarida Gaspar de Matos

10.1 Abordagem promocional e ecológica

Uma intervenção promocional com uma quádrupla perspectiva (os alunos, as famílias, os professores e educadores e os amigos/colegas) parece a proposta mais adequada na sequência dos vários programas reportados na última década em Portugal (Matos, 2005; Matos *et al.*, 2011; Matos *et al.*, 2012; Matos & Sampaio, 2009; Simões, Matos, Tomé, Ferreira & Dinis, 2009). Esses estudos sugerem que se tem centrado nos aspectos positivos do comportamento pessoal e interpessoal:

1. Por um lado, a identificação, a gestão e a manutenção de redes sociais de apoio, a promoção da coesão social e do capital social (laços sociais fortes e mais exclusivos; laços mais fracos, mas mais extensos) (Morgan, 2010; Morgan, Davies & Ziglio, 2010; Morgan & Ziglio, 2007).

2. Por outro lado, a promoção de competências pessoais e sociais visando a tornar as pessoas mais intervenientes, participativas, empenhadas e responsáveis no espaço pessoal e grupal (Matos *et al.*, 2011; Matos *et al.*, 2012; Simões *et al.*, 2009):

   a) promoção do empreendedorismo/iniciativa;

   b) promoção da liderança/capacidade de gestão e intervenção;

   c) promoção da resiliência/gestão de problemas com custos pessoais reduzidos;

   d) promoção da autorregulação/manutenção de um estado de equilíbrio entre psicológico, emocional e social;

   e) promoção da capacidade de identificação e gestão do estilo individual (cognitivo, emocional e social) com vistas à sua optimização com o menor custo, o maior usufruto e a maior eficácia.

Apresentam-se, então, dois programas, um para crianças e adolescentes e outro para adultos jovens na transição para a vida ativa ou adultos que precisam lidar com novos desafios em suas carreiras.

10.2 Escola e família

A escola é um local privilegiado para o desenvolvimento de ferramentas que ajudem os jovens no contato com diversas situações e desafios (Frydenberg, 2008; GTES, 2005, 2007; Matos *et al.*, 2008), nomeadamente na relação com o insucesso escolar, com as dificuldades de adaptação à escola e com as dificuldades de regulação do comportamento pessoal e social. Segundo Roth e Brooks-Gunn (2000), os estudos têm mostrado que os alunos com insucesso escolar apresentam maiores níveis de comportamento antissocial; os autores salientam, ainda, a importância de três fatores do contexto escolar (ABC): *Appropriate* (ambiente escolar adequado); *Behaviors* (comportamentos), *Connection* (ligação à escola).

Na família, a possibilidade de participação dos jovens na tomada de decisões importantes ajuda no desenvolvimento do sentimento de pertencimento e de responsabilidade, aumentando também as expectativas em relação ao futuro e promovendo a persistência na prossecução de objetivos (Gaspar, Ribeiro, Leal, Matos & Ferreira, 2009; Werner & Smith, 2001). Segundo Frydenberg (2008), a família deve ter as seguintes características: comunicação positiva e efetiva, apoio ao jovem, facilitação da expressão de sentimentos e opiniões, discussão de assuntos, minimização de conflitos, negociação dos planos da família, desenvolvimento da cooperação e da confiança entre pais e filhos. Roth e Brooks-Gunn (2000) salientam a importância de o contexto familiar incluir determinadas características que funcionam como fatores de proteção contra o desenvolvimento de comportamento antissocial: TLC *Time* – tempo para os filhos, *Limit* – supervisão e controle firme e *Connectedness* – ligação com a família.

10.3 Os amigos e as relações de vizinhança

10.3.1 Os amigos

Os amigos são uma fonte inestimável de capital social na infância e na adolescência, mas é justamente nesse período que algumas relações interpessoais com o grupo de pares são marcadas por um aspecto de regulação conflitual que, em vez de as colocar ao nível da protecção do bem-estar, as coloca como um risco para a saúde e o bem-estar pessoal e relacional (Tomé, Camacho, Matos & Diniz, 2011). Roth e Brooks--Gunn (2000) chamam a atenção para um conjunto de aspectos relevantes no contexto de pares e que podem exercer uma influência positiva ou negativa no desenvolvimento de comportamentos agressivos. O acrônimo "FRIEND" reúne essas influências com base nos seguintes conceitos: *Friendship* (amizade), *Resisting* (resistência à pressão de pares), *Interests* (interesses no dia a dia), *Examples* (modelos sociais), *Numbers* (equilíbrio ente risco e apoio) e *Deviant* (associação com pares desviantes).

As relações de vizinhança podem providenciar apoio e encorajar a participação ativa dentro da comunidade, aumentando, assim, as oportunidades e os níveis de competência social de crianças e jovens. O capital social existe nos laços sociais entre as pessoas e inclui relações fortes com um grupo restrito de pessoas (*bonding*) e relações mais superficiais com grupos alargados (*bridging*) (Morgan, 2010; Morgan *et al.*, 2010; Morgan & Ziglio, 2007). O sentimento de coesão no local de residência e na escola é importante na construção do capital social (Kawachi, Kennedy & Glass, 1999; Putnam, 1993) uma vez que o capital social reforça e é reforçado por um sentimento de confiança, pertencimento e participação social (Poortinga, 2006) tanto na escola (ou local de trabalho) quanto na comunidade. O capital social também está associado aos resultados escolares: alguns estudos sugerem que existe menor taxa de abandono escolar nas comunidades com forte capital social (Plagens, 2003).

As atividades extracurriculares, o voluntariado e os tempos livres fora da escola são importantes formas de estreitamento das ligações entre os jovens e a comunidade. Assim, podem desenvolver suas competências de liderança e de tomada de decisão, aumentar o sentimento de pertencimento e obter apoio social dos adultos (Brooks, 2006; Matos *et al.*, 2011; Matos *et al.*, 2012).

A "importância dos laços fracos" (Granovetter, 1983) foi desde há muito sublinhada, salientando-se que os "laços fracos" nos permitem, por um lado, obter ajuda em caso de problemas e, nosso círculo restrito em vez de nos isolarmos quando dependemos apenas do círculo restrito de "laços fortes" (por exemplo, caso de morte, divórcio ou conflito). Por outro lado, quando se depende exclusivamente dos "laços fortes" a permeabilidade face às mudanças sociais é mais difícil, uma vez que todos os atores de nosso círculo restrito tendem a pensar de modo análogo em grandes questões socioculturais. Alguns países, como Portugal, investem muito nas relações familiares e menos nesse grupo de suporte social e verifica-se que os jovens portugueses pouco aderem a grupos sociais extrafamiliares para convívio ou partilha de um *hobby*, por exemplo (Matos *et al.*, 2003).

10.4 Autoeficácia, resiliência e autorregulação

O conceito de autoeficácia foi proposto por Bandura (1977) e refere-se à percepção da capacidade de alcance de determinado objetivo, de persistência na realização de determinada tarefa e da utilidade da tarefa para os fins propostos. Trata-se de um sentimento de valor pessoal, que consiste na crença de que se sabe enfrentar os desafios que a vida apresenta. O conceito de autoeficácia está relacionado com a capacidade que cada indivíduo considera ter, relativamente, no controle de sua própria vida e do ambiente e inclui sua percepção de competência ("ser capaz") e a percepção de sua eficácia, face ao ambiente ("resultar") (Bandura, 2001). Quando se deparam com dificuldades, as pessoas que apresentam baixos níveis de autoeficácia desistem mais facilmente.

A falta de perspectiva de alteração da sua vida ao conseguir resultados positivos está muitas vezes associada à desistência, não por "incapacidade", mas justamente por "falta de expectativas" (Matos, 2005; Matos *et al.*, 2008). Os indivíduos que apresentam bons níveis de autoeficácia têm maior tendência para o reconhecimento e a valorização de suas competências, mais confiança em suas capacidades, desenvolvem mais esforços e mais estratégias para enfrentar as situações e são mais persistentes quando se deparam com obstáculos. A autoeficácia não é uma característica estática, sendo possível alterá-la pelo comportamento, por fatores pessoais internos e pelo ambiente exterior (Maciejewski, Prigerson & Mazure, 2000).

Uma das características que favorece a capacidade de ajustamento psicológico em face de adversidades é a resiliência (Frydenberg, 2008). As crianças e os jovens resilientes partilham geralmente um conjunto de fatores que assumem papel facilitador no desenvolvimento da resiliência: a) fatores individuais – tendência para enfrentar os problemas de forma ativa, revelando autoeficácia, autoconfiança, competências sociais e interpessoais, sentido de humor, empatia, controle emocional, boa capacidade de relacionamento com os pares; b) fatores familiares – bom apoio familiar, transmissão de segurança por parte da família, bom relacionamento e harmonia com os pais; c) fatores ambientais – existência de apoio por parte de outras pessoas significativas para a criança e para o jovem, assim como experiências escolares gratificantes (Schenker & Minayo, 2005; Simões *et al.*, 2009). A resiliência pode ser promovida através de atividades que envolvam a utilização de competências pessoais e sociais, a autoeficácia, o autoconhecimento e a autoestima (Gilligan, 2000), levando a um ajuste entre as soluções que o adolescente tenta pôr em prática e a forma como as soluções respondem aos desafios colocados, dentro dos constrangimentos sociais e políticos de sua comunidade.

A autorregulação tem a ver com a capacidade de definição de objetivos, de manutenção da motivação para o trabalho dirigido aos objetivos; de concretização de objetivos, de faseamento do percurso pessoal em direção aos objetivos, de avaliação de sua ação, de estabelecimento de opções que tornem possível a concretização dos objetivos, da possibilidade de procura de ajuda; da capacidade de regulação de pensamentos, emoções e comportamentos. Muitas vezes, considera-se a autorregulação de modo restrito, associando-a somente à capacidade de "controle e permanência na tarefa". É uma visão muito limitada, que não permite a compreensão total da vantagem da ajuda às crianças e aos jovens no desenvolvimento de sua capacidade autorregulatória em termos do aumento de sua competência pessoal e social, de seu bem-estar, de sua qualidade de vida e de seu sucesso escolar (Matos *et al.*, 2011; Matos *et al.*, 2012).

A autorregulação ajuda as crianças e os jovens quando são realmente confrontados com opções difíceis, em face de tentações apresentadas pelos contextos sociais e físicos que os cercam. Tem-se aqui a promoção da autorregulação como a aquisição de uma estratégia para identificação das tentações e da capacidade de lhes resistir, por si só ou procurando ajuda.

Vários estudos recentes afirmam que os adolescentes, em comparação com os adultos, têm mais dificuldade de identificação de riscos no ambiente, especialmente quando expostos a uma gratificação imediata, fato atribuído a uma imaturidade da região mesocefálica. Os adolescentes, para além de sua dificuldade neurológica de detecção de riscos quando se deparam com uma tentação, têm ainda dificuldades, também por questões de imaturidade neurológica, de ativar o sistema inibidor comportamental (Bjork, Knutson, Fong, Caggiano, Bennett & Hommer, 2004; Bjork, Smith, Danube & Hommer, 2007). Os adolescentes cuja maturidade cortical lhes permite tomar decisões racionais no mesmo nível dos adultos, se "a frio", têm grande dificuldade de gerir suas emoções e seus impulsos, sobretudo com a "tentação/recompensa" à vista, em especial no contexto da cultura de pares (Barbalat, Domenech, Vernet & Fourneret, 2010; Casey, Jones & Hare, 2008; Gardner & Steinberg, 2005; Oliva & Antolín, 2010; Somerville, Jones & Casey, 2010; Steinberg, 2008).

10.5 Resolução de problemas e *Coping*

A resolução de problemas engloba a capacidade de planejamento, o pensamento crítico, a reflexão e o exame criativo por várias perspectivas antes de tomada de decisão. Essa competência pode ter um papel extremamente importante na avaliação de riscos, de recursos e na procura de envolvimentos ou de relações mais saudáveis (Werner & Smith, 2001).

Matos (2005), inspirada em autores anteriores, preconiza um método de resolução de problemas que inclui os seguintes passos (do inglês FAST – *Freeze and think, Alternatives, Solutions, Try it*): compreensão da situação e análise do problema; busca de várias alternativas possíveis para a resolução do problema; antecipação das consequências de cada uma das alternativas possíveis; escolha da alternativa que se considera a mais adequada; execução da alternativa escolhida; avaliação das consequências da escolha. Esse método foi utilizado com sucesso com crianças a partir dos 8 anos (Matos, 2005).

As investigações recentes sublinham o papel que as estratégias pessoais de *coping* – recursos para enfrentar os desafios, o desconhecido, o inesperado e a adversidade – têm na saúde e no bem-estar das pessoas. As estratégias de *coping* são utilizadas pela criança desde os primeiros anos de vida: sempre que se depara com uma situação geradora de estresse, o indivíduo avalia, numa primeira abordagem, se se trata de uma situação de ameaça ou de desafio, numa segunda abordagem, procura verificar se tem recursos para superar a situação, por fim, opta pela estratégia que lhe parece mais adequada (Frydenberg, 2008). As estratégias utilizadas na infância são semelhantes àquelas utilizadas na vida adulta e as vivências da infância determinam a utilização de estratégias mais ou menos eficazes para o bem-estar. As estratégias de *coping* utilizadas dependem de fatores individuais, familiares e ambientais. Estratégias de *coping* eficazes são um importante fator de proteção, sempre que o indivíduo está exposto ao risco, para minimização dos danos dessa exposição (Frydenberg, 2008).

Algumas estratégias de *coping* são funcionais, como a resolução de problemas e as cognições positivas, mas também podem ser disfuncionais, como a tentativa de ignorar o problema, o consumo de substâncias psicoativas, a preocupação excessiva, a culpa ou o evitamento. Umas estão associadas ao bem-estar e ao ajustamento psicológico, outras estão habitualmente associadas a dificuldades de adaptação e a problemas emocionais.

Na infância, as estratégias de *coping* são meras reações em resposta a situações geradoras de estresse; na adolescência, as estratégias são mais sofisticadas, coordenadas e especializadas. No entanto, com a idade, aumenta o uso de estratégias redutoras de tensão, como o abuso de consumo de álcool, de tabaco, entre outras. Alguns autores (Frydenberg, 2008) falam de *coping* centrado nas emoções (pedido de ajuda, procura de consolo e apoio social, consumo de substâncias psicoativas) e *coping* centrado na solução de problemas (tentativa de resolução do assunto, procura de atenuação dos seus efeitos negativos).

10.6 Emoções, sua identificação e gestão

A identificação, a expressão e a gestão das emoções contribuem para o desenvolvimento emocional da criança. A "linguagem das emoções" é extremamente importante para seu reconhecimento e gestão. No entanto, em geral, as pessoas têm um vocabulário muito limitado para expressar o que sentem. Esse fato está muitas vezes associado a reações desajustadas ou excessivas, uma vez que a capacidade de reconhecer, nomear e gerir emoções se encontra pouco diferenciada. Assim, é importante que as crianças tenham ajuda no desenvolvimento de uma consciência e de um vocabulário emocional como estratégia de auxílio para enfrentar desafios e adversidades (Matos, 2005).

Sem essa capacidade de reconhecimento, de nomear e de gerir, uma criança que se confronte com emoções negativas poderá procurar estratégias de *coping* menos adaptativas para aliviar o sofrimento ou a tensão associados a essas emoções negativas. Inversamente, a criança que aprende a exprimir e a gerir emoções consegue maior tolerância à frustração, maior percepção de controle de seu mundo interno e uma relação mais saudável com o ambiente externo.

Para conseguir a autorregulação e para otimização de estados pessoais de saúde e bem-estar, é útil que se debatam e promovam estratégias associadas à capacidade de "pausa para desfrute e autocongratulação".

Isso ajuda crianças e adolescentes a identificar experiências passadas de sucesso e desfrutá-las, analisando intimamente processos pessoais associados a estados de sucesso e fruição e definindo estratégias pessoais para atingir os objetivos e congratular-se com esse feito (Bryant & Veroff, 2007).

O papel dos contextos sociais muito importante e pode funcionar como fator de risco e como fator protetor. Desse modo, o conhecimento e a potencialização das características protetoras do ambiente social e o conhecimento e a redução de suas características prejudiciais são fundamentais para a definição de estratégias, programas e políticas de promoção da saúde (Matos, 2005; Matos & Sampaio, 2009; Simões, 2005).

A promoção de competências pessoais e sociais tem como objetivo geral ajudar os indivíduos a desenvolver suas capacidades pessoais e relacionais, permitindo uma reflexão sobre o modo de se relacionar consigo mesmo, com os outros e com as situações do dia a dia, encontrando, assim, alternativas adequadas a cada situação (Matos, 2005). A seguir, são apresentados dois programas de promoção de competências pessoais e sociais em crianças e adolescentes, em primeiro lugar, e em adultos jovens, no segundo momento.

10.7 Programa 1: *Find your own style* – Programa de promoção de competências pessoais e sociais para a otimização da saúde e da qualidade de vida (Crianças e Adolescentes) (Matos *et al.*, 2011; Matos *et al.*, 2012)

Esse programa foi constituído por doze sessões e incluiu seis temas debatidos com os alunos, por meio de metodologias ativas e participativas (Matos, 2005). Foi recentemente aplicado e avaliado num cenário de crianças e jovens em situação precária do ponto de vista sociofamiliar.

Os seis grandes blocos temáticos alvo da intervenção/plano de desenvolvimento, da pesquisa pessoal, da mudança e da manutenção da mudança foram:

- Linguagem corporal: como fala o nosso corpo;
- Pensamentos; o que nos vai na cabeça;
- Emoções: como sentimos as coisas;
- Relações entre pessoas: o mundo dos outros;
- Trabalho e lazer: o nosso dia a dia.

10.7.1 Desenvolvimento das sessões do programa

Nas sessões 1, 3, 5, 7 e 9 são introduzidos os cinco blocos temáticos, um por sessão. As sessões intercalares 2, 4, 6, 8 e 10 são animadas pelo professor e pelo psicólogo, na sala de aula, tendo como base a dramatização dos textos elaborados no trabalho para casa. No caso do trabalho de casa não ter tido adesão dos alunos, o professor terá preparados textos relacionados à temática que ilustrem situações típicas para a idade dos alunos e que visem o tema tratado na sessão anterior. Como estratégias de dinamização do grupo são utilizados *role playings games* seguidos de debate e propostas de otimização das situações por parte dos jovens. Se necessário, a situação pode ser representada de novo.

Na primeira sessão introduzem-se os conceitos CHIP, CHAP e CHEP. CHAPs são os comportamentos que ajudam; CHEPs – os comportamentos que enervam ou que bloqueiam. Os CHEPs, inúteis para abordar a situação, podem ser divididos em dois grupos: os CHEPs (comportamentos que enervam) e CHIPs (comportamentos que bloqueiam), e são introduzidos em grupos de crianças mais velhas ou mais motivadas a diferença entre a passividade e a irritação.

Na primeira sessão, introduz-se ainda o método "congela", uma instrução verbal que deve ser poderosa e "congelar" todo o grupo exatamente no local onde estiver e que pode ser acompanhado ou não de um ruído: palmas, apito etc. Deve ser usado com parcimônia e destina-se a recuperar a calma quando o grupo se torna muito agitado. Nessa sessão também se elege um HAKA (grito de coesão usado pelas equipes de rugby antes do jogo). Pode ser uma música, um grito ou coro, acompanhado ou não de uma coreografia simples e de grupo, que se destina a marcar o início e o fim das sessões facilitando a coesão do grupo.

Como outras estratégias para gestão do espaço-tempo da sessão, pode-se implementar um sistema de *feedback* no qual os alunos se autoavaliam em cada sessão com utilização de um semáforo (verde – correu bem; amarelo – não muito bem; vermelho – "fui muito aborrecido"). Pode ser sugerida, ainda, uma classificação de sua participação numa escala de um a cinco ou com três ou cinco rostinhos progressivamente sorridentes ("*smiles*"). Poderá também ser instituído um sistema de pontos e uma recompensa final tipo "Passaporte para…" (cinema, atividade esportiva, aventura, gincana) (Matos *et al.*, 2011).

O programa é antecedido de uma sessão de avaliação e termina com uma sessão de avaliação. Nessas etapas é usado um protocolo de avaliação baseado na avaliação dos alunos, de seus pais e de seus professores, já previamente definido (Matos *et al.*, 2012).

Aconselha-se repetir as sessões anualmente, quando o programa for implementado para toda uma comunidade educativa. Como as situações são sugeridas pelos próprios alunos, a repetição das sessões anualmente levará a um aumento da competência pessoal e social adaptada aos desafios desenvolvimentais e sociais dos alunos em cada ano. As sessões, embora tenham a mesma matriz, nunca serão iguais, mas trarão novos desafios, ajudando os jovens a encontrar, otimizar e manter um estilo relacional próprio, que evolua ao longo de sua própria evolução pessoal e contextual, conforme descrito a seguir:

Sessões 1 e 2

Tema: Linguagem corporal: como fala o nosso corpo

Objetivos: Conhecer componentes da linguagem corporal e seu papel na comunicação interpessoal. Linguagem corporal que ajuda a comunicar (*CHAPs*), que enerva ou que bloqueia (*CHEPs*).

Atividades:

1. Linguagem do corpo (LC): *olhar, postura, gestos, aparência, proximidade.*
   - Estados de espírito: agressividade, carinho, amizade, medo, calma, nervosismo.
   - Conversa com os alunos sobre os cinco componentes da LC.
   - Em cartões, registro de cada um dos seis estados de espírito.
   - Cada aluno levanta-se e tira o cartão de um estado de espírito, que tem de retratar com os cinco componentes da LC. Os outros adivinham, o facilitador comenta e anima.

2. Voz: *alta/baixa; estridente/doce; calma/tensa; rápida/lenta*
   - Estados de espírito: agressividade, carinho, amizade, medo, calma, nervosismo.
   - Conversa com os alunos sobre as características da voz.
   - Em cartões, registro de cada um dos seis estados de espírito.
   - Cada aluno levanta-se e tira o cartão de um estado de espírito, que tem de retratar com quatro tipos de voz. Os outros adivinham, o facilitador comenta e anima.

3. Grupos de quatro pessoas, dez minutos para preparar/dramatizar *sketches* de três minutos.
   a) Conversa amigável (um minuto)
   b) Conversa medrosa (um minuto)
   c) Conversa agressiva (um minuto)
   Debate dos *CHAPS e CHEPs* da comunicação

4. HAKA! Coro ou movimento ou…

5. TPC – Pequeno texto para dramatizar (a dar ao professor nos dias seguintes).
   CHAPs, CHEPs da comunicação: família, escola, rua.

Sessões 3 e 4

Tema: Pensamentos: o que nos vai na cabeça

Objetivos: conhecimento do funcionamento do pensamento: pensamentos que ajudam e pensamentos que fazem ruir (agridem ou bloqueiam). Aumento da capacidade de regulação dos pensamentos, privilegiando os que nos ajudam e gerindo os nos colocam para baixo: porque agridem ou bloqueiam: *CHAPs e CHEPs*.

Atividades:

1. Pensamentos que ajudam: *Vou tentar. Vou procurar ajuda. Vou fazer aos poucos. Vou tentar de novo. Vou fazer de outra maneira. Vou ver onde me enganei. Vamos fazer todos juntos.*

2. Pensamentos que nos colocam para baixo: *Nunca serei capaz. Quando me meto nas coisas, nunca sou capaz de fazê-las. Não vale a pena tentar. Sou mesmo um fracasso. Detesto-me por isso. Tenho que ser o maior. Vai levar uma surra que nunca mais falará assim. Deixo-lhe com medo e ele desiste. Arrumo uma confusão e acabo com dele.*

   - Falar com os alunos sobre esses três tipos de pensamentos.

   - Em cartões, escrever situações: casa, familiares, irmãos, professores, colegas, amigos, desconhecidos, escola, rua.

   - Cada aluno levanta-se, tira uma situação e representa um dos três tipos de pensamento. Os outros adivinham, o facilitador comenta e anima.

3. Grupos de quatro, dez minutos para preparar/dramatizar *sketches* de três minutos

   a) Pensamento que ajuda (um minuto)

   b) Pensamento que agride (um minuto)

   c) Pensamento que bloqueia (um minuto)

   CHAPs e *CHEPs* do pensamento e do sonho; ser empreendedor e tomar iniciativas; deixar-se "derrotar" e desistir, ficar à espera que as coisas "aconteçam" ou da sorte.

4. HAKA! Coro ou movimento ou…

5. TPC – pequeno texto para dramatização (a ser entregue ao professor no dia seguinte) – *CHAPs* e *CHEPs* do pensamento: notas da escola, esportes, amigos, amores, família, professores, educadores, vizinhos, desconhecidos.

Sessões 5 e 6

Tema: Emoções: como sentimos as coisas

Objetivos: Conhecer como funcionam as nossas emoções: estar bem, estar bloqueado, estar descontrolado. Regulação das emoções que nos ajudam, que nos descontrolam ou que nos bloqueiam: *CHAPs e CHEPs*.

Atividades:

1. Emoções que propiciam bem-estar: entusiasmo, energia, expectativa, curiosidade, descontração, desafio, felicidade.

2. Emoções que descontrolam ou bloqueiam: medo, raiva, irritação, nervosismo, desespero, insegurança, fúria, vergonha, timidez.

   - Falar com os alunos sobre esses três tipos de emoções.

   - Em cartões, escrever situações: casa, familiares, irmãos, professores, educadores, colegas, amigos, desconhecidos, escola, rua.

   - Cada aluno levanta-se, tira uma situação e representa um dos três tipos de emoções. Os outros adivinham, o facilitador comenta e anima.

3. Emoções fortes

   - Entusiasmo, energia, expectativa, curiosidade, descontração, insegurança, desafio, medo, raiva, irritação, nervosismo, desespero, fúria, vergonha, timidez, felicidade.

- Escrever tipos de emoções em cartões. Alunos comentam quando estão assim, o que sentem, em que parte de seu corpo sentem a emoção e o que os ajuda a regular-se.

4. Grupos de quatro, dez minutos para preparar/dramatizar *sketches* de três minutos

   a) Emoção que ajuda (um minuto)

   b) Emoção que agride (um minuto)

   c) Emoção que bloqueia (um minuto)

   CHAPs e *CHEPs* das emoções

5. HAKA! Coro ou movimento ou...

6. TPC – pequeno texto para pequeno teatrinho (a dar ao professor no dia seguinte)

   CHAPS e *CHEPS* das emoções; notas da escola, esportes, amigos, amores, família, professores, vizinhos, desconhecidos, computador, televisão, música.

Sessões 5 e 6

Tema: Relações entre pessoas: o mundo dos outros

Objetivos: Conhecer como funcionam nossas relações com os outros:

- Relações fortes e relações alargadas.
- Problemas nas relações: *CHAPs e CHEPs*
- Regulação das relações que nos descontrolam ou nos bloqueiam

Atividades:

1. Relações que propiciam bem-estar: colaboração, solidariedade, aceitação, compreensão, afeto, amor.

2. Relações que descontrolam ou bloqueiam: atemorização, agressão, humilhação, desvalorização, ostracismo, discriminação, insulto.

   - Falar com os alunos sobre esses tipos de relações.
   - Em cartões escrever situações: casa, familiares, irmãos, professores, educadores, colegas, amigos, desconhecidos, escola, rua.
   - Cada aluno levanta-se, tira uma situação e representa um dos três tipos de relações. Os outros adivinham, o facilitador comenta e anima.

3. Relações fortes; relações alargadas

   Relações interpessoais que temos em casa com familiares e irmãos; na escola com professores, educadores, colegas, amigos; na comunidade com amigos, vizinhos ou desconhecidos. Relações interpessoais em outros contextos: no treino esportivo, no grupo musical, na cervejaria, na discoteca, na igreja.

   - Escrever tipos de relações em cartões. Alunos comentam seus tipos de relação: relações fortes; relações alargadas. O que se faz com quem: funções das relações.

4. Grupos de quatro, dez minutos para preparar/dramatizar *sketches* de três minutos

   a) Relação que ajuda (um minuto)

   b) Relação que agride (um minuto)

   c) Relação que bloqueia (um minuto)

   CHAPs e *CHEPs* das relações interpessoais

5. HAKA! Coro ou movimento ou...

6. TPC – pequeno texto para dramatização (a dar ao professor no dia seguinte) – de cinco a dez linhas

   CHAPs e *CHEPs* das relações interpessoais; no desporto, amigos, amores, família, professores, educadores, vizinhos, desconhecidos.

Sessões 9 e 10

Tema: Trabalho e lazer: o nosso dia a dia

Objetivos: Gerir tempos de trabalho e lazer; gerir o trabalho e as responsabilidades; gerir o lazer e a descontração; atividades que nos ajudam, que nos fazem mal e que nos bloqueiam: *CHAPs* e *CHEPs*.

Atividades:

1. Trabalho na escola que nos garante bem-estar: curiosidade, informação, cooperação, competência, convívio, desafio, empatia, solidariedade, ajuda.

2. Trabalho na escola que descontrola ou bloqueia: atemorização, agressão, humilhação, desvalorização, ostracismo, discriminação, insulto, injustiça.

   * Em cartões escrever situações: casa, familiares, irmãos, professores, educadores, colegas, amigos, desconhecidos, escola, rua.

   * Cada aluno levanta-se, tira uma situação e representa um dos três tipos de trabalho. Os outros adivinham, o facilitador comenta e anima.

3. Lazer que garante bem-estar e promove a participação social: curiosidade, informação, cooperação, competência, convívio, desafio, descontração, descanso, empatia, comunicação, solidariedade, ajuda.

4. Formas de lazer que descontrolam ou bloqueiam: atemorização, agressão, humilhação, desvalorização, ostracismo, discriminação, insulto, consumo.

   * Em cartões escrever situações: casa, familiares, irmãos, educadores, professores, colegas, amigos, desconhecidos, escola, rua.

   * Cada aluno levanta-se, tira uma situação e representa um dos dois tipos de lazer. Os outros adivinham, o facilitador comenta e anima.

5. Grupos de quatro, dez minutos para preparar/dramatizar *sketches* de três minutos

   a) Trabalho ou lazer que ajuda (um minuto)

   b) Trabalho ou lazer que agride (um minuto)

   c) Trabalho ou lazer que bloqueia (um minuto)

   CHAPs e *CHEPs* na escola e no Lazer

6. HAKA! Coro ou movimento ou…

7. TPC – pequeno texto para pequena dramatização (a ser entregue ao professor no dia seguinte) – cinco a dez linhas.

   CHAPs e *CHEPs* na escola (notas, relações) e no lazer (desporto, computadores, música, leitura, televisão, conversa, namoro, *hobby*).

10.7.2 Avaliação

A avaliação desse programa, inserido numa intervenção numa comunidade educativa durante três anos foi já descrito (Matos *et al.*, 2011; Matos *et al.*, 2012).

Como conclusões gerais, salientamos que uma intervenção universal em toda uma comunidade educativa (alunos, técnicos, professores e famílias) foi efetiva na diminuição dos conflitos interpessoais que eram traduzidos em problemas de comportamento nas aulas e na escola. O programa ocasionou aumentos significativos do bem-estar pessoal dos alunos.

A intervenção foi mais poderosa no desenvolvimento de fatores positivos (competências pró-sociais) do que na diminuição imediata de fatores negativos (indisciplina na aula e agressividade interpessoal). Apesar dos efeitos positivos para o bem-estar estarem associados à intervenção em toda a comunidade educativa, um efeito específico de diminuição da agressividade interpessoal e o aumento da convivialidade positiva só ocorreram nos alunos que foram alvo de um programa específico e focado (as sessões do programa "*Encontra seu próprio estilo*").

A comunidade educativa foi seguida durante um ano, e nesse período a equipe esteve à disposição para supervisão de intervenções agora a partir da cultura da própria instituição, como foi registrado no modelo de trabalho (Matos *et al.*, 2011). Também se produziu um livro (*Aventura Social no CED*, em finalização) que funcionará como roteiro e manual para o desenvolvimento de futuras ações locais. O objetivo após os três anos é que a comunidade se aproprie dos conteúdos e os integre a sua própria cultura.

10.8 Programa 2: *Trim Your Style Up* – Programa de empreendedorismo e liderança na transição para a vida ativa ou de confronto com novos desafios de carreira (jovens adultos e adultos seniores) (Matos & Tomé, no prelo; Matos & Morgan *et al.*, no prelo)

Na sequência do trabalho de elaboração de programas de promoção de competências pessoais e sociais para jovens, três desafios independentes despontaram:

1. Por um lado, tem-se a colaboração num programa de empreendedorismo para a Universidade Sênior (UTL Sênior), uma vez que cada vez mais pessoas aptas para o trabalho se aposentam ou ficam desempregada, sentindo que podem enfrentar novos desafios no mercado de trabalho se estes surgirem em seu caminho ou se foram capazes de "fazer surgir essas oportunidades e identificá-las".

2. Por outro lado, há a necessidade cada vez mais maior de ajudar os jovens que procuram o primeiro emprego a se familiarizar com as competências acadêmicas e técnicas, as competências de inovação, o empreendedorismo, a liderança e a construção ativa de seu posto de trabalho.

3. Por fim, há o desafio de utilizar todos esses conceitos, essas dinâmicas e essas estratégias na otimização pessoal de profissionais em plena atividade laboral que necessitem melhorar seu estilo pessoal e sua capacidade de inovação e liderança, para tornar-se mais eficazes, mais econômicos, mais poderosos, mais sociáveis e mais saudáveis.

Assim, sugiram respectivamente três versões e aplicações de um programa de modelação de competências pessoais e sociais através da aquisição de competências inovadoras e transformadoras nas redes pessoais, sociais e nas organizações, com base nos conceitos, nas estratégias e nas técnicas apresentadas neste capítulo. Este programa recebeu o nome de "*Trim Your Style Up*" (Matos & Tomé, no prelo; Matos *et al.*, no prelo).

10.8.1 Construtos utilizados no modelo *Trim Your Style Up*

Durante o processo de *Trimming*, o *Trimmer* (facilitador) apoiará o *Trimmee* (cliente) ao longo da sua trajetória de descoberta ("*Thrive*"), otimização pessoal e social ("*Spark*"). Mínimo de cinco e máximo de vinte participantes.

10.8.2 Desenvolvimento das sessões do programa

Nível 1 – cinco horas – inicial

1. Programas de promoção de competências pessoais e sociais para a transformação social
2. Trunfos para a saúde, o bem-estar e a capacidade de ação/transformação social/empreendedorismo
3. *Portfolio* pessoal e ambiental
4. Características pessoais e sociais e modos individuais de apreensão e relação de e com o mundo

Nível 2 – cinco horas – intermediário

1. Qualidade de vida e percepção de êxito
2. *Workshop* vivencial: trunfos para a saúde, o bem-estar e a capacidade de ação e transformação social

Nível 3 – cinco horas – avançado

1. Máscaras sociais e gentes tóxicas
2. Arbitrar, negociar, persuadir, manipular e coagir: estilos relacionais
3. Observar, ver e reproduzir o sucesso
4. Cultura, liderança e comunicação interpessoal
5. *Workshop* vivencial: qualidade de vida e perceção de êxito

Nível 4 – dez horas – formação de Trimmers

1. Planos de conhecimento pessoal
2. Planos de conhecimento ambiental e organizacional
3. Planos de mudança pessoal
4. Planos de ação e transformação na comunidade
5. Fontes de crescimento pessoal social e comunitário: compreender e agir para mudar
6. Empreendedorismo e liderança
7. Disseminação, *media* e marketing social
8. Fontes de financiamento e sustentabilidade
9. Treino e instrumentos de *Trimming*
10. *Brainstorming*: lacunas; oportunidades, visões e roteiros

10.8.3 Implementação e avaliação

Atualmente esse programa aguarda sua implementação e avaliação na Comunidade de Países de Língua Portuguesa.

10.9 Referências

Bandura, A. (1977). *Social Learning Theory*. New York: General Learning Press.

Bandura, A. (2001). Social cognitive theory: An agentic perspective. *Annual Review of Psychology, 52,* 1-26.

Barbalat, G., Domenech, P., Vernet, M., & Fourneret P. (2010). Risk-taking in adolescence: a neuroeconomics approach. *Encephale, 36* (2), 147-54.

Bjork, J., Knutson, B., Fong, G., Caggiano, D., Bennett, S., & Hommer, D. (2004). Incentive-Elicited Brain Activation in Adolescents: Similarities and Differences from Young Adults. *The Journal of Neuroscience, 24* (8), 1793-1802.

Bjork, J., Smith, A., Danube, C., & Hommer, D. (2007). Developmental Differences in Posterior Mesofrontal Cortex Recruitment by Risky Rewards, *The Journal of Neuroscience, 27* (18), 4839-4849.

Bryant, F. & Veroff, J. (2007). *Savoring: a new model of positive experience.* New Jersey: Lawrence Erlbaum Associates Publishers.

Brooks, J. (2006). Strengthening resilience in children and youths: maximizing opportunities through the school. *Children & Schools, 28* (2), 69-76.

Casey, B. J., Jones, R., & Hare, T. (2008). The adolescent brain. *Annals of the New York Academy Sciences, 1124,* 111-126.

Frydenberg, E. (2008). *Adolescent Coping.* New York: Psychology Press.

Gardner, M. & Steinberg, L. (2005). Peer influences on risk taking, risk preferences and risky decisions making in adolescence and adulthood: and experimental study. *Development Psychology, 4,* 625-635.

Gaspar, T., Ribeiro, J., Leal, I., Matos, M., & Ferreira, A. (2009). Optimismo em crianças e adolescentes: Adaptação do LOT-R. *Revista Psicologia: Reflexão e Crítica, 22* (3), 317-324.

Gilligan, R. (2000). Adversity, resilience and young people: the protective rule of positive school and square time experiences. *Children & Society, 14,* 37-46.

Granovetter, M. (1983). The strength of weak ties: a network theory revisited. *Sociological Theory, 1,* 201-233.

GTES (2005). *Relatório de Preliminar, do Grupo de Trabalho para a Educação Sexual,* constituído a partir do Despacho nº 19 737/2005, do Gabinete da Ministra de Educação: Lisboa. Recuperado em 13 de julho de 2009 em <http://www.dgidc.min-edu.pt/EducacaoSexual>.

GTES (2007). *Relatório Final, do Grupo de Trabalho para a Educação Sexual,* constituído a partir do Despacho nº 19 737/2005, do Gabinete da Ministra de Educação: Lisboa. Recuperado em 13 de julho de 2009 em <http://www.dgidc.min-edu.pt/EducacaoSexual>.

Kawachi, I., Kennedy, B. P., & Glass, R. (1999). Social capital and self-rated health: a contextual analysis. *American Journal of Public Health, 89* (8), 1187-1193.

Maciejewski, P., Prigerson, H., & Mazure, C. (2000). Self-efficacy as a mediator between stressful life events and depressive symptoms. *British Journal of Psychiatry, 176,* 373-378.

Matos, M. G. (2005). *Comunicação, gestão de conflitos e saúde na escola.* Lisboa: FMH.

Matos, M. G. (Coord.) *et al.* (2003). A *saúde dos adolescentes portugueses, agora e em 4 anos.* Lisboa: FMH/UTL & CMDT/UNL.

Matos, M. G. (Coord.) *et al.* (2011). Programas de promoção de competências pessoais e sociais, autorregulação e capital social com adolescentes. *Journal of Child and Adolescent Psychology, 3,* 165-188.

Matos, M. G. (Coord.) *et al.* (2012). "Find your own style": Social competence promotion, self-regulation and social capital: targeting at a risk adolescents. *Journal of Behavioural and Cognitive Psychology, 12* (81), 39-48.

Matos, M. G., Baptista, M. I., Simões, C., Gaspar, T., Sampaio, D., Diniz, J. A., Goulão, J., Mota, J., Barros, H., Boavida, J., & Sardinha, L. (2008). Portugal: from research to practice – promoting positive health for adolescents in schools. In *Social cohesion for mental well-being among adolescents.* WHO/HBSC FORUM 2007.

Matos, M. G. & Sampaio, D. (2009). *Jovens com saúde: diálogos com uma geração.* Lisboa: Texto Editores.

Matos, M. G. & Tomé, G. (Orgs.) (no prelo). *Aventura social: promoção de competências e do capital social para um empreendedorismo com saúde na escola e na comunidade.* Lisboa: Placebo.

Matos, M. G. & Morgan, A. (Coords.) *et al.* (no prelo). "Roads to whatever or roads to a self-fulfilled future?": Health assets and well being in children and adolescents. In Fundação Calouste Gulbenkian (Org.). *Adolescence: Roads To Whatever.* Lisboa: Fundação Calouste Gulbenkian.

Morgan, A. (2010). Social Capital as a health asset for young people's health and well being, *Journal of Child and Adolescent Psychology, Special Issue: Life Contexts, 2,* 19-43.

Morgan, A. & Ziglio, E. (2007). Revitalising the evidence base for public health: an assets model. *Promotion & Education,* supplement 2, 17-22.

Morgan, A; Davies, M., & Ziglio, E. (2010). *Health Assets in a Global Context: Theory, Methods Action.* New York: Springer.

Oliva, A. & Antolín, L. (2010). Cambios en el cerebro adolescente y conductas agresivas y de asunción de riesgo. *Estudios de Psicologia, 31* (1), 53-66.

Poortinga, W. (2006). Social relations or social capital? Individual and community health effects of bonding social capital. *Social Science & Medicine, 6,* 255-270.

Putnam, R. (1993). The prosperous community: Social capital and community life. *American Prospect, 13* (4), 35-42.

Plagens, G., (2003). Social Capital and School Performance: A Local-Level Test. *Paper presented at the annual meeting of the American Political Science Association, Philadelphia Marriott Hotel, Philadelphia.*

Roth, J. & Brooks-Gunn, J. (2000). What do adolescents need for healthy development? Implications for youth policy. *Social Policy Report, 14* (1), 3-19.

Schenker, M. & Minayo, M. (2005). Factores de risco e protecção para o uso de drogas na adolescência. *Ciência e Saúde Colectiva, 10* (3), 707-717.

Simões, C. (2005). *Comportamentos de risco na adolescência.* Lisboa: Fundação Calouste Gulbenkian.

Simões, C., Matos, M. G., Tomé, G., Ferreira, M., & Dinis, J. (2009). *Risco e resiliência em adolescentes com NEE: da teoria à prática.* Lisboa: FMH.

Somerville, L., Jones, R., & Casey, B. J. (2010). Behavioral and neural correlates of adolescent sensitivity to appetitive and aversive environmental cues. *Brain and Cognition, 72* (1), 124-133.

Steinberg, L. (2008). A social neuroscience perspective on adolescent risk taking. *Development Review, 28,* 78-106.

Tomé, G., Camacho, I., Matos, M., & Diniz, J. (2011). A influência da comunicação com a família e grupo de pares no bem-estar e nos comportamentos de risco nos adolescentes portugueses. *Psicologia: Reflexão e Crítica, 24* (4), 747-756.

Werner, E. & Smith, R. (2001). *Journeys from childhood to midlife: Risk, resilience and recovery.* New York: Cornell University Press.

Autora:

Margarida Gaspar de Matos – Psicóloga e Professora Catedrática da Universidade Técnica de Lisboa, Portugal.
mmatos@fmh.utl.pt

Promovendo empatia em crianças e adolescentes com Síndrome de Asperger: uma proposta estruturada para intervenção em grupo

Patricia Barros
Eliane Mary de Oliveira Falcone

11.1 Introdução

É amplamente aceito e empiricamente comprovado o fato de que os indivíduos caracterizados com Síndrome de Asperger (SA) possuem impasses significativos no aspecto social (Attwood, 2008). Esse é um dos pilares centrais da classificação original de Hans Asperger, bem como dos manuais diagnósticos atuais. No *Manual diagnóstico e estatístico de transtornos mentais* (American Psychiatric Association [APA], 2002), o critério A para classificação dessa síndrome é a descrição do prejuízo qualitativo no campo social: impasses na expressão dos comportamentos não verbais (como contato visual, expressão facial, posturas e gestos para regular a interação social); dificuldades para estabelecer relacionamentos com seus pares; ausência de tentativa espontânea de compartilhar prazer, interesses ou realizações com outras pessoas; falta de reciprocidade social ou emocional. Adicionalmente, o critério B descreve padrões comportamentais inflexíveis, restritos e estereotipados, que resultam, muitas vezes, em prejuízos sociais.

É comum que crianças e adolescentes com SA tenham poucos amigos, iniciem e mantenham as interações com menos frequência do que indivíduos de desenvolvimento típico (Attwood, 2008). Eles tendem a passar menos tempo nas interações e, quando estão nelas, gastam mais tempo em atividades sem propósito conjunto ao de seus pares e, muitas vezes, em atividades paralelas (Lord & Magill-Evans, 1995). Indivíduos com SA tendem a ficar menos próximos corporalmente de seus pares e também sofrem menos tentativas de aproximação. Além disso, pouco verbalizam para obter interação e se engajam mais frequentemente em comportamentos atípicos voltados a alinhamento de objetos e repetição de padrões estereotipados (McGee, Feldman & Morrier, 1997).

Não é incomum que indivíduos com SA façam comentários inapropriados, embaraçosos ou mesmo rudes. Frequentemente eles se engajam em assuntos de interesses específicos, sem se dar conta de que o assunto está fora de contexto. O entendimento de regras sociais implícitas é um impasse, ou seja, inferir as normas de conduta que não estejam claramente definidas e avisadas torna-se um grande desafio (Attwood, 2008). A percepção de sinais não verbais sutis (por exemplo, quando o interlocutor deseja mudar de assunto ou quando a pergunta pode ser inconveniente naquele contexto) é falha no funcionamento dessas crianças e adolescentes.

Estudos com adolescentes com SA têm mostrado, ainda, que esses indivíduos são, com frequência, vítimas de *bullying* e que seus pares rejeitam seus comportamentos (Church, Alisanski & Amanullah, 2000). Algumas vezes, eles preferem interagir com adultos ou com crianças menores (Attwood, 2008). Essas dificuldades se acentuam na adolescência, quando o interesse pela socialização é aumentado e as tentativas disfuncionais de interação são seguidas de rejeição pelos pares e, geralmente, de depressão (Klin, McPartland & Volkmar, 2005); ao mesmo tempo, a demanda de habilidades sociais é muito maior e mais refinada (Stichter *et al.*, 2010).

Estudos apontam, ainda, que os déficits em habilidades sociais persistem na fase adulta, o que causa impactos negativos na qualidade de vida social, afetiva e ocupacional (Rao, Beidel & Murray, 2008). Isso significa que essas habilidades parecem não se desenvolver espontaneamente ao longo do tempo.

11.2 Empatia e funcionamento social na Síndrome de Asperger

"Pensar socialmente", compartilhar experiências, afetos e sinais não verbais envolve uma série de mecanismos inerentes ao conceito de empatia. De acordo com Decety e Jackson (2004), a literatura sobre empatia concorda que são três os pontos principais para sua definição: (a) uma resposta afetiva sobre a ação de uma outra pessoa, que implica, muitas vezes mas não sempre, no compartilhamento dessas emoções; (b) a capacidade cognitiva de alcançar a perspectiva da outra pessoa; e (c) mecanismos de regulação emocional que deem conta de separar nossas próprias emoções das emoções alheias e de responder adequadamente a elas. Em uma perspectiva multidimensional, a empatia abarca três componentes que se inter-relacionam: cognitivo, afetivo e comportamental (Falcone, 1998, 1999; Koller, Camino & Ribeiro, 2001; Falcone *et al.*, 2008).

As mais claras evidências sobre os impasses sociais na Síndrome de Asperger têm sido confirmadas pelos estudos no campo das neurociências, que apontam o funcionamento peculiar no processamento social, ou, ainda, um curso atípico de desenvolvimento natural (Sigman, Kasari, Kwon & Yirmiya, 1992; Tsatsanis, 2005; Attwood, 2008; Klin, Jones, Schultz, Volkmar & Cohen, 2002; Grandin & Sullivan, 2008). Tal funcionamento gera impacto direto no campo social, uma vez que, apesar de apresentarem relativa habilidade para aprender regras e procedimentos, pessoas com SA falham em inferir informações abstratas, flexibilizar seu ponto de vista e também em solucionar problemas (Solomon, Goodlin-Jones & Anders, 2004). Sermud-Clikeman (2007) conclui que, independentemente do nível de inteligência, esses indivíduos falham em prever e corresponder aos comportamentos alheios. Na prática, imaginar que tipo de assunto um amigo mais gostaria de conversar, por exemplo, requer que essas crianças e adolescentes sejam capazes de executar uma leitura mental complexa com base nos estados internos das pessoas.

Os *settings* sociais são intensamente dinâmicos, o que torna bastante difícil a aplicação de uma regra rígida (inflexível) de conduta que atenda a diversidade e a rapidez necessárias para o entendimento da perspectiva alheia. Assim, esse tipo de funcionamento se traduz em condutas inadequadas e pouco empáticas, como comentários e interrupções incompatíveis com o contexto.

Ao mesmo tempo, crianças e adolescentes com SA parecem mostrar menos respostas emocionais em comparação com crianças e adolescentes de desenvolvimento típico ou mesmo com relação àqueles de desenvolvimento atrasado (Attwood, Frith & Hermelin, 1988). Aos impasses na expressão emocional pela via não verbal, se acrescentam as peculiaridades paralinguísticas. O ritmo e a entonação de voz são menos sincronizados com aquilo que é dito. Esses indivíduos também tendem a usar tom de voz monótono sem adequar suas nuances, dificultando, assim, o entendimento do interlocutor. Outras vezes, podem usar um tom de voz pedante, especialmente quando o assunto diz respeito ao seu interesse específico (Klin *et al.*, 2005). O comportamento, consequentemente, seria o resultado de uma percepção falha do contexto social: condutas inadequadas que resultariam na rejeição ou no afastamento por parte dos pares (Attwood, 2007).

11.3 Uma proposta de estrutura para intervenções que visam ao desenvolvimento da empatia em crianças e adolescentes com SA

Diante da importância da empatia nos impasses experimentados por esses indivíduos, a abordagem parcial dessa habilidade nos programas para o desenvolvimento social possui uma série de implicações práticas. Em primeiro lugar, essas habilidades parecem ser trabalhadas apenas superficialmente, uma vez que concorrem com outros objetivos. Segundo, como o conceito da empatia muitas vezes não é visto de forma multidimensional, os objetivos dos programas não envolvem a amplitude de estratégias que poderiam ser utilizadas. Além disso, os instrumentos de avaliação dos resultados podem não ser acurados, pois não são desenvolvidos para avaliar especificamente os aspectos empáticos, tornando os dados pouco confiáveis (Barros, 2012).

Assim, proposta apresentada neste capítulo tem como objetivo principal orientar a estruturação do aprendizado e da prática social de indivíduos com SA, considerando a empatia em seu conceito multidimensional. Sua finalidade é sugerir uma base teórico-prática que facilite o refinamento de estratégias possíveis de ser organizadas de modo eficaz para o desenvolvimento da habilidade empática. Esse modelo de base foi utilizado na pesquisa de doutorado de Barros (2012), que avaliou a eficácia de um programa aplicado em grupo a indivíduos com SA entre 8 e 17 anos. Os resultados apontaram melhora significativa nos comportamentos empáticos (de acordo com a avaliação de pais, professores e de juízes treinados com o uso de diversificados instrumentos de avaliação). Houve também aprimoramento nos componentes cognitivo e afetivo da empatia para o reconhecimento de emoções simples e complexas. Esses resultados sugerem que intervenções visando ao desenvolvimento do componente cognitivo da empatia implicam em ganhos sociais que parecem ser generalizados para diversos contextos sociais (Barros, 2012).

Diferente dos modelos estritamente comportamentais, a ideia central é aprimorar habilidades empáticas básicas que permitam não apenas a repetição comportamental, mas também o entendimento do contexto subjacente a ele. Assim, a aprendizagem de comportamentos mais adequados ao contexto facilitaria também sua generalização mais ampla. Em outras palavras, o foco desta proposta se concentra no processo de tomada de perspectiva, desde etapas mais básicas – como o reconhecimento de emoções – até o entendimento da necessidade de flexibilizar os próprios comportamentos em função dos outros. Dessa maneira, privilegia-se o componente cognitivo da empatia, apostando-se que, ao desenvolver esse aspecto, os indivíduos com SA tenderão a refletir seus ganhos em comportamentos mais recíprocos afetivamente, bem como em condutas mais acuradas às perspectivas alheias.

A estrutura dessa proposta constitui-se a partir de etapas inspiradas no processo típico de desenvolvimento da empatia. Por outro lado, as estratégias tendem a privilegiar o modo de funcionamento típico desses indivíduos: modelos estruturados passo a passo, com informações claras e concretas. O Quadro 1 esquematiza os objetivos de cada etapa e as atividades propostas para a implementação de cada uma delas. Essas etapas estão detalhadamente a seguir.

Quadro 1 Objetivos e atividades propostas a cada etapa da intervenção

Etapas	Objetivos	Sugestões de estrutura para as atividades
1	Despertar o interesse para o contexto social e as interações	Estabelecimento de regras sociais estruturadas do grupo. Atividades de cooperação cujo cumprimento seja indispensavelmente realizado em conjunto
2	Reconhecer emoções básicas através de expressões faciais pelo uso de figuras e fotos	Desenhos e imagens contendo as emoções básicas em diferentes intensidades que sejam reconhecidas e expressadas pelos participantes
3	Reconhecer emoções simples através de expressões faciais associadas ao contexto estático	Histórias em quadrinhos com sinalização dos focos mais importantes do contexto
4	Reconhecimento de emoções complexas associadas ao contexto social estático e estruturado e aos estados mentais	Histórias em quadrinhos com sinalização dos focos de atenção aliados a balões de pensamento
5	Reconhecer emoções em contextos dinâmicos	Uso de vídeos com cenas editadas para o reconhecimento das emoções e dos estados mentais passo a passo
6	Reconhecer as próprias emoções e as emoções alheias (básicas e complexas) através da identificação de situações cotidianas	Confecção de um "dicionário" que contenha a definição conceitual das emoções com exemplos de situações disparadoras de cada uma delas
7	Desenvolver o monitoramento dos próprios sentimentos	Inserção dos participantes em atividades estruturadas que despertem algumas emoções, por exemplo, quando perdem num jogo. Solicitar que identifiquem a emoção e a intensidade dela durante a atividade
8	Desenvolver a autorregulação através de estratégias empáticas	Histórias e atividades estruturadas em que sejam solicitados a perceber as emoções de seu interlocutor. Em seguida, são solicitados a desenvolver as próprias respostas comportamentais em função desse entendimento
9	Desenvolver a autorregulação através de estratégias empáticas que visam à experimentação de emoções análogas às do interlocutor	Dramatizações e vivências que permitam que o participante experimente emoções similares àquelas que seus interlocutores costumam experimentar em função dos comportamentos do participante, por exemplo, escutar uma conversa repetitiva sobre um assunto que não é de seu interesse

11.3.1 Etapa 1 – despertar o interesse para o contexto social e as interações, bem como facilitar o entendimento da importância da atenção voltada para esse foco

Nessa etapa buscou-se desenvolver o contato e a manutenção do contato ocular com os interlocutores, bem como a busca ativa para situações sociais: brincadeiras, conversas etc. A procura espontânea pelo contato ocular é o primeiro passo para compartilhar experiências afetivas, bem como para detectar a expressão facial do cuidador. Olhar nos olhos do cuidador permite que o foco de atenção seja compartilhado. Essa dinâmica permite que, mais tarde, as crianças ampliem essa habilidade, compartilhando interesses e afetos, entendendo que o outro pensa, sente e reage de maneira diferente da sua (Mundy & Sigman, 1989).

O estudo de Klin *et al.* (2002) sugeriu que o direcionamento ocular dos indivíduos do espectro autista parece priorizar sua atenção para objetos em detrimento da análise da interação, fazendo com que esses indivíduos deixem de percebê-la de maneira adequada e ajam de maneira inadequada. Quando focam em faces, a tendência é que o alvo de maior frequência seja a boca e não os olhos, como fazem indivíduos de desenvolvimento típico.

O estímulo à observação direcionada aos comportamentos sociais e ao entendimento dos objetivos de cada um deles resultaria na busca mais ativa das interações. O uso de estratégias como o estabelecimento das regras do grupo de maneira a privilegiar e reforçar a busca e a manutenção pelo contato ocular pode ser uma abordagem inicial efetiva para esse tipo de incentivo. Os reforços mais eficazes nas primeiras fases da intervenção parecem ser os "artificiais", ou seja, aqueles que não estão vinculados às consequências naturais da situação (Clark, 2009). Nesse caso, pode-se usar um sistema de recompensas que leve em conta os interesses de cada participante como reforço positivo.

A escolha de uma técnica estruturada e comportamental nessa fase primária favorece a motivação não apenas pela escolha dos tópicos específicos como recompensa, mas pelo aprendizado segmentado e claro. Segundo Grandin e Sullivan (2008), esse tipo de intervenção está afinado com o próprio funcionamento dos indivíduos do espectro autista.

A segunda técnica que parece eficaz nessa etapa são atividades estruturadas nas quais os participantes tenham a necessidade de trabalhar em conjunto e, portanto, precisem focar sua atenção no trabalho de seu par para que executem uma tarefa. A ideia central é que, à medida que sejam estimulados a utilizar o contato ocular e o compartilhamento da atenção, os profissionais que direcionam o programa deem sentido às experiências, explicando e mostrando na prática a importância de cada comportamento social.

Assim, o "pensar social" seria desenvolvido sempre acompanhado da experimentação emocional, de modo que o reforço artificial inserido inicialmente passa a ser substituído por um reforço social, inerente e acurado à situação vivenciada (Winner, 2008).

11.3.2 Etapa 2 – reconhecer emoções básicas através de expressões faciais pelo uso de figuras e fotos

O processo empático tem como uma de suas fases iniciais o reconhecimento de emoções através da identificação das expressões faciais. A expressão emocional de nossos interlocutores são os principais sinais da adequação ou não dos comportamentos que emitimos.

Esse reconhecimento, por exemplo, permite a sincronia entre os bebês e suas mães desde muito cedo no processo de desenvolvimento, quando eles já são capazes de acompanhar as brincadeiras das mães imitando suas expressões faciais (Malatesta & Haviland, 1982). No desenvolvimento típico da socialização, crianças ainda pequenas reagem de forma diferenciada a objetos e a pessoas, mostrando que somos ativos na busca social. Aprendemos através dessa leitura emocional que nossos cuidadores respondem coerentemente a nosso investimento social (choro, sorriso etc.) e passamos, então, a construir uma sintonia que é mutuamente reforçada (Correia, 2005). Para apresentar e ensinar didaticamente a leitura das emoções básicas, parte-se do pressuposto de que os recursos utilizados inicialmente deveriam ser mais estáticos e concretos, como figuras com representações das expressões faciais, para a seguir apresentar ao grupo fotos com o mesmo conteúdo.

De acordo com Harris (1996), as primeiras interpretações sobre as pessoas e os contextos sociais são realizadas através de pensamentos mais rígidos e mais concretos, decorrentes do desenvolvimento natural. Ao longo desse processo, o reconhecimento das emoções, especialmente as básicas (alegria, tristeza, raiva e medo), torna-se possível por meio da identificação da reação das pessoas às situações nas quais estão envolvidas. Isso indica que as habilidades para percepção e interpretação das emoções alheias segue um curso de aprimoramento cognitivo, o que permite comportamentos sociais cada vez mais acurados ao contexto.

11.3.3 Etapa 3 – reconhecer emoções básicas através de expressões faciais associadas ao contexto social estático

Uma vez que as crianças e adolescentes estão mais aptos a reconhecer as emoções apresentadas através de figuras e fotos, o próximo passo é introduzi-las em um contexto social mais abrangente. Isso quer dizer que, normalmente, as emoções estão associadas a uma situação, e parte-se do princípio de que é necessário fazer uma leitura desse contexto a fim de facilitar tanto o reconhecimento das emoções quanto as inferências dos estados mentais a elas associados.

Como mencionado anteriormente, no caminho diferenciado do desenvolvimento típico, os indivíduos do espectro autista tendem a focar mais sua atenção em eventos, movimentos e objetos do que em interações sociais (Sigman *et al.*, 1992). Tsatsanis (2005) ilustra esse funcionamento diferenciado quando ressalta a preferência desses indivíduos em focar sua atenção em objetos (mesmo que sem função aparente) e em atividades repetitivas. A atenção parece estar voltada para aspectos não salientes do ambiente e eles encontram uma grande dificuldade em compartilhar o foco com outra pessoa, bem como em transitar de uma atividade para outra. Assim, o perfil de atenção desses indivíduos impede que eles direcionem e mantenham o foco nas mesmas tarefas que os indivíduos de desenvolvimento típico.

Attwood (2003) descreve em um de seus estudos crianças com SA que observam uma série de fotos que ilustram situações sociais, como uma criança que caiu de sua bicicleta, por exemplo. Quando foram solicitadas a explicar o que acontecia, essa amostra tendeu a descrever objetos e ações físicas em vez da identificação das emoções, como ocorre com indivíduos do grupo de desenvolvimento típico.

Num primeiro momento, através do uso de ilustrações e histórias em quadrinhos (que são recursos visuais estruturados e, portanto, favorecem o aprendizado dos indivíduos com SA) é possível ensinar passo a passo as estratégias. Inicia-se esse processo com ilustrações de situações estáticas que facilitam a associação entre a expressão emocional e a situação apresentada, fazendo uso de análises ainda bastante concretas da situação.

O passo seguinte visa a ensiná-los a reconhecer os aspectos mais relevantes do contexto social: as expressões faciais de todos os personagens envolvidos, o *setting* em que a situação acontece e como esses componentes estão relacionados. O entendimento do contexto social passa pela leitura das expressões faciais e corporais (que devem ser destacadas na história, com círculos que envolvam e chamem atenção para os rostos dos personagens, por exemplo) e também pela dinâmica desse contexto, através dos comportamentos de cada um dos personagens (neste caso, pode-se utilizar setas que indiquem as interações mais relevantes na história).

11.3.4 Etapa 4 – reconhecimento de emoções complexas associadas ao contexto social estático e estruturado e aos estados mentais

Nessa etapa, ainda com o recurso das histórias em quadrinhos, é introduzida a noção de emoções complexas e dos estados mentais, especialmente dos pensamentos. Compreender as crenças que uma pessoa possui sobre determinada situação auxilia no reconhecimento mais acurado das emoções. Harris (1996) cita o seguinte exemplo: alguém que escuta um barulho e acredita ser um ladrão, sentirá medo. Quando verifica que o barulho foi causado pelo vento, sente-se mais calmo. Embora o barulho não tenha sido causado por um ladrão, houve medo. Essa afirmação nos leva a crer que, mesmo que a crença tenha sido falsa, foi ela que determinou a emoção.

Todo esse processo requer uma habilidade cognitiva mais complexa. Uma vez habilitados a reconhecer níveis mais amplos de estados mentais, os indivíduos estão aptos para o entender as diversas formas de articulação das crenças. A partir desse caminho, as crianças podem perceber que pessoas diferentes possuem perspectivas diferentes sobre uma mesma situação.

Além disso, o reconhecimento de emoções complexas (como vergonha, orgulho e inveja, por exemplo) exige recursos cognitivos que nos permitam avaliar a interação entre as pessoas (não como ocorre na análise de um simples acontecimento, como ganhar um sorvete), uma vez que só são despertadas por causa dos contextos sociais (Harris, 1996; Tangney, 2005). Segundo Cooley (1902, citado por Harris, 1996) o que nos move ao orgulho e à vergonha, por exemplo, é o efeito imaginado (que envolve a inferência dos pensamentos alheios) das nossas ações sobre as outras pessoas.

Assim, o pressuposto subjacente a esse objetivo é o de que o reconhecimento de emoções complexas requer uma leitura mais abrangente do contexto social, envolvendo múltiplos focos de atenção e inferências mais rebuscadas. A partir de recursos como histórias em quadrinhos, torna-se necessário estruturar passo a passo uma série de etapas para o entendimento social.

O primeiro desafio é direcionar o foco ocular para os alvos de maior relevância no contexto. Depois disso é preciso integrar (tentar relacionar) o que esses focos têm em comum. Finalmente, a criança é estimulada a inferir a emoção do personagem (analisando as expressões faciais e corporais), bem como seu pensamento (algum conteúdo relacionado ao contexto externo e às características do personagem). Esses recursos são sugeridos por outras propostas como as histórias sociais (Gray, McAndrews & White, 2002), por exemplo, e podem ser adaptados com histórias que contenham emoções complexas.

11.3.5 Etapa 5 – reconhecer emoções em contextos dinâmicos

Esse objetivo diz respeito ao aprendizado da identificação das emoções e dos estados mentais, agora, em uma dinâmica de estímulos mais próxima à realidade. Uma das grandes temáticas das revisões sobre as limitações dos programas para o desenvolvimento das habilidades sociais é a generalização dos comportamentos. Muitas intervenções mostraram avanços em várias habilidades ensinadas através de *scripts* comportamentais rígidos. Entretanto, esses ganhos permanecem, muitas vezes, confinados às situações mais estruturadas, exatamente porque esses indivíduos não foram ensinados a responder à dinâmica rápida e flexível das interações sociais. Assim, situações em que esses modelos sociais rígidos não se adequam, como é o caso da manutenção de conversas (que exige uma certa flexibilidade e sincronia em relação ao interlocutor), as habilidades aprendidas não resultam em ganhos sociais (Winner, 2008).

Para atingir esse fim, o recurso recomendado é a apresentação de cenas de filmes e de desenhos animados que ilustrem situações típicas do dia a dia. As cenas podem ser pausadas de tempos em tempos para que o direcionamento (previamente aprendido através das histórias em quadrinhos) seja realizado numa dinâmica mais similar ao cotidiano. Assim, passo a passo, as cenas podem ser discutidas com os participantes. Aos poucos, as pausas tornam-se mais espaçadas até que eles estejam aptos a decodificá-las sem tanto auxílio e estrutura. Nesse tipo de estratégia, o aprendizado inicialmente estruturado, direcionado e instruído intelectualmente parece facilitar a generalização da aprendizagem. Na medida em que exercitem esse aprendizado em diversos contextos sociais, a tendência é que os participantes o façam de maneira mais ágil e acurada ao longo do tempo.

11.3.6 Etapa 6 – reconhecer as próprias emoções e as emoções alheias (simples e complexas) através da identificação de situações cotidianas

De acordo com Decety e Jackson (2004), a tomada de perspectiva durante o processo empático envolve necessariamente a dinâmica entre o "eu" (o que pode ser denominado como autoconsciência) e o "outro". Esses dois processos se desenvolvem simultaneamente nos anos pré-escolares e estão diretamente relacionados ao processo de autorregulação emocional e à flexibilidade cognitiva. Eles permitem que haja identificação temporária com a outra pessoa, sem que haja confusão entre o "eu" e o "outro". Isso exige a habilidade de flexibilização cognitiva a fim de que a própria perspectiva seja inibida para permitir a inferência de outras possibilidades de interpretação de uma situação, levando em consideração outros contextos, diferentes dos nossos.

Tomando como base o princípio acima, a estratégia sugerida é identificar situações que podem despertar emoções básicas e complexas e sistematizá-las através de um "dicionário" de emoções. Esse dicionário pode conter a explicação do conceito teórico de cada emoção, bem como exemplos de situações associadas a elas. O dicionário também pode reservar um espaço para que cada participante escreva exemplos de situações pessoais nas quais tenha ocorrido cada emoção.

Um objetivo adicional é levar os participantes a perceber que uma mesma situação causa diferentes emoções, dependendo da pessoa. Assim, alguém pode ficar triste num dia de frio porque gosta de ir à praia e outra pessoa, em contrapartida, ficar feliz por não gostar muito de calor.

11.3.7 Etapa 7 – desenvolver o monitoramento dos próprios sentimentos

Essa etapa envolve promover a regulação emocional por meio da tomada de perspectiva, identificando as próprias emoções no momento em que elas acontecem. A ideia subjacente a essa finalidade é a de que, à medida que conseguem identificar suas emoções, podem usar estratégias na tentativa regulá-las.

A definição da habilidade empática envolve inevitavelmente a capacidade de experimentar reações afetivas diante das experiências alheias (Davis, 1994). Mais do que isso, envolve vivenciar sentimentos congruentes à emoção alheia. Assim, se alguém experimenta dor, uma resposta emocional congruente seria um certo desconforto emocional. O componente afetivo da empatia, portanto, implica em experimentar um afeto que está mais voltado para a situação do outro do que para a própria situação (Hoffman, 1982). Esse processo envolve necessariamente regular as próprias emoções.

Para atingir esse objetivo são usados recursos como atividades estruturadas, que envolvam desafios, ou tarefas em grupo, que despertem diversos tipos de emoções nos participantes. Eles são solicitados a reconhecê-las e discuti-las após a atividade. Pode-se utilizar o "dicionário das emoções" para facilitar esse reconhecimento, para auxiliar a nomeação e a mensuração da intensidade emocional.

11.3.8 Etapa 8 – desenvolver a autorregulação através de estratégias empáticas

O objetivo proposto neste item é incentivar os indivíduos a compreender a perspectiva alheia autorregular as próprias emoções. De acordo com Decety e Jackson (2004), a capacidade de regular a própria perspectiva em função do outro permite modular a emoção despertada pelo comportamento alheio. Isso significa que o desenvolvimento bem-sucedido dessas capacidades colabora, por exemplo, para inibição da raiva em situações que envolvam conflito ou frustração interpessoal (Falcone et al., 2008). À medida que passamos a compreender as razões do comportamento provocador de alguém, tendemos a reduzir a intensidade da nossa própria frustração (Goleman, 1995; Nichols, 1995).

A análise de histórias e situações selecionadas de filmes e desenhos animados pode contribuir para esse aprendizado. Sugere-se que as situações selecionadas incluam conflitos em que os personagens tenham intenções e expectativas diferentes diante de uma mesma situação. Por exemplo, se uma criança convida um amigo para brincar, mas percebe que ele não quer andar de bicicleta porque mostra sinais de cansaço, poderia adaptar sua resposta comportamental sugerindo outra brincadeira. Nesse caso, compreender os motivos do amigo auxilia no abandono parcial da própria expectativa (nesse caso, de andar de bicicleta) em função do outro. Pode-se solicitar à criança ou ao adolescente que identifique os comportamentos não empáticos e sugiram novas condutas que façam uso, então, de comportamentos empáticos.

11.3.9 Etapa 9 – desenvolver a autorregulação através de estratégias empáticas que visam a experimentação de emoções análogas às do interlocutor

Nessa etapa, o objetivo é fazer uso da própria perspectiva para entender a intensidade da emoção alheia. Parte-se do pressuposto de que, à medida que experimentam emoções parecidas com as que seu interlocutor experimentaria, passariam, então, a inferir de maneira mais acurada os pensamentos e a intensidade da emoção experimentada pelos outros.

Uma vez que a tendência inicial para a interpretação da perspectiva alheia é a de usar a própria experiência emocional já vivenciada naquele tipo de situação (Ickes, 1997), é plausível que, quando tentamos alcançar a perspectiva alheia, o caminho mais automático é o de resgatarmos nossas próprias vivências como base. Cabe ressaltar que nem todas as pessoas pensariam ou se sentiriam da mesma forma que o participante, mas essa é uma possibilidade inicial para compreender as emoções alheias.

A estratégia de dramatização pode ser utilizada de duas formas nessa etapa: primeiramente, as dramatizações podem ter a finalidade de colocar o participante no lugar de seu interlocutor para que ele perceba como seu interlocutor se sentiria e pensaria na situação dramatizada. Posteriormente, pode-se solicitar aos participantes que pensem numa maneira diferente de ação, levando em consideração, agora, a perspectiva mais acurada que tiveram na etapa anterior.

11.4 Considerações finais

O modelo sugerido nesta proposta para intervenção fundamentou-se no conceito multidimensional da empatia e as estratégias apresentadas priorizaram o estímulo ao desenvolvimento de seu componente cognitivo sob o formato para aplicação em grupo. Torna-se importante ressaltar que as estratégias aprendidas devem ser também praticadas em diversos contextos sociais, como a escola e o contexto familiar. Assim, é de fundamental importância que pais, professores e cuidadores estejam envolvidos nesse processo, já que todos devem ser treinados para prestar esse auxílio. A solicitação de tarefas de casa estimula esse aprendizado; elas devem ser prescritas frequentemente, sempre acompanhadas por orientações aos cuidadores.

A proposta de intervenção apresentada neste capítulo é uma contribuição para o desenvolvimento de programas que visem ao aprimoramento social de crianças e adolescentes com SA. Ela se constitui em uma das muitas etapas para a padronização de um protocolo que desenvolva, de forma eficiente e flexível, as habilidades empáticas. Seu objetivo é o de ampliar o modelo comportamental, incluindo uma abordagem baseada em modelos mais amplos, que levam em consideração os aspectos de base do desenvolvimento social, como os componentes cognitivos e afetivos subjacentes aos comportamentos sociais. Por outro lado, há também a necessidade de mais investigações baseadas neste modelo, de modo a permitir maior qualidade de vida social para crianças e adolescentes com SA.

11.5 Referências

American Psychiatric Association (2002). *DSM-IV-TR – Manual diagnóstico e estatístico de transtornos mentais* 4. ed. (C. Dornelles, Trad.). Porto Alegre: Artmed. (Obra original publicada em 2000).

Attwood T. (2003). Frameworks for behavioral interventions. *Child and Adolescent Psychiatry, 12* (1), 65-86.

Attwood, T. (2007). *The complete guide to Asperger's Syndrome*. Philadelphia: Kingsley.

Attwood, T. (2008). *Asperger's Syndrome: A guide for parents and professionals*. London: Jessica Kingley Publishers.

Attwood, A., Frith U., & Hermelin, B. (1988). The understanding and use of interpersonal gesture by autistic children and Down's Syndrome children. *Journal of Autism Development Disorders, 18* (2), 241-57.

Barros, P. (2012). *Programa para desenvolvimento da empatia em crianças e adolescentes com Síndrome de Asperger*. Tese de Doutorado. Rio de Janeiro: Universidade do Estado do Rio de Janeiro.

Church, C., Alisanski, S., & Amanullah, S. (2000). The social, behavioral, and academic experiences of children with Asperger Syndrome. *Focus on Autism and Other Developmental Disabilities, 15* (1), 12-20.

Clark, L. (2009). *SOS ajuda para pais*. Rio de Janeiro: Cognitiva.

Correia, O. (2005). A aplicabilidade de um programa de intervenção precoce em crianças com possível risco autístico. Dissertação de Mestrado. Rio de Janeiro: Pontifícia Universidade Católica do Rio de Janeiro.

Davis, M. (1994). *Empathy*. Madison: Brown & Benchmark.

Decety, J. & Jackson, P. (2004). The functional architecture of human empathy. *Behavior Cognitive Neuroscience, 3*, 71.

Falcone, E. M. O. (1998). A avaliação de um programa de treinamento da empatia com universitários. Tese de Doutorado não publicada. São Paulo: Universidade de São Paulo.

Falcone, E. (1999). A avaliação de um programa de treinamento da empatia com universitários. *Revista Brasileira de Terapia Comportamental e Cognitiva, 1*, 23-32.

Falcone, E. M. O., Ferreira, M. C., Fernandes, C. S., Faria, C., D'augustin, J. F., Sardinha, A., & Pinho, V. D. (2008). Inventário de empatia (I.E.): desenvolvimento e validação de uma medida brasileira. *Avaliação Psicológica, 7*, 321-334.

Goleman, D. (1995). *Inteligência emocional*. Rio de Janeiro: Objetiva, 1995.

Gray, C., McAndrews, S., & White, A. (2002). *My social stories book*. Philadelphia, Pa: Jessica Kingsley Publishers.

Grandin, T. & Sullivan, R. (2008). *The way I see it*. Texas: Future Horizons.

Harris, P. (1996). *Criança e emoção*. São Paulo: Martins Fontes.

Hoffman, M. L. (1982). Development of prosocial motivation: empathy and guilty. In N. Eisemberg (Org.). *The development of prosocial behavior* (pp. 281-313). New York: Academic Press.

Ickes, W. (1997). Introduction. In W. Ickes (Org.) *Empathic Accuracy* (pp.1-16). New York: Guilford.

Klin, A., Jones, W., Schultz, R., Volkmar, F., & Cohen, D. (2002). Visual fixation patterns during viewing of naturalistic social situations as predictors of social competence in individuals with autism. *Archives of General Psychiatry, 59*, 809-816.

Klin, A., McPartland, J., & Volkmar, F. (2005). Asperger Syndrome. In F. Volkmar, R. Paul, A. Klin, D. Cohen (Org.). *Handbook of autism and pervasive developmental disorders: diagnosis, development, neurobiology and behavior* (pp. 88-125). New Jersey: John Wiley and Sons.

Koller, S. H., Camino, C., & Ribeiro, J. (2001). Adaptação e validação interna de duas escalas de empatia para uso no Brasil. *Estudos de Psicologia, 18*, 43-53.

Lord, C. & Magill-Evans, J. (1995). Peer interactions of autistic children and adolescents. *Development & Psychopathology, 7*, 611-626.

Malatesta, C. Z. & Haviland, J. M. (1982). Learning display rules: The socialization of emotion expression in infancy. *Child Development, 53* (4), 991-1003.

McGee, G. G., Feldman, R. S., & Morrier, M. J. (1997). Benchmarks of social treatment for children with Autism. *Journal of Autism & Developmental Disorders, 27*, 353-364.

Mundy, P. & Sigman, M. (1989). Specifying the nature of the social impairment in autism. In G. Dawson (Org.). *Autism: New perspectives on nature, diagnosis, and treatment* (pp. 3-21). New York: Guilford.

Nichols, M. P. (1995). *The lost art of listening.* New York: Guilford.

Rao, P., Beidel, D., & Murray, M. (2008). Social skills intervention for children with Asperger's Syndrome or High-functioning Autism: A review and recommendations. *Journal of Autism Developmental Disorders, 38*, 353-361.

Sermud-Clikeman (2007). *Social competence in children.* Michigan: Springer.

Sigman, M., Kasari, C., Kwon, J., & Yirmiya, N. (1992). Responses to the negative emotions of others in autistic, mentally retarded, and normal children. *Child Development, 63*, 796-807.

Solomon, M., Goodlir-Jones, B. L., & Anders, T. F. (2004). A social adjustment enhancement intervention for High Functioning Autism, Asperger's Syndrome, and Pervasive Developmental Disorder NOS. *Journal of Autism and Developmental Disorders, 34* (6), 649-668.

Stichter, J.; Herzog, M.; Visovsky, K.; Schmidt, C.; Randolph, J.; Schultz, T., & Gage, N. (2010). Social competence intervention for youth with Asperger Syndrome and High-functioning Autism: an initial investigation. *Journal of Autism Development Disorders, 40*, 1067-1079.

Tangney, J. P. (2005). The self-conscious emotions: Shame, guilty, embarrassment and pride. In T. Dalgleish, M. Power (Org.). *Handbook of Cognition and Emotion* (pp. 541-568). New York: John Wiley & Sons.

Tsatsanis, K. D. (2005) Neuropsychological characteristics of autism and related conditions. In F. R. Volkmar, R. Paul, A. Klin, D. Cohen (Orgs.). *Handbook of Autism and Pervasive Developmental Disorders* 3 ed. New York: John Wiley & Sons.

Winner, M. (2008) *A politically incorrect look at evidence-based practices and teaching social skills.* San Jose, California: Think Social Publishing, Inc.

Autoras:

Patricia Barros – Doutora em Psicologia Social pela Universidade do Estado do Rio de Janeiro.

Eliane Mary de Oliveirc Falcone – Mestre em Psicologia Clínica pela PUC-Rio; Doutora em Psicologia Clínica pela Universidade de São Paulo; Pós-Doutora em Psicologia Experimental pela Universidade de São Paulo; Professora adjunta do Instituto de Psicologia do Estado do Rio de Janeiro; Docente do Programa de Pós-Graduação em Psicologia Social – UERJ.

CAPÍTULO 12

Crenças parentais sobre a Síndrome de Down: estudo em dois grupos de pais na cidade do Rio de Janeiro[1]

Aline Melo-de-Aguiar
Maria Lucia Seidl-de-Moura
Deise Maria Leal Fernandes Mendes

---

[1] Parte da Dissertação de Mestrado da primeira autora, sob orientação da segunda, no Programa de Pós-Graduação em Psicologia Social da UERJ.

12.1 Introdução

Este capítulo focaliza sua atenção nas crenças de pais de crianças com Síndrome de Down (SD) a respeito da síndrome. Busca-se trazer uma contribuição à área de desenvolvimento e de promoção de saúde das crianças com SD. Para isso, parte-se do pressuposto de que as crenças que os pais têm sobre a síndrome afetarão suas expectativas e suas práticas e, assim, farão parte do contexto em que essas crianças se desenvolvem.

A SD tem sido descrita desde meados do século XIX e inicialmente era denominada de "mongolismo", por conta da semelhança entre a face de indivíduos com a síndrome e a de pessoas nascidas na Mongólia (Down, 1866; Moreira; El-Hani & Gusmão, 2000). Desde a época dessa caracterização, muita coisa se modificou no modo como as pessoas com Síndrome de Down passaram a ser vistas pela sociedade e cuidadas por suas famílias, pela medicina, pela legislação e pela área educacional. As crenças transformaram-se, sobretudo, em função de conquistas da medicina que proporcionaram, por exemplo, maior tempo de vida às pessoas com SD, e das evidências de capacidades e possibilidades de desenvolvimento dessas pessoas se forem oferecidas oportunidades relacionadas à educação, atendimento adequado e inclusão social e na família (Sassaki, 2005).

Neste trabalho, assume-se uma perspectiva cognitiva compatível com a Terapia Cognitiva-Comportamental (Beck, 2005): de que nossas crenças podem influenciar nossas práticas tanto positiva quanto negativamente. Para a TCC, percepções e pensamentos influenciam reações emocionais e fisiológicas de indivíduos e, com isso, seu comportamento. Qualquer influência na cognição é acompanhada de uma mudança de estados de ânimo e, em consequência, de comportamentos. Pressupõe-se que as pessoas são capazes de aprender a modificar percepções e pensamentos, além da imagem que têm de si, dos outros e do mundo. Nesse caso, crenças errôneas de que portadores de SD são incapazes de se integrar à sociedade, de aprender e de ter uma vida produtiva levam à segregação, ao preconceito e à falta de oportunidades. Por isso, para muitas famílias, a notícia de que o bebê que acabou de nascer é portador de SD é por vezes catastrófica (Cunningham, 2008). Em contraste, ter crenças sobre as possibilidades de desenvolvimento de pessoas com SD pode ter consequências positivas em comportamentos que promovam a saúde dessas crianças.

Essa visão cognitiva é orientada pela perspectiva teórica da Psicologia Evolucionista (PE), baseada na teoria da evolução de Darwin (1859/2004), que compreende a mente humana como resultado de um processo de adaptação por seleção natural ao longo do tempo evolucionário (Seidl-de-Moura, 2005). A PE pressupõe uma natureza humana universal constituída de mecanismos psicológicos de processamento de informação, que permitem que os seres humanos produzam, absorvam, modifiquem e transmitam cultura (Bussab & Ribeiro, 1998; Seidl-de-Moura, 2005).

O bebê humano, segundo essa perspectiva e com base em evidências de investigações das últimas décadas, nasce imaturo e com uma mente propícia ao aprendizado, com programas abertos que selecionam estímulos no ambiente (por exemplo, faces humanas). A imaturidade do bebê humano ao nascer foi consequência de um nascimento precoce de bebês, fisiologicamente prematuros, que tinham maior probabilidade de sobrevivência em partos vaginais de fêmeas bípedes (Toni, Salvo, Marins & Weber, 2004). Por isso, o bebê humano necessita de cuidado e proteção por um período longo, até se tornar independente. Esse aspecto é associado ao desenvolvimento do apego e à evolução da família na espécie humana. A evolução selecionou padrões comportamentais maternos e paternos compatíveis com a demanda da prole por cuidado. O investimento parental e a presença do macho próximo à prole e à fêmea resultam em maior sobrevivência dessa prole (Bjorklund, Periss & Causey, 2009).

O apego garante a proteção do bebê e o vínculo entre mãe e filho, fundamental para a sobrevivência do bebê. Quanto mais forte for o vínculo entre a mãe e seu bebê, melhor a chance de um desenvolvimento emocionalmente saudável e maior a probabilidade de a criança tornar-se independente e confiante no futuro, pois a contínua interação entre apego e investimento parental favorece o desenvolvimento do afeto, da amizade e da sociedade (Toni *et al.*, 2004).

Assim, considera-se a mente humana adaptada para entender as crenças e assume-se uma perspectiva cognitiva para compreender sua importância no comportamento. Especificamente, observa-se as crenças parentais de bebês/crianças com SD como um importante elemento de seu contexto de desenvolvimento. Esses bebês/crianças, por outro lado, com ou sem SD, são filhotes humanos, consequência da evolução da espécie e mostram-se semialtriciais, dependentes de cuidado ao longo da infância para sua sobrevivência.

12.2 Sistema de crenças, contexto e desenvolvimento

Crenças podem ser adquiridas de forma direta ou indireta, e ser endossadas por diferentes graus de convicção. Elas influenciam nas cognições, nos afetos e nos comportamentos das pessoas (Ribas Jr., 2004, Beck, 1997). Por exemplo, um pai com uma crença do tipo "não concordo que pessoas com Síndrome de Down sejam inferiores às ditas normais" terá influências dessa postura em seus pensamentos, suas emoções e seus comportamentos, ou seja, a pessoa vai agir na sociedade tendo esse parâmetro como base. As crenças são organizadas em sistemas espontaneamente construídos, baseados na cultura e no contexto em que a pessoa vive (Seidl-de-Moura, 2003). São tomadas pelas pessoas como a "sua verdade", podendo variar ao longo de seu ciclo de desenvolvimento.

As crenças dos pais sobre bebês SD constroem-se na cultura, mas são influenciadas pelas interações com seus filhos. Para a análise da interação pais-bebê com SD, é preciso levar em conta as características específicas da síndrome, sua representação social e como ela fornece parâmetros para os pais interagirem e aceitarem seus bebês, além, é claro, das características pessoais cognitivas dos pais para lidar com a ideia de ter um filho com deficiência e suas crenças (Silva & Dessen, 2003).

Keller *et al.* (2005) têm demonstrado que em contextos ocidentais, urbanos, com alto nível de escolaridade, as pessoas valorizam, na criação de seus filhos, que estes se tornem autônomos e independentes. A dependência de crianças com SD pode perdurar por um tempo mais longo. Com isso, em contextos em que a autonomia é valorizada, tal fato pode contribuir para a dificuldade inicial no recebimento da notícia da síndrome.

O cuidado pode ser direcionado pelo comportamento aceitável ou desejável em cada cultura, inclusive quando o bebê apresenta uma síndrome genética, e o limite entre o biológico e o cultural pode não ser muito claro para as pessoas de um modo geral. Um exemplo disso é pensarmos que o fato de uma criança pequena dormir sozinha a noite inteira é um marco biológico, quando na verdade, esse é um padrão culturalmente construído e não natural quando consideramos o ambiente evolucionário de nossa espécie (Ribas & Seidl-de-Moura, 2007).

Harkness e Super (1996) desenvolveram o conceito de *nichos de desenvolvimento*, composto de três subsistemas que se relacionam dinamicamente: (1) o ambiente físico e social (exemplo: tipo de organização social da família); (2) as práticas de cuidados culturalmente reguladas (exemplo: costumes estabelecidos de cuidar e educar crianças) e; (3) etnoteorias parentais (exemplo: crenças e expectativas dos pais em relação aos filhos).

As *etnoteorias parentais*, subsistema da psicologia dos cuidadores, são particularmente importantes, pois contribuem para a organização da vida diária e refletem-se nas práticas de cuidados da criança. Essas etnoteorias são construídas na cultura ao longo da vida dos pais, apresentam um caráter individual e não estático, mas também são compartilhadas socialmente. A cultura indica, de certa forma, as metas de desenvolvimento e é dentro desse contexto que os pais desenvolvem suas crenças: os modos desejáveis de cuidado. Dessa forma, os pais de filhos com SD desenvolvem crenças e práticas de cuidados de seus filhos imbricadas com as perspectivas de sua cultura e com suas experiências pessoais.

Em síntese, a orientação dessas perspectivas teóricas leva-nos a supor que o desenvolvimento humano, além de apresentar uma estrutura filogeneticamente herdada, dá-se em um contexto cultural e histórico. Para melhor compreensão da ontogênese, necessitamos pensar em um imbricamento entre biologia e cultura, não descartando as características individuais, tanto dos pais quanto dos bebês. Assim, pensar sobre crenças a respeito do desenvolvimento de crianças com Síndrome de Down até 2 anos de idade mostra-se pertinente.

12.3 Síndrome de Down

A Síndrome de Down (SD) é atribuída, como já mencionado, a uma alteração genética de causa desconhecida que resulta na formação de um cromossomo adicional aos 46 que normalmente se formam. Não há exames que determinem, no nascimento, como a pessoa vai se desenvolver, mas sabe-se que o encaminhamento, o quanto antes, a profissionais habilitados para um programa de estimulação precoce é de suma importância para o melhor desenvolvimento da criança, seja cognitivo, social e/ou emocional (Kozma, 2007; Travassos-Rodriguez, 2007). De acordo com Kozma (2007), com os avanços médicos, tecnológicos e educacionais, as pessoas com SD podem ter suas expectativas tanto de vida quanto de qualidade de vida aumentadas.

Segundo a literatura (Cunningham, 2008; Pueschel, 2007), as pessoas com SD têm deficiência intelectual, em geral aprendem mais lentamente do que as outras pessoas e apresentam dificuldades com raciocínio complexo e juízo crítico. Entretanto, o grau de deficiência intelectual varia e não incapacita para o aprendizado, mas torna-as mais lentas do que as outras no desenvolvimento típico. As habilidades intelectuais e sociais são amplificadas quando o indivíduo cresce em um ambiente familiar que o apoia e o estimula, bem como por meio das terapias (fonoaudiologia, fisioterapia, psicologia, entre outras), acompanhamento médico periódico e exames de rotina (Aguiar & Novaes, 2005; Kozma, 2007; Silva & Dessen, 2003; Travassos-Rodriguez, 2007). Quanto ao desenvolvimento psicomotor do bebê, ocorre na mesma sequência do desenvolvimento típico, mas em faixas de tempo mais estendidas (Canning & Pueschel, 2007; Cunningham, 2008). Outros aspectos do desenvolvimento desses bebês são mais lentos, como o aparecimento do sorriso social, que em bebês com desenvolvimento típico ocorre geralmente no segundo mês de vida e nas crianças SD ocorre um pouco mais tarde. Com isso, a reação provocada nos pais de crianças sem a síndrome, que estabelece uma interação de afeto positivo entre pais e filhos pode ser adiada, no caso de crianças SD.

A chegada do bebê com SD pode afetar as relações familiares por conta de diversos aspectos, como as crenças dos pais, o modo como a notícia é recebida, as características do bebê e o contexto cultural e histórico. Assim, é importante que profissionais, independentemente de sua área de atuação, que lidam com crianças com SD e seus pais tenham conhecimento adequado de como ocorre o desenvolvimento dessas crianças. Esse é um caminho importante para que os pais, ao confrontarem suas crenças com informações corretas e comprovadas, possam se sentir mais seguros e confiantes para buscar recursos que ajudem o desenvolvimento de seu filho. Por isso, também é relevante que os profissionais tenham um conhecimento pleno sobre a síndrome para que possam auxiliar os pais a elaborar emocionalmente o diagnóstico, de modo que eles possam engajar-se o mais precocemente possível nos cuidados práticos relacionados à nova realidade da família (Kozma, 2007; Travassos-Rodriguez, 2007). Nos dias de hoje, os déficits apresentados por pessoas com SD são menores do que há décadas atrás, quando eram institucionalizadas, o que corrobora as hipóteses sobre a importância da estimulação precoce e da inclusão social (Pietro, 2002; Pueschel, 2007; Cunningham, 2008).

A partir do que foi apresentado e com base em uma perspectiva evolucionista do desenvolvimento humano, foi realizado um estudo sobre as crenças que os pais de crianças com SD (de até 8 anos), residentes na cidade do Rio de Janeiro, têm sobre a síndrome.

12.4 Crenças de pais sobre SD: um estudo empírico

Os pais que participaram do estudo faziam parte de dois grupos: pais (pai e mãe) do RJDown e os mães do IFF (Instituto Fernandes Figueira – IFF/Fiocruz). O grupo RJDown é um grupo virtual de discussão do *Yahoo* (http://br.groups.yahoo.com/group/rjdown) que reúne pais, profissionais e pessoas interessadas em Síndrome de Down do estado do Rio de Janeiro e tem por objetivo principal a inclusão social das pessoas com a síndrome. O IFF, Unidade Técnico-Científica da Fundação Oswaldo Cruz (Fiocruz), é uma instituição hospitalar pública, na cidade do Rio de Janeiro, que conta com ambulatórios que atendem crianças com a síndrome, sendo referência para a população do estado. No primeiro grupo (RJDown), participaram 23 mães e 20 pais. O segundo grupo contou com 17 mães. Desse modo, o total foi de 60 pessoas, pais de 40 crianças.

Os grupos apresentam características bem distintas. No grupo RJDown, a renda familiar é alta, assim como o nível de escolaridade dos pais (86% possui nível superior). A idade média dos pais é 43 anos e das mães, 39 anos. No subgrupo IFF, a renda média de cerca 80% dos pais não ultrapassa R$ 800,00, o nível de escolaridade é baixo, a maioria tem, no máximo, o ensino fundamental completo. As mães são mais jovens com média de idade de 34 anos e, neste grupo, não tivemos pais entrevistados.

Para a investigação das crenças, foi utilizado um questionário com duas perguntas abertas (1 – Ao ouvir a expressão "Síndrome de Down" o que vem a sua mente? Diga apenas a primeira palavra ou expressão que vier; e 2 – Agora diga mais quatro palavras ou expressões), que foram respondidas livremente pelos participantes. O objetivo do instrumento era fazer surgir, espontaneamente, as associações relacionadas à expressão que designa a situação estudada.

Após uma pré-análise das respostas, partindo de uma *leitura flutuante*, foi possível criar de categorias a partir dos temas que surgiram. Entendendo-se que a importância da categoria está diretamente ligada à sua frequência, estas foram calculadas e sua ordem de emissão por cada participante também foi levantada.

Foram obtidas 273 palavras ou expressões válidas nos dois subgrupos, que foram organizadas em oito categorias ou temas: (1) *afetos parentais negativos*; (2) *afetos parentais positivos*; (3) *características da síndrome (biológicas)*; (4) *características da síndrome negativas*; (5) *características da síndrome positivas*; (6) *cuidado/dedicação/trabalho*; (7) *perspectivas de futuro positivas*; e (8) *indiferença frente à SD*. Pode-se perceber, ainda, que as categorias formavam, entre si, três conjuntos com focos distintos, como pode ser visualizado na Figura 1.

Figura 1 Focos das crenças parentais relativas à SD

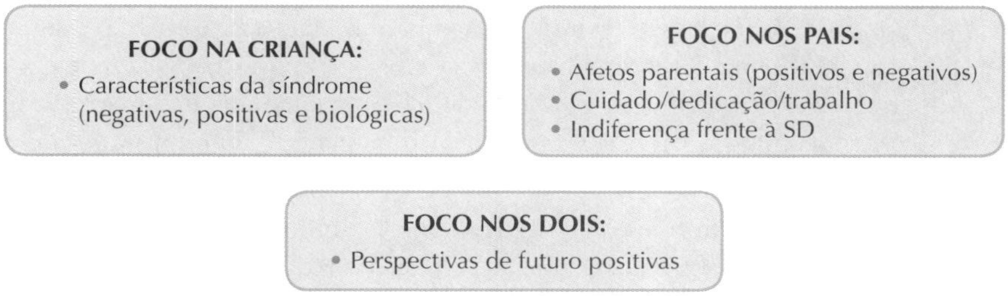

FOCO NA CRIANÇA:
• Características da síndrome (negativas, positivas e biológicas)

FOCO NOS PAIS:
• Afetos parentais (positivos e negativos)
• Cuidado/dedicação/trabalho
• Indiferença frente à SD

FOCO NOS DOIS:
• Perspectivas de futuro positivas

Foco na criança é o conjunto formado por categorias em que a criança e suas características são ressaltadas prioritariamente. *Foco nos pais* é aquele em que os pais se referem a algo relacionado a eles próprios. *Foco nos dois* é aquele em que predominam palavras ou expressões relacionadas tanto aos pais quanto às crianças. O conjunto com *foco na criança* representa 27,11% do total de evocações, enquanto que o conjunto com *foco nos pais* representa 66,66% e apenas 6,23% das evocações podem ser vistas como tendo *foco nos dois*. As duas categorias com maior frequência, *afetos parentais positivos* (27,84%) e *cuidado/dedicação/trabalho* (23,44%), referem-se ao *foco nos pais*. Tanto os afetos quanto os cuidados fazem parte do investimento parental que os pais têm para com seus filhos. Sabe-se que é a partir desse investimento dos pais que se estabelece o apego, vínculo importante para a criança se desenvolver emocionalmente de modo saudável (Toni *et al.*, 2003).

A categoria *afetos parentais negativos* refere-se a sentimentos, emoções e afetos negativos ou dificuldades, como medo, ansiedade e afins., e apareceu em 12,82% das evocações. *Afetos parentais positivos* foi a categoria mais presente, com 27,84% e diz respeito a palavras e/ou expressões que contenham sentimentos, emoções e afetos positivos, como amor, meu filho, carinho e afins.

A categoria referente a *características da síndrome (biológicas)* compreendeu palavras ou expressões com características biológicas da síndrome, como alteração genética, olhos amendoados, lentidão e afins, e foi citada em 11,72% das vezes. Já *características da síndrome negativas* englobou as palavras ou expressões, com uma conotação negativa da síndrome, que não estão relacionadas na literatura como características efetivas, como exclusão, incapaz, ingenuidade, preconceito e afins, e foi citada em 10,26%. Em *características da síndrome positivas* destacaram-se palavras ou expressões com uma conotação positiva da síndrome e, do mesmo modo que nas categorias negativas, não estão relatadas na literatura como características efetivas, como meigos, espertos e afins, tendo sido mencionadas em apenas 5,13% das evocações.

A categoria *cuidado/dedicação/trabalho* foi definida a partir de palavras e expressões que se referiram a algum tipo de cuidado, dedicação ou trabalho no cuidar do filho, como estas próprias (cuidado, dedicação e trabalho) e outras, como desafio, persistência, força de vontade e afins, e foi a segunda categoria mais frequente, com termos evocados em 23,44% das vezes.

Perspectivas de futuro positivas inclui palavras e expressões que se referiram a algum tipo de indicação positiva relacionada a um tempo futuro, como inclusão, esperança, superação e afins, e esteve presente em 6,23% dos casos.

A *indiferença frente à SD* referiu-se a palavras ou expressões com conotação de não diferenciação da condição genética da síndrome, como "uma coisa normal", "pra mim não significa nada", diversidade e afins. Essa categoria foi a última a ser definida por conta da baixa frequência (apenas 2,56% das emissões). Inicialmente, pensou-se em distribuir as palavras por outras categorias já existentes, entretanto, verificou-se que seis mães diferentes evocaram palavras de *indiferença* e este pareceu um número relevante considerando-se o tamanho do grupo.

Para melhor entender a distribuição das categorias no grupo de pais, analisou-se a frequência bruta por subgrupo: pai RJDown, mãe RJDown e mãe IFF. A categoria que já se havia destacado pelo contraste, *afetos parentais negativos*, mostra que a maior parte dos *afetos parentais negativos* no grupo de mães refere-se às evocações de mães do IFF. Outros resultados a destacar para o grupo de mães do IFF é a baixa frequência em *afetos parentais positivos*, a inexistência de referências a termos da categoria *perspectivas de futuro positivas* e a maior frequência para *indiferença frente à SD*. Esses resultados revelam um contraste entre o grupo de mães do IFF e do RJDown. As mães do RJDown têm maior frequência em *afetos parentais positivos*, seguida de *cuidado/dedicação/trabalho*, registrando nesta última categoria o dobro da frequência das mães do IFF. Na categoria *perspectivas de futuro positivas*, as mães do RJDown evocaram 10 palavras ou expressões contra nenhuma registrada nas mães do IFF.

As mães do RJDown, contam com o apoio do grupo que estimula a inclusão social e a busca de informações corretas sobre o desenvolvimento das crianças. A influência do grupo não foi investigada e também não foi investigado se as mães do IFF participam de algum grupo de apoio. Cunningham (2008) discute que encontrar ajuda é uma maneira de diminuir o estresse e "se os pais percebem que não conseguem valorizar a criança, devem analisar suas crenças e seus sentimentos, talvez buscando ajuda profissional ou falando com outras pessoas" (p. 25). Desse modo, o apoio oferecido pelo grupo RJDown pode ter influenciado as crenças das mães.

Observando cada grupo de mães em separado, chama a atenção que as categorias mais frequentemente evocadas em primeiro e segundo lugares sejam opostas: no grupo de mães do IFF, destaca-se a categoria *afetos negativos* e no grupo de mães do RJDown, destaca-se a categoria *afetos positivos*. Ainda que as mães do IFF cuidem pessoalmente de seus filhos, as mães do RJDown apresentam maior frequência na categoria *cuidado/dedicação/trabalho*. Uma questão a ser levantada é se os afetos negativos estão relacionados ao maior número de horas diárias junto aos filhos. Não se avaliou o número de horas que os pais ficam junto aos filhos.

Analisando a frequência das categorias mais evocadas entre pais e mães, percebe-se que *afetos parentais positivos* e *cuidado/dedicação/trabalho* são as categorias mais relevantes, pois são as mais evocadas na primeira posição, aparecendo também nas demais posições.

Em relação ao grupo RJDown, por ser composto por pais e mães, foi possível uma análise comparativa entre eles. Ao analisar a categoria mais frequente pela ordem de referências mencionadas, é possível constatar que só há diferença na última evocação. O que chama a atenção é que, na evocação da terceira palavra, há um percentual alto de mães (60,9%) na categoria *cuidado/dedicação/trabalho*, enquanto os pais se dividem entre esta categoria (25%) e a de *afetos parentais positivos* (25%).

Em síntese, acerca dos pais e das mães do RJDown, pode-se dizer que apresentam resultados semelhantes entre si e, quando comparamos as mães do RJDown com as mães do IFF, obtemos resultados contrastantes no que se refere a afetos, sendo *positivos* no RJDown e *negativos* no IFF.

Para essa amostra, percebe-se que os pais valorizam o cuidado e os afetos. Desse modo, eles apresentam crenças que, de um modo geral, corroboram com o que foi discutido em relação às características de imaturidade da nossa espécie, com uma longa infância, necessidade de cuidados e investimento dos pais por um longo período, característica essa que, com ou sem síndrome, faz parte da espécie humana. Além disso, as crenças são a base de como esses pais de crianças portadoras de SD percebem seus filhos e constroem a forma de cuidar deles.

12.5   Considerações finais

O desenvolvimento de uma criança com Síndrome de Down apresenta algumas diferenças em relação ao de crianças com desenvolvimento típico, principalmente no que tange ao período de aquisição de marcos do desenvolvimento, como começar a andar ou falar. Sabe-se que as crenças dos pais têm influências no modo como cuidam de seus filhos e para o que esperam para o futuro deles e poderão, se positivas, ter consequências na promoção de saúde de seus filhos.

Os resultados encontrados nas crenças de pais apontam que o grupo estudado associa a síndrome com afeto por seus filhos, seja positivo ou negativo, e valoriza o cuidado, o trabalho e a dedicação na relação com eles. O estudo focalizou dois grupos de características distintas, entretanto, relativamente restritos e específicos de pais. Esse é um resultado restrito aos grupos estudados, mas importante porque indica uma base para cuidados promotores de saúde de seus filhos. Usando essas evidências, pode-se desenvolver programas para pais que favoreçam esse tipo de cuidados e incentivem o desenvolvimento pleno de pessoas portadoras da síndrome.

Novos estudos são necessários, com amostras maiores, incluindo outros contextos e variáveis – como crianças com outras idades, possíveis complicações fisiológicas associadas à síndrome e a presença ou não de diversas formas de apoio. Além de estudar as crenças de pais, é necessário comparar suas práticas educativas e também investigar como modificar as crenças que não favorecem o desenvolvimento das crianças com SD e, com isso, as práticas. Este capítulo buscou apresentar algumas reflexões e resultados que podem contribuir para a literatura da área e para o desenvolvimento de programas de intervenção com pais favorecedores do desenvolvimento pleno de indivíduos com SD. Constitui o início de uma linha de investigações acerca das crenças sobre a síndrome que merece ser levada adiante.

12.6 Referências

Aguiar, M. S. & Novaes, I. (2005). Considerações acerca do desenvolvimento de crianças portadoras da síndrome de Down. In C. Magalhães, R. Brito & W. Martin (Orgs.), *Temas pertinentes à construção da psicologia contemporânea*, (pp. 299-326). Belém: UFPA.

Beck, A. B. (2005). The current state of Cognitive Therapy. *Archives of General Psychiatry, 62*, 953-959.

Beck, J. (1997). *Terapia cognitiva: teoria e prática*. Porto Alegre: Artes Médicas.

Bjorklund, D. F., Periss, V., & Causey, K. (2009). The benefits of youth. *European Journal of Developmental Psychology, 6* (1), 120-137.

Bussab, V. S. R. & Ribeiro, F. L. (1998). Biologicamente cultural. In L.Souza, M. F. Q. Freitas, & M. M. P. Rodrigues (Orgs.), *Psicologia: reflexões (im)pertinentes* (pp. 175-193). São Paulo: Casa do Psicólogo.

Canning, C. D. & Pueschel, S. M. (2007). Expectativas de desenvolvimento: visão panorâmica. In S. Pueschel (Org.), *Síndrome de Down: guia para pais e educadores*. 12 ed. (pp. 105-114). São Paulo: Papirus.

Cunningham, C. (2008). *Síndrome de Down: uma introdução para pais e cuidadores*. Porto Alegre: Artmed.

Darwin, C. (2004). *A origem das espécies*. São Paulo: Martins Claret. (Obra originalmente publicada em 1859.)

Down, J. L. H. (1866). Observations on an ethnic classification of idiots. *Clinical Lecture Reports, London Hospital, 3*: 259-262. Recuperado em 2 de janeiro de 2009 de <www.neonatology.org/classics/down.html>.

Harkness S. & Super, C. M. (1996). Introduction. In S. Harkness & C. M. Super (Orgs.), *Parent´s cultural belief systems: their origins, expressions and consequences* (pp. 1-26). New York and London: The Guilford Press.

Keller, H., Kuensemueller, P., Abels, M., Voelker, S., Yovsi, R., Jensen, H., Papaligoura, Z., Lohaus, A., Rosabal-Coto, M., Kulks, D., & Mohite, P. (2005). *Parenting, culture, and development a comparative study*. San Jose, C. R.: Instituto de Investigaciones Psicológicas.

Kozma, C. (2007). O que é síndrome de Down? In K.Stray-Gundersen (Org.), *Crianças com síndrome de Down: guia para pais e educadores*. 2 ed. (pp. 15-42) Porto Alegre: Artmed.

Moreira, L. M. A., El-Hani, C. N., & Gusmão, F. A. F. (2000). A Síndrome de Down e sua patogênese: considerações sobre o determinismo genético. *Revista Brasileira de Psiquiatria, 22* (2) 96-99.

Prieto, M. A. S. (2002). *O desenvolvimento do comportamento da criança com síndrome de down no primeiro ano de vida*. Dissertação de Mestrado não publicada. Campinas: Universidade Estadual de Campinas.

Pueschel, S. M. (2007). Características físicas da criança. In S. Pueschel (Org.), *Síndrome de Down: guia para pais e educadores*. 12ed. (pp. 77-83). São Paulo: Papirus.

Ribas, A. F. P. & Seidl-de-Moura, M. L. (2006) Abordagem sociocultural: algumas vertentes e autores. *Psicologia em Estudo, 11* (1), 129-138.

Ribas, A. F. P. & Seidl-de-Moura, M. L. S. (2007). Responsividade materna: aspectos biológicos e variações culturais. *Psicologia: Reflexão e Crítica, 20* (3), 368-375.

Ribas Jr., R. C. (2004). *Cognições de mães brasileiras acerca da maternidade, da paternidade e do desenvolvimento humano: uma contribuição ao estudo da Psicologia parental*. Tese de Doutorado não publicada, Rio de Janeiro: Universidade do Estado do Rio de Janeiro.

Sassaki, R. K. (2005). Atualizações semânticas na inclusão de pessoas: deficiência mental ou intelectual? Doença ou transtorno mental? *Revista Nacional de Reabilitação, 43*, mar./abr., 9-10.

Seidl-de-Moura, M. L. (2003). *Metas de socialização em mães primíparas em um modelo de cognições e valores parentais*. Projeto de Pesquisa, Universidade do Estado do Rio de Janeiro.

Seidl-de-Moura, M. L. (2005). Bases para uma psicologia do desenvolvimento sociocultural e evolucionista. In F. A. R. Pontes (Org.), *Temas pertinentes à construção da Psicologia contemporânea* (pp.15-41) Belém: EDUFPA.

Silva, N. L. P. & Dessen, M. A. (2003). Crianças com **Síndrome de Down e suas interações familiares**. *Psicologia: Reflexão e Crítica, 16* (3), 503-514.

Toni, P. M., Salvo, C. G., Marins, M. C., & Weber, L. N. D. (2004). Etologia humana: o exemplo do apego. *Psico-USF, 9*, 99-104.

Travassos-Rodriguez, F. (2007). *Síndrome de Down da estimulação precoce do bebê ao acolhimento precoce da família*. Tese de Doutorado não publicada. Rio de Janeiro: PUC.

Autoras:

Aline Melo-de-Aguiar – Doutoranda e mestre em Psicologia Social pela Universidade do Estado do Rio de Janeiro. Contato da autora: melodeaguiar@gmail.com.

Maria Lucia Seidl-de-Moura – Pós-doutora pela Universidade de São Paulo e Professora Titular do Instituto de Psicologia da Universidade do Estado do Rio de Janeiro; Docente do Programa de Pós-Graduação em Psicologia Social – UERJ.

Deise Maria Leal Fernandes Mendes - Pós-doutorada pela Universidade do Estado do Rio de Janeiro e Professora adjunta do Instituto de Psicologia; Docente do Programa de Pós-Graduação em Psicologia Social – UERJ.

CAPÍTULO 13

Terapia Cognitivo-Comportamental com crianças: treinamento de pais

Angela Alfano Campos

A prática clínica cognitivo-comportamental na infância se dá através de sessões com a criança, mas também segundo o modelo denominado Triádico ou Manejo de Contingências. É nesse contexto que se insere o "Treinamento de Pais" (TP), técnica considerada uma tradição no campo da modificação do comportamento (Marinho, 2005). A ênfase no papel dos pais no tratamento de crianças é relativamente recente, tendo sido Williams (1959) o primeiro a propor um trabalho no qual os pais deveriam adquirir competências para, junto com o terapeuta, alcançar a modificação comportamental desejada. Em seu estudo pioneiro, ele treinou pais para que, a partir de princípios da análise do comportamento ensinados pelo terapeuta, eles pudessem diminuir a frequência de comportamentos indesejados de seus filhos. O resultado foi positivo e se seguiram, então, diversos estudos que corroboraram a eficácia do TP.

A intervenção com os pais/responsáveis faz parte do escopo do tratamento de crianças em diversas práticas psicoterápicas. Já o TP propriamente dito tem especificidades que o tornam característico da prática cognitivo-comportamental. O terapeuta deve ensinar conceitos que fazem parte do corpo teórico da abordagem e treinar técnicas baseadas neles. O ensino fundamenta-se principalmente nos conceitos de condicionamento operante introduzidos por Skinner, mas outras contribuições teóricas podem ser somadas ao modelo mais tradicional de TP. Uma delas é a Teoria da Aprendizagem Social, que ressalta a importância do meio na construção de nossa personalidade (Bandura, 1986). Os padrões comportamentais infantis são respostas aprendidas, moldadas pela interação de fatores ambientais, biológicos, intra e interpessoais incutidos nos contextos cultural e evolutivo (Friedberg & McClure, 2004).

Como os pais costumam ser os principais personagens do contexto familiar da criança, naturalmente tornam-se agentes efetivos no desenvolvimento desses padrões, estando, em decorrência disso, muito implicados nas mudanças de comportamento que se fazem necessárias. Pobres habilidades parentais e práticas abusivas são, pelo menos em parte, responsáveis pelo desenvolvimento e/ou manutenção de padrões desadaptativos de interações familiares e, consequentemente, de problemas comportamentais infantis (Dadds, Mullins, McAllister & Atkinson, 2003). Assim, o TP é peça fundamental na estratégia terapêutica de modificação do ambiente, e, desde o primeiro contato com a família, deve-se deixar clara a importância que a participação ativa dos pais, em um trabalho conjunto com o terapeuta, tem para o sucesso da intervenção. Em grande parte dos casos, a generalização e a manutenção dos ganhos no *setting* terapêutico e a diminuição de sintomas só são possíveis com a ajuda daqueles que são "figuras-chave" no ambiente em que a criança está inserida, ou seja, os pais. Atuando como coterapeutas eles não só maximizam o efeito da intervenção, mas tornam possível a obtenção de resultados que não aconteceriam sem sua participação direta e efetiva (Odegard & Bjorkly, 2012). Um fato que deve ser ressaltado é que os pais não são considerados meros mediadores para que as modificações comportamentais das crianças aconteçam, mas eles mesmos são alvo das mudanças que o terapeuta deseja realizar.

Devido à nova dinâmica da sociedade, na qual muitas vezes ambos os pais precisam trabalhar, algumas famílias passaram a delegar o compromisso com o desenvolvimento das crianças à escola, aos cuidadores e ao terapeuta. A pouca disponibilidade, no entanto, precisa ser revista e não pode ser usada como desculpa para falta de comprometimento. A postura de transferir para terceiros a responsabilidade com a assistência, a formação e a educação das crianças pode acarretar sérios problemas e não deve ser justificada por falta de tempo. A responsabilização quanto à sintomatologia do filho e sua implicação na melhora podem estar em desacordo com a expectativa de alguns pais de que contratarão um profissional que dará conta das queixas referidas e de que sua única obrigação será pagar o tratamento e levar a criança às sessões. Para evitar futuros contratempos, o contrato terapêutico não deve deixar dúvidas quanto à maneira como o trabalho será conduzido.

Em alguns casos a dificuldade de engajamento pode acontecer não devido à falta de compromisso, mas a "barreiras" pessoais ou do casal. Parte dos pais que buscam ajuda para os problemas comportamentais de seus filhos estão envolvidos em uma ou mais situações familiares consideradas de risco para o desenvolvimento de problemas comportamentais em crianças, como conflitos conjugais, número elevado de acontecimentos estressantes e falta de apoio social, entre várias outras (Marinho, 2005). Por esse motivo, o TP objetiva não somente cuidar da criança, mas também acolher e instrumentalizar os pais com a finalidade maior de promover benefícios para a família como um todo. Crenças, sentimentos e dúvidas deles devem fazer parte das sessões, para que o terapeuta garanta ganhos globais e efetivos a todos. O objetivo é que os efeitos positivos do tratamento se generalizem, o que pode acontecer até mesmo para outras situações e pessoas que não eram seu foco inicial, como os irmãos, por exemplo. O TP deve mudar ou aprimorar a visão dos pais sobre seus filhos e as relações em família. Espera-se que os ganhos sejam duradouros e, para isso, suas metas não podem ser mudanças temporárias ou breves, mas sim consistentes e duradouras, de modo a propiciar um ambiente adequado e saudável para o paciente e sua família.

Em um estudo de seguimento, Hagan *et al.* (2012) avaliaram os efeitos do TP como intervenção preventiva para promoção de práticas parentais efetivas com os responsáveis por crianças de 8 a 16 anos que perderam um dos pais. Seis anos após o treinamento, a avaliação das famílias mostrou que ele de fato gerou impactos positivos nas práticas parentais, indicando que esse tipo de intervenção, mesmo quando realizada de forma breve, pode resultar em efeitos positivos de longo prazo.

Em seu artigo sobre treinamento parental com famílias de crianças com comportamentos disruptivos clinicamente significativos, Sutton (2001) foi surpreendida com um resultado não esperado e bastante animador para quem trabalha no campo: um número considerável de pais referiu, sem que essa informação tivesse sido solicitada, que seus filhos se tornaram mais amáveis e demonstraram mais afeto e apego após o treinamento. Seus dados propiciam aos profissionais especializados em infância alicerces para a construção de uma ponte entre a Teoria Comportamental, a Teoria de Aprendizagem Social e a Teoria do Apego.

Apesar de o TP ser baseado nos princípios da análise do comportamento de Skinner e na Teoria da Aprendizagem Social de Bandura, com o advento da "revolução cognitiva" e as evidências cada vez mais fortes da aplicabilidade da Terapia Cognitiva com crianças, conteúdos dessa abordagem têm sido acoplados a ele. Um exemplo é o manual de tratamento SAFT, um programa de Terapia Cognitivo-Comportamental para crianças com ansiedade de separação. A primeira parte consiste em sessões com as crianças e os pais, cujo conteúdo inclui o reconhecimento e o reposicionamento quanto às crenças irracionais sobre situações de separação (Blatter-Meunier & Schneider, 2011). A elaboração de modelos de TP que abordam noções básicas sobre a formação de esquemas cognitivos parece ser vantajosa para que os pais entendam quão importantes e determinantes para a atual e futura saúde psíquica e emocional de seu(s) filho(s) podem ser os comportamentos que eles próprios emitem no presente. A ansiedade infantil, por exemplo, é frequentemente associada a dois estilos de práticas parentais: 1) superproteção e controle excessivo e 2) comportamentos negativos ou muito críticos (Bögels & Brechman-Toussaint, 2006 e McLead, Wood & Weisz, 2007).

O TP parece ter impacto positivo no desenrolar das "situações-problema" trazidas como queixa, sejam elas secundárias a transtornos psiquiátricos ou a experiências de vida geradoras de problemas emocionais e comportamentais. Seu sucesso é esperado, uma vez que o olhar cognitivo-comportamental sobre a infância baseia-se no pressuposto já largamente confirmado de que o meio tem forte influência no desenvolvimento e na manutenção de patologias e disfunções. Assim, agir sobre ele é condição *sine qua non* para uma intervenção eficaz.

Hoje são muitos os modelos de TP propostos, em diferentes patologias e contextos. No entanto, seus métodos, seu alcance e seus objetivos variam. Sua administração pode ser individual ou em grupo. No segundo caso, deve haver alguma homogeneidade entre as famílias, como, por exemplo, dificuldades semelhantes e faixa etária comum entre as crianças. A utilização nos quadros externalizantes, quando os problemas comportamentais são difíceis de manejar, é largamente conhecida, mas a literatura atual tem revelado múltiplas aplicações possíveis. Já foram demonstrados bons resultados em uma variedade de dificuldades que acometem o universo da infância. Esse êxito mostra sua flexibilidade e utilidade em diversas patologias e contextos, como as exemplificadas a seguir.

Voltado para pais de recém-nascidos, objetivando uma educação preventiva, o acompanhamento de perto e o treinamento dos casais, ajuda inclusive do ponto de vista de saúde física. Há um melhor manejo desse momento de grandes mudanças, quando há aumento de problemas de saúde e intensa demanda emocional (Moretti & Foltran, 2012). Ho, Yeh, McCabe & Lau (2012) e Lau, Fung & Yung (2010) discutem o uso do TP em famílias de imigrantes chineses. O fato de a diferença cultural resultar em um olhar diferenciado da relação entre pais e filhos estimulou a pesquisa com essa população específica. O resultado mostrou que o TP pode facilitar a assimilação de novas competências parentais ao tratar também do gerenciamento de estressores comuns às famílias imigrantes.

O TP como facilitador da generalização dos comportamentos introduzidos no repertório de pacientes que se encaixam no grupo de portadores de Transtornos Invasivos do Desenvolvimento é objeto de estudo de muitos trabalhos científicos com diferentes classes de sintomas. Um exemplo de seu uso com crianças diagnosticadas como fazendo parte do grupo do espectro do autismo é o trabalho de Seiverling, Williams, Sturmey & Hart (2012). Nesse estudo, pais de crianças com comportamento alimentar restritivo foram treinados em habilidades comportamentais que os permitissem conduzir uma intervenção domiciliar voltada para essa dificuldade específica. O bom desempenho dos pais na aplicação das técnicas foi avaliado pelas seguintes mudanças comportamentais nas crianças: aceitação de um maior número de porções, declínio na emissão de comportamentos disruptivos e uma maior variedade de alimentos nas dietas, que se manteve no seguimento.

Alguns protocolos de tratamento optam por intercalar o TP e as sessões com a criança ao longo de todo o processo terapêutico, enquanto outros o adotam no início. Independentemente das variações possíveis em sua aplicabilidade, assim como qualquer outra técnica, o TP deve acontecer a partir de uma detalhada avaliação do paciente e do(s) contexto(s) nos quais ele está inserido. A principal função do terapeuta nas sessões de TP é ensinar noções básicas da teoria comportamental, relacionando os conceitos com a prática educativa de seu(s) filho(s). No ensino de habilidades comportamentais e técnicas de modificação de comportamento, usar exemplos de situações específicas da família em questão, que já tenham sido relatadas, pode ser um bom caminho para gerar identificação com o que está sendo explicado. Além disso, é necessário que o terapeuta esteja sempre atento a aspectos da conduta e cognitivos dos próprios pais que possam interferir tanto positiva quanto negativamente no desenvolvimento de seu(s) filho(s). As habilidades de comunicação, a forma de manejar as situações, a capacidade de solucionar problemas e de autocontrole, e os pensamentos automáticos e crenças dos pais em relação ao(s) seu(s) filho(s) devem ser avaliados e pontuados, fazendo parte do enfoque psicoeducativo.

Mesmo quando o procedimento escolhido é a realização de todo o TP no início do tratamento, é aconselhável que haja um canal de comunicação sempre aberto entre o profissional responsável pelo caso e os pais, para que estes possam esclarecer dúvidas e sanar eventuais dificuldades que tenham para compreender ou aplicar o que foi previamente discutido. No caso de atendimentos em grupo, sessões individuais ocasionais podem ser necessárias, em especial com aqueles membros que em algum aspecto estejam discrepantes dos outros. O terapeuta deve conhecer profundamente a história de cada família e ficar ainda mais atento aos membros considerados integrantes de famílias de risco. Alguns dos principais objetivos do TP estão elencados no Quadro 1.

Quadro 1   Objetivos gerais de um programa de Treinamento de Pais

Objetivos gerais do Treinamento de Pais
Definição conjunta de metas gerais e específicas do tratamento
Ao longo do tratamento: receber *feedback* quanto à evolução da criança
Ao longo do tratamento: dar *feedback* sobre o trabalho que está sendo realizado
Psicoeducação
Mapeamento e avaliação de estratégias adotadas pelos pais
Acompanhamento e aprimoramento de estratégias adotadas pelos pais
Prover suporte emocional aos pais no que tange a questões envolvendo o filho
Trabalho conjunto para resolução de situações-problema
Trabalho preventivo: evitar o desenvolvimento de situações-problema
Desenvolvimento de habilidades pró-socias
Elaboração de condutas para diminuição/extinção de comportamentos desadaptativos
Elaboração de condutas para aumento de frequência de comportamentos desejáveis

É prática comum propor como primeira tarefa que os pais observem e descrevam o comportamento da criança. O entendimento da dinâmica do funcionamento cotidiano em casa dá ao terapeuta as informações que ele precisa para empregar de maneira mais contundente e eficaz o arsenal de técnicas que a Terapia Cognitivo-Comportamental disponibiliza para a prática clínica. Dessa forma, ele é capaz de avaliar as situações-problema e também a visão dos pais sobre elas, bem como os pensamentos e os sentimentos que estão sendo despertados nessas situações. Metas irrealistas devem ser identificadas para que sejam traçadas outras, plausíveis, evitando assim frustração tanto com a criança quanto com a terapia. A ausência de um claro entendimento das metas do trabalho terapêutico pode levar à falta de adesão ou à evasão do tratamento. O mesmo obstáculo para o sucesso terapêutico pode se dar caso não haja disposição dos pais para modificar seu próprio comportamento em função dos emitidos pelo filho. Em muitas situações, essa é uma condição indiscutível para que ocorra a mudança comportamental na criança, logo, o engajamento dos pais precisa ser proposto e acompanhado com entusiasmo pelo profissional que conduz o caso (Friedberg & McClure, 2004).

Cabe também ao terapeuta dar suporte e acolhimento emocional ao casal no que tange às questões com a criança. Algumas questões que podem ser levantadas para ajudar nessa tarefa são indicadas no Quadro 2. Caso existam adversidades individuais ou relativas ao casal independentes da relação pai–filho, é aconselhável que seja realizado o encaminhamento necessário para que esses possíveis obstáculos ao progresso da família sejam solucionados.

Quadro 2 Algumas possíveis questões a serem levantadas pelo terapeuta

Sugestões de perguntas que podem ser feitas aos pais
1) O que você considera prioritário para seu(s) filho(s)?
2) O que você considera prioritário para sua relação com seu(s) filho(s)?
3) O que o tipo de situação "X" lhe desperta emocionalmente?
4) Você está tendo sintomas ansiosos ou deprimidos em função desses fatos?
5) Você está se sentindo mais irritadiço?
6) Você está permitindo que outros problemas de sua vida interfiram na sua relação com seu(s) filho(s)?
7) O que você acha que pode fazer para ajudar seu(s) filho(s)?

A metodologia escolhida varia de acordo com características do terapeuta e recursos disponíveis. Grande parte do trabalho, principalmente no Brasil, baseia-se exclusivamente em mediação verbal, mas um grande número de estudos já demonstrou que ferramentas complementares – como material escrito e modelação por vídeo – podem otimizar a técnica. Enebrink, Höngström, Forster & Ghaderi (2012) testaram um programa de TP via internet para verificar se de forma virtual os resultados seriam tão satisfatórios quanto costuma ser o treinamento presencial com pais de crianças com problemas de conduta. Avaliações foram colhidas no pré e no pós-tratamento, bem como seis meses depois do término do TP. Logo após a intervenção, crianças cujos pais foram submetidos ao acompanhamento virtual tiveram grande redução dos problemas de comportamento se comparadas às que permaneceram em fila de espera. Seus pais relataram uso menos frequente de métodos disciplinares inconsistentes e hostis e maior número de elogios do que antes de serem treinados. Os resultados se mantiveram no decorrer do processo. O fato desse tipo de aplicação ter se mostrado eficaz é um incentivo ao seu uso, o que aumenta a acessibilidade da técnica, disponibilizando-a para um grande número de famílias com problemas semelhantes e permitindo esse acesso por um custo mais baixo. Deve-se apenas atentar para que não seja feito mau uso, disseminando-a como uma receita pronta, sem o olhar individualizado que cada caso merece. Em protocolos de tratamento de transtornos externalizantes, a presença do TP é indiscutivelmente reconhecida pelos especialistas da área como fundamental para o sucesso terapêutico. Algumas queixas que fazem parte do grupo que responde bem ao TP são: desobediência, agressividade e comportamento antissocial (Marinho, 2005). Diversos estudos de revisão avaliando a eficácia de tratamentos psicossociais para o Transtorno do Déficit de Atenção e Hiperatividade (TDAH) demonstram que o TP é comprovadamente uma escolha baseada em evidências para o trabalho com essas crianças (Gerdes, Haack & Schneider, 2010, Fabiano *et al.*, 2009, Hoza, Kaiser & Hurt, 2008; Pelham & Fabiano, 2008).

É amplo o leque de estressores psicossociais que podem ser alvo da Terapia Cognitivo-Comportamental com crianças por acarretarem as mais variadas dificuldades emocionais e comportamentais. Pais dependentes químicos são um deles. Stanger, Ryan, Fu & Budney (2011) desenvolveram um trabalho com essa população e testaram uma intervenção que integrava um currículo de treinamento parental já validado empiricamente e um programa de manejo de contingências desenhado para aumentar a observação de comportamento. O programa visava a incentivar o monitoramento diário do comportamento de pais e filhos, a execução de exercícios práticos em casa e o comparecimento às sessões. Os sujeitos foram divididos em dois grupos: um deles foi submetido ao tratamento integrado e o outro apenas ao currículo já validado. As crianças de ambos os grupos tiveram redução de seus problemas externalizantes, mas as mães que participaram do modelo integrado, ou seja, também foram expostas ao programa complementar de incentivo, tiveram taxas mais altas de monitoramento diário. A análise dos resultados também apontou efeitos positivos adicionais do modelo combinado em problemas internalizantes das crianças, dos pais e nas práticas parentais. Achados como esse indicam que inserir no TP programas motivacionais pode ser uma boa estratégia para dar um impulso ainda maior aos resultados positivos proporcionados pela técnica.

Nos casos internalizantes, como os de ansiedade, estratégias terapêuticas que comumente fazem parte do TP são: manejo de contingências treino em autocontrole e exposição, assim como o foco nos sintomas ansiosos dos pais e as relações familiares problemáticas (Kendall, 2000). Na depressão infantil, a intervenção com os pais visa: (a) a apoiar o trabalho realizado individualmente com a criança, (b) a encorajar o desenvolvimento de novos esquemas adaptativos e de regras para o processamento de informações, (c) a encorajar o uso de habilidades de manejo no ambiente externo à terapia e (d) a modificar fatores ambientais que contribuam para o desenvolvimento e a manutenção dos desajustes cognitivos, interpessoais e familiares que subjazem os sintomas depressivos (Kendall, 2000).

Em quadros internalizantes, o TP não é o foco principal do tratamento, mas sim coadjuvante ao trabalho cognitivo. Seu impacto positivo nos sintomas só ocorre se ele for associado a outras técnicas cognitivas e comportamentais. Mas mesmo que de forma breve, em poucos encontros e com conteúdo reduzido e voltado para situações muito específicas, o TP é uma ferramenta útil também nos quadros de ansiedade e depressão. Sua utilidade só seria duvidosa nos casos em que os sintomas internalizantes não estivessem, em nenhum nível, relacionados ao ambiente, ou seja, não fossem, mesmo que eventualmente, disparados ou reforçados pelo meio. Apenas nessas circunstâncias nenhuma intervenção no ambiente e nas relações entre a criança e seus pais seria necessária. A relação entre TP e diminuição de sintomas ansiosos pelo uso de técnicas comportamentais é exemplificada no Quadro 3.

Quadro 3 Modelo ilustrativo da relação entre TP, dessensibilização sistemática e melhora dos sintomas ansiosos

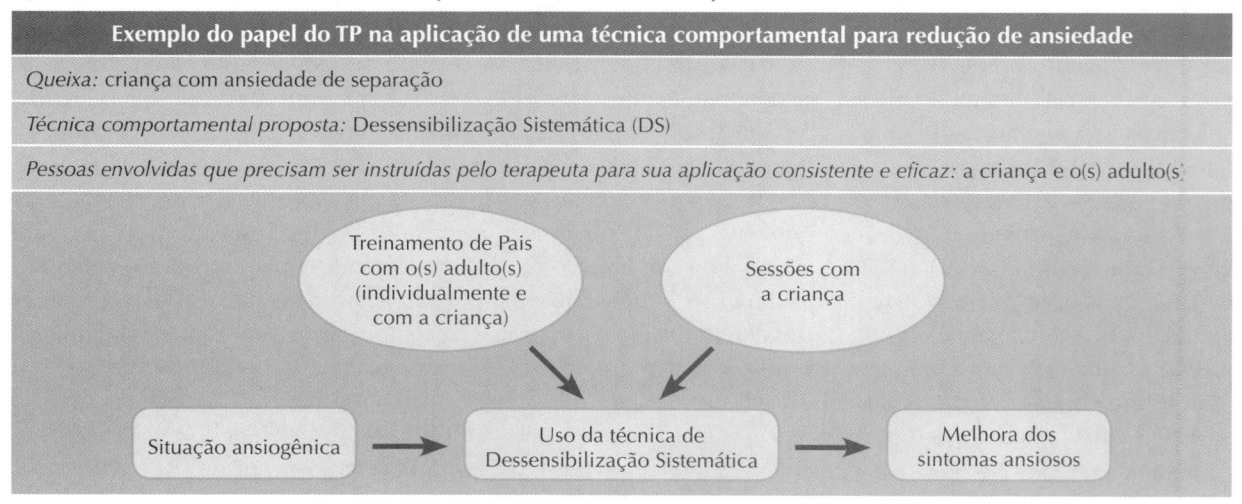

Observação: O diagrama representa apenas um recorte de uma das múltiplas relações e técnicas possivelmente envolvidas em quadros de ansiedade de separação e não representa a visão do tratamento como um todo.

Para alguns pesquisadores, o TP não contribui significativamente para a melhora dos sintomas ansiosos propriamente ditos, mas sim para o funcionamento global da criança. Essa melhora funcional se mostrou evidente nas avaliações realizadas tanto pelo clínico quanto pelos pais em um estudo de Kendall & Khanna (2009), no qual o TP foi administrado em famílias de crianças ansiosas durante dezesseis encontros. Todavia, seus resultados não evidenciaram diferença significativa na pontuação das crianças em medidas de ansiedade.

Apesar de haver um número grande de pesquisas demonstrando quão efetivo é o TP como técnica de modificação de comportamentos da criança e de seus pais, muitos estudos carecem de metodologia adequada. Especificidades que podem tornar a técnica mais ou menos eficaz também precisam ser mais e melhor detalhadas. O conhecimento e a validação de peculiaridades técnicas no trabalho com pais resistentes à mudança ou difíceis de serem treinados requerem estudos específicos com essa população. Além disso, programas de treinamento de profissionais para a aplicação do TP também não são facilmente encontrados na literatura da área.

O interesse cada vez mais evidente de psicólogos brasileiros em conhecer a Terapia Cognitivo-Comportamental e o aumento da procura por treinamento especializado segundo seus princípios talvez seja o início de um importante movimento para que essa modalidade de trabalho, com fortes bases científicas e considerada como primeira escolha para o tratamento de inúmeros quadros clínicos, floresça e dê muitos frutos em nosso país. Só assim a Psicologia brasileira poderá se orgulhar de ter realizado um trabalho sério, comprometido com resultados e com ganhos duradouros na promoção da saúde mental de nossas crianças e de suas famílias.

13.1   Referências

Bandura, A. (1986). *Social foundations of thought and action: A social cognitive theory*. New Jersey: Prentice Hall.

Blatter-Meunier, J. & Schneider, S. (2011). Separation anxiety family therapy (SAFT): a cognitive behavioral treatment program for children suffering from separation anxiety. *Praxis in der Kinderpsychologie und KinderPsychiatrie, 60* (8), 684-690.

Bögels, S. & Brechman-Toussaint, M. (2006). Family issues in child anxiety: attachment, family functioning parental rearing and beliefs. *Clinical Psychology Review, 26*, 834-856.

Dadds, M., Mullins, M. McAllister, R., & Atkinson, E. (2003). Atributions, affect and behavior in abuse-risk mothers: a laboratory study. *Child abuse & Neglect, 27*, 21-45.

Enebrink, P., Högström, J., Forster, M., & Ghaderi, A. (2012). Internet-based parent management training: a randomized controlled study. *Behavior Research and Therapy, 50* (4), 240- 249.

Fabiano, G., Pelham, W., Coles, E., Gnagy, E., Tuscano, A., & O'Connor, B. (2009). A meta-analysis of behavioral treatments for attention-deficit/hyperactivity disorder. *Clinical Psychology Review, 29* (2), 129-140.

Friedberg, R. & McClure, J. (2004) *A prática clínica de Terapia Cognitiva com crianças e adolescentes*. Porto Alegre: Artmed

Gerdes, A., Haack, L., & Schneider, B. (2010). Parental functioning in Families of Children with ADHD: Evidence for Behavioral Parent Training and Importance of clinically Meaningful Change. *Journal of Attention Disorders, 16* (2), 147-156.

Hagan, M., Tein, J., Sandler, I., Wolchik, S., Ayers, T., & Luecken, L. (2012). Strengthening Effective Parenting Practices Over the Long Term: Effects of a Preventive Intervention for Parentally Bereaved Families. *Journal of Clinical Child and Adolescent Psychology, 41* (2), 177-188.

Ho, J., Yeh, M., McCabe, K., & Lau, A. (2012). Perceptions of the acceptability of the parent training among Chinese immigrant parents: contributions of cultural factors and clinical need. *Behavior Therapy, 43* (2), 436-449.

Hoza, B., Kaiser, N. M., & Hurt, E. (2008). Evidence-based treatments for Attention-Deficit/Hyperactivity Disorder (ADHD). In M. Roberts, D. Elkin, & R. Steele (Eds.), *Handbook of evidence based therapies for childhood and adolescents* (pp. 189-211). New York, NY: Springer.

Kendall, P. & Khanna, M. (2009). Exploring the role of parent training in the treatment of childhood anxiety. *Journal of Consulting and Clinical Psychology, 77* (5), 981-986.

Kendall, P. (2000). *Child & Adolescent Therapy*. New York: The Guilford Press.

Lau, A., Fung, J., & Yung, V. (2010). Group parent training with immigrant Chinese families: enhancing engagement and argumenting skills training. *Journal of Clinical Psychology, 66* (8), 880-894.

Marinho, M. L. (2005). Um programa estruturado para o Treinamento de Pais. In V. Caballo & M. Simón, *Manual de Psicologia Infantil e do Adolescente. Transtornos Específicos* (pp. 417-433). São Paulo: Ed. Santos.

McLead, B., Wood, J., & Weisz, J. (2007). Examining the association between parenting and childhood anxiety: a meta-analysis. *Clinical Psychology and Review, 27*, 155-172.

Moretti, C. & Foltran, F. (2012). Prevention and early recognition: the role of family pediatricians. *International Journal of Pediatric Otorhinolaryngology, 76* (1), 39-41.

Odegard, A. & Bjorkly, S. (2012). The family as partner in child mental health care: problem perceptions and challenges to collaboration. *Journal of the Canadian Academy of Child and Adolescent Psychiatry, 21* (2), 98-104.

Pelham, W. E. & Fabiano, G. A. (2008). Evidence-based psychosocial treatments for attention-deficit/hyperactivitydisorder. *J. Child Adolesc. Psych., 37*,184-217.

Seiverling, L., Williams, K., Sturmey, P. & Hart, S. (2012). Effects of behavioral skills training on parental treatment of children's food selectivity. *J Appl Behav Anal. 45* (1), 197-203.

Stanger, C., Ryan, S. R., Fu, H., & Budney, A. J. (2011). Parent Training plus contingency management for substance abusing families: a Complier Average Causal Effects (CACE) analysis. *Ence, 118* (2-3), 119-26.

Sutton, C. (2001). Resurgence of attachment (behaviours) within a cognitive behavioural intervention: evidence from research. *Behavior and Cognitive Psychotherapy, 29*, 357-366.

Williams, C. (1959). The Elimination of Tantrum Behavior by Extinction Procedures. *J. Abnormal and Social Psychology*, *59* (2), 269.

Autora:

Angela Alfano – Doutcra em Psicologia; Professora adjunta do Instituto de Psicologia da Universidade do Estado do Rio de Janeiro. Contato: angela@angelaalfano.com.br

CAPÍTULO 14

Papéis sociais atribuídos aos pais: a importância das crenças

Jôse Peixoto da Rocha Souza-da-Cunha
Angela Donato Oliva

14.1   Introdução

O estudo do comportamento parental tem sido de interesse de pesquisadores há muitas décadas. Parte desse interesse é motivado pela existência de diferentes teorias que procuram investigar a natureza das situações vividas durante a infância e os possíveis efeitos que elas podem ter sobre as esferas cognitiva, emocional e social da criança, desde sua concepção até a vida adulta. O comportamento dos pais deve ser entendido como decorrente de um complexo sistema de crenças que se origina no âmbito social. Os cuidados que os pais dedicam aos filhos sob a forma de comportamentos, assim como os valores que transmitem aos filhos, são influenciados pelas crenças construídas e transmitidas socialmente. O presente trabalho tem como objetivo apresentar uma revisão teórica sobre esse tema, considerando que para a prática terapêutica cognitivo-comportamental os sistemas de crenças são os pilares para nossos pensamentos, nossas emoções e nossos comportamentos (Beck, 2005).

No desenvolvimento humano um dos aspectos mais relevantes é o período prolongado de imaturidade e dependência (Bjorklund, 1997) e isso leva a implicações no modo como as pessoas vivem. Durante o desenvolvimento físico e psicológico para atingir a idade adulta, o ser humano, por ser dependente e imaturo em seu estágio inicial, necessita de cuidados e da presença de adultos que forneçam as condições de sobrevivência. Isso é geralmente propiciado por seus genitores e sua família e cada membro dessa organização apresenta peculiaridades no modo de interagir. A estrutura familiar, embora tenha papel fundamental no desenvolvimento humano, não obedece a um padrão e pode se apresentar de maneira variada, conforme o tempo e o lugar (Prado, 2005).

14.2   Cuidados parentais

O comportamento de cuidado parental (materno e paterno) é definido como qualquer comportamento dirigido à prole que aumenta a probabilidade de sobrevivência dos filhotes (Trivers, 1972). Para Brown (1998), o comportamento de cuidados que os progenitores apresentam tem início durante a gestação, segue com o nascimento e sofre transformações ao longo do desenvolvimento da prole. Destaca-se que pai, mãe ou ambos podem realizar os cuidados, que variam de acordo com o sistema de acasalamento de cada espécie. Segundo Prado (2005), a resposta de cuidado depende de variáveis individuais do progenitor (experiência, condições físicas e risco social), além de variáveis sociais (presença de cuidados cooperativos, presença de um parceiro) e variáveis ambientais (recursos disponíveis). De acordo com Eibl-Eibesfeldt (1989), a evolução do cuidado parental foi o principal evento que permitiu o desenvolvimento da sociabilidade em vertebrados, especialmente de relações amigáveis e afetuosas entre pais e filhos. Estudar valores, crenças e práticas parentais pode ajudar a compreender o alto investimento parental da espécie humana (Lordelo, 2002). Goodnow (1996) descreve que estudar as ideias dos pais permite: compreender aspectos da cognição dos adultos e a influência da cultura de desenvolvimento da identidade pessoal, entender as ações, conhecer melhor o contexto de desenvolvimento da criança e acessar o processo de transmissão e transformação cultural.

Geary e Flinn (2001) apresentam um modelo de evolução da parentalidade hominídea que permite compreender a dinâmica do cuidado e da formação da família ao longo do processo evolutivo, que integra dimensões biológicas e sociais. Entre algumas características humanas, citam o alto custo de investimento parental (que ocorre em um contexto compartilhado com outros machos) e os cuidados em um período mais longo da infância e da adolescência em comparação com outros primatas e mamíferos. Os autores destacam também que a ovulação oculta e a ocorrência de atividade sexual não reprodutiva contribuem para manter o homem próximo da mulher, propiciando a formação de famílias nucleares e favorecendo a paternidade.

De acordo com Trivers (1972), as mães investem mais recursos e tempo na prole do que os pais, devido à gravidez e amamentação. Geary e Flinn (2001) mostram que à mãe é atribuída maior responsabilidade de cuidar da criança, e consideram a possibilidade de esse comportamento ocorrer devido a predisposições biopsicológicas. Bandeira, Goetz, Vieira e Pontes (2005) endossam as posições de Trivers (1972) e de Geary e Flinn (2001), assinalando que "a sensibilidade e responsividade aguçadas da mãe podem ser fruto de uma herança filogenética" (p. 204). Contudo, os autores sugerem que se o pai tiver oportunidade e for estimulado a vincular-se com seu filho, poderá apresentar sensibilidade às demandas da criança e assumir papel de cuidador. Sousa, Hattori e Motta (2009) destacam que o cuidado com a prole está associado ao sistema de acasalamento e pode ser realizado por um ou ambos os pai.

Segundo Keller (1996), em diferentes culturas as mães são as figuras primárias socialmente significantes durante os meses iniciais de vida da criança, mas diversos estudos têm mostrado a importância paterna no desenvolvimento do bebê (Cabrera, Tamis-LeMonda, Bradley, Hofferth & Lamb, 2000; Featherstone, 2001; Vieira, Rímoli, Prado e Chelini, 2009). Para Tamis- LeMonda e Cabrera (1999), a influência paterna no desenvolvimento da criança pode ocorrer diretamente através das próprias interações entre pai e filho e indiretamente pela relação do pai com a mãe ou através de seu papel como provedor. Ambos os cuidadores, pai e mãe, estabelecem uma relação importante com o filho na cultura ocidental contemporânea. Oferecem orientações, informações, conselhos, apoio emocional e intelectual, favorecendo o desenvolvimento de um sentimento de segurança na criança.

De acordo com Seabra (2007), a instituição familiar não é estática e sofre mudanças de acordo com o desenvolvimento histórico, social, cultural e econômico de uma sociedade. No Brasil, essa instituição parece estar sofrendo pressões de muitos fatores, o que tem levado homens e mulheres a assumir de forma conjunta o sustento da família, mas isso nem sempre foi assim. Durante a primeira metade do século XX, na sociedade ocidental, a estrutura familiar era do tipo patriarcal. Todo o poder de decisão e os recursos financeiros provinham do pai, que, em geral, mantinha distância afetiva da mulher e dos filhos. À mulher cabiam as exigências sociais de organização doméstica e de cuidado com os filhos. Nas primeiras duas décadas do século passado, a principal atividade produtiva de muitas famílias era a agricultura (Seabra, 2007). Elas se caracterizavam como uma unidade de produção, na qual os pais delegavam as obrigações aos filhos e exigiam deles que as cumprissem com o máximo de empenho pessoal. As meninas também eram responsáveis pelas atividades na lavoura. Essa estrutura familiar patriarcal colocava o bem comum da família acima das necessidades e dos anseios pessoais.

Com o crescimento urbano, na segunda metade do século passado, muitas famílias rurais dirigiram-se às cidades em busca melhores oportunidades, como estrutura escolar mais eficiente, para os filhos. Por volta da deca de 1950, a agricultura e a produção familiar cederam lugar, sobretudo, às profissões liberais para os rapazes e ao magistério, geralmente, para as moças (Seabra, 2007). Nessa mesma época, as mulheres começaram, de maneira gradual, a colaborar no orçamento familiar. Ela deixava de ser completamente submissa ao marido e conquistava lentamente uma participação indireta e discreta nas decisões familiares. O homem permanecia como autoridade máxima da família, mas aproximava-se afetivamente da mulher e dos filhos na medida em que passava a discutir decisões familiares com a esposa. A mulher ainda assim permaneceu com suas funções domésticas e como a principal responsável pela socialização dos filhos. Porém, nas famílias urbanas, a autoridade do pai deixava de ser inquestionável na medida em que os filhos adquiriam mais autonomia e liberdade de opinião. Já nas famílias rurais, em que a convivência ficava restrita a um pequeno grupo de parentes e vizinhos, era aos pais que cabia a responsabilidade de orientar o caminho que os filhos deveriam percorrer, e esses deveriam acatar tais orientações (Benincá & Gomes, 1998).

Segundo Teykal (2007), quando o homem chega à fase adulta existe uma expectativa social de que ele seja bem-sucedido profissional e financeiramente, que se case e constitua uma família. A preocupação com a aceitação social por parte de seus pares, familiares e amigos, faz com que suas necessidades subjetivas sejam deixadas de lado em prol do trabalho. E, nesse imaginário social que ronda o ideal masculino, o afeto é excluído e, consequentemente, desvalorizado. Atualmente, podemos dizer que os homens estão questionando essa condição masculina idealizada e tentando integrar o que fazem a seus sentimentos.

Teykal (2007) menciona, ainda, que a ressignificação do homem e, consequentemente, do pai deve levar várias gerações para se impor e vai tornar as diferenças entre homens e mulheres cada vez mais sutis, admitindo nas mulheres atitudes mais viris e permitindo que os homens tenham também atitudes mais femininas.

A revolução parental só será possível através de relações mais igualitárias entre o casal, de maneira a refletir uma masculinidade mais aberta e menos caricaturada. Porém, essa reinvenção de homens e mulheres deve abranger um novo olhar sobre esses papéis, bem como uma nova interpretação de masculinidade e feminilidade, e não simplesmente uma inversão de papéis.

14.3 Quem cuida dos filhos e quem deveria cuidar?

Durante as décadas de 1960 e 1970, as mulheres passaram a exercer, de forma cada vez mais expressiva, o papel de provedoras, mas ainda continuavam a manter as atividades de cuidadoras. O pai ficou mais participativo na educação dos filhos. Em contrapartida, ficou exposto a críticas quando não correspondia às expectativas familiares. Outra mudança que colaborou para a delimitação de novos espaços e identidades dentro da família foi o surgimento da pílula anticoncepcional, que possibilitou o planejamento familiar (Seabra, 2007).

De toda essa discussão emergem as questões: quem cuida dos filhos? Quem deveria cuidar? É fácil cuidar? Quem sabe cuidar? A família não é uma célula isolada; ela recebe informações por diferentes canais. Por exemplo, na atualidade é fácil encontrar revistas de divulgação, colunas de jornais, programas da TV fechada e aberta que dedicam espaço para discutir e expor temas como cuidados com os filhos, comportamento infantil e relacionamento entre pais e filhos. No *site* de busca *Google* é possível ter acesso a mais de 732 mil *links* se digitarmos "como cuidar de um bebê" ou a mais de 125 milhões de *links* se digitarmos "*how to take care of a baby*". Além da influência geracional, que outrora era mais intensa por ser uma das poucas de que os pais dispunham, hoje há também uma influência social e cultural que divulga diversas maneiras de cuidados parentais.

Com essas mudanças sociais cada vez mais evidentes, os papéis maternos e paternos, que já vinham se transformando lentamente, precisaram assumir novas características. Apesar disso, estudos relatados na revisão realizada por Seabra (2007) apontam que essas mudanças de papéis ainda são, até os dias atuais, limitadas em alguns aspectos.

Santos (2005) analisou as características masculinas representadas em duas revistas (*Pais e Filhos* e *Crescer em família*) voltadas para os cuidados, os comportamentos e o desenvolvimento infantil. Os resultados encontrados indicaram que a maioria dos artigos e seções é dirigida às mães e poucos são direcionados aos pais ou a ambos. O mesmo foi observado em relação às imagens que representam adultos com crianças: das cem imagens analisadas, metade representa mulheres/mães, enquanto 25% representa homens/pais e 25% ambos (Santos, 2005). Na grande maioria das imagens com representação paterna, os pais estão jogando, brincando, passeando ou acariciando os filhos. Em apenas duas imagens os pais estão realizando tarefas de cuidado. Nos artigos que envolvem o término da licença-maternidade e sobre quem deverá ficar com o bebê, o pai não é citado. As opções apresentadas são sempre as avós, as babás ou as creches. Mesmo a adaptação da criança em uma das três opções mencionadas não aparece como responsabilidade paterna. Na vida cotidiana há relatos de exemplos de mães que abandonaram suas profissões para cuidar de seus filhos Santos (2005).

Em relação às políticas brasileiras, não há um incentivo tão grande à participação paterna se comparamos com a situação materna. A mulher tem licença-maternidade de 120 dias (180 dias no caso das empresas que aderiram ao Programa Empresa Cidadã do Governo Federal, lei 11.770/08), enquanto o homem goza apenas de cinco dias de licença paternidade após o nascimento do filho. A despeito de ter sido objeto de severas críticas em razão da onerosidade que acompanha sua concessão, a criação da licença-paternidade justifica-se como conquista, já que o pai pode e deve prestar assistência à mãe e ao recém-nascido. Em alguns países, como a Itália e a Polônia, desde 1977 já se concedia a licença-paternidade após o nascimento de um filho. A divisão de tarefas entre pai e mãe, pela "Convenção n.º 156" e pela "Recomendação n.º 165" da Organização Internacional do Trabalho (OIT), garante que as mesmas responsabilidades devem ser divididas entre os cônjuges para que nenhum deles sofra discriminação. A Constituição Federal brasileira, em seu art. 226, § 5º declara que «os *direitos e deveres referentes à sociedade conjugal são exercidos igualmente pelo homem e pela mulher*". Um pouco mais adiante, no art. 229, dispõe ainda que os pais têm o dever de assistir, criar e educar os filhos. No entanto, a mulher pode ficar afastada de seu trabalho em caso de doença do filho, bastando apenas apresentar um atestado médico da criança. O homem não tem esse direito garantido em Constituição Federal. Ou seja, a falta de apoio por parte das leis pode gerar um desestímulo para que homens se envolvam cada vez mais com seus filhos. Há um sinal de mudança nesse âmbito com a aprovação da lei federal 11.108/05, que concede à mulher o direito da entrada de um acompanhante na sala de parto para acompanhar o nascimento do filho e garante a companhia no pós-parto.

Segundo Seabra (2007), nos Estados Unidos e em alguns países europeus o próprio governo, algumas empresas e ONGs investem na implementação de programas em favor de um exercício da paternidade mais saudável e justa. Em alguns países europeus existe a licença parental, concedida ao casal, que permite que pai ou mãe se afastem do trabalho para cuidar do filho após seu nascimento. No Reino Unido há um plano que incentiva pais e mães de crianças menores de 6 anos a negociar em seus trabalhos um horário flexível para estar mais tempo ao lado dos filhos.

Segundo Bittman (1995), apesar dos incentivos políticos, algumas pesquisas têm mostrado que é a mulher quem, em geral, continua a desempenhar de forma predominante o papel de cuidar e de educar os filhos na cultura ocidental. É também papel da mulher cuidar das responsabilidades familiares e executar a maior parte das tarefas domésticas. Para Bittman (1995), as tarefas masculinas têm começo e fim definidos e geralmente incluem um componente de lazer com crianças. As mulheres, por sua vez, dedicam-se a tarefas obrigatórias de cuidados em geral, que devem ser realizadas diariamente e em horas específicas.

Wagner, Predebon, Mosmann e Verza (2005) investigaram o exercício e a divisão de papéis e as funções desempenhadas por progenitores na criação e na educação de seus filhos em idade escolar, O foco do estudo foram famílias de nível socioeconômico médio da cidade de Porto Alegre. Das oito tarefas parentais investigadas, seis (o exercício da disciplina, o suporte afetivo, a educação básica em termos de higiene, o compromisso com a escola e o sustento econômico) são compartilhadas pelos progenitores. As tarefas que aparecem ainda como trabalho feminino são a nutrição e o acompanhamento do cotidiano dos filhos (tarefas escolares), o que mostra certa permanência das funções e dos papéis clássicos da família coexistindo com os padrões contemporâneos, como os discutidos por Trindade, Andrade e Souza (1997).

Esses autores discutem, ainda, a relação entre o nível de escolaridade e as funções maternas e paternas. O aumento da escolaridade dos pais se reflete em uma diminuição da dicotomia entre as duas funções: a mãe deixa de ser a única responsável pelos cuidados com a casa e tarefas do dia a dia e o pai não é mais o provedor principal do lar. Eles também refletem que quanto maior o nível de escolaridade dos pais mais visível é o afeto e o estabelecimento de um relacionamento positivo entre pai e filho.

Fleck e Wagner (2003) e Rocha-Coutinho (2003), em estudos com famílias brasileiras de nível socioeconômico médio nas quais a mulher é a principal responsável pelo provento familiar, trouxeram resultados similares. Nos dois estudos as mulheres assumem quase totalmente a responsabilidade pelas tarefas domésticas. Mesmo vivendo uma situação de sustento não tradicional, o funcionamento ainda é clássico. Os rendimentos da mulher, mesmo maiores do que os do marido, são considerados complementos e as tarefas executadas pelos maridos são percebidas como "ajuda".

Os estudos de Bustamante e Bonfim (2005) trazem três dimensões na participação paterna no cuidado com os filhos em famílias de camadas populares em uma capital nordestina. São elas: a educação, em que o pai é fundamental; os cuidados corporais, entendidos como atribuição feminina; e a preservação da integridade, considerada dever de todos os membros da família. As autoras perceberam que, nessa classe social, os papéis estão divididos a partir de uma divisão sexual do trabalho e das relações hierárquicas entre marido e mulher e entre pais e filhos. O homem é responsabilizado pela autoridade moral e pela manutenção familiar, já a mulher tem a autoridade de manter a unidade do grupo.

Além da importância da mãe no desenvolvimento do bebê, alguns pesquisadores também demonstraram a relevância do pai no processo de vinculação afetiva (Alencar, 1982; Trindade & Menandro, 2002; Bandeira *et al.*, 2005; Wendland, 2001). Christenfeld e Hill (1995) fizeram uma pesquisa com 122 participantes, para os quais foram apresentadas fotos das mesmas pessoas com um, 10 e 20 anos. Os participantes deveriam relacioná-las a seus respectivos pais, também fotografados. A maioria das pessoas identificou corretamente os pais das crianças de um ano, mas não as mães, e isso ocorreu tanto em relação aos meninos quanto às meninas. A semelhança observada entre pais e filhos no primeiro ano de vida pode ter se mantido ao longo da evolução humana porque diminui a incerteza da paternidade, garantindo maior investimento do pai sobre a prole e aumentando as chances de sobrevivência desses filhotes. Bandeira *et al.*, (2005) ressaltam que a figura paterna influencia positivamente o desenvolvimento dos filhos por meio do afeto, do cuidado e do exemplo. Mas também afeta negativamente quando há falta dessas qualidades. Ou seja, de acordo com esses autores, o papel do pai parece ultrapassar o papel de provedor.

14.4   A transmissão intergeracional e a parentalidade

A transformação da família é influenciada por diversos fatores sociais e, consequentemente, ela se torna palco para o conflito entre o moderno e o tradicional, bem como para a mistura de valores individuais e coletivos. Segundo Laraia (2009), cada mudança, por menor que seja, representa o desenlace de numerosos conflitos. Isso porque, em todos os momentos, as sociedades humanas são palco do embate entre as tendências conservadoras e as inovadoras. As primeiras pretendem manter os hábitos inalterados, muitas vezes atribuindo a práticas e costumes "tradicionais" uma legitimidade de ordem sobrenatural. As segundas contestam a permanência desses valores e pretendem substituí-los por novos procedimentos. São aparentemente pequenas mudanças que cavam o fosso entre as gerações, o que faz com que os pais não se reconheçam nos filhos e que estes se surpreendam com a "caretice" de seus progenitores, incapazes de reconhecer que a cultura está sempre mudando. Por isso, em um mesmo momento é possível encontrar na mesma sociedade pessoas que têm juízos diametralmente opostos sobre um novo fato.

As gerações anteriores influenciam as gerações mais novas, mas também acabam sofrendo interferências destas, como afirma Keller (2002). O Modelo de Transmissão de Informação Inter e Intrageracional dessa autora demonstra a interligação entre as gerações. De acordo com essa proposta, o adulto influencia os mais novos (influências verticais), mas, paralelo a esse processo, o sujeito sofre influências horizontais, que ocorrem no decorrer de sua história ontogenética. Porém, todas essas gerações estarão sob a influência do contexto, do ambiente, da cultura. Cada uma das gerações que coexiste recebeu formação moral e educação diferentes, e também sofreram influência de contextos sociais diversos. A visão de mundo das pessoas sofre alterações ao longo do tempo, como aponta Barros (2004), por dois motivos. De um lado, as pessoas, à medida que o tempo passa, ocupam lugares distintos no cenário familiar e, de outro, elas apresentam capacidade de mudar sua forma de pensar à medida que acompanham os movimentos culturais que alteram a conformação social, por exemplo, a inserção da mulher no mercado de trabalho, o divórcio, entre outros.

Hoje vivemos um momento em que, devido ao aumento da expectativa de vida da população, pode-se observar a convivência de três ou até quatro gerações de uma mesma família. Esse fenômeno não pode ser confundido com a antiga família extensa, já que, como visto anteriormente, os mais velhos eram a autoridade maior dentro da casa e todas as gerações abaixo lhes deviam respeito. Ao longo do processo de globalização, que traz consigo uma extrema velocidade no trânsito das informações e transformações no núcleo familiar, e sob a influência de uma ideologia democrática e igualitária, a geração mais velha perdeu sua posição hierárquica dentro da família, intensificando as trocas intergeracionais.

Pais (1998) e Barros (2004) acreditam que a geração mais nova se apresenta não apenas como receptora de uma herança, mas também como transmissora: os jovens passam a ser também "agentes socializadores" das gerações anteriores. Os jovens frequentemente se apresentam como referência para as gerações mais velhas, invertendo, muitas vezes, o sentido da transmissão geracional. Essa nova configuração social torna a postura dos ascendentes mais permeável e flexível em relação aos mais jovens, o que garante tanto continuidade quanto aberturas para a inovação.

Para Teykal (2007), estamos presenciando uma mudança brusca no processo de transmissão de valores, já que, pela primeira vez, se assiste a uma inversão no sentido transmissional. Esse aspecto por si só representaria uma ruptura nunca antes observada, o que propicia não apenas a imposição dos valores da cultura jovem sobre as gerações mais velhas, como torna possível a escolha do que seria importante receber das gerações anteriores.

Em síntese, pode-se pensar que as crenças sobre como devem ser os cuidados parentais são passadas através das gerações. Porém, percebemos que essas crenças sofrem modificações, isto é, não há apenas uma influência geracional; as próprias crenças perpassadas pelas gerações estão sujeitas a modificações em função das transformações históricas, sociais e ambientais.

14.5 Considerações finais

Assistimos, na atualidade, à perda dos paradigmas que serviam de referência, ou seja, não há *scripts* que definem claramente os papéis para homem, mulher, pai, mãe e filhos, entre outros. A globalização e a velocidade com que se configuram e se deslocam os múltiplos modelos de identidade existentes no mundo ocidental, faz com várias possibilidades de papéis fiquem em aberto. As necessidades mostram cada vez mais a importância da flexibilização e da adaptação às novas demandas sociais e isso traz consequências para o desenvolvimento das identidades. Afinal, por muitos séculos a espécie funcionou de acordo com determinados papéis. Essa nova aprendizagem, que ocorre mais acentuadamente há pouco tempo, deve ser levada em consideração no entendimento que se pode ter da nova família. Uma situação em que as mães ficam menos tempo com os filhos e delegam essa tarefa um pouco mais para os pais e também para terceiros, irá contribuir na formação de gerações com determinadas características. Espera-se que, de alguma forma, as considerações teóricas aqui apresentadas possam contribuir para aprimorar práticas clínicas da abordagem cognitivo-comportamental.

14.6 Referências

Alencar, E. M. S. (1982). *A criança na família e na sociedade*. Petrópolis: Vozes.

Bandeira, M., Goetz, E. R., Vieira, M. L., & Pontes, F. A. R. (2005). O cuidado parental e o papel do pai no contexto familiar. Em: F. A. R. Pontes, C. M. C. Magalhães, R. S. C. Brito & W. L. B. Martin. (Orgs.), *Temas pertinentes à construção da psicologia contemporânea*. (pp 191-230). Belém: EDUFPA.

Barros, M. M. L. (2004). Velhice na contemporaneidade. Em C. H. Peixoto (Org), *Família e envelhecimento* (pp. 13-24). Rio de Janeiro: Editora FGV.

Beck, A. T. (2005). The current state of Cognitive Therapy. *Archives of General Psychiatry, 62*, 953-959.

Benincá, C. R. S. & Gomes, W. B. (1998). Relatos de mães sobre transformações familiares em três gerações. *Estudos de Psicologia, 3*, 177-205.

Bittman, M. (1995). Changes at the heart of family households. *Family Matters, 40*, 10-15.

Bjorklund, D. F. (1997). The role of immaturity in human development. *Psychology Bulletin, 122* (2), 153-169.

Brown, R. E. (1998). Hormônios e comportamento parental. In M. J. R. P. Costa & V. U. Cromberg (Orgs), *Comportamento materno em mamíferos* (pp. 53-99). São Paulo: Sociedade Brasileira de Etologia.

Bustamante, V. & Bonfim, L. A. (2005). Participação paterna no cuidado de crianças pequenas: um estudo etnográfico com famílias de camadas populares. *Caderno de Saúde Pública, 21* (6). Recuperado em 3 de setembro de 2008 de <http://www.scielo.br>.

Cabrera, N., Tamis-Lemonda, C. S., Bradley, R. H., Hofferth, S., & Lamb, M. E. (2000). Fatherhood in the Twenty-First Century. *Child Development, 71*, 127-136.

Christenfeld, N. J. S. & Hill, E. A. (1995). Whose baby are you? *Nature, 378*, 669.

Eibl-Eibesfeldt, I. (1989). *Human ethology*. New York: Aldyne de Gruyter.

Featherstone, B. (2001). Research review: Putting fathers in the child welfare agenda. *Child and Family Social Work, 6*, 179-186.

Fleck, A. & Wagner, A. (2003). A mulher como a principal provedora do sustento econômico familiar. *Psicologia em Estudo, 8* (número especial), 31-38.

Geary, D. C. & Flinn, M. V. (2001). Evolution of human parental behavior and human family. *Parenting: Science and Practice, 1*, (1/2), 5-61.

Goodnow, J. J. (1996). From household practices to parents' ideas about work and interpersonal relationships. In S. Harkness & C. M. Super (Orgs.), *Parents' cultural belief systems: their origins, expressions and consequences*. 2 ed. (pp. 313-344). New York: The Guilford Press.

Gunter, B. G. & Gunter, N. C. (1990). Domestic Division of Labor Among Working Couples: Does Androgyny make a Difference? *Psychology of Women Quaterly, 14*, 335-370.

Keller, H. (1996). Evolutionary approaches. In J. Berry, Y. Poortinga & J. Pandey (Orgs.), *Handbook of cross-cultural Psychology* (pp. 215-256). Boston: Allyn and Bacon.

Keller, H. (2002). Human parent-child relationships from an evolutionary perspective. *American Behavior Scientist, 43*, 957-969.

Laraia, R. de B. (2009). *Cultura: um conceito antropológico*. 23 ed. Rio de Janeiro: Jorge Zahar.

Lordelo, E. R. (2002). Interação social e responsividade em ambientes domésticos e de creche: cultura e desenvolvimento. *Estudos de Psicologia, 7* (2), 285-296.

Niess, L. T. D. (2000). Licença Paternidade. Recuperado em 27 de novembro de 2009 de <http://www.clubedobebe.com.br>.

Nolasco, S. (1995) *O mito da masculinidade*. 2 ed. Rio de Janeiro: Rocco.

Pais, J. M. (1998). Introdução. In *Gerações e valores na sociedade portuguesa contemporânea*. Instituto de Ciências Sociais, Lisboa: Secretaria de Estado da Juventude.

Prado, A. B. (2005). *Semelhanças e diferenças entre homens e mulheres na compreensão do comportamento paterno*. Dissertação de Mestrado não publicada, Instituto de Psicologia. Florianópolis: Universidade Federal de Santa Catarina.

Rocha-Coutinho, M. L (2003). Quando o executivo é uma "dama". A mulher, a carreira e as relações familiares. In T., Féres-Carneiro (Org.), *Família e casal: arranjos e demandas contemporâneas* (pp. 15-30). Rio de Janeiro: NAU.

Santos, C.A. (2005). Onde está o papai? A construção da paternidade nas pedagogias culturais. Recuperado em 3 de novembro de 2009 de <http://www.aleitamento.com.br>.

Seabra, K. C. (2007). *A paternidade em famílias urbanas: análise da participação do pai na creche-escola e nos cuidados com o filho.* Tese de Doutorado não publicada, Instituto de Psicologia. Rio de Janeiro: Universidade do Estado do Rio de Janeiro.

Sousa, M. B. C., Hattori, W. T., & Motta, M. T. S. (2009) Estratégias sexuais e reprodução. In M. E. Yamamoto & E. Otta (Orgs.), *Psicologia Evolucionista* (pp. 114-126). Rio de Janeiro, RJ: Guanabara Koogan.

Tamis-Lemonda, C. S. & Cabrera, N. (1999). Perspectives on father involvement: research and policy. *Social Policy report: society for research in child development, 13,* 2-27.

Teykal, C. M. (2007). *De pai para filho: uma reflexão sobre identidade paterna e transmissão intergeracional em duas diferentes gerações.* Dissertação de Mestrado apresentada ao Programa de Pós-Graduação em Psicossociologia de Comunidades e Ecologia Social. Rio de Janeiro: Universidade Federal do Rio de Janeiro.

Trindade, Z. A., Andrade, C. A., & Souza, Q. J. (1997). Papéis parentais e representações da paternidade: A perspectiva do pai. *Psico, 28* (1), 207-222.

Trindade, Z. A. & Menandro, M. C. (2002). Pais adolescentes: vivência e significação. *Estudos de Psicologia, 7* (1), 15-23.

Trivers, P. L. (1972). Parental Investment and Sexual selection. In B. Campbell (Org.), *Sexual selection and Descent of Man* (pp. 136-179). Chicago: Aldine Press.

Vieira, M. L., Rímoli, A O., Prado, A. B., & Chelini, M. O. M. (2009). Cuidado e responsividade parentais: uma análise a partir da história de vida e da teoria do investimento parental. In M. E. Yamamoto & E. Otta (Orgs.), *Psicologia Evolucionista* (pp. 85-95) Rio de Janeiro, RJ: Guanabara Koogan.

Wagner, A., Predebon, J., Mosmann, C., & Verza, F. (2005). Compartilha tarefas? Papéis e funções de pai e mãe na família contemporânea. *Psicologia: Teoria e Pesquisa, 21* (2), 181-186.

Wendland, J. (2001). A abordagem clínica das interações pais-bebê: perspectivas teóricas e metodológicas. *Psicologia: Reflexão e Crítica, 14* (1), 45-56.

Autoras:

Jôse Peixoto da Rocha Souza da Cunha – Mestre em Psicologia e Doutoranda em Psicologia do Programa de Pós-Graduação em Psicologia Social - UERJ.

Angela Donato Oliva – Doutora em Psicologia da Aprendizagem e do Desenvolvimento Humano pela Universidade de São Paulo. Professora adjunta do Instituto de Psicologia da Universidade do Estado do Rio de Janeiro e da Universidade Federal do Rio de Janeiro; Docente do Programa de Pós-Graduação em Psicologia Social – UERJ. Contato: angeladonatoliva@uol.com.br

Parte III
Intervenções cognitivo-comportamentais com adultos

Protocolo cognitivo-comportamental "Vencendo o Pânico": uma história de 14 anos de pesquisas na divisão de Psicologia Aplicada da UFRJ

Angélica Gurjão Borba
Bernard Pimentel Rangé
Rodolfo de Castro Ribas Júnior
Marcos da Fonseca Elia
Mônica Rodrigues Campos
Alessandra Pereira Lopes

15.1 Introdução

O Transtorno de Pânico (TP) e a Agorafobia (AGO) estão entre os transtornos de ansiedade mais frequentes e incapacitantes, ocorrendo ao longo da vida da população mundial numa prevalência de 4,7% e 1.4% (Kessler *et al.*, 2005), respectivamente. Levando em conta essa porcentagem, estima-se que no Brasil cerca de 8.964.437 pessoas possam sofrer com o TP (com ou sem AGO), em algum momento de suas vidas (Rangé & Borba, 2010).

O *Manual Diagnóstico e Estatístico de Transtornos Mentais DSM-IV-TR* da Associação Psiquiátrica Americana (APA, 2002) caracteriza o TP (com ou sem AGO) pela recorrência de ataques de pânico inesperados e pela preocupação com as consequências imaginadas desses ataques (por exemplo, perder o controle, ter um ataque cardíaco, morrer, desmaiar etc.). Já a AGO é caracterizada pelo medo de experimentar novos ataques em lugares ou situações em que a fuga ou o socorro possam ser difíceis (por exemplo, cinema, túnel, avião, shows, engarrafamento etc.), fazendo com que o indivíduo suporte esses eventos com acentuado sofrimento ou, até mesmo, fuja e/ou evite essas situações. Em outras palavras, o TP é conceituado como um medo adquirido de sensações corporais, e a AGO como uma resposta comportamental à previsão dessas sensações corporais (Barlow & Craske, 2009).

O ataque de pânico, especificamente, se traduz em um episódio de ansiedade aguda, experienciado com medo e desconforto intenso por cerca de dez minutos, que apresenta ao menos quatro dos seguintes sintomas: taquicardia; sudorese; tremor; respiração ofegante acompanhada de sensações de falta de ar, sufocamento ou asfixia; dor ou desconforto no peito; náusea ou mal-estar abdominal; sensações de tontura, desequilíbrio ou desmaio; desrealização (sensações de irrealidade ou de estranheza do ambiente ao redor); despersonalização (sensações de estranheza, de estar destacado/distanciado de si mesmo); medo de perder o controle, enlouquecer, morrer ou desmaiar; parestesias (sensações de dormência ou formigamento); calafrios ou ondas de calor etc. Esses ataques podem ser inesperados, predispostos pela situação ou situacionalmente disparados.

Basicamente, o ciclo do pânico se instala quando um indivíduo, após vivenciar um ataque de pânico, fica em alerta para as suas sensações corporais, associando as sensações à situação. Ao sentir quaisquer sensações corporais descritas anteriormente, ele as interpreta, de maneira catastrófica, como sinais de que irá "passar mal" e, sem perceber, por si só, conduz-se a novos episódios. Esses episódios de ansiedade também podem ocorrer durante o sono (ataques noturnos), ocasionando um medo de dormir que pode resultar em privação de sono e aumento da frequência dos ataques (Barlow & Craske, 2009). De forma geral, essa recorrência de ataques – alguns percebidos como vindos "aparentemente do nada" – contribui significativamente para a instalação do quadro clínico de TP. Muito comumente, a sucessão desses "momentos de terror" começa a produzir no indivíduo uma ansiedade antecipatória e uma ideação sobre novos ataques, o que favorece a ocorrência de fugas e evitações características da AGO (Rangé & Bernik, 2001; Rangé, Bernik, Borba & Melo, 2011).

Segundo o *National Institute of Mental Health* (NIMH, 2010), é comum um indivíduo com TP desenvolver AGO (aproximadamente um em cada três). Segundo Kessler *et al.* (2005) é alta a comorbidade entre esses transtornos e outros de ansiedade, humor, personalidade e abuso ou dependência de substâncias. Quanto ao diagnóstico diferencial, revela-se essencial investigar a origem da sintomatologia, excluindo-se a chance de outros transtornos mentais (especialmente transtornos de ansiedade e uso de substâncias psicoativas) e de doenças físicas (hipotireoidismo, distúrbios cardíacos, labirintite, hipoglicemia, asma e epilepsia) (Rangé & Bernik, 2001).

Goodwin *et al.* (2005) indicam como fatores de risco para o desenvolvimento do TP e/ou AGO a genética, transtornos de ansiedade na infância, sensibilidade à ansiedade (predisposição cognitiva), estilos parentais (de superproteção ou rejeição) e eventos negativos de vida. Observa-se que o TP e/ou a AGO ocorre(m) em pessoas com idade média de 24 anos, costumando ter início entre o final da adolescência e o início da vida adulta, predominantemente entre as mulheres.

Os prejuízos acarretados pelo TP e/ou AGO relacionam-se diretamente ao elevado sofrimento e à limitação da mobilidade e da autonomia do indivíduo, fatores que reduzem a qualidade de vida nos âmbitos pessoal, social e profissional. Em estudos por todo o mundo, observa-se, inclusive, alta taxa de desemprego, falta ao trabalho, comorbidades e risco de suicídio entre os seus portadores (Goodwin *et al.*, 2005), sendo esses transtornos, por vezes, mais incapacitantes do que doenças físicas graves.

Considerando a severidade desses transtornos e os prejuízos acarretados na vida dos indivíduos, Bernard Rangé desenvolveu em seu doutorado o "Programa de Tratamento Multicomposto Específico para o Transtorno de Pânico e a Agorafobia" em oito sessões (Rangé, 2001). Esse programa foi elaborado com base em sua experiência clínica e em pesquisas sobre tratamentos eficazes para o TP/AGO (Wolfe & Maser, 1994). Baseou-se na Terapia Cognitivo-Comportamental (TCC), apontada como opção terapêutica de melhor custo-benefício, e apresentou eficácia variando entre 74% e 95% na prevenção de ataques de pânico e baixa reincidência. Sobretudo, sua proposta objetivou ser capaz de estender os benefícios de um tratamento psicoterápico estruturado para psicólogos, com ou sem formação específica em TCC, e para pacientes com TP/AGO ao redor do país.

De acordo com Rangé e Bernik (2001), os tratamentos derivados da TCC para o TP/AGO evoluíram nas últimas três décadas. A princípio, eram mais focados na AGO; por exemplo, através de uma proposta de exposição gradativa às situações temidas e evitadas. Em seguida, passaram a dedicar-se também ao TP, em especial com a estratégia de exposição interoceptiva, capaz de enfraquecer o condicionamento entre sensações corporais e ataques de pânico, e provocar habituação às situações temidas. O progresso notório no tratamento dos transtornos em pauta deve-se, em grande parte, ao volume crescente de estudos científicos realizados pela TCC com o intuito de testar, aprimorar e validar estratégias que se mostrem eficazes. Dentre as técnicas consolidadas, encontram-se as seguintes: psicoeducação; aceitação da ansiedade; reestruturação cognitiva; exposição interoceptiva; exposição situacional imaginária, à realidade virtual e/ou ao vivo; respiração diafragmática; relaxamento muscular; *mindfulness*; e reestruturação existencial.

Quanto aos tratamentos psicoterápicos estruturados conhecidos como protocolos de TCC para o TP/AGO, Wolfe e Maser (1994) apontam ganhos significativos a partir de três horas e meia de contato do terapeuta com o paciente, incluindo o uso de psicoeducação; Barlow e Craske (2009) já propõem um protocolo de doze sessões, sinalizando que bons resultados também podem ser obtidos com tratamentos que contêm entre dez e vinte sessões. Sobre isto, Clark *et al.* (1999) afirmam que apesar de os protocolos serem breves, uma quantidade maior de sessões está associada à melhor resposta no tratamento, com os benefícios sendo mantidos por mais tempo. Esses procedimentos psicoterápicos baseados na TCC demonstram ser capazes de atuar no circuito do medo, tanto enfraquecendo o condicionamento interoceptivo que conduz aos ataques de pânico quanto fortalecendo novos caminhos sinápticos em que sensações corporais são reconhecidas como reações naturais do organismo (Carvalho *et al.*, 2010).

O tratamento medicamentoso também pode ser recomendável, sobretudo se associado à psicoterapia nos casos mais graves ou se não houver oferta de uma TCC qualificada (Wolfe & Maser, 1994). Além disso, não se pode descartar o fato de que, devido à natureza somática do TP/AGO, revela-se maior a busca por assistência médica e uso de medicação antes da procura pelo auxílio psicoterápico (Barlow & Craske, 2009). Especificamente para os transtornos em pauta, Manfro, Heldt, Cordioli e Otto (2008) constataram o uso mais frequente de inibidores seletivos de recaptação da serotonina (ISRS) e da noradrenalina (ISRSN), antidepressivos tricíclicos, betabloqueadores e benzodiazepínicos. Esses medicamentos, de acordo com Gorman, Kent, Sullivan e Coplan (2000), revelam-se capazes de influenciar o sistema serotoninérgico e dessensibilizar o circuito do medo a partir da amígdala e de suas projeções para o hipotálamo e o tronco encefálico.

15.2   O protocolo "Vencendo o Pânico"

Rangé (1996) estruturou um protocolo de tratamento cognitivo-comportamental para o tratamento do TP/AGO com estratégias de psicoeducação, manejo da ansiedade, reestruturação existencial e prevenção de recaídas, inicialmente distribuídas ao longo de seis sessões com uma hora e meia de duração cada. Esse protocolo começou a ser testado na Divisão de Psicologia Aplicada do Instituto de Psicologia da Universidade Federal do Rio de Janeiro (DPA/IP/UFRJ) e, em 1998, assumiu seu formato final com o nome "Vencendo o Pânico: programa de tratamento multicomposto específico para Transtorno de Pânico e Agorafobia", em duas versões, uma para o terapeuta e outra para o paciente.

Em 1999, visando a atender a demanda crescente de pacientes com TP/AGO coloca esse tratamento na DPA/IP/UFRJ, aderiu-se à modalidade de terapia em grupo com sessões de duas horas. Os grupos formados passaram a ser conduzidos por dois terapeutas-estagiários e, em média, funcionaram com cerca de oito pacientes. Em 2000, modificou-se o tempo de tratamento, que foi alterado de seis para oito sessões, totalizando 16 horas de duração.

Esse protocolo continuou a ser testado em caráter de pesquisa experimental na DPA/IP/UFRJ, com formação de grupos controle (lista de espera), atestando-se a eficácia do tratamento proposto (Rangé *et al.*, 2006; Rangé, 2008) e, em 2008, foi transformado em livros (Rangé & Borba, 2008a, 2008b, 2010) que começaram a ser utilizados na DPA a partir de 2009 (Borba, 2011). Em 2010, produziu-se, a partir dele, o vídeo-documentário *Vencendo o Pânico* (Borba *et al.*, 2010), relativo à pesquisa quase experimental de doutorado de Angélica Borba (Borba, 2011), com a finalidade de auxiliar no treinamento via web de terapeutas do Brasil no protocolo "Vencendo o Pânico". O uso desses materiais editados (livros e vídeo) e a qualidade dos resultados apresentados a partir dos doze anos de estudos realizados na DPA/IP/UFRJ conferiram credibilidade ao protocolo e asseguraram a continuidade de seu uso dentro e fora da instituição, para além das fronteiras do Rio de Janeiro.

Considerando-se o formato atual do protocolo (Rangé & Borba, 2008a; Rangé & Borba, 2010), verifica-se que ele possui estratégias encadeadas, distribuídas entre oito sessões estruturadas, que seguem uma sequência lógica de apresentação. De forma geral, o tratamento envolve a compreensão e a aceitação da ansiedade, o aprendizado de estratégias para habilitação de recursos internos úteis ao manejo da ansiedade e a promoção consciente de maior qualidade de vida. De forma específica, cada sessão do tratamento prepara o paciente para a sessão seguinte e reforça o aprendizado da sessão anterior, abordando os seguintes temas e objetivos centrais:

Sessão 1: "Informações gerais ao cliente". Objetivos: oferecer *rapport* e esclarecer sobre o TP/AGO, a TCC, o modelo cognitivo etc.

Sessão 2: "Rompendo o ciclo do pânico". Objetivos: favorecer a compreensão dos pensamentos como principais responsáveis pelo ciclo do pânico e fornecer elementos básicos para o paciente aceitar e gerenciar sua ansiedade (estratégia A.C.A.L.M.E.-S.E.[1] e treino respiratório).

Sessão 3: "Ampliando o leque das habilidades de manejo cognitivo". Objetivos: conscientizar o paciente sobre a formação dos ciclos de pânico, fuga e evitação e alertá-lo sobre a possibilidade de rompê-los por meio da reestruturação cognitiva (estratégias S.P.A.E.C.[2] e R.D.P.D.[3]).

Sessão 4: "Aprimorando as habilidades de manejo corporal". Objetivos: estimular sensações de ansiedade no paciente para promover habituação e redução do medo de "passar mal" (ataques de pânico) e habilitar recursos internos para romper os ciclos (estratégias de exposição interoceptiva, relaxamento muscular progressivo e exposição situacional ao vivo [introdução]).

---

[1] Estratégia psicoeducativa que propõe oito passos para o gerenciamento da ansiedade. Cada letra da palavra A.C.A.L.M.E.-S.E. representa um passo: Aceite sua ansiedade; Contemple as coisas à sua volta; Aja com sua ansiedade; Libere o ar de seus pulmões; Mantenha os passos anteriores; Examine seus pensamentos; Sorria, você conseguiu!; Espere o futuro com aceitação.

[2] Estratégia de registro de Sensações corporais, Pensamentos Automáticos, Emoções e Comportamentos (S.P.A.E.C.), elementos apresentados durante um ataque de pânico, utilizada para facilitar a compreensão sobre a formação do ciclo de pânico, fundamentalmente a partir dos pensamentos catastróficos acerca das sensações.

[3] Estratégia de Registro Diário de Pensamentos Disfuncionais (R.D.P.D.) gerados em situações que tenham produzido algum desconforto emocional, visando à reestruturação desses pensamentos automáticos distorcidos e à produção de respostas alternativas mais complexas e funcionais.

Sessão 5: "Fortalecendo a autoeficácia". Objetivos: auxiliar no planejamento e na execução da exposição gradual ao vivo à lista de situações temidas ou evitadas e iniciar o processo de reestruturação existencial (exposição situacional, discussão da Crença 1 de Ellis e treino de assertividade).

Sessão 6: "Estimulando uma reorientação de vida". Objetivos: incentivar o enfrentamento dos medos e a promoção consciente de uma vida mais prazerosa e verdadeira para o próprio indivíduo (discussão da Crença 2 de Ellis, noção de Hedonismo Responsável, treino assertivo, introdução do Curtograma[‡] e Lista de Desejos).

Sessão 7: "Promovendo um manejo existencial". Objetivos: avaliar e valorizar as iniciativas e as ações do paciente voltadas para uma vida mais feliz e autêntica e desenvolver a capacidade de resignação, inclusive para aceitar as sensações de ansiedade (discussão da Crença 3 de Ellis, Curtograma, Lista de Desejos e treino assertivo).

Sessão 8: "Revisando, prevenindo recaídas e avaliando o tratamento". Objetivos: revisar as estratégias de manejo aprendidas; avaliar as mudanças existenciais realizadas junto ao paciente; estabelecer métodos para prevenção de recaídas; e solicitar uma apreciação sobre a satisfação/insatisfação com o tratamento.

15.3 Método

Nesta seção serão brevemente abordados os métodos de pesquisa adotados no programa de pesquisa "Vencendo o Pânico" (Rangé, 2001, 2008; Rangé & Bernik, 2001; Rangé, Bernik, Borba & Melo, 2011); e em dois estudos do programa de pesquisa "Treinamento via web de terapeutas no protocolo 'Vencendo o Pânico'" (Borba, 2011; Borba, Rangé & Elia, 2011). Os dois últimos estudos mencionados serviram de base para a organização e a síntese dos dados de eficácia do primeiro.

Em 1996, iniciou-se a pesquisa "Vencendo o Pânico" com ensaios do protocolo "Vencendo o Pânico" na DPA/IP/UFRJ. Para a análise apresentada aqui, o princípio desse estudo será considerado apenas a partir de 1998, quando o protocolo firmou sua estrutura definitiva de tratamento. A estrutura adotada baseou-se em uma pesquisa experimental com formação aleatória de grupos de tratamento (experimentais) e de lista de espera (controle), a partir de uma primeira triagem de pacientes realizada pela instituição, e de uma avaliação diagnóstica criteriosa feita pelos estagiários da equipe de TCC com aqueles que apresentavam queixa de TP/AGO. Para isso, os pacientes foram submetidos a entrevistas clínicas estruturadas para os transtornos do Eixo I (síndromes clínicas) e do Eixo II (transtornos de personalidade) do DSM-IV (APA, 2002), tendo sido selecionados somente quando se encaixavam no perfil da pesquisa (TP/AGO sem comorbidade com risco de suicídio, abuso ou dependência de substâncias, esquizofrenia e transtornos de personalidade). Todos os pacientes necessariamente preencheram uma bateria de escalas para avaliação da intensidade de sua sintomatologia antes e depois dos procedimentos de tratamento ou de entrarem na lista de espera (com seguimento de um e seis meses após o término do tratamento) e, em algum momento, passaram pelo tratamento baseado no protocolo "Vencendo o Pânico".

Visando a compilar os resultados de eficácia da pesquisa "Vencendo o Pânico" ao longo dos anos, buscou-se rever, organizar e sintetizar todos os dados de pré e pós-testes gerados no período de 1998 a 2010, por meio do programa de pesquisa "Treinamento via web de psicólogos do Brasil no protocolo de Tratamento Cognitivo-Comportamental 'Vencendo o Pânico': retrospectivas, perspectivas e expectativas" (Borba, 2011). Isso ocorreu mais especificamente através de dois dos seus estudos: (1) Estudo retrospectivo da eficácia do protocolo no formato de apostilas (1998 a junho/2009); e (2) Estudo atual da eficácia do protocolo no formato

---

[‡] O Curtograma é uma estratégia de registro daquilo que se gosta e não de fazer, e que de fato se faz ou não. Essa ferramenta revela um panorama atual da vida do indivíduo e possibilita que ele faça mudanças conscientes no sentido de promover experiências de maior bem-estar, reduzindo, dentro do possível, aquelas ações ou situações que lhe causam algum tipo de prejuízo ou sofrimento.

de livros (julho/2009 a julho/2010). O Estudo retrospectivo (Estudo 1) realizou uma pesquisa documental transversal dos prontuários dos participantes da pesquisa "Vencendo o Pânico" e o Estudo atual (Estudo 2) programou um levantamento de dados daqueles pacientes que passaram a utilizar os livros no último ano. Ambos os estudos realizaram a consulta de materiais dentro da própria instituição (DPA/IP/UFRJ), recebendo autorização para isso, assim como do comitê de ética em pesquisa (CEP-EEAN/HESFA/UFRJ, protocolo n° 098/2010).

Essas pesquisas tornou possível observar a história de catorze anos da pesquisa "Vencendo o Pânico" na DPA/IP/UFRJ, incluindo-se aí, além dos resultados de eficácia dos doze anos de uso do protocolo, todas as mudanças ocorridas quanto ao uso de entrevistas diagnósticas e de escalas para avaliação dos sintomas de TP/AGO. De modo geral, foram utilizadas as seguintes escalas: Inventário Beck de Ansiedade (Beck, Epstein, Brown & Steer, 1988); Inventário Beck de Depressão (Beck, Ward, Mendelson, Mock & Erbaugh, 1961); Escala para Pânico e Agorafobia (Bandelow, 1992); Questionário de Crenças sobre o Pânico (Scott, Williams & Beck, 1994); Escala de Sensações Corporais (Chambless, Caputo, Jasin, Gracely & Williams, 1985); Escala de Cognições Agorafóbicas (Chambless, Caputo, Bright & Gallagher, 1984); Inventário de Mobilidade (Chambless *et al.*, 1985); SWB-PANAS (Watson, Clark & Tellegan, 1988); Escala de Assertividade Rathus (Pasquali & Gouvêia, 1990); SF-36 – Questionário de Qualidade de Vida (Ciconelli, Ferraz, Santos, Meinão & Quaresma, 1999); Escala Brasileira de Assertividade (Ayres & Ferreira, 1995).

As correções das escalas foram feitas manualmente e geraram escores que foram digitalizados em uma tabela Microsoft Excel, com vistas à organização de um banco de dados dos Estudos retrospectivo e atual. Foram comuns aos dois estudos as seguintes análises estatísticas: de significância dos resultados do tratamento através do teste-t para amostras pareadas (escalas pré/pós-teste, e pré/seguimentos); e de consistência interna das escalas (Alfa de Cronbach). Utilizou-se o pacote estatístico SPSS (*Statistical Package for Social Sciences*) para processar as referidas análises.

15.4 Resultados

Os resultados aqui apresentados partem dos achados dos Estudos retrospectivo (1) e atual (2), que consideraram apenas os prontuários de pacientes que estavam com todos os materiais da pesquisa (folha de triagem, folhas de respostas das entrevistas clínicas estruturadas e escalas para avaliação da sintomatologia dos pacientes antes e depois do tratamento). Dessa maneira, foram encontrados 67 prontuários de pacientes completos, relativos ao período de 1998 a 06/2009 (Estudo retrospectivo); e mais onze correspondentes ao período de 7/2009 a 07/2010 (Estudo atual).

Para averiguar a eficácia do protocolo no formato de apostilas (Estudo 1), foram selecionadas apenas as escalas consistentemente administradas em toda a amostra, sendo elas: Inventário Beck de Ansiedade, Inventário Beck de Depressão, Escala para Pânico e Agorafobia, Questionário de Crenças sobre o Pânico, Escala de Sensações Corporais, Escala de Cognições Agorafóbicas, Inventário de Mobilidade, Escala Brasileira de Assertividade.

A análise estatística utilizada para comparação entre os resultados pré e pós-tratamento (teste-t para amostras pareadas) dos 67 casos do Estudo 1 revelou mudança significativa (p<0,05), tanto em termos de redução dos sintomas e das crenças relacionadas ao TP, à AGO e à depressão quanto em termos de aumento da mobilidade sozinho, acompanhado e assertividade ao término do tratamento. Os referidos benefícios foram mantidos nos seguimentos de um mês e de seis meses (*follow-up*), com exceção da mobilidade que não foi significativa ao nível de 5% na última averiguação. Os resultados do Estudo retrospectivo apontaram para a eficácia do protocolo "Vencendo o Pânico" no formato de apostilas.

Com a finalidade de averiguar a eficácia do protocolo no formato de livros (Estudo 2), foram selecionadas as mesmas sete escalas do Estudo 1 e mais duas escalas (SWB-PANAS e Questionário de Qualidade de Vida SF-36). A análise estatística de significância dos onze casos do Estudo 2 revelou redução significativa (p<0,05) dos sintomas e das crenças relacionados ao TP. Porém, o mesmo não ocorreu com as crenças e os sintomas da AGO, avaliados pela Escala de Cognições Agorafóbicas e Inventário de Mobilidade. Houve redução nos sintomas depressivos, contudo, esta não foi significativa ao nível de 5%. A análise da escala SWB--PANAS evidenciou significativa melhora nos aspectos felicidade e afeto positivo, e redução do afeto negativo, sem alterações no aspecto satisfação. Também houve bons resultados no que se refere à melhora da qualidade de vida e assertividade. O fato de a amostra do Estudo 2 ter sido pequena pode ter conduzido aos valores estatísticos encontrados, não significativos em relação à AGO. Além disso, quando se observando mais a fundo os dados dos pacientes do estudo, constatou-se que apenas dois deles de fato não apresentaram melhora nos sintomas agorafóbicos, provavelmente demandando sessões extras.

15.5   Conclusões

A partir dos resultados apresentados pode-se concluir que o protocolo "Vencendo o Pânico", tanto no formato apostila (Estudo 1) quanto livro (Estudo 2), revela-se eficaz para o tratamento do TP e da AGO, sobretudo em pacientes que não apresentam risco de suicídio, esquizofrenia, abuso ou dependência de substâncias e transtornos de personalidade. De modo geral, o tratamento realizado demonstrou ser capaz de: gerar mudança no entendimento sobre a ansiedade; ampliar a capacidade de manejar as emoções desconfortáveis através de recursos próprios (cognitivos, corporais e comportamentais); reduzir os sintomas e as crenças relacionados aos transtornos em pauta; favorecer a redução do nível de ansiedade na vida, em virtude de uma reestruturação existencial guiada pelo prazer com responsabilidade; e melhorar a qualidade de vida dos pacientes, promovendo bem-estar subjetivo e felicidade.

Outro aspecto positivo evidenciado pelos estudos de eficácia mencionados refere-se ao fato de que o protocolo "Vencendo o Pânico" foi capaz de promover as mudanças relatadas, mesmo tendo sido administrado por estagiários recém-chegados à equipe de TCC e com pouca experiência clínica. Esse dado permite refletir que a replicação do protocolo é possível em qualquer parte do Brasil, por psicólogos de quaisquer formações, sem a necessidade de serem especializados em TCC. Por outro lado, o treinamento via web de psicólogos cognitivo-comportamentais do Brasil no uso do protocolo "Vencendo o Pânico" (Borba, 2011), demonstrou que os resultados benéficos do tratamento podem ser ainda melhores quando os terapeutas têm formação e experiência clínica em TCC, além de terem recebido treinamento específico em seu uso.

Já o Estudo 2 não ter apresentou alteração estatisticamente significativa na sintomatologia da AGO; isso aponta somente para a necessidade de revisão dos dados de cada um dos onze pacientes, considerando-os de forma individual, e indica ser necessária a ampliação do estudo em termos de amostra a fim de obtermos dados mais representativos das mudanças ocasionadas pelo uso do protocolo.

Outra limitação a ser destacada é o número reduzido de prontuários válidos para a pesquisa se comparado à quantidade de arquivos de pacientes com TP/AGO encontrados (N=615 no primeiro estudo e N=89 no segundo). Ou seja, grande parte dos prontuários foi descartada, devido a dados incompletos ou à falta de materiais imprescindíveis a realização do estudo, como os pós-testes, que muitas das vezes não foram devolvidos pelos pacientes. Nesse sentido, recomenda-se atenção especial no controle dos materiais a serem preenchidos e devolvidos pelos pacientes (evitando-se a perda de dados) e maior cuidado no armazenamento dessas informações.

15.6 Referências

American Psychiatric Association – APA. (2002). *Manual diagnóstico e estatístico de transtornos mentais (DSM-IV-TR)*. Porto Alegre: Artmed.

Ayres, L. S. & Ferreira, M. C. (1995). Para medir assertividade: construção de uma escala. *Boletim CEPA*, 2, 9-19.

Bandelow, B. (1992). *Escala para pânico e agorafobia*. Escala utilizada no ambulatório de ansiedade (AMBAN), com tradução de Francisco Lotufo Neto. Comunicação pessoal.

Barlow, D. H. & Craske, M. G. (2009). *Manual clínico dos transtornos psicológicos: tratamento passo a passo*. Porto Alegre: Artmed.

Beck, A. T., Epstein, N., Brown, G., & Steer, R. A. (1988). An inventory for measuring anxiety: Psychometric properties. *Journal of Consulting and Clinical Psychological*, 56 (6), 893-897.

Beck, A. T., Ward, C. H., Mendelson, M., Mock, J., & Erbaugh, J. (1961). An inventory for measuring depression. *Archives of general Psychiatry*, 4 (6), 561-571.

Borba, A. G., Rangé, B., Loureiro, C., Melo, N., Carvalho, M., Areias, F., Borges, T., Ramos, M., Britto, M., Nascimento, A., Aragão, A., Resende, L., Henriques, D., Lessa, R., Brenner, S., Pereira, D., & Baldez, R. (2010). *Vídeo-documentário Vencendo o Pânico* (1 DVD). Rio de Janeiro: Programa de Pós-graduação em Psicologia do Instituto de Psicologia e Central de Produção Multimídia da Escola de Comunicação da Universidade Federal do Rio de Janeiro.

Borba, A. G. (2011). *Treinamento via web de psicólogos do Brasil no protocolo de tratamento cognitivo-comportamental "Vencendo o Pânico": retrospectivas, perspectivas e expectativas*. Tese de Doutorado submetida ao Programa de Pós-Graduação em Psicologia do Instituto de Psicologia. Rio de Janeiro: Universidade Federal do Rio de Janeiro.

Borba, A. G., Rangé, B., & Elia, M. F. (2011). Treinamento via web de psicólogos do Brasil no Protocolo Vencendo o Pânico. In Rangé, B. P. (Org.), *Psicoterapias cognitivo-comportamentais: um diálogo com a psiquiatria*. 2 ed. Porto Alegre: Artmed.

Carvalho, M. R., Dias, G. P., Cosci, F. de, Melo Neto, V. L., Bevilaqua, M. C., Gardino, P. F., & Nardi, A. E. (2010). Current findings of fMRI in panic disorder: contributions for the fear neurocircuitry and CBT effects. *Expert Review of Neurotherapeutics*, 10 (2), 291-303.

Chambless, D. L., Caputo, G. C., Jasin, S. E., Gracely, E. J., & Williams, C. (1985). The mobility Inventory for agoraphobia. *Behaviour Research and Therapy*, 23 (1), 35-44.

Chambless, D. L., Caputo, G. C., Bright, P., & Gallagher, R. (1984). Assessment of fear in agoraphobics: The body sensations questionnaire and the agoraphobic cognitions questionnaire. *Journal of Counsulting and Clinical Psychology*, 52 (6), 1090-1097.

Ciconelli, R. M., Ferraz, M. B., Santos, W., Meinão, I., & Quaresma, M. R. (1999). Tradução para a língua portuguesa e validação do questionário genérico de avaliação de qualidade de vida SF-36 (Brasil SF-36). *Revista Brasileira de Reumatologia*, 39 (3), 143-150.

Clark, D. M., Salkovskis, P. M., Hackmann, A., Wells, A., Ludgate, J., & Gelder, M. (1999). Brief cognitive therapy for panic disorder: a randomized controlled trial. *Journal of Consulting and Clinical Psychology*, 67, 583-589.

Gorman, J. M., Kent, J. M., Sullivan, G. M., & Coplan, J. D. (2000). Neuroanatomical Hypothesis of Panic Disorder. *American Journal of Psychiatry*, 157 (4), 493-505.

Goodwin, R. D., Faravelli, C., Rosi, S., Cosci, F., Truglia, E., de Graaf, R., & Wittchen, H. U. (2005). The epidemiology of panic disorder and agoraphobia in Europe. *European Neuropsychopharmacology*, 15, 435-443.

Kessler, R. C., Berglund, P., Demler, O., Jin, R., Merikangas, K. R., & Walters, E. E. (2005). Lifetime prevalence and age-of-onset distributions of DSM-IV disorders in the national comorbidity survey replication. *Journal of the American Medical Association*, 289 (23), 3095-3105.

Manfro, G. G., Heldt, E., Cordioli, A. V., & Otto, M. W. (2008). Terapia Cognitivo-Comportamental no transtorno de pânico. *Revista Brasileira de Psiquiatria*, 30 (2), S81-S87.

National Institute of Mental Health (2010). *The Numbers Count: Mental Disorders in America*. Recuperado em 29 de novembro de 2010 de <http://www.nimh.nih.gov/health/publications/the-numbers-count-mental-disorders-in-america/index.shtml#Panic>.

Pasquali, L. & Gouvêia, V. V. (1990). Escala de assertividade Rathus – RAS: adaptação brasileira. *Psicologia: Teoria e Pesquisa*, 6 (3), 233-249.

Rangé, B. P. (1996). *Protocolo de tratamento multicomposto para o tratamento do transtorno de pânico: manual para terapeutas.* Rio de Janeiro: UFRJ.

Rangé, B. (2001). *Tratamento cognitivo-comportamental do transtorno de pânico e da agorafobia.* Tese de Doutorado submetida ao Programa de Pós-Graduação em Psicologia do Instituto de Psicologia. Rio de Janeiro: Universidade Federal do Rio de Janeiro.

Rangé, B. (2008). Tratamento cognitivo-comportamental para o transtorno de pânico e agorafobia: uma história de 35 anos. *Estudos de Psicologia*, 25 (4), 477-486.

Rangé, B. P. & Bernik, M. A. (2001). Transtorno do pânico e agorafobia. In Rangé, B. P. (Org.), *Psicoterapias cognitivo-comportamentais: um diálogo com a psiquiatria.* Porto Alegre: Artmed.

Rangé, B. P., Bernik, M., Borba A. G., & Melo, N. M. (2011). Transtorno de Pânico e agorafobia. In Rangé, B. P. (Org.), *Psicoterapias cognitivo-comportamentais: um diálogo com a psiquiatria.* 2ed. Porto Alegre: Artmed.

Rangé, B. P., Pereira, A. L. S., Borba, A. G., Rodrigues, D. M., Soares, I. D., & Motta, R. C. (2006). Tratamentos em grupo de transtornos psiquiátricos na clínica-escola da Divisão de Psicologia Aplicada da UFRJ. In Silvares, E. F. M (Org.). *Atendimento Psicológico em Clinica-Escola.* São Paulo: Alínea.

Rangé, B. P. & Borba, A. G. (2008a). *Vencendo o **pânico**: terapia integrativa para quem sofre e para quem trata o Transtorno de Pânico e a Agorafobia – manual do terapeuta.* Rio de Janeiro: Editora Cognitiva.

Rangé, B. P. & Borba, A. G. (2008b). *Vencendo o **pânico**: terapia integrativa para quem sofre o Transtorno de Pânico e a Agorafobia – manual do cliente.* Rio de Janeiro: Editora Cognitiva.

Rangé, B. P. & Borba, A. G. (2010). *Vencendo o **pânico**: terapia integrativa para quem sofre o Transtorno de Pânico e a Agorafobia – manual do cliente.* 2 ed. Rio de Janeiro: Editora Cognitiva.

Scott, J., Williams, J. M. G., & Beck, A. T. (1994). Questionário de crenças sobre o pânico. In Beck, A. T., Scott, J., Williams, J. M. G. (Org.), *Terapia cognitiva na prática clínica: um manual prático.* Porto Alegre, Artmed.

Watson, D., Clark, L. A., & Tellegan, A. (1988). Development and validation of brief measures of positive and negative affect: the PANAS scales. *Journal of Personality and Social Psychology*, 54 (6), 1063-1070.

Wolfe, B. E. & Maser, J. D. (1994). *Treatment of panic disorder: A consensus development conference.* Washington, DC: American Psychiatric Press.

Autores:

Angélica Gurjão Borba – Doutora em Psicologia pelo Programa de Pós-Graduação em Psicologia da Universidade Federal do Rio de Janeiro. Contato: angelica.borba@yahoo.com.br

Bernard Pimentel Rangé – Doutor em Psicologia, Professor do Programa em Pós-Graduação em Psicologia da UFRJ.

Rodolfo de Castro Ribas Júnior – Doutor em Psicologia, Professor do Programa de Pós-Graduação em Psicologia da Universidade Federal dc Rio de Janeiro.

Marcos da Fonseca Elia – *PhD in Science Education* do Programa de Pós-Graduação em Informática do Instituto Tércio Pacitti de Aplicações e Pesquisas Computacionais da Universidade Federal do Rio de Janeiro.

Mônica Rodrigues Campos – Doutora em Estatística do Departamento de Ciências Sociais da Escola Nacional de Saúde Pública da Fundação Instituto Oswaldo Cruz.

Alessandra Pereira Lopes – Bacharel em Psicologia pela Universidade Federal do Rio de Janeiro.

CAPÍTULO 16

O córtex pré-frontal e suas implicações na neurobiologia do Transtorno do Pânico

Mariana Rodrigues Poubel Alves
Mariana Lessa Sucupira
Bernard Pimentel Rangé
Rosinda Martins Oliveira
Marcele Regine de Carvalho

16.1 O Transtorno do Pânico

O Transtorno do Pânico (TP) é classificado como um transtorno de ansiedade, no qual o paciente tem ataques de pânico (AP) recorrentes e inesperados, que se relacionam ao medo de novos ataques. Tais ataques são descritos como sensações intensas de ansiedade acompanhadas pelo medo de morrer, enlouquecer ou perder o controle. O grau de ansiedade desses pacientes pode lhes trazer prejuízos, limitações e sofrimento no meio pessoal, profissional ou social (Rangé & Borba, 2008).

Para uma indicação correta de tratamento, é necessário um diagnóstico diferencial cuidadoso, uma vez que há quadros sintomatológicos muito semelhantes às queixas apresentadas pelos pacientes com TP. Essa averiguação deve levar em consideração doenças não neurológicas, como doenças cardíacas, disfunções tireoidianas, doenças pulmonares, hipoglicemia, dentre outros e, outros quadros psiquiátricos que podem apresentar AP, mas não se caracterizar como um TP (Valença, 2005).

O TP pode trazer alto nível de limitação para o paciente, o que é ratificado por estudos que mostram que aproximadamente 20% já haviam tentado suicídio e, que essa tentativa se relacionava à presença do transtorno em suas vidas. Os autores concluíram também que o risco de um paciente com TP tentar o suicídio é comparável ao risco de alguém que esteja com um quadro de depressão profunda (Barlow & Durand, 2008).

O DSM-IV descreve três tipos básicos de AP: ligado à situação, inesperado e predisposto pela situação. No primeiro caso, está condicionado a determinadas situações, ocorrendo sempre quando o indivíduo entra em contato com elas. O segundo tipo ocorre repentinamente e sem relação prévia com o contexto ou o lugar em que o paciente está. Já no terceiro tipo, a situação ou as situações similares aumentam a chance de ocorrência dos AP.

Com relação à presença de comorbidades, o TP está comumente associado a outros transtornos, especialmente a depressão, abuso de drogas e outro transtorno de ansiedade (Nascimento & Nardi, 2005). A Agorafobia (AGO) é entendida pelo DSM-IV como uma sequela do TP, e é definida pelo DSM-IV TR como:

1. Ansiedade de estar em lugares ou em situações em que a saída pode ser difícil ou embaraçosa, ou nos quais uma ajuda pode não estar disponível no caso da ocorrência de um AP.

2. Evitação de determinadas situações ou acentuado mal-estar e ansiedade de se ter um AP ou sintomas de pânico no caso de enfrentamento.

3. Quadro em que tal ansiedade ou evitação fóbica não poder ser melhor justificada por outro transtorno mental.

16.2 Modelo cognitivo do Transtorno do Pânico

O primeiro modelo foi proposto por Clark, em 1997. Segundo ele, os AP derivariam de um processamento equivocado de informações advindas de um estímulo externo (mudança brusca de luminosidade, um ruído alto etc.) ou interno (uma percepção repentina de taquicardia, de sudorese etc.) que levariam o paciente a uma interpretação de perigo ou ameaça iminente que dispararia, por sua vez, o sistema nervoso simpático. Tal ativação produziria sensações corporais subsequentes, que aumentariam a certeza de um perigo próximo, gerando, então, interpretações ainda mais catastróficas e formando uma espiral crescente e muito veloz. Esse modelo conseguiu explicitar claramente a cascata entre pensamentos e sensações que muitos pacientes trazem em seus relatos (Clark, 1986; Rangé & Borba, 2008). No entanto, não conseguiu explicar os casos de AP noturnos. Como explicar o AP nesses casos, em que os pacientes não estavam em nenhuma situação potencialmente ameaçadora nem estavam "pensando em nada" (Rangé & Borba, 2008)?

Buscando responder a essa pergunta, Barlow (1988, citado por Rangé e Borba, 2008), elaborou o segundo modelo cognitivo, considerado o mais completo atualmente. Nele, o AP inicial é entendido como "um alarme falso", ou seja, uma resposta do sistema nervoso autônomo a um aumento do nível de estresse na vida do paciente. O autor acrescenta, ainda, que o contexto traumático do AP inicial seria fundamental para o desenvolvimento do TP e/ou da AGO. Ou seja, se o indivíduo se tornar muito apreensivo com relação à ocorrência de novos ataques, ele poderá fortalecer o processo de condicionamento interoceptivo e de aumento de sua reatividade autonômica, o que acarretaria, por sua vez, a ativação das sensações somáticas desagradáveis. Assim, o condicionamento interoceptivo seria o motivo dos AP noturnos. Barlow também descreveu uma teoria sobre o desenvolvimento da ansiedade nos transtornos ansiosos, a qual denominou "Vulnerabilidade Tripla". Ela é composta pela vulnerabilidade biológica generalizada, pela vulnerabilidade psicológica generalizada e pela vulnerabilidade psicológica específica. A primeira seria a contribuição genética para a incidência e a intensidade do afeto negativo; a segunda se refere à crença do indivíduo de que o mundo é algo perigoso e que ele não tem nenhum controle sobre as situações que tem de enfrentar; e a vulnerabilidade psicológica específica, de cunho social, se desenvolve pelo aprendizado do indivíduo de que algumas situações ou objetos são perigosos, ainda que não o sejam. É importante destacar que os dois primeiros tipos parecem se relacionar mais aos AP isolados e ao TP do que os fatores de cunho social (Barlow & Durand, 2008). Assim, se o indivíduo está sofrendo grande pressão em algum momento da vida, isso poderia ativar essa tendência biológica de ser ansioso ou a tendência psicológica de se sentir incapaz de superar a situação ou de controlar o estresse. E uma vez que o ciclo estressante começa, tende a se perpetuar, ainda que a fonte estressora já tenha desaparecido.

16.3 Estratégias terapêuticas no Transtorno do Pânico

A Terapia Cognitivo-Comportamental (TCC) é uma abordagem terapêutica estruturada, ativa, diretiva e de curto prazo. Seu trabalho parte da ênfase na colaboração e na participação ativa dos pacientes, encorajando-os para a percepção da terapia como um momento em que se trabalha em equipe.

É uma abordagem psicoeducativa, pois visa ensinar aos pacientes a se automonitorar durante o percurso terapêutico e após a alta, de modo que eles mesmos se tornem seus próprios terapeutas e enfatizem a prevenção de recaídas (Beck, 1997). Para isso, ela é voltada para a resolução de problemas específicos através do estabelecimento de metas estabelecidas em conjunto com o paciente logo no início da terapia.

Utilizam-se estratégias cognitivas e comportamentais que sejam pertinentes e interligadas com cada caso de forma particular. O objetivo principal é auxiliar o paciente a compreender sua dificuldade e a aprender formas de transformá-la com auxílio de seus próprios recursos internos (habilidades antigas ou recentemente adquiridas), levando-o a uma melhora da qualidade de vida (Rangé & Borba, 2008).

A TCC se baseia na "(...) racionalidade teórica subjacente de que o afeto e o comportamento de um indivíduo são em grande parte determinados pelo modo como ele estrutura o mundo" (Beck, Rush, Shaw & Emery, 1997, p. 5). Assim, a mesma situação vivida por diferentes sujeitos pode ser vista com entusiasmo, decepção, felicidade ou ansiedade, e esses sentimentos têm relação com a forma com que tais sujeitos percebem, pensam e interpretam as situações que se apresentam (Beck, 1997). O terapeuta visa a ajudar o paciente a reestruturar seus pensamentos para que ele possa agir de forma mais realista e funcional, reduzindo seus sintomas e possibilitando novas formas de relação com suas experiências (Beck et al., 1997).

Apesar da TCC utilizar alguns protocolos de tratamento, é preciso que haja uma formulação de cada caso, que leve em consideração as melhores estratégias terapêuticas, bem como os aspectos cognitivo-comportamentais, biológicos, sociais e interpessoais. Isso ocorre através do estabelecimento de hipóteses acerca do funcionamento do paciente, que vão sendo ratificadas ou transformadas com base nos dados apresentados ao terapeuta (Ventura, 2005).

Em alguns casos mais graves, o paciente com TP passa a depender que algum familiar ou conhecido o acompanhe sempre. Nesses casos, é fundamental que ele também receba uma orientação adequada, de forma a não reforçar a dependência (Wright, Basco & Thase, 2008).

Ao longo do tratamento, o terapeuta busca desassociar as sensações corporais das reações de medo, valendo-se, para isso, dos princípios da aprendizagem. Uma das técnicas relacionadas a esse aspecto é a exposição interoceptiva, considerada atualmente um dos componentes mais eficazes no tratamento do TP. Ela consiste em expor o paciente (inicialmente no espaço terapêutico), às próprias sensações corporais, a fim de que ele possa vivenciar tais sensações ansiogênicas sem necessariamente ter um AP. São feitos exercícios que aumentem sua frequência cardíaca, sua hiperventilação, sua sudorese e qualquer outro sintoma que lhe pareça perigoso, mostrando-lhe que tais sensações são apenas desagradáveis, mas não perigosas (Ventura, 2005). Simultaneamente a esse processo, o terapeuta auxilia na reestruturação cognitiva do paciente, buscando a identificação dos pensamentos distorcidos e confrontando-os com a realidade (Yano, Meyer & Tung, 2003).

A exposição do paciente a situações ansiogênicas *in vivo*, é feita de forma gradual e prolongada, a fim de provocar um grau de ansiedade inicial, para posterior habituação. Tais exercícios, combinados com os mecanismos de enfrentamento para a redução da ansiedade, como o exercício de relaxamento ou de respiração diafragmática, têm se mostrado eficientes na busca de diminuir o comportamento agorafóbico. Essa etapa visa a quebrar o ciclo de fuga e/ou evitação de determinadas situações, já que, apesar de gerar um alívio imediato, essas atitudes aumentam o medo a longo prazo e conservam a AG. A eficácia da exposição dependerá da frequência de sua realização, bem como da permanência do paciente em tais situações até que sua ansiedade diminua (Ventura, 2005).

A efetividade do tratamento com TCC tem sido ratificada por diversas pesquisas que mostram alto grau de remissão de sintomas e de taxas de recorrência em transtornos de humor como depressão, transtornos de ansiedade, transtornos alimentares, transtornos de personalidade, abuso de substâncias, dentre outros (Wright *et al.*, 2008).

16.4 O córtex pré-frontal e suas funções cognitivas

Dentre as funções cognitivas atribuídas ao córtex pré-frontal (CPF) destacam-se as funções executivas (FE). Tais funções e seus componentes não têm apenas uma única definição aceita, mas pode-se dizer que se referem a um conjunto de habilidades que regula diversos processos cognitivos, dentre os quais resolução de problemas, flexibilidade, controle de impulsos, atenção, memória operacional, criatividade e tomada de decisão (Malloy-Diniz, Sedo, Fuentes & Leite, 2008; Malloy-Diniz, Fuentes, Mattos & Abreu, 2010). Além disso, contam com um aspecto social e emocional que permite a subdivisão das FE em um tipo "quente" e um tipo "frio". Enquanto o primeiro tipo relaciona-se a tarefas de cunho afetivo, motivacional, interpessoal e social, o segundo se refere ao âmbito de planejamento e de resolução de problemas (Hrabok & Kerns, 2010).

O córtex pré-frontal pode ser dividido em córtex dorsolateral (CDL), córtex órbitofrontal (COF) e córtex cingulado anterior (CCA). O CDL relaciona-se às funções de autorregulação do tipo fria, envolvidas com as habilidades de planejamento, resolução de problemas, flexibilidade e memória operacional. Já o COF é marcadamente conhecido por estar envolvido com aspectos motivacionais e emocionais, ou seja, FE do tipo quente. O CCA tem diferentes subdivisões e conexões, o que o faz estar relacionado a diversas funções cognitivas, mas pesquisas mostram seu envolvimento particular na resolução de conflitos e na monitoração de erros (Holroyd & Coles, 2002 citado por Hrabok & Kerns, 2010). Essas subdivisões no controle das FE permitem os ajustes necessários da regulação "*top-down*", ou seja, da região cortical para as regiões subcorticais (Logan, 1985 citado por Hrabok & Kerns, 2010).

16.5 O córtex pré-frontal no Transtorno do Pânico

As pesquisas iniciais que buscaram explicitar a neurobiologia da ansiedade trabalharam com modelos animais, a partir dos comportamentos de medo, fuga e esquiva. Isso porque tais comportamentos provocavam aumento da frequência cardíaca, da pressão arterial e da liberação de glicocorticóides, similar ao que acontece em transtornos ansiosos. Porém, tal analogia apresenta limitações. No caso dos transtornos ansiosos, não há a obrigatoriedade de condicionamento para a emissão de comportamentos, e o modelo animal impossibilita a verbalização dos aspectos subjetivos da ansiedade, fator importante no caso dos seres humanos (Mezzasalma *et al.*, 2004).

Com o passar dos anos, as pesquisas em neurociência e neuroimagem passaram a buscar as bases neurobiológicas das psicopatologias. No caso do TP, as descobertas mostram a ativação de várias estruturas cerebrais funcionando em rede. Ao se restringir o estudo a apenas uma dessas regiões, não se pretende restringir uma atividade complexa a uma localização, e sim entender a contribuição de tal região para o funcionamento de todo o circuito (De Carvalho, Rozenthal & Nardi, 2010; Porto *et al.*, 2008).

A hipótese neurobiológica do TP mais aceita atualmente foi formulada por Gorman, Kent, Sullivan & Coplan (2000, citado por De Carvalho *et al.*, 2010). O estímulo – externo (visuoespacial ou auditivo) ou interno (sensações corporais) – tem duas possibilidades de caminho a percorrer a partir do processamento no tálamo, um mais curto e outro mais longo. No caso do primeiro, trata-se de uma resposta mais rápida do sistema autônomo diante de um gatilho potencialmente perigoso. O tálamo sensorial recebe o estímulo, projeta-o para a amígdala lateral, que encaminha a informação para o núcleo central da amígdala. Tal núcleo tem ligações com diferentes áreas subcorticais que atuam em respostas autonômicas e comportamentais, agindo como um disseminador da informação recebida. As vias eferentes são: o núcleo parabraquial, que tem por função o aumento do ritmo respiratório; a região cinzenta periaquedutal responsável por respostas comportamentais de defesa e paralisia postural; o *locus ceruleus* que aumenta a descarga de norepinefrina; e os núcleos hipotalâmicos, que aumentam a descarga simpática e de adrenocorticóides. Assim, o sujeito reage imediatamente, antes mesmo de tomar consciência da razão de sua reação aversiva perante aquele estímulo (De Carvalho *et al.* 2010; Mezzasalma *et al.*, 2004; Porto *et al.*, 2008). Já no caminho mais longo, o processamento é mais elaborado. A informação chega ao tálamo sensorial, segue para o córtex sensorial, a insula e o córtex pré-frontal, para ser analisada. O resultado final é então encaminhado para a amígdala, que ativa regiões do tronco cerebral, e para o hipotálamo, sendo emitidas respostas autonômicas, comportamentais e endócrinas de medo (De Carvalho *et al.*, 2010).

A partir das experiências vivenciadas, o condicionamento do medo transforma, por tempo duradouro, determinados estímulos neutros em algo potencialmente perigoso e ansiogênico. Tal mecanismo é um sistema protetor quando enfrentamos situações concretamente perigosas, tornando-se um problema quando relacionado aos transtornos de ansiedade (Ledoux, 2001). Isso porque a maior parte dos pensamentos desses pacientes relaciona-se a uma tendência de superestimar o perigo e de subestimar seus próprios recursos para lidar com eles. É como se houvesse um sinal de perigo iminente, que prejudica progressivamente o dia a dia e as relações desses pacientes (Porto *et al.*, 2008).

Os exercícios de exposição *in vivo* podem possibilitar a extinção do medo, o que não significa que a relação entre o estímulo aversor e a resposta condicionada foi apagado. O que houve foi um novo aprendizado, que suprimiu a deflagração automática anterior Ou seja, a extinção significa um aumento do controle cortical em relação à expressão do medo pelas regiões subcorticais, e não meramente uma eliminação das memórias emocionais (Ledoux, 2001; Porto *et al.*, 2008).

Tal explicação ajusta-se às pesquisas que têm mostrado que pacientes com TP podem apresentar uma atividade reduzida no CPF e uma hiperativação subcortical, de forma especial na amígdala. A partir de tais achados, a suposição é que essa falha na modulação "*top*" (cortical) "*down*" (subcortical), gera uma interpretação errônea da informação sensorial, pensamentos distorcidos e a cascata de eventos experenciados como um AP (De Carvalho, Dias *et al.*, 2010). Portanto, nota-se que o CPF e as regiões subcorticais trabalham em conjunto na modulação de respostas emocionais mais adequadas ao contexto, em que o CPF tem uma função reguladora e mais detalhada das informações, e as regiões subcorticais reagem de forma menos refinada e mais instintiva diante do perigo iminente (Porto *et al.*, 2008).

16.6 Implicações neurobiológicas no córtex pré-frontal a partir do tratamento com Terapia Cognitivo-Comportamental no Transtorno do Pânico

A partir dos estudos que explicitaram a existência de correlatos neurais das psicopatologias, surgiram novos questionamentos a respeito das mudanças decorrentes do processo terapêutico. Afinal, se tal processo permite mudanças nos pensamentos, nos sentimentos e nas ações dos pacientes, não poderia promover também mudanças fisiológicas e neurais (Porto *et al.*, 2009)?

Isso também ajusta-se ao atual conceito de plasticidade neural. Não se restringe à base genética e à ocorrência exclusiva na primeira infância, mas decorre de processo individual de interação com o ambiente e é possível que ocorra ao longo de toda a vida (Fuchs, 2004).

Tais discussões acentuaram ainda mais o diálogo entre as neurociências e a TCC, especialmente pelo fato de esse modelo teórico ser visto na literatura como o mais eficaz, experimental e empírico em tratamento psicoterapêuticos (Porto *et al.*, 2009). Algumas pesquisas têm buscado entender quais as possíveis mudanças estruturais que ocorrem no circuito do medo a partir das intervenções psicoterapêuticas. Pois se o estímulo continua sendo o mesmo, então, por que a resposta emitida passa a ser diferente (De Carvalho *et al.*, 2010)?

Por seu aspecto diretivo, com técnicas cognitivas e comportamentais, tarefas de casa, dentre outros, a TCC recruta de forma particular as FE dos pacientes. Isso porque tais ações envolvem controle atencional, automonitoração, reestruturação dos pensamentos, controle inibitório etc. Assim, a TCC trabalha com os pacientes de forma a refinar a utilização das habilidades executivas e contribuir para a regulação das respostas emocionais (Mohlman & Gorman, 2005). O aperfeiçoamento nas habilidades executivas busca ajudar o paciente incentivar a passagem de respostas automáticas para respostas controladas (De Carvalho *et al.*, 2010). Já a regulação das emoções é considerada uma habilidade importante diante das situações de interação social e é trabalhada a partir do modelo cognitivo, visando a ajudar o paciente a testar seus pensamentos disfuncionais diante da realidade (Mocaiber *et al.*, 2008). Isso mostra que a TCC atuaria tanto nas FE "quentes" quanto nas "frias".

As pesquisas atuais voltadas para descrição das alterações neurobiológicas decorrentes da TCC baseiam-se em exames de neuroimagem antes e após o tratamento. Isso permite compreender melhor as possíveis mudanças no cérebro decorrentes do tratamento e podem contribuir para um aperfeiçoamento dessa prática (Mocaiber *et al.*, 2008).

As recentes descobertas indicam que a TCC pode modificar o controle dos mecanismos *"top-down"*. Ou seja, ela teria o potencial de agir sobre o circuito neural disfuncional associado aos transtornos de ansiedade. Um exemplo disso seria a maior ativação do CPFDL, que permite a intensificação do uso da resolução de problemas diante de situações emocionalmente difíceis ou estressantes (De Carvalho *et al.*, 2010). Outra região que seria mais ativada é o córtex pré-frontal ventromedial, o que permitiria melhor regulação da expressão do medo, através da inibição do disparo de neurônios da amígdala (Mocaiber *et al.*, 2008).

Um estudo realizou tomografia por emissão de pósitrons (que mostra as mudanças no metabolismo cerebral através da concentração de glicose) antes e depois do tratamento com TCC em onze pacientes. Os sujeitos foram tratados individualmente em dez sessões, não faziam uso de medicação e, dentre as diferenças encontradas, os autores ressaltaram o aumento da utilização de glicose bilateralmente na região do CPF medial (Sakai *et al.*, 2006). Outro estudo investigou os efeitos do tratamento com TCC e do tratamento farmacológico com antidepressivos em doze pacientes com TP. Os resultados mostraram mudanças similares no metabolismo cerebral, mas é importante destacar limitações do estudo, como, por exemplo, o pequeno número de participantes em cada uma das modalidades (Prasko *et al.*, 2004).

Diante de tais resultados, o campo das neurociências e da TCC vem ratificando a ideia de que "mudando sua mente você pode modificar seu cérebro" (Paqquette *et al.*, 2003 citado por Porto *et al.*, 2008).

16.7   Considerações finais

Por meio de pesquisas sobre a neurobiologia do TP, buscamos entender as alterações estruturais e funcionais presentes em pacientes que apresentam esse transtorno em comparação com grupos controle ou pessoas que apresentam outra psicopatologia. Atrelar tal conhecimento às mudanças decorrentes do tratamento psicoterapêutico permite melhor esclarecimento dos efeitos fisiológicos decorrentes das mudanças comportamentais e do processamento cognitivo. Além disso, esse estudo permite a avaliação das técnicas empregadas para que seja que seja possível inferir quais delas têm maior potencial terapêutico (Mocaiber *et al.*, 2008).

Porém, tais estudos ainda são incipientes e utilizam metodologias variadas, o que dificulta a padronização das descobertas. Não há, até o momento, estudos de replicação. É necessário expandir os estudos para que os conhecimentos na área possam se tornar mais claros e sólidos (De Carvalho, Dias, *et al.*, 2010). No entanto, é importante ressaltar as dificuldades práticas encontradas para a realização de tais estudos, como a grande dificuldade de pareamento das amostras pesquisadas, o alto índice de desistência do tratamento por parte dos pacientes (impossibilitando o resultado pós-tratamento), o alto índice de comorbidades, o fato de a maioria dos pacientes estar medicado, dentre outros.

16.8 Referências

Barlow, D. H. & Durand, V. M. (2008). *Psicopatologia – uma abordagem integrada.* São Paulo: Cengage Learning.

Beck, A. T., Rush, A. J., Shaw, B. F., & Emery, G. (1997). *Terapia cognitiva da depressão.* Porto Alegre: Artmed.

Beck, J. S. (1997). *Terapia Cognitiva: teoria e prática.* Porto Alegre: Artes Médicas.

Clark, D. (1997). Estados de ansiedade: pânico e ansiedade generalizada. In K. Hawton, P.M. Salkovskis, J. Kirk & D. M. Clark (Orgs.). *Terapia cognitivo-comportamental para problemas psiquiátricos. Um guia prático* (pp. 75-137). São Paulo: Martins Fontes.

De Carvalho, M. R., Dias, G. P., Cosci, F., Neto, V. L. de M., Bevilaqua, M. C. do N., Gardino, P. F., & Nardi, A. E. (2010). Current findings of fMRI in panic disorder: contributions for the fear neurocircuitry and CBT effects. *Expert Review of Neurotherapeutics, 10* (2), 291-303.

De Carvalho, M. R., Rozenthal, M., & Nardi, A. E. (2010). The fear circuitry in panic disorder and its modulation by cognitive-behaviour therapy interventions. *The World Journal of Biological Psychiatry, 11* (2),188-198.

Fuchs, T. (2004). Neurobiology and psychotherapy: an emerging dialogue. *Current Opinion in Psychiatry, 17*, 479-485.

Hrabok, M. & Kerns, K. A. (2010). The Development of Self-Regulation: A Neuropsychological Perspective. In B W. Sokol, U. Müller, J. I. M. Carpendale, A. R. Young, & G. Iarocci (Orgs.), *Self and social regulation, social interaction and the development of social understanding and executive functions* (pp. 129-154). Oxford: Oxford University Press.

Ledoux, J. (2001). Alguns degraus de distância. In J. Ledoux *O cérebro emocional: os misteriosos alicerces da vida emocional* (pp. 126-163). Rio de Janeiro: Objetiva.

Malloy-Diniz, L. F., Sedo, M., Fuentes, D., & Leite, W. B. (2008). Neuropsicologia das funções executivas. In D. Fuentes, L. F. Malloy-Diniz, C. H. P. Camargo, & R. M. Cosenza (Orgs.), *Neuropsicologia: teoria e prática* (pp.187-206). Porto Alegre: Artmed.

Malloy-Diniz, L. F., Fuentes, D., Mattos, P., & Abreu, N. (2010). Exame das funções executivas. In L. F. Malloy-Diniz, D. Fuentes, P. Mattos & N. Abreu (Orgs.). *Avaliação Neuropsicológica* (pp. 94-113). Porto Alegre: Artmed

Mezzasalma, M. A., Valença, A. M., Lopes, F. L. Nascimento, I., Zin, W. A., & Nardi, A. E. (2004). Neuroanatomy of panic disorder. *Revista Brasileira de Psiquiatria, 26* (3), 202-206.

Mocaiber, I., de Oliveira, L., Pereira, M. G., Pinheiro, W. M., Ventura, P. R., Figueira, I. V., & Volchan, E. (2008). Neurobiologia da regulação emocional: Implicações para a Terapia Cognitivo-Comportamental. *Psicologia em Estudo, 13* (3), 531-538.

Mohlman, J. & Gorman, J. M. (2005). The role of executive functioning in CBT: a pilot study with anxious older adults. *Behaviour Research and Therapy, 43* (4), 447-465.

Nascimento, I. & Nardi, A. E. (2005). Comorbidades. In A. E. Nardi, A. M. Valença (Orgs.), *Transtorno de Pânico: diagnóstico e tratamento* (pp. 37-49). Rio de Janeiro: Guanabara Koogan.

Porto, P. R., Oliveira, L., Volchan, E., Mari, J., Figueira, I. V., & Ventura, P. R. (2008). Evidências científicas das neurociências para a Terapia Cognitivo-Comportamental. *Paideia* (Ribeirão Preto) *18* (41), 485-494.

Porto, P. R., Oliveira, L., Mari, J., Volchan, E., Figueira, I. V., & Ventura, P. R. (2009). Does Cognitive Behavioral Therapy Change the Brain? A Systematic Review of Neuroimaging in Anxiety Disorders. *The Journal of Neuropsychiatry and Clinical Neurosciences, 21* (2), 114-125.

Prasko, J., Horacek, J., Zalesky, R., Kopeck, M., Novak, T., Paskova, B., Skrdlantová, L., Belohlávek, O., & Hoschl, C. (2004). The change of regional brain metabolism ([18]FDG PET) in panic disorder during the treatment with cognitive behavioral therapy or antidepressants. *Neuroendocrinology Letters, 25* (5), 340-348.

Rangé, B. & Borba, A. (2008). *Vencendo o Pânico: terapia integrativa para quem sofre e para quem trata o transtorno do pânico e agorafobia.* Rio de Janeiro: Cognitiva

Sakai, Y., Kumano, H., Nishikawa, M., Sakano, Y., Kaiya, H., Imabayashi, E., Ohnishi, T., Matsuda, H., Yasuda, A., Sato, A., Diksic, M., & Kuboki, T. (2006). Changes in cerebral glucose utilization in patients with panic disorder treated with cognitive-behavioral therapy. *NeuroImage, 33* (1), 218-226.

Valença, A. M. (2005). Diagnóstico. In A. E. Nardi & A. M. Valença (Org.), *Transtorno de Pânico: diagnóstico e tratamento* (pp. 11-21). Rio de Janeiro: Guanabara Koogan.

Ventura, P. (2005). Psicoterapia Cognitivo-Comportamental. In A. E. Nardi & A. M. Valença (Org.), *Transtorno de Pânico: diagnóstico e tratamento* (pp. 90-98). Rio de Janeiro: Guanabara Koogan.

Yano, Y., Meyer, S. B., & Tung, T. C. (2003). Modelos de tratamento para o transtorno do pânico. *Estudos em Psicologia* (Campinas), *20*(3), 125-134.

Wright, J. H., Basco, M. R., & Thase, M. E. (2008). *Aprendendo a Terapia Cognitivo-Comportamental: um guia ilustrado*. Porto Alegre: Artmed

Autores:

Mariana Rodrigues Poubel Alves – Graduada em Psicologia pela Universidade Federal do Rio de Janeiro.

Mariana Lessa Sucupira – Graduada em Psicologia pela Universidade Federal do Rio de Janeiro.

Bernard Pimentel Rangé – Doutor em Psicologia e Professor da Pós-Graduação em Psicologia da UFRJ.

Rosinda Martins Oliveira – Doutora em Psicologia e Professora da UFRJ.

Marcele Regine de Carvalho – Psicóloga Clínica. Doutoranda e Mestre em Saúde Mental pelo Instituto de Psiquiatria da UFRJ. Pesquisadora no Laboratório de Pânico & Respiração (IPUB/UFRJ) e INCT Translational Medicine (CNPq). Professora assistente no Instituto de Psicologia da UFRJ.

CAPÍTULO 17

Exercícios físicos no tratamento cognitivo-comportamental do Transtorno de Pânico

Aline Sardinha

17.1 Introdução

Um ataque de pânico (AP) é caracterizado por um conjunto de sintomas autonômicos de ansiedade que ocorrem de maneira súbita e na ausência de uma ameaça identificável. De acordo com a classificação atual da Associação Psiquiátrica Americana (DSM-IV), um ataque de pânico completo pode ser diagnosticado na presença concomitante de pelo menos quatro dos seguintes sintomas: (1) aceleração da frequência cardíaca ou sensação de batimento desconfortável; (2) sudorese difusa ou localizada (mãos ou pés); (3) tremores finos nas mãos ou extremidades ou difusos em todo o corpo; (4) sensação de sufocação ou dificuldade de respirar; (5) sensação de desmaio iminente; (6) dor ou desconforto no peito (o que leva muitas pessoas a achar que estão tendo um ataque cardíaco); (7) náusea ou desconforto abdominal, (8) tonteiras, instabilidade sensação de estar com a cabeça leve, ou vazia; (9) despersonalização ou desrealização; (10) medo de enlouquecer ou de perder o controle de si mesmo; (11) medo de morrer; (12) alterações das sensações táteis como sensação de dormências ou formigamento pelo corpo; (13) enrubescimento ou ondas de calor, calafrios pelo corpo (APA, 2000).

A característica essencial do Transtorno de Pânico (TP) é a presença de ataques de pânico recorrentes e inesperados, seguidos por pelo menos um mês de preocupação persistente acerca de ter outro ataque, preocupação acerca das possíveis implicações ou consequências dos ataques, ou uma alteração comportamental significativa relacionada a esses fatores (APA, 2000). Alguns pacientes temem que os ataques indiquem a presença de uma doença não diagnosticada e ameaçadora à vida (por exemplo, uma cardiopatia). Tais preocupações estão frequentemente associadas ao desenvolvimento de um comportamento de esquiva que pode satisfazer os critérios para agorafobia, diagnosticando-se, nesse caso, um transtorno de pânico com agorafobia. A característica essencial da agorafobia é uma ansiedade acerca de estar em locais ou em situações das quais escapar poderia ser difícil (ou embaraçoso) ou nas quais o auxílio pode não estar disponível na eventualidade de ter um AP ou sintomas tipo pânico (APA, 2000).

Os indivíduos com TP com frequência também têm APs predispostos por situações (associados com exposição a um ativador situacional) em que algum disparador interno ou externo ativa o sistema do medo do paciente provocando um AP (Craske, Rauch *et al.*, 2009). A ansiedade tipicamente leva à esquiva global de uma variedade de situações, que podem incluir: estar sozinho fora de casa ou estar sozinho em casa; estar em meio a uma multidão; viajar de automóvel, ônibus ou avião, ou estar em uma ponte ou elevador. Alguns indivíduos são capazes de se expor às situações temidas, mas enfrentam essas experiências com considerável temor. Frequentemente, um indivíduo é mais capaz de enfrentar uma situação temida quando acompanhado por alguém de confiança. A esquiva de situações pode prejudicar a capacidade do indivíduo de ir ao trabalho ou realizar atividades cotidianas, em especial, atividades relacionadas a algum estímulo ativador interno ou externo associados à ocorrência de APs (Craske, Roy-Byrne *et al.*, 2009).

Estudos epidemiológicos no mundo inteiro indicam consistentemente que a prevalência do transtorno durante toda a vida (com ou sem agorafobia) situa-se entre 1,5 e 3,5%. As taxas de prevalência anual estão entre 1 e 2% (APA, 2000). Os pacientes com TP apresentam grave sofrimento e restrição de funcionalidade devido ao medo da ocorrência e das consequências dos APs. A Terapia Cognitivo-Comportamental (TCC) desse transtorno passa pela educação do paciente de que os sintomas experimentados são uma reação natural do organismo e que não apresentam consequências perigosas para sua saúde (Barlow, Chorpita & Turovsky, 1996).

17.2 Aspectos da psicopatologia do Transtorno de Pânico

Em função de os indivíduos com TP experimentarem diferentes manifestações de natureza autonômica durante os APs, sendo possíveis múltiplas combinações de sintomas, cada paciente tem sua apresentação idiossincrática do quadro. Entretanto, alguns subtipos do transtorno já foram identificados, agrupando sintomas que comumente aparecem juntos em alguns pacientes (Kircanski, Craske, Epstein & Wittchen, 2009), dentre os quais o mais estudado é o subtipo respiratório do TP (Sardinha, Freire, Zin & Nardi, 2009). Uma característica comum a todos os subtipos, entretanto, é a ansiedade relacionada à ocorrência de sintomas de pânico e a estímulos percebidos como ameaçadores à saúde. A ansiedade quanto à saúde e a outros conceitos relacionados podem ser considerados, assim, fatores constituintes da psicopatologia do TP (Abramowitz, Olatunji & Deacon, 2007).

A sensibilidade à ansiedade é o medo dos sintomas decorrentes da ansiedade, assim como a crença de que esses sintomas possam produzir danos psicológicos, físicos ou sociais. Nesse sentido, altos níveis de sensibilidade à ansiedade promovem maior probabilidade de o paciente reagir de forma ansiosa a estímulos interoceptivos decorrentes da ativação autonômica provocada por situações de ansiedade e estresse (Lee *et al.*, 2006). Na medida em que os indivíduos temem ser prejudicados pelas manifestações ansiosas, sensações corporais, como coração acelerado, tonturas e falta de ar passam a ser estímulos ansiogênicos, iniciando um ciclo que pode levar a um AP (Story & Craske, 2008).

Assim, a sensibilidade à ansiedade é atualmente um fator de risco bem estabelecido na literatura, para o desenvolvimento do TP e outros transtornos de ansiedade. Além disso, esse fator parece desempenhar um papel fundamental na patofisiologia do TP, uma vez que alterações autonômicas, naturais ou provocadas atuam como fatores desencadeadores de ansiedade e APs (Eley, Stirling, Ehlers, Gregory & Clark, 2004).

Taylor e colaboradores (Taylor *et al.*, 2007) encontraram seis dimensões que compõem o constructo da sensibilidade à ansiedade e que podem aparecer em maior ou menor grau nos pacientes com TP, contribuindo para as diferentes apresentações possíveis do quadro: (1) medo de sintomas cardiovasculares; (2) medo de sintomas respiratórios; (3) medo de sintomas gastrointestinais; (4) medo de que as reações de ansiedade sejam observadas publicamente; (5) medo de sintomas neurológicos e dissociativos e (6) medo de descontrole cognitivo.

Mais especificamente, a ansiedade cardíaca é um tipo de ansiedade quanto à saúde, em que as preocupações do paciente estão especificamente voltadas para o sistema cardiovascular e para a possibilidade de ter um evento cardiovascular agudo ou de desenvolver uma doença coronariana (Zvolensky, Feldner, Eifert, Vujanovic & Solomon, 2008). Esse tipo de ansiedade envolve, ainda, dois outros fatores: 1) comportamentos de evitação de atividades ou exercícios físicos e situações desencadeantes de sintomas cardiovasculares percebidos como perigosos e 2) a hipervigilância para a ocorrência de tais sintomas (Eifert *et al.*, 2000). Pacientes com altos níveis de ansiedade cardíaca podem experimentar sensações abruptas e recorrentes de dor torácica na ausência de doença física que a explique. Tais sintomas, associados à preocupação significativa sobre suas potenciais consequências, são desencadeantes de comportamentos de segurança, como verificação da frequência cardíaca, hipervigilância aos sintomas e repetidas consultas médicas (Sardinha, Nardi & Eiffert, 2008). Esses aspectos podem ser medidos através do Questionário de Ansiedade Cardíaca, já traduzido e adaptado para uso na população brasileira (Sardinha *et al.*, 2008).

O modelo cognitivo-comportamental proposto por Zvolensky e colaboradores (Zvolensky *et al.*, 2008) para explicar a ansiedade cardíaca destaca o papel da atenção seletivamente voltada para os sintomas cardiovasculares e do condicionamento interoceptivo na origem de APs com sintomas limitados (somente sintomas cardiorrespiratórios) e da dor torácica aguda. A presença de tais características poderia consistir em um fator de vulnerabilidade para o desenvolvimento da síndrome. A ansiedade cardíaca poderia, ainda, consistir potencialmente em um subtipo distinto do TP, com características específicas e estratégias particulares de tratamento, à semelhança do que ocorre com o subtipo respiratório, mas essa hipótese precisa ser ainda verificada. É provável que a ansiedade cardíaca tenha relação com a sensibilidade à ansiedade observada nesses pacientes.

Estudos mostram que, em função dos mecanismos cerebrais responsáveis pela habituação, a sensibilidade à ansiedade e a ansiedade cardíaca ocorrem de forma menos intensa em pessoas que rotineiramente se engajam em atividades físicas e exercícios (Broman-Fulks & Storey, 2008), consistindo provavelmente em um fator de risco menor para o desenvolvimento de TP e de transtornos de ansiedade nessa população. Dessa maneira, é possível considerar a hipótese de que o exercício físico regular poderia ser utilizado como uma estratégia preventiva e também complementar aos tradicionais métodos de tratamento do TP (Sardinha, Araujo, Soares-Filho & Nardi, 2011).

17.3 Transtorno de Pânico e sedentarismo

Sintomas importantes de ansiedade e depressão são fatores que atrapalham significativamente a adesão dos indivíduos a programas de exercício (Deskur-Smielecka *et al.*, 2009). Pacientes com TP ou ansiedade quanto à saúde seriam mais sensíveis a estímulos interoceptivos, levando a que alterações autonômicas, naturais ou provocadas, se transformem em fatores desencadeadores de ansiedade e APs (Smits, Tart, Presnell, Rosenfield & Otto, 2010).

Para muitos pacientes com TP, a prática de exercícios físicos pode ser uma situação ansiogênica, dada a similaridade entre a ativação autonômica desencadeada pelo exercício e os ataques de pânico. Nesse sentido, é possível que as alterações autonômicas desencadeadas pelo exercício passem a ser o fator responsável pela esquiva fóbica a essa atividade (Story & Craske, 2008).

Outra consequência potencial dessa estratégia de esquiva é tornar os pacientes com TP mais expostos aos riscos de um estilo de vida sedentário, além de um significativo impacto na qualidade de vida. É possível também que indivíduos sedentários sejam ainda mais sensíveis a alterações autonômicas provocadas por esforço físico cotidiano, o que contribui para a manutenção do transtorno (Sardinha, Araujo, *et al.*, 2011).

Essa hipótese é fortalecida pelas evidências da literatura que sugerem que alterações da função autonômica contribuem para a patofisiologia do transtorno de pânico (Friedman & Thayer, 1998). Sabe-se também que a prática de exercícios físicos pode alterar o padrão de resposta do sistema nervoso autônomo (Ricardo, Silva, Vianna & Araujo, 2010). Essa alteração seria, inclusive, considerada um dos fatores responsáveis pela indicação da prática de exercícios com o objetivo de controlar doenças, em especial as doenças cardiovasculares.

Além disso, estudos mostram que pacientes com Transtorno de Pânico apresentaram: (a) frequência cardíaca aumentada e reduzida variabilidade da frequência cardíaca; e (b) predominância simpática no controle da frequência cardíaca, associada a um tônus vagal diminuído (Sardinha, Nardi & Zin, 2009). Segundo estudos de Oliveira *et al.* (2009), independentemente do diagnóstico, os indivíduos que praticam exercícios aeróbicos regularmente (vinte minutos de duração, pelo menos duas vezes por semana) apresentavam uma frequência cardíaca mais baixa e um aumento do tônus vagal em relação aos que não se exercitavam regularmente (Oliveira *et al.*, 2009). A baixa variabilidade cardíaca já foi relacionada, na literatura médica, ao comprometimento das funções psicológicas autorregulatórias, incluindo uma diminuição da capacidade atencional e da regulação emocional (Friedman & Thayer, 1998). Os resultados relativos à baixa variabilidade da frequência cardíaca em pacientes com Transtorno de Pânico são também consistentes com as altas taxas de morbidade e mortalidade cardiovascular encontradas nessa população (Coryell, Noyes & Clancy, 1982). Dessa forma, a prática de exercícios físicos poderia desempenhar um papel ainda mais importante no tratamento de pacientes com Transtorno de Pânico que apresentassem doenças cardiovasculares concomitantes, uma vez que pode atuar tanto na melhora da condição médica do paciente quanto em sua condição psiquiátrica (Sardinha, Araujo, *et al.*, 2011).

No caso específico dos pacientes com TP, o baixo condicionamento físico decorrente da evitação das situações de atividades é um fator potencialmente agravante do cenário, uma vez que a variabilidade da frequência cardíaca em pacientes sedentários tende a ser maior (Ricardo *et al.*, 2010). Assim, um paciente com um perfil sedentário e com níveis baixos de condição aeróbica, ao realizar uma atividade física de intensidade relativamente baixa em seu cotidiano, como subir um lance de escada, possivelmente vai experimentar um aumento mais acentuado ou desproporcional da frequência cardíaca que, percebida por um sistema do medo hipersensível, pode desencadear ansiedade e, consequentemente, mais sintomas autonômicos, talvez até um AP (Sardinha, Araújo & Nardi, 2011).

Figura 1 Exercícios físicos no modelo cognitivo do Transtorno de Pânico

Modelo Cognitivo Comportamental do Transtorno de Pânico

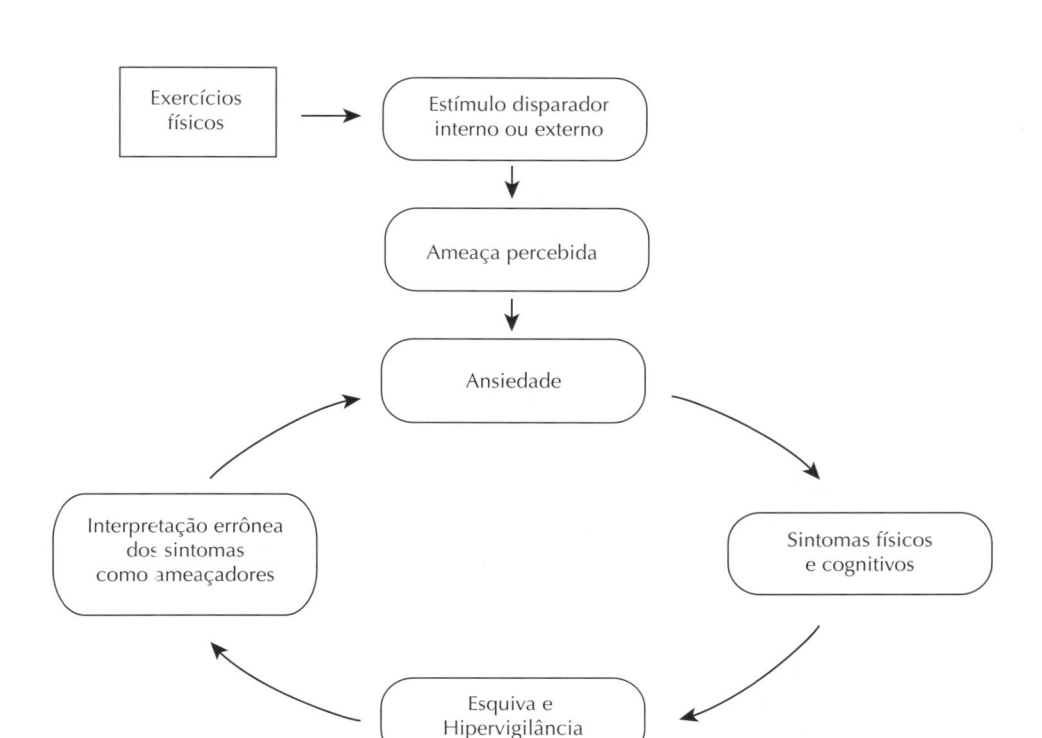

A conceituação acerca do papel dos exercícios físicos no modelo cognitivo do TP permite aventar que a hipersensibilidade aos sintomas de ansiedade poderia ser tratada, dentro do contexto da Terapia Cognitivo-Comportamental (TCC), com a prática supervisionada de exercícios físicos como uma ferramenta de dessensibilização por exposição interoceptiva, de modo a promover habituação aos sintomas físicos (Sardinha, Araujo *et al.*, 2011). É importante que profissionais de saúde mental possam lançar mão do encaminhamento para exercício físico supervisionado como ferramenta em sua prática clínica, para potencializar os resultados do tratamento do TP.

Atualmente, a exposição interoceptiva, a exposição do paciente a sintomas físicos associados à ativação autonômica experimentada durante episódios de ansiedade e ataques de pânico é considerada elemento fundamental do tratamento do Transtorno de Pânico de orientação cognitivo-comportamental (Lee *et al.*, 2006). A prática da exposição interoceptiva apresenta algumas desvantagens, uma vez que é um procedimento aversivo para os pacientes, além de exigir do terapeuta uma estrutura do espaço físico do consultório que favoreça tal prática (Sardinha, Araujo *et al.*, 2011).

A maior parte dos terapeutas orienta seus pacientes a praticar os exercícios de exposição em locais improvisados, como o próprio consultório, em casa ou subindo as escadas do prédio, por exemplo (Lee *et al.*, 2006). Entretanto, alguns pacientes podem apresentar condições médicas que impeçam a prática segura de exercícios de exposição interoceptiva sem supervisão médica, o que deixa o terapeuta em posição delicada e prejudica o progresso e a eficácia do tratamento. Pacientes com doenças cardiovasculares, respiratórias e vestibulares, entre outras, podem não ter indicação para a prática das exposições interoceptivas sem supervisão médica, em função de serem procedimentos que ativam o sistema nervoso autônomo do paciente, o que pode desencadear ou agravar a condição médica pré-existente (Sardinha, De-Melo-Neto, Falcone & Nardi, 2009; Sardinha, Freire, Zin & Nardi, 2009; Sardinha, Nardi *et al.*, 2009).

Exercícios físicos, especialmente exercícios aeróbicos – como correr, pedalar, nadar ou caminhar –, são formas possíveis de evocar tais sintomas de ativação autonômica. Entretanto, ainda assim, a postura mais segura do ponto de vista médico talvez seja encaminhar os pacientes para programas de exercício supervisionados ou para uma avaliação médica antes do início da prática. Outra vantagem importante da prática supervisionada concerne à psicopatologia da ansiedade: uma vez que a sessão de exercício nessas situações funcionaria como uma exposição interoceptiva, é possível que os pacientes empreguem uma série de estratégias evitativas e comportamentos de segurança que poderiam potencialmente comprometer a eficácia da intervenção. Nesses casos, uma opção é estar acompanhado por um terapeuta ou um acompanhante treinado.

No contexto da TCC, a prescrição de exercícios pode ter impacto indireto também nos aspectos cognitivos relacionados ao TP, como a ansiedade cardíaca e a sensibilidade à ansiedade, permitindo, a partir da exposição, a reestruturação de crenças relacionadas à vulnerabilidade/fragilidade do organismo (Sardinha, Araujo *et al.*, 2011; Sardinha, Araújo *et al.*, 2011). É possível levantar hipóteses sobre a ocorrência de um possível efeito indireto também nos aspectos comportamentais do TP, principalmente relacionados aos comportamentos de segurança e à esquiva fóbica. Contudo, é possível que a intervenção cognitiva paralela à prática de exercícios seja necessária para alcançar tais efeitos (Sardinha, Araújo *et al.*, 2011).

17.4 Evidências existentes acerca do potencial papel terapêutico dos exercícios físicos

Em uma revisão recente (Sardinha, Araujo *et al.*, 2011), Sardinha e colaboradores evidenciaram que os exercícios físicos podem desempenhar um papel importante no tratamento do TP. Tal efeito se daria primariamente através do seu efeito antipânico agudo (Strohle *et al.*, 2009) e do impacto da prática regular na melhora dos sintomas (Broocks *et al.*, 1998).

Smits *et al.* (2010) demonstraram que a participação em um programa de exercício na esteira durante duas semanas foi eficaz na redução da sensibilidade à ansiedade, mesmo sem concomitantes intervenções fisioterapêuticas, sugerindo que o exercício supervisionado pode ser prescrito como uma intervenção para além Terapia Cognitivo-Comportamental para pacientes com TP, com base na observação de que a sensibilidade à ansiedade parece desempenhar papel fundamental na fisiopatologia desse transtorno. Essa recomendação foi testada recentemente e tem mostrado resultados encorajadores, também com intervenções breves (seis sessões) (Broman-Fulks & Storey, 2008) e de baixa intensidade de exercícios, tais como andar (Merom *et al.*, 2008).

Existe ainda um crescente número de evidências que apontam para os benefícios potenciais do exercício aeróbico como ferramenta auxiliar no tratamento de ansiedade e do TP. Broocks *et al.* (1998) compararam o efeito terapêutico de um programa de dez semanas em execução para pacientes com transtorno de pânico para um tratamento medicamentoso com clomipramina e placebo e descobriram que o exercício aeróbico regular sozinho está associado à melhoria clínica significativa nos pacientes que sofrem de TP, em comparação com o placebo, mas que era menos eficaz do que o tratamento com clomipramina. Mais tarde, os mesmos autores compararam os resultados terapêuticos de exercícios aeróbicos com técnicas de relaxamento e uso de paroxetina. Os resultados mostraram que, enquanto a paroxetina foi superior ao placebo, o exercício aeróbico não diferiu do treinamento de relaxamento na maioria das medidas de eficácia (Wedekind *et al.*, 2010).

Outros resultados mostraram, ainda, que o exercício físico apresenta um efeito antipânico agudo entre os indivíduos saudáveis submetidos a situações que induzem sintomas de pânico, como a inalação de CO_2 a 35% (Esquivel, Schruers, Kuipers & Griez, 2002). Esse resultado foi replicado também mais recentemente em pacientes com TP por Ströhle e colaboradores (Ströhle *et al.*, 2005). Após uma sessão de exercícios físicos em esteira ergométrica, esses indivíduos experimentaram um aumento dos sintomas somáticos acompanhados de uma redução da ansiedade. Nesse sentido, pode-se considerar que apesar de os sintomas autonômicos ficarem exacerbados nesses indivíduos, possivelmente em função do condicionamento interoceptivo já estabelecido, o impacto do exercício sobre a sensibilidade à ansiedade pode ser benéfico no sentido de permitir aos indivíduos com TP se expor a situações de ativação autonômica que poderão funcionar como exposição interoceptiva e contribuir para a extinção do condicionamento interoceptivo presente no TP.

Mais recentemente, Sardinha e colaboradores (Sardinha, Araújo *et al.*, 2011) propuzeram a utilização de treinamento aeróbico intervalar com uma paciente em tratamento com TCC, como uma maneira de habituá-la às repetidas variações da frequência cardíaca (FC), através de ciclos de intensidade variável de exercício ao longo da sessão de exercício. No caso relatado, na medida em que – durante doze sessões de trinta minutos – a paciente foi exposta a aumentos e decréscimos em sua FC, foi possível promover habituação do sistema do medo, o que pode ser constatado pela redução da ansiedade percebida durante o exercício e da ansiedade cardíaca ao final do programa. Apesar de não haver outros relatos na literatura acerca da utilização de treinamento aeróbico intervalado na terapêutica do TP até o momento, é possível considerar a hipótese, a partir deste caso, de que a inserção de momentos de treinamento aeróbico intervalar em adição às medicações e à TCC pode ser uma estratégia terapêutica promissora em casos de pacientes com TP e ansiedade cardíaca.

Por último, as atividades físicas parecem exercer também um impacto positivo no curso e no prognóstico de diversas outras condições clínicas relacionadas ao pânico, como as disfunções respiratórias (Sardinha, Freire *et al.*, 2009), cardiovasculares (Blumenthal *et al.*, 2005; Sardinha, Araujo *et al.*, 2011) e vestibulares (Sardinha, De-Melo-Neto *et al.*, 2009), possivelmente também seriam beneficiados pela prática regular de exercícios. Os mecanismos responsáveis pela associação entre atividade física e saúde mental parecem ser de ordem biológica, psicológica e social, destacando-se os efeitos sobre o sistema serotoninérgico (Esquivel *et al.*, 2008) e o papel do fator neurotrófico cerebral (BDNF) (Strohle *et al.*, 2010) e do condicionamento físico.

17.5 Considerações finais

Os resultados dos estudos apresentados neste capítulo representam um avanço importante na integração entre as intervenções cognitivo-comportamentais e a saúde geral dos pacientes. A recomendação sistemática da prática de exercícios físicos pode ser usada, no contexto da terapia, tanto como uma ferramenta potencial para a exposição interoceptiva quanto para fins de reestruturação cognitiva das crenças relacionadas à vulnerabilidade aos sintomas físicos.

O avanço das pesquisas nesse (ainda insipiente) campo do conhecimento visa, ainda, a clarificar a relação entre sintomas associados ao pânico – como a evitação fóbica, a sensibilidade à ansiedade e a ansiedade cardíaca e a manutenção de um estilo de vida pouco saudável – ao sedentarismo e à síndrome metabólica, nos pacientes com TP. A partir disso, será possível avançar na compreensão dos aspectos psicológicos que intermediam tal relação, permitindo o desenvolvimento de estratégias cognitivo-comportamentais especificamente voltadas para modificar esses comportamentos.

Por último, a integração da psicoterapia no contexto mais amplo da saúde promoverá uma aproximação do psicoterapeuta com os demais integrantes da equipe de saúde, no caso, os médicos, os nutricionistas e os profissionais de educação física. É possível que o trabalho multidisciplinar integrado possa contribuir para o aprimoramento da saúde e da qualidade de vida dos pacientes de maneira mais eficaz do que a soma das intervenções específicas isoladas.

17.6 Referências

Abramowitz, J. S., Olatunji, B. O., & Deacon, B. J. (2007). Health anxiety, hypochondriasis, and the anxiety disorders. *Behavior Therapy, 38* (1), 86-94.

APA. (2000). *Diagnostic and Statistical Manual of Mental Disorders, Fourth Edition (DSM-IV).* Washington, DC: APA.

Barlow, D. H., Chorpita, B. F., & Turovsky, J. (1996). Fear, panic, anxiety, and disorders of emotion. *Nebr Symp Motiv, 43,* 251-328.

Blumenthal J. A., Sherwood A., Babyak M. A., Watkins L. L., Waugh R, Georgiades A., Bacon S.L., Hayano J, Coleman R.E., Hinderliter A. (2005). Effects of exercise and stress management training on markers of cardiovascular risk in patients with ischemic heart disease: a randomized controlled trial. *Jama, 293* (13), 1626-1634.

Broman-Fulks, J. J. & Storey, K. M. (2008). Evaluation of a brief aerobic exercise intervention for high anxiety sensitivity. *Anxiety Stress Coping, 21* (2), 117-128.

Broocks A., Bandelow B., Pekrun G., George A., Meyer T., Bartmann U., Hillmer-Vogel U., Rüther E. (1998). Comparison of aerobic exercise, clomipramine, and placebo in the treatment of panic disorder. *Am J Psychiatry, 155* (5), 603-609.

Coryell, W., Noyes, R., & Clancy, J. (1982). Excess mortality in panic disorder. A comparison with primary unipolar depression. *Arch Gen Psychiatry, 39* (6), 701-703.

Craske, M. G., Rauch, S. L., Ursano, R., Prenoveau, J., Pine, D. S., & Zinbarg, R. E. (2009). What is an anxiety disorder? *Depress Anxiety, 26* (12), 1066-1085.

Craske, M. G., Roy-Byrne, P. P., Stein, M. B., Sullivan, G., Sherbourne, C., & Bystritsky, A. (2009). Treatment for anxiety disorders: Efficacy to effectiveness to implementation. *Behav Res Ther, 47* (11), 931-937.

Deskur-Smielecka, E., Borowicz-Bienkowska, S., Brychcy, A., Wilk, M., Przywarska, I., & Dylewicz, P. (2009). Why patients after acute coronary syndromes do not participate in an early outpatient rehabilitation programme? *Kardiol Pol, 67* (6), 632-638.

Eifert, G. H., Thompson, R. N., Zvolensky, M. J., Edwards, K., Frazer, N. L., Haddad, J. W., Davig J. (2000). The cardiac anxiety questionnaire: development and preliminary validity. *Behav Res Ther, 38* (10), 1039-1053.

Eley, T. C., Stirling, L., Ehlers, A., Gregory, A. M., & Clark, D. M. (2004). Heart-beat perception, panic/somatic symptoms and anxiety sensitivity in children. *Behav Res Ther, 42* (4), 439-448.

Esquivel, G., Diaz-Galvis, J., Schruers, K., Berlanga, C., Lara-Munoz, C., & Griez, E. (2008). Acute exercise reduces the effects of a 35% CO2 challenge in patients with panic disorder. *J Affect Disord, 107*(1-3), 217-220.

Esquivel, G., Schruers, K., Kuipers, H., & Griez, E. (2002). The effects of acute exercise and high lactate levels on 35% CO2 challenge in healthy volunteers. *Acta Psychiatr Scand, 106* (5), 394-397.

Friedman, B. H. & Thayer, J. F. (1998). Autonomic balance revisited: panic anxiety and heart rate variability. *J Psychosom Res, 44* (1), 133-151.

Kircanski, K., Craske, M. G., Epstein, A. M., & Wittchen, H. U. (2009). Subtypes of panic attacks: a critical review of the empirical literature. *Depress Anxiety, 26* (10), 878-887.

Lee, K. N. Y., Nakano, Y., Ogawa, S., Kinoshita, Y., Funayama, T., Furukawa, T. A. (2006). Interoceptive hypersensitivity and interoceptive exposure in patients with panic disorder: specificity and effectiveness. *BMC Psychiatry, 6* (32).

Merom, D., Phongsavan, P., Wagner, R., Chey, T., Marnane, C., Steel, Z., Silove, D., Bauman, A. (2008). Promoting walking as an adjunct intervention to group cognitive behavioral therapy for anxiety disorders – a pilot group randomized trial. *J Anxiety Disord, 22* (6), 959-968.

Oliveira, R. B., Myers, J., Araujo, C. G., Abella, J., Mandic, S., & Froelicher, V. (2009). Maximal exercise oxygen pulse as a predictor of mortality among male veterans referred for exercise testing. *Eur J Cardiovasc Prev Rehabil, 16* (3), 358-364.

Ricardo, D. R., Silva, B. M., Vianna, L. C., & Araujo, C. G. (2010). Cardiac vagal withdrawal and reactivation during repeated rest-exercise transitions. *Eur J Appl Physiol, 110* (5), 933-942.

Sardinha, A., Araujo, C. G. S., Soares-Filho, G. L., & Nardi, A. E. (2011). Anxiety, panic disorder and coronary artery disease: issues concerning physical exercise and cognitive behavioral therapy. *Expert Rev Cardiovasc Ther, 9* (2), 165-175.

Sardinha, A., Araújo, C. G. S. de, & Nardi, A. E. (2011). Treinamento físico intervalado como ferramenta na Terapia Cognitivo-Comportamental do Transtorno de Pânico. *Jornal Brasileiro de Psiquiatria, 60,* 227-230.

Sardinha, A., De-Melo-Neto, V. L., Falcone, E. M., & Nardi, A. E. (2009). Phobic postural vertigo: a cognitive-behavior approach. *Arq Neuropsiquiatr, 67* (1), 123-124.

Sardinha, A., Freire, R. C., Zin, W. A., & Nardi, A. E. (2009). Respiratory manifestations of panic disorder: causes, consequences and therapeutic implications. *J Bras Pneumol, 35* (7), 698-708.

Sardinha, A., Nardi, A. E., & Eiffert, G. H. (2008). Tradução e adaptação transcultural da versão brasileira do Questionário de Ansiedade Cardíaca. *Rev Psiquiatr RS, 30* (2), 139-149.

Sardinha, A., Nardi, A. E., & Zin, W. A. (2009). Are panic attacks really harmless? The cardiovascular impact of panic disorder. *Rev Bras Psiquiatr, 31* (1), 57-62.

Smits, J. A., Tart, C. D., Presnell, K., Rosenfield, D., & Otto, M. W. (2010). Identifying potential barriers to physical activity adherence: anxiety sensitivity and body mass as predictors of fear during exercise. *Cogn Behav Ther, 39* (1), 28-36.

Story, T. J. & Craske, M. G. (2008). Responses to false physiological feedback in individuals with panic attacks and elevated anxiety sensitivity. *Behav Res Ther, 46* (9), 1001-1008.

Strohle, A., Feller, C., Onken, M., Godemann, F., Heinz, A., & Dimeo, F. (2005). The acute antipanic activity of aerobic exercise. *Am J Psychiatry, 162* (12), 2376-2378.

Ströhle, A., Graetz, B., Scheel, M., Wittmann, A., Feller, C., Heinz, A., Dimeo, F. (2009). The acute antipanic and anxiolytic activity of aerobic exercise in patients with panic disorder and healthy control subjects. *J Psychiatr Res, 43* (12), 1013-1017.

Strohle, A., Stoy, M., Graetz, B., Scheel, M., Wittmann, A., Gallinat, J., Lang, U.E., Dimeo, .F, Hellweg, R. (2010). Acute exercise ameliorates reduced brain-derived neurotrophic factor in patients with panic disorder. *Psychoneuroendocrinology, 35* (3), 364-368.

Taylor, S., Zvolensky, M. J., Cox, B. J., Deacon, B., Heimberg, R. G., Ledley, D. R., Abramowitz, J. S.; Holaway, R. M.; Sandin, B.; Stewart, S. H.; Coles, M.; Eng, W.; Daly, E. S.; Arrindell, W. A.; Bouvard, M.; Cardenas, S. J. (2007). Robust dimensions of anxiety sensitivity: development and initial validation of the Anxiety Sensitivity Index-3. *Psychol Assess, 19* (2), 176-188.

Wedekind, D., Broocks, A., Weiss, N., Engel, K., Neubert, K., & Bandelow, B. (2010). A randomized, controlled trial of aerobic exercise in combination with paroxetine in the treatment of panic disorder. *World J Biol Psychiatry, 11* (7), 904-913.

Zvolensky, M. J., Feldner, M. T., Eifert, G. H., Vujanovic, A. A., & Solomon, S. E. (2008). Cardiophobia: a critical analysis. *Transcult Psychiatry, 45* (2), 230-252.

Autora:

Aline Sardinha – Psicóloga clínica e terapeuta cognitivo-comportamental. Mestre e Doutoranda do Laboratório de Pânico e Respiração. Programa de Pós-Graduação em Psiquiatria e Saúde Mental do Instituto de Psiquiatria da Universidade Federal do Rio de Janeiro (IPUB/UFRJ). Instituto Nacional de Ciência e Tecnologia Translational Medicine (INCT-TM, CNPq).

O uso da realidade virtual no tratamento do Transtorno de Pânico

Marcele Regine de Carvalho

18.1 Introdução

Atualmente o avanço tecnológico tem possibilitado o surgimento de novas ferramentas para pesquisa, ensino e intervenções na área da saúde. A realidade virtual (RV) é uma das novas promessas em saúde que pode contribuir também em processos psicoterapêuticos. A RV pode ser definida como uma interface tridimensional que coloca o sujeito em condição de troca com ambiente recriado via computador. Permite também diferentes modalidades de interação humana (Maltby, Kirsch, Mayers & Allen, 2002). Baños (2005) define a realidade virtual como uma experiência humana, uma avançada comunicação de interface, isto é, uma interação dos componentes computacionais físicos e de informação com os canais sensório-motores do indivíduo, que permite ao usuário experimentar "outras realidades" (Baños, 2005; Riva, 2005). Atribuir ao indivíduo atividade é o aspecto fundamental dessas definições: o indivíduo não fica passivo às imagens e a outros elementos sensoriais disponíveis, não fica restrito à simples observação, ele modifica o ambiente em que está inserido sensorialmente e é passível de modificações e de incorporar informação a partir da interação.

Os *softwares* de realidade virtual podem ser constituídos de maneira que os ambientes virtuais reproduzam situações muito próximas à realidade e que sirvam como cenário para o tratamento de diferentes transtornos psiquiátricos, como o Transtorno do Pânico (TP), por exemplo. Os pacientes podem utilizar equipamentos que facilitam a sensação de imersão nos ambientes virtuais, como óculos especiais com monitores e traçadores de posição. O importante durante a interação com o ambiente virtual é potencializar o senso de presença. A interação no ambiente virtual é capaz de propiciar ilusão perceptual de não mediação, ou seja, o indivíduo deixa de perceber a existência de mídia em seu ambiente de comunicação e passa a responder como se ela não existisse. A diferença entre ambiente virtual e realidade desaparece (Riva, 2005). Essa ilusão de não mediação é parte integrante de um aspecto essencial no estudo da RV como ferramenta psicoterapêutica, que diz respeito ao conceito de presença (*presence*) e, principalmente, a sua aplicação prática.

De maneira sucinta, presença é sentir-se mais parte do ambiente virtual do que do ambiente real em que se está fisicamente presente. A presença é potencializada quando o usuário está mais envolvido em atividades ou tarefas (Wiederhold *et al.*, 2002) e depende do grau de interação e interatividade existente, tanto no ambiente real quanto no virtual (Othmer & Kaiser, 2000).

A presença em um ambiente virtual tem relação com a reprodução de características físicas da realidade e estímulos auditivos e táteis podem ser acrescentados para aumentar a imersão no ambiente (Jang *et al.*, 2000). Porém, sentir o espaço virtual e estar "realmente" imerso nele dependerá mais da forma de locomoção e ação do que de outros estímulos sensoriais e da qualidade de imagem (Othmer & Kaiser, 2000). A esses elementos é preciso, ainda, acrescentar a necessidade de criar e compartilhar a rede cultural que dá significado e visibilidade à população e aos objetos que habitam o ambiente virtual.

18.2 A TCC e as exposições virtuais no Transtorno do Pânico

O TP é um transtorno crônico que influencia muito a qualidade de vida dos pacientes. Entre as características do TP estão as intensas reações simpáticas súbitas – os ataques de pânico (AP) – acompanhadas de pelo menos uma das seguintes características: medo ou ansiedade de apresentar futuros ataques de pânico, preocupação com as consequências dos ataques ou mudança comportamental significativa em função dos ataques (APA, 1994). A agorafobia envolve a ansiedade acerca de ter um AP em situações nas quais escapar ou ter auxílio possa ser difícil. Nesses casos, ansiedade antecipatória e comportamentos de esquiva são observados, assim como a necessidade de acompanhantes em situações ansiogênicas.

A Terapia Cognitivo-Comportamental (TCC) é uma forma eficaz de tratamento psicológico para TP quando comparada a grupos controles, medicação e outras formas de psicoterapias não estruturadas (Beck, Sokol, Clark, Berchik & Wright, 1992; Clum, Clum & Surls, 1993). Atualmente, em TCC, quatro focos são apontados como essenciais no tratamento do TP: exposição (situacional para esquiva agorafóbica e interoceptiva para sinais corporais temidos), reestruturação cognitiva focada nas interpretações catastróficas das sensações corporais, treino de habilidades de manejo de sintomas corporais (relaxamento aplicado) e treino respiratório (Rangé & Bernik, 2001).

A exposição é uma técnica já estabelecida em Terapia Comportamental, muito útil para o enfrentamento e o manejo do medo e da ansiedade presentes nos AP e na agorafobia. Muitos pacientes com TP e agorafobia costumam evitar ou fugir de certas situações ou atividades na tentativa de não provocar as sensações temidas de um AP ou buscar um alívio para elas. Assim, são reforçados pelo alívio imediato, mas acabam mantendo o medo e as crenças de que os sintomas são realmente perigosos. No entanto, é importante que os pacientes vivenciem tais situações e se engajem nas atividades temidas para verificar se as consequências que temem de fato se concretizam (Clark, 1997).

Exposições são procedimentos terapêuticos em que se expõe o cliente aos estímulos ansiogênicos (internos ou externos) temidos de forma a provocar habituação e extinção de respostas ansiosas e agorafóbicas. A exposição interoceptiva tem base nas considerações de Goldstein e Chambless (1978) sobre o condicionamento pavloviano interoceptivo, em que os estímulos condicionados são sensações corporais. Assim, os exercícios de exposição interoceptiva visam a provocar ativação autonômica (simulando as sensações corporais de um AP) de modo a desfazer a associação entre as sensações autonômicas iniciais, típicas da ansiedade, e as finais, referentes a um AP (Barlow, 1988; Barlow & Cerny, 1999). O objetivo, então, é que o paciente consiga experimentar sintomas de ansiedade sem ter um AP.

As exposições exteroceptivas visam ao fortalecimento da autoeficácia dos pacientes através de exposições a situações e atividades temidas ou evitadas, visando à queda da ansiedade com o estímulo ansiogênico e a consequente extinção das respostas de medo e ansiedade. Por meio das exposições situacionais também é possível o teste de realidade, ou seja, fazer com que os pacientes percebam que as consequências temidas e antecipadas em relação aos AP não se confirmam. É recomendável que as exposições sejam:

- **graduais:** a exposição inicia-se pelas situações que evocam menor desconforto até chegar às mais desconfortáveis; para isso, constrói-se com o paciente uma lista com a hierarquia das situações a serem enfrentadas, só sendo possível passar para a próxima situação programada quando a ansiedade com relação à situação atual tiver sido superada;

- **prolongadas:** deve-se permanecer na situação ansiogênica até que haja redução significativa da ansiedade;

- **sistemáticas:** quanto mais frequentes, melhores os resultados.

É importante que o paciente mantenha o foco de atenção na situação e não use mecanismos para se distrair, para que a ansiedade realmente seja evocada e os efeitos sejam obtidos (Barlow & Cerny, 1999). Dessa forma, a tendência é que, à medida que as exposições se repitam, as situações que provocavam ansiedade sejam avaliadas de maneira mais realista e que os estímulos que antes provocavam ansiedade não mais desencadeiem essa emoção, o que se consegue através da habituação.

As exposições geralmente são realizadas em duas modalidades: ao vivo e de forma imaginária. As exposições ao vivo são feitas em ambientes reais; as exposições imaginárias utilizam a construção de imagens mentais com os estímulos que são ansiogênicos para os pacientes. Na TCC, como o uso de técnicas de exposição é uma intervenção já estabelecida, pode então ser estendida a ambientes virtuais de acordo com necessidades específicas do paciente (e ser testada de forma mais sistemática para avaliar seus resultados). Assim, nas exposições virtuais os estímulos temidos (sensações, situações ansiogênicas) são integrados em ambientes virtuais apropriados que permitam interação, possibilitando que o paciente aja em tais cenários da mesma maneira que agiria em um ambiente real. O senso de presença, como definido anteriormente, gerado nos ambientes virtuais e o envolvimento sensório-motor podem proporcionar sensação de imersão realista e vívida.

Assim como nas exposições ao vivo e imaginárias, é possível construir junto ao paciente uma lista com a hierarquia das situações e dos estímulos temidos correspondentes à realidade. O planejamento gradual para as exposições pode ser realizado a partir de alterações em um menu de ferramentas (com as alternativas de modificações que podem ser feitas no ambiente virtual). Essa flexibilidade dos ambientes virtuais garante individualizar o tratamento, adequando-o às necessidades de cada cliente.

A implementação da realidade virtual nos exercícios de exposição pode ser indicada como alternativa tanto para as exposições imaginárias quanto para as desenvolvidas ao vivo, podendo ser um passo intermediário para o confronto direto com as situações temidas.

Sabe-se que a RV é um meio tão efetivo quanto a realidade para induzir respostas emocionais (Riva, 2005). Um alto grau de presença está relacionado com maior resposta à terapia, melhores resultados do tratamento e efeitos positivos prolongados (Riva, Bacchetta, Cesa, Conti & Molinari, 2003). Porém, nem sempre os pacientes, ao serem expostos aos ambientes virtuais, sentem-se imediatamente imersos, presentes. Alguns pacientes precisam de algumas sessões para alcançar esse resultado, enquanto outros sentem-se imersos no ambiente virtual logo em seu contato inicial (Riva *et al.*, 2003).

Alguns poucos estudos já apontam resultados em relação ao tratamento cognitivo-comportamental e ao uso de RV. Um deles verificou a eficácia da exposição interoceptiva em duas condições: usual e com aparato de RV. Nessa segunda condição, houve a simulação de sintomas de visão embaçada e visão em túnel, além de estímulos auditivos que sugeriam taquicardia e respiração ofegante. Os resultados demonstraram que ambas intervenções reduziram significativamente as variáveis clínicas mensuradas no pós-tratamento, com a manutenção dos resultados em um período de acompanhamento de três meses (Pérez-Ara *et al.*, 2010).

Vincelli *et al.* (2003) compararam três grupos: controle, TCC com exposição virtual e apenas TCC, visando a avaliar a eficácia dos tratamentos. Os autores verificaram que nos dois grupos de tratamento houve redução significativa de AP, do nível de depressão e do estado e do traço de ansiedade. A diferença foi constatada no tempo de obtenção desses resultados: o grupo de tratamento com exposições virtuais chegou a tais resultados com apenas oito sessões, enquanto o outro grupo de tratamento foi submetido a doze sessões.

Choi *et al.* (2005) testaram a eficácia de um tratamento para TP com agorafobia de exposição virtual de quatro sessões comparado a um tratamento cognitivo-comportamental (Panic Control Program) de doze sessões. Os dois grupos de tratamento apresentaram melhoras significativas após o tratamento, porém a efetividade em longo prazo foi maior no grupo que não obteve exposições virtuais no protocolo de tratamento. Outro dado importante percebido nos testes foi que a TCC foi mais efetiva na modificação das medidas relacionadas à avaliação cognitiva da ansiedade, enquanto o tratamento com exposições virtuais se sobressaiu no manejo da ansiedade-traço.

Em outro estudo, sujeitos diagnosticados com agorafobia foram submetidos ao tratamento de exposição virtual, que incluía treino em relaxamento em dez diferentes cenários, para verificar sua eficácia. Imediatamente ao experienciar as sessões de RV, os sujeitos relataram sintomas físicos. No decorrer da exposição não foram relatadas mudanças fisiológicas e também não houve aumento nos escores da escala SUDS. Verificou-se, ainda, que a maioria dos participantes não conseguiu se sentir imerso nos ambientes virtuais, e as exposições foram suspensas após a segunda sessão. Foram apontaram alguns fatores como possíveis variáveis que influenciaram de forma negativa a imersão dos sujeitos nos cenários virtuais: por exemplo, o tempo de uso dos capacetes com monitores que deixou os participantes desconfortáveis e seu campo de visão de cinquenta graus que dificultou a imersão; a presença contínua do terapeuta próximo ao sujeito durante toda a exposição; a luz que permitia visão através da fenda do capacete; o desconforto dos sensores acoplados ao corpo para mensurar dados fisiológicos e a indefinição sobre os limites das verbalizações do terapeuta (Jang *et al.*, 2000).

18.3   Vantagens e limitações do uso da RV

Alguns pacientes podem demonstrar dificuldade em imaginar cenas evocativas de ansiedade ou manter-se imaginando essas cenas durante exposições imaginárias. Nos cenários virtuais, diferentemente dos cenários imaginários, as cenas para exposição são constituídas por estímulos concretos que facilitam o envolvimento emocional, aumentando a probabilidade de extinção da resposta de medo. Além disso, existe a possibilidade de acrescentar ao cenário estímulos sensoriais diversos que enriquecem a experiência virtual. Essa é uma interessante possibilidade, já que os programas de RV podem oferecer exposição situacional e interoceptiva ao mesmo tempo. Várias simulações de sensações corporais, através de efeitos auditivos e efeitos ópticos – como dificuldades respiratórias, aumento da frequência cardíaca, visão em túnel, visão turva – podem ser introduzidas no ambiente virtual, a fim de atingir maior ativação da resposta de ansiedade durante a exposição virtual para situações agorafóbicas (Botella *et al.*, 2004).

Em algumas situações a exposição ao vivo não é possível ou a ansiedade diante da situação real ainda é extrema, o que dificulta a entrada ou a permanência do paciente à situação de exposição. A exposição virtual é uma solução para a primeira situação e uma alternativa para a segunda, sendo uma ponte para o enfrentamento da situação real.

Respeitar a hierarquia dos estímulos a serem enfrentados é um ponto bastante importante nas exposições. Os *softwares* de realidade virtual podem possuir flexibilidade na constituição de seus ambientes virtuais, permitindo manipular grande quantidade de estímulos, estruturando o ambiente conforme as necessidades dos pacientes, além de monitorar as respostas que eles apresentam na interação com o cenário virtual. Essas possibilidades incrementam a efetividade terapêutica do tratamento de exposição virtual, permitem maior segurança ao paciente e evitam surpresas em relação ao controle dos estímulos a serem enfrentados, dificuldade às vezes encontradas nos tratamentos de exposição ao vivo (De Carvalho, Freire & Nardi, 2010).

Outra vantagem do uso de RV é a grande aceitabilidade desse tipo de tratamento por parte dos pacientes. Garcia-Palacios, Hoffman, See, Tsai e Botella (2001) mostram que 80% dos participantes de seu estudo prefeririam exposições virtuais a exposições ao vivo. É possível que esse resultado reflita algum tipo de evitação aos estímulos reais, entretanto, de qualquer forma, é vantajoso que o paciente considere inicialmente a exposição virtual como forma de tratamento, o que pode funcionar como preparação para futuras exposições ao vivo como continuidade do tratamento.

Outro ponto que pode contribuir para a adesão é a maior confidencialidade do tratamento, que é realizado em consultório (Botella *et al.*, 2004; Cárdenas, Munõz, González & Uribarren, 2006). Devido à sensação de segurança que esse tipo de tratamento pode oferecer, o cenário virtual também pode propiciar a expressão de pensamentos e sentimentos que em situações reais poderiam ser difíceis de ser abordados, e, ao fazê-lo nessas condições, o relacionamento terapêutico pode ser fortalecido (Riva, 2005).

Nos programas de RV é possível monitorar uma grande variedade de parâmetros comportamentais e fisiológicos associados aos sintomas dos pacientes, permitindo sua investigação por pesquisadores e terapeutas. Especificamente, é mais simples gravar e monitorar o movimento de um participante no ambiente virtual do que no ambiente real. Além disso, medidas fisiológicas, como frequência cardíaca, pressão arterial e condutância da pele podem ser obtidas concomitantemente com as medidas de movimentação no ambiente virtual.

Sobre as limitações que concernem ao uso dessa tecnologia, cabe ressaltar que, no momento atual, merece grande atenção seu alcance e os esforços na tentativa de manejá-la. Por exemplo, é possível que nos ambientes virtuais os usuários experimentem *"cybersickness"*, um fenômeno definido pela presença de sintomas desconfortáveis (como vista cansada, fadiga, tontura, ataxia) que atrapalham a experiência virtual.

Além dos efeitos imediatos, sintomas de *cybersickness* consequentes à interação, como *flashbacks* visuais, desorientação e distúrbios de equilíbrio, podem acontecer até doze horas após a exposição ao ambiente virtual (Kennedy, Lanham, Drexler, Massey & Lilienthal, 1997). Esses sintomas desconfortáveis, que também se confundem com sintomas ansiosos em alguma medida, podem influenciar no abandono do tratamento antes que ele se mostre eficaz. *Softwares* limitados, que não permitem flexibilidade, devido a necessidades que não foram previamente incluídas no programa, podem fazer com que as possibilidades de exposição limitem-se a um protocolo rígido, o que dificulta a adequação dos ambientes virtuais às necessidades específicas de cada paciente (De Carvalho *et al.*, 2010).

Riva e Wiederhold (2002) apontam a carência de estudos controlados no campo da RV que demonstrem suas vantagens clínicas e econômicas, apesar de a teoria que respalda seu uso já estar consolidada. A falta de protocolos padronizados também é uma deficiência nessa forma de tratamento, o que aponta para a necessidade de pesquisas para a constituição de padrões de ampla aplicação. Por último, e não menos importante, cabe ressaltar que no Brasil esse tipo de tecnologia não é de fácil acesso devido aos custos dos equipamentos necessários e da construção dos ambientes virtuais. Atualmente, essa técnica costuma ser oferecida, na grande maioria dos casos, em centros universitários de pesquisa (Costa, De Carvalho, Drummond, Wauke & Guimarães, 2002; De Carvalho *et al.*, 2010).

18.4 Conclusões

Apesar dos bons resultados preliminares da RV aplicada ao tratamento do TP, sabe-se da importância de que mais estudos científicos controlados verifiquem a eficácia a respeito de sua aplicação clínica e também as possibilidades ainda inexploradas, principalmente na constituição dos ambientes virtuais e de protocolos de atendimento, bem como no uso de aparatos tecnológicos cada vez mais imersivos.

Também não se deve perder de vista a importância do conhecimento técnico e da experiência do terapeuta na condução de todo o processo, assim como deve-se valorizar porá construção de uma sólida relação terapêutica. O uso de aparatos tecnológicos de forma alguma pode substituir esses elementos fundamentais em psicoterapia e, não necessariamente, implica em uma nova abordagem teórica. O uso de exposições virtuais também não tem como objetivo substituir definitivamente as exposições imaginárias ou ao vivo. A finalidade é, então, potencializar os tratamentos já existentes e/ou expandir as possibilidades das técnicas já utilizadas (Riva, Molinari & Vincelli, 2002).

As exposições virtuais no TP podem ser utilizadas para transpor algumas das limitações de exposições imaginárias e as limitações relacionadas ao desconforto inicial que pode levar a evitações da exposição ao vivo. Pode ser, assim, um passo anterior ao enfrentamento da situação real, de modo a aumentar a autoeficácia do cliente, para que ele se sinta pronto para realizar a exposição ao vivo posteriormente.

18.5   Referências

American Psychiatric Association – APA. (1994). *Diagnostic and Statistical Manual for Mental Disorders.* 4 ed. Washington, DC: American Psychiatric Press.

Baños, R. M. (2005). Commentary on Riva, G., Virtual reality in psychotherapy: review. *Cyberpsychol Behav, 8* (3), 232-233.

Barlow, D. H. (1988). *Anxiety and its disorders: the nature o treatment of anxiety and panic.* New York: Guilford.

Barlow, D. H. & Cerny, J. A. (1999). *Tratamento psicológico do pânico.* Porto Alegre: Artes Médicas Sul.

Beck, A. T., Sokol, L., Clark, D. A., Berchik, R., & Wright, F. (1992). A crossover study of focused cognitive therapy for panic disorder. *Am J Psychiatry, 149,* 778-783.

Botella C., Villa, H., Garcia-Palacios, A., Banõs, R. M., Perpiñá, C., & Alcañiz, M. (2004). Clinically significant virtual environments for the treatment of panic disorder and agoraphobia. *Cyberpsychol Behav, 7* (5), 527-535.

Cárdenas, G., Munõz, S., González, M., & Uribarren, G. (2006). Virtual reality applications to agoraphobia: A protocol. *Cyberpsychol Behav, 9* (2), 248-250.

Choi, Y., Vincelli, F., Riva, G., Wiederhold, B. K., Lee, J., & Park, K. (2005). Effects of Group Experiential Cognitive Therapy for the Treatment of Panic Disorder with Agoraphobia. *Cyberpsychol Behav, 8* (4), 387-393.

Clark, D. M. (1997). Estados de ansiedade. In K. Hawton, P. M. Salkovskis, Kirk, J., & D. M. Clark. *Terapia Cognitivo-Comportamental para problemas psiquiáticos.* (pp. 75-137). São Paulo: Martins Fontes.

Clum, G. A., Clum, G. A., & Surls, R. (1993). A meta-analysis for panic disorder. *J Consult Clin Psychol, 61,* 317-326.

Costa, R. M. E. M., De Carvalho, L. A. V., Drummond, R., Wauke, A. P. T., & Guimarães, M. S. (2002). The UFRJ-UERJ Group: Interdisciplinary Virtual Reality Experiments in Neuropsychiatry. *Cyberpsychol Behav, 5* (5), 423-431.

De Carvalho, M. R., Freire, R. C., & Nardi, A. E. (2010). Virtual reality as a mechanism for exposure therapy. *World J Biol Psychiatry, 11* (2), 220-230.

Garcia-Palacios, A., Hoffman, H. G., See, S. K., Tsai, A., & Botella, C. (2001). Redefining therapeutic success with virtual reality exposure therapy. *Cyberpsychol Behav, 4,* 341-348.

Goldstein, A. J. & Chambless, D. L. (1978). A reanalysis of agoraphobia. *Behavior Therapy, 9,* 47-59.

Jang, D. P., Ku, J. H., Shin, M. B., Choi, Y. H., & Kim, S. I. (2000). Objective Validation of the Effectiveness of Virtual Reality Psychotherapy. *Cyberpsychol Behav, 3* (3), 369-374.

Kennedy, R. S., Lanham, D. S., Drexler, J. M., Massey, C. J., & Lilienthal, M. G. (1997). Comparison of cybersickness incidences, symptom profiles, measurement techniques, and suggestions for further research. *Presence, 6* (6), 638-645.

Maltby, N., Kirsch, I., Mayers, M., & Allen, G. J. (2002). Virtual Reality Exposure Therapy for the Treatment of Fear of Flying: A Controlled Investigation. *J Consult Clin Psychol, 70* (5), 1112-1118.

Othmer, S. & Kaiser, D. (2000). Implementation of Virtual Reality in EEG Biofeedback. *Cyberpsychol Behav, 3* (3), 415-420.

Pérez-Ara, M. A., Quero, S., Botella, C., Baños, R., Andreu-Mateu, S., García-Palacios, A., & Bretón-López, J. (2010). Virtual reality interoceptive exposure for the treatment of panic disorder and agoraphobia. *Stud Health Technol Inform, 154,* 77-81.

Rangé, B. & Bernik, M. (2001). Transtorno de Pânico e Agorafobia. In B. Rangé (Org.). *Psicoterapias Cognitivo-Comportamentais: um diálogo com a psiquiatria.* (pp. 145-182). Porto Alegre: Artmed Editora.

Riva, G. (2005). Virtual Reality in Psychotherapy: Review. *Cyberpsychol Behav, 8* (3), 220-230.

Riva, G., Bacchetta, M., Cesa, G., Conti, S., & Molinari, E. (2003). Sixmonth follow-up of in-patient experiential cognitive therapy for binge eating disorders. *Cyberpsychol Behav, 6* (3), 251-258.

Riva, G., Molinari, E., & Vincelli F. (2002). Interaction and Presence in the Clinical Relationship: Virtual Reality (VR) as Communicative Medium Between Patient and Therapist. *IEEE Trans Inf Technol Biomed, 6* (3), 198-205.

Riva, G. & Wiederhold, B. K. (2002). Guest Editorial: Introduction to the Special Issue on Virtual Reality Environments in Behavioral Sciences. *IEEE Trans Inf Technol Biomed, 6* (3), 193-197.

Vincelli, F., Anolli, L., Bouchard, S., Wiederhold, B. K., Zurloni, V., & Riva, G. (2003). Experiential Cognitive Therapy in the Treatment of Panic Disorders with Agoraphobia: A Controlled Study. *Cyberpsychol Behav, 6* (3), 321-328.

Wiederhold, B. K., Jang, D. P., Kim, S. I., & Wiederhold, M. D. (2002). Physiological Monitoring as an Objective Tool in Virtual Reality Therapy. *Cyberpsychol Behav*, *5* (1), 77-82.

Autora:

Marcele Regine de Carvalho – Psicóloga clínica. Doutoranda e Mestre em Saúde Mental pelo Instituto de Psiquiatria da UFRJ. Pesquisadora no Laboratório de Pânico & Respiração (IPUB/UFRJ) e INCT Translational Medicine (CNPq). Professora assistente no Instituto de Psicologia da UFRJ.

CAPÍTULO 19

A estimulação magnética transcraniana repetitiva (EMTr) é uma estratégia terapêutica eficaz para o tratamento de Transtornos de Ansiedade?

Flávia Paes
Sergio Machado
Adriana Cardoso de Oliveira e Silva
Antonio Egidio Nardi

19.1 Introdução

Os transtornos de ansiedade são um dos grupos de transtornos mentais mais comuns no mundo (Hill & Gorzalka, 2009). A ansiedade é uma resposta normal e adaptativa ao estresse diante situações adversas, entretanto, quando a ansiedade se torna excessiva ou desproporcional em relação à situação que a evocou ou quando não há um objeto especial relacionado a essa ansiedade, como um medo irracional de um estímulo rotineiro, ela se torna um transtorno incapacitante e é considerado patológico (Coutinho *et al.*, 2010; Tallman, Paul, Skolnick & Gallager, 1980).

Nos EUA a prevalência para o desenvolvimento de transtornos de ansiedade durante a vida é de 29% (Kessler *et al.*, 2005). Os transtornos de ansiedade mais comuns são o Transtorno Obsessivo-Compulsivo (TOC), Transtorno de Pânico (TP), Transtorno de Estresse Pós-Traumático (TEPT), Transtorno de Ansiedade Generalizada (TAG) e Transtorno de Ansiedade Social (TAS).

Esses transtornos podem ser muito debilitantes e, embora os métodos de tratamento disponíveis sejam seguros e eficazes (farmacoterapia, psicoterapia e Terapia Cognitivo-Ccomportamental), aproximadamente 25% dos pacientes não respondem aos tratamentos oferecidos (Ressler & Mayberg, 2007). Com o avanço na compreensão dos mecanismos neurobiológicos envolvidos nos transtornos de ansiedade, novos tratamentos têm sido propostos. Um desses métodos é a estimulação magnética transcraniana (EMT), originalmente introduzida em 1985 como um método não invasivo de estimulação cerebral focal (Barker, Jalinous & Freeston, 1985). A EMT baseia-se na lei de indução eletromagnética de Faraday, que afirma que a atividade elétrica no tecido cerebral é influenciada pelo campo magnético, induzindo, dessa maneira, uma corrente elétrica que despolariza neurônios (Tyc & Boyadjian, 2006).

Embora cada vez mais usada para o tratamento de algumas doenças neurológicas e transtornos psiquiátricos em sua forma repetitiva (EMTr), seus efeitos no tratamento dos transtornos de ansiedade ainda são pouco estabelecidos. Devido ao potencial de interferir na função cortical e de induzir mudanças plásticas, gerando um efeito muito claro em diversas medidas de função cerebral, a estimulação magnética transcraniana repetitiva (EMTr) tem sido amplamente avaliada como uma ferramenta terapêutica em vários transtornos neuropsiquiátricos (Hallett, 2000; Kim, Pesiridou & O'Reardon, 2009; Rossini & Rossi, 2007). Nesse contexto, o uso da EMTr é considerado um tratamento baseado na neuromodulação cerebral pois tem como foco atingir diretamente o circuito neural dos transtornos, alterando ou modulando a função do circuito neural no cérebro – o qual se acredita estar desorganizado em certos transtornos (Nahas *et al.*, 2001). De fato, existe atualmente crescente interesse na pesquisa de novos tratamentos para transtornos de ansiedade; entretanto, os estudos de possíveis efeitos terapêuticos da estimulação magnética transcraniana repetitiva (EMTr) ainda são focados em temas relacionados à depressão (Höppner *et al.*, 2010; Schonfeldt-Lecuona, Cardenas-Morales, Freudenmann, Kammer & Herwig, 2010).

Este capítulo tem como objetivo analisar criticamente os efeitos terapêuticos da estimulação magnética transcraniana repetitiva (EMTr) nos transtornos de ansiedade, a fim de verificar se esse procedimento pode se tornar viável como aplicação clínica nos próximos anos. Para isso, serão abordados os conceitos físicos e neurofisiológicos, a importância do efeito placebo e de outros parâmetros de estimulação e os principais achados experimentais da estimulação magnética transcraniana repetitiva (EMTr) relacionados aos transtornos de ansiedade. Foi realizada uma busca eletrônica nas bases *MEDLINE* e *ISI Web of Knowledge* por estudos publicados nos últimos doze anos e foram incluídos estudos relevantes para a neurobiologia das doenças e possíveis princípios para aplicação da estimulação magnética transcraniana repetitiva (EMTr).

19.2 Conceitos físicos e neurofisiológicos da estimulação magnética transcraniana repetitiva (EMTr)

A estimulação magnética transcraniana repetitiva (EMTr) consiste na aplicação de pulsos magnéticos repetidos com a mesma intensidade em certa frequência em determinada área do cérebro (Hallett, 2000;

2007). A estimulação magnética transcraniana (EMT) foi originalmente introduzida por Anthony Barker em 1985 como uma forma de estimulação cerebral focal, não invasiva, segura e indolor para estudar o sistema nervoso central, mais especificamente a atividade do córtex motor e de suas vias no cérebro humano (Barker *et al.*, 1985). A estimulação magnética transcraniana (EMT) explora o princípio da indutância descoberta por Michael Faraday in 1838 (Lei de Faraday de indução eletromagnética), em que uma corrente elétrica é aplicada no escalpo e no crânio a fim de transmitir energia elétrica através da bobina magnética. A aplicação ocorre com a colocação de uma bobina revestida de fios de cobre de 1 mm sobre o escalpo, proporcionando a passagem e a alteração de uma rápida e potente corrente elétrica. Essa corrente, então, converte-se em campo magnético e quando atinge o tecido cerebral produz uma corrente elétrica (Hallett, 2007).

O equipamento de estimulação magnética transcraniana (EMT) consiste em um estimulador que gera um breve pulso de forte corrente elétrica, cuja frequência e intensidade podem variar no tempo e de uma bobina estimuladora conectada ao próprio estimulador magnético. A bobina é frequentemente redonda ou em forma de oito, também chamada de "*butterfly*"; esta última produz um campo magnético mais forte e focalizado do que a bobina circular. A estimulação é liberada pelo estimulador em séries de pulsos com duração de alguns segundos, seguido por um intervalo entre cada série. A força máxima gerada pelo campo é de 2 tesla (T) e é capaz de ativar os neurônios corticais a uma profundidade de 1,5 a 2,0 cm sob o escalpo. Porém, os efeitos reais da estimulação magnética na atividade neuronal ainda permanecem incertos. Supõe-se que o estímulo magnético (com duração de ~ 100 ms) excite os neurônios de forma sincronizada, induzindo uma mudança rápida na taxa de disparo de certas redes neurais, com duração de apenas alguns milésimos de segundos (Pascual-Leone, Walsh & Rothwell, 2000). A variação do campo magnético no tempo induz uma fraca e curta corrente – que flui em "*loops*" paralelos à orientação da bobina – no local da estimulação, o que resulta na despolarização neuronal. A magnitude da corrente induzida depende tanto da magnitude quanto da taxa de mudança da descarga da corrente através da bobina.

A EMT na forma repetitiva, isto é, a estimulação magnética transcraniana repetitiva (EMTr), pode modular a excitabilidade cortical para além do período da estimulação propriamente dita, justificando a aplicação potencial como tratamento clínico para uma variedade de transtornos neurológicos e psiquiátricos, por exemplo, transtornos de ansiedade (O'Reardon, Peshek, Romero & Cristancho, 2006). A estimulação magnética transcraniana repetitiva (EMTr) pode ser classificada como "EMTr de alta frequência" (>1 Hz) ou "EMTr de baixa frequência" (<1 Hz). Embora a resposta da estimulação magnética transcraniana repetitiva (EMTr) possa ser individualizada (Maeda, Keenan, Tormos, Topka & Pascual-Leone, 2000), a EMTr de alta frequência parece facilitar a excitabilidade cortical, enquanto a de baixa frequência pode suprimir essa excitabilidade no córtex motor (Chen *et al.*, 1997; Pascual-Leone *et al.*, 1994). Recentemente, um novo modelo de estimulação magnética transcraniana repetitiva (EMTr), chamado "*theta-burst stimulation*" (TBS), foi desenvolvido para produzir mudanças na excitabilidade do córtex cerebral humano (Huang, Edwards, Rounis, Bhatia & Rothwell, 2005). A principal vantagem do TBS quando comparado com o protocolo convencional da EMTr é que em um pequeno espaço de tempo (entre 20 e 190 s) de estimulação abaixo do limiar causa mudanças na excitabilidade cortical que perduram em torno de quinze a vinte minutos após o término da estimulação. Um exemplo de protocolo de TBS foi o aplicado no estudo de Huang *et al.* (2005), que consistiu de três pulsos de 50 Hz repetidos a cada 200 ms (5 Hz). Duas principais modalidades de TBS têm sido testadas: a TBS intermitente ou iTBS induz à facilitação na excitabilidade do córtex motor; já o TBS contínuo ou cTBS conduz à inibição por até quinze a trinta minutos após a aplicação (Cardenas-Morales, Nowak, Kammer, Wolf & Schonfeldt-Lecuona, 2010; Huang *et al.*, 2005).

O potencial evocado motor (PEM) é caracterizado como uma quantidade mínima de energia (intensidade da estimulação) necessária para induzir o movimento do músculo abdutor curto do dedo polegar em pelo menos cinco de dez tentativas consecutivas (Rossini *et al.*, 1994; Rossini, Rossini & Ferreri, 2010). É geralmente utilizado como uma medida padronizada da excitabilidade córtico-espinal humana, também chamada de limiar motor de repouso (LMr), amplamente utilizada para padronizar a intensidade individual de estimulação, em geral descrita como a percentagem de descarga disponível do equipamento (Walsh & Rushworth, 1999). A maioria dos estudos utiliza um procedimento padrão de posicionamento da bobina sobre a cabeça e identificação do ponto máximo de estimulação, ou *hot spot*, para a estimulação ideal do músculo abdutor curto do dedo polegar, localizado 5,0 cm anteriormente ao longo da superfície do crânio em linha parasagital (ou seja, direção posterior-anterior).

Além disso, outros parâmetros importantes devem ser levados em consideração, a fim de aperfeiçoar os efeitos clínicos da estimulação magnética transcraniana repetitiva (EMTr), por exemplo, a duração do pulso, o número de sessões de estimulação, a intensidade, o local e a frequência da estimulação (Dileone *et al.*, 2010). Por exemplo, baixas frequências de estimulação magnética transcraniana repetitiva (EMTr), em torno de 1 Hz, podem suprimir a excitabilidade do córtex motor, enquanto altas frequências como 20 Hz, parecem conduzir a um aumento temporário da excitabilidade cortical (Paes *et al.*, 2011). Embora esses efeitos variem entre indivíduos, o efeito de baixas frequências de estimulação magnética transcraniana repetitiva (EMTr) é robusto e de longa duração e pode ser aplicada no córtex motor e em outras regiões para estudar a relação cérebro-comportamento. Embora os mecanismos pelos quais a ativação cortical ocorre ainda não estejam claros, alguns autores sugerem que um aumento transitório da eficácia da sinapse excitatória pode ter uma função relevante. Altas frequências são alcançadas porque o estímulo bifásico é mais curto que o estímulo monofásico e requer menos energia para produzir a excitação neural (Paes *et al.*, 2011).

Talvez o problema mais importante na pesquisa com estimulação magnética transcraniana (EMT) considerando o método de estudo clínico randomizado placebo-controlado seja o uso apropriado de condições de controle que forneçam um cegamento confiável de pacientes e investigadores (De Graaf & Sack, 2011); como ocorre com a estratégia mais comumente usada, a estimulação placebo ou sham-EMT (Sandrini, Umilta & Rusconi, 2011). Uma cuidadosa avaliação sobre o alvo cortical é necessária e deve ser individualizada para cada paciente e patologia em discussão. Predições com relação à eficácia de efeitos clínicos da estimulação magnética transcraniana repetitiva (EMTr) devem ser realizadas com cautela devido à relativa escassez de estudos paramétricos realizados respeitando essas variáveis. Além disso, parâmetros de estimulação individualizada, levando em consideração a fisiopatologia e os parâmetros de estimulação baseados em medidas neurofisiológicas, parecem ser um procedimento crucial.

19.3 Efeitos da estimulação magnética transcraniana repetitiva (EMTr) em transtornos de ansiedade

Baseados na ideia de um desequilíbrio inter-hemisférico e/ou um déficit no controle córtico-límbico, Ressler e Mayberg (2007) propuseram um modelo para a ansiedade humana pautado na teoria chamada *"Valence-hypothesis"*, que foi idealizada por Heller, Nitschke, Etienne e Miller (1997). De acordo com esse modelo, emoções como a ansiedade estariam localizadas no hemisfério direito, já alegria e sensação de felicidade localizam-se no hemisfério esquerdo. De acordo com essa hipótese, Keller *et al.* (2000) investigaram e verificaram um aumento na atividade do hemisfério direito em pacientes com transtornos de ansiedade, reforçando a associação entre o aumento da ansiedade e da atividade do hemisfério direito. A primeira evidência desse modelo foi observada pela aplicação de estimulação magnética transcraniana repetitiva (EMTr) de baixa frequência (1 Hz) no córtex pré-frontal direito (CPF) em sujeitos sadios induzidos a estados ansiogênicos. Os sujeitos, após receberem a aplicação da estimulação magnética transcraniana repetitiva (EMTr), obtiveram redução nos sintomas de ansiedade (Zwanzger, Fallgatter, Zavorotnyy & Padberg, 2009).

Entretanto, Pallanti e Bernardi (2009) também indagaram se a estimulação magnética transcraniana repetitiva (EMTr) no córtex pré-frontal dorsolateral (CPFDL) esquerdo, especialmente acima de 5 Hz, poderia reduzir os sintomas de ansiedade no TEPT e no TP. Possivelmente, a atividade de circuitos fronto--subcorticais possa ser diminuída indiretamente, aumentando a atividade do CPFDL esquerdo através do uso da EMTr de alta frequência (George, Wassermann & Post, 1996; Pallanti & Bernardi, 2009). Especificamente, a hiperexcitabilidade do lobo frontal direito e a ativação comportamental ou cognitiva observada em transtornos neuropsiquiátricos apoiam essa hipótese (Hoffman & Cavus, 2002). Nesta seção, vamos discutir os mecanismos e os circuitos envolvidos em transtornos de ansiedade (isto é, TOC, TEPT e TP) e os efeitos terapêuticos da estimulação magnética transcraniana repetitiva (EMTr) para cada transtorno.

19.3.1 Transtorno obsessivo-compulsivo (TOC)

Os principais sintomas do TOC são obsessões (por exemplo, ideias, pensamentos, impulsos ou imagens persistentes) que são percebidas pelos pacientes como intrusivas e são associadas com compulsões (por exemplo, comportamentos repetitivos, como lavar as mãos ou atos mentais, como a oração). Em geral, indivíduos com obsessões tentam suprimi-las ou neutralizá-las com outros comportamentos, como pensamentos ou ações (Coutinho *et al.*, 2010).

Com relação aos circuitos cerebrais envolvidos no TOC, vários estudos têm detectado anomalias envolvendo principalmente estruturas corticais e subcorticais, tais como os gânglios basais, o córtex órbito-frontal (COF), a área motora suplementar (SMA), o córtex pré-frontal dorsolateral (CPFDL) e, nomeadamente, o núcleo caudado (Pena-Garijo, Ruiperez-Rodriguez & Barros-Loscertales, 2010a; 2010b). Além disso, estudos de ressonância magnética funcional (RMf) sugeriram que comportamentos repetitivos relacionados ao TOC são causados por uma redução na inibição cortical-subcortical e hiperexcitabilidade cortical observadas nas regiões do córtex pré-frontal (CPF) (Saxena *et al.*, 2002).

Nesse contexto, foram realizados poucos estudos controlados que investigam a eficácia da estimulação magnética transcraniana repetitiva (EMTr) na redução dos sintomas do TOC (Alonso *et al.*, 2001; Kang, Kim, Namkoong, Lee & Kim, 2009; Mantovani, Simpson, Fallon, Rossi & Lisanby, 2010; Prasko *et al.*, 2006; Sarkhel, Sinha & Praharaj, 2010). No entanto, apenas alguns estudos relataram diferenças significativas entre a EMTr ativa e a sham-EMTr na diminuição dos sintomas de TOC (Mantovani *et al.*, 2010; Sarkhel *et al.*, 2010).

Com relação aos estudos randomizados controlados, Alonso *et al.* (2001) administraram 18 sessões (três dias por semana por seis semanas) de estimulação magnética transcraniana repetitiva (EMTr) em 18 pacientes (dez EMTr e oito sham-EMTr), com 1 Hz administrado a 110% limiar motor (LM) durante 20 minutos (1200 pulsos/dia) sobre o córtex pré-frontal dorsolateral (CPFDL) direito. Os autores encontraram uma redução ligeiramente superior para o grupo de estimulação magnética transcraniana repetitiva (EMTr) nas obsessões; no entanto, não houve diferença significativa entre os grupos de acordo com escalas de obsessão ou compulsão e contagens totais da *Yale-Brown Obsessive Compulsive Scale* (Y-BOCS) (Goodman, Price & Rasmussen, 1989a; 1989b).

Da mesma forma, Prasko *et al.* (2006) administraram dez sessões (cinco dias por semana durante duas semanas) de EMTr em 30 pacientes resistentes aos medicamentos (dezoito EMTr e doze sham-EMTr), com 1 Hz administrado a 110% limiar motor (LM) durante 30 minutos (1800 pulsos/dia) sobre o córtex pré-frontal dorsolateral (CPFDL) esquerdo. O resultado foi uma redução significativa nas medidas de ansiedade. Ambos os grupos exibiram uma redução significativa nas medidas da *Hamilton Anxiety Scale* (HAM-A) (Hamilton, 1959) e da *Yale-Brown Obsessive Compulsive Scale* (Y-BOCS) (Goodman *et al.*, 1989a; 1989b), no entanto, nenhuma diferença significativa foi encontrada entre os grupos.

Kang *et al.* (2009) administraram dez sessões (cinco dias por semana durante duas semanas) de EMTr a 20 pacientes resistentes aos medicamentos de TOC (dez EMTr e dez sham-EMTr), com 1 Hz administrado a 110% limiar motor (LM) durante vinte minutos (1200 pulsos/dia) sobre o córtex pré-frontal dorsolateral direito (CPFDL) e sequencialmente a 100% limiar motor (LM) durante 20 minutos (1200 pulsos/dia) bilateralmente sobre a SMA. Não houve nenhuma diferença significativa mais de quatro semanas entre os grupos de EMTr e sham-EMTr na *Yale-Brown Obsessive Compulsive Scale* (Y-BOCS) (Goodman *et al.*, 1989a; 1989b) e a *Montgomery-Asberg Depression Rating Scale* (MADRS) (Montgomery & Asberg, 1979). Esses resultados sugerem que dez sessões de estimulação magnética transcraniana repetitiva (EMTr) sequencial no córtex pré-frontal dorsolateral (CPFDL) direito e na SMA com 1 Hz não promoveu nenhum efeito terapêutico sobre sintomas do TOC.

Mantovani *et al.* (2010) administraram 20 sessões (cinco dias por semana durante quatro semanas) de EMTr a 18 pacientes resistentes aos medicamentos (nove EMTr e nove sham-EMTr), com 1 Hz administrado a 100% limiar motor (LM) durante 20 minutos (1200 pulsos/dia) bilateralmente sobre a área motora suplementar (SMA). No final do tratamento, os dois grupos – não respondentes a sham-EMTr e respondentes a EMTr ou sham-EMTr – receberam a opção de mais quatro semanas de estimulação magnética transcraniana repetitiva (EMTr). Após quatro semanas adicionais, a taxa de resposta foi 67% com EMTr e 22% com sham-EMTr. Os pacientes que receberam quatro semanas de estimulação magnética transcraniana repetitiva (EMTr) exibiram uma redução de 25% na Y-BOCS (Goodman *et al.*, 1989) em comparação com uma redução de 12% encontrado no grupo sham-EMTr. Naqueles que receberam oito semanas de estimulação magnética transcraniana repetitiva (EMTr), os sintomas melhoraram em média 50%.

Sarkhel *et al.* (2010) aplicaram dez sessões (cinco dias por semana durante duas semanas) de EMTr em 42 pacientes com 10 Hz (21 EMTr e 21 sham-EMTr) administrados em 110% do limiar motor (LM) durante 20 minutos sobre o córtex pré-frontal (CPF) direito. Eles relataram uma redução significativa dos sintomas e uma melhoria significativa no humor em ambos os grupos. No entanto, o tratamento de 10 Hz não foi superior ao tratamento com sham-EMTr de acordo com as pontuações da Y-BOCS (Goodman *et al.*, 1989a; 1989b). Os autores concluíram que 10 Hz aplicados ao córtex pré-frontal (CPF) direito não tiveram efeito significativo, mas que 10 Hz foi modestamente eficaz no tratamento de sintomas depressivos comórbidos.

Finalmente, Mansur *et al.* (2011) aplicaram 30 sessões (cinco dias por semana por seis semanas) de EMTr em 30 pacientes (quinze EMTr e 30 sham-EMTr) com 10 Hz administrados a 110% limiar motor (LM) durante 20 minutos sobre o córtex pré-frontal dorsolateral (CPFDL) direito. Os autores encontraram respostas positivas na Y-BOCS (30% de melhora) e na *Clinical Global Impression Scale* (CGI-S) (Guy, 2000). Assim, eles concluíram que a EMTr de 10 Hz aplicada sobre o córtex pré-frontal dorsolateral (CPFDL) não foi significativamente superior ao sham-EMTr, apesar de ter havido ligeiro alívio dos sintomas, redução da gravidade clínica e melhora da resposta ao tratamento.

Em conclusão, devido ao número significativo de pacientes resistentes aos medicamentos que sofrem de TOC, faz-se necessário a continuação da investigação sobre métodos alternativos de tratamento, como a estimulação magnética transcraniana repetitiva (EMTr). No entanto, até hoje os resultados relatados não confirmam que a EMTr, como até então aplicada, seja um tratamento eficaz. Dessa forma, esses dados devem ser interpretados com cautela. Um protocolo-base para o uso de estimulação magnética transcraniana repetitiva (EMTr) em quadros psiquiátricos, desenvolvido a partir de orientações para o tratamento da depressão (primeiro transtorno estudado de forma aprofundada usando a estimulação magnética transcraniana repetitiva) sugere que a estimulação seja realizada semanalmente por quatro dias consecutivos, durante quatro semanas. Levando isso em conta, apenas o estudo de Mantovani *et al.* (2010) seguiu o protocolo de forma adequada.

Pelo menos dois estudos parecem ter sido atribuídos a um erro tipo II, ou seja, quando se aceita a hipótese nula, quando, na realidade, essa hipótese é falsa (Alonso *et al.*, 2001; Prasko *et al.*, 2006). A resposta ao tratamento placebo relatada nos estudos dá suporte a essa suspeita. Além disso, todos os estudos controlados utilizaram métodos reconhecidamente eficazes de cegamento (bobina ativa, 45° ou 90° na cabeça ou bobina sham) (Alonso *et al.*, 2001; Kang *et al.*, 2009; Mantovani *et al.*, 2010; Prasko *et al.*, 2006).

Alguns desses estudos controlaram esses efeitos antidepressivos (Mantovani *et al.*, 2010; Prasko *et al.*, 2006; Sarkhel *et al.*, 2010). Isso é importante, uma vez que a aplicação da estimulação magnética transcraniana repetitiva (EMTr) sobre o córtex pré-frontal (CPF) tem efeitos antidepressivos (Herrmann & Ebmeier, 2006; Shah, Weaver & O'Reardon, 2008), já que a comorbidade com depressão é comum em pacientes com TOC (Abramowitz, Storch, Keeley & Cordell, 2007).

Os circuitos neurais subjacentes ao TOC não são exclusivamente corticais. Assim, dado que a estimulação magnética transcraniana repetitiva (EMTr) é um tratamento focal que costuma resultar em despolarização cortical em uma profundidade de até 2 cm, é improvável que a aplicação da estimulação magnética transcraniana repetitiva (EMTr) sobre o córtex pré-frontal (CPF) seja suficiente para modificar circuitos subcorticais, apesar dos conhecidos efeitos trans-sinápticos (George *et al.*, 2009; George *et al.*, 1996).

No entanto, as atuais conclusões fornecem motivo suficiente para justificar novas investigações sobre as potenciais aplicações terapêuticas da estimulação magnética transcraniana repetitiva (EMTr) para o TOC. Esses estudos futuros devem ser bem controlados, usando um sistema mais sofisticado de *sham* em grandes amostras a fim de confirmar ou não o efeito terapêutico da EMTr (George *et al.*, 1996; George *et al.*, 2009).

19.3.2 Transtorno de estresse pós-traumático (TEPT)

Os principais sintomas de TEPT incluem memórias intrusivas, *flashbacks*, hipervigilância, perturbações do sono, evitação de estímulos traumáticos, hiper-responsividade fisiológica e disfunção social (Pallanti & Bernardi, 2009). Estudos de neuroimagem têm demonstrado que o TEPT é associado à hiperatividade da amígdala e à hipoatividade no córtex pré-frontal (Bremner, 2002; 2004; 2005; 2006; Shin, Rauch & Pitman, 2006). Vários estudos indicaram anormalidades envolvendo o córtex pré-frontal (CPF), em especial o córtex órbito-frontal (COF), o córtex pré-frontal dorsolateral (CPFDL) e regiões límbicas, particularmente o hemisfério direito (Cohen *et al.*, 2004; Ferrari, Busatto, McGuire & Crippa, 2008).

Por conseguinte, a estimulação magnética transcraniana repetitiva (EMTr) aplicada ao córtex pré-frontal (CPF) tem sido considerada uma potencial técnica terapêutica para o tratamento do TEPT (Pigot, Loo & Sachdev, 2008). Consequentemente, elaborou-se a hipótese de que a EMTr de baixa frequência aplicada a áreas corticais do hemisfério direito conduziria a uma diminuição da atividade nessas áreas, contribuindo para o tratamento das anormalidades cerebrais funcionais associadas ao TEPT (Pallanti & Bernardi, 2009; Zwanzger *et al.*, 2009). Nesse sentido, foram conduzidos dois estudos controlados (Cohen *et al.*, 2004; Boggio *et al.*, 2010).

Cohen *et al.* (2004) administraram dez sessões (cinco dias por semana durante duas semanas) de EMTr a 24 pacientes, com 1 Hz (n = 8), 10 Hz (n = 10) ou sham-EMTr (n = 6) administrado a 80% limiar motor (LM) durante 20 minutos sobre o córtex pré-frontal dorsolateral (CPFDL) direito. O grupo que foi tratado com 1 Hz recebeu cem estímulos por dia, diferente do grupo que recebeu 10 Hz e do grupo de sham-EMTr, que receberam 400 estímulos por dia. Quando comparado aos outros grupos, o grupo de 10 Hz mostrou melhorias dos sintomas através do *Post-Traumatic Stress Disorder Checklist* (Blanchard, Jones-Alexander, Buckley & Forneris, 1996). Além disso, observou-se redução significativa dos níveis de ansiedade geral, quadro que durou por 14 dias.

Boggio *et al.* (2010) administraram dez sessões (cinco dias por semana durante duas semanas) de EMTr em 30 pacientes (20 EMTr e dez sham-EMTr), com 20 Hz administrados a 80% limiar motor (LM) por 20 minutos (1600 pulsos/dia) no córtex pré-frontal (CPF) esquerdo (n = 10) e no córtex pré-frontal (CPF) direito (n = 10). Os autores mostraram que 20 Hz aplicados ao córtex pré-frontal dorsolateral (CPFDL) esquerdo e direito, em comparação com a sham-EMTr levaram a diminuição significativa nos sintomas de acordo com o *Post-Traumatic Stress Disorder Checklist* (Blanchard *et al.*, 1996). No entanto, 20 Hz aplicados no CPFDL direito tiveram um efeito maior em comparação com ao CPFDL esquerdo, permanecendo duradouro e significativo até três meses depois do fim do tratamento. Além disso, registrou-se uma melhoria significativa do humor após a aplicação de 20 Hz no CPFDL esquerdo e uma redução significativa da ansiedade após aplicação para o CPFDL direito.

Esses resultados sugerem que o efeito positivo da estimulação magnética transcraniana repetitiva (EMTr) de alta frequência no córtex pré-frontal (CPF) direito, particularmente no córtex pré-frontal dorsolateral, parece estar relacionado ao restabelecimento da conectividade entre o córtex pré-frontal desativado (possível forma de se mediar a atividade da amígdala) e a hiperatividade da amígdala devido ao aumento de atividade no CPF. Como alternativa, o resultado poderia estar associado a maior ativação do eixo hipotalâmico-pituitário--adrenal (HPA), sugerindo uma associação entre CPF direito e hipoatividade do eixo HPA (Boggio *et al.*, 2010; Cohen *et al.*, 2004). Tendo em vista os efeitos da EMTr na depressão, a estimulação no CPF direito com alta frequência, teoricamente, pioraria os sintomas depressivos que são geralmente comórbidos, já que a hiperatividade do eixo HPA é comumente implicada na patogênese da depressão (Thomson & Craighead, 2008). Os resultados, em geral suportam a ideia de que a modulação do córtex pré-frontal (CPF) direito, mais especificamente o córtex pré-frontal dorsolateral (CPFDL), é capaz de reduzir os sintomas de TEPT, sugerindo que a EMTr de alta frequência pode ser uma estratégia de tratamento válida. Ainda assim, os dados sobre TEPT são muito preliminares para tomar uma decisão sobre o papel da estimulação magnética transcraniana repetitiva em seu tratamento e novos estudos são necessários (George *et al.*, 1996; George *et al.*, 2009).

Com respeito às conclusões da aplicação de estimulação magnética transcraniana repetitiva (EMTr) sobre as áreas do hemisfério esquerdo, os efeitos antidepressivos da EMTr são esperados devido à comorbidade com depressão, frequentemente observada em pacientes com transtornos de ansiedade. Por outro lado, as conclusões sobre os efeitos da aplicação de EMTr de alta frequência sobre essas áreas não suportam a hipótese de que a atividade de circuitos fronto-subcorticais pode indiscutivelmente ser diminuída, aumentando a atividade por meio de estimulação indireta de áreas do hemisfério esquerdo, principalmente córtex pré-frontal dorsolateral (CPFDL), pela EMTr de alta frequência (George *et al.*, 1996; Pallanti & Bernardi, 2009).

19.3.3 Transtorno de Pânico (TP)

O TP é caracterizado por ataques de ansiedade recorrentes e inesperados, de início súbito e de curta duração (dez a quinze minutos). Um ataque de pânico pode ser seguido por até um mês de preocupações persistentes sobre a possibilidade de ocorrência de outro ataque. Pode ser composto de vários sintomas, como sentimentos de falta de fôlego, hiperventilação subsequente, palpitações, dor no peito, sudorese, calafrios, náuseas, tremores, medo de morrer ou de perder o controle, dormência e sentimento de desprendimento ou irrealidade. Estudos de neuroimagem têm verificado que o córtex pré-frontal dorsolateral (CPFDL) e a amígdala estão envolvidos no transtorno de pânico (Nordahl *et al.*, 1998; Van den Heuvel *et al.*, 2005).

Após extensa busca por evidências (George *et al.*, 2009; Pallanti & Bernardi, 2009; Pigot *et al.*, 2008; Zwanzger *et al.*, 2009), apenas um estudo controlado foi encontrado: Prasko *et al.* (2007) aplicaram EMTr de 1 Hz em 15 pacientes resistentes aos medicamentos (oito EMTr e sete sham-EMTr), com 110% limiar motor (LM) por 30 minutos (1800 pulsos/dia) sobre o córtex pré-frontal dorsolateral (CPFDL) direito. O protocolo foi realizado em dez sessões, sendo cinco dias por semana durante duas semanas. Todos os participantes exibiram uma redução dos sintomas de ansiedade, conforme verificado pelas medidas: *Clinical Global Impression Scale* (CGI) (Guy, 2000), *Panic Disorder Severity Scale* (PDSS) (Shear *et al.*, 1997), *Hamilton Anxiety Scale* (HAM-A) (Hamilton, 1959) e *Beck Anxiety Inventory* (BAI) (Beck, Epstein, Brown & Steer, 1988), no entanto, nenhuma diferença significativa para os sintomas de transtorno de pânico foi encontrada entre os grupos EMTr ativo e sham-EMTr.

19.4 Conclusão

Até o momento, existem evidências ainda não conclusivas da eficácia da estimulação magnética transcraniana repetitiva (EMTr) como um tratamento para os transtornos de ansiedade. Enquanto resultados positivos frequentemente foram relatados em estudos clínico-randomizados, vários parâmetros de tratamento, como localização, frequência, intensidade e duração, têm sido usados de forma não sistemática, dificultando a interpretação dos resultados e fornecendo pouca orientação sobre quais parâmetros de tratamento (ou seja, local de estímulo e frequência) podem ser mais úteis para o tratamento de transtornos de ansiedade. Estudos placebo-controlados têm encontrado frequentemente relatos de melhora de sintomas em todos os participantes, porém têm sido incapazes de distinguir entre a resposta ao tratamento com EMTr e sham-EMTr (Prasko *et al.*, 2006), indicando que qualquer efeito clínico positivo pode ser atribuído em grande parte a um efeito placebo.

Uma possível explicação com relação à eficácia da estimulação magnética transcraniana repetitiva (EMTr) no tratamento de transtornos de ansiedade é limitada pela natureza focal da estimulação, já que apenas as camadas superficiais do córtex cerebral podem ser diretamente afetadas. Atualmente, não é possível estimular de forma direta áreas corticais mais distantes, como o córtex órbito-frontal (COF) e também áreas subcorticais, como a amígdala, o hipocampo e o estriado, mais propensos a ser relevantes para a patogênese de transtornos de ansiedade (Ressler & Mayberg, 2007). Efeitos nas áreas subcorticais são pensados para ocorrer de forma indireta, através de conexões trans-sinápticas (George *et al.*, 1996). Assim, recomendamos ainda mais estudos para determinar claramente o papel da estimulação magnética transcraniana repetitiva no tratamento de transtornos de ansiedade. Finalmente, devemos lembrar que sua utilidade clínica será determinada pela sua capacidade de oferecer aos pacientes com transtornos de ansiedade segurança, efeitos duradouros e melhorias substanciais na qualidade de vida. Avanços importantes com a estimulação magnética transcraniana repetitiva (EMTr) e técnicas de neuroimagem podem orientar e apoiar esse objetivo.

19.5 Referências

Abramowitz, J. S., Storch, E. A., Keeley, M., & Cordell, E. (2007). Obsessive-compulsive disorder with comorbid major depression: what is the role of cognitive factors? *Behavioral Research Therapy*, *45*, 2257-2267.

Alonso, P., Pujol, J., Cardoner, N., Benlloch, L., Deus, J., Menchon, J. M., Capdevila, A., & Vallejo, J. (2001). Right prefrontal repetitive transcranial magnetic stimulation in obsessive-compulsive disorder: a double-blind, placebo-controlled study. *American Journal of Psychiatry*, *158*, 1143-1145.

Barker, A. T., Jalinous. R., & Freeston, I. L. (1985). Non-invasive magnetic stimulation of human motor cortex. *Lancet*, *1*, 1106-1107.

Beck, A. T., Epstein, N., Brown, G., & Steer, R. A. (1988). An inventory for measuring clinical anxiety: Psychometric properties. *Journal of Consulting and Clinical Psychology*, *56*, 893-897.

Blanchard, E. B., Jones-Alexander, J., Buckley, T. C., & Forneris, C. A. (1996). Psychometric properties of the PTSD Checklist (PCL). *Behaviour Research and Therapy*, *34*, 669-673.

Boggio, P. S., Rocha, M., Oliveira, M. O., Fecteau, S., Cohen, R. B., Campanha, C., Ferreira-Santos, E., Meleiro, A., Corchs, F., Zaghi, S., Pascual-Leone, A., & Fregni, F. (2010). Noninvasive brain stimulation with high-frequency and low-intensity repetitive transcranial magnetic stimulation treatment for posttraumatic stress disorder. *Journal of Clinical Psychiatry*, *71*, 992-999.

Bremner, J. D. (2002). Neuroimaging studies in post-traumatic stress disorder. *Current Psychiatry Reports*, *4*, 254-263.

Bremner, J. D. (2004). Brain imaging in anxiety disorders. *Expert Reviews in Neurotherapy 4*, 275-284.

Bremner, J. D. (2005). Effects of traumatic stress on brain structure and function: relevance to early responses to trauma. *Journal of Trauma Dissociation*, *6*, 51-68.

Bremner, J. D. (2006). Stress and brain atrophy. *CNS Neurological Disorders Drug Targets*, *5*, 503-512.

Cardenas-Morales, L., Nowak, D.A., Kammer, T., Wolf, R. C., & Schonfeldt-Lecuona, C. (2010). Mechanisms and applications of theta-burst rTMS on the human motorcortex. *Brain Topography*, *22*, 294-306.

Chen, R., Classen, J., Gerloff, C., Celnik, P., Wassermann, E. M., Hallett, M., & Cohen, L. G. (1997). Depression of motor cortex excitability by low-frequency transcranialmagnetic stimulation. *Neurology*, *48*, 1398-1403.

Cohen, H., Kaplan, Z.. Kotler, M., Kouperman, I., Moisa, R., & Grisaru, N. (2004). Repetitive transcranial magnetic stimulation of the right dorsolateral prefrontalcortex in posttraumatic stress disorder: a double-blind, placebo-controlledstudy. *American Journal of Psychiatry*, *161*, 515-524.

Coutinho, F. C., Dias, G. P., Do Nascimento Bevilaqua, M. C., Gardino, P. F., Pimentel Range, B., & Nardi, A. E. (2010). Current concept of anxiety: implications from Darwin to the DSM-V for the diagnosis of generalized anxiety disorder. *Expert Reviews in Neurotherapy*, *10*, 1307-1320.

Dileone, M., Profice, P., Pilato, F., Ranieri, F., Capone, F., Musumeci, G., Florio, L., Di Iorio, R., & Di Lazzaro, V. (2010). Repetitive transcranial magnetic stimulation for ALS. *CNS Neurological Disorders Drug Targets*, *9*, 331-334.

Ferrari, M. C., Busatto, G. F., McGuire, P. K., & Crippa, J. A. (2008). Structural magnetic resonance imaging in anxiety disorders: an update of research findings. *Revista Brasileira de Psiquiatria*, *30*, 251-264.

George, M. S., Padberg, F., Schlaepfer, T. E., O'Reardon, J. P., Fitzgerald, P. B., Nahas, Z. H., & Marcolin, M. A. (2009). Controversy: repetitive transcranial magnetic stimulationor transcranial direct current stimulation shows efficacy in treating psychiatricdiseases (depression, mania, schizophrenia, obsessive-complusive disorder, panic, posttraumatic stress disorder). *Brain Stimulation*, *2*, 14-21.

George, M. S., Wassermann, E. M., & Post, R. M. (1996). Transcranial magnetic stimulation: a neuropsychiatric tool for the 21st century. *Journal of Neuropsychiatry and Clinical Neuroscience*, *8*, 373-382.

Goodman, W. K., Price. L. H., & Rasmussen, A. S. (1989a). The Yale Brown Obsessive Compulsive Scale YBOCS. Part I Development, Use and Reliability. *Archives General Psychiatry*, *46*, 1006-1011.

Goodman, W. K., Price. L. H., & Rasmussen, A. S. (1989b). The Yale Brown Obsessive Compulsive Scale YBOCS Part II Validity. *Archives General Psychiatry*, *46*, 10012-10016.

De Graaf, T. A. & Sack, A. T. (2011). Null results in TMS: from absence of evidence to evidence of absence. *Neuroscience Biobehavioral Reviews*, *55*, 871-877.

Guy, W. (2000). Clinical Global Impressions Scale (CGI). In A. J. Rush (Org.). *Handbook of Psychiatric Measures* (pp. 100-102). Washington DC: American Psychiatric Association.

Hallett, M. (2000). Transcranial magnetic stimulation and the human brain. *Nature, 406,* 147-150.

Hallett, M. (2007). Transcranial magnetic stimulation: a primer. *Neuron, 55,* 187-199.

Hamilton, M. (1959). The assessment of anxiety states by rating. *British Journal of Medical Psycholology, 32,* 50-55.

Heller, W., Nitschke, J. B., Etienne, M. A., & Miller, G. A. (1997). Patterns of regional brainactivity differentiate types of anxiety. *Journal of Abnormal Psychology, 106,* 376-385.

Herrmann, L. L. & Ebmeier, K. P. (2006). Factors modifying the efficacy of transcranial magnetic stimulation in the treatment of depression: a review. *Journal of Clinical Psychiatry, 67,* 1870-1876.

Hill, M. N. & Gorzalka, B. B. (2009). Theendocannabinoid system and the treatment of mood and anxiety disorders. *CNS Neurological Disorders Drug Targets, 8,* 451-458.

Hoffman, R. E. & Cavus, I. (2002). Slow transcranial magnetic stimulation, long-term depotentiation, and brain hyperexcitability disorders. *American Journal of Psychiatry, 159,* 1093-1102.

Höppner, J., Berger, C., Walter, U., Padberg, F., Buchmann, J., Herwig, U., & Domes, G. (2010). Influence of repetitive transcranial magnetic stimulation on special symptoms in depressed patients. *Restorative Neurology and Neuroscience, 28,* 577-586.

Huang, Y. Z., Edwards, M. J., Rounis, E., Bhatia, K. P., & Rothwell, J. C. (2005). Theta burststimulation of the human motor cortex. *Neuron, 45,* 201-206.

Kang, J. I., Kim, C. H., Namkoong, K., Lee, C. I., & Kim, S. J. (2009). A randomized controlled study of sequentially applied repetitive transcranial magnetic stimulation in obsessive-compulsive disorder. *Journal of Clinical Psychiatry, 70,* 1645-1651.

Keller, J., Nitschke, J. B., Bhargava, T., Deldin, P. J., Gergen, J. A., Miller, G. A., & Heller, W. (2000). Neuropsychological differentiation of depression and anxiety. *Journal of Abnormal Psychology, 109,* 3-10.

Kessler, R. C., Berglund, P., Demler, O., Jin, R., Merikangas, K. R., & Walters, E. E. (2005). Lifetime prevalence and age-of-onset distributions of DSM-IV disorders in the National Comorbidity Survey Replication. *Archives of General Psychiatry, 62,* 593-602.

Kim, D. R., Pesiridou, A., & O'Reardon, J. P. (2009). Transcranial magnetic stimulation in the treatment of psychiatric disorders. *Current Psychiatry Reports, 11,* 447-452.

Maeda, F., Keenan, J. P., Tormos, J. M., Topka, H., & Pascual-Leone, A. (2000). Interindividual variability of the modulatory effects of repetitive transcranial magnetic stimulation on cortical excitability. *Experimental Brain Research, 133,* 425-430.

Mansur, C. G., Myczkowki, M. L., De Barros Cabral, S., Sartorelli, M. D., Bellini, B. B., Dias, A. M., Bernik, M. A., & Marcolin, M. A. (2011). Placebo effect after prefrontal magnetic stimulation in the treatment of resistant obsessive-compulsive disorder: a randomized controlled trial. *International Journal of Neuropsychopharmacology, 18,* 1-9.

Mantovani, A., Simpson, H. B., Fallon, B. A., Rossi, S., & Lisanby, S.H. (2010). Randomized sham-controlled trial of repetitive transcranial magnetic stimulation in treatment resistant obsessive-compulsive disorder. *International Journal of Neuropsychopharmacology, 13,* 217-227.

Montgomery, S. A. & Asberg, M. (1979). A new depression scale designed to be sensitive to change. *British Journal of Psychiatry, 134,* 382-389.

Nahas, Z., Lomarev, M., Roberts, D. R., Shastri, A., Lorberbaum, J. P., Teneback, C., McConnell, K., Vincent, D. J., Li, X., George, M. S., & Bohning, D. E. (2001). Unilateral left prefrontal transcranial magnetic stimulation (TMS) produces intensity-dependent bilateral effects as measured by interleaved BOLD fMRI. *Biological Psychiatry, 50,* 712-720.

Nordahl, T. E., Stein, M. B., Benkelfat, C., Semple, W. E., Andreason, P., Zametkin, A., Uhde, T. W., & Cohen, R. M. (1998). Regional cerebral metabolic asymmetries replicatedin an independent group of patients with panic disorders. *Biology Psychiatry, 44,* 998-1006.

O'Reardon, J. P., Peshek, A. D., Romero, R., & Cristancho, P. (2006). Neuromodulation and transcranial magnetic stimulation (TMS): a 21st century paradigm for therapeutics in psychiatry. *Psychiatry, 3,* 30-40.

Paes, F., Machado, S., Arias-Carrión, O., Velasques, B., Teixeira, S., Budde, H., Cagy, M., Piedade, R., Ribeiro, P., Huston, J. P., Sack, A. T., & Nardi, A. E. (2011). The value of repetitive transcranial magnetic stimulation (rTMS) for the treatment of anxietydisorders: an integrative review. *CNS Neurological Disorders Drug Targets, 10*, 610-620.

Pallanti, S. & Bernardi, S. (2009). Neurobiology of repeated transcranial magnetic stimulation in the treatment of anxiety: a critical review. *International Clinical Psychopharmacology, 24*, 163-173.

Pascual-Leone, A., Valls-Sole, J., Brasil-Neto, J. P., Cammarota, A., Grafman, J., & Hallett, M. (1994). Akinesia in Parkinson's disease. II. Effects of subthreshold repetitive transcranial motor cortex stimulation. *Neurology, 44*, 892-898.

Pascual-Leone, A., Walsh, V., & Rothwell, J. (2000). Transcranial magnetic stimulation in cognitive neuroscience e virtual lesion, chronometry, and functional connectivity.*Current Opinion in Neurobiology, 10*, 232-237.

Pena-Garijo, J., Ruiperez-Rodriguez, M. A., & Barros-Loscertales, A. (2010a). The neurobiology of obsessive-compulsive disorder: new findings from functionalmagnetic resonance imaging (I). *Revista de Neurologia, 50*, 477-485.

Pena-Garijo, J., Ruiperez-Rodriguez, M. A., & Barros-Loscertales, A. (2010b). The neurobiology of obsessive-compulsive disorder: new findings from functional magnetic resonance imaging (II). *Revista de Neurologia, 50*, 541-550.

Pigot, M., Loo, C., & Sachdev, P. (2008). Repetitive transcranial magnetic stimulation as treatment for anxiety disorders. *Expert Reviews in Neurotherapeutics, 8*, 1449-1455.

Prasko, J., Paskova, B., Zalesky, R., Novak, T., Kopecek, M., Bares, M., & Horacek, J. (2006). The effect of repetitive transcranial magnetic stimulation (rTMS) on symptoms in obsessive compulsive disorder. A randomized, double blind, sham controlled study. *Neuro Endocrinology Letters, 27*, 327-332.

Prasko, J., Zálesk, R., Bares, M., Horácek, J., Kopecek, M., Novák, T., & Pasková, B. (2007). The effect of repetitive transcranial magnetic stimulation (rTMS) add on seroton in reuptake inhibitors in patients with panic disorder: a randomized, double blind sham controlled study. *Neuro Endocrinology Letters, 28*, 33-38.

Ressler, K. J. & Mayberg, H. S. (2007). Targeting abnormal neural circuits in mood and anxiety disorders: from the laboratory to the clinic. *Nature Neuroscience, 10*, 1116-1124.

Rossini, P. M., Barker, A. T., Berardelli, A., Caramia, M. D., Caruso, G., Cracco, R. Q., Dimitrijevic, M. R., Hallett, M., Katayama, Y., Lucking, C. H. (1994). Noninvasive electrical and magnetic stimulation of the brain, spinal cord and roots: basic principles and procedures for routine clinical application. Report of an IFCN committee. *Electroencephalography and Clinical Neurophysiology, 91*, 79-92.

Rossini, P. M. & Rossi, S. (2007). Transcranial magnetic stimulation: diagnostic, therapeutic, and research potential. *Neurology, 68*, 484-488.

Rossini, P. M., Rossini, L., & Ferreri, F. (2010). Brain-behavior relations: transcranial magnetic stimulation: a review. *IEEE Engineeringin Medicine and Biology Magazine, 29*, 84-95.

Sandrini, M., Umilta, C.. & Rusconi, E. (2011). The use of transcranial magnetic stimulationin cognitive neuroscience: a new synthesis of methodological issues. *Neuroscienceand Biobehavioral Reviews, 35*, 516-536.

Sarkhel, S., Sinha, V. K., & Praharaj, S. K. (2010). Adjunctive high-frequency right prefrontal repetitive transcranial magnetic stimulation (rTMS) was not effective in obsessive-compulsive disorder but improved secondary depression. *Journal of Anxiety Disorders, 24*, 535-539.

Saxena, S., Brody, A. L., Ho, M. L., Alborzian, S., Maidment, K. M., Zohrabi, N., Ho, M. K.,Huang, S. C., Wu, H. M., & Baxter Jr., L. R. (2002). Differential cerebral metabolic changes with paroxetine treatment of obsessive-compulsive disorder vs major depression. *Archives of General Psychiatry, 59*, 250-261.

Schonfeldt-Lecuona, C., Cardenas-Morales, L., Freudenmann, R. W., Kammer, T., & Herwig, U. (2010). Transcranial magnetic stimulation in depression e lessons from the multicentre trials. *Restorative Neurologyand Neuroscience, 28*, 569-576.

Shah, D. B., Weaver, L, & O'Reardon, J. P. (2008). Transcranial magnetic stimulation: a device intended for the psychiatrist's office, but what is its future clinical role? *Expert Reviews in Medical Devices, 5*, 559-566.

Shear, M. K., Brown, T. A., Barlow, D. H., Money, R., Sholomskas, D. E., Woods, S. W., Gorman, J. M., & Papp, L. A. (1997). Multicenter collaborative Panic Disorder Severity Scale. *American Journal of Psychiatry, 154*, 1571-1575.

Shin, L. M., Rauch, S. L., & Pitman, R. K. (2006). Amygdala, medial prefrontal cortex, and hippocampal function in PTSD. *Annals of New York Academy of Sciences, 1071*, 67-79.

Tallman, J. F., Paul, S. M., Skolnick, P., & Gallager, D. W. (1980). Receptors for the age ofanxiety: pharmacology of the benzodiazepines. *Science, 207*, 274–281.

Thomson, F. & Craighead, M. (2008). Innovative approaches for the treatment of depression: targeting the HPA axis. *Neurochemical Research, 33*, 691-707.

Tyc, F. & Boyadjian, A. (2006). Cortical plasticity and motor activity studied with transcranial magnetic stimulation. *Reviews in the Neurosciences, 17*, 469-495.

Van den Heuvel, O. A., Veltman, D. J., Groenewegen, H. J., Witter, M. P., Merkelbach, J., Cath, D. C., Van Balkom, A. J., Van Oppen, P., & Van Dyck, R. (2005). Disorder-specific neuroanatomical correlates of attentional bias in obsessive-compulsive disorder, panic disorder, and hypochondriasis. *Archives of General Psychiatry, 62*, 922-933.

Walsh, V. & Rushworth, M. (1999). A primer of magnetic stimulation as a tool for neuropsychology. *Neuropsychologia, 37*, 125-135.

Zwanzger, P., Fallgatter, A. J., Zavorotnyy, M., & Padberg, F. (2009). Anxiolytic effects of transcranial magnetic stimulation e an alternative treatment option in anxietydisorders? *Journal of Neural Transmission, 116*, 767-775.

Autores:

Flávia Paes – Laboratório de Pânico e Respiração, Instituto de Psiquiatria, Universidade Federal do Rio de Janeiro; Instituto Nacional de Medicina Translacional (INCT-TM).

Sergio Machado – Laboratório de Pânico e Respiração, Instituto de Psiquiatria, Universidade Federal do Rio de Janeiro; Instituto Nacional de Medicina Translacional (INCT-TM); Instituto de Filosofia, Universidade Federal de Uberlândia; Programa de Quiropraxia, Universidade Central, Santiago, Chile.

Adriana Cardoso de Oliveira e Silva – Laboratório de Pânico e Respiração, Instituto de Psiquiatria, Universidade Federal do Rio de Janeiro; Instituto Nacional de Medicina Translacional (INCT-TM); Faculdade de Psicologia, Universidade Federal Fluminense, Rio de Janeiro, Brasil.

Antonio Egidio Nardi – Laboratório de Pânico e Respiração, Instituto de Psiquiatria, Universidade Federal do Rio de Janeiro; Instituto Nacional de Medicina Translacional (INCT-TM), Rio de Janeiro, Brasil.

CAPÍTULO 20

Transtorno de Estresse Pós-Traumático: ensaio randomizado e atualizações

Helga Rodrigues
Tânia Macedo
Ana Lúcia Pedrozo
Paula Ventura

20.1 Introdução

Existem evidências consistentes sobre a eficácia da Terapia Cognitivo-Comportamental (TCC) e da farmacoterapia para o tratamento do Transtorno de Estresse Pós-Traumático (TEPT). A TCC é considerada a estratégia de primeira linha no tratamento do TEPT (Forbes *et al.*, 2007). Evidências apontam que a adição da TCC ao tratamento de pacientes resistentes à medicação promove melhores resultados do que a continuação da medicação isolada (Foa, 2009, Rodrigues *et al.*, 2011). A TCC apresenta diversas vantagens em relação à farmacoterapia, apesar de, em geral, ser bem menos utilizada, principalmente devido à existência de um número limitado de profissionais especializados e pelo fato de a farmacoterapia ter recebido mais atenção do marketing do que as intervenções psicossociais (Insel, 2009). A TCC apresenta menos efeitos adversos, menor taxa de recidiva (Etten & Taylor, 1998), maior taxa de adesão (Mitte, 2005) e maior aceitabilidade (Hofmann, 1998).

Apesar da eficácia da TCC e da farmacoterapia para o tratamento do TEPT, muitos pacientes não apresentam remissão completa do transtorno, apresentando sintomas residuais, queda na qualidade de vida e maior risco de recidiva (Fava & Tomba, 2009). Portanto, torna-se relevante pensar no aprimoramento e em alternativas de tratamento para pacientes com TEPT que não respondem de maneira satisfatória ao tratamento farmacológico.

A proposta da pesquisa em andamento consiste em adaptar o protocolo de TCC de Foa & Rothbaum (1998) para a realidade brasileira e avaliar a eficácia desse protocolo em pacientes resistentes à farmacoterapia. No momento, segue em andamento um estudo randomizado controlado para avaliar a eficácia desse protocolo. Os pacientes seguem em uso de medicações psicotrópicas.

Segundo Foa (1998), uma das autoras que mais tem estudado o TEPT e seu tratamento, o tratamento psicossocial para o TEPT mais testado e avaliado engloba as intervenções cognitivo-comportamentais. Esses estudos experimentais são bem delineados, replicáveis, com comparação entre grupos e procuram testar a eficácia dessas técnicas.

Os procedimentos que a TCC geralmente utiliza para o tratamento do TEPT são: psicoeducação, reestruturação cognitiva, técnicas de exposição e manejo da ansiedade (Harvey, Bryant & Tarrier, 2003; Foa & Rothbaum, 1998).

20.2 Método

A pesquisa em andamento tem como foco a população que desenvolve o TEPT a partir da violência urbana, especialmente assaltos. Existem poucos estudos com essa característica e nosso desafio foi adaptar um protocolo de tratamento na abordagem da TCC baseado em programas eficazes existentes (no caso, baseamo-nos no desenvolvido pela Dra. Edna Foa), bem como administrá-lo em uma amostra de pacientes com TEPT do Instituto de Psiquiatria da Universidade Federal do Rio de Janeiro (IPUB).

Em geral, os pacientes do IPUB respondem apenas parcialmente ao tratamento medicamentoso. Essa resposta parcial é esperada, como mostra o estudo de revisão de Shalev e Bonne (2000), com populações de outros países. Esses pacientes ficam, muitas vezes, anos utilizando os medicamentos, mas ainda apresentando sintomas significativos e disfuncionais, como a evitação, o entorpecimento emocional e a hiperativação. Um número considerável desses pacientes não consegue trabalhar ou sair de casa desacompanhados.

Os pacientes da pesquisa apresentam o diagnóstico de TEPT baseado nos critérios do DSM-IV e são atendidos no ambulatório do Grupo de Pesquisa dos Transtornos Relacionados ao Estresse do IPUB-UFRJ. O grupo controle tem a opção de receber o tratamento com o protocolo ao final da pesquisa. Os participantes recebem informações sobre o tratamento e a pesquisa e assinam consentimento livre e esclarecido. Em geral, os pacientes do ambulatório apresentam traumas múltiplos, a maioria assaltos a banco e a ônibus ou acidentes automobilísticos.

Os pacientes são atendidos por psicoterapeutas com formação em TCC. A coterapia, que será descrita mais adiante, é realizada por graduandos de Psicologia, treinados para utilização do protocolo. São excluídos da pesquisa os pacientes que apresentam risco grave de suicídio, gravidez, transtorno de personalidade antissocial e *borderline*, psicose, alcoolismo e abuso de outras substâncias.

O protocolo utilizado nesse estudo foi adaptado do programa de tratamento de Foa e Rothbaum (1998), *Treating the Trauma of Rape – Cognitive-Behavioral Therapy for PTSD*. Esse programa possui três opções de protocolo: Exposição Prolongada; Exposição Prolongada e Reestruturação Cognitiva e Exposição Prolongada mais Treinamento de Inoculação do Estresse. Foi escolhido o protocolo Exposição Prolongada e Reestruturação Cognitiva por ser mais completo, permitindo o trabalho de sentimentos como culpa, vergonha e raiva comumente apresentados por pacientes com TEPT.

O protocolo original consiste de nove a doze sessões (uma sessão de 90 minutos por semana), dependendo da melhora do paciente, e as técnicas utilizadas são psicoeducação, reestruturação cognitiva, exposição ao vivo e imaginária e treino de respiração.

No presente protocolo foram mantidas as técnicas utilizadas no original e acrescentados o relaxamento muscular progressivo (parte do protocolo de exposição prolongada e do treinamento de inoculação de estresse, da mesma autora) e a técnica de respiração polarizada; dessa forma, objetiva-se contar com técnicas adicionais para promover maior controle da ansiedade, além de uma sessão de orientação familiar. Optou-se por um número de 16 sessões de psicoterapia, uma por semana, com 90 minutos de duração cada, levando em conta que os pacientes do IPUB-UFRJ, além de resistentes à medicação, em geral, possuem um quadro de TEPT grave.

Outro diferencial desse protocolo foi o acréscimo da coterapia, que consta de três sessões por semana com 90 minutos cada (a partir da segunda semana de tratamento), totalizando 45 sessões. O propósito da coterapia é ajudar o paciente a praticar o treino de relaxamento e respiração, bem como as tarefas de exposição imaginária e ao vivo, difíceis de serem realizadas sem a ajuda de uma pessoa treinada. Com o acréscimo da coterapia, nosso objetivo foi facilitar a adesão ao programa de tratamento e com isso maximizar o impacto da terapia, assim como ter maior controle sobre a administração do protocolo de pesquisa.

As escalas psicométricas foram administradas no início, ao término do tratamento e no *follow up* de um mês, com o objetivo de verificar o impacto do tratamento nas variáveis por elas mensuradas.

Os instrumentos utilizados na pesquisa são: Inventário para o Transtorno do Estresse Pós-traumático – Civil (PCL-C) (Berger, Mendlowicz, Souza & Figueira, 2004); Escala de Afeto Positivo e Negativo (PANAS) (Crawford & Henry, 2004).; Inventário Beck de Depressão (BDI) (Cunha, 2001); Inventário Beck de Ansiedade (BAI) (Cunha, 2001); Escala de resiliência EGO (ER-89) (Wagnild & Young, 1993); Escala de apoio social do *Medical Outcome Study* (MOS) (Sherbourne & Stewart, 1991); Escala de Experiências Dissociativas (DES) (Fiszman, Cabizuca, Lanfredi & Figueira, 2004) e Impressão Clínica Global (CGI) (Guy, 1976). A escolha dos instrumentos deve-se ao fato de serem tradicionalmente utilizadas no ambulatório de TEPT do IPUB. Pretende-se, através dos instrumentos, verificar o impacto da TCC nos escores das escalas de apoio social, dissociação, resiliência e afeto negativo.

20.3 Resultados

Cinco pacientes que apresentaram os critérios de inclusão participaram da pesquisa para a intervenção com TCC. Para o grupo controle, foram selecionados cinco pacientes do banco de dados do ambulatório pareados com os pacientes do grupo de intervenção de acordo com características demográficas (gênero, idade, média dos escores da escala PCL-C semelhantes nos dois grupos e tipo de trauma).

Em quatro dos cinco pacientes houve redução em média de 21 pontos no PCL-C e de dois pontos no grupo controle, o que é estatisticamente significativo (p = 0,01). Os escores das outras escalas utilizadas (BDI, BAI, PANAS, ER-89, Apoio Social) acompanharam essa redução no grupo de intervenção, o que sugere que o tratamento com TCC foi efetivo nessa amostra.

A Tabela 1 mostra os escores do PCL, BAI, BDI (inicial) para grupo TCC e grupo controle.

Tabela 1 Escores do PCL, BAI, BDI (inicial) para grupo TCC e grupo controle

Escala	TCC Média (DP)	Controle Média (DP)	p-valor
PCL inicial	62,0 (16,7)	62,4 (8,6)	0,75
BAI inicial	29,6 (8,2)	38,8 (8,1)	0,09
BDI inicial	23,8 (8,0)	35,8 (9,4)	0,03

Assim, houve melhora significativa em quatro casos, embora a amostra seja pequena para afirmarmos, com esse estudo, que a TCC é eficaz para o TEPT resistente. Porém, considerando a gravidade dos casos, o tempo médio que esses pacientes apresentavam o transtorno com comorbidades e a resposta parcial ao tratamento medicamentoso, a TCC teve importância fundamental, restituindo-lhes a capacidade laboral, assim como o exercício de suas funções sociais.

20.4 Conclusões e perspectivas futuras

Apesar da eficácia da TCC e dos Inibidores Seletivos de Recaptação da Serotonina, que representam tratamentos de primeira linha para o TEPT, constatamos que muitos pacientes são intolerantes e/ou resistentes a esses tratamentos. Assim, nosso grupo de pesquisa tem pensado em formas de potencializar os benefícios dos tratamentos já conhecidos como eficazes para o TEPT, pesquisar novas formas de atuação no tratamento do referido transtorno e estudar a eficácia da TCC em populações diferentes, como as vítimas de catástrofes naturais.

Nas últimas décadas, pesquisadores têm se dedicado a estudar se a TCC é capaz de promover a regularização de parâmetros biológicos normalmente alterados em pacientes com TEPT. A descoberta de potenciais biomarcadores da TCC para o TEPT pode contribuir para o monitoramento mais objetivo dos tratamentos disponíveis, identificação de predição de resposta a eles e para embasar o desenvolvimento de estratégias de tratamento e prevenção mais eficazes. Esse tipo de pesquisa vem crescendo exponencialmente nas últimas décadas, mas as respostas ainda são escassas. A frequência cardíaca é o primeiro parâmetro apontado como potencial biomarcador da TCC. Pacientes com TEPT, que normalmente apresentam elevada frequência cardíaca comparados a indivíduos sem o transtorno, parecem normalizá-la após o tratamento com TCC. Estudos futuros poderão confirmar esse primeiro achado e desvendar novos biomarcadores de eficácia da TCC (Gonçalves *et al.*, 2011).

Outra estratégia promissora derivada da pesquisa translacional, o antibiótico D-cicloserina (DCS), inicialmente utilizado para o tratamento da tuberculose, do Alzheimer e dos sintomas negativos da esquizofrenia (Goff *et al.*, 1999), surge como nova estratégia de potencialização dos efeitos da extinção do medo condicionado na terapia de exposição. A DCS parece ter um papel na potencialização da aprendizagem de extinção do medo, sendo os mecanismos de extinção centrais na terapia de exposição. Estudos com modelo animal sugeriram, de maneira contundente, a ideia de que a DCS facilita o processo de extinção (Walker, Ressler, Lu & Davis, 2002). A DCS é um agente glutamatérgico, agonista parcial do receptor N-metil-D-aspartato (NMDA). Evidências apontam que a DCS é mais eficaz quando administrada em baixas doses (50 mg), um número limitado de vezes e imediatamente antes (uma ou duas horas) da terapia de exposição (Norberg, Krystal & Tolin, 2008). Apesar de essa ser uma possível área promissora, uma vez que possibilitaria acelerar os efeitos do tratamento e, com isso, facilitar o acesso aos cuidados de saúde para mais pacientes, essa ainda é uma área de pesquisa que merece maior número de estudos para constatar sua eficácia. Até o momento, foram localizados apenas dois estudos com D-cicloserina e TEPT. Um estudo investigou os mecanismos neurais da ação da DCS e não a potencialização da terapia de exposição (Heresco-Levy *et al.*, 2002). O outro estudo (Kleine, Hendriks, Kusters, Broekman & Minnen, 2012) investigou a eficácia de 50 mg de DCS ou placebo para potencializar um protocolo de TCC. Os dados obtidos sugerem que a DCS não potencializou significativamente os efeitos do tratamento, embora o grupo que recebeu DCS tenha apresentado melhor resposta ao tratamento, com maior redução dos sintomas de TEPT. Esses achados coincidem com descobertas de outros estudos com transtornos de ansiedade, mostrando que a DCS parece não potencializar os efeitos da exposição prolongada, mas sim acelerar seus efeitos no tratamento.

A Realidade Virtual (RV) também representa outra importante estratégia de potencialização da terapia de exposição tradicional, possibilitando supostas vantagens, como maior controle da exposição e imersão do paciente na situação. Uma dificuldade encontrada parece ser a construção do contexto que se refira exatamente ao relato traumático do paciente (Difede *et al.*, 2007). A RV parece ser uma importante estratégia no tratamento de pacientes resistentes à exposição tradicional por permitir maior engajamento do paciente e maior ativação da memória traumática, condição necessária para a extinção do medo condicionado.

O TEPT é um transtorno que surge, necessariamente, após a exposição a um evento traumático e é um dos transtornos mais comuns de serem desenvolvidos após uma dessas experiências, como, por exemplo, a catástrofe natural ocorrida em Nova Friburgo – RJ, em janeiro de 2011. Tendo em vista o trauma pelo qual a população passou, o Laboratório Integrado de Pesquisa do Estresse (LINPES-IPUB-UFRJ) ofereceu um treinamento para psicólogos, experientes na abordagem mencionada, da região atingida. O protocolo já utilizado pela equipe de psicologia do referido grupo foi ensinado aos psicólogos da região para atendimento das vítimas que desenvolveram o transtorno. O treinamento foi oferecido no formato de aulas/palestras em dois dias, sendo as aulas divididas entre teoria e prática e 22 profissionais completaram o treinamento. No momento, os pacientes diagnosticados com TEPT estão sendo randomizados para tratamento ou grupo controle e sendo atendidos pelos profissionais que participaram do curso com supervisão da nossa equipe.

20.5 Referências

Berger, W., Mendlowicz, M., Souza, W., & Figueira, I. (2004). Equivalência semântica da versão em português da *Post-Traumatic Stress Disorder Checklist – Civilian Version* (PCL-C) para rastreamento do transtorno de estresse pós-traumático. *Revista de Psiquiatria do Rio Grande do Sul, 26* (2), 167-175.

Crawford, J. R. & Henry, J. D. (2004). The Positive and Negative Affect Schedule (PANAS): Construct validity, measurement properties and normative data in a large non-clinical sample. *British Journal of Clinical Psychology, 43*, 245-265.

Cunha, J. A. (2001). *Beck Depression Inventory (BDI) – Manual da Versão em Português das Escalas Beck*. São Paulo: Casa do Psicólogo.

Difede, J., Cukor, J., Jayasinghe, N., Patt, I., Jedel, S., Giosan, C., & Hoffman, H. (2007). Virtual reality exposure therapy for the treatment of posttraumatic stress disorder following September 11, 2001. *Journal of Clinical Psychiatry, 68* (11), 1639-1647.

Etten, M. L. V. & Taylor, S. (1998). Comparative efficacy of treatments for posttraumatic stress disorder: a meta-analysis. *Clinical Psychology & Psychotherapy, 5*, 126-144.

Fava, G. A. & Tomba, E. (2009). Increasing psychological well-being and resilience by psychotherapeutic methods. *Journal of Personality, 77* (6), 1904-1934.

Fiszman, A., Cabizuca, M., Lanfredi, C., & Figueira, I. (2004). A adaptação transcultural para o português do instrumento *Dissociative Experiences Scale* para rastrear e quantificar os fenômenos dissociativos. *Revista Brasileira de Psiquiatria, 26* (3), 164-73.

Foa, E. B. (2009). Effective treatments for PTSD. In E. B. Foa, T. M. Keane, & M. J. Friedman (Eds.). *Practice guidelines from the international society for traumatic stress studies* (pp. 549-558). New York: The Guilford Press.

Foa, E. & Rothbaum, B. (1998). *Treating de Trauma of Rape – Cognitive-Behavioral Therapy for PTSD*. New York: The Guilford Press.

Forbes, D., Creamer, M., Phelps, A., Couineau, A-L., Cooper, J., Bryant, R., McFarlane, A., Devilly, G., Matthews, L., & Raphael, B. (2007). Treating adults with acute stress disorder and post-traumatic stress disorder in general practice: a clinical update. *The Medical Journal of Australia, 187*, 120-123.

Goff, D. C., Tsai, G., Levitt, J., Amico, E., Manoach, D., Schoenfeld, D. A., Hayden, D. L., McCarley, R., & Coyle, J. T. (1999). A placebo-controlled trial of d-cycloserine added to conventional neuroleptics in patients with schizophrenia. *Archives of General Psychiatry, 56*, 21-27.

Gonçalves, R., Lages, A., Rodrigues, H., Pedrozo, A., Coutinho, E., Neylan, T., Figueira, I., & Ventura, P. (2011). Potential biomarkers of cognitive behavior-therapy for post-traumatic stress disorder: a systematic review. *Revista de Psiquiatria Clínica, 38* (4), 155-160.

Guy, W. (1976). Clinical Global Impressions (CGI). In W. Guy (Ed.). *ECDEU Assessment Manual for Psychopharmacology*. NIMH, Rockville, 217-222.

Harvey, A., Bryant, R., & Tarrier, N. (2003). Cognitive behaviour therapy for posttraumatic stress disorder. *Clinical Psychology Review, 23*, 501-522.

Heresco-Levy, U., Kremer, I., Javitt, D. C., Goichman, R., Reshef, A., Blanaru, M., & Cohen, T. (2002). Pilot-controlled trial of D-cycloserine for the treatment of post-traumatic stress disorder. *International Journal of Neuropsychopharmacology, 5*, 301-307.

Hofmann, S. G., Barlow, D. H., Papp, L. A., Detweiler, M. F., Ray, S. E., Shear, M. K., Woods, S. W., & Gorman, J. M. (1998). Pretreatment attrition in a comparative treatment outcome study on panic disorder. *American Journal of Psychiatry, 155*, 43-47.

Insel, T. (2009). Translating scientific opportunity into public health impact. A strategic plan for research on mental illness. *Archives of General Psychiatry, 66* (2), 128-133.

Kleine, R. A., Hendriks, G., Kusters, W. J. C., Broekman, T. G., & Minnen, A. (2012). A randomized placebo controlled trial of D-cysloserine to enhance exposure therapy for posttraumatic stress disorder. *Biological Psychiatry*. Article in press.

Mitte, K. (2005). Meta-analysis of cognitive-behavioral treatments for generalized anxiety disorder: a comparison with pharmacotherapy. *Psychological Bulletin, 131*, 785-795.

Norberg, M. M., Krystal, J. H., & Tolin, D. F (2008). A meta-analysis of D-cycloserine and the facilitation of fear extinction and exposure therapy. *Biological Psychiatry, 63,* 1118-1126.

Rodrigues, H., Figueira, I., Gonçalves, R., Mendlowicz, M., Macedo, T., & Ventura, P. (2011). CBT for pharmacotherapy non-remitters – a systematic review of a next-step strategy. *Journal of Affective Disorders, 129,* 219-228.

Shalev, A. Y. & Bonne, O. (2000). Pharmacological Treatment of Trauma-Related Disorders. In A. Y. Shalev, R. Yehuda & A. C. McFarlane (Eds.), *International handbook of human response to trauma* (pp. 363-378). New York: Springer.

Sherbourne, C. & Stewart, A. (1991). The MOS social support survey. *Social Science & Medicine, 32,* 705-714.

Wagnild, G. M. & Young, H. M. (1993). Development and psychometric evaluation of the Resilience Scale. *Journal of Nursing Measurement, 1,* 165-178.

Walker, D. L., Ressler, K. J., Lu, K. T., & Davis, M. (2002). Facilitation of conditioned fear extinction by systemic administration or intraamygdala infusions of D-cycloserine as assessed with fear-potentiated startle in rats. *Journal of Neuroscience, 22,* 2343-2351.

Autoras:

Helga Rodrigues – Mestranda em Saúde Mental – IPUB – Universidade Federal do Rio de Janeiro. Contato: helga_rodrigues@hotmail.com

Tânia Macedo – Psicóloga pela Universidade Federal do Rio de Janeiro. Contato: fmacedo.tania@gmail.com

Ana Lúcia Pedrozo – Mestre em Psicologia pela Universidade Federal do Rio de Janeiro.

Paula Ventura – Professora adjunta do Instituto de Psiquiatria da Universidade Federal do Rio de Janeiro. Contato: paularventura@gmail.com

Terapia Cognitivo-Comportamental de obesos com compulsão alimentar

Monica Duchesne

21.1 Introdução

O diagnóstico de Transtorno da Compulsão Alimentar Periódica (TCAP) se aplica aos indivíduos que apresentam episódios recorrentes, incontroláveis e perturbadores de compulsão alimentar. Em geral, esses episódios envolvem o consumo de grandes quantidades de alimento escondido de outras pessoas, em decorrência de um sentimento de vergonha causado pela quantidade exagerada de alimento consumido. Eles são sucedidos por um intenso mal-estar psicológico, caracterizado por sentimentos de angústia, tristeza, culpa e/ou repulsa por si mesmo. Entretanto, após os episódios de compulsão alimentar, os indivíduos com TCAP não apresentam o uso regular de comportamentos compensatórios inadequados para evitar o ganho de peso, característicos da bulimia nervosa: jejum, uso de laxantes ou diuréticos, vômito autoinduzido e exercícios físicos excessivos (American Psychiatric Association – APA, 2000).

A prevalência estimada do TCAP na população geral é de 1,8%, sendo 67% do total composto por mulheres (APA, 2000). Em amostras clínicas de obesos, a prevalência é maior: aproximadamente 30% dos indivíduos obesos que procuram tratamento para emagrecer apresentam TCAP (Fandiño, 2009). Portanto, embora a obesidade não seja critério diagnóstico para o TCAP, ela é uma condição frequentemente associada. Há mais de 10 anos a obesidade é considerada, pela Organização Mundial de Saúde, um grave problema de saúde pública. Sua ocorrência vem aumentando nos países desenvolvidos e em desenvolvimento, como o Brasil, e as opções de tratamento ainda são limitadas (Fandiño, 2009).

No indivíduo obeso, a presença do TCAP constitui um aspecto agravante, em virtude de sua associação com maior gravidade da obesidade e maior grau de sofrimento associado. Os indivíduos com TCAP apresentam preocupação patológica com a alimentação, o peso e a forma corporal em níveis comparáveis aos descritos para a bulimia nervosa (Barry, Grilo & Masheb, 2003). Adicionalmente, quando comparados aos obesos sem compulsão alimentar, os obesos com TCAP apresentam pior resposta aos tratamentos tradicionalmente utilizados para a perda de peso (Eldredge *et al.*, 1997). Esses fatores somados levaram à necessidade de desenvolver modelos de tratamento adaptados para o subgrupo de obesos que apresentam TCAP. O presente capítulo discute as principais técnicas utilizadas pela Terapia Cognitivo-Comportamental (TCC) no tratamento de obesos com TCAP.

21.2 Modelo padrão de tratamento

Um importante marco para a psicoterapia aplicada aos transtornos alimentares foi a publicação do manual de TCC criado por Fairburn (1981). A publicação desse manual, atualmente denominado *Manual de Oxford*, facilitou o treinamento de profissionais, a utilização da TCC em diversas unidades especializadas no tratamento dos transtornos alimentares e a realização de pesquisas que avaliassem sua eficácia. Grande parte dos estudos que avaliaram os resultados da TCC na bulimia nervosa e no TCAP utilizaram o *Manual de Oxford* ou adaptações dessa obra (Duchesne, 2006; Fairburn, Marcus & Wilson, 1993; *National Institute For Health and Clinical Excellence* – NICE, 2004).

Em linha com o modelo padrão de TCC, o *Manual de Oxford* é semiestruturado, orientado para o presente e o futuro e focalizado em problemas. A versão brasileira inclui técnicas que focalizam a modificação de comportamentos desadaptados, a reestruturação cognitiva e a prevenção de recaídas. O tratamento tem início com a análise dos fatores que favorecem o desenvolvimento e a manutenção do TCAP, com a descrição dos fatores envolvidos na regulação do peso corporal e com a definição das metas de tratamento. No primeiro estágio, são implementadas técnicas comportamentais para reduzir a frequência da compulsão alimentar e a diminuir o peso corporal. Dentre as técnicas utilizadas para esse fim estão: estabelecer de um padrão regular de alimentação que inclui diariamente três refeições e três lanches planejados; automonitoração (observação sistemática e registro dos alimentos ingeridos e das circunstâncias associadas); estratégias para controle de estímulos (envolvem a identificação das situações que facilitam a ocorrência da compulsão alimentar e o desenvolvimento de um estilo de vida que minimize o contato do paciente com essas situações) e treinamento em resolução de problemas (objetiva ajudar os pacientes a desenvolver estratégias para lidar com as situações de alto risco de ocorrência de compulsão alimentar). Em resumo, uma das metas do primeiro estágio da TCC é melhorar o estilo de vida, estimulando a adoção de hábitos alimentares saudáveis e diminuindo o consumo de alimentos com alta densidade energética. Outro aspecto importante é a ênfase no aumento da atividade física (Duchesne, 2006; Duchesne *et al.*, 2007, Fairburn, *et al.*, 1993).

Em um segundo estágio, o *Manual de Oxford* focaliza a modificação do sistema disfuncional de crenças característico do TCAP. São utilizadas diversas técnicas para reestruturar as crenças supervalorizadas associadas à alimentação, ao peso e à forma corporal; as autoavaliações negativas do valor pessoal e os estereótipos negativos associados à obesidade; além de diversos padrões disfuncionais de raciocínio. Por exemplo, os obesos com TCAP tendem a apresentar um modo "tudo ou nada" de pensar, considerando apenas aspectos absolutos e extremos, sem categorias intermediárias. Embora o tratamento seja dividido em estágios, ele tem um caráter aditivo, com procedimentos sendo adicionados aos que já foram aprendidos. Assim, quando as novas estratégias do estágio dois são introduzidas, o paciente é orientado a continuar praticando as estratégias que aprendeu no primeiro estágio (Duchesne, 2006; Fairburn, *et al.*, 1993).

Por último, são abordadas as estratégias para a prevenção de recaídas. Os pacientes são orientados a identificar as situações de alto risco que poderiam dificultar o controle da alimentação no futuro e, com o auxílio do terapeuta, é elaborado um plano de manutenção que descreve estratégias específicas para lidar com essas situações (Duchesne, 2006).

Na última década, houve um aumento do número de estudos avaliando a eficácia das diferentes modalidades de tratamento para pacientes com bulimia nervosa e obesos com TCAP e, dentre os modelos de psicoterapia estudados, a TCC foi a mais extensamente pesquisada. Os diversos estudos que avaliaram a eficácia da TCC relataram reduções significativas da frequência e da gravidade da compulsão alimentar (Agras, Telch, Arnow, Eldredge & Marnell, 1997; Eldredge *et al.*, 1997; Pendleton, Goodrick, Poston, Reeves & Foreyt, 2002); diminuição significativa da preocupação disfuncional com a alimentação, o peso e a forma corporal (Kenardy, Mensch, Bowen & Walton, 2002; Wilfley *et al.*, 2002) e redução do peso corporal (Duchesne, 2006; Kenardy *et al.*, 2002). Após uma análise detalhada de diversos ensaios controlados randomizados, o NICE (2004) sugeriu que a TCC deve ser oferecida para adultos com TCAP, conferindo grau A para a força de evidência que sustenta essa afirmação.

21.3 Atualizações do tratamento padrão

Embora vários estudos tenham demonstrado que há melhora significativa da compulsão alimentar nos obesos tratados com as técnicas descritas no *Manual de Oxford*, alguns não apresentam remissão do quadro. Adicionalmente, nos acompanhamentos de longo prazo foram observados diferentes perfis de resposta, com alguns obesos apresentando uma piora da compulsão alimentar após o término do tratamento e, em contrapartida, outros apresentando melhora ou remissão ao final de períodos de seguimento com a duração de até um ano (Agras *et al.*, 1997, Pendleton *et al.*, 2002). No estudo de Agras *et al.* (1997), dos 31 obesos com TCAP que apresentaram remissão no pós-tratamento, 45% continuaram em remissão após um ano de seguimento, 29% apresentavam compulsão alimentar não mais de uma vez por semana e 26% tinha recaído. Em contrapartida, 25% dos pacientes que ainda apresentavam compulsão após o término da TCC apresentaram remissão no período de seguimento. Esses dados sugerem que, para alguns pacientes, as técnicas do *Manual do Oxford* testadas nos ensaios clínicos e a duração do tratamento padrão são suficientes. Entretanto, para os obesos que apresentam pior resposta à TCC podem ser indicadas modificações do programa padrão empregado nos estudos anteriormente citados.

Várias alterações do programa padrão de TCC foram sugeridas, com o objetivo de melhorar os resultados obtidos com o tratamento. Por exemplo, Eldredge *et al.* (1997) e Pendleton *et al.* (2002) sugeriram que a adoção de um maior número de sessões poderia aumentar a eficácia do tratamento. No estudo de Eldredge *et al.* (1997), a adição de doze sessões aumentou o número de pacientes que melhoraram com a TCC a curto prazo e no período de seis meses. Programas de tratamento mais longos permitiriam aumento da ênfase dada às técnicas que favorecem a reestruturação cognitiva. Um maior enfoque do sistema de crenças poderia diminuir a taxa de recaída, uma vez que a adequada reestruturação das crenças disfuncionais associadas à alimentação, ao peso e à forma corporal associa-se a uma melhor manutenção dos resultados em longo prazo (Nauta, Hospers Kok & Jansen, 2000).

Vários modelos foram desenvolvidos na tentativa de explicitar os fatores potencialmente envolvidos no desenvolvimento e na manutenção da compulsão alimentar. Com relação aos modelos que focalizaram aspectos psicológicos, algumas hipóteses foram sugeridas: (1) que os episódios de compulsão alimentar seriam uma forma de reduzir emoções negativas intensas (Heatherton & Baumeister, 1991); (2) que estariam associados a dificuldades interpessoais (Wilfley *et al.*, 2002); (3) que poderiam estar relacionados a dificuldades para inibir o impulso para comer de modo inadequado (Hagan *et al.*, 2002); (4) que resultariam de padrões disfuncionais de pensamento (Nauta *et al.*, 2001; Cooper, Fairburn & Hawker, 2009); ou (5) que poderiam estar associados a dietas muito restritivas (Fairburn *et al.*, 1993).

A TCC descrita no *Manual de Oxford* aborda primariamente os dois últimos aspectos citados: a modificação dos padrões disfuncionais de pensamento associados à alimentação, ao peso e à forma corporais e a diminuição da restrição alimentar. Entretanto, o *Manual* não inclui, de modo extenso, a utilização de técnicas para controle de impulsos, regulação de emoções e aumento das habilidades sociais.

21.4 Compulsão alimentar e déficits de controle de impulsos

A relação entre compulsão alimentar e déficits de controle de impulsos começou a ser estudada de modo mais aprofundado apenas recentemente. Indivíduos obesos com TCAP apresentam maior probabilidade de se envolver em diversos atos impulsivos, quando comparados aos obesos sem TCAP, sugerindo um problema mais pervasivo de dificuldades para controlar impulsos de modo geral (Grucza, Przybeck & Cloninger, 2007).

Comparados aos pacientes obesos sem TCAP, os obesos com TCAP apresentam maior taxa de abandono de tratamento, com diversas tentativas malsucedidas de fazer dieta ao longo da vida (Fandiño, 2009). Essa maior dificuldade para manter a restrição alimentar por longos períodos de tempo poderia ocorrer em função da dificuldade para refrear o impulso de se alimentar. Ou seja, mesmo quando o paciente obeso com TCAP se torna mais vigilante com relação à alimentação, numa tentativa de manter o impulso para comer sob controle, ele teria dificuldade para inibir as respostas inadequadas associadas à alimentação (Hagan *et al.*, 2002).

As funções executivas medeiam a capacidade para controlar impulsos de modo geral, incluindo a capacidade para controlar o impulso para comer. Duchesne *et al.* (2010) relataram déficits de funções executivas em mulheres obesas com TCAP, quando comparadas a obesas sem TCAP e mulheres com peso normal. Com relação às funções executivas, mulheres obesas com TCAP apresentaram déficits associados à memória operacional, capacidade de planejamento, solução de problemas e flexibilidade cognitiva. Esses déficits podem estar associados à dificuldade para manter o autocontrole da alimentação e a adesão à psicoterapia. Por exemplo, em atividades do dia a dia, obesas com TCAP lidam com grande oferta de alimentos baratos, prontos para serem consumidos, palatáveis e de alta densidade energética. Portanto, fazer a escolha de consumir os alimentos mais saudáveis não é a opção mais fácil e depende de o indivíduo fazer uma escolha consciente que requer esforço. As dificuldades para planejar antecipadamente como lidar com essas circunstâncias, de encontrar soluções para enfrentar diferentes cenários problemáticos e de flexibilizar raciocínios podem ser facilitadoras de episódios de compulsão alimentar (Cooper, *et al.*, 2009; Duchesne, 2010).

De acordo com Duchesne *et al.* (2010), os déficits de memória operacional e flexibilidade cognitiva também podem estar associados a uma dificuldade em estabelecer novos padrões de comportamento relacionados à alimentação. A dificuldade para autoinibir o consumo de alimentos pode estar parcialmente relacionada a um foco de atenção nos prazeres imediatos associados à alimentação ("Vai me dar muito prazer comer isso agora"), acompanhado por uma aparente incapacidade de considerar resultados negativos passados associados com seu comportamento alimentar (por exemplo, culpa, tristeza, ganho de peso indesejável) e escolher um resultado mais gratificante ("Se eu me controlar agora, não ganharei peso").

21.5 Compulsão alimentar e habilidades sociais

Del Prette e Del Prette (2001) definiram as habilidades sociais como um conjunto de comportamentos que tornam o indivíduo capaz para lidar com as diferentes demandas sociais de modo competente (Del Prette & Del Prette, 2001). Eles identificaram cinco fatores relevantes para o conceito de habilidades sociais. O primeiro fator é um indicador de assertividade em situações interpessoais que demandam a afirmação e a defesa de direitos. O segundo fator envolve habilidades sociais para lidar com demandas de expressão de afeto positivo (por exemplo: fazer elogios). No terceiro fator, foram reunidas habilidades de conversação e desenvoltura social. O quarto fator (autoexposição a pessoas desconhecidas ou a situações novas) inclui basicamente situações que demandam a interação com pessoas desconhecidas (por exemplo: fazer apresentações para um público desconhecido e pedir favores a pessoas desconhecidas). O último fator (autocontrole da agressividade em situações aversivas) envolve a capacidade de reagir a comportamentos aversivos do interlocutor (por exemplo: agressão e pilhéria) de forma socialmente competente.

Outra habilidade considerada fundamental para a competência social é a empatia. Ela corresponde à capacidade de compreender de forma precisa (tomada de perspectiva); compartilhar ou considerar sentimentos, necessidades e perspectivas de alguém (componente afetivo); além de expressar esse entendimento de tal maneira que a outra pessoa se sinta compreendida e validada (componente comportamental). Além da tomada de perspectiva, a capacidade para flexibilizar valores e atitudes é outro aspecto associado ao componente cognitivo da empatia. A flexibilidade interpessoal se refere à capacidade para entender e aceitar pontos de vista muito diferentes dos próprios. Ela se contrapõe à rigidez de valores e envolve a tolerância para uma gama variada de comportamentos ou atitudes, sendo particularmente importante em situações que causam frustração ou nas quais há conflito de interesse (Falcone et al., 2008).

Estudos relataram que as habilidades sociais são primordiais para a manutenção do bem-estar pessoal e que déficits de habilidades sociais estão associados à manutenção de vários transtornos psiquiátricos (Duchesne, 2010; Shamay-Tsoory, Shur, Harari & Levkovit, 2007; Wilfley et al., 2002). Entretanto, a associação entre déficits de habilidades sociais e o TCAP é um tema pouco explorado em estudos científicos e o perfil de déficits sociais associado ao TCAP foi pouco pesquisado.

Estudos que avaliaram a empatia e outras habilidades sociais em mulheres obesas com TCAP, residentes no Rio de Janeiro, relataram déficits relacionados à tomada de perspectiva, à flexibilidade interpessoal, à assertividade e à autoexposição a situações envolvendo relacionamento com pessoas desconhecidas. Foram observados também maiores níveis de mal-estar pessoal em situações interpessoais tensas em obesas com TCAP, quando comparadas a obesas sem TCAP e mulheres com peso normal (Duchesne, 2010; Duchesne et al., 2012),

Considerando-se a importância da assertividade, da capacidade para lidar com situações novas, da tomada de perspectiva e da flexibilidade interpessoal para um adequado funcionamento social e para a obtenção de metas em diversas situações interpessoais, pode-se especular que os déficits de habilidades sociais observados nas obesas com TCAP poderiam estar associados a *níveis aumentados de ansiedade, raiva, frustração e tristeza em diversas situações do dia a dia (Duchesne, 2010). Como afetos negativos estão implicados na ocorrência da compulsão alimentar, é possível que os déficits de habilidades sociais observados possam favorecer a ocorrência da compulsão alimentar no dia a dia. Corroborando essa hipótese, déficits de tomada de perspectiva e flexibilidade interpessoal mostraram-se associados a um aumento de sintomas de depressão e ansiedade e a maior gravidade da compulsão alimentar em obesas com TCAP, sugerindo que déficits de empatia podem ter relação com a* gravidade da compulsão alimentar (Duchesne, 2010).

Futuros estudos poderiam avaliar os resultados obtidos com a inclusão de treinamento de habilidades sociais no tratamento de obesos com TCAP. A melhora do desempenho social, com relação aos déficits anteriormente citados, poderia melhorar a qualidade das relações sociais, reduzindo o número de estressores interpessoais, aumentando o bem-estar pessoal, além de contribuir para o aumento da autoestima – fatores previamente associados à melhora da compulsão alimentar (Cooper et al., 2009).

21.6 Considerações finais

O TCAP está associado a vários possíveis fatores etiológicos e mecanismos de manutenção. Idealmente, seu tratamento deve abordar três componentes: a compulsão alimentar (componente comportamental); a preocupação disfuncional com a alimentação, a forma corporal e o peso, além de sintomas ansiosos e depressivos frequentemente associados ao TCAP (componente subjetivo) e o excesso de peso (componente somático – APA, 2000). Em decorrência disso, diversos tipos de intervenções terapêuticas devem ser utilizadas. Elas abrangem orientação nutricional, psicoterapia de grupo ou individual e a prescrição de psicofármacos (APA, 2000). Portanto, o tratamento de obesos com TCAP deve envolver uma equipe multiprofissional que inclua nutricionistas, professores de atividade física, psicólogos, psiquiatras, endocrinologistas e clínicos gerais.

De uma forma geral, a TCC padrão é um modelo de terapia eficaz no tratamento de obesos com TCAP e, em decorrência dos resultados observados em diversos ensaios clínicos, é atualmente considerada a primeira escolha no para a compulsão alimentar (NICE, 2004). Na prática clínica geral, a TCC utiliza uma ampla variedade de técnicas para abordar dificuldades interpessoais, dificuldades para regulação de impulsos e regulação de afetos. No entanto, esses aspectos foram pouco focalizados nos formatos de tratamento originalmente testados nos ensaios clínicos com obesos com TCAP. Portanto, estudos que incluam a adição de novas técnicas ao tratamento podem auxiliar no desenvolvimento de estratégias complementares para os obesos com TCAP que não apresentam remissão com o tratamento padrão.

Ainda não foram encontrados fatores que pudessem predizer de forma confiável o sucesso no tratamento, para que se pudesse adequar o perfil do paciente ao melhor formato de terapia. Wilson (1995) sugeriu que o tratamento poderia ser oferecido no formato de módulos, de acordo com as dificuldades de cada paciente. Inicialmente seriam utilizadas intervenções breves (psicoeducação, manuais de autoajuda ou o tratamento de TCC padrão) e, posteriormente, seriam adicionados módulos enfocando dificuldades específicas para os pacientes que apresentassem pior resposta às intervenções breves.

Uma questão que precisa ser mais estudada no tratamento do TCAP é a definição do número ideal de sessões. Embora vários pacientes melhorem com programas de TCC com a duração de 12 semanas, outros necessitam de maior número de sessões. Um aspecto correlato a ser pesquisado é o número ideal de sessões voltadas para a prevenção de recaídas. Considerando-se o fato de que há relatos de recuperação de peso em pacientes obesos durante períodos de seguimento (Agras *et al.*, 1997, Pendleton et al, 2002), talvez fosse adequado prolongar o número de sessões dedicadas às questões relacionadas à manutenção dos resultados. Por exemplo, Pendleton *et al.* (2002) observaram que o acréscimo de sessões quinzenais de manutenção durante os seis meses subsequentes ao término da TCC favoreceu a manutenção da perda de peso. Outra alternativa envolveria desenvolver um sistema de espaçamento das sessões administrado de acordo com a resposta do paciente após o tratamento. Os pacientes que apresentassem mais dificuldades para manter o peso e a melhora da compulsão alimentar receberiam sessões de reforço com maior regularidade.

Em resumo, vários aspectos associados ao tratamento de obesos com TCAP precisam ser pesquisados mais a fundo. Estudos são necessários para avaliar a eficácia de adicionar estratégias voltadas para as questões interpessoais, de aumentar a ênfase dada às estratégias voltadas para a regulação do humor e de aumentar o tempo de duração da TCC. Essas questões se tornam relevantes se levarmos em consideração que a TCC se preocupa em fornecer o melhor resultado possível com a menor extensão de tratamento.

Por último, é de particular importância a realização de estudos que avaliem a eficácia das diferentes intervenções em longo prazo. Embora vários formatos de tratamento apresentem resultados positivos em curto prazo, os estudos de seguimento demonstraram diferentes perfis de resposta em longo prazo. Acompanhamentos de longo prazo permitiriam melhor avaliação das modalidades de tratamento com resultados mais duradouros.

21.7   Referências

Agras, W. S., Telch, C. F., Arnow, B., Eldredge, K., & Marnell, M. (1997). One-year follow-up of cognitive-behavioral therapy for obese individuals with binge eating disorder. *Jounal of consulting and Clinical Psychology, 65* (2), 343-347.

American Psychiatric Association – APA. (2000). *Diagnostic and statistical manual of mental disorders.* 4 ed. Washington (DC): American Psychiatric Press.

Barry, D. T., Grilo, C. M., & Masheb, R. M. (2003). Comparison of patients with bulimia nervosa, obese patients with binge eating disorder, and nonobese patients with binge eating disorder. *Journal of Nervous and Mental Diseases, 191* (9), 589-594.

Cooper, Z., Fairburn, C. G., & Hawker, D. M. (2009). *Terapia Cognitivo-Comportamental da obesidade – manual do terapeuta.* São Paulo: Editora Roca.

Del Prette, Z. A. & Del Prette, A. (2001). *Inventário de habilidades sociais.* São Paulo: Casa do Psicólogo.

Duchesne, M. (2006). *Terapia Cognitivo-Comportamental em grupo para pacientes obesos com transtorno da compulsão alimentar periódica.* Dissertação de Mestrado não publicada, Instituto de Psiquiatria IPUB. Rio de Janeiro: Universidade Federal do Rio de Janeiro.

Duchesne, M., Appolinario, J. C., Rangé, B. P., Fandiño, J., Moya, T., & Freitas, S. R. (2007). The use of a manual-driven group cognitive behavior therapy in a Brazilian sample of obese individuals with binge-eating disorder. *Revista Brasileira de Psiquiatria, 29* (1), 23-25.

Duchesne, M., Mattos, P., Appolinário, J. C., Freitas, S. R., Coutinho, G., Santos, C., & Coutinho, W. (2010). Assessment of executive functions in obese individuals with binge eating disorder. *Revista Brasileira de Psiquiatria, 32* (4), 381-388.

Duchesne, M. (2010). *Avaliação de funções executivas e habilidades sociais em indivíduos obesos com transtorno da compulsão alimentar periódica.* Tese de Doutoramento não publicada, Instituto de Psiquiatria IPUB. Rio de Janeiro: Universidade Federal do Rio de Janeiro.

Duchesne, M., Falcone, E. M. O., Freitas, S. R., Daugustin, J. F., Marinho, V. & Appolinario J. (2012). Assessment of interpersonal skills in obese women with binge eating disorder. *Journal of Health Psychology*, doi: 10.1177/1359105311432326.

Eldredge, K. L., Agras. S. W., Arnow, B., Telch, C. F., Bell, S., Castonguay, L., *et al.* (1997). The effects of extending cognitive-behavioral therapy for binge eating disorder among initial treatment nonresponders. *International Journal of Eating Disorders, 21* (4), 347-352.

Fairburn, C. G. (1981). A cognitive behavioural approach to the management of bulimia. *Psychological Medicine, 11* (1), 707-711.

Fairburn, C. G., Marcus, M. D., & Wilson, G. T. (1993). Cognitive-behavioral therapy for binge eating and bulimia nervosa: a comprehensive treatment manual. In C. G. Fairburn & G. T. Wilson (Org.). *Binge eating: nature, assessment and treatment.* (pp. 361-404). New York: Guilford Press.

Falcone, E. M. O., Ferreira, M. C., Luz, R. C. M., Fernandes, C. S., Faria, C. A., D´Augustin, J. F., Sardinha, A., & Pinho, V. D. (2008). Inventário de Empatia (I.E.): desenvolvimento e validação de uma medida brasileira. *Avaliação Psicológica, 7*, 321-334.

Fandiño, J. P. (2009). *Sintomas psiquiátricos e imagem corporal em pacientes com diferentes graus de obesidade.* Tese de Doutoramento não publicada, Instituto de Psiquiatria IPUB. Rio de Janeiro: Universidade Federal do Rio de Janeiro.

Grucza, R. A., Przybeck, T. R., & Cloninger, C. R. (2007). Prevalence and correlates of binge eating disorder in a community sample. *Comprehensive Psychiatry, 48* (2), 124-131.

Hagan, M. M., Shuman, E. S., Oswald, K. D., Cocoran, K. J., Profitt, J. H., & Blackburn, K. (2002). Incidence of chaotic eating behaviors in binge-eating disorder: Contributing factors. *Behavioral Medicine, 28* (3), 99-105.

Heatherton, T. F. & Baumeister, R. F. (1991). Binge eating as escape from self-awareness. *Psychological Bulletin, 110* (1), 86-108.

Kenardy, J., Mensch, M. M., Bowen, B., & Walton, J. (2002). Group therapy for binge eating in type 2 diabetes: a randomized trial. *DiabeticMedicine, 19* (3), 234-239.

National Institute For Clinical Excellence – NICE. (2004). *Eating disorders: core interventions in the treatment and management of anorexia nervosa, bulimia nervosa and related eating disorders.* Clin Guideline No. 9, London. Recuperado em 2012 em: <www.nice.org.uk>.

Nauta, H., Hospers, H., Kok, G., & Jansen, A. (2000). A comparison between a cognitive and a behavioral treatment for obese binge eaters and obese non-binge eaters. *Behavior Therapy, 31* (1), 441-461.

Pendleton, V. R., Goodrick, G. K., Poston, W. S., Reeves, R. S., & Foreyt, J. P. (2002). Exercise augments the effects of cognitive-behavioral therapy in the treatment of binge eating. *International Journal of Eating Disorders, 31* (2), 172-184.

Shamay-Tsoory, S, G., Shur, S., Harari, H., & Levkovitz, Y. (2007). Neurocognitive basis of impaired empathy in schizophrenia. *Neuropsychology, 21* (2), 431-438.

Wilfley, D. E., Welch, R. R., Stein, R. I., Spurrell, E. B., Cohen, L. R., Saelens, B. E., *et al.* (2002). A randomized comparison of group cognitive-behavioral therapy and group interpersonal psychotherapy for the treatment of overweight individuals with binge-eating disorder. *Archives of General Psychiatry, 59* (1), 713-721.

Wilson, G. T. (1995). Psychological treatment of binge eating and bulimia nervosa. *Journal of Mental Health, 4* (5), 451-458.

Autora:

Monica Duchesne – Doutora em Saúde Mental pelo Instituto de Psiquiatria (UFRJ). Coordenadora da Psicologia do Grupo de Obesidade e Transtornos Alimentares (GOTA) do Instituto de Psiquiatria da Universidade Federal do Rio de Janeiro. Contato: monica@duchesne.com.br

Programas cognitivo-comportamentais direcionados para obesidade e emagrecimento[1]

Carmem Beatriz Neufeld
André Luiz Moreno
Gabriela Affonso

[1] O presente trabalho foi realizado com apoio do CNPq, Conselho Nacional de Desenvolvimento Científico e Tecnológico – Brasil.

22.1 Introdução

O presente trabalho visa a apresentar algumas reflexões sobre alguns dados disponíveis na literatura a respeito de intervenções psicológicas voltadas para obesidade e/ou emagrecimento, tomando por base a Terapia Cognitivo-Comportamental (TCC). Para tanto, serão apresentados alguns aspectos do fenômeno da obesidade e da perda/ganho de peso, além de uma revisão da literatura sobre propostas de intervenção disponíveis em TCC. Na conclusão, busca-se discutir algumas diretrizes que podem ser inferidas com base na literatura e que podem auxiliar terapeutas e pesquisadores no direcionamento de futuras intervenções no fenômeno da obesidade e da perda, ganho e manutenção do peso.

A obesidade vem sendo classificada como um dos maiores problemas atuais em saúde pública. De acordo com a Organização Mundial de Saúde (World Health Organization [WHO], 1997) pode-se caracterizar a obesidade como uma epidemia mundial, dado o aumento de sua prevalência em escala global e não apenas restrito a determinadas regiões geográficas, países, graus de desenvolvimento ou grupos étnicos específicos. Atualmente, estima-se que cerca de 300 milhões de indivíduos no mundo sejam obesos, e esse número tende a dobrar até o ano de 2025 (Moller & Kaufman, 2005; Papelbaum, Moreira, Gaya, Preissler & Coutinho, 2010). Particularmente no Brasil, estima-se que 13,9% da população adulta é obesa (Ministério da Saúde, Secretaria de Vigilância em Saúde & Secretaria de Gestão Estratégica e Participativa, 2010). Em nosso país, a tendência de crescimento da obesidade tem sido evidente, considerando que os dados do Ministério da Saúde apontavam, em 2009, que 13% da população adulta era obesa (Ministério da Saúde, Secretaria de Vigilância em Saúde & Secretaria de Gestão Estratégica e Participativa, 2009); ou seja, houve crescimento de quase um ponto percentual em apenas um ano.

Os problemas relacionados ao excesso de peso encontram-se altamente associados à maior mortalidade geral (Francischi *et al.*, 2000), à morbidade em quadros de hipertensão arterial (Gus *et al.*, 1998), a diabetes tipo I (Moraes *et al.*, 2003), a diabetes tipo II (Gomes *et al.*, 2006), ao risco coronariano (Pitanga & Lessa, 2007), à doença cerebrovascular (Kaiser, 2004), apneia obtrutiva do sono (Mancini, Aloe & Tavares, 2000), entre outros. De forma geral, pode-se apontar, ainda, que a obesidade está fortemente relacionada à diminuição na qualidade de vida do indivíduo obeso (Tavares, Nunes & Santos, 2010). Tais dados parecem ser de conhecimento da população em geral: Cavalcanti *et al.* (2007) encontraram, em uma avaliação de vários critérios que motivariam a perda de peso dos participantes da sua pesquisa (em uma população de baixa renda), várias manifestações de que as pessoas conhecem os problemas da obesidade, "*sentir-se mais disposto*" e "*ser mais saudável*", por exemplo, foram os principais fatores apontados pelos indivíduos para perder peso.

22.2 Um fenômeno multifacetado

Apesar dos dados consistentes da existência de fatores genéticos que influenciam no início e na manutenção da obesidade (Dobrow, Kamenetz & Devlin, 2002), também são relevantes fatores psicológicos e socioculturais que interagem entre si, criando um ambiente facilitador para o estabelecimento do quadro. Dessa forma, torna-se fundamental uma abordagem multidisciplinar no tratamento do fenômeno da obesidade (Santos, 2001; Bernardi, Cichelero & Vitolo, 2005), permitindo que os vários fatores etiológicos, bem como a interação entre eles, sejam observados, para garantir, assim, maior eficácia na prevenção e no tratamento da obesidade. Por exemplo, pesquisadores do *Diabetes Prevention Program Research Group* (2002) apresentaram dados indicando que pacientes submetidos a grupos multidisciplinares de reeducação alimentar obtiveram maior redução de peso e de risco de diabetes tipo II do que pacientes submetidos a tratamentos com metformina ou placebo.

Considerando os objetivos do presente trabalho, os aspectos emocionais e psicológicos tornam-se foco primordial das intervenções psicológicas. Nesse sentido, Vasques, Martins e Azevedo (2004) ressaltaram que dentre as variáveis psicológicas a depressão e a ansiedade são frequentemente encontradas em indivíduos obesos. Segundo os mesmos autores, depressão e ansiedade podem ser identificadas como importantes fatores causadores, mantenedores ou retroalimentadores da obesidade. Em contrapartida, estudos como o de Papelbaum *et al.* (2010) afirmaram que não existe correlação evidenciada entre obesidade e depressão ou ansiedade.

Corroborando os achados de Vasques *et al.* (2004), outros estudos apontam aspectos psicológicos importantes a serem observados. Travado, Pires, Martins, Ventura e Cunha (2004), por exemplo, encontraram correlações positivas entre a obesidade e alterações emocionais típicas de ansiedade e depressão, e verificaram que a obesidade se encontra negativamente correlacionada à qualidade de vida. Em um caminho semelhante, o estudo de Tosetto e Simeão Júnior (2008) apontou para a relação direta entre o nível de obesidade e os sintomas de depressão, desesperança e ansiedade em mulheres. No que tange à imagem corporal, adultos obesos apresentaram três vezes mais chances do que a população geral em superestimar seu tamanho corporal, além disso, a vulnerabilidade do indivíduo aumenta de acordo com a morbidade da obesidade e pela presença de Transtorno da Compulsão Alimentar Periódica (TCAP) (Segal, Cardeal & Cordás, 2002). Já a insatisfação com a imagem corporal foi observada em indivíduos obesos, independentemente do grau de obesidade.

Particularmente no que se refere ao TCAP, estudos encontraram correlações entre esse transtorno e a obesidade (Ricca *et al.*, 2000; Coutinho & Póvoa, 2002). Além disso, cerca de 30% dos indivíduos que procuraram algum tratamento relativo à obesidade apresentavam TCAP (Costa *et al.*, 2009). Obesos com TCAP apresentavam pior resposta a tratamentos de emagrecimento, maior número de tentativas malsucedidas de dietas, maior dificuldade para perder peso, pior manutenção do peso perdido, maior taxa de abandono de tratamento (Duchesne, Appolinário, Rangé, Freitas *et al.*, 2007) e importante associação entre TCAP e outras patologias psiquiátricas, como transtornos de ansiedade e de humor (Palavras, Kaio, Mari & Claudino, 2011). Além disso, Spitzer *et al.* (1993) apontaram para a correlação positiva entre compulsão alimentar e aumento da adiposidade. Tais dados sugerem que, apesar de não ser considerado uma categoria diagnóstica oficial pelo *Manual Diagnóstico e Estatístico de Transtornos Mentais – DSM-IV-TR* (American Psychiatry Association [APA], 2002) e de não existir ainda uma caracterização neuropsicológica desse transtorno (Duchesne *et al.*, 2004), o TCAP deve ser considerado como fator fundamental em qualquer avaliação psicológica do indivíduo obeso.

Tomando como base a multivariedade e a multicausalidade envolvidas nas questões relacionadas à obesidade e ao emagrecimento, o presente trabalho busca focalizar as propostas de intervenção psicológica em Terapia Cognitivo-Comportamental (TCC) indicadas na literatura.

22.3 Intervenções em TCC

A TCC tem seu foco na intrínseca relação entre pensamentos, comportamentos e emoções. Porém, mesmo considerando que essas três instâncias se modulam e se alteram, acredita-se que a cognição atua como mediadora da relação eu-mundo, sendo aspecto fundamental na expressão dos comportamentos e das emoções. Além disso, considera como fator primordial para o trabalho consciente não a realidade em si, mas a forma como o indivíduo a percebe. Essa percepção faz com que o indivíduo estruture um sistema de crenças e esquemas, que, como num círculo de retroalimentação, altera sua percepção em determinadas situações (Knapp & Rocha, 2003).

Com base nesses pressupostos, J. Beck (1997) ressaltou que o modelo cognitivo de Aaron Beck propõe que o pensamento distorcido ou disfuncional seja comum a todos os distúrbios psicológicos. Essa premissa sustenta a ideia de que trabalhando com a cognição é possível auxiliar o paciente a flexibilizar e modificar seus pensamentos distorcidos e disfuncionais, desenvolvendo uma interpretação mais adaptativa e funcional da realidade.

O sistema de crenças de indivíduos obesos mantém sentimentos e comportamentos inadequados, desencadeados por pensamentos disfuncionais acerca do peso, da alimentação e do valor pessoal (Abreu & Roso, 2003). Nesse sentido, a avaliação e a correção dos pensamentos inadequados relacionados a essas variáveis contribuem tanto para a etiologia quanto para a manutenção da obesidade.

Duchesne, Appolinário, Rangé, Freitas *et al.* (2007) afirmaram, após revisão de literatura sobre estudos de intervenções tanto administradas individualmente quanto em grupo, que a TCC tem se mostrado o mais eficaz tratamento do TCAP dentre as abordagens psicológicas. Apesar de os indivíduos não terem apresentado redução significativa no peso corporal, indivíduos submetidos a sessões de TCC apresentaram redução dos sintomas do TCAP e de outros sintomas psicológicos associados (ansiedade e depressão).

No que tange às intervenções realizadas em sessões individuais, tanto em *setting* clínico ou da saúde pública, diferentes estudos corroboram as afirmativas de Duchesne *et al.* (2007). Fabricatore (2007), por exemplo, detalhou estudos realizados comparando intervenções com uso de técnicas comportamentais e intervenções cognitivo-comportamentais. O autor afirmou que, apesar de eficientes para redução do peso corporal, indivíduos submetidos apenas a técnicas comportamentais em programas de emagrecimento apresentavam mais dificuldade em manter o peso perdido durante a intervenção. Seus dados indicaram que tais indivíduos retomavam, em média, um terço do peso perdido em seis meses e o peso original em cinco anos. Em contrapartida, indivíduos submetidos a técnicas cognitivas e comportamentais apresentavam maior facilidade em manter o peso perdido após o término do programa de emagrecimento.

Estudos de revisão de literatura apontaram a eficácia das intervenções breves cognitivo-comportamentais na diminuição de peso, seja em indivíduos com sobrepeso ou com obesidade, além da possibilidade de inserir esses tratamentos nos cuidados primários de saúde (Pimenta, Leal, Branco & Maroco, 2009; Palavras *et al.*, 2011; Tavares Filho, Magalhães & Tavares, 2009). Bernardi *et al.* (2005) também sugeriram a TCC como uma forte estratégia aliada ao tratamento da obesidade em programas multidisciplinares de redução de peso.

Além de estudos empíricos que sugerem a efetividade da TCC no tratamento da obesidade e de fatores psicológicos associados, alguns estudos propõem programas de emagrecimento em TCC, que contam com sessões estruturadas e técnicas a serem utilizadas por terapeutas cognitivo-comportamentais em suas práticas clínicas. Duarte e Piccoloto (2007) também apresentaram contribuições para o tratamento individual do TCAP em TCC. Esses autores propuseram um programa de intervenção que se baseia em uma adaptação do modelo utilizado para a bulimia nervosa. O programa engloba estratégias para controle de episódios de compulsão alimentar, modificação de hábitos alimentares, desenvolvimento de estratégias para adesão ao exercício físico e a redução gradual do peso, nos casos em que havia obesidade associada. Além disso, foram feitas intervenções voltadas para a abordagem da autoestima, a redução da ansiedade associada à aparência e a modificação de crenças disfuncionais.

J. Beck (2009) apresentou como resultado de 20 anos de trabalhos clínicos em obesidade, a "dieta definitiva de Beck" como proposta de intervenção individual voltada para o emagrecimento a partir dos pressupostos da TCC. Esse programa é composto de seis semanas e tem como objetivo modificar de pensamentos sabotadores – aqueles que fazem o indivíduo agir de maneira disfuncional – para pensamentos adaptativos, os quais favorecem uma forma de agir mais adaptativa. Dessa forma, à medida que os pensamentos sabotadores surgem na presença de determinados estímulos, o indivíduo pode identificá-los para, assim minimizar sua exposição a esses estímulos ou mudar a forma de enfrentá-los.

O programa de J. Beck (2009) propôs várias estratégias para lidar com os impulsos do comer compulsivo, entre as quais: alterar o ambiente de refeição, tolerar a fome e a vontade incontrolável de comer, pensar de modo diferente sobre a alimentação, lidar com as emoções de forma adaptativa e tornar a alimentação saudável uma condição mais importante do que agradar os outros ou satisfazer as próprias vontades momentâneas. Apesar de dedicar alguns dos encontros de seu programa à prevenção de recaída e à manutenção do peso, J. Beck (2010) retomou em obra subsequente a importância dessa manutenção, aumentando o foco nas sessões de prevenção de recaída e nas sessões de encorajamento após o fim do programa, visando à manutenção do peso do paciente.

O programa proposto por Cooper, Fairburn e Hawker (2009) tinha como principal enfoque a manutenção do novo peso adquirido. Assim, o objetivo terapêutico não se limitava à perda do peso, mas também a tornar o paciente capaz de controlar seu peso por um longo período, aceitando a estabilidade do peso como um objetivo a ser seguido, por meio de habilidades comportamentais e respostas cognitivas adquiridas ao longo do tratamento. Esse programa (Cooper et al., 2009) é composto por 24 sessões, realizadas ao longo de 44 semanas, sendo sua aplicação possível tanto na modalidade individual quanto grupal. As primeiras seis sessões são previstas semanalmente, na sequência, as sessões são realizadas quinzenalmente até a 22ª sessão. As duas últimas sessões são previstas em intervalos de três semanas, objetivando dar aos pacientes a autonomia de seu tratamento antes do término da terapia. Com relação à duração das sessões, cada uma delas tem duração prevista de 50 minutos, com exceção da sessão inicial, cuja duração prevista é de duas horas.

Esse programa foi avaliado em um estudo clínico randomizado, com acompanhamento de três anos (Cooper et al, 2010). No total, 150 mulheres participaram do estudo, sendo randomizadas para o programa, para terapia comportamental ou para atendimentos de autoajuda guiada composto de orientações para redução de consumo calórico, escolhas alimentares saudáveis e aumento do nível de atividade. Logo após as intervenções, as participantes do programa de Cooper et al. (2009) e de terapia comportamental perderam, em média, 10% do peso inicial. Aqueles que participaram dos atendimentos de autoajuda tiveram redução de peso de aproximadamente 6%, ou seja, mais discreta do que os outros grupos de intervenção. Todas as participantes foram acompanhadas durante três anos após as intervenções. Nessa avaliação posterior, a maioria das participantes recuperou quase todo o peso perdido durante as intervenções, não sendo possível distinguir a manutenção do peso perdido entre o programa de Cooper et al. (2009) e a terapia comportamental.

De acordo com os autores, esses resultados apontam que a obesidade é resistente aos métodos de tratamento psicológicos, a não ser quando considerados apenas em uma perspectiva de curto prazo. Com isso, o estudo sugere que é eticamente questionável afirmar que os tratamentos psicológicos são eficazes no tratamento da obesidade na ausência de dados sobre seus efeitos em longo prazo e indica como importante implicação que a pesquisa psicossocial sobre a obesidade talvez devesse se afastar do trabalho sobre o tratamento e focar-se na prevenção (Cooper et al, 2010).

Meyer (2004) apresentou importantes contribuições da TCC para a (re)educação alimentar. A autora ressaltou a necessidade de o foco estar sobre o domínio cognitivo durante a (re)educação alimentar, no baixo custo e na brevidade do tratamento. Além disso, ressaltou a importância de algumas técnicas específicas para essa modalidade terapêutica quando realizada com indivíduos obesos, como a busca de evidências, o questionamento a pensamentos automáticos, o trabalho com distorções cognitivas, a seta descendente e a resolução de problemas. Seu programa, no entanto, não apresenta uma descrição das possíveis sessões, limitando-se a dividir a estrutura de tratamento em primeira sessão e demais sessões. No que tange à duração prevista do programa, a autora afirmou não ser possível prever o tempo que será despendido na redução de peso, justificando a não apresentação do tempo médio utilizado para implementar seu programa.

Contudo, apesar de os programas mencionados gozarem de credibilidade e apresentarem dados de relativa eficácia, utilizando a TCC como estratégia para o emagrecimento e posterior manutenção do peso, eles são destinados a sessões individuais. Sabe-se que atendimentos em grupo possibilitam que um número maior de pessoas tenha acesso às intervenções psicológicas, demanda claramente presente no cotidiano dos profissionais da saúde pública. O modelo de atendimento grupal reduz custos, otimizando a participação do terapeuta nos serviços públicos de saúde, além de utilizar estratégias terapêuticas que não podem ser observadas quando se trata de um atendimento individual (Yalom, 2006). Além disso, conforme afirmam Renjilian et al. (2001), atendimentos em grupo para pacientes obesos são mais efetivos para a perda de peso do que atendimentos individuais, mesmo entre os pacientes que preferem a modalidade individual de atendimento.

A TCC tem sido considerada particularmente eficaz quando analisadas intervenções em grupos (Bieling, McCabe & Antony, 2008). A adaptação das técnicas utilizadas na modalidade individual de atendimento para os atendimentos em grupo, quando bem realizada, possibilita que populações e transtornos específicos sejam tratados com sucesso. Uma revisão da literatura sobre a efetividade das intervenções grupais em TCC pode ser conferida em Neufeld (2011).

Com relação a intervenções grupais em TCC visando ao emagrecimento, Machado et al. (2002) realizaram uma avaliação da associação do tratamento tradicional para obesidade, comparando os resultados de um grupo tratado com medicação e orientação para prática de exercícios físicos (Grupo M) a outro grupo que recebeu o mesmo tratamento, acrescido da aplicação de princípios básicos TCC, em sessões grupais de frequência quinzenal (Grupo T). A intervenção consistia das seguintes estratégias cognitivo-comportamentais: estabelecimento de objetivos claros para a obtenção dos resultados esperados; apresentação de estímulos para controle das modificações dos hábitos alimentares relacionados à obesidade; técnicas cognitivas de reestruturação e modificação de pensamentos, metas e expectativas irrealistas; e técnicas de redução do estresse. Os resultados indicaram que a maioria dos pacientes do Grupo T avaliou positivamente a aplicação da TCC, com maior adesão ao tratamento (70% versus 50%) e demonstrou maior interesse na continuação do tratamento. Os autores apontaram, ainda, que os métodos da TCC devem ser utilizados com maior frequência e pesquisados mais a fundo, em especial sua adaptação para contextos populacionais diversos (Machado *et al.* 2002).

Bieling *et al.* (2008) apresentam um protocolo de 20 sessões estruturadas para o tratamento em grupo dos transtornos alimentares. Esse protoloco propõe o trabalho misto de técnicas comportamentais – como distração, exposição a estímulos, cartões de enfrentamento e controle ambiental – aliadas a técnicas cognitivas – como exploração da relação entre cognição, afeto e situações gatilho; exploração de evidências e distorções cognitivas; exploração de crenças intermediárias e pressuposições. O protoloco desses autores foi destinado à intervenção em indivíduos com TCAP, anorexia nervosa e bulimia nervosa. Nesse sentido, cabe mencionar que apesar das contribuições de um protocolo estruturado para o tratamento desses transtornos, é evidente a ausência de espaço para o trabalho com a vulnerabilidade cognitiva específica de cada transtorno alimentar, que leva a distorções cognitivas e comportamentos disfuncionais distintos.

Particularmente no que se refere à obesidade, Radomile (2003) propôs o atendimento em grupo para pacientes obesos focado na psicoeducação, na mudança comportamental e na reestruturação cognitiva. O autor propõe dez características para um programa de emagrecimento eficaz: estabelecer objetivos modestos, entender o comportamento alimentar, usar o controle de estímulos, praticar exercícios, praticar a reestruturação cognitiva, reduzir ou eliminar a compulsão, adotar uma dieta de baixas calorias, traçar objetivos em curto prazo, promover a mudança no comportamento alimentar e desenvolver o apoio social.

Randomile (2003) ressaltou, ainda, que o protocolo de tratamento da obesidade em grupo deve se desenvolver em grupos pequenos (de seis a oito pessoas) por aproximadamente 20 sessões, com duração de uma hora. Além disso, antes da formação do grupo, os coordenadores devem avaliar critérios como o histórico de peso e a presença de sintomas depressivos; para essa etapa de avaliação, o autor sugere o Questionário Stanford de Transtornos Alimentares (Agras *et al.*, 1976) e o Inventário Beck de Depressão (Cunha, 2001) respectivamente. Contudo, apesar de sistematizar o programa em sessões iniciais, intermediárias e finais, descrevendo as principais técnicas a serem utilizadas em cada fase do tratamento, o autor não propôs um programa estruturado sessão a sessão.

Recentemente, Neufeld, Moreira e Xavier (2012) relataram uma experiência de intervenção em grupo para emagrecimento utilizando a TCC e orientações nutricionais. Tal experiência foi composta pelo atendimento de 50 pacientes do sexo feminino, de uma clínica de estética, dispostas em dez grupos de cinco pacientes cada, com graus variados de sobrepeso e obesidade. As intervenções em cada grupo foram compostas por 12 sessões com duração de uma hora e meia, sendo seis sessões destinadas a intervenções psicológicas e outras seis destinadas a orientações nutricionais. As sessões com intervenção psicológica em TCC foram marcadas por: contrato terapêutico e descrição do programa; psicoeducação sobre o modelo cognitivo; autoestima e cognição; manejo das emoções; reestruturação cognitiva de crenças ligadas à compulsão alimentar; prevenção de recaída e avaliação do programa.

Os resultados apontaram para a redução estatisticamente significativa do peso das participantes ao final do programa. Além disso, avaliações subjetivas de melhora nas dificuldades interpessoais, no grau de adaptação social, na autoestima, nos níveis de ansiedade, no sentimento de bem-estar e na compulsão alimentar foram relatadas. Entretanto, apesar da avaliação subjetiva de melhora por parte das pacientes, esses dados não se encontram ancorados em instrumentos que avaliam tais variáveis psicológicas e o relato de experiência não apresenta a estrutura detalhada de cada sessão – descreve, apenas, o que ocorreu de modo geral em cada sessão do programa. As autoras tecem, ainda, ressalvas à falta de possibilidade de generalização dos dados obtidos, uma vez que se referem a um relato que parte de experiências empíricas e não de um estudo controlado e sistematizado (Neufeld *et al.*, 2012).

Particularmente no que se refere ao TCAP, a TCC tem sido frequentemente utilizada em programas que visam ao tratamento desse transtorno. De acordo com revisão sistemática de literatura de Duchesne, Appolinário, Rangé, Freitas *et al.* (2007), esses programas são geralmente constituídos por sessões semiestruturadas, focalizadas na redução dos comportamentos compulsivos e na reestruturação de crenças ligadas a esses comportamentos, praticadas em grupos de aproximadamente dez pacientes com duração média de 12 sessões de 90 minutos cada. Em consonância com esse dados, Duchesne, Appolinário, Rangé, Fandiño *et al.* (2007) realizaram um estudo com 21 pacientes obesos com TCAP, divididos em três grupos de sete participantes cada. Os participantes foram submetidos a 19 sessões de TCC, com duração de 90 minutos. As sessões de TCC foram adaptadas a partir de um manual inglês desenvolvido para o tratamento de bulimia nervosa e ingestão alimentar compulsiva. Os participantes apresentaram redução estatisticamente significativa na frequência média de episódios de compulsão alimentar, sintomas depressivos, insatisfação com a imagem corporal e peso corporal. Seus dados apontam para o sucesso da intervenção proposta, porém, por não apresentar um grupo-controle ou um grupo de comparação, tais resultados são de difícil generalização para outras populações.

22.4 Diretrizes que podem ser inferidas da literatura

Considerando a revisão da literatura consultada, o presente trabalho se propõe a apresentar algumas diretrizes que podem ser inferidas a partir dos resultados encontrados. Tomando por base a característica de ser uma intervenção baseada em evidências, em TCC é fundamental a existência de um programa estruturado ou semiestruturado de sessões quando se trata de uma população ou de um transtorno em específico.

A presença de um programa de intervenção é, em primeira instância, uma forma eficaz de alusão definitiva aos próprios pressupostos teóricos da TCC. Sessões estruturadas permitem tanto ao terapeuta quando ao paciente observar a continuidade do tratamento, facilitando o trabalho de reestruturação cognitiva. Essas sessões estruturadas serão mais facilmente conduzidas se fizerem parte de uma estrutura maior, ou seja, um programa de intervenção estruturado. Em atendimentos em grupo, essa estrutura é ainda mais desejável para que o terapeuta tenha um projeto efetivo de ação focado no problema em questão, já que são mais indivíduos envolvidos em um mesmo processo. Além disso, sessões estruturadas permitem que um mesmo programa possa ser aplicado em outros contextos, permitindo que diferentes populações com dificuldades semelhantes tenham acesso a protocolos eficazes de tratamento (Neufeld, 2011).

Ainda na fase pré-intervenção, uma entrevista semiestruturada inicial pode ser considerada um fator importante antes do início da execução de um programa voltado para intervenção em obesidade/emagrecimento (Radomile, 2003; Travado *et al.*, 2004; Cooper *et al.*, 2009). Essa entrevista fornece informações fundamentais para os terapeutas (tanto na intervenção individual quanto grupal). Na intervenção grupal, as informações coletadas em entrevistas iniciais possibilitarão intervenções mais direcionadas, voltadas especificamente a cada um dos membros do grupo. No que tange, por exemplo, às tarefas comportamentais, essas informações poderão guiar de forma mais eficiente os terapeutas tanto no sentido de fazer quanto no sentido de não fazer determinadas proposições específicas aos diferentes membros do grupo. Alguns pontos a serem avaliados por essa entrevista são o histórico de sobrepeso ou obesidade do participante, seu estado geral de saúde, seus hábitos diários e alimentares e a frequência com que se preocupa com seu peso e pensa em comida. Fatores desencadeadores pessoais e sociais que ajudam ou dificultam em uma possível perda de peso também são fatores importantes de serem avaliados, conforme proposto por Travado *et al.* (2004).

A avaliação de comorbidades psiquiátricas é vista como um fator a ser analisado antes do início de um programa. Apesar de não ser condição necessária para a realização dos programas de emagrecimento, a avaliação de comorbidades psiquiátricas – como ansiedade, depressão, compulsão alimentar e distorção da imagem corporal – consideradas relevantes para a compreensão do quadro de obesidade por vários estudos (Vasques *et al.*, 2004; Travado *et al.*, 2004; Tosetto & Simeão Júnior, 2008) possibilita um manejo mais eficiente de tópicos especiais abordados no programa relativo a essas questões, bem como pode indicar a necessidade de aumento no número de sessões para lidar com esses pontos nevrálgicos.

A utilização de instrumentos de autorrelato é considerada uma boa escolha para a avaliação inicial, por fornecer dados objetivos sobre essas comorbidades e por permitir ao terapeuta fazer um acompanhamento dessa avaliação durante o programa, servindo como parâmetro para os terapeutas e também para os pacientes (Costa *et al.*, 2009). Em caso de intervenções em grupos, é desejável a utilização de instrumentos que possam ser aplicados de maneira coletiva, por facilitar um primeiro contato dos participantes fora das sessões do programa, aperfeiçoar o trabalho dos terapeutas quanto à avaliação e permitir que os participantes forneçam informações que, por considerarem vergonhosas, seriam relutantes em fornecer em uma entrevista comum (Freitas, Gorenstein & Appolinário, 2002). No entanto, deve-se ressaltar a importância da escolha de instrumentos que apresentem qualidades psicométricas evidenciadas, já que são esses instrumentos que embasarão as decisões tomadas pelos terapeutas a respeito do papel das comorbidades em um grupo específico (Pasquali, 2009).

Apesar de estudos ressaltarem a importância de uma entrevista clínica inicial e de uma avaliação acerca das comorbidades psiquiátricas presentes nos participantes dos programas, tanto individual quanto em grupo, geralmente não há indicação sobre quais instrumentos ou quais protocolos de entrevista utilizados pelos programas encontram-se disponíveis na literatura. Freitas *et al.* (2002) realizaram um levantamento dos instrumentos para avaliação dos transtornos alimentares no Brasil, Freitas *et al.* (2002) realizaram um levantamento dos instrumentos disponíveis para avaliação dos transtornos alimentares no Brasil, apontando as qualidades psicométricas e objetivos desses instrumentos. Contudo, uma integração entre as diretrizes de avaliação apontadas pelos estudos clínicos e a utilização destes instrumentos continua sendo uma lacuna na literatura.

Considerando-se a necessidade de escolha de instrumentos com qualidades psicométricas evidenciadas, estudos de validação concluídos e a possibilidade de aplicação em grupo, alguns instrumentos parecem ser mais comumente utilizados para avaliação das comorbidades dos participantes: 1) Inventário Beck de Depressão (Cunha, 2001) ou em sua segunda versão BDI-II (Gorestein, Pang, Argimon & Werlang, 2011), para avaliação de sintomas de depressão; 2) Inventário Beck de Ansiedade (Cunha, 2001), para avaliação de sintomas de ansiedade; 3) Escala Beck de Desesperança (Cunha, 2001), para avaliação da desesperança e indicação de ideação suicida (quando essa intenção fica evidenciada nessa escala, é comum o uso da Escala Beck de Ideação Suicida – Cunha, 2001) ; 4) Escala de Compulsão Alimentar Periódica (Freitas, Lopes, Coutinho & Appolinario, 2001), para avaliação de episódios e histórico de compulsão alimentar periódica.

Apesar de não ser considerado um sintoma relacionado a um transtorno psiquiátrico específico, Moraes, Anjos e Marinho (2012) ressaltam a importância da verificação da autoavaliação da imagem corporal nos transtornos alimentares, particularmente através de escalas de silhuetas, devido ao baixo custo e à facilidade de aplicação desse tipo de avaliação. Para esse procedimento, tem-se a utilizado a Escala de Figuras de Silhuetas (Kakeshita, Silva, Zanatta & Almeida, 2009), para autoavaliação da imagem corporal, por ser um instrumento construído de acordo com a realidade brasileira e apresentar qualidades psicométricas evidenciadas. Cabe ressaltar, no entanto, que outros instrumentos de medidas para essas comorbidades específicas bem como entrevistas psiquiátricas gerais, podem ser utilizadas.

A estrutura de cada sessão dos programas em TCC citados anteriormente mantém-se fiel à estrutura das sessões individuais em TCC, conforme descrito por J. Beck (1997). Dessa forma, as sessões são estruturadas em checagem do humor, revisão da tarefa de casa, proposição de agenda, trabalho com os tópicos da agenda, proposição de tarefa de casa, resumo da sessão e *feedback*. Visando à proposição de sessões estruturadas em um programa, a agenda é particularmente importante e direcionada durante as sessões (Neufeld, 2011); porém, essa estrutura não impede que tópicos considerados importantes pelos participantes sejam também trabalhados. De forma geral, pode-se afirmar que a proposição de tarefas de casa no modelo de atendimento grupal apresentado por Bieling *et al.* (2008) é uma constante. Os autores enfocam a possibilidade de, ao mesmo tempo, serem recomendadas tarefas individuais aos participantes aliadas a tarefas para todo o grupo.

Alguns programas também discutem a possibilidade de inclusão de sessões de acompanhamento após o término do programa (Beck, 2009, 2010; Randomile, 2003). Porém, as sessões de acompanhamento não são apresentadas como uma estrutura obrigatória desses programas e a existência de sessões de acompanhamento é discutida como uma possibilidade com os participantes.

De forma geral, o presente trabalho conclui que os programas de TCC para emagrecimento ou para o tratamento da obesidade/emagrecimento são eficazes, particularmente quando consideradas avaliações em curto prazo e em combinação com intervenções multidisciplinares. Apesar de ainda serem poucos, os relatos de intervenções e de programas de grupo apontam para um interesse crescente da área de intervenções grupais para o problema do sobrepeso e da obesidade, possibilitando melhor inserção das intervenções psicológicas em TCC no campo da saúde pública.

Contudo, apesar dos dados animadores que podem ser observados em boa parte dos estudos citados, a ausência de descrição sessão a sessão das intervenções realizadas ou mesmo hipotetizadas pelos programas impossibilita sua reaplicação e dificulta seu uso controlado tanto para o clínico quanto para o pesquisador. Outro desafio repousa na falta de dados claros de avaliação quantitativa e qualitativa de muitos dos programas relatados. Como um número pouco expressivo dos trabalhos considera as entrevistas iniciais estruturadas, a aplicação de instrumentos de autorrelato e o acompanhamento pós-intervenção como aspectos relevantes, os dados disponíveis para avaliar os programas se tornam ainda poucos ou pouco confiáveis. Várias das intervenções contribuem com a literatura apenas como registro de uma intervenção bem-sucedida em vez de avançar na construção de um corpo teórico que possa ser testado e até mesmo refutado.

Em suma, apesar de avanços, a avaliação robusta da eficácia da TCC em intervenções de emagrecimento ou para o tratamento da obesidade ainda precisa de investimentos. Aspectos voltados para a adesão ao tratamento, a motivação para mudança, o teste contundente de resultados quantitativos e qualitativos, o acompanhamento pós-intervenção e estratégias de manutenção do peso no médio e longo prazo permanecem questões de investigação que merecem atenção da comunidade científica.

22.5 Referências

Abreu, C. N. & Roso, M. (2003). *Psicoterapias cognitiva e construtivista: novas fronteiras da prática clínica*. Porto Alegre: Artmed.

Agras, W. S., Fergusson, J. M., Greaves, C., Qualls, B., Rand, C. S. W., Ruby, J. *et al.* (1976). A clinical and research questionnaire for obese patients. In B. J. Williams, S. Martin, J. P. Foreyt (Eds.), *Obesity: behavioral approaches to dietary management* (pp. 168-176). New York: Brunner/Mazel.

American Psychiatric Association – APA (2002). *Manual diagnóstico e estatístico de transtornos mentais – DSM – IV – TR*. 4 ed.) Porto Alegre: Artmed.

Beck, J. S. (1997). *Terapia cognitiva – teoria e prática*. Porto Alegre: Artmed.

Beck, J. S. (2009). *Pense magro: a dieta definitiva de Beck*. Porto Alegre: Artmed.

Beck, J. S. (2010). *Pense magro por toda a vida*. Porto Alegre: Artmed.

Bernardi, F., Cichelero, C., & Vitolo, M. R. (2005). Comportamento de restrição alimentar e obesidade. *Revista de Nutrição*, *18* (1), 85-93.

Bieling, P. J., McCabe, R. E., & Antony, M. M. (2008). *Terapia Cognitivo-Comportamental em grupos*. Porto Alegre: Artmed.

Cavalcanti, A. P. R., Dias, M. R., Rodrigues, C. F. F., Gouveia, C. N. N. A., Ramos, D. D., & Serrano, F. J. O. (2007). Crenças e influências sobre dietas de emagrecimento entre obesos de baixa renda. *Ciência & Saúde Coletiva*, *12* (6), 1567-1574.

Cooper Z., Doll H. A., Hawker D. M., Byrne S., Bonner G., Eeley E., *et al.* (2010).Testing a new cognitive behavioural treatment for obesity: A randomized controlled trial with three-year follow-up. *Behaviour Research and Therapy*, *48* (8), 706-713.

Cooper, Z., Fairburn, C. G., & Hawker, D. M. (2009). *Terapia Cognitivo-Comportamental da obesidade – manual do terapeuta*. São Paulo: Roca.

Costa, F. S., Bandeira, D. R., Trentini, C., Brilmann, M., Friedman, R., & Nunes, M. A. (2009). Considerações acerca da avaliação psicológica das comorbidades psiquiátricas em obesos. *Psicologia em Estudo*, *14* (2), 287-293.

Coutinho, W. & Póvoa, L. C. (2002). Comer compulsivo e obesidade. In M. A. A. Nunes, J. C. Appolinário, A. L. G. Abuchaim, W. Coutinho, *et al.* (Eds.), *Transtornos alimentares e obesidade*. Porto Alegre: Artmed.

Cunha, J. A. (2001). *Manual da versão em português das Escalas Beck*. São Paulo: Casa do Psicólogo.

Diabetes Prevention Program Research Group (2002). Reduction in the Incidence of Type 2 Diabetes with Lifestyle Intervention or Metformin. *New England Journal of Medicine*, *346* (6), 393-403.

Dobrow, I. J., Kamenetz, C., & Devlin, M. J. (2002). Aspectos psiquiátricos da obesidade. *Revista Brasileira de Psiquiatria*, *24* (3), 63-67.

Duarte, A. L. C. & Piccoloto, L. B. (2007). A Terapia Cognitivo-Comportamental no tratamento do transtorno de compulsão periódica. In N. M. Piccoloto, R. Wainer, L. B. Piccoloto (Orgs.), *Tópicos especiais em Terapia Cognitivo-Comportamental*. São Paulo: Casa do Psicólogo.

Duchesne, M., Appolináario J. C., Rangé B. P., Fandiño J., Moya T., & Freitas S. R. (2007). The use of a manual-driven group cognitive behavior therapy in a Brazilian sample of obese individuals with binge-eating disorder. *Revista Brasileira de Psiquiatria*, *29* (1), 23-5.

Duchesne, M., Appolinário, J. C., Rangé, B. P., Freitas, S., Papelbaum, M., & Coutinho, W. (2007). Evidências sobre a Terapia Cognitivo-Comportamental no tratamento de obesos com transtorno da compulsão alimentar periódica. *Revista de Psiquiatria do Rio Grande do Sul*, *29* (1), 80-92.

Duchesne, M., Mattos, P., Fontenelle, L. F., Veiga, H., Rizo, L., & Appolinário, J. C. (2004). Neuropsicologia dos transtornos alimentares: revisão sistemática da literatura. *Revista Brasileira de Psiquiatria*, *26* (2), 107-117.

Fabricatore, A. N. (2007). Behavior therapy and cognitive-behavioral therapy of obesity: Is there a difference? *Journal of the American Dietetic Association*, *107*, 92-99.

Francischi, R. P. P., Pereira, L. O., Freitas, C. S., Klopfer, M., Santos, R.C., Vieira, P., *et al.* (2000). Obesidade: atualização sobre sua etiologia, morbidade e tratamento. *Revista de Nutrição*, *13* (1), 17-28.

Freitas, S., Gorenstein, C., & Appolinário, J. C. (2002). Instrumentos para avaliação dos transtornos alimentares. *Revista Brasileira de Psiquiatria*, *24* (3), 34-8.

Freitas, S., Lopes, C. S., Coutinho, W., & Appolinário, J. C. (2001). Tradução e adaptação para o português da Escala de Compulsão Alimentar Periódica. *Revista Brasileira de Psiquiatria, 23* (4), 215-20.

Gomes, M. B., Neto, D. G., Mendonça, E., Tambascia, M. A., Fonseca, R. M., Réa, R. R. *et al.* (2006). Prevalência de sobrepeso e obesidade em pacientes com diabetes mellitus do tipo 2 no Brasil: Estudo multicêntrico nacional. *Arquivos Brasileiros de Endocrinologia e Metabolismo, 50* (1), 136-144.

Gorestein, C., Pang. W. Y., Argimon, I. L., & Werlang, B. S. G. (2011). Inventário de Depressão de Beck - BDI - II. São Paulo: Casa do Psicólogo.

Gus, M., Moreira, L. B., Pimentel, M., Gleisener, A. L. M., Moraes, R. S., & Fuchs, F. D. (1998). Associação entre diferentes indicadores de obesidade e prevalência de hipertensão arterial. *Arquivos Brasileiros de Cardiologia, 70* (2), 111-114.

Kaiser, S. E. (2004) Aspectos epidemiológicos nas doenças coronariana e cerebrovascular. *Revista da SOCERJ, 17* (1), 11-18.

Kakeshita, I. S., Silva, A. I. P., Zanatta, D. P., & Almeida, S. S. (2009). Construção e fidedignidade teste-reteste de escalas de silhuetas brasileiras para adultos e crianças. *Psicologia: Teoria e Pesquisa, 25* (2), 263-270.

Knapp, P. & Rocha, D. B. (2003). Conceitualização cognitiva: o modelo de Beck. In Caminha, R. M., Wainer, R., Oliveria, M., & Picolotto, N. *Psicoterapias cognitivo-comportamentais – teoria e prática.* São Paulo: Casa do Psicólogo.

Machado, A. C. C., Vieira, M. A., Távora, A., Machado, R. J. C., Medeiros, A. K., Leite, V. *et al.* (2002). Avaliação da associação da terapêutica medicamentosa e a Terapia Cognitivo-Comportamental no tratamento da obesidade. *Revista Brasileira de Medicina, 59* (1/2), 47-53.

Mancini, M. C., Alce, F., & Tavares, S. (2000). Apneia do sono em obesos. *Arquivos Brasileiros de Endocrinologia e Metabolismo, 44* (1), 81-90.

Meyer, E. (2004). Reeducação alimentar. In P. Knapp (Org.), *Terapia Cognitivo-Comportamental na prática psiquiátrica* (pp. 430-438). Porto Alegre: Artmed.

Ministério da Saúde; Secretaria de Vigilância em Saúde; Secretaria de Gestão Estratégica e Participativa. (2009). *Vigitel Brasil 2008: vigilância de fatores de risco e proteção para doenças crônicas por inquérito telefônico.* Brasilia: Ministério da Saúde.

Ministério da Saúde; Secretaria de Vigilância em Saúde; Secretaria de Gestão Estratégica e Participativa. (2010). *Vigitel Brasil 2009: vigilância de fatores de risco e proteção para doenças crônicas por inquérito telefônico.* Brasilia: Ministério da Saúde.

Moller, D. E. & Kaufman, K. D. (2005). Metabolic syndrome: a clinical and molecular perspective. *Annual Review of Medicine, 56,* 45-62.

Moraes, C. M., Portella, R. B., Pinheiro, V. S., Oliveira, M. M. S., Fuks, A. G., Cunha, E.F., *et al.* (2003). Prevalência de sobrepeso e obesidade em pacientes com diabetes tipo 1. *Arquivos Brasileiros de Endocrinologia e Metabolismo, 47* (6), 677-683.

Moraes, C., Anjos, L. A., & Marinho, S. M. S. A. (2012). Construção, adaptação e validação de escalas de silhuetas para autoavaliação do estado nutricional: uma revisão sistemática da literatura. *Cadernos de Saúde Pública, 28* (1), 7-19.

Neufeld, C. B, Moreira, C. A. M., & Xavier, G. S. (2012). Terapia Cognitivo-Comportamental em grupos de emagrecimento: o relato de uma experiência. *Psico PUCRS, 43* (1), 85-92.

Neufeld, C. B. (2011). Intervenções em grupos na abordagem cognitivo-comportamental. In B. Rangé (Org.), *Psicoterapias cognitivo-comportamentais: um diálogo com a psiquiatria.* 2 ed. (pp. 737-750). Porto Alegre: Artmed.

Palavras, M. A., Kaio, G. H., Mari, J. J., & Claudino, A. M. (2011). Uma revisão dos estudos latino-americanos sobre o transtorno da compulsão alimentar periódica. *Revista Brasileira de Psiquiatria, 33* (1), 81-94.

Papelbaum, M., Moreira, R. O., Gaya, C. W. N., Preissler, C., & Coutinho, W. F. C. (2010). Impact of body mass index on the psychopathological profile of obese women. *Revista Brasileira de Psiquiatria, 32* (1), 42-46.

Pasquali, L. (2009). Psicometria. *Revista da Escola de Enfermagem USP, 43,* 992-999.

Pimenta, F., Leal, I., Branco, J., & Maroco J. (2009). O peso da mente – uma revisão de literatura sobre fatores associados ao excesso de peso e obesidade e intervenção cognitivo-comportamental. *Análise Psicológica, 27* (2), 175-187.

Pitanga, F. J. G. & Lessa, I. (2007). Associação entre indicadores antropométricos de obesidade e risco coronariano em adultos na cidade de Salvador, Bahia, Brasil. *Revista Brasileira de Epidemiologia, 10* (2), 239-248.

Radomile, R. R. (2003) Obesidade. In J. White & A. S. Freeman (Org.), *Terapia Cognitivo-Comportamental em grupo para populações e problemas específicos* (pp.109-136). São Paulo: Roca.

Renjilian, D. A., Perri, M. G., Nezu, A. M., McKelvey, W. F., Shermer, R. L., & Anton, S. D. (2001). Individual versus group therapy for obesity: Effects of matching participants to their treatment preferences. *Journal of Consult and Clinical Psychology, 69*, 717-721.

Ricca, V., Mannucci, E., Moretti, S., Di Bernardo, M., Zucchi, T., Cabras, P. L. *et al.* (2000). Screening for binge eating disorder in obese outpatients. *Comprehensive Psychiatry, 41* (2), 111-115.

Santos, M A. (2001). Você tem fome de quê? Grupoterapia nos transtornos alimentares. *Revista SPAGESP, 2* (2), 37-48.

Segal, A., Cardeal, M. V., & Cordás, T. A. (2002). Aspectos psicossociais e psiquiátricos da obesidade. *Revista de Psiquiatria Clínica, 29* (2), 81-9.

Spitzer, R. L., Yanovski, S., Wadden, T., Wing, R., Marcus, M. D., Stunkard, A., Devlin, M., Mitchell, J., Hasin, D., & Horne, R. L. (1993). Binge eating disorder: its further validation in a multisite study. Int. *Journal of Eating Disorders, 13* (2), 137-153.

Tavares Filho, T. E. T., Magalhães, P. M. S., & Tavares, B. M. (2009). A Terapia Cognitivo-Comportamental e seus efeitos no tratamento dos transtornos do comportamento alimentar. *Revista de Psicologia da IMED, 1* (2), 160-168.

Tavares, T. B., Nunes, S. M., & Santos, M. O. (2010). Obesidade e qualidade de vida: revisão de literatura. *Revista de Medicina de Minas Gerais, 20* (3), 359-366.

Tosetto, A. P. & Simeão Júnior, C. A, (2008). Obesidade e sintomas de depressão, ansiedade e desesperança em mulheres sedentárias e não sedentárias. *Medicina (Ribeirão Preto), 41* (4), 497-507.

Travado, L., Pires, R., Martins, V., Ventura, C., & Cunha, S. (2004). Abordagem psicológica da obesidade mórbida: caracterização e apresentação do protocolo de avaliação psicológica. *Análise Psicológica, 22* (3), 533-550.

Vasques, F., Martins, F. C., & Azevedo, A. P. de. (2004). Aspectos psiquiátricos do tratamento da obesidade. *Revista de psiquiatria clínica, 31* (4), 195-198.

World Health Organization – WHO (1997). *Obesity: preventing and managing the global epidemic.* Geneve: Report on WHO Consultation on Obesity.

Yalom, I. D. (2006). *Psicoterapia de grupo: teoria e prática.* Porto Alegre: Artmed.

Autores:

Carmem Beatriz Neufeld – Doutora em Psicologia pela PUCRS. Coordenadora do Laboratório de Pesquisa e Intervenção Cognitivo-Comportamental – LaPICC, Professora Doutora do Departamento de Psicologia, da Faculdade de Filosofia, Ciências e Letras de Ribeirão Preto, Universidade de São Paulo. Presidente da Federação Brasileira de Terapias Cognitivas (gestão 2011-2013). Contato: cbneufeld@ffclrp.usp.br; lapicc@usp.br

André Luiz Moreno – Mestrando em Psicologia pela Universidade Federal do Rio Grande do Sul. Psicólogo pela Faculdade de Filosofia, Ciências e Letras de Ribeirão Preto, Universidade de São Paulo. Contato: moreno.andreluiz@gmail.com

Gabriela Affonso – Aluna de Iniciação Científica do Laboratório de Pesquisa e Intervenção Cognitivo-Comportamental – LaPICC, do Departamento de Psicologia, da Faculdade de Filosofia, Ciências e Letras de Ribeirão Preto, Universidade de São Paulo. Contato: gabriela.aff@gmail.com

CAPÍTULO 23

Déficits em habilidades sociais em indivíduos com transtornos alimentares

Juliana D'Augustin
Eliane Mary de Oliveira Falcone

23.1 Introdução

A presença de relacionamentos interpessoais prejudicados em pessoas com transtornos psicológicos já vem sendo mencionada na literatura há algum tempo. Alguns autores sugerem que tais dificuldades interpessoais podem anteceder problemas emocionais e funcionam como vulnerabilidades para a formação de transtornos psicológicos. Outros afirmam que tais problemas emocionais ou transtornos psicológicos podem favorecer a ocorrência de problemas interpessoais (Lange & Couch, 2011; Segrin & Taylor, 2007).

O objetivo deste capítulo é apresentar uma revisão da literatura sobre as deficiências em habilidades sociais em pacientes com transtornos alimentares, enfatizando, principalmente, o impacto de tais deficiências no comportamento alimentar e a inclusão do treinamento dessas habilidades no tratamento do transtorno.

23.2 Habilidades sociais

As habilidades sociais são de grande importância para a saúde e a qualidade de vida, sendo relacionadas, com frequência, à maior realização pessoal, ao sucesso profissional e a relações interpessoais mais gratificantes (Falcone, 2000).

Segundo Del Prette, Del Prette e Barreto (1998), as habilidades sociais "são classes de comportamentos existentes no repertório de um indivíduo que compõem um desempenho socialmente competente" (p. 8). Elas incluem habilidades de comunicação, de expressão de sentimentos e pensamentos, defesa dos próprios direitos sem ferir o direito das outras pessoas (assertividade) e habilidades para lidar com críticas em contextos interpessoais.

Recentemente, a empatia tem sido considerada, junto à assertividade, uma das principais habilidades necessárias para a ocorrência de um comportamento socialmente competente (Falcone, 2000). A empatia pode ser definida como "a capacidade de compreender, de forma acurada, bem como de compartilhar ou considerar sentimentos, necessidades e perspectivas de alguém de tal maneira que a outra pessoa se sinta compreendida e validada" (Falcone *et al.*, 2008, p. 323). Essa definição contempla componentes cognitivos (tomada de perspectiva e flexibilidade interpessoal), um componente afetivo (sentimentos de compaixão) e um componente comportamental (expressão verbal e não verbal) (Falcone *et al.*, 2008).

O desenvolvimento de um repertório adequado de habilidades sociais sofre influência direta do ambiente e das relações sociais que o indivíduo tem ao logo da vida. O primeiro grupo social ao qual o indivíduo tem acesso é sua família. Nela ocorrem os primeiros intercâmbios de conduta social e afetiva, valores e crenças que vão influenciar de maneira decisiva o comportamento social dessa pessoa (Caballo, 2006; Hidalgo & Abarca, 2000). Esse comportamento constitui um aprendizado contínuo de padrões cada vez mais complexos que incluem, de maneira gradual, aspectos cognitivos, afetivos, sociais e morais adquiridos através de um processo de maturação e aprendizagem em permanente interação com o meio social (Caballo, 2006; Hidalgo & Abarca, 2000).

Segundo Caballo (2006), as habilidades sociais devem ser consideradas dentro de um contexto cultural determinado, uma vez que padrões de comunicação variam de cultura para cultura. Assim, o desempenho social é situacional e culturalmente determinado; ele será apropriado se estiver de acordo com as normas sociais e os papéis desempenhados naquele local, e eficaz por atingir os objetivos na interação. Portanto, um comportamento considerado habilidoso em uma situação pode ser inapropriado em outra (Caballo, 2006).

A partir de uma revisão na literatura feita por Falcone (2001), foram identificadas 22 habilidades sociais específicas que fornecem condições para a manifestação de um comportamento social habilidoso: iniciar conversação; manter conversação; encerrar conversação; fazer pedido sem conflito de interesse; fazer pedido com conflito de interesse; pedir mudança de comportamento; recusar pedido; responder a críticas; expressar opiniões pessoais; expressar afeto; fazer elogio; receber elogio; reclamar por serviço insatisfatório; convidar alguém para um encontro; conversar com alguém com problema; fazer perguntas; cumprimentar; cobrar dívida; falar em público; terminar relação; expressar sentimentos negativos; e expressar sentimentos positivos. É somente a partir das habilidades sociais manifestadas nessas situações mais específicas que podemos avaliar a conduta social do indivíduo.

23.3 Deficiências em habilidades sociais e transtornos alimentares

Os transtornos alimentares (TA) são caracterizados por graves perturbações no comportamento alimentar, geralmente de início precoce e de curso duradouro (APA, 2000). Entre eles incluem-se a anorexia nervosa, a bulimia nervosa e o transtorno da compulsão alimentar periódica (APA, 2000). Sua etiologia multifatorial compreende aspectos socioculturais, familiares, genéticos e psicológicos. As consequências do TA na vida do indivíduo são graves: além das complicações clínicas associadas, muitos apresentam sérios problemas interpessoais, que podem contribuir para a manutenção ou até mesmo a piora do transtorno. A literatura sugere que os conflitos intrafamiliares, comuns em pacientes com TA, favorece o prejuízo nas relações interpessoais, pois comprometem o desenvolvimento de habilidades sociais (Hartmann, Zeeck & Barrett, 2010).

Alguns autores mostram que pacientes com TA frequentemente apresentam vários déficits em habilidades sociais, como dificuldades para identificar e expressar pensamentos e sentimentos (Garner & Bemis, 1985), deficiências na conversação (Grisset & Norvell, 1992; Guidano & Liotti, 1983), fazer perguntas, recusar pedidos, responder a críticas, defender direitos (Behar, Manzo & Casanova, 2006) e resolver problemas (Behar *et al.*, 2006; Holt & Espelage, 2002). Esses déficits contribuem para ocorrência de baixa autoestima, bem como presença de ansiedade e depressão, retraimento social e insegurança, o que dificulta o desenvolvimento de uma rede de apoio social e de relações afetivas satisfatórias (Behar *et al.*, 2006; Grisset & Norvell, 1992; Strigel-Moore, Silbertstein & Rodin, 1993; Willians, Chamove & Millar, 1990).

Segundo Grisset e Norvell (1992), existem relações entre apoio social e saúde física e mental. Uma revisão feita pelas autoras mostrou que a percepção desse apoio social pode proteger o indivíduo do impacto psicológico de eventos estressantes e situações de vida adversas. Holt e Espelage (2002) mostram que o apoio social se correlaciona positivamente com competência social e que indivíduos que percebem um forte suporte social tendem a ser melhores líderes e também melhores na resolução de problemas. Ainda segundo Holt e Espelage (2002), é possível que indivíduos com bulimia não tenham a competência social necessária para usar as redes de apoio social.

Grisset e Norvell (1992) investigaram as redes de apoio social e os relacionamentos interpessoais de mulheres bulímicas e compararam a um grupo controle. O estudo utilizou questionários de autoinformação que avaliavam o apoio social percebido, a qualidade dos relacionamentos, assim como as habilidades sociais e a psicopatologia. Os resultados obtidos mostram que as bulímicas reportam menor percepção do apoio social de amigos e familiares e maiores interações aflitivas. Elas também apresentam menor competência social quando comparadas a controles normais. As autoras sugerem que o fato de não terem o apoio social e ainda terem interações aflitivas podem levá-las ao engajamento e/ou à manutenção de comportamentos alimentares inadequados (Grisset & Norvell, 1992).

Rorty, Yager, Buckwalter & Rossoto (1998) sugerem que um aumento no funcionamento social estaria associado à melhora do comportamento bulímico. Esses autores apontam que, além da vergonha pelos sintomas bulímicos, também as deficiências em habilidades sociais comprometeriam a capacidade de construir e manter redes de apoio, especialmente no nível emocional. Em seus estudos, os resultados mostram que mulheres bulímicas apresentam funcionamento social prejudicado em comparação a controles normais. Mulheres bulímicas em recuperação apresentam melhoras no funcionamento social, mas, mesmo assim, quando comparadas a controles normais, seu funcionamento social ainda é pior. Talvez essas dificuldades possam influenciar a ocorrência do comportamento alimentar disfuncional. Além disso, eles indicam que o relacionamento interpessoal com os familiares é potencialmente pior em comparação ao relacionamento com amigos.

Uma revisão de estudos feita por Strigel-Moore *et al.* (1993) propõe que a autoavaliação negativa induzida por experiências sociais aversivas favorecem episódios de compulsão alimentar em bulímicas. Tal comportamento parece ser uma estratégia para lidar com os afetos negativos.

D'Augustin (2010) encontrou evidências de que menores níveis de habilidades sociais estão associados à maior gravidade do comportamento alimentar disfuncional em pacientes com transtornos alimentares. Em pacientes com bulimia nervosa e transtorno da compulsão alimentar periódica (TCAP), essa associação foi significativa em situações como o enfrentamento com risco, caracterizado por situações de afirmação e defesa de direitos; a autoafirmação na expressão de afeto positivo caracteriza por expressão de afeto positivo, e a afirmação da autoestima; a conversação e a desenvoltura social, que retratam situações de iniciar, manter e encerrar conversações; a autoexposição a desconhecidos ou a situações novas, que incluem a abordagem de pessoas desconhecidas; e, por último, o autocontrole da agressividade em situações aversivas, que exige do interlocutor o controle da raiva e da agressividade.

Em relação à empatia, a tomada de perspectiva também se correlacionou de forma inversa à gravidade do comportamento alimentar disfuncional, tanto em pacientes com bulimia nervosa e TCAP quanto em pacientes com anorexia nervosa. Talvez a tomada de perspectiva dessas pacientes seja prejudicada pela preocupação de ser aceitas, facilitando a tendência de perceber o outro como rejeitador e crítico de seu formato corporal, o que contribui para a ocorrência de comportamentos socialmente inadequados e a avaliação de seus relacionamentos pessoais como negativos (D'Augustin, 2010).

A literatura sugere que indivíduos ansiosos têm tendência a apresentar a atenção autofocada, o que impossibilita a percepção da perspectiva e dos sentimentos dos outros. Uma vez que as pacientes com transtornos alimentares estão constantemente preocupadas com o impacto que sua aparência pode causar, elas provavelmente tenderão a prestar pouca atenção às necessidades daqueles com quem interagem, prejudicando a capacidade de compreender o outro de forma acurada (D'Augustin, 2010).

Duchesne *et al.* (2012) encontraram resultados semelhantes em obesos com TCAP. Os autores avaliaram um grupo de obesos com TCAP e compararam com controles obesos sem TCAP e controles de peso normal. Os resultados apontaram para menores níveis de habilidades sociais e uma relação inversa entre tais níveis e a gravidade do episódio de compulsão alimentar.

Vários estudos apontam para uma baixa assertividade em indivíduos com TA (Behar *et al.*, 2006; Willians *et al.*, 1990; 1993). Apesar de se sentirem controlados pela família e pela sociedade, esses indivíduos, de modo geral, não conseguem se comportar de forma assertiva. Essa ausência de assertividade pode se manifestar na forma de passividade ou de agressão autodirigida (Behar *et al.*, 2006).

Willians *et al.* (1990) compararam quatro grupos (indivíduos com TA, controles psiquiátricos, controles em dieta e controles normais) em relação a: sintomas alimentares, lócus de controle, assertividade, hostilidade e ambiente familiar. Os resultados mostraram alta correlação entre sintomatologia do TA com percepção de ser controlado por forças externas, baixa asserção pessoal, altos níveis de hostilidade autodirigida e percepção da família como mais controladora e menos encorajadora. Em relação aos grupos, os indivíduos com TA apresentaram maior lócus de controle externo, maior hostilidade autodirigida, menor assertividade e menor encorajamento familiar. Essas diferenças foram significativas em relação aos grupos de controles em dietas e controles normais, com exceção do lócus externo de controle. Em relação ao controle psiquiátrico, houve diferenças, mas não foram significativas (Willians *et al.*, 1990).

Em outro estudo, Willians *et al.* (1993) mostraram que as pacientes com TA apresentam baixa assertividade, baixa autoestima e maior hostilidade autodirecionada quando comparadas a controles que se engajam em dietas, assim como controles normais. Segundo os autores, essas parecem ser características que diferenciam os indivíduos com TA daqueles sem o TA.

As pesquisas também mostram que essas pacientes frequentemente apresentam características alexitímicas, ou seja, têm dificuldades em identificar e descrever seus próprios sentimentos (Garner & Bemis, 1985; Shiina *et al.*, 2005). Essa autoconsciência é um importante componente cognitivo das habilidades sociais. Van Strien e Ouwens (2007) sugerem que a dificuldade em identificar os próprios sentimentos está associada à ingestão excessiva de comida e à impulsividade em situações de grande angústia. Estudos com uma amostra não clínica mostram que a presença dessas características estão associadas a maior insatisfação corporal e podem ser um fator de risco para desenvolver um TA (De Berardis *et al.*, 2007).

A insatisfação corporal também tem sido associada à ansiedade social nessas pacientes por conta do medo de que os outros a avaliem de forma negativa, principalmente com relação ao formato do corpo. O medo da avaliação negativa acaba provocando a evitação das situações sociais, o que contribui para o isolamento social dessas pacientes. Hinrichsen, Wright, Waller e Meyer (2003) encontraram altos níveis de ansiedade social em pacientes com os dois subtipos de anorexia e bulimia em comparação a um grupo controle. A insatisfação corporal e o medo de avaliações negativas favorecem a restrição alimentar e também episódios de compulsão alimentar. Portanto, parece que o desenvolvimento de habilidades sociais favorece a modificação da qualidade das relações interpessoais, o aumento da autoestima e o desenvolvimento de crenças de autoeficácia, permitindo que vários fatores comecem a ter um papel maior no sistema de autoavaliação, o que pode reduzir a importância atribuída à alimentação e ao formato corporal (Duchesne, 2006).

Contudo, na revisão da literatura, só foram encontrados dois estudos que avaliaram o treinamento dessas habilidades em pacientes com transtornos alimentares. Os dois estudos priorizaram situações sociais que envolviam conversação, e focaram principalmente no treinamento da assertividade e resolução de problemas.

Shiina *et al.* (2005) avaliaram um tratamento em grupo baseado na Terapia Cognitivo-Comportamental, que englobava psicoeducação, reestruturação cognitiva, treino em assertividade para enfrentamento dos problemas interpessoais e treinamento em solução de problemas. Os resultados apontam melhora do comportamento alimentar, assim como do funcionamento interpessoal, entretanto, não houve uma avaliação a longo prazo para verificar se tais melhoras foram mantidas.

Takahashi e Kosaka (2003) avaliaram um treinamento em habilidades sociais em pacientes internados na ala psiquiátrica de um hospital geral. O treinamento não era exclusivo para pacientes com transtornos alimentares; além disso, não era um grupo fechado, e sim aberto, ou seja, o paciente escolhia se queria participar da sessão. Também não existia um número certo de sessões, uma vez que o período de internação poderia variar. Mesmo assim, os resultados mostraram melhora nas habilidades sociais no grupo de pacientes com transtornos alimentares. Apesar dessa melhora não se relacionar significativamente ao ganho de peso, ela contribuiu para a diminuição da ansiedade, da depressão e do medo de avaliações negativas.

Nos protocolos de atendimento cognitivo-comportamental para transtornos alimentares, inclui-se o treinamento em resolução de problemas. Segundo os estudos, a melhora dessa habilidade auxilia a diminuição dos episódios de compulsão alimentar (Cooper, Fairburn & Hawker, 2009; Fairburn, 2008).

No entanto, não foi encontrado nenhum estudo que avalie o desenvolvimento da empatia nesses pacientes. O desenvolvimento dessa habilidade, principalmente da tomada de perspectiva – componente cognitivo da empatia –, pode resultar na diminuição do autofoco. A dificuldade em prestar atenção às necessidades do outro pode contribuir para a ocorrência dos comportamentos sociais inadequados, e as consequências negativas de tal comportamento podem ser interpretadas como resultado da avaliação negativa do outro em relação à própria aparência.

23.4 Considerações finais

Na revisão da literatura foi possível observar que deficiências em habilidades sociais estão relacionadas aos transtornos alimentares. Diversos autores ressaltam a importância de se desenvolver um repertório adequado de habilidades sociais em pacientes com transtornos alimentares como caminho para promover a formação de vínculos saudáveis com outras pessoas. Em função da disfunção familiar característica dessas pacientes, o desenvolvimento de tais habilidades encontra-se prejudicado. Tal fato influencia o comportamento dessas pessoas, levando-as a estabelecer relações interpessoais disfuncionais, o que contribui para seu isolamento social.

Por outro lado, a melhora dos relacionamentos interpessoais pode colaborar com o aumento da rede de apoio social, o que pode ser importante na adesão ao tratamento, assim como na melhora dos sintomas e na manutenção dos ganhos. A literatura sugere que os déficits em habilidades sociais comprometem a habilidade de manter essas redes de apoio, que auxiliam o paciente especialmente no campo emocional.

Dessa forma, estudos que busquem identificar as habilidades específicas, deficientes nessas pacientes, em seu contexto cultural, podem auxiliar no desenvolvimento de programas de intervenção clínica que visem a desenvolver habilidades sociais através de procedimentos cognitivos, afetivos e comportamentais, aumentando a capacidade de manejo de situações problemáticas e aprimorando a qualidade de suas relações interpessoais.

Considerando os estudos que relacionaram habilidades sociais e transtornos alimentares, é recomendável trabalhar com essas pacientes a ideia de que em situações sociais aflitivas ou conflituosas, a capacidade de solução de problemas, de assertividade e de empatia podem ser mais eficazes para resolver conflitos do que se engajar em comportamentos alimentares inadequados. Também mostrar que as dificuldades encontradas nos relacionamentos sociais se devem, em grande parte, à falta dessas habilidades e não estão relacionadas à aparência e nem ao peso corporal. Dessa forma, a inclusão do treinamento das habilidades sociais nos protocolos de tratamento existentes pode contribuir para o tratamento do transtorno.

23.5   Referências

American Psychiatric Association – APA (2000). *Diagnostic and statistical manual of mental health disorders*, 4 ed., Washington DC: American Psychiatric Press.

Behar, R. A., Manzo, R. G., & Casanova, D. Z. (2006). Transtornos de la conducta alimentaria y assertividad. *Revista Médica do Chile, 134,* 312-319.

Caballo, V. E. (2006). *Manual de avaliação e treinamento das habilidades sociais.* São Paulo: Ed. Santos.

Cooper, Z., Fairburn, C. G., & Hawker, D. M. (2009). *Terapia Cognitivo-Comportamental da obesidade.* São Paulo: Roca.

De Berardis, D., Carano, A., Gambi, F., Campanella, D., Giannetti, P., Ceci, A., Mancini, E., La Rovere, R., Cicconetti, A., Penna, L., Di Matteo, D., Barbara Scorrano, B., Cotellessa, C., Salerno, R. M., Serroni, N., & Ferro, F. M. (2007). Alexithymia and its relationship with body checking and body image in a non-clinical female sample. *Eating Behaviors, 8,* 296-304.

D'Augustin, J. F. (2010). *As relações entre estilos de apego e habilidades sociais em indivíduos com transtornos alimentares.* Dissertação de Mestrado não publicada. Rio de Janeiro: Universidade do Estado do Rio de Janeiro.

Del Prette, Z. A. P., Del Prette, A., & Barreto, M. C. M. (1998). Análise de um Inventário de Habilidades Sociais (IHS) em uma amostra de universitários. *Psicologia: Teoria e Pesquisa, 14* (3), 219-228.

Duchesne, M., Falcone, E. M. O., Freitas, S. R., D'Augustin, J. F., Marinho, V., & Appolinário, J. (2012). Assessment of Interpersonal Skills in Obese Women with Binge Eating Disorder. *Journal of Health Psychology.* doi.: 10.1177/1359105311432326

Duchesne, M. (2006). Psicoterapia cognitivo-comportamental dos transtornos alimentares. In M. A. Nunes, J. C. Appolinario, A. N. Galvão, W. Coutinho (Orgs.), *Transtornos alimentares e obesidade* (pp. 183-194). Porto Alegre: Artmed.

Fairburn, C. (2008). *Cognitive behavior therapy and eating disorders.* New York, Guilford Press.

Falcone, E. M. O., Ferreira, M. C., Luz, R. C. M., Fernandes, C. S., Faria, C. A., D'Augustin, J. F., & Pinho, V. D. (2008). Inventário de Empatia (I.E.): Desenvolvimento e validação de uma medida brasileira. *Revista Avaliação psicológica, 7* (3),*321-334.*

Falcone, E. M. O. (2001). Uma proposta de um sistema de classificação das habilidades sociais. In H. J. Guilhardi, Madi, M. B. B. P., Queiroz, P. P., Scoz, M. C. (Orgs.), *Sobre comportamento e cognição: expondo a variabilidade* (pp.195-209). Santo André: ESETEC.

Falcone, E. (2000). Habilidades sociais: para além da assertividade. In R. C. Wielenska (Org.), *Sobre comportamento e cognição: questionando e ampliando a teoria e as intervenções clínicas e em outros contextos.* São Paulo: ESETEC.

Garner, D. M. & Bemis, K. M. (1985). Cognitive therapy for anorexia nervosa. In D. M. Garner, P. E. Garfinkel (Orgs.), *Handbook of psychotherapy for anorexia nervosa and bulimia nervosa* (pp.107-146). New York: Guilford Press.

Grissett, N. I. & Norvell, N. K. (1992). Perceived social support, social skills, and quality of relationships in bulimic women. *Journal of Consulting and Clinical Psychology, 60* (2), 293-299.

Guidano, V. F. & Liotti, G. (1983). Eating Disorders. In V. F. Guidano, G. Liotti (Orgs.), *Cognitive process and emocional disorders.* (pp. 276-305). New York: Guilford Press.

Hartmann, A., Zeeck, A., & Barrett, M. S. (2010). Interpersonal problems in eating disorders. *International Journal of Eating Disorders, 43* (7), 619-627.

Hidalgo, C. G. & Abarca, M. (2000) *Comunicacion interpessonal: Programa de entrenamiento em habilidades sociales.* 5 ed. Santiago: Ediciones Universidad Catolica de Chile.

Hinrichsen, H., Wright, F., Waller, G., & Meyer, C. (2003). Social anxiety and coping strategies in the eating disorders. *Eating Behaviors, 4,* 117-126.

Holt, M. & Espelage, D. (2002). Problem-solving skills among female college students with and without sub-clinical eating disorders. *Journal of Counseling and Development, 80,* 346-354.

Lange, T. & Couch, L. (2011). An assessment of links between components of empathy and interpersonal problems. *The New School Psychology Bulletin, 8* (2), 83-90.

Rorty, M., Yager, J., Buckwalter, J. G., & Rossoto, E. (1998). Social support, social adjustment and recovery in bulimia nervosa. *International Journal of Eating Disorders, 26,* 1-12.

Segrin, C. & Taylor, M. (2017). Positive interpersonal relationships mediate the association between social skills and psychological well-being. *Personality and Individual Differences, 43*, 637-646.

Shiina, A., Nakazato, M., Mtsumori, M., Koizumi, H., Shimizu, E., Fujizaki, M., Iyo, M. (2005). An open trial of outpatient group therapy for bulimic disorders: combination program of cognitive behavioral therapy with assertive training and self-esteem enhancement. *Psychiatric and Clinical Neurosciences, 59*, 690-696.

Striegel-Moore, R. H., Silbertstein, L. R., & Rodin, J. (1993). The social self in bulimia nervosa: public self-consciousness, social anxiety and perceived fraudulence. *Journal of Abnormal Psychology, 102*, 297-303.

Takahashi, M. & Kosaka, K. (2003). Efficacy of open-system social skills training in inpatients with mood, neurotic and eating disorders. *Psychiatry and Clinical Neurosciences, 57* (3), 295-302.

Willians, G. J., Chamove, A. S., & Millar, H. R. (1990). Eating disorders, perceived control, assertiveness and hostility. *British Journal of Clinical Psychology, 23* (3), 327-335.

Willians, G. J., Power, K. G., Millar, H. R., Freeman, C. P., Yellowlees, A., Dowds, T. Walker, M., Campsie, L., MacPherson, F., & Jackson, M. A. (1993). Comparison of eating disorders and other dietary/weight groups on measures of perceived control, assertiveness, self-esteem, and self-directed hostility. *International Journal of Eating Disorders, 14* (1), 27-32.

Van Strien, T. & Ouwens, M. (2007). Effects of distress, alexithymia and impulsivity on eating. *Eating Behaviors, 8*, 251-257.

Autoras:

Juliana Furtado D'Augustin – Mestre e doutoranda em Psicologia Social pela Universidade do Estado do Rio de Janeiro. Psicóloga do Núcleo de Assistência e Pesquisa em Transtornos Alimentares da Policlínica Piquet Carneiro/UERJ. Contato: julidaugustin@hotmail.com

Eliane Mary de Oliveira Falcone – Mestre em Psicologia Clínica pela PUC-Rio; Doutora em Psicologia Clínica pela Universidade de São Paulo; Pós-Doutora em Psicologia Experimental pela Universidade de São Paulo; Professora adjunta do Instituto de Psicologia do Estado do Rio de Janeiro; Docente do Programa de Pós-Graduação em Psicologia Social – UERJ. Contato: elianefalcone@uol.com.br

Intervenções psicológicas baseadas em evidências com casais: revisão teórica sobre possibilidades metodológicas[1]

Raphael Fischer Peçanha
Bernard Pimentel Rangé
Rodolfo de Castro Ribas Junior

[1] Esta pesquisa recebeu apoio do CNPq e da CAPES.

24.1 Introdução

A Associação de Psicologia Americana (APA) tem uma série de divisões responsáveis por nortear a prática dos psicólogos norte-americanos em diferentes segmentos. A Divisão 12, por exemplo, tem a função de orientar a atuação desses profissionais na área clínica. No ano de 1993, David H. Barlow, então presidente desse segmento institucional, incentivou o estabelecimento de uma força-tarefa, cujo objetivo seria identificar e promover os tratamentos psicológicos baseados em evidências. Dianne Chambless, responsável por esse grupo de estudo e pesquisa, começou a conduzir um levantamento dos programas de treinamento de residência e doutorado que focalizassem o treinamento e a supervisão de psicólogos em terapias baseadas em evidências (Woody, Weisz & McLean, 2005).

A meta era inserir os psicólogos no movimento das práticas baseadas em evidências, modelo já utilizado, por exemplo, por uma ampla gama de pesquisadores da área da Medicina. Cabe ressaltar que nos últimos 20 anos, esse movimento tornou-se a principal característica das políticas ligadas ao cuidado com a saúde nos Estados Unidos. Desde então, tem-se buscado integrar a ciência e a prática psicológica (APA, 2006).

As terapias psicológicas baseadas em evidências (TPBEs) vêm sendo compreendidas como "tratamentos psicológicos claramente definidos que mostram ser eficazes em pesquisas controladas com uma população delimitada" (Chambless & Hollon, 1998, p. 7). A meta principal das TPBEs é permitir que pesquisadores e clínicos identifiquem que tipo de terapia é eficiente e para qual público específico.

As pesquisas científicas com TPBEs podem ser divididas em três grandes classes de investigação: 1) eficácia (por exemplo, estudos sobre a significância clínica, experimentos controlados realizados por centros de pesquisa, entre outros); 2) efetividade (diz respeito à aplicabilidade no consultório (o "mundo real") das técnicas de um tratamento); 3) custo-benefício (refere-se ao gasto financeiro do paciente e/ou do Estado e o benefício de uma terapia específica) (Chambless & Hollon, 1998). Essas três grandes classes de pesquisa sobre as TPBEs podem ser tipificadas como terapias bem estabelecidas ou terapias de provável eficiência. Contudo, os tratamentos que não conseguem preencher ao menos os critérios de terapias de provável eficácia deveriam ser denominados experimentais (APA, 1993).

As terapias eficazes caracterizam-se, inicialmente, pela condução da pesquisa por um grupo de estudiosos que teriam os resultados de sua investigação reproduzidos em iguais condições por outros grupos de pesquisadores independentes. Essa intervenção deve ser ainda superior a um tratamento placebo e ter resultados equivalentes à outra terapia já estabelecida. Além disso, a pesquisa poderia ser conduzida em vários experimentos independentes de caso único com demonstração de eficácia. Neste último caso, os estudos deveriam ter um bom delineamento (APA, 1993).

A terapia de provável eficiência caracteriza-se por ser um experimento conduzido por apenas uma equipe de pesquisadores. O critério principal é que os resultados obtidos não demonstrem conflitos entre si. Além disso, estabelece que a pesquisa não tenha ainda sido realizada por um grupo independente que tenha utilizado o mesmo delineamento e obtido resultados empíricos semelhantes (Chambless & Hollon, 1998).

As pesquisas sobre a eficiência das TPBEs com casais têm utilizado as mesmas divisões de classe e tipificações mencionadas acima. A terapia de casal, especificamente, utiliza dois critérios para tipificar a eficiência de um tratamento: o primeiro é o ajustamento ou a satisfação conjugal; o segundo é o divórcio ou a separação. Este último critério não tem sido alvo de investigações recentemente (Baucom, Shoham, Mueser, Daiuto & Stickle, 1998).

A partir desses critérios, foram realizadas buscas sistemáticas na literatura científica contendo as palavras "casais", "ajustamento conjugal", "satisfação conjugal", "Terapia Cognitivo-Comportamental", "pesquisa baseadas em evidências", "couples", "cognitive-behavioral therapy for couples", "empirically supported interventions". A busca foi delimitada ao período de 1980 a 2012. Basicamente quatro bases de dados bibliográficos foram pesquisadas: Psycinfo (American Psychological Association), Medline Pubmed, Ovid e IndexPsi (Conselho Federal de Psicologia).

Com base nessa revisão sistemática, este capítulo tem por objetivo apresentar algumas das principais características das pesquisas de eficácia que têm norteado as terapias psicológicas baseadas em evidências (TPBEs) pelos terapeutas cognitivo-comportamentais com casais.

O escopo principal deste texto é descrever os conceitos metodológicos que embasam as pesquisas que pretendem aumentar o ajustamento ou a satisfação do relacionamento conjugal. Uma meta secundária é apontar que os princípios utilizados para delinear os experimentos sobre eficácia dos tratamentos de transtornos psiquiátricos apresentam alguma similaridade aos aplicados nos problemas amorosos quando se referem às TPBEs. Ao final deste artigo, serão feitos ainda breves relatos sobre as pesquisas de efetividade e de custo-benefício.

24.2 Eficácia

O objetivo central desse tipo de pesquisa é avaliar os efeitos mensuráveis de intervenções específicas em determinado tratamento (Nathan, Stuart & Dolan, 2000). Segundo Barlow (1996), a palavra eficácia refere-se "aos resultados mensuráveis de uma investigação conduzida em um contexto de pesquisa clínica controlada. E que considerações relevantes da validade interna dessas conclusões devem ser ressaltadas" (p.1051). Essas investigações enfatizam a replicação da pesquisa e a validade interna dos dados obtidos.

24.2.1 Desenho geral da pesquisa de eficácia

A pesquisa sobre a eficácia do tratamento de casais segue o mesmo padrão de desenho estabelecido para qualquer investigação psicoterapêutica. O ponto central de qualquer pesquisa de eficácia é o ensaio clínico randômico. Suas principais características são a manipulação experimental das condições, a designação randômica dos participantes e a avaliação detalhada dos resultados (Chambless & Hollon, 1998).

Ao manipular as condições, o pesquisador certifica-se de que alguns participantes vão receber um tratamento específico e outros não. Ao designar os pacientes para determinado grupo, o experimentador tem por objetivo distribuir de forma equânime as diferenças individuais dos clientes que podem afetar o estudo. Com o processo de avaliação, o investigador verifica se os resultados obtidos são confiáveis. Uma pesquisa que pretende afirmar a eficácia de um tratamento para casais deve, ainda, ser passível de replicação como qualquer outro estudo científico em geral (Christensen, Baucom, Vu & Stanton, 2005).

24.2.2 Descrição e seleção dos participantes

Muitos são os problemas psicológicos que atingem a população como um todo. Entretanto, não é possível elaborar soluções generalistas que venham a atender todas as questões. As pesquisas sobre eficácia devem deixar claro qual procedimento é adequado para determinado tipo de amostra. Com o advento dos manuais diagnósticos e estatísticos de transtornos mentais (por exemplo, *DSM-IV-TR*), proporcionou-se a construção de procedimentos terapêuticos específicos pautados em critérios psiquiátricos estandardizados (Chambless & Hollon, 1998).

Contudo, o relacionamento amoroso conturbado não corresponde a nenhum transtorno psicológico específico. O pesquisador terá que apontar qual critério será utilizado para selecionar sua amostra. Diante de tal definição, o processo de selecionar os participantes de uma pesquisa pode ocorrer de diferentes formas. Em primeiro lugar, o pesquisador pode esperar passivamente a chegada dos clientes nos consultórios ou nos serviços especializados. Outra maneira seria o investigador assumir um processo ativo, por exemplo, colocar cartazes em locais públicos, mandar mensagens eletrônicas para profissionais que trabalham com a amostra desejada, entre outros (Christensen *et al.*, 2005).

Independentemente da forma escolhida pelo pesquisador para selecionar seus participantes, é preciso que se estabeleçam previamente os critérios de inclusão e de exclusão. Com essa definição, o experimentador poderá utilizar uma das estratégias apresentadas anteriormente. A forma mais comum de seleção é o processo ativo do investigador (Nathan *et al.*, 2000).

24.2.3 Critérios de inclusão e de exclusão

Na Terapia Cognitivo-Comportamental, as pesquisas sobre eficácia realizadas com casais já utilizaram diferentes critérios para incluir e excluir os participantes; não existe um padrão a ser seguido. Por exemplo, algumas investigações já excluíram casais que apenas moravam juntos, pessoas que desejavam se separar, indivíduos que apresentavam disfunções sexuais, entre outros (Baucom & Lester, 1986; Baucom, Sayers & Sher, 1990; Emmelkamp *et al.*, 1988; Huber & Milstein, 1985).

Alguns critérios podem ser delineados apesar do exposto acima. O pesquisador deve definir se em seu estudo haverá a presença de pessoas portadoras de transtornos do Eixo I ou do Eixo II, conforme o *Manual estatístico e diagnóstico de doenças mentais, versão revisada (DSM-IV-TR)*. O investigador precisa também verificar se o participante do estudo faz uso de medicação psiquiátrica ou não. É interessante, ainda, averiguar a presença de violência doméstica no relacionamento. Além desses fatores, existe uma série de características ambientais e socioeconômicas a serem levadas em consideração. Quanto mais homogênea a amostra, menores serão os problemas ligados aos erros randômicos (Christensen *et al.*, 2005).

24.2.4 Grupos de controle e de comparação

As pesquisas de eficácia devem atentar para duas questões relacionadas ao uso dos grupos de controle. A primeira refere-se ao uso ou não de condições de controle para se chegar a conclusões sobre determinada terapia. A segunda diz respeito a como seriam realizadas essas condições de controle caso fossem utilizadas (Nathan *et al.*, 2000).

Alguns pesquisadores se opõem ao uso de grupo de controle nas pesquisas recentes com casais. Esses investigadores argumentam que os estudos já comprovaram que os pacientes em lista de espera não demonstram qualquer tipo de melhora. Esse fato traz uma questão ética para o experimentador, pois os cônjuges não se beneficiarão de qualquer forma. Além disso, existe o custo de tempo e dinheiro para manter esses grupos de comparação (Baucom, Hahlweg & Kuschel, 2003).

Há também pesquisadores que defendem que o uso do grupo placebo, por exemplo, deve ser utilizado quando as técnicas sob investigação não foram objeto de estudos anteriores. Quando houver pesquisas prévias sobre a ação de determinado procedimento, deve-se comparar o resultado do experimento atual com o que já foi realizado (Parloff, 1986; Horvath, 1988).

24.2.5 Tamanho da amostra

Kazdin e Bass (1989) fizeram uma meta-análise das pesquisas de eficácia que utilizavam tratamento psicológico baseado em evidências em diferentes transtornos mentais. Eles descobriram que o tamanho médio da amostra era de 12 participantes por condição.

No caso específico das pesquisas conduzidas com cônjuges em conflito, Christensen *et al.* (2005) afirmaram que uma intervenção baseada em evidências deveria focalizar detalhadamente apenas um único casal ou um pequeno grupo deles. Com esse número de participantes, seria possível obter muito mais informações sobre a eficácia do tratamento e identificar os mecanismos de ação atuantes nesse processo.

Chambless e Hollon (1998) apontaram que uma investigação sobre eficiência de um tratamento deve ter no mínimo três participantes quando utilizar o desenho de experimento único. Nesse tipo de estudo, uma terapia psicológica baseada em evidência pode ser considerada eficaz quando os resultados de suas técnicas são superiores a outros tratamentos em pelo menos duas pesquisas independentes do mesmo tamanho amostral.

Quando uma terapia psicológica baseada em evidências mostra resultados favoráveis ao tratamento em apenas um único grupo de pesquisa, Chambless e Hollon (1998) afirmam que ela dever ser considerada como possível eficaz. Também nessa situação, o tamanho da amostra pode ser de no mínimo três ou mais participantes no delineamento experimental de caso único.

24.2.6 Medidas de avaliação

Os testes psicológicos desempenham um papel fundamental nas pesquisas sobre eficácia. Os resultados obtidos com essas medidas de avaliação estabelecem se um procedimento é eficaz ou não no tratamento de uma população específica (Chambless & Hollon, 1998).

Uma intervenção baseada em evidências com casais pode utilizar as medidas de avaliação em diferentes momentos dos estudos: 1) as escalas são empregadas antes e depois do tratamento; 2) os instrumentos são aplicados durante cada etapa específica da terapia; 3) os inventários mensuram os efeitos de uma técnica específica; 4) é preciso avaliar os fatores dos indivíduos que afetam o relacionamento e vice-versa (Christensen *et al.*, 2005).

24.2.7 Características gerais de um manual ou protocolo de tratamento

Nathan *et al.* (2000) afirmaram que os tratamentos psicoterápicos baseados em evidências necessitam de um protocolo ou manual, considerado parte essencial na maioria das pesquisas de eficácia. Segundo os autores, para realizar esse tipo de investigação é necessário haver a inclusão de três fatores importantes. O primeiro é uma descrição precisa das técnicas específicas a serem testadas no tratamento. O segundo é ter afirmações claras e objetivas de cada uma das técnicas que o terapeuta irá utilizar. O terceiro é avaliar o grau de adesão do terapeuta ao tratamento descrito no protocolo.

O manual de tratamento é a descrição detalhada de cada um dos procedimentos utilizados pelo psicoterapeuta ao longo do tratamento. O foco das terapias baseadas em evidências está nos efeitos de um tratamento psicológico específico. Por exemplo, o pesquisador estará mais interessado na natureza das técnicas e em como elas foram utilizadas (Chambless & Hollon, 1998).

Na Terapia Cognitivo-Comportamental com casais, os manuais utilizados pelos pesquisadores tendem a ser apresentados sessão por sessão. O investigador descreve exatamente o que pretende fazer em cada consulta. O manual deve ter, ainda, uma descrição da racionalidade, dos elementos específicos e dos parâmetros do tratamento, sendo o foco principal do protocolo as técnicas únicas do procedimento terapêutico em particular (Christensen *et al.*, 2005).

24.2.8 Terapeutas

O pesquisador principal de uma pesquisa sobre a eficácia dos efeitos de um tratamento nem sempre é o psicólogo em questão. Em função disso, o psicoterapeuta precisa ser adequadamente selecionado, treinado e supervisionado. O problema de algumas investigações pode estar justamente no terapeuta ser inexperiente ou ter uma aliança teórica com outro tipo de terapia (Chambless & Hollon, 1998).

O treinamento do terapeuta pode ocorrer através de supervisões frequentes, leitura de bibliografia específica, assistir a seu desempenho em gravações das sessões, observações das atuações de profissionais mais experientes, entre outros. Como o terapeuta é uma variável que pode influenciar os resultados de um tratamento, é importante que seu desempenho também seja avaliado (Christensen *et al.*, 2005). Existem algumas escalas que foram desenvolvidas com esse objetivo, sendo a escala de Young e Beck (1980) uma das mais utilizadas na Terapia Cognitiva.

24.2.9 Análise de dados

O processo de analisar os resultados de uma pesquisa de eficácia é um desafio para o investigador, pois existem alguns pontos importantes que podem trazer grandes dificuldades. As terapias baseadas em evidência que avaliam a eficácia de seus resultados se deparam com algumas questões importantes.

Em primeiro lugar, o tamanho da amostra é significativo para afirmar que um procedimento é melhor que outro. Quando o número de participantes é pequeno em uma investigação, o estudo apresenta baixo poder estatístico para apontar diferenças entre os tratamentos propostos. Em segundo lugar, um dos testes psicométricos utilizados pode favorecer o tratamento preferido do pesquisador. Este, por sua vez, conclui que seu procedimento é eficaz pautado nos resultados somente daquele inventário. Uma terceira questão está na comparação do tratamento apreciado pelo investigador e o grupo controle. Por exemplo, o pesquisador pode deixar de empregar um exame rigoroso antes e após o procedimento psicológico e concluir que seus achados confirmam sua superioridade em relação a um grupo de lista de espera. Em quarto lugar, existe o problema dos pacientes que abandonam ou são recusados para o tratamento. Por fim, algumas pesquisas não avaliam os efeitos do terapeuta na intervenção (Chambless & Hollon, 1998).

No caso das pesquisas psicológicas baseadas em evidências com casais, existem alguns problemas específicos. Primeiro, os parceiros podem mudar de *status* no meio da investigação, por exemplo, podem se separar. Em segundo lugar, os membros dos casais do estudo podem ter grande influência entre si (Christensen *et al.*, 2005).

24.2.10 Significância clínica

A análise estatística adequada é fundamental para avaliar a eficácia de uma terapia. Contudo, os dados obtidos numa pesquisa podem ser avaliados apenas em termos de sua importância matemática, ficando de fora sua relevância para a prática clínica nos atendimentos psicológicos.

Jacobson *et al.* (1984) definiram a mudança em significância clínica como a capacidade de um procedimento terapêutico de mover o paciente para fora do quadro da população disfuncional e colocá-lo dentro do grupo da amostra de pessoas funcionais. Exemplificaram, ainda, que na terapia de casal a significância clínica estaria relacionada ao aumento da satisfação conjugal após o tratamento psicoterapêutico. Os pacientes seriam removidos da população de casais estressados e enquadrados na classe dos cônjuges satisfeitos com seus relacionamentos.

24.3.11 Seguimentos

Nicholson e Berman (1983) questionaram se o procedimento de seguimento era necessário nas pesquisas sobre eficácia. Após uma revisão dos estudos envolvendo o uso de seguimento, os autores constataram que às vezes ocorria uma pequena mudança em comparação à avaliação feita logo após o fim dos tratamentos. Com essa observação, os pesquisadores refletem que o uso do dispendioso seguimento deveria ser mais seletivo.

Chambless e Hollon (1998) afirmaram que o uso do seguimento é altamente desejável, mas muito difícil de conduzir. Esses autores apontaram alguns problemas que podem ocorrer no emprego desse procedimento: é mais um custo para a pesquisa; e é trabalhoso conduzir esse processo e difícil de interpretar seus dados (por exemplo, os pacientes podem procurar outro tratamento no tempo de espera do seguimento). Esses autores acreditam que o seguimento deve ser utilizado dependendo do curso natural dos transtornos e da estabilidade do efeito do tratamento que se pretende detectar.

24.3.12 Experimentos de caso único

Uma pesquisa realizada com um número grande de sujeitos é significativa em termos estatísticos. Contudo, nessas situações, muitos detalhes do tratamento não são averiguados. Focalizar um casal ou um pequeno grupo de cônjuges possibilita ao investigador captar informações mais precisas sobre os efeitos do tratamento e identificar os mecanismos específicos de ação das técnicas utilizadas numa pesquisa sobre eficácia (Christensen *et al.*, 2005).

Os princípios que norteiam as intervenções com grupo de controle e experimental são semelhantes aos estudos de caso único. Uma característica comum é a construção de uma linha de base estável, que serve como forma de comparação que controla os efeitos da avaliação e da passagem do tempo, entre outros aspectos (Chambless & Hollon, 1998).

Existem diferentes tipos de desenho para construir experimentos com apenas um sujeito. Na primeira opção, o delineamento A-B-A, o investigador primeiro estabelece uma linha de base para avaliar apenas um comportamento (A). A seguir, aplica uma técnica específica (B) numa amostra. Por fim, volta ao período da linha de base estabelecida (A). A hipótese desse desenho é que na pesquisa com casais, por exemplo, os côn-juges deveriam interagir melhor durante o tratamento e piorar com o fim do acompanhamento terapêutico. Contudo, o modelo A-B-A não é utilizado na pesquisa com cônjuges estressados, pois esses casos exigem reversibilidade do tratamento e a imposição de uma recaída (Christensen *et al.*, 2005). O segundo tipo é o delineamento de linha de base múltipla, no qual o pesquisador pode avaliar mais de um comportamento repe-tidamente e aplicar técnicas diferentes aos comportamentos averiguados. Essa estratégia é considerada pela literatura científica a mais apropriada para o desenho das pesquisas sobre intervenções psicológicas baseadas em evidências com casais (Christensen *et al.*, 2005).

24.3.13 Alguns relatos de pesquisas sobre a eficácia de terapias psicológicas baseadas em evidências com casais

Baucom *et al.* (1998) procuraram discutir os resultados das pesquisas a partir da aplicabilidade dos crité-rios que definem a eficácia de uma terapia. Vale lembrar que um tratamento com casal é eficaz quando promove o aumento da satisfação e do ajustamento conjugal. Esses autores realizaram uma ampla revisão de artigos científicos sobre os diferentes tratamentos baseados em evidências utilizados em casais. Para o estudo apre-sentado neste capítulo, deu-se ênfase às intervenções que empregaram técnicas cognitivas e comportamentais.

Os resultados dos tratamentos apresentados na Tabela 1 são uma adaptação resumida de outra pes-quisa (Baucom *et al.*, 1998). As terapias Cognitiva e Cognitivo-Comportamental foram apontadas como possivelmente eficazes, ou seja, prescindiam de uma replicação de seus estudos por um grupo de pesquisa independente. Cabe ressaltar, ainda, que o quadrante "Resultados maiores" aponta diferenças estatísticas significativas entre as condições de tratamento. Por exemplo, se 1 > 2, significa que o tratamento um é esta-tisticamente superior à terapia de número dois.

Tabela 1 *Status* empírico da terapia de casal para o tratamento de casais estressados

Tratamento	Estudo	Condições de tratamento	Resultados maiores
Terapia Cognitiva	Emmelkamp *et al.* (1988)	Terapia Comportamental com Casais (TCompC) (n = 16) Reestruturação cognitiva para casais (n = 16)	1 = 2
Terapia Cognitiva	Huber e Milstein (1985)	Reestruturação cognitiva para casais (n = 9) Lista de espera (n = 8)	1 > 2
Terapia Cognitivo--Comportamental	Baucom e Lester (1986)	TCompC + Reestruturação Cognitiva (n = 8) Lista de espera (n = 8)	1 = 2 > 3
Terapia Cognitivo--Comportamental	Baucom *et al.* (1990)	TCompC + Reestruturação cognitiva + Treino de expressividade emocional (n=12) TCompC (n=12) TCompC + Reestruturação cognitiva TCompC + Treino de expressividade emocional (n=12) Lista de espera (n=12)	1 = 2 = 3 = 4 > 5
Terapia Cognitivo--Comportamental	Halford, Sanders & Behrens (1993)	TCompC (n=13) TCompC + Reestruturação cognitiva + Exploração do afeto + Treino de generalização	1 = 2

No critério de eficácia, todos os estudos apresentaram melhora em relação à amostra da lista de espera. As pesquisas demonstraram também que não houve diferenças estatísticas significativas entre as condições de tratamentos ativas. Quanto à significância clínica, os achados não apontaram diferenças significativas entre a avaliação feita ao final do tratamento e durante o seguimento. Os dados apontaram, ainda, que a terapia comportamental junto com a reestruturação cognitiva tem os mesmos resultados da terapia comportamental com casais (Baucom *et al.*, 1998).

Em conformidade com essas conclusões, pesquisas norte-americanas não apresentaram diferenças significativas entre a Terapia Comportamental e a Terapia Cognitivo-Comportamental com casais em conflito. Contudo, duas pesquisas apontaram alguns motivos para que as técnicas cognitivas fossem empregadas antes das comportamentais no tratamento de casais em conflito, baseados na experiência clínica dos próprios investigadores (Baucom & Lester, 1986; Baucom *et al.*, 1990).

Baucom e Lester (1986) declararam que o primeiro motivo para essa escolha estaria relacionado à resistência de ambos os parceiros em mudar seu comportamento imediatamente. Em algumas ocasiões, a resistência poderia ser uma consequência da raiva dos cônjuges entre si, da culpa imposta ao parceiro pelos problemas e/ou da posição de querer que o outro mudasse primeiro. O objetivo de iniciar o tratamento com o foco nas atribuições de causalidade teria o objetivo de minimizar essa resistência e permitir que cada membro do casal percebesse os problemas conjugais de modo mais realista. Em segundo lugar, as expectativas extremistas de ambos os cônjuges poderiam ser o cerne de alguns problemas no relacionamento. Baucom *et al.* (1990) afirmam que mudanças realizadas nas cognições algumas vezes podem facilitar tanto a motivação do casal para fazer mudanças comportamentais quanto potencializar o significado de cada uma delas.

24.3.14 Limitações dos estudos sobre eficácia

As pesquisas feitas com objetivo de verificar se determinado tratamento é eficaz têm limitações específicas. Uma delas é a generalização dos resultados obtidos: fica a dúvida se o tratamento proposto é eficaz para todo tipo de portador de uma doença. Por exemplo, algumas pesquisas são realizadas com pessoas com um nível educacional elevado e deixam de fora a população com baixa escolaridade; ou, às vezes, as investigações são conduzidas apenas com um grupo sem comorbidades (Chambless & Hollon, 1998).

No caso da terapia de casal também é possível identificar algumas limitações. As questões que ficam são, por exemplo, o que fazer com os casais que não responderam ao tratamento ou quais procedimentos devem ser empregados com as recaídas após o fim da pesquisa (Christensen *et al.*, 2005)?

Conforme assinalado na introdução deste artigo, apresentaremos a seguir breves relatos sobre duas outras formas de delinear as pesquisas psicológicas baseadas em evidências: efetividade e custo-benefício.

24.4   Efetividade

Existem alguns fatores que distinguem as pesquisas sobre eficácia e efetividade. Como já mencionado, os estudos sobre eficácia têm como base os ensaios clínicos randomizados, as amostras grupais bem definidas, as condições apropriadas de controle e os manuais de tratamento (Nathan *et al.*, 2000).

Devido a essas características, esses estudos têm sofrido grande contestação por parte dos clínicos. Dois pontos são centrais nessa discussão: a falta de evidências da aplicabilidade dos protocolos de tratamentos das pesquisas na prática dos psicólogos realizada em consultórios e clínicas comuns; e as diferenças entre o tipo de paciente que chega aos atendimentos psicológicos em consultórios particulares e o uso de amostras selecionadas nas pesquisas de eficácia. Portanto, os pacientes que procuram atendimento não passaram por uma lista extensa de critérios de exclusão previamente. Somente na hora do atendimento é que o psicólogo avaliará a presença ou a ausência de suas habilidades profissionais para auxiliar um cliente ou casal específico (Chambless & Ollendick, 2001).

As pesquisas de efetividade são geralmente empregadas em consultórios privados e não em centros de pesquisas. Os pacientes não são excluídos por apresentarem comorbidades com transtornos mais graves como, por exemplo, esquizofrenia. Além disso, nem sempre os terapeutas recebem o treinamento e a supervisão fornecidos nas pesquisas de eficácia. O objetivo é verificar a validade externa do tratamento, ou seja, sua capacidade de generalização na prática clínica (Nathan *et al.*, 2000; Chambless & Hollon, 1998; Chambless & Ollendick, 2001).

Chambless e Hollon (1998) defendem a convergência dos estudos de eficácia e efetividade. Segundo esses autores, a investigação de efetividade pode ter o delineamento das pesquisas de eficácia. Esses autores apontam que as investigações realizadas em consultórios particulares podem designar randomicamente os pacientes para determinadas condições de tratamento. Eles acreditam que é importante manter a verificação da validade interna de um tratamento, ou seja, que as mudanças de comportamento observadas devem-se uma técnica específica.

Chambless e Hollon (1998) apontaram ainda que, ao contrário do que os opositores das pesquisas de eficácia acreditam, esse tipo de investigação tem incluído em sua amostra pacientes com transtornos mais graves, como os transtornos da personalidade.

24.5 Custo-benefício

Esse é um tema importante levado em consideração nas terapias baseadas em evidências em geral, pois diferentes métodos de tratamentos mostram ser eficazes com a mesma população investigada. Contudo, os clínicos, os pacientes e os pesquisadores precisam avaliar os custos e os benefícios de determinada prática (Chambless & Hollon, 1998).

Por exemplo, sabe-se que em curto prazo algumas medicações são mais efetivas no tratamento de um transtorno específico. Mas os efeitos positivos dos remédios não permanecem com o término de seu uso, o que torna os fármacos dispendiosos a longo prazo. No curto prazo, a terapia é, algumas vezes, muito mais dispendiosa que o tratamento farmacológico, porém, alguns tratamentos psicoterapêuticos mostram ser a melhor opção em longo prazo por serem eficientes na manutenção do equilíbrio emocional (Chambless & Hollon, 1998).

24.6 Considerações finais

Neste artigo foram descritos alguns dos princípios metodológicos que norteiam as terapias psicológicas baseadas em evidências, em especial aqueles relacionados às pesquisas sobre a eficácia da terapia de casal. A partir dos dados e das reflexões apresentados, sugeriu-se que os pesquisadores interessados nas relações amorosas podem delinear suas investigações científicas tendo por base essas características. Cabe ressaltar, ainda, a similaridade dos métodos investigativos utilizados para avaliar a eficácia dos tratamentos de problemas psicológicos em geral e da terapia de casal.

Assim, considera-se que o delineamento de uma investigação científica com parceiros em conflito é um processo com ampla magnitude e complexidade. É possível também considerar que nem todos os temas referentes ao assunto puderam ser descritos em detalhes, devido à natureza deste texto. Por fim, é válido registrar que esse é um tema muito delicado e importante a ser considerado no processo de conduzir pesquisas com casais no Brasil.

24.7 Referências

American Psychological Association – APA (1993). *Task force on promotion and dissemination of psychological procedures.* Washington, DC: American Psychological Association.

American Psychological Association – APA (2006). Evidence-Based Practice in Psychology. *American Psychologisty, 61,* 271-285.

Barlow, D. H. (1996). Health care policy, psychotherapy research, and the future of psychotherapy. *American Psychologist, 51,* 1050-1058.

Baucom, D. H. & Lester, G. W. (1986). The usefulness of cognitive restructuring as an adjunct to behavioral marital therapy. *Behavior Therapy, 17,* 385-403.

Baucom, D. H., Hahlweg, K., & Kuschel, A. (2003). Are wait-list control groups needed in future marital therapy outcome research? *Behavior Therapy, 34,* 179-188.

Baucom, D. H., Sayers, S., & Sher, T. G. (1990). Supplementing behavioral marital therapy with cognitive restructuring and emotional expressiveness training: an outcome investigation. *Journal of Consulting and Clinical Psychology, 58,* 636-645.

Baucom, D. H., Shoham, V., Mueser, K. T., Daiuto, A. D., & Stickle, T. R. (1998). Empirically supported couple and family interventions for marital distress and adult mental health problems. *Journal of Consulting and Clinical Psychology, 66,* 53-88.

Chambless, D. L. & Hollon, S. D. (1998). Defining empirically supported therapies. *Journal of Consulting and Clinical Psychology, 66,* 7-18.

Chambless, D. L. & Ollendick, T. H. (2001). Empirically supported psychological interventions: Controversies e evidence. *Annual Review of Psychology, 52,* 685-716.

Christensen, A., Baucom, D. H., Vu, C. T., & Stanton, S. (2005). Methodologically sound, cost-effective research on the outcome of couple therapy. *Journal of Family Psychology, 19,* 6-17.

Emmelkamp, P. M. G., Heuvell, C. L., Ruphan, M., Sanderman, R., Scholing, A., & Stroink, F. (1988). Cognitive and behavioral interventions: A comparative evaluation with clinically distressed couples. *Journal of Family Psychology, 1,* 365-377.

Halford, W. K., Sanders, M. R., & Behrens, B. C. (1993). A comparison of generalization of behavioral marital therapy and enhanced behavioral marital therapy. *Journal of Consulting and Clinical Psychology, 61,* 51-60.

Horvath, P. (1988). Placebos and common factors in two decades of psychotherapy research. *Psycological Bulletin, 104,* 214-225.

Huber, C. H. & Milstein, B. (1985). Cognitive restructuring and a collaborative set in couples' work. *The American Journal of Family Therapy, 13,* 17-27.

Jacobson, N. S., Follette, W. C., Revenstorf, D., Baucom, D. H., Hahlweg, K., & Margolin, G. (1984). Variability in outcome and clinical significance of behavioral marital therapy: A reanalysis of outcome data. *Journal of Consulting and Clinical Psychology, 52,* 497-504.

Kazdin, A. E. & Bass, D. (1989). Power to detect differences between alternative treatments in comparative psychotherapy outcome research. *Journal of Consulting and Clinical Psychology, 57,* 138-147.

Nathan, P. E., Stuart, S. P., & Dolan, S. L. (2000). Research on psychotherapy efficacy and effectiveness: between Scylla and Charybdis? *Psychological Bulletin, 126,* 964-981.

Nicholson, R. A. & Berman, J. S. (1983). Is follow-up necessary in evaluating psychotherapy? *Psychological Bulletin, 93,* 261-278.

Parloff, M. B. (1986). Placebo controls in psychotherapy research a *sine qua non* or a placebo for research problems? *Journal of Consulting and Clinical Psychology, 54,* 79-87.

Woody, S. R., Weisz, J., & McLean, C. (2005). Empirically supported treatments: 10 years later, *The Clinical Psychologist, 58,* 5-11

Young, J. & Beck, A. (1980). *Cognitive Therapy Scale: Rating manual.* Philadelphia: Center for Cognitive Therapy. No prelo.

Autores:

Raphael Fischer Peçanha – Professor Doutor da Graduação e da Pós-Graduação em Psicologia da Universidade Estácio de Sá. Contato: doutorraphaelfsicher@gmail.com

Bernard Pimentel Rangé – Professor Doutor do Programa em Pós-Graduação em Psicologia da UFRJ.

Rodolfo de Castro Ribas Junior – Professor Doutor da Graduação e do Programa de Pós-Graduação em Psicologia da UFRJ.

PARTE IV

INTERVENÇÕES COGNITIVO-COMPORTAMENTAIS EM PSICOLOGIA DA SAÚDE

CAPÍTULO 25

Terapia Cognitivo-Comportamental em saúde e prática baseada em evidências

M. Cristina Miyazaki
Neide M. Domingos
Nelson I. Valerio
Randolfo dos Santos Jr.

25.1 Introdução

A utilização e os benefícios da Terapia Cognitivo-Comportamental (TCC) em contextos de saúde têm sido amplamente documentados (White, 2001; Duarte, Miyazaki, Blay & Sesso, 2009; Miyazaki, Domingos, Caballo & Valerio, 2011). Publicações na área incluem desde estudos de caso e relatos de experiência até ensaios clínicos randomizados e revisões sistemáticas da literatura. O objetivo deste capítulo é apresentar resultados de revisões sistemáticas sobre o uso da TCC na área da saúde.

25.2 Prática baseada em evidências

A prática baseada em evidências é considerada "o elo entre a boa ciência e a boa prática clínica" (Atalah, 2012, p. 4). Em psicologia, prática baseada em evidências é definida como "a integração dos melhores resultados de pesquisas, associada à competência clínica, características da cultura e preferências do paciente" (APA, 2005, p. 1).

Existe, entretanto, importante defasagem entre o conhecimento advindo dos melhores dados de pesquisas e as decisões tomadas na prática clínica. Para Sánchez-Meca e Botella (2010), dois fatores podem ser apontados como responsáveis por essa defasagem: não existe grande interação entre "o mundo da prática profissional e o das pesquisas, que são realizadas principalmente nas universidades" (p. 7); e os avanços científicos demoram a atingir a prática clínica. Consequentemente, "profissionais da psicologia percebem o mundo da pesquisa como algo muito distante de sua prática habitual, sem uma utilidade que possa materializar-se em resultados aplicáveis, de forma rápida e direta, em seu trabalho cotidiano" (p. 7).

Um estudo realizado nos Estados Unidos, por exemplo, identificou que, embora "numerosos tratamentos comportamentais possuam fortes evidências para apoiar sua efetividade" (Nelson & Steele, 2008, p. 176), diversas variáveis, além das evidências, são consideradas pelos clínicos para selecionar determinada modalidade de tratamento (por exemplo, escolha de tratamento com base em recomendação de colega).

O movimento internacional para a prática baseada em evidências na área da saúde depende dos clínicos, isto é, daqueles profissionais que vão utilizar (ou não) as melhores evidências disponíveis. É preciso considerar, entretanto, que a implementação e a disseminação de novas tecnologias é difícil em todas as áreas, não apenas na saúde. Algumas das barreiras incluem percepção negativa das mudanças e desafios para implementar novos procedimentos em um sistema já existente e em funcionamento (como o Sistema de Saúde). Além disso, é preciso que os clínicos sejam treinados não apenas do ponto de vista didático (com acesso a textos e seminários, por exemplo), mas também em relação a competências ou no "processo de aquisição de habilidades necessárias para administrar um tratamento" (McHugh & Barlow, 2010, p. 74).

No Brasil, têm sido realizados esforços no sentido de incorporar a prática baseada em evidências na área da saúde. É possível citar a ampliação ao acesso às bases de dados (Portal CAPES) e o Programa de Capacitação em Saúde Baseada em Evidências, realizado em parceria entre o Ministério da Saúde e o Hospital Sírio Libanês. O Programa de Capacitação é oferecido na modalidade EAD (ensino à distância), tem ampla abrangência nacional, é oferecido gratuitamente e está atualmente em sua sétima edição (Padilha, 2012).

25.3 TCC em saúde e prática baseada em evidências

A qualidade das evidências disponíveis é classificada em diferentes níveis. Em nível crescente de qualidade encontram-se: 1) Série de casos; 2) estudos de caso-controle; 3) estudos controlados de *coorte*; 4) ensaios clínicos; 5) *megatrials*; 6) revisões sistemáticas. As revisões sistemáticas possuem o mais alto nível de qualidade entre as evidências (Brasil, 2001) e aquelas realizadas pelo Centro Cochrane[1] estão entre as mais úteis (Greenhalgh, 1997).

---

[1] Informações disponíveis no endereço <www.centrocochranedobrasil.org.br/cms/>.

Revisões sistemáticas têm gradualmente substituído as revisões narrativas e opiniões de especialistas como forma de resumir as evidências sobre determinada questão de importância para o clínico; por exemplo, em questões como "Terapia Cognitivo-Comportamental é um tratamento eficaz para TOC (transtorno obsessivo-compulsivo) em crianças e adolescentes?" (O›Kearney, Anstey, Von Sanden & Hunt, 2010). Uma revisão sistemática de alta qualidade identifica as evidências relevantes, publicadas ou não, seleciona estudos de acordo com critérios de inclusão pré-estabelecidos, avalia a qualidade de cada um, sintetiza os dados e os apresenta de forma mais imparcial (Hemingway & Brereton, 2009).

Este capítulo visa a fornecer uma síntese das revisões sistemáticas do Centro Cochrane sobre a TCC na área da saúde. As revisões foram identificadas com o uso dos termos *CBT* (Cognitive-behavior Therapy/Terapia Cognitivo-Comportamental ou TCC) e *CBT and health* (TCC e saúde). Foram identificadas 46 revisões sistemáticas, e, para este texto, foram selecionadas aquelas consideradas, de acordo com a avaliação dos autores, pertinentes à área da saúde (ou seja, aquelas que abordam problemas que um psicólogo que atua em um hospital geral poderia ser solicitado a atender), totalizando 27 artigos. As conclusões de cada uma dessas revisões estão apresentadas na Tabela 1.

Tabela 1 Revisões sistemáticas do Centro Cochrane sobre TCC: título, autores e conclusão

Título/autor(es)	Conclusão
1) TCC para homens que abusam fisicamente da parceira/Cognitive behavioural therapy for men who physically abuse their female partner Smedslund, Dalsbø, Steiro, Winsvold & Clench-Aas, 2010.	Conclusão: "Existem ainda poucos estudos randomizados controlados sobre a efetividade da TCC sobre homens que cometem violência doméstica".
2) Tratamento psicológico para pessoas com bulimia nervosa e compulsão alimentar/Psychological treatments for people with bulimia nervosa and binging Hay, Bacaltchuk, Stefano & Kashyap, 2009.	Conclusão: "Existe pequeno corpo de evidências sobre a eficácia da TCC na bulimia nervosa e síndromes similares, mas a qualidade dos ensaios clínicos varia muito e as amostras são frequentemente pequenas. Mais ensaios clínicos são necessários, especialmente para compulsão alimentar e outros transtornos alimentares sem outra especificação. Há necessidade de intervenções mais eficazes para aqueles com excesso de peso mais um transtorno alimentar".
3) TCC para síndrome da fadiga crônica/Cognitive behaviour therapy for chronic fatigue syndrome Price, Mitchell, Tidy & Hunot, 2008.	Conclusão: "A TCC é efetiva na redução de sintomas de fadiga no pós-tratamento quando comparada com o tratamento usual e pode ser mais efetiva para reduzir sintomas de fadiga quando comparada com outros tipos de psicoterapias. Em *follow-ups* as evidências se limitam a um pequeno número de estudos e os dados são inconsistentes. Existe falta de evidências sobre a efetividade da TCC isolada ou combinada com outros tratamentos. Mais estudos são necessários para informar o desenvolvimento de programas efetivos para o tratamento de pessoas com síndrome da fadiga crônica".
4) Terapia comportamental e TCC para TOC em crianças e adolescentes/Behavioural and cognitive-behavioural therapy for obsessive-compulsive disorder (OCD) in children and adolescents O'Kearney, Anstey, Von Sanden & Hunt, 2010.	Conclusão: "Embora com base em pequeno número de estudos, que variam em termos de qualidade, a terapia comportamental ou cognitivo-comportamental sozinha parece ser um tratamento efetivo para TOC em crianças e adolescentes. É tão efetiva quanto só medicação e pode levar a melhores resultados quando combinada com medicação e comparada com medicação isoladamente. Mais ensaios clínicos de qualidade são necessários para confirmar estes dados".
5) Psicoterapia para idosos deprimidos/Psychotherapeutic treatments for older depressed people Wilson, Mottram & Vassilas, 2008.	Conclusão: "Os dados dos estudos não fornecem fortes evidências que apoiem os tratamentos psicoterápicos para depressão em idosos. Entretanto, os dados de uma metanálise incluída na revisão, com pacientes de idades mais variadas, sugere que a TCC parece trazer benefícios".
6) TCC comparada a lista de espera ou atenção como controle para crianças e adolescentes com transtornos de ansiedade/Cognitive behavioural therapy compared to waiting list or an attention control for child and adolescent anxiety disorders James, Soler & Weatherall, 2005.	Conclusão: "TCC parece ser um tratamento efetivo para transtornos da ansiedade em crianças e adolescents quando comparada à lista de espera ou atenção como controle. Não houve diferença entre as formas individual, grupal ou parental/familiar de TCC. A TCC pode ser recomendada para o tratamento de transtornos de ansiedade na infância, embora com pouco mais de metade de melhora, haja necessidade de mais desenvolvimentos na terapia".

Continua

Continuação

7) *Psicoterapia para pessoas com transtorno de ansiedade generalizada/Psychological therapies for people with generalised anxiety disorder* Hunot, Churchill, Teixeira & Silva de Lima, 2007.	Conclusão: "Psicoterapia baseada nos princípios da TCC é efetiva para reduzir sintomas de ansiedade em tratamentos breves para Transtorno de Ansiedade Generalizada (TAG). O corpo de evidências comparando TCC com outras formas de psicoterapia é pequeno e heterogêneo, impedindo conclusões sobre qual terapia psicológica é mais efetiva. Mais estudos avaliando modelos diferentes da TCC são necessários para informar aos elaboradores de políticas de saúde qual a forma mais apropriada de psicoterapia para tratar TAG".
8) *Psicoterapia para ansiedade em pessoas com traumatismo encefálico (TCE)/Psychological treatment for anxiety in people with traumatic brain injury* Soo & Tate, 2007.	Conclusão:"Esta revisão fornece alguma evidência sobre a efetividade da TCC para o tratamento do transtorno de estresse agudo após TCE leve e TCC combinada com neuroreabilitação para os sintomas de ansiedade generalizada em pessoas como TCE moderado e leve. Esses dados devem ser vistos à luz do pequeno número de estudos com amostra reduzida e de características heterogêneas publicados nessa área. Mais ensaios clínicos enfocando a comparação entre intervenções psicológicas, gravidade do traumatismo dos participantes e diagnóstico de ansiedade são necessários".
9) Psicoterapia para adultos com dor de longa duração e incapacidade / Eccleston C, Williams AC de C, Morley S (2009) / Psychological therapy for adults with longstanding distressing pain and disability.	Conclusão: " A TCC tem algum efeito positivo na melhora da dor, da incapacidade e do humor".
10) *TCC para zumbido/Cognitive behavioural therapy for tinnitus* Martinez-Devesa, Perera, Theodoulou & Waddell, 2010.	Conclusão: "Em seis estudos não foram encontradas evidências de uma diferença significativa na altura subjetiva do zumbido. Entretanto, encontramos melhora significante nos escores de depressão (em seis estudos) e na qualidade de vida (redução da gravidade global do zumbido) em outros cinco estudos, sugerindo que a TCC tem um efeito positivo no manejo do zumbido".
11) *Psicoterapia para abuso e/ou dependência de* cannabis *em pacientes ambulatoriais/ Psychotherapeutic interventions for* cannabis *abuse and/or dependence in outpatient settings* Denis, Lavie, Fatseas & Auriacombe, 2006.	Conclusões: "A heterogeneidade dos estudos incluídos impediu conclusões claras. Entretanto, a baixa taxa de abstinência indicou que o problema não é facilmente tratável com psicoterapia em ambientes ambulatoriais".
12) *TCC para crianças que sofreram abuso sexual/ Cognitive behavioural interventions for children who have been sexually abused* Macdonald, Higgins & Ramchandani, 2006.	Conclusões: "A revisão confirma a TCC como um meio potencial de focar as consequências adversas do abuso sexual em crianças, mas enfatiza o caráter tênue dessa evidências e a necessidade de ensaios clínicos cuidadosamente realizados e relatos".
13) *TCC para adultos mais velhos (60 anos ou mais) com problemas de sono/Cognitive behavioural therapy for older adults (aged 60+) with sleep problems* Montgomery & Dennis, 2003.	Conclusões: "Quando os possíveis efeitos colaterais do tratamento padrão (hipnóticos) são considerados, há um bom argumento em favor do uso das TCC. Pesquisas são necessárias para estabelecer os possíveis preditores de sucesso desses tratamentos".
14) *Medicação, psicoterapia ou a combinação de ambos no tratamento de transtorno dismórfico corporal/Medication, psychotherapy, or a combination of both, in treating body dysmorphic disorder* Montgomery & Dennis, 2003.	Conclusão: "Resultados de um pequeno número de ensaios clínicos randomizados sugerem que medicação (fluxetina e clomipramina) e TCC podem ser úteis no tratamento de pessoas com transtorno dismórfico corporal. Os resultados desses estudos necessitam ser replicados".
15) *Tratamentos psicológicos para epilepsia/ Psychological treatments for epilepsy* Ramaratnam, Baker & Goldstein, 2008.	Conclusão: "Em razão dos problemas metodológicos e do número limitado de indivíduos estudados, não encontramos evidências confiáveis para apoiar o uso de tratamentos psicológicos e mais ensaios clínicos são necessários".
16) *Intervenções psicológicas precoces para tratar sintomas agudos de estresse traumático/Early psychological interventions to treat acute traumatic stress symptoms* Roberts, Kitchiner, Kenardy & Bisson, 2010.	Conclusão: "Foram encontradas evidências de que TCC focada no trauma é efetiva para indivíduos com sintomas agudos de estresse traumático, comparados com lista de espera e aconselhamento de apoio. A qualidade dos estudos foi variável, as amostras frequentemente pequenas e os resultados devem ser vistos com cautela. Mais ensaios clínicos de boa qualidade, com *follow-ups* mais longos são necessários".

Continua

Continuação

17) *Intervenções psicossociais para crianças com dor de estômago sem causa orgânica/Psychosocial interventions for children who have stomach ache without an organic cause* Huertas-Ceballos, Logan, Bennett & Macarthur, 2008.	Conclusão: "Os estudos eram pequenos, com problemas metodológicos. Apesar disso, a consistência e a magnitude dos efeitos fornece alguma evidência de que a TCC pode ser uma intervenção útil para crianças com dor abdominal recorrente sem causa orgânica, embora a maioria das crianças, especialmente em cuidados primários, melhorem com apoio e com o passar do tempo".
18) *Psicoterapia para hipocondria/Psychotherapies for hypochondriasis* Thomson & Page, 2007.	Conclusão: "Terapia Cognitiva, Terapia Comportamental, TCC e manejo comportamental do estresse são efetivos na redução dos sintomas da hipocondria. Os autores fazem várias sugestões para estudos futuros, como, por exemplo utilizar escalas validadas, e identificar ingredientes ativos da terapia dos fatores não específicos".
19) *Intervenções para prevenir ganho de peso após "parar de fumar"/Interventions for preventing weight gain after smoking cessation* Farley, Hajek, Lycett & Aveyard, 2012.	Conclusão: "Os dados disponíveis são insuficientes para fazer recomendações em relação a programas efetivos para prevenir ganho de peso após parar de fumar".
20) *Existe algum programa para auxiliar adolescentes a parar de fumar?/Are there any smoking cessation programmes which can help adolescents to stop smoking?* Grimshaw & Stanton, 2006.	Conclusão: "Ainda não existem evidências suficientes para recomendar a implementação ampla de qualquer programa. Estudos bem delineados de intervenção ainda são necessários".
21) *Intervenções psicológicas para adultos com asma/Psychological interventions for adults with asthma* Yorke, Fleming & Shuldham, 2006.	Conclusão: "Esta revisão não pode extrair conclusões seguras sobre o papel das intervenções psicológicas na asma, pela ausência de evidências adequadas. Estudos randomizados bem conduzidos são necessários na área, para determinar os efeitos dessas técnicas no tratamento da asma em adultos".
22) *Intervenções psicossociais para o manejo da dor orofacial crônica/Psychosocial interventions for the management of chronic orofacial pain* Aggarwal et al., 2011.	Conclusão: "Existem fracas evidências para apoiar o uso de intervenções psicossociais na dor crônica orofacial. Mais estudos controlados de alta qualidade são necessários".
23) *Tratamento psicológico para transtorno de estresse pós-traumático (TEPT)/Psychological treatment of post traumatic stress disorder (PTSD)* Bisson & Andrew, 2007.	Conclusão: "Existem evidências sobre a efetividade do atendimento individual da TCC com foco no trauma, EMDR e manejo do estresse, bem como do atendimento em grupos da TCC com foco no trauma. Outros tratamentos psicológicos não focados no trauma não reduziram de forma significativa os sintomas do TEPT. Existe ainda necessidade de estudos controlados de boa qualidade".
24) *Cognitive reframing para cuidadores de pessoas com demência/Cognitive reframing for carers of people with dementia* Vernooij-Dassen, Draskovic, McCleery & Downs, 2011.	Conclusão: "O *reframing* cognitivo para familiares cuidadores de pessoas com demência parece reduzir a morbidade psicológica e o estresse subjetivo, sem, no entanto, alterar o enfrentamento e a sobrecarga. Os resultados sugerem que o *reframing* pode ser um importante componente de intervenções com componentes múltiplos".
25) *Tratamentos comportamentais para pessoas com ataques não epilépticos/Behavioural treatments for non-epileptic attack disorder* Martlew, Baker, Goodfellow, Bodde & Aldenkamp, 2007.	Conclusão: "Em função das limitações metodológicas e do reduzido número de estudos, não existem evidências confiáveis para apoiar o uso de qualquer tratamento comportamental para ataques não epilépticos. Estudos randomizados dessas e de outras intervenções são necessários".
26) *Intervenções psicossociais para prevenção de incapacidade após dano físico traumático/Psychosocial interventions for the prevention of disability following traumatic physical injury* De Silva et al., 2009.	Conclusão: "Esta revisão não fornece evidências sobe a efetividade de intervenções psicossocias para prevenir a incapacidade após uma lesão por trauma físico. Mais pesquisas, utilizando amostras maiores, são necessárias".
27) *Terapia comportamental para dor lombar/Behavioural treatment for chronic low-back pain* Henschke et al., 2010.	Conclusão: "Existem evidências moderadas sugerindo que, em curto prazo, terapia de base operante é mais efetiva que lista de espera e terapia comportamental é mais efetiva que os cuidados habituais. Mais pesquisas são necessárias".

25.4 Conclusão

Esta revisão permitiu identificar um número considerável de pesquisas, cuja temática apresenta grandes variações. No entanto, estudos controlados randomizados, com número significativo de participantes, ainda são necessários. Certamente, um longo caminho foi percorrido na obtenção de dados que justificam a utilização da TCC em contextos de saúde. Entretanto, ainda existem desafios a serem enfrentados. É preciso formar psicólogos com competência para realizar ensaios clínicos randomizados para os principais problemas comportamentais, sejam eles transtornos mentais ou problemas associados a doenças orgânicas. É necessário também desenvolver nos clínicos habilidades para ler de forma crítica as evidências disponíveis.

25.5 Referências

Aggarwal, V. R., Lovell. K., Peters, S., Javidi, H., Joughin, A., & Goldthorpe, J. (2011). *Psychosocial interventions for the management of chronic orofacial pain.* Cochrane Database of Systematic Reviews 2011, Issue 11. Art. No.: CD008456. DOI: 10.1002/14651858.CD008456.pub2.

American Psychological Association – APA (2005). *Policy Statement on Evidence-Based Practice in Psychology.* Recuperado em 24 de abril de 2012 de <www.apa.org/practice/ resources/evidence/evidence-based-statement.pdf>.

Atalah, A. N. (2012). *Medicina baseada em evidências – Curso saúde baseada em evidências.* Recuperado em 26 de abril de 2012 de <http://ensino1.hospitalsiriolibanes.com.br>.

Bisson, J. & Andrew, M. (2007). *Psychological treatment of post-traumatic stress disorder (PTSD).* Cochrane Database of Systematic Reviews 2007, Issue 3. Art. No.: CD003388. DOI: 10.1002/14651858.CD003388.pub3.

Brasil. Portal Saúde (2001). *Nível de evidência científica segundo a classificação de Oxford Centre for Evidence-Based Medicine.* Recuperado em 27 de abril de 2012 de http://portal.saude.gov.br/portal/arquivos/pdf/tabela_nivel_evidencia.pdf.

Denis, C., Lavie, E., Fatseas, M., & Auriacombe, M. (2006). *Psychotherapeutic interventions for cannabis abuse and/or dependence in outpatient settings.* Cochrane Database of Systematic Reviews 2006, Issue 3. Art. No.: CD005336. DOI: 10.1002/14651858.CD005336.pub2.

De Silva, M., MacLachlan, M., Devane, D., Desmond, D., Gallagher, P., Schnyder, U. & Brennan, M. (2009). *Patel V. Psychosocial interventions for the prevention of disability following traumatic physical injury.* Cochrane Database of Systematic Reviews 2009, Issue 4. Art. No.: CD006422. DOI: 10.1002/14651858.CD006422.pub3.

Duarte, P. S., Miyazaki, M. C., Blay, S. L., & Sesso, R (2009). Cognitive behavioral group therapy is an effective treatment for major depression in hemodialysis patients. *Kidney International*, 76, 414-421.

Eccleston, C., Williams, A. C. de C., & Morley, S. (2009). *Psychological therapies for the management of chronic pain (excluding headache) in adults.* Cochrane Database of Systematic Reviews 2009, Issue 2. Art. No.: CD007407. DOI: 10.1002/14651858.CD007407.pub2.

Farley, A. C., Hajek, P., Lycett, D., & Aveyard P. (2012). *Interventions for preventing weight gain after smoking cessation.* Cochrane Database of Systematic Reviews 2012, Issue 1. Art. No.: CD006219. DOI: 10.1002/14651858.CD006219.pub3.

Greenhalgh, T. (1997). *How to read a paper. The basics of evidence based medicine.* London: BMJ.

Grimshaw, G. & Stanton, A. (2006). *Tobacco cessation interventions for young people.* Cochrane Database of Systematic Reviews 2006, Issue 4. Art. No.: CD003289. DOI: 10.1002/14651858.CD003289.pub4.

Hay, P. P. J., Bacaltchuk, J., Stefano, S., & Kashyap, P. (2009). *Psychological treatments for bulimia nervosa and binging.* Cochrane Database of Systematic Reviews 2009, Issue 4. Art. No.: CD000562. DOI: 10.1002/14651858.CD000562.pub3.

Hemingway, P. & Brereton, N. (2009). *What is a systematic review?* 2 ed. Recuperado em 27 de abril de 2012 de <www.whatisseries.co.uk>.

Henschke, N., Ostelo, R. W. J. G., van Tulder, M. W., Vlaeyen, J. W. S., Morley, S., Assendelft, W. J. J., & Main, C. J. (2010). *Behavioural treatment for chronic low-back pain.* Cochrane Database of Systematic Reviews 2010, Issue 7. Art. No.: CD002014. DOI: 10.1002/14651858.CD002014.pub3.

Huertas-Ceballos, A. A., Logan, S., Bennett, C., & Macarthur, C. (2008). *Psychosocial interventions for recurrent abdominal pain (RAP) and irritable bowel syndrome (IBS) in childhood.* Cochrane Database of Systematic Reviews 2008, Issue 1. Art. No.: CD003014. DOI: 10.1002/14651858.CD003014.pub2.

Hunot, V., Churchill, R., Teixeira, V., & Silva de Lima, M. (2007). *Psychological therapies for generalised anxiety disorder.* Cochrane Database of Systematic Reviews 2007, Issue 1. Art. No.: CD001848. DOI: 10.1002/14651858.CD001848.pub4.

Ipser, J.C., Sander, C., & Stein, D.J. (2009). *Pharmacotherapy and psychotherapy for body dysmorphic disorder.* Cochrane Database of Systematic Reviews 2009, Issue 1. Art. No.: CD005332. DOI: 10.1002/14651858.CD005332.pub2.

James, A. A. C. J., Soler, A., & Weatherall, R. R. W. (2005). *Cognitive behavioural therapy for anxiety disorders in children and adolescents.* Cochrane Database of Systematic Reviews 2005, Issue 4. Art. No.: CD004690. DOI: 10.1002/14651858.CD004690.pub2.

Macdonald, G., Higgins, J. P. T., & Ramchandani, P. (2006). *Cognitive-behavioural interventions for children who have been sexually abused.* Cochrane Database of Systematic Reviews 2006, Issue 4. Art. No.: CD001930. DOI: 10.1002/14651858.CD001930.pub2.

Martinez-Devesa, P., Perera, R., Theodoulou, M., & Waddell, A. (2010). *Cognitive behavioural therapy for tinnitus.* Cochrane Database of Systematic Reviews 2010, Issue 9. Art. No.: CD005233. DOI: 10.1002/14651858.CD005233.pub3.

Martlew, J., Baker, G. A., Goodfellow, L., Bodde, N., & Aldenkamp, A. (2007). *Behavioural treatments for non-epileptic attack disorder.* Cochrane Database of Systematic Reviews 2007, Issue 1. Art. No.: CD006370. DOI: 10.1002/14651858. CD006370.

McHugh, R. K. & Barlow, D. H. (2010). The dissemination and implementation of evidence-based psychological treatments. *American Psychologist, 65,* 73-84.

Miyazaki, M. C., Domingos, N. A. M., Caballo, V. E., Valerio, N. I. (2011). Psicologia da Saúde. Intervenções em hospitais públicos. In B. P. Rangé. (Org.), *Psicoterapias Cognitivo-Comportamentais.* 2 ed. (pp. 568-580). Porto Alegre: Artmed.

Montgomery, P. & Dennis, J. A. (2003). *Cognitive behavioural interventions for sleep problems in adults aged 60+.* Cochrane Database of Systematic Reviews 2003, Issue 1. Art. No.: CD003161. DOI: 10.1002/14651858.CD003161.

Nelson, T. D. & Steele, R. C. (2008). Influences on practitioner treatment selection: best research evidence and other considerations. *The Journal of Behavioral Health Services & Research, 35,* 170-178.

O'Kearney, R. T., Anstey, K., Von Sanden, C., & Hunt, A. (2010). *Behavioural and cognitive behavioural therapy for obsessive compulsive disorder in children and adolescents.* Cochrane Database of Systematic Reviews 2006, Issue 4. Art. No.: CD004856. DOI: 10.1002/14651858.CD004856.pub2.

Padilha, R. (2012). *Capacitação em saúde baseada em evidências. Retrospecto do curso.* Recuperado em 26 de abril de 2012 de <http://ensino1.hospitalsiriolibanes.com.br>.

Price, J. R., Mitchell, E., Tidy, E., & Hunot, V. (2008). Cognitive behaviour therapy for chronic fatigue syndrome in adults. Cochrane Database of Systematic Reviews 2008, Issue 3. Art. No.: CD001027. DOI: 10.1002/14651858.CD001027. pub2.

Ramaratnam, S., Baker, G. A., & Goldstein, L. H. (2008). *Psychological treatments for epilepsy.* Cochrane Database of Systematic Reviews 2008, Issue 3. Art. No.: CD002029. DOI: 10.1002/14651858.CD002029.pub3.

Roberts, N. P., Kitchiner, N. J., Kenardy, J., & Bisson, J. I. (2010). *Early psychological interventions to treat acute traumatic stress symptoms.* Cochrane Database of Systematic Reviews 2010, Issue 3. Art. No.: CD007944. DOI: 10.1002/14651858. CD007944.pub2.

Sánchez-Meca, J. & Botella, J. (2010). Revisiones sistemáticas y meta-análisis: herramientas para la práctica professional. *Papeles del Psicólogo, 3,* 7-17.

Smedslund, G., Dalsbø, T. K., Steiro, A., Winsvold, A., & Clench-Aas, J. (2010). *Cognitive behavioural therapy for men who physically abuse their female partner.* Cochrane Database of Systematic Reviews 2007, Issue 3. Art. No.: CD006048. DOI: 10.1002/14651858.CD006048.pub2.

Soo, C. & Tate, R. L. (2007). *Psychological treatment for anxiety in people with traumatic brain injury.* Cochrane Database of Systematic Reviews 2007, Issue 3. Art. No.: CD005239. DOI: 10.1002/14651858.CD005239.pub2.

Thomson, A. & Page, L. (2007). *Psychotherapies for hypochondriasis.* Cochrane Database of Systematic Reviews 2007, Issue 4. Art. No.: CD006520. DOI: 10.1002/14651858.CD006520.pub2.

Vernooij-Dassen, M., Draskovic, I., McCleery, J., & Downs, M. (2011). *Cognitive reframing for carers of people with dementia.* Cochrane Database of Systematic Reviews 2011, Issue 11. Art. No.: CD005318. DOI: 10.1002/14651858.CD005318. pub2.

Yorke, J., Fleming, S. L., & Shuldham, C. (2006). *Psychological interventions for adults with asthma.* Cochrane Database of Systematic Reviews 2006, Issue 1. Art. No.: CD002982. DOI: 10.1002/14651858.CD002982.pub3.

White, C. A. (2001). *Cognitive Behaviour Therapy for chronic medical problems. A guide to assessment and treatment in practice.* New York: John Wiley & Sons.

Wilson, K., Mottram, P. G., & Vassilas, C. (2008). *Psychotherapeutic treatments for older depressed people.* Cochrane Database of Systematic Reviews 2008, Issue 1. Art. No.: CD004853. DOI: 10.1002/14651858.CD004853.pub2.

Autores:

Maria Cristina Miyazaki – Doutora pela USP. Pós-doutora pela Universidade de Londres. Livre-docente pela Faculdade de Medicina de São José do Rio Preto (FAMERP). Professora adjunta do Departamento de Psiquiatria e Psicologia da FAMERP.

Neide M. Domingos – Doutora e Pós-doutora pela PUCCAMP. Professora adjunta do Departamento de Psiquiatria e Psicologia da FAMERP.

Nelson I. Valerio – Doutor pela PUCCAMP. Professor adjunto do Departamento de Psiquiatria e Psicologia da FAMERP.

Randolfo dos Santos Jr. – Chefe do Serviço de Psicologia do Hospital de Base. Doutorando em Ciências da Saúde pela FAMERP.

CAPÍTULO 26

A Terapia Cognitivo-Comportamental na psicologia da saúde[1]

Raquel Ayres de Almeida
Lucia Emmanoel Novaes Malagris

[1] Apoio CAPES.

26.1   Introdução

Uma área em crescente desenvolvimento na psicologia é a Psicologia da Saúde, e tal avanço se deve a diversas abordagens clínicas. Dentre essas abordagens, a contribuição da Terapia Cognitivo-Comportamental (TCC) tem se revelado importante, na medida em que colabora para o tratamento de diversas patologias, principalmente as associadas ao estilo de vida, além de auxiliar na prevenção da doença, na manutenção da saúde e na reabilitação (Costa, Siqueira & Hayasida, 2008). A aplicabilidade da TCC nesse campo tem sido demonstrada através de pesquisas que analisam a influência dos processos cognitivos nos comportamentos de saúde e doença dos indivíduos (Pereira & Penido, 2010).

26.2   Aplicabilidade da Terapia Cognitivo-Comportamental na Psicologia da Saúde

A Psicologia da Saúde é a área da Psicologia que estuda o comportamento humano no contexto da saúde e da doença, buscando compreender o papel das variáveis psicológicas na manutenção da saúde, no desenvolvimento de doenças e nos comportamentos associados à doença. A atuação do psicólogo, nesse campo, pode ser centrada na promoção da saúde e prevenção de doença, nos serviços clínicos a indivíduos saudáveis ou doentes e em pesquisa e ensino. A maioria dos profissionais atua em hospitais, clínicas e departamentos acadêmicos de faculdades e universidades (Almeida & Malagris, 2011).

A TCC na área da saúde tem se difundido cada vez mais. Isso se deve ao fato de que, da mesma forma que comportamentos desadaptativos e crenças disfuncionais podem tornar o indivíduo vulnerável ao desenvolvimento de transtornos emocionais, também podem torná-lo vulnerável ao desenvolvimento de doenças físicas. Essas doenças podem ter, em sua origem, comportamentos de risco desenvolvidos e mantidos por consequências reforçadoras. A compreensão do processo de desenvolvimento e manutenção da doença através dos princípios comportamentais e cognitivos oferece a possibilidade de um atendimento que leve em consideração características pessoais do indivíduo, contribuindo para uma visão mais ampla da situação que se apresenta (Costa *et al.*, 2008).

Crenças disfuncionais – que podem estar relacionadas à doença, ao profissional de saúde, ao tratamento, à instituição de saúde e/ou a si mesmo –, interferem no processo saúde-doença, na adesão ao tratamento médico e na mudança de comportamentos de risco e estilo de vida (Costa *et al.*, 2008).

Pereira e Penido (2010) afirmam que a forma como o paciente interpreta sua doença, seus sintomas, seu tratamento e seu prognóstico tem influência em seus sentimentos e na reação comportamental. Registram, ainda, que essas interpretações poderão facilitar ou dificultar a adesão ao tratamento, e que as variáveis cognitivas podem agir no sentido de promover a modificação de comportamentos, estimulando a adoção de padrões de enfrentamento mais adaptativos. Dessa forma, para as autoras, o psicólogo cognitivo-comportamental deve "identificar as interpretações do paciente acerca do seu processo saúde-doença para iniciar um trabalho de reestruturação de pensamentos disfuncionais, adotando interpretações que tenham base em evidências existentes na realidade ao invés da consideração de premissas irracionais" (p. 197).

Capitão e Baptista (2010) relatam que atualmente muitas clínicas têm buscado modificar em seus pacientes os pensamentos, as crenças, os sentimentos e as atitudes a respeito da saúde. Segundo os autores, essa modificação exige um referencial teórico específico com manejo adequado e as abordagens cognitiva e cognitivo-comportamental se encontram instrumentadas, em termos de desenvolvimento de estratégias e pesquisas em eficácia, para trabalhar – por intermédio da estruturação cognitiva – estratégias de enfrentamento do estresse e de diminuição de hábitos e comportamentos de risco.

O crescente interesse no estudo sobre a utilização da TCC em pacientes com doenças físicas levou a um aumento na busca por pesquisas que demonstrem a eficácia dessa abordagem na área da saúde. Pesquisas têm sido realizadas, por exemplo, com pacientes que apresentam dor crônica, percebida com maior ou menor intensidade devido a uma série de fatores, como cognitivos e perceptivos, fatores emocionais, fatores comportamentais e interpessoais (Angelotti, 2001; Angelotti & Fortes, 2007). Pesquisas também têm sido realizadas sobre o processo de enfrentamento em indivíduos com câncer e doenças crônicas, que varia de acordo com as experiências psicológicas, os obstáculos cognitivos e os fatores comportamentais (Moorey & Greer, 2002; Silva, 2005; White, 2001; Vilela, 2008; Anderson, Golden-Kreutz, Emery & Thiel, 2009; Domingos & Lipp, 2006; Rudnick, Malagris & Brasil, 2009; Malagris & Lipp, 2009).

Estudos recentes também demonstram a relação entre doenças e disfunções físicas e o estresse. São descritas as implicações clínicas do estresse exagerado nas doenças cardiovasculares (Moreno Jr., Melo & Rocha, 2010), nas doenças respiratórias (Teixeira, 2010), nas doenças dermatológicas (Steiner & Perfeito, 2010), nas doenças bucais (Moraes, 2010), nas doenças gástricas (Magalhães & Brasio, 2010), na síndrome metabólica (Malagris, 2010), entre outras. O Treino de Controle do Estresse de Lipp, um protocolo de tratamento de estresse de base cognitivo-comportamental, tem sua eficácia comprovada no tratamento de algumas doenças clínicas, como a síndrome metabólica e a hipertensão arterial (Lipp, 2010; Lipp & Malagris, 2001; Malagris *et al.*, 2009; Malagris, 2010).

De acordo com Mostofsky e Barlow (2000), há um reconhecimento de que a doença pode ser representada por elementos biológicos e orgânicos; por elementos comportamentais, emocionais e cognitivos; e por elementos que são predominantemente interpessoais e psicossociais. Em algumas condições de doença, um ou mais desses elementos podem estar ausentes ou então podem interagir fortemente uns com outros. A dinâmica psicológica pode ser introduzida ao caráter de uma síndrome médica para complementar o entendimento dos fatores etiológicos, das manifestações de sintomas e do sucesso terapêutico.

Os autores relatam que os transtornos de ansiedade e estresse são altamente prevalentes em ambientes médicos e costumam não ser reconhecidos em pelo menos 50% dos casos. Ainda segundo os autores, o estresse e a ansiedade podem complicar muito a presença de problemas de saúde, levando a exacerbação de sintomas e, em alguns casos, até ao início dos distúrbios físicos (Mostofsky & Barlow, 2000).

Além da ansiedade e do estresse, estudos demonstram que a incidência da depressão em populações clínicas é significativamente maior do que na população em geral, em torno de 5% a 10% em pacientes ambulatoriais e 9% a 16% em pacientes internados, contra 3% a 5% na população em geral. E quando esse distúrbio é diagnosticado, apenas 35% dos doentes são tratados adequadamente (Teng, Humes & Demetrio, 2005).

Sobre esse aspecto, vale ressaltar que a presença da depressão piora diversos fatores relacionados à saúde: por exemplo, é responsável por maior mortalidade em pacientes idosos, por maior risco de não adesão às recomendações médicas, pelo aumento da percepção de sintomas físicos inexplicáveis e pelo aumento de dias de incapacitação. As doenças mais claramente associadas à depressão são as cardiovasculares, as endocrinológicas, as neurológicas, as renais, as oncológicas e as síndromes dolorosas crônicas (Teng *et al.*, 2005).

A TCC tem se mostrado útil para reduzir a depressão, a ansiedade e o estresse relacionados à doença, além de produzir melhora na qualidade de vida e potencialização dos resultados do tratamento (Dekker, 2008; Rieu, Bui, Birmes & Schmitt, 2010; Malagris, 2010). Além disso, tem-se reconhecido essa abordagem como uma ferramenta que permite aos médicos auxiliar os pacientes a lidar com sua doença e a se manterem motivados para aderir ao tratamento e mudar o estilo de vida (Sardinha *et al.*, 2005).

A ocorrência de uma doença física representa um grande evento, por vezes catastrófico, que pode prejudicar as habilidades de enfrentamento do paciente, causando, assim, muitos desafios e ameaças psicológicas. A possibilidade de morte prematura e, por vezes, a progressiva debilidade física e cognitiva, desafia pressupostos essenciais de que o mundo é justo e de que as pessoas têm controle sobre as coisas ruins que lhe acontecem. Sintomas recorrentes ou crônicos, por vezes acompanhados de dor, podem reduzir drasticamente o funcionamento físico, social e profissional. Os desdobramentos dos papéis da vida do paciente são frequentemente interrompidos, ameaçando a noção de identidade e dignidade pessoal derivadas dessas funções e da própria integridade física. Essas mudanças podem afetar os relacionamentos sociais, causando isolamento num momento em que os indivíduos estão em grande necessidade de apoio e suporte de outras pessoas (Mostofsky & Barlow, 2000).

As doenças crônicas, em função das dificuldades encontradas na adesão ao tratamento em longo prazo, na mudança do estilo de vida e no estresse relacionado à doença, constituem um desafio para médicos e pacientes. O diagnóstico de uma doença crônica afeta todos os aspectos da vida de uma pessoa: mudanças físicas, mudanças nas atividades da vida diária, sociais, familiares e profissionais, que podem ser permanentes ou não. A doença crônica é considerada um evento estressor de alta intensidade e a capacidade de adaptação depende de vários fatores, como idade, tipos de doença, grau de ameaça, formas de enfrentamento anteriores, suporte social, presença ou não de problemas psiquiátricos e prognóstico da doença (Sardinha *et al.*, 2005; Domingos & Lipp, 2006).

Os principais problemas psicológicos em pacientes com doenças crônicas, segundo Sage, Sowden, Chorlton e Edeleanu (2008), são: dificuldades de adaptação, alteração na imagem corporal, raiva, evitação, negação, fadiga, medo do futuro, inatividade, indecisão, pensamentos intrusivos e angustiantes, falta de motivação, perda de prazer, mau humor, baixa autoestima, perspectiva negativa, dor, ataques de pânico, tensão física, falta de concentração, dificuldades na resolução de problemas, comportamentos de segurança (estratégias de evitação de ansiedade e de medo), dificuldades para dormir e preocupação.

Segundo White (2001), pacientes com doenças crônicas geralmente manifestam problemas psicológicos, complicando a gestão dos problemas médicos. O terapeuta cognitivo-comportamental deve adequar as avaliações comportamentais, as formulações e os planos de tratamento de uma forma que leve em consideração as variáveis biológicas, psicológicas e físicas.

Admite-se que há uma grande variação no impacto subjetivo de condições médicas. Dois pacientes podem ter o mesmo grau de doença ou dano físico e apresentar diferentes respostas psicológicas à doença física. A variação nas formas como os pacientes percebem e respondem à doença pode ser avaliada de acordo com o Modelo de Autorregulação de Leventhal (White, 2001), que enfatiza a importância da representação da doença para o paciente. Dessa forma, a representação da doença pode explicar as variações nas reações emocionais aos sintomas e os comportamentos de autocuidado. É mais provável que pacientes com opiniões negativas sobre a doença fiquem deprimidos; já pacientes que enxergam sua doença como mais grave, crônica e incontrolável tendem a ser mais passivos, com pior funcionamento social e mais vulnerabilidade a apresentar problemas de saúde mental. Os componentes cognitivos, como crenças e pensamentos, interferem nas respostas psicológicas à doença (White, 2001).

Tem sido sugerido que os terapeutas devem compreender a estrutura cognitiva de interpretação do paciente, a partir da qual derivam o significado para suas experiências. As representações cognitivas dos pacientes são fundamentais para entender os tipos de significados atribuídos pelos pacientes a suas experiências de doença (White, 2001).

Diante desses dados, White (2001) afirma que não há problema psicológico ou físico que não pode, potencialmente, ser assistido pela abordagem cognitivo-comportamental. A TCC pode ser aplicada na avaliação e no tratamento de quase todos os problemas médicos crônicos, e há uma série de fatores que tornam a TCC particularmente adequada para abordar os fatores psicológicos associados a problemas de saúde.

A importância da adoção de uma abordagem de autogestão, a necessidade de estabelecer relações de colaboração entre os pacientes e a equipe de saúde, e o papel ativo do paciente necessário para a gestão da sua doença condizem com os princípios fundamentais da TCC. A natureza colaborativa da relação entre paciente e terapeuta e a ênfase na construção de um repertório de habilidades para a gestão de problemas psicológicos são particularmente relevantes para a TCC, assim como nos tratamentos médicos (White, 2001).

Segundo o autor, problemas crônicos de saúde são frequentemente associados a tipos de problemas psicológicos para os quais a TCC tem eficácia comprovada, é o tratamento de escolha e/ou tem um papel bem definido na sua gestão.

Newton e Doron (2000) afirmam que os princípios cognitivo-comportamentais têm um papel proeminente na modificação de comportamentos de saúde e na gestão das reações ao estresse diante de procedimentos médicos como a quimioterapia ou a cirurgia. As intervenções cognitivo-comportamentais podem, ainda, ser utilizadas para gerenciar as reações emocionais que acompanham as síndromes e as doenças físicas.

A TCC utiliza métodos destinados a alterar a cognição, um componente fundamental para definir a forma como as pessoas avaliam as informações relevantes para o bem-estar. Além disso, a cognição é essencial para a formulação das representações mentais da doença e de si mesmo. Essas representações emocionais são extremamente importantes nos esforços para dar sentido às mudanças e perdas corporais que, com frequencia, acompanham a doença física (Newton & Doron, 2000).

Nas intervenções cognitivo-comportamentais para problemas médicos, os métodos destinados a facilitar a mudança cognitiva, por vezes, constituem o principal foco do tratamento, contudo, frequentemente, eles são parte dos tratamentos que incluem métodos adicionais, como a instrução de relaxamento, o treinamento em comunicação e o relacionamento interpessoal (Newton & Doron, 2000).

De acordo com Neves Neto (2002), estudos atuais descrevem a eficácia da TCC para o tratamento de condições médicas gerais e sintomas psicofisiológicos, tendo seu impacto avaliado com relação ao controle ou ao desaparecimento dos sintomas psicológicos, como ansiedade e depressão, mudança de cognições disfuncionais relacionadas ao processo saúde-doença, aumento do *status* de qualidade de vida, redução no consumo de drogas psicotrópicas, aumento na adesão ao tratamento de saúde, mudança no estilo de vida, redução do período de internação e diminuição do aparecimento de comorbidades.

A prática da TCC na área da saúde pode ser aplicada em instituições de saúde de diferentes níveis, como hospital, unidade básica de saúde, posto de saúde, clínica privada, comunidade, entre outros, com suas estratégias sendo adaptadas de acordo com o contexto e suas especificidades (Neves Neto, 2002).

26.3 Utilização da Terapia Cognitivo-Comportamental em hospitais

Considerando a vivência da hospitalização como desencadeadora de sentimentos como medo, apreensão, impotência, dúvidas e incerteza quanto ao futuro – o que pode levar à ansiedade e à depressão – esse pode ser considerado um momento de crise na vida do paciente e de sua família. A forma de adaptação ao ambiente hospitalar vai depender de vários fatores, como idade, tipo de problema de saúde, estilo cognitivo e estratégias de enfrentamento (Mazutti & Kitayama, 2008; Domingos & Witter, 2006).

Em ambientes médicos, as crises existem de maneira contínua, já que a maioria das pessoas não está preparada para o início súbito ou insidioso de uma doença ou para o processo de hospitalização (DiTomasso, Martin & Kovnat, 2004). Diante desses aspectos, Mazutti e Kitayama (2008) afirmam que as estratégias e as técnicas a serem utilizadas devem ser as mesmas utilizadas nas intervenções em situações de crise.

Uma crise pode ser descrita como um estado temporário de perturbação e desorganização, caracterizado principalmente pela incapacidade do indivíduo de enfrentar e solucionar problemas. Em geral, a intervenção na crise busca a resolução psicológica de uma crise imediata na vida do indivíduo e seu retorno ao nível de funcionamento existente antes do período da crise (Freeman & Dattilio, 2004).

DiTomasso, Martin e Kovnat (2004) afirmam que os fatores cognitivos, comportamentais e físicos contribuem para o surgimento de uma crise em resposta a um evento estressante. Dentre esses fatores cognitivos se encontram as crenças, as atitudes e as suposições irrealistas, bem como as distorções cognitivas, as recordações. as percepções tendenciosas e a falta de informação. Já com relação aos fatores comportamentais, pode-se citar a falta de estratégia de enfrentamento e a incapacidade de pedir ajuda. Por fim, a condição física debilitada do paciente propicia a vivência de um processo regressivo do ponto de vista psicológico, que tanto pode favorecer a aceitação de cuidados como pode baixar a tolerância para lidar com os acontecimentos, prejudicando o tratamento e a evolução clinicado quadro clínico.

Segundo Freeman e Dattilio (2004), o tratamento de escolha em situações de crise deve ser uma terapia de curto prazo e de tempo limitado. A natureza ativa, diretiva, orientada com base em metas terapêuticas, estruturada, colaborativa e de resolução de problemas tornam a TCC o modelo de tratamento ideal para intervenção em situações de crise. Os objetivos imediatos das estratégias cognitivo-comportamentais de intervenção em crise são: avaliação da proximidade da situação de crise, avaliação do repertório de técnicas de enfrentamento do indivíduo para lidar com a crise e a produção de opções de pensamento, percepção e comportamento (Freeman & Dattilio, 2004).

O caráter imediatista da TCC, de resolver os problemas no aqui e agora, a torna um instrumental importante no campo hospitalar, visando a fortalecer a pessoa de imediato, para que ela seja capaz de enfrentar sua realidade, de modificar sua percepção e seu contato com o mundo, com os outros e consigo mesmo (Barros, 1999).

Para Barros (1999), uma vez diagnosticada a dificuldade de a pessoa hospitalizada em lidar com a situação de crise, além da dificuldade na resolução de problemas decorrentes dessa situação, a TCC é empreendida, de modo a identificar os problemas do paciente e levá-lo a identificar possíveis soluções alternativas para enfrentar a realidade. Avalia-se, então, a relação custo-benefício das soluções encontradas, verificando a aceitação da solução por parte do participante e, por fim, analisa-se a eficácia da solução.

De acordo com DiTomasso *et al.* (2004), os princípios que devem nortear o tratamento cognitivo-comportamental para o paciente em crise são: criar uma aliança de trabalho; dar um foco colaborativo às sessões; enfatizar fatores de relacionamento como empatia, respeito e autenticidade; explorar o sofrimento do paciente; identificar, discutir e analisar o evento que desencadeou a crise; eliciar a percepção negativa que o paciente tem do evento; identificar aspectos mais perturbadores da situação-problema; explorar a história do paciente; examinar o paciente quanto a sua tendência suicida; enfatizar as forças do paciente; estabelecer mutuamente objetivos realistas; estimular o entendimento do paciente de uma perspectiva cognitivo-comportamental; ajudar o paciente a examinar cognições disfuncionais; avaliar as estratégias de enfrentamento disponíveis; ajudar o paciente a compreender o problema de forma realista; identificar obstáculos à implementação de estratégias de resolução de problemas; empregar uma abordagem gradativa na realização das tarefas; usar o treinamento ou ensaio comportamental; inocular o paciente contra fatores negativos; prescrever tarefas de casa; aliviar a incerteza do paciente; ajudar o paciente a gerenciar afeto negativo; considerar a utilização de apoio de pares; reforçar as realizações e monitorar cuidadosamente os sintomas.

Pereira e Penido (2010) ressaltam a importância de o psicólogo ter um amplo domínio dos aspectos teóricos da TCC para entender como e quando aplicar as técnicas elencadas nesse conjunto de procedimentos e listam cinco vantagens da utilização da Terapia Cognitiva com pacientes hospitalizados. São elas:

> (1) o fato de ser uma abordagem diretiva, estruturada e focada no aqui-agora, faz com que se torne adequada ao *setting* hospitalar; (2) a atitude empática, adotada como um de seus elementos fundamentais, favorece o suporte emocional ao paciente; (3) a adoção de uma linguagem clara e objetiva e a técnica da psicoeducação auxiliam a diminuir a ansiedade e a melhorar a comunicação entre paciente, equipe e família; (4) o uso de técnicas específicas para manejo da dor, ansiedade e depressão ajuda a preparação do paciente para o pré e pós-operatório; e (5) a identificação e correção de crenças disfuncionais do indivíduo em relação a sua saúde/doença, que podem prejudicar sua recuperação, contribui para uma boa adesão ao tratamento (p. 196).

Pereira *et al.* (2008) afirmam que o psicólogo no hospital deve ocupar-se dos processos psicológicos do paciente hospitalizado, que intervêm direta ou indiretamente nas ações necessárias a um desenvolvimento saudável e na vivência das situações de doença e tratamento. Deve também facilitar a adaptação do paciente e da família às situações de hospitalização, aos tratamentos aversivos, à interrupção as vida cotidiana, à adesão ativa aos tratamentos e às prescrições médicas, bem como colaborar para o desenvolvimento de atitudes educativas que promovam de um estilo de vida saudável e de atitudes preventivas adequadas aos problemas do pacienteAlém disso, deve-se utilizar a estratégia da psicoeducação para esclarecer dúvidas relacionadas ao processo de hospitalização e aos medos que envolvam os procedimentos médicos, e avaliar o impacto gerado por esses sentimentos.

A duração e a frequência das sessões no hospital devem ser adaptadas, sendo, em geral, mais curtas e frequentes e as tarefas devem estar relacionadas ao meio e aos estressores locais identificados e trabalhados (Neto, Yacubian, Scalco & Gonçalves, 2001).

26.4 Conclusão

Estudos recentes descrevem a eficácia da abordagem cognitivo-comportamental para o tratamento de condições médicas gerais, tornando-a um instrumento importante na prática da Psicologia da Saúde. À medida que utiliza métodos destinados a alterar da cognição, a TCC colabora para a reformulação das representações mentais da doença física, das mudanças e das perdas corporais, além da mudança no estilo de vida. Além disso, pode colaborar para resgatar a singularidade do paciente, trabalhar suas emoções e crenças e também ajudá-lo a se adaptar à doença e aos procedimentos técnicos.

O referencial metodológico e prático da TCC permite que se utilizem várias técnicas, tanto individuais quanto em grupo. Suas estratégias podem envolver o trabalho de habilidades de relacionamento, estilo de vida, ajustamento social, redução do estresse, resolução de problemas, redução de sintomas psicológicos, mudança de cognições disfuncionais relacionadas ao processo saúde-doença, aumento do *status* da qualidade de vida e aumento da adesão ao tratamento de saúde.

A TCC pode, assim, ser aplicada na avaliação e no tratamento de quase todos os problemas médicos, além de poder ser aplicada em diferentes níveis de instituições de saúde.

26.5   Referências

Almeida, R. A. & Malagris, L. E. N. (2011). A prática da Psicologia da Saúde. *Rev. SBPH* [online], *14* (2), 183-202.

Anderson, B. L., Golden-Kreutz, D. M., Emery, C. E., & Thiel, D. L. (2009). Biobehavioral Intervention for Cancer Stress Conceptualization, Components, and Intervention Strategies. *Cognitive and Behavioral Practice* [online], *16* (3), 253-265.

Angelotti, G. (2001). Tratamento da dor crônica. In B. Rangé (Org.), *Psicoterapias cognitivo-comportamentais: um diálogo com a Psiquiatria* (pp. 535-545). Porto Alegre: Artmed.

Angelotti, G. & Fortes, M. (2007). Terapia cognitiva e comportamental no tratamento da dor crônica. In G. Angelotti (Org.), *Terapia Cognitivo-Comportamental no tratamento da dor* (pp. 33-54). São Paulo: Casa do Psicólogo.

Barros, T. M. (1999). Psicologia e saúde: intervenção em hospital geral. *Aletheia* [online], *10*, 115-120.

Capitão, C. G. & Baptista, M. N. (2010). Avaliação psicológica da saúde: um campo em construção. In M. N. Baptista & F. R. Dias. *Psicologia hospitalar: teoria, aplicações e casos clínicos.* 2 ed. Rio de Janeiro: Guanabara Koogan.

Costa, P. T. O., Siqueira, G. S. F., & Hayasida, N. M. A. (2008).Terapia Cognitivo-Comportamental e Psicologia da Saúde. *Dialógica* [online], *1* (4), http://dialogica.ufam.edu.br/PDF/no4/PSICOLOGIA/TERAPIA%20COGNITIVO-COMPORTAMENTAL%20E%20PSICOLOGIA%20DA%20SA%C3%9ADE.pdf.

Dekker, R. L. (2008). Cognitive behavioral therapy for depression in patients with heart failure: a critical review. *Nurs. Clin. North Am.* [online], *43* (1), 155-170.

DiTomasso, R. A., Martin, D. M., & Kovnat, K. D. (2004). Pacientes médicos em crise. In F. M. Dattilio, A. Freeman *et al.* (Org.),. *Estratégias cognitivo-comportamentais de intervenção em situações de crise,* (pp. 335-359). Porto Alegre: Artmed.

Domingos, N. A. M. & Lipp, M. E. N. (2006). *Stress* em pacientes candidatos a transplante de fígado. In M. C. O. S. Miyazaki, N. A. M. Domingos, & N. I. Valério (Org.), *Psicologia da saúde: pesquisa e prática* (pp. 297-314). São José do Rio Preto: THS/Arantes Editora.

Domingos, N. A. M., & Witter, G. P. (2006). Preparo para cirurgia: teste de programas para redução de ansiedade de crianças e mães. In M. C. O. S. Miyazaki, N. A. M. Domingos, & N. I. Valério (Org.), *Psicologia da saúde: pesquisa e prática,* (pp. 27-45). São José do Rio Preto: THS/Arantes Editora.

Freeman, A. & Dattilio, F. M. (2004). Introdução. In F. M. Dattilio & A. Freeman (Org.), *Estratégias cognitivo-comportamentais de intervenção em situações de crise* (pp. 19-36). 2 ed. Porto Alegre: Artmed.

Lipp, M. E. N. (2010). O tratamento psicológico do *stress.* In M. Lipp (Ed.), *Mecanismos neuropsicofisiológicos do stress: teoria e aplicações clínicas* (pp. 187-192). 3 ed. São Paulo: Casa do Psicólogo.

Lipp, M. E. N. & Malagris, L. E. N. (2001). O *stress* emocional e seu tratamento. In B. Rangé (Org.), *Psicoterapias cognitivo-comportamentais: um diálogo com a Psiquiatria* (pp. 475-490). Porto Alegre: Artmed.

Magalhães, A. F. N. & Brasio, K. M. (2010). A relação entre *stress* e doenças gástricas. In M. Lipp (Ed.), *Mecanismos neuropsicofisiológicos do* stress*: teoria e aplicações clínicas* (pp. 139-142). 3 ed. São Paulo: Casa do Psicólogo.

Malagris, L. M. N., Brunini, T. M. C., Moss, M. B., Silva, P. J. A., Esposito, B. R., & Ribeiro, A. C. M. (2009). Evidências biológicas do treino de controle do *stress* em pacientes com hipertensão. *Psicologia: Reflexão e Crítica* [online], *22*, 1, 1-9.

Malagris, L. E. & Lipp, M. E. N. (2009). A adesão ao tratamento em pacientes com Síndrome Metabólica por meio do treino de controle do *stress*. In 8ª Semana Científica do Hospital Escola São Francisco de Assis – HESFA – UFRJ, Ric de Janeiro. *Anais da 8ª Semana Científica do Hospital Escola São Francisco de Assis,* HESFA/UFRJ, *1*, 14-16.

Malagris, L. E. N. (2010). *Redução de fatores de risco envolvidos na Síndrome Metabólica em mulheres por meio do treino de controle do* stress. Relatório de Pesquisa de Pós-Doutorad, não publicado. Programa de Pós-Graduação de Psicologia. Campinas: Pontifícia Universidade Católica de Campinas.

Mazutti, S. R. G. & Kitayama, M. M. G. (2008). Psicologia hospitalar: um enfoque em terapia cognitiva. *Rev. SBPH* [online], *11* (2), 111-125.

Miyazaki, M. C. O. S.; Domingos, N. M.; Caballo, V. E., & Valerio, N. I. (2011). Psicologia da saúde: intervenções em hospitais públicos. In B. Rangé (Org.), *Psicoterapias cognitivo-comportamentais: um diálogo com a Psiquiatria,* (pp. 568-580). 2 ed. Porto Alegre: Artmed.

Moorey, S. & Greer, S. (2002). *Cognitive behavior therapy for people with cancer.* New York: Oxford University Press.

Moraes, A. B. A. (2010). O *stress* e as doenças bucais. In: M. Lipp (Ed.), *Mecanismos neuropsicofisiológicos do* stress*: teoria e aplicações clínicas* (pp. 115-120). 3 ed. São Paulo: Casa do Psicólogo.

Moreno Jr., H., Melo, S. E. S. F. C., & Rocha, J. C. (2010). *Stress* e doenças cardiovasculares. In: M. Lipp (Ed.), *Mecanismos neuropsicofisiológicos do* stress*: teoria e aplicações clínicas* (pp. 99-105). 3 ed. São Paulo: Casa do Psicólogo.

Mostofsky, D. & Barlow, D. (2000). Preface. In D. Mostofsky, D. Barlow *et al.* (Org.), *The management of stress and anxiety in medical disorders* (pp. vi-vii). Needham Heights, MA: Allyn & Bacon.

Neto, F. L., Yacubian, J., Scalco, A. Z., & Gonçales, L. (2001). Terapia comportamental cognitiva dos transtornos afetivos. In B. Rangé (Org.), *Psicoterapias cognitivo-comportamentais: um diálogo com a Psiquiatria* (pp. 275-286). Porto Alegre: Artmed.

Neves Neto, A. R. (2002). Terapia Cognitivo-Comportamental na Psicologia da Saúde. In H. J. Guilhardi (Org.), *Sobre comportamento e cognição* (pp. 29-36). Vol. 10. Santo André, SP: Esetec.

Newton, T. L. & Doron, S. E. (2000). Cognitive-behavioral processes in managing the stress and anxiety of medical illness. In D. Mostofsky, D. Barlow *et al.* (Org.), *The management of stress and anxiety in medical disorders* (pp. 84-99). Needham Heights, MA: Allyn & Bacon.

Pereira, A., Costa, A. L., Costa, M. C., Sena, L. C., Branco, H. B. M. R., & Hayasida, N. M. A. (2008). Implementação dos serviços de Psicologia na clínica cirúrgica cardíaca, no hospital universitário Dona Francisca Mendes. *Revista Dialógica* [online], *1* (4), http://dialogica.ufam.edu.br/PDF/no4/PSICOLOGIA/IMPLEMENTA%C3%87%C3%83O%20DOS%20SERVI%C3%87OS%20DE%20PSICOLOGIA%20NA%20CL%C3%8DNICA%20CIR%C3%9ARGICA%20CARD%C3%8DACA.pdf.

Pereira, F. M. & Penido, M. A. (2010). Aplicabilidade teórico-prática da Terapia Cognitivo-Comportamental na Psicologia hospitalar. *Revista Brasileira de Terapias Cognitivas* [online], *6* (2), 189-220.

Rieu, J., Bui, E., Birmes, P., & Schmitt, L. (2010). Efficacy of ultra-brief cognitive-behavioural therapy in depressed inpatients. *European Psychiatry* [online], *25*, Supl. 1, 1072.

Rudnick, T., Malagris, L. E., Brasil, F.P.S. (2009). Adesão e tratamento em enfermidades crônicas: pesquisa e intervenção. *Anais do VII Congresso da Sociedade Brasileira de Psicologia Hospitalar.* VII Congresso da Sociedade Brasileira de Psicologia Hospitalar, Rio de Janeiro.

Sage, N., Sowden, M., Chorlton, E., Edeleanu, A. (2008). *CBT for Chronic Illness and Palliative Care: a workbook and toolkit.* England: John Wiley & Sons.

Sardinha, A. Oliva, A. D., D'Augustin, J., Ribeiro, F., Falcone, E. M. O. (2005). Intervenção cognitivo-comportamental com grupos para o abandono do cigarro. *Rev. Bras. Ter. Cogn.* [online], *1*, (1), 83-90.

Silva, G. (2005). *Processo de enfrentamento no período pós-tratamento do câncer de mama.* Dissertação de Mestrado não publicada. São Paulo: Universidade de São Paulo.

Steiner, D. & Perfeito, F. L. (2010). A relação entre *stress* e doenças dermatológicas. In M. Lipp (Ed.), *Mecanismos neuropsicofisiológicos do* stress*: teoria e aplicações clínicas* (pp. 111-114). 3 ed. São Paulo: Casa do Psicólogo.

Teixeira, N. A. (2010). *Stress* psicológico e asma. In: M. Lipp (Ed.), *Mecanismos neuropsicofisiológicos do* stress*: teoria e aplicações clínicas* (pp. 107-110). 3 ed. São Paulo: Casa do Psicólogo.

Teng, C. T., Humes, E. C., & Demetrio, F. N. (2005). Depressão e comorbidades clínicas. *Rev. Psiq. Clín.* [online], *32* (3), 149-159.

Vilela, J. C. (2008). *Efeitos de uma intervenção cognitivo-comportamental sobre fatores de risco e qualidade de vida em pacientes cardíacos.* Tese de Doutorado não publicada. São Paulo: Universidade de São Paulo.

White, C. A. (2001). *Cognitive behaviour therapy for chronic medical problems: a guide to assessment and treatment in practice.* London: John Wiley & Sons Ltd.

Autores:

Raquel Ayres de Almeida – Mestre e Doutoranda em Psicologia pelo Programa de Pós-Graduação em Psicologia da UFRJ. Contato: psi_raquel@yahoo.com.br

Lucia Emmanoel Novaes Malagris – Mestre em Psicologia e Doutora em Fisiopatologia Clínica e Experimental; Professora do Programa de Pós-Graduação em Psicologia da UFRJ. Contato: lucianovaes@terra.com.br

Contribuições da Terapia Cognitivo-Comportamental para o tratamento da somatização

Cristiane Figueiredo

27.1 Introdução

A somatização é um dos fenômenos mais complexos e intrigantes que os profissionais de saúde encontram em sua prática clínica. Consiste principalmente na apresentação de sintomas físicos para os quais não se encontram justificativas ou mecanismos orgânicos que respondam adequadamente por sua etiologia e/ou intensidade. Além da ausência ou insuficiência de dados clínicos que justifiquem tais sintomas, observa-se a presença de características psicológicas sugestivas de dificuldades emocionais, problemas psicossociais ou mesmo de transtornos psicopatológicos que parecem estar intrinsecamente relacionados às queixas apresentadas (Fortes & Baptista, 2004; Fortes, Botega & Brasil, 2002; Woolfolk & Allen, 2007).

Como fenômeno, a somatização parece ocorrer de forma universal, sendo encontrada nas mais variadas culturas desde tempos remotos. Já foi identificada por termos como histeria, hipocondria, neurastenia, distúrbio neurovegetativo e distúrbio funcional. Nas classificações nosológicas atuais – *CID-10* (OMS, 1993) e *DSM-IV-TR* (APA, 2002) – a caracterização da somatização tem sido associada ao grupo de síndromes dos transtornos somatoformes (Fortes *et al.*, 2002).

Woolfolk e Allen (2007) revelam que os primeiros registros sobre a histeria foram feitos pelos egípcios há mais de quatro mil anos e os casos típicos envolviam queixas de dor na ausência de qualquer injúria física ou doença no local da referida dor. O termo histeria, no entanto, vem do grego *hystera*, que designa o útero, órgão feminino relacionado à capacidade de reprodução e à sexualidade e foi proposto pelos gregos para nomear o processo patológico já observado no Egito e que se acreditava ser um problema relacionado ao útero que, em tese, estaria vagando pelo corpo provocando dor em diversas regiões. Esse modelo revelava um dado importante sobre a somatização: ela afeta majoritariamente as mulheres, sendo algo ligado ao organismo feminino, ainda que não exclusivamente (Ávila & Terra, 2010; Luna, 2005; Thomas, 2012; Woolfolk & Allen, 2007).

Esse modelo vigorou sem muitas alterações até o século XVII, quando as primeiras relações com o sistema nervoso e as emoções foram finalmente aventadas. Naquele momento, surgiu a primeira teoria que contradizia a tese de que o útero seria o principal fator etiológico dos sintomas físicos sem explicação conhecida. Segundo essa nova perspectiva, a histeria seria resultante de problemas psicológicos e emocionais e poderia acometer também os homens, em uma versão mais característica do que se conhece como hipocondria (Woolfolk & Allen, 2007).

Dentre as fases mais recentes da compreensão desse fenômeno encontram-se o movimento psicossomático e a Psicanálise, que se caracterizaram por atribuir a traumas, motivos inconscientes e mecanismos de defesa o aparecimento de sintomas físicos sem motivação orgânica. A mudança conceitual e terapêutica a respeito da sintomatologia somática começou a ocorrer por volta da década de 1950 a partir dos estudos sobre os efeitos do estresse psicológico no organismo (Woolfolk & Allen, 2007). Enquanto a medicina psicossomática focalizava a investigação e o tratamento dos determinantes psicológicos das enfermidades médicas, as investigações epidemiológicas e psicofisiológicas apontavam para os efeitos inespecíficos do estresse sobre as causas e o curso clínico da doença (Luna, 2005).

O desenvolvimento de disciplinas como a psiconeuroimunologia e a medicina comportamental contribuiu para acrescentar novas evidências aos mais variados domínios da área de saúde. Evidenciaram-se, por exemplo, as complexas e intrincadas conexões existentes entre as variáveis psicológicas, comportamentais e somáticas que dão o caráter multidimensional da maioria das doenças atualmente reconhecidas pela medicina, tanto orgânicas quanto mentais (Woolfolk & Allen, 2007).

27.2 Somatização: aspectos conceituais

Estudos empíricos sugerem que não há uma teoria única capaz de fornecer uma compreensão adequada sobre a somatização (Kellner, 1990). Sabe-se que é um fenômeno determinado por múltiplos fatores e é extremamente complexo. Abrange uma grande variedade de queixas físicas e psicológicas e caracteriza-se por um padrão de resposta predominantemente somático – em vez de cognitivo – ao estresse e à excitação emocional relacionada a este. Os sintomas são relativos a qualquer parte do corpo e sugerem diversos tipos de doenças, podendo ser de caráter transitório ou persistente (Fortes & Baptista, 2004; Lipowski, 1988).

As manifestações de somatização podem variar desde uma forma de o sujeito se expressar em determinado contexto sociocultural, passando por sintomas fisiológicos dos transtornos de humor e de ansiedade, até a configuração de um transtorno somatoforme propriamente dito. Independentemente da intensidade da disfunção presente nesses quadros, compreende-se que indivíduos somatizadores têm tendência a vivenciar e a expressar sofrimento e/ou dificuldades emocionais através de queixas físicas para as quais buscam atendimento médico (Ford, 1983; Fortes & Baptista, 2004; Fortes *et al.*, 2002; Katon, Kleinman & Rosen, 1982; Lipowski, 1988; Luna, 2005).

Kirmayer e Robbins (1991) propõem uma classificação dos pacientes somatizadores conforme a cronicidade de seus sintomas, sugerindo abordagens diferentes de tratamento e de prognóstico. O primeiro tipo seriam os *somatizadores de apresentação*, que apresentam desconforto ou sofrimento emocional por meio de sintomas físicos. Normalmente são pacientes agudos, que mais facilmente reconhecem a relação com fatores psicossociais e aceitam a indicação de tratamento psicológico e/ou psiquiátrico; corresponde à maior parte dos pacientes de origem latino-americana com quadros de depressão e ansiedade e é, em grande parte, composto por mulheres (Gureje, Simon, Üstün & Goldberg, 1997).

O segundo grupo são os *somatizadores funcionais* também denominados verdadeiros ou crônicos. Eles negam persistentemente qualquer relação dos sintomas físicos com aspectos psicológicos ou sofrimento emocional e apresentam longo histórico de doenças e buscas por diversos tratamentos médicos. Englobam síndromes como a fibromialgia, as dores crônicas, o cólon irritável, as alergias, a fadiga crônica, entre outros. Por sua característica persistente, esses pacientes tendem a ficar vulneráveis a intervenções excessivas e à iatrogenia, que corresponde a sintomas, efeitos adversos e complicações causadas pelo próprio tratamento médico. Segundo Lazzaro e Ávila (2004), quando não reconhecidos e tratados de forma apropriada, esses pacientes correm o risco de se submeter a tratamentos pouco efetivos, frustrantes e de custo elevado. Como não encontram alívio para seu mal-estar, acabam convencidos de que seus sintomas são derivados de alguma doença grave e ainda não identificada, o que reforça o ciclo negativo de novas buscas por um tratamento eficaz.

Os *hipocondríacos* correspondem ao terceiro tipo de somatizadores, apesar de ser atualmente questionável se esse grupo de fato deve estar incluído nos transtornos somatoformes devido às peculiaridades psicopatológicas desse quadro. Na hipocondria ocorre desde uma ideação obsessiva, até mesmo um pensamento delirante, sobre ser portador de uma doença grave e letal que leva à interpretação exagerada e distorcida de sensações corporais normais (Fortes & Baptista, 2004).

Ainda que o diagnóstico preciso dos transtornos relativos à somatização seja dificultado por algumas imprecisões, a categoria *transtorno de somatização* foi introduzida na terceira edição do *Manual Diagnóstico e Estatístico dos Transtornos Mentais (DSM-III)* (APA, 1980) e revisada nas duas edições seguintes (*DSM-IV* e *DSM-IV-TR*) (APA, 1994; 2002). Atualmente, o transtorno de somatização é definido pela APA (2002) como "um transtorno polissintomático que se inicia antes dos trinta anos, estende-se por um período de anos e é caracterizado por uma combinação de dor, sintomas gastrointestinais, sexuais e pseudoneurológicos" (p. 469). As queixas somáticas devem ser clinicamente significativas, o que pode ser verificado pela busca de tratamento médico, pela utilização de medicação e por prejuízo importante para o funcionamento social, ocupacional e familiar.

Quando os sintomas físicos inexplicáveis existem por mais de seis meses, porém de forma menos abrangente que no transtorno de somatização, diagnostica-se o transtorno somatoforme indiferenciado. As queixas em geral são fadiga crônica, perda do apetite ou sintomas gastrointestinais ou ainda geniturinários que não podem ser integralmente explicados por alguma condição médica conhecida ou por uso de substâncias e cujo prejuízo excede o que seria esperado pelo histórico, exames clínicos e laboratoriais (APA, 2002). A neurastenia, síndrome caracterizada por fadiga e fraqueza, relatada em diversas culturas, foi incluída nessa categoria.

O diagnóstico diferencial com transtornos de humor e ansiedade é essencial. Uma vez que boa parte das doenças mentais apresenta sintomas físicos, a diferenciação entre elas será relevante para a abordagem terapêutica. Na depressão, por exemplo, é comum os pacientes relatarem queixas somáticas como insônia, fadiga, falta de apetite, perda de peso e dor inexplicável. No transtorno de somatização as queixas são recorrentes na maior parte da vida, independentemente do estado de humor, enquanto na depressão elas são circunscritas ao período de humor deprimido. Além disso, o paciente em depressão não se sente motivado a buscar tratamento médico para suas queixas físicas, enquanto o paciente somatizador certamente o fará (Fortes *et al.*, 2002; Woolfolk & Allen, 2007).

Em relação aos transtornos de ansiedade a distinção muitas vezes se torna mais desafiadora. No caso do transtorno de ansiedade generalizada, o paciente normalmente relata diversas queixas físicas, mas suas preocupações não se restringem aos sintomas orgânicos. Pacientes com transtorno de pânico também apresentam sintomas somáticos múltiplos para os quais tendem a procurar avaliação médica, mas esses sintomas se concentram durante os ataques de pânico (APA, 2002). Estes últimos podem eventualmente ser caracterizados como somatizadores de apresentação (Kirmayer & Robbins, 1991), que, diante de uma abordagem esclarecedora sobre a relação entre os sintomas físicos relatados e a ansiedade, aceitam o tratamento para o problema emocional.

Atualmente a somatização se configura em um relevante problema de saúde pública, uma vez que o paciente somatizador pode apresentar elevado grau de disfunção e incapacidade social, familiar e laboral. Também representa um custo significativo para o sistema de saúde, onde o paciente tende a buscar ajuda e alívio de modo insistente para seus sintomas (Lazzaro & Ávila, 2004; Woolfolk & Allen, 2007).

Estima-se que pacientes somatizadores chegam a ser responsáveis por 10% dos custos diretos com saúde e geram gastos médicos até nove vezes mais elevados que o paciente médio (Coelho & Ávila, 2007; Fortes *et al.*, 2002; Smith, Monson & Ray, 1986). Essas despesas decorrem, em geral, de exames laboratoriais dispendiosos e frequentemente desnecessários, de uso inadequado e abusivo de medicamentos, de submissão a procedimentos invasivos e de hospitalizações. Além disso, ocorre um prejuízo familiar e profissional, com deterioração das relações interpessoais e perdas materiais e financeiras (Bombana, Leite & Miranda, 2000; Fortes *et al.*, 2002).

Como o processo de somatização ainda permanece cercado de dúvidas etiológicas, dilemas diagnósticos e muitas controvérsias a respeito de seu tratamento, segue sendo um desafio para clínicos e pacientes no cotidiano das instituições de saúde (Boutros & Peters, 2011; Coelho & Ávila, 2007; Luna, 2005). O vínculo médico-paciente fica, normalmente, comprometido e a comunicação prejudicada tanto pelas expectativas do paciente – que não são atendidas – quanto pela falta de preparo do profissional para lidar efetivamente com a demanda do paciente (Bombana *et al.*, 2000). Fortes *et al.* (2002) enfatizam que a abordagem ao paciente somatizador deve levar em conta três aspectos relevantes:

1. os quadros sindrômicos mais frequentemente associados com a somatização são os transtornos do humor, de pânico e de ansiedade; 2. a falta de achados que configurem uma alteração orgânica *não* significa *ausência* de doença orgânica; 3. especialmente no hospital geral, a "somatização" implica cuidado redobrado no diagnóstico (p. 267, grifos dos autores).

Thomas (2012) enfatiza a importância de um diagnóstico correto e inclusivo, que possibilite uma intervenção bem-sucedida em relação aos sintomas de somatização ou que permita, pelo menos, a indicação de opções terapêuticas que possam beneficiar o paciente. Além de ajudar a aliviar o medo do desconhecido, a comunicação apropriada de um diagnóstico representa uma validação do profissional de que a doença ou a queixa do paciente é real e legítima, de que o médico respeita o paciente e leva a sério suas demandas. Desse modo, o que se propõe é que, em vez de desvalorizar os sintomas para os quais não se encontram agentes etiológicos orgânicos, seja oferecido ao paciente uma explicação sobre esse tipo de transtorno e quais são os tratamentos possíveis para aliviar seu sofrimento (Bombana *et al.*, 2000; Fortes *et al.*, 2002; Monzoni, Duncan, Grünewald & Reuber, 2011; Thomas, 2012).

27.3 Abordagem e manejo do paciente somatizador

Um dos pontos fundamentais ao se pensar no tratamento para os problemas de somatização refere-se à capacidade inicial de reconhecer o sofrimento a que esses pacientes estão submetidos. Tradicionalmente, o paciente somatizador procura um médico clínico para relatar seus sintomas e pedir ajuda. Ao não encontrar um substrato orgânico que justifique em causa ou em extensão a queixa do paciente, o profissional capacitado no modelo biomédico provavelmente se isentará de seu papel de agente de tratamento e recomendará ao paciente que se tranquilize ou que procure um profissional de saúde mental. Diante dessa situação, o paciente muito provavelmente se sentirá incompreendido e tenderá a não seguir nenhuma das recomendações daquele profissional, procurando outro profissional ou serviço de saúde. Esse costuma ser o ciclo típico do paciente somatizador em busca de alívio para seus sintomas (Fortes & Baptista, 2004; Fortes *et al.*, 2002; Lazzaro & Ávila, 2004).

Para romper com essa limitação da relação médico-paciente e possibilitar um manejo mais eficaz do paciente somatizador é preciso ampliar a concepção de saúde e doença com a qual o modelo biomédico tradicionalmente trabalha. Em muitos casos de somatização, uma adequada abordagem do paciente ainda na atenção primária, ou seja, na consulta médica inicial, pode ser suficiente para uma resposta de melhora e/ ou alívio de seus sintomas, sem a necessidade de encaminhamento para o profissional de saúde mental, seja psicólogo ou psiquiatra. Algumas orientações podem ser bastante úteis nesse sentido, como desenvolver uma escuta ativa, buscar realizar um diagnóstico precoce, ajudar o paciente a recodificar seus sintomas e então, se necessário, encaminhar para atendimento especializado (Fortes *et al.*, 2002).

Lipowski (1988) descreveu três componentes da somatização a partir dos quais se planejam intervenções terapêuticas específicas: experimental, cognitivo e comportamental. O componente experimental expressa aquilo que o indivíduo percebe com relação a seu corpo, seja dor ou qualquer outra manifestação incomum de desconforto. O cognitivo consiste na interpretação que a pessoa faz de suas percepções corporais e que significado atribui a elas, especialmente a partir de seus esquemas de crenças. O componente comportamental se refere às ações e ao padrão de comunicação verbal e não verbal que se seguem às atribuições cognitivas feitas sobre as sensações percebidas. A forma como cada um reage em relação à percepção de problemas em seu organismo vai determinar se desenvolverá ou não transtornos e problemas de saúde (Luna, 2005).

Com base nesses componentes são propostas as seguintes ações terapêuticas: técnicas para reduzir sensações somáticas desagradáveis, por exemplo, relaxamento, *biofeedback* (treinamento psicofisiológico de autorregulação para redução do estresse através de equipamentos eletrônicos) e farmacoterapia. Também são propostos reatribuição de significado para as sensações corporais, técnicas de distração para o componente cognitivo e em relação ao comportamental, técnicas para reduzir o uso excessivo de medicações e um acordo terapêutico de "guardar" os sintomas para as consultas programadas com o médico assistente em vez de buscar atendimento em serviços de emergência (Luna, 2005). Em função dessas considerações, é possível compreender o quanto uma abordagem cognitivo-comportamental pode auxiliar no tratamento da somatização.

27.4 Terapia Cognitivo-Comportamental

A Terapia Cognitivo-Comportamental vem sendo apontada como uma ferramenta importante no tratamento de pacientes somatizadores, principalmente pela ênfase na correção de distorções no modo de interpretar os sintomas físicos, pela utilização de técnicas de relaxamento, pela modificação do padrão comportamental de adesão ao papel de doente, pelo desenvolvimento de habilidades sociais e de solução de problemas (Fortes *et al.*, 2002; Litt, Shafer & Kreutzer, 2010; Nakao, Shinozaki, Nolido, Ahern & Barsky, 2012; Woolfolk & Allen, 2007).

A Terapia Cognitiva focaliza a modificação de padrões disfuncionais de pensamentos a respeito dos sintomas somáticos. Três estudos realizados com pacientes diagnosticados com síndrome do cólon irritável submetidos à psicoterapia cognitiva individual revelaram importante redução dos sintomas no grupo experimental quando comparados com os pacientes em lista de espera ou em grupo de suporte (Greene & Blanchard, 1994, Payne & Blanchard, 1994; Vollmer & Blanchard, 1998). Em outra pesquisa, Clark *et al.* (1998) verificaram que houve redução da ansiedade em relação à saúde característica da hipocondria em pacientes que passaram por Terapia Cognitiva.

Dentre os mecanismos que produzem sintomas físicos sem patologia orgânica subjacente estão aqueles relacionados à ativação e à desregulação do sistema nervoso autônomo. Com isso podem ocorrer contrações involuntárias da musculatura visceral, aumento da atividade neuroendócrina e hiperventilação (Clauw, 1995; Gardner & Bass, 1989). O uso de estratégias de relaxamento, como o *biofeedback*, o relaxamento muscular progressivo de Jacobson (1938) e a imaginação guiada, pode reduzir sensações de dor e desconforto provenientes da ativação psicofisiológica, promovendo alívio para o paciente (Woolfolk & Allen, 2007).

Indivíduos com múltiplas queixas somáticas tendem a adquirir ao longo da vida um padrão comportamental característico e a adotar uma postura aderida ao papel de doente (Parsons, 1951). Tal condição pode ser representada pela busca constante de atenção médica, pelo declínio de atividades e compromissos usuais e pelo medo de provocar o agravamento dos sintomas. Desse modo, esses indivíduos acumulam prejuízos pessoais, sociais e ocupacionais. O padrão de comportamentos disfuncionais nos quais os pacientes somatizadores normalmente se engajam foi denominado "comportamento anormal de doente" (Pilowsky, 1969).

Com o objetivo de reduzir a postura de doente desses pacientes, técnicas comportamentais voltadas para a extinção de determinados comportamentos e para a aprendizagem de atitudes mais saudáveis costumam apresentar resultados interessantes, como redução da intensidade da dor, do uso de medicação e da quantidade de visitas médicas (Thieme, Gromnica-Ihle & Flor, 2003). Estratégias como reforçar positivamente comportamentos saudáveis e o aumento da ativação comportamental diária são indicadas, especialmente porque esse aumento do nível de atividade tende a resultar em interações mais positivas com o ambiente, em experiências prazerosas e em aumento do senso de produtividade. De modo complementar, comportamentos verbais e não verbais de dor, reclamações e uso inadequado de medicação são identificados, nomeados e tratados de forma a não obterem reforço de nenhum tipo, visando, assim, à extinção desse padrão comportamental tão típico dos somatizadores.

Woolfolk e Allen (2007) propuseram um modelo de tratamento cognitivo-comportamental para pacientes com múltiplas queixas físicas inexplicáveis denominado *Terapia Cognitivo-Comportamental afetiva para somatização*. Essa proposta se baseia em uma concepção ampla da somatização como um *continuum* que abarca todos os transtornos presentes no *espectro somatoforme* sob quatro óticas interligadas: biológica, psicológica, comportamental e sociocultural. Os conceitos fundamentais dessa proposta terapêutica são apresentados a seguir.

27.4.1 Estresse

O primeiro aspecto relevado por esses autores no planejamento terapêutico para somatizadores é o papel desempenhado pela resposta psicofisiológica de estresse na formação de sintomas. As diversas alterações neuroendócrinas que ocorrem no organismo em função de um estresse prolongado podem responder pelas mais variadas e complexas manifestações disruptivas dos sistemas somáticos. Desse modo, é seguro concluir que o estresse contribui para o aparecimento de sintomas físicos inexplicáveis e, portanto, métodos de redução e controle de estresse psicossocial devem fazer parte de um programa terapêutico para tratar a somatização (Woolfolk & Allen, 2007).

27.4.2 Emoção

Nesse enfoque, as emoções são concebidas como processos cerebrais, conscientes ou inconscientes, que afetam o organismo do mesmo modo que a resposta fisiológica de estresse. O processamento emocional pode ocorrer – e certamente ocorre – na ausência de consciência. No caso de certas respostas emocionais de defesa, como o medo, estudos com animais comprovam essa teoria. Além disso, estudos preliminares sugerem que as emoções, tanto negativas quanto positivas, influenciam objetivamente o estado de saúde (Danner, Snowdon & Friesen, 2001; Greenwood, Thurston, Rumble, Waters & Keefe, 2003; Linton, 2000; O'Leary, 1990; Todaro, Shen, Niaura, Ward & Weiss, 2003).

Observa-se há muito tempo, por exemplo, que o sistema gastrointestinal parece ser especialmente vulnerável às emoções. No entanto, a elucidação dos mecanismos que justificam essa relação é recente (Evans, Bennett, Bak, Tennent & Kellow, 1996; Welgan, Meshkinpour & Beeler, 1988; Welgan, Meshkinpour & Hoehler, 1985). Em um estudo que trata da relação entre emoções específicas e respostas gastrointestinais, Mayer, Naliboff e Chang (2001) relataram que o medo está associado a uma inibição da parte superior do trato gastrointestinal (estômago e duodeno) e estimulação da parte inferior (cólon intestinal e reto) com aumento das contrações e secreções, o que estaria relacionado à dor abdominal e à diarreia. Já a raiva estaria relacionada a uma ativação da parte superior, com aumento da secreção gástrica e das contrações, podendo gerar sintomas como azia e gastrite. Assim, diferentes emoções – medo e raiva, por exemplo – podem estar associadas à inibição e/ou à ativação de partes específicas do sistema gastrointestinal.

Ainda que estudos relacionando emoções e sintomas somáticos inexplicáveis apresentem dificuldades metodológicas e necessitem de maiores investimentos, a relação entre somatização e emoções é efetivamente estreita e complexa. Como uma das características que definem um paciente somatizador é a dificuldade em relacionar estados mentais/emocionais com seus sintomas físicos, um dos objetivos do tratamento é auxiliar o paciente a acessar suas emoções, reconhecendo sua existência e aprendendo a interpretá-las de forma acurada. Pode-se avaliar que falhas no processamento emocional de alguma maneira impedem ou dificultam a adoção de estratégias de solução de problemas e de tomada de decisão (Woolfolk & Allen, 2007).

Em seu enfoque das emoções, Woolfolk e Allen (2007) enfatizam o uso de técnicas de escuta ativa e de comunicação empática, genuína e centrada no cliente, tal como propostas por Rogers (1961) e Perls (1973), criador da Gestalt-terapia. Outra importante influência sobre o trabalho com emoções no modelo de Woolfolk e Allen é a terapia focada na emoção de Greenberg (2002).

27.4.3 Cognição, comportamento e teoria dos papéis sociais

A conceituação cognitivo-comportamental evidencia o papel que os padrões de pensamentos, as atitudes e as contingências de reforçamento desempenham na etiologia e na manutenção de sintomas somáticos. O modelo cognitivo enfatiza o quanto as cognições são essenciais para a compreensão das reações emocionais, comportamentais e fisiológicas. Como mencionado anteriormente, pacientes somatizadores apresentam crenças distorcidas a respeito de seus sintomas, avaliando consistentemente que padecem de alguma doença não diagnosticada e que sua saúde é frágil, mesmo na ausência de evidências que comprovem suas suposições (Rief, Hiller & Margraf, 1998). Com baixo limiar de tolerância a desconforto físico e dor, somatizadores tendem a interpretar sensações físicas benignas como indicativas de doença e a catastrofizar sua extensão ou duração, pensando que são sinais de uma patologia grave (Hiller, Rief & Fichter, 2002).

Identificou-se um padrão cognitivo de amplificação somatossensorial nos transtornos de somatização e na hipocondria que se caracteriza por atenção focada em sensações corporais, limitada visão de saúde como ausência de sintomas e interpretação distorcida de sensações físicas como sinais inequívocos de doença (Barsky, 1992; Barsky, Coeytaux, Sarnie & Cleary, 1993). Esse tipo de concepção distorcida sobre o significado de saúde torna a pessoa vulnerável a perceber e avaliar qualquer sensação diferente das usualmente sentidas de forma amplificada, exacerbada e, provavelmente, catastrófica.

A interação entre os componentes comportamentais, cognitivos e emocionais em pacientes somatizadores pode resultar em ciclos viciosos de interpretações distorcidas, alimentando emoções negativas e comportamentos disfuncionais. A ativação fisiológica provocada pela ansiedade gerada nesse ciclo acaba por promover sensações físicas de desconforto que levarão a novas interpretações de problemas.

Sentindo-se desamparados e amedrontados pela possibilidade de padecer de uma doença grave, os pacientes somatizadores tendem a buscar ajuda e conforto em pessoas próximas e referências de confiança.

Desse modo, mobilizam familiares, cônjuges e pessoas significativas que passam a funcionar como fontes de reasseguramento e, eventualmente, como reforço do comportamento de doente. Por esse motivo, quem estiver funcionando na vida do paciente como esse "ente significante", também deverá ser incluído no tratamento (Woolfolk & Allen, 2007).

Somado aos aspectos cognitivos e comportamentais descritos anteriormente, um último conceito-chave é fundamental para a compreensão e o tratamento do paciente somatizador: o papel social de doente (Parsons, 1951). Pela teoria dos papéis sociais (Biddle, 1979), as concepções que cada indivíduo desenvolve de si mesmo e dos outros dependem, em grande medida, do papel social que ocupam. Os papéis são padrões de comportamento definidos e governados por normas e expectativas desenvolvidas socialmente e incutidas no sujeito pela socialização, pela educação, pela cultura e mesmo pela observação de modelos. Assim, temos papéis predefinidos sobre vários modelos sociais: mãe, pai, professor, médico, aluno, filho, paciente, atleta, político, idoso etc.

Segundo a teoria do papel de doente (Parsons, 1951), o paciente não seria considerado responsável por sua condição de invalidez, e a cura, por sua vez, também não estaria sob seu controle, afinal quem deveria deter o saber sobre a doença não seria o próprio doente, mas sim o médico. Além disso, uma pessoa no papel de doente estaria contemplada com o benefício da liberação de uma série de compromissos e responsabilidades. Essa proposta conceitual, no entanto, não se aplica a doentes que sofrem de doenças crônicas ligadas ao estilo de vida e aos comportamentos de risco. No caso da somatização, o paciente pode se ver envolvido em uma série de ciclos que se autoperpetuam, uma vez que o comportamento de doente pode ser reforçado de diversas formas e por muitas pessoas, gerando recompensas e ganhos secundários que alimentam esse papel (Barsky & Klerman, 1983).

Segundo Fishbain (1994; 1998), existe uma série de reforçadores que motivam a manutenção o papel de doente: esquiva de obrigações sociais e/ou ocupacionais, simpatia e compaixão da família e amigos, esquiva de relações sexuais, benefícios previdenciários, manutenção de cônjuge em um relacionamento, evitação do sentimento de culpa por fracasso ou baixo rendimento, entre outros. Na maioria das vezes, esses elementos não estão acessíveis à consciência do indivíduo. Por meio de intervenções terapêuticas que influenciem as crenças, as atitudes e os sentimentos do paciente, é possível reduzir comportamentos disfuncionais de doente e incentivar alternativas saudáveis de obtenção de recompensas e solução de problemas.

27.5   Considerações finais

A somatização é um fenômeno que pode ser considerado por uma variedade de perspectivas, que vão desde uma apresentação somática aguda de sofrimento psicológico ou social até um transtorno psiquiátrico de curso crônico e limitante. Sendo um processo particularmente intrigante da relação mente-cérebro-corpo, não existe, até o momento, uma teoria única capaz de fornecer uma compreensão abrangente e completa da somatização com base em estudos empíricos.

No que tange ao tratamento desses pacientes com queixas físicas inexplicáveis e que buscam regularmente atenção em serviços de saúde – gerando elevados custos materiais e pessoais –, este capítulo apresentou uma revisão de aspectos conceituais e uma proposta de acompanhamento psicoterápico dentro do modelo cognitivo-comportamental. As principais estratégias sugeridas para beneficiar os pacientes somatizadores e reduzir o nível de disfunção psicossocial foram as técnicas de redução de estresse, relaxamento, foco no processamento emocional, reestruturação cognitiva de crenças sobre saúde e doença, modificação de comportamentos disfuncionais de doente e aumento das habilidades de planejamento de metas de vida e solução de problemas.

27.6   Referências

American Psychiatric Association – APA. (1980). *Diagnostic and statistical manual of mental disorders* 3 ed. Washington, DC: APA.

American Psychiatric Association – APA. (1994). *Diagnostic and statistical manual of mental disorders* 4 ed. Washington, DC: APA.

American Psychiatric Association – APA. (2002). *Manual diagnóstico e estatístico de transtornos mentais* 4 ed. rev. Washington, DC: APA.

Ávila, L. A. & Terra. J. R. (2010). Histeria e somatização: o que mudou? *Jornal Brasileiro de Psiquiatria, 59* (4), 333-340.

Barsky, A. J. (1992). Amplification, somatization, and the somatoform disorders. *Psychosomatics, 33*, 28-34.

Barsky, A. J. & Klerman, G. L. (1983). Hypochondriasis, bodily complaints, and somatic styles. *American Journal of Psychiatry, 140*, 273-283.

Barsky, A. J., Coeytaux, R. R., Sarnie, M. K., & Cleary, P. D. (1993). Hypochondriacal patients' beliefs about good health. *American Journal of Psychiatry, 150*, 1085-1089.

Biddle, B. (1979). *Role theory: expectations, identities and behaviors.* New York: Academic Press.

Bombana, J. A., Leite, A. L., & Miranda, C. T. (2000). Como atender aos que somatizam? Descrição de um programa e relatos concisos de casos. *Revista Brasileira de Psiquiatria, 22* (4), 180-4.

Boutros, N. N. & Peters, R. (2011). Internal gating and somatization disorders: proposing a yet un-described neural system. *Medical Hypotheses, 78*, 174-178.

Clark, D. M., Salkoviskis, P. M., Hackmann, A., Wells, A., Fennell, M., Ludgate, J., Ahmad, S., Richards, H. C., & Gelder, M. (1998). Two psychological treatments for hypochondriasis: a randomized controlled trial. *British Journal of Psychiatry, 173*, 218-225.

Clauw, D. J. (1995). The pathogenesis of chronic pain and fatigue syndromes, with special reference to fibromyalgia. *Medical Hypothesis, 44*, 369-378.

Coelho, C. L. & Ávila, L. A. (2007). Controvérsias sobre a somatização. *Revista de Psiquiatria Clínica, 34* (6), 278-284.

Danner, D. D., Snowdon, D. A., & Friesen, W. (2001). Positive emotions in early life and longevity: findings from the run study. *Journal of Personality and Social Psychology, 80*, 804-813.

Evans, P. R., Bennett, E. J., Bak, Y. T., Tennent, C. C., & Kellow, J. E. (1996). Jejunal sensorimotor dysfunction in irritable bowel syndrome: clinical and psychosocial features. *Gastroenterology, 110*, 393-404.

Fishbain, D. A. (1994). Secondary gain concept: definition problems and its abuse in medical practice. *American Pain Society Journal, 3*, 264-273.

Fishbain, D. A. (1998). Somatization, secondary gain, and chronic pain: is there a relationship? *Current Pain and Headache Reports, 2*, 101-108.

Ford, C. V. (1983). *The somatizing disorders: illness as a way of life.* New York: Elsevier.

Fortes, S. & Baptista. C. M. (2004). Família e somatização: entendendo suas interações. In J. Mello Filho & M. Burd (Orgs.), *Doença e família* (pp. 259-284). São Paulo: Casa do Psicólogo.

Fortes, S., Botega, N. J., & Brasil, M. A. (2002). Somatização. In N. J. Botega (Org.), *Prática psiquiátrica no hospital geral: interconsulta e emergência* (pp. 267-284). Porto Alegre: Artmed.

Gardner, W. N. & Bass, C. (1989). Hyperventilation in clinical practice. *British Journal of Hospital Medicine, 41*, 73-81.

Greenberg, L. S. (2002). *Emotion-focused therapy: coaching clients to work through their feelings.* Washington, DC: American Psychological Association.

Greene, B. & Blanchard, E. D. (1994). Cognitive therapy for irritable bowel syndrome. *Journal of Consulting and Clinical Psychology, 62*, 576-582.

Greenwood, K. A., Thurston, R., Rumble, M., Waters, S. J., & Keefe, F. J. (2003). Anger and persistent pain: current status and future directions. *Pain, 103*, 1-5.

Gureje, O., Simon, G. E., Üstün, T. B., & Goldberg, D. P. (1997). Somatization in cross-cultural perspective: a World Health Organization study in primary care. *American Journal of Psychiatry, 154*, 989-995.

Hiller, W., Rief, W., & Fichter, M. M. (2002). Dimensional and categorical approaches to hypochondriasis. *Psychological Medicine, 32*, 707-718.

Jacobson, E. (1938). *Progressive relaxation.* Oxford: Chicago Press.

Katon, W., Kleinman, A., & Rosen, G. (1982). Depression and somatization: a review. *American Journal of Medicine, 72* (1), 127-135.

Kellner, R. (1990). Somatization: theories and researches. *Journal of Nervous and Mental Diseases, 178* (3), 150-160.

Kirmayer, L. J. & Robbins, J. M. (1991). *Currents concepts of somatization: research and clinical perspective.* Washington DC: American Psychiatric Press.

Lazzaro, C. D. & Ávila, L. A. (2004). Somatização na prática médica. *Arquivos de Ciências da Saúde, 11* (2), 105-108.

Linton, S. J. (2000). A review of psychological risk factors in back and neck pain. *Spine, 25*, 1148-1156.

Lipowski, Z. J. (1988). Somatization: the concept and its clinical application. *American Journal of Psychiatry, 145*, 1358-1368.

Litt, M. D., Shafer, D. M., & Kreutzer, D. L. (2010). Brief cognitive-behavioral treatment for TMD pain: long-term outcomes and moderators of treatment. *Pain, 151* (1), 110-116.

Luna, I. (2005). Los trastornos somatomorfos en la mujer. In E. C. Donoso & E. J. Marinovic (Orgs.), *Psicopatología de la mujer* (pp. 349-390). Santiago de Chile: Mediterraneo.

Mayer, E. A., Naliboff, B., & Chang, L. (2001). Basic pathopatology mechanisms in irritable bowel syndrome. *Digestive diseases, 19*, 212-218.

Monzoni, C. M., Duncan, R., Grünewald, R., & Reuber, M. (2011). How do neurologists discuss functional symptoms with their patients: a conversational analytic study. *Journal of Psychosomatic Research, 71*, 377-383.

Nakao, M., Shinozaki, Y., Nolido, N., Ahern, D. K., & Barsky, A. J. (2012). Responsiveness of hypochondriacal patients with chronic low-back pain to cognitive-behavioral therapy. *Psychosomatics, 53*, 139-147.

O'Leary, A. (1990). Stress, emotion, and human immune function. *Psychological Bulletin, 108*, 363-382.

Organização Mundial de Saúde – OMS. (1993). *Classificação de transtornos mentais e do comportamento da CID-10.* Porto Alegre: Artmed.

Parsons, T. (1951). Illness and the role of physician: a sociological perspective. *American Journal of Orthopsychiatry, 21*, 452-460.

Payne, A. & Blanchard, E. B. (1994). A controlled comparison of cognitive therapy and self-help support groups in the treatment of irritable bowel syndrome. *Journal of Consulting and Clinical Psychology, 63*, 779-786.

Perls, F. (1973). *The Gestalt approach and eyewitness to therapy.* Palo Alto: Science and Behavior Books.

Pilowsky, I. (1969). Abnormal illness behavior. *British Journal of Medical Psychology, 42*, 347-351.

Rief, W., Hiller, W., & Margraf, J. (1998). Cognitive aspects of hypochondriasis and the somatization syndrome. *Journal of Abnormal Psychology, 107*, 587-595.

Rogers, C. R. (1961). *On becoming a person.* Boston: Houghton Mifflin.

Smith, G. R., Monson, R. A., & Ray, D. C. (1986). Patients with multiple unexplained symptoms: their characteristics, functional health, and health care utilization. *Archives of Internal Medicine, 146*, 69-72.

Thieme, K., Gromnica-Ihle, E., & Flor, H. (2003). Operant behavior treatment of fibromyalgia: a controlled study. *Arthritis Care and Research, 49*, 314-320.

Thomas, L. E. (2012). Are your patient's medically unexplained symptoms really "all in her head"? *Medical Hypotheses, 78*, 542-547.

Todaro, J. F., Shen, B. J., Niaura, R. S., Ward, K., & Weiss, S. (2003). A prospective study of negative emotions and CHD incidence: the normative aging study. *American Journal of Cardiology, 92*, 901-906.

Vollmer, A. & Blanchard, E. B. (1998). Controlled comparison of individual versus group cognitive therapy for irritable bowel syndrome. *Behavior Therapy, 29*, 19-33.

Welgan, P. H., Meshkinpour, H., & Beeler, M. (1988). Effect of anger on colon motor and myoelectric activity in irritable bowel syndrome. *Gastroenterology, 94*, 1150-1156.

Welgan, P., Meshkinpour, H., & Hoehler, F. (1985). The effect of stress on colon motor and electrical activity in irritable bowel syndrome. *Psychosomatic Medicine, 47*, 139-149.

Woolfolk, R. L. & Allen, L. A. (2007). *Treating somatization: a cognitive-behavioral approach.* New York: The Guilford Press.

Autora:

Cristiane Figueiredo – Mestre em Psicologia Social pela Universidade do Estado do Rio de Janeiro. Psicóloga clínica e hospitalar. Contato: crisfigueiredo2@gmail.com

CAPÍTULO 28

A contribuição da Terapia Cognitivo-Comportamental nas doenças crônicas

Lucia Emmanoel Novaes Malagris
Raquel Ayres de Almeida

28.1   Introdução

As maneiras como os indivíduos e as coletividades organizam suas vidas e elegem determinados modos de viver são influenciadas pelas transformações econômicas, políticas, sociais e culturais produzidas pelas sociedades ao longo do tempo. As mudanças decorrentes dessas transformações podem interferir no acesso das populações às condições de vida mais favoráveis à saúde e, portanto, repercutem diretamente na alteração dos padrões de adoecimento (Brasil, 2008).

O desenvolvimento industrial e urbano e as mudanças no estilo de vida das pessoas influenciaram diretamente sua saúde e aumentaram a probabilidade de desenvolvimento de doenças crônicas. O aumento da incidência e da prevalência das doenças crônicas não transmissíveis (DCNT) está associado ao aumento do número de idosos, ao crescimento da expectativa de vida das populações, à queda da mortalidade e da fecundidade, à alteração das dietas alimentares, ao aumento dos hábitos sedentários, ao crescimento do consumo de tabaco, entre outros fatores. De acordo com a Organização Mundial de Saúde (*World Health Organization* – WHO, 2011b), as doenças crônicas são as principais causas de morte, sendo responsáveis por 60% de todas as mortes ocorridas no mundo e por 45,9% da carga global de doenças. No caso específico do Brasil, em 2008 as DCNT responderam por 62,8% do total das mortes por causa conhecida e séries históricas de estatísticas de mortalidade disponíveis para as capitais dos estados brasileiros indicam que a proporção de mortes por DCNT aumentou em mais de três vezes entre as décadas de 1930 e 1990. Observa-se que as DCNT, além de serem responsáveis pela maior parte dos óbitos, também são responsáveis por incapacidade prematura e, assim, por grande parcela das despesas com assistência hospitalar no SUS e no Setor Suplementar (Brasil, 2009; 2011).

É importante enfatizar que as doenças crônicas são multifatoriais em sua etiologia e que aspectos psicológicos e comportamentais têm importante papel no desenvolvimento e na manutenção desses quadros, logo, intervenções psicológicas se mostram importantes como parte do tratamento não medicamentoso dessas doenças. A Terapia Cognitivo-Comportamental (TCC), por meio de suas estratégias de compreensão e de intervenção diante dos problemas de saúde crônicos, tem sido considerada uma excelente opção psicoterapêutica, favorecendo a adesão ao tratamento e a mudança de estilo de vida (White, 2001).

28.2   As doenças crônicas

As DCNT são consideradas uma epidemia na atualidade e constituem sério problema de saúde pública, tanto nos países ricos quanto nos de média e baixa renda (Brasil, 2008). São doenças com desenvolvimento lento, que duram períodos extensos – mais de seis meses – e apresentam efeitos de longo prazo, difíceis de serem previstos. Por serem persistentes, necessitam de cuidados permanentes. A maioria dessas doenças não tem cura, como diabetes, asma, doença de Alzheimer e hipertensão. Entretanto, várias delas podem ser prevenidas ou controladas por meio da detecção precoce, de mudanças no estilo de vida e de acesso a tratamento adequado recomendado pelo profissional de saúde (WHO, 2011a). Guimarães (1999) define uma doença como crônica quando os recursos médicos e farmacológicos são insuficientes para curar a patologia sujacente ao processo. Desse modo, a terapêutica oferecida possibilita apenas desacelerar ou impedir a progressão da doença.

Segundo o Ministério da Saúde, as DCNT são doenças multifatoriais que têm em comum fatores comportamentais de risco modificáveis e não modificáveis. Dentre os fatores não modificáveis, encontram-se idade, hereditariedade, gênero e etnia. Dentre os fatores comportamentais de risco modificáveis destacam-se o tabagismo, o consumo excessivo de bebidas alcoólicas, a obesidade, as dislipidemias, a ausência de uma dieta saudável e o sedentarismo (Brasil, 2011). Como esses fatores de risco correspondem a hábitos de vida, as doenças crônicas são consideradas "doenças do estilo de vida", que podem ser amplamente prevenidas (Straub, 2005, p. 37).

A OMS (WHO, 2005) considera como DCNT as doenças cardiovasculares (cerebrovasculares, isquêmicas), as neoplasias, as doenças respiratórias crônicas, a diabetes *mellitus*, as desordens mentais e neurológicas, as doenças bucais, ósseas e articulares, as desordens genéticas e as patologias oculares e auditivas. Todas elas requerem contínua atenção e esforços de um grande conjunto de equipamentos de políticas públicas e das pessoas em geral. O paciente diagnosticado com uma doença crônica precisa alterar sua rotina e seus hábitos de vida, devendo incorporar e manter novos comportamentos, como dieta alimentar balanceada, atividade física e uso permanente de medicamentos. Todas essas mudanças podem gerar alto nível de estresse, processo que pode contribuir para o agravamento de doenças devido às suas alterações psicofisiológicas (Lipp & Malagris, 2011).

O controle da doença crônica depende de um tratamento complexo e trabalhoso, com exigências diárias contínuas, o que gera grande impacto na vida cotidiana do paciente, podendo resultar em baixos níveis de adesão (Malerbi, 2000). Segundo a OMS (WHO, 2003), a adesão ao tratamento (também chamada de aderência por alguns autores) é uma ferramenta fundamental para o gerenciamento de doenças crônicas. Os benefícios da adesão ao tratamento se estendem aos pacientes, às famílias, aos sistemas de saúde e à economia dos países. O paciente passa a ter sua condição controlada, podendo, na maioria das vezes, manter uma vida normal e economicamente ativa; a família pode se dedicar a outras atividades e deixar de lado seu papel de cuidadora; o sistema de saúde economiza com a redução de internações emergenciais e intervenções cirúrgicas e a economia ganha com o aumento da produtividade.

Contudo, em muitos casos os pacientes não aderem à recomendação médica. A OMS (WHO, 2003) admite que os pacientes têm dificuldade em seguir o tratamento recomendado e que a baixa adesão ao tratamento de doenças crônicas é um problema mundial de magnitude impressionante. Ainda segundo a OMS, nos países desenvolvidos, a média de adesão entre os pacientes que sofrem de doenças crônicas é de apenas 50% e a magnitude da baixa adesão em países em desenvolvimento é ainda maior, dada a escassez de recursos para a saúde e as desigualdades no acesso aos cuidados de saúde.

O termo adesão está associado à obediência do paciente às prescrições de tratamento feitas pelo médico. Haynes, em 1979, definiu a adesão como a extensão com a qual o comportamento de uma pessoa (paciente ou cuidador) coincide com a orientação do profissional, em geral o médico. A OMS, em 2003, propôs um conceito de adesão que atribui um papel mais ativo ao paciente, tanto no planejamento quanto na execução de seu tratamento. Nesse sentido, a adesão seria "Extensão com a qual o comportamento de uma pessoa, tomando medicação, seguindo uma dieta e/ou executando mudanças no estilo de vida, corresponde às orientações acordadas com a equipe de saúde" (OMS, 2003, p. 3). A OMS considera, portanto, que a adesão engloba numerosos comportamentos relacionados à saúde, que vão além de tomar a medicação prescrita.

28.3 Influência das doenças crônicas na qualidade de vida

As doenças crônicas afetam pessoas de todas as idades e podem acarretar prejuízos multidimensionais na vida do paciente, contribuindo para o estresse excessivo e prejudicando a qualidade de vida (QV), além de ter implicações econômicas para seu controle e tratamento (Masson, Monteiro & Vedovato, 2010). A QV do doente crônico depende de seu nível de adaptação à doença, ao tratamento e a seus efeitos. As pessoas que sofrem de doenças crônicas precisam aprender a conviver com várias limitações em sua vida cotidiana, como ir ao médico e tomar remédios regularmente, seguir os regimes terapêuticos, lidar com eventuais incômodos físicos, isolamento social e perdas financeiras, situações que implicam uma alteração permanente no modo de vida do indivíduo (Amorim, 2009; Brasil, 2009). Além desses aspectos, há períodos em que o estado de saúde pode se agravar, exigindo hospitalização e podendo causar apatia, irritabilidade, tristeza, entre outros sintomas, o que traz ainda mais sofrimento físico e emocional para o paciente e para todos que o rodeiam (Castro, Ponciano & Pinto, 2010).

Dessa forma, o diagnóstico de uma doença crônica desencadeia uma série de mudanças físicas (funcionamento corporal e aparência física), psicológicas (reações emocionais relacionadas a um futuro incerto) e sociais (mudança nos papéis sociais), o que provoca alterações permanentes no modo de vida do paciente. Seu impacto não estaria diretamente relacionado à gravidade da própria doença, mas ao modo como interfere na vida do doente (Amorim, 1999).

Convém lembrar que segundo o WHOQOL *Group* (1995), QV se refere à percepção individual da pessoa sobre sua saúde conforme suas exigências culturais, seus sistemas de valores, suas metas, suas expectativas e suas preocupações, indo além da sintomatologia e dos efeitos da doença no estado funcional do indivíduo. Alguns autores defendem que o impacto da doença crônica deve ser avaliado em termos de sua influência na QV dos sujeitos, na forma como afeta o bem-estar subjetivo de uma pessoa nas diferentes áreas de sua vida (Paredes *et al.*, 2008). De acordo com essa visão, a avaliação objetiva da QV está focada nos indicadores de saúde físicos e em suas limitações, já a avaliação subjetiva se refere à percepção do indivíduo sobre sua QV nas dimensões física, psicológica, social e ambiental. Portanto, indivíduos com indicadores objetivos de QV semelhantes podem ter índices bastante diferentes em QV subjetiva (Castro *et al.*, 2010).

Uma expressão frequentemente utilizada para abordar a questão da QV aplicada às doenças é "Qualidade de Vida Relacionada com a Saúde" (Pais-Ribeiro, 2009, p. 36), definida como o impacto da doença e do tratamento no sujeito doente. Segundo Pais-Ribeiro (2009), para analisar a QV dos doentes crônicos, é necessário investigar pelo menos quatro domínios da QV: o estado funcional (capacidade de desempenhar uma série de atividades normais para a maioria das pessoas, como o autocuidado, a mobilidade e as atividades físicas – andar e subir escadas, por exemplo), sintomas relacionados à doença e ao tratamento (variáveis que se relacionam com o tipo de doença e seu estágio), funcionamento psicológico (alterações psicopatológicas) e o funcionamento social (alterações nas atividades sociais devido às limitações impostas pela própria doença ou pelas alterações psicológicas). Dessa forma, pode-se dizer que a QV do doente crônico depende de seu nível de adaptação à doença, ao tratamento e a seus efeitos (Pais-Ribeiro, 2009).

Pesquisas têm procurado compreender as consequências da doença crônica na QV do indivíduo, como Martins, França e Kimura (1996) que investigaram a QV de 71 pacientes atendidos em seguimento ambulatorial em São Paulo. De acordo com os resultados, a doença crônica interfere de maneira significativa na capacidade física, no trabalho/estudo/atividades do lar e na autoestima. Em relação à capacidade física, as limitações mais citadas foram andar, realizar esforço físico, carregar peso, subir escadas e correr. Já com relação ao trabalho, estudos e atividades do lar, os pacientes mencionaram limitações na realização dessas atividades devido à presença dos sintomas da doença crônica, como cefaleia, dor, edema, fraqueza e mal--estar, levando a mudanças na carga horária e no tipo de trabalho realizado, ao afastamento temporário, a dificuldade para realizar atividades laborativas e a faltas escolares. A interferência da doença crônica na autoestima foi relacionada pelos pacientes à alteração do estado emocional, caracterizado por tristeza, desanimo, falta de motivação, nervosismo, perda de prazer, insegurança, sensação de inutilidade e insatisfação com a autoimagem. Outras áreas também comprometidas pela doença crônica foram independência e autocuidado, relacionamento social e familiar, recreação e lazer. As autoras relataram que a doença crônica pode levar ao isolamento social, ao aumento da depressão e à diminuição das expectativas de melhora, contribuindo para um sentimento de desesperança e solidão.

Dessa forma, pode-se concluir que, além de comprometer a esfera biológica, a doença crônica interfere de diferentes formas no estilo de vida das pessoas acometidas, trazendo consequências também na área familiar e social (Martins *et al.*, 1996; Brasil, 2009). Portanto, trabalhos de intervenção para melhoria da QV de doentes crônicos podem ser de grande valia, pois podem contribuir, junto às prescrições médicas, para o controle da doença. Ao mesmo tempo, tais intervenções se constituem em importantes ferramentas para prevenção de doenças crônicas em pessoas predispostas.

28.4 Aspectos psicológicos da doença crônica

O portador de uma doença crônica precisa incorporá-la a seu projeto de vida, o que requer, frequentemente, mudanças em seu estilo de vida, que podem representar agressão, futuro incerto, desafio, bem como perda da liberdade, do autocontrole, da capacidade física, da beleza, de amizades e de atividades sociais (Costa, Alves & Lunardi, 2006). Além disso, a doença crônica promove um vasto leque de interrupções na vida do indivíduo, que acarreta um processo psicológico de sofrimento e dor, rompimento dos planos futuros, agressões na autoimagem e na autoestima, com a consequente ocorrência de reações emocionais (Amorim,

2009). Tais consequências podem contribuir, ainda, para o desenvolvimento do estresse excessivo, causando o agravamento do quadro da doença. Além disso, o estresse pode se constituir em importante fator de desenvolvimento das doenças crônicas, já que deixa o individuo vulnerável a doenças para as quais tenha predisposição (Lipp & Malagris, 2011).

Segundo White (2001), os resultados indefinidos e os altos níveis de incerteza associados ao diagnóstico e prognóstico da doença crônica são frequentemente cruciais para os problemas psicológicos que surgem em associação aos problemas médicos crônicos e seus tratamentos. Além de os tratamentos e os prognóstico serem incertos, a doença e suas consequências não são estáticas. Elas interagem, criando padrões que requerem um gerenciamento contínuo e complexo. O autor afirma que a chave para o gerenciamento efetivo desse quadro é entender os diferentes padrões da doença e de seu ritmo.

Alguns pacientes se ajustam bem aos aspectos psicossociais da doença crônica, porém, esse ajustamento psicológico pode ser difícil quando os pacientes vivenciam um declínio no *status* da saúde física. White (2001) menciona que entre 20 e 25% dos pacientes com problemas médicos crônicos têm sintomas psicológicos clinicamente significantes. Um dos motivos para a presença de tais sintomas é o fato de que uma doença crônica pode estigmatizar pacientes em virtude da independência limitada e/ou do impacto negativo na rotina diária (Scandlyn, 2000). White (2001) chama a atenção para a possível complicação no manejo da doença quando problemas médicos coexistem com problemas psicológicos. O autor enfatiza, ainda, que a presença de problemas psicológicos anteriores ao diagnóstico da doença pode contribuir para o desenvolvimento de outros transtornos emocionais tanto no momento do diagnóstico quanto durante o curso da doença.

Convém ressaltar que há um grupo de pacientes dentre os quais as doenças crônicas por si só conferem vulnerabilidade psicológica para experienciar problemas desencadeados por outros eventos da vida. Simonetti (2004) afirma que, diante da doença, o ser humano manifesta subjetividades, como sentimentos, desejos, pensamentos, comportamentos, fantasias, lembranças, crenças, sonhos, conflitos e o estilo de adoecer. Esses aspectos podem aparecer como causa, como desencadeador, como agravante, como fator de manutenção da doença ou ainda como consequência desse adoecimento. Sabe-se que há grande variação no impacto subjetivo causado pelas doenças. Por exemplo, dois pacientes com o mesmo grau de determinada doença podem apresentar respostas emocionais diferentes. O modelo da autorregulação de Leventhal explica essas variações a que os pacientes atribuem sentido e como respondem à doença (Leventhal, Diefenbach & Leventhal, 1992). Tal modelo enfatiza a importância da representação da doença mantida pelo paciente, que pode explicar as variações nas reações emocionais aos sintomas e nos comportamentos de autocuidado (White, 2001).

Os componentes cognitivos, como as crenças centrais, as crenças intermediárias e os pensamentos automáticos, frequentemente apontam para as diferenças nas respostas psicológicas à doença. As consequências de uma doença grave diagnosticada podem ser entendidas, muitas vezes, em função das crenças pré-existentes e de pressupostos sobre o mundo no qual o paciente vive (White, 2001). A ideia que o significado é central para o ajustamento a doenças crônicas está começando a aparecer na literatura de Psicologia da Saúde e de enfermagem. Os pacientes procuram significados para entender experiências e situações dentro de seus esquemas de vida e a habilidade para achar significado ou propósito no meio do infortúnio pode influenciar no ajustamento psicossocial (White, 2001). Os esquemas cognitivos são cruciais na medida em que determinam ou influenciam a forma como as pessoas buscam, organizam e interpretam as informações (Beck, 1997). Em relação à doença, os esquemas representam a compreensão global que uma pessoa tem acerca de seus sintomas. As representações da doença, além de incluir informações acerca dos sintomas, também informam sobre suas potenciais causas, sua provável duração, sua evolução no tempo e suas possíveis consequências. Essas representações fornecem as bases para as tentativas ativas do indivíduo em compreender e responder às potenciais ameaças de saúde (Pereira & Silva, 2002).

Dessa forma, torna-se importante compreender o sistema de interpretações pelo qual os pacientes atribuem significados a suas experiências, caso contrário, intervenções psicológicas podem deixar lacunas. As cognições dos pacientes são centrais para se entender os tipos de significados atribuídos para suas experiências com as doenças; logo, a relação do significado da doença com o modo como ela é vivenciada é um dos aspectos essenciais para compreendermos o sofrimento do paciente (Cassel, 1982; White, 2001).

Com base na clara importância dos fatores cognitivos na doença crônica, a TCC tem se mostrado um tipo de abordagem psicoterápica bastante indicada para o tratamento de pacientes acometidos por esse tipo de patologia (White, 2001). A investigação dos significados atrelados aos diagnósticos e o gerenciamento da doença constituem a base para adequada compreensão e formulação do caso, assim como para o planejamento da intervenção e sua aplicação.

28.5 Tratamento cognitivo-comportamental para doenças crônicas

Sperry (2009) afirma que a TCC é a abordagem de psicoterapia mais utilizada e mais efetiva nas condições crônicas de saúde. O papel dos significados e da interpretação como ponto central dessa abordagem a torna particularmente adequada para lidar com as doenças crônicas. A TCC permite, desse modo, a compreensão dos fatores que influenciam os comportamentos relacionados à saúde e à doença e utiliza uma variedade de estratégias efetivas para intervir junto aos desafios clínicos, como não adesão ao tratamento médico, exarcebação dos sintomas e negação da doença (Pereira & Penido, 2010; Sperry, 2009). Além disso, o fato de se tratar de uma abordagem diretiva, focada no problema e na mudança, que estimula o papel ativo do paciente, também embasa sua adequação para o tratamento de pacientes portadores de doenças crônicas.

Na TCC, a avaliação das percepções da doença que o paciente tem – e que podem influenciar nas reações emocionais aos sintomas – é realizada por meio de questionamento direto ou de inventários. É clinicamente útil que o paciente tome consciência de suas representações de doença para que as intervenções possam ser adaptadas. De acordo com Sperry (2009), a avaliação das representações da doença pode ser realizada pelas perguntas incluídas no Quadro 1.

Quadro 1   Perguntas sobre representações da doença a serem feitas aos pacientes com doenças crônicas

Com que frequência você experimenta os sintomas de sua doença?
O que você pensa ter causado sua doença?
Por quanto tempo você acredita que sua doença vai continuar?
O quanto ela afeta a sua vida?
O quanto você acredita que o tratamento pode ser efetivo para tratar sua doença?
Quanto controle você acha que tem sobre sua doença?

Fonte: Adaptado de Sperry, 2009, p. 18.

A avaliação através do questionamento direto é eficaz para eliciar as percepções de doença, porém, existem alguns instrumentos desenvolvidos para esse fim, como o Inventário de Percepção da Doença de Weinman, Petrie, Moss-Morris e Horne (1996), baseado no modelo de representação da doença de Leventhal (Sperry, 2009).

Para Sperry (2009), a avaliação deve ser biopsicossocial e é importante que inclua as representações da doença e as expectativas em relação ao tratamento; a capacidade, a disponibilidade e os esforços de mudança anteriores; a personalidade; os papéis que assume nos relacionamentos; a cultura; as comorbidades; o tipo e a severidade da doença, além de sua fase e seu curso. O perfil do paciente fornece um mapa de seus atributos, possibilitando um planejamento da intervenção. White (2001) cita como métodos de avaliação a observação, questionários de autorrelato, entrevistas estruturadas, relatórios médicos e a realização de diários. O autor relata que alguns elementos-chave da TCC, como estrutura, colaboração e orientação focada no presente, são componentes importantes no processo de avaliação e diferenciam a avaliação cognitivo-comportamental de outras abordagens.

Sperry (2009) afirma que a TCC é particularmente adequada para mudar comportamentos de saúde e crenças mal adaptativas, incluindo modificação das representações da doença que interferem no tratamento, na aceitação da doença e na adesão. Segundo o autor, o tratamento cognitivo-comportamental para doenças crônicas visa, ainda, à modificação das distorções cognitivas, ao aumento da autoeficácia e da autoestima, à redução do uso de substâncias e à diminuição da dependência excessiva dos outros e dos conflitos interpessoais. As intervenções incluem reestruturação cognitiva, reatribuição positiva, respiração e relaxamento, treino em habilidades de *coping* e treino em habilidades sociais.

De acordo com White (2001), algumas estratégias comportamentais podem ser utilizadas e adaptadas para os problemas crônicos de saúde, como a estratégia baseada em exposição, uso de reforço, modelação e *role play*, lista de atividades e experimentos comportamentais para trabalhar crenças. Dentre as estratégias cognitivas, o autor sugere a identificação, a avaliação e a modificação dos pensamentos automáticos, das crenças centrais e dos esquemas, bem como o controle da atenção, a identificação das distorções cognitivas e a análise do custo-benefício.

Pereira e Penido (2010) afirmam que um dos primeiros objetivos do terapeuta cognitivo-comportamental que atua na área da saúde deve ser identificar as interpretações do paciente acerca de seu processo saúde-doença para iniciar um trabalho de reestruturação dos pensamentos disfuncionais. A partir dessa reestruturação, pode-se, então, adotar interpretações que tenham base em evidências reais em vez de considerar premissas irracionais. Dessa forma, o terapeuta avalia os pensamentos disfuncionais suscitados pelo aparecimento dos sintomas ou a partir do diagnóstico da doença, buscando sua associação com os esquemas cognitivos do paciente e o aparecimento de comportamentos e emoções que influenciem negativamente o tratamento médico. São avaliados também os fatores mantenedores dos pensamentos, dos comportamentos, das emoções e das reações psicofisiológicas (Neves Neto, 2001).

White (2001) sugere que as estratégias de tratamento não devem ser utilizadas de maneira isolada, como uma consulta a um livro de receitas, mas sim baseadas na formulação do caso e devem ser implementadas seguindo os princípios da TCC. Dessa forma, o tratamento envolve um trabalho conjunto do terapeuta e do paciente, como um time. As sessões devem ser estruturadas por uma agenda, que inclui um resumo da última sessão, uma breve atualização dos eventos significantes, a revisão da tarefa de casa, e ao fim da sessão, um resumo dessas atividades, a definição da nova tarefa de casa e *feedback*. O autor ainda acrescenta que é interessante incluir itens mais específicos, como uma análise do estado de saúde do paciente, o curso da doença e seu tratamento. Essa abordagem serve para orientar o terapeuta e o paciente para o papel da doença crônica no desenvolvimento e na manutenção do problema psicológico. A agenda deve ter um caráter não permanente, permitindo modificações que variam de acordo com a natureza do problema do paciente.

Considerando a importância do estresse excessivo no desenvolvimento e na manutenção das doenças crônicas, um dos tipos de intervenção de base cognitivo-comportamental que vem sendo usado para o tratamento dessas doenças é o treino psicológico de controle do estresse (TCS). Trata-se de um método de intervenção voltado para a mudança do estilo de vida e tem como proposta atuar em quatro pilares: orientação sobre exercício físico, orientação sobre alimentação balanceada, técnicas de respiração profunda e relaxamento e estratégias cognitivo-comportamentais (Lipp & Malagris, 2011).

28.6 Conclusão

As doenças crônicas vêm se tornando foco de atenção de pesquisadores por sua alta incidência, pelos prejuízos decorrentes na qualidade de vida de seus portadores e pelos altos custos que o tratamento requer. Devido ao caráter multifatorial da doença, profissionais de saúde, além do médico, têm sido envolvidos nos tratamentos. Dentre esses profissionais, o psicólogo tem um importante papel no tratamento não medicamentoso de problemas médicos crônicos, pois variáveis psicológicas são particularmente importantes no entendimento do modo como os pacientes respondem aos desafios associados à patologia. Além disso, o tratamento dessas doenças requer mudança de estilo de vida, exigindo do paciente uma série de adaptações em sua rotina diária, que nem sempre ele consegue realizar sozinho, necessitando, muitas vezes, de ajuda psicológica.

A TCC tem se mostrado uma abordagem psicoterapêutica bastante indicada para o tratamento dos pacientes com doenças crônicas, considerando a importância dos fatores cognitivos e comportamentais presentes no acompanhamento, no desenvolvimento, na manutenção e no agravamento dessas doenças. As estratégias utilizadas pela TCC para transtornos emocionais podem ser adaptadas para o tratamento de doenças crônicas, de modo a colaborar no controle dessas doenças. O fato de se tratar de uma abordagem que estimula o papel ativo do indivíduo, de ser breve e diretiva, focada no problema e na mudança, faz da TCC um tipo de intervenção bastante aplicada a problemas de saúde crônicos. Dentre os métodos de tratamento, vem sendo bastante útil e efetivo como intervenção de base cognitivo-comportamental o treino psicológico de controle do estresse, que tem como proposta mudança no estilo de viver do paciente com doença crônica visando a melhoria de sua qualidade de vida.

28.7   Referências

Amorim, M. I. S. P. L. (1999). *Qualidade de vida e* coping *na doença crônica: um estudo em diabéticos não insulinodependentes.* Dissertação de Mestrado Não publicada. Porto, Portugal: Universidade do Porto.

Amorim, M. I. S. P L. (2009). *Para lá dos números... Aspectos psicossociais e qualidade de vida do indivíduo com diabetes* Mellitus *tipo 2.* Tese de Doutorado não publicada. Porto: Portugal: Universidade do Porto.

Beck, J. (1997). *Terapia Cognitiva.* Porto Alegre: Artes Médicas.

Brasil, F. P. S. (2009). *Efeitos da apresentação de material educativo para pacientes com diabetes* Mellitus *tipo 2 sobre o conhecimento da enfermidade e a adesão ao tratamento.* Dissertação de Mestrado não publicada. Brasília: Universidade de Brasília, Distrito Federal.

Brasil. Ministério da Saúde. Secretaria de Vigilância à Saúde. Secretaria de Atenção à Saúde. (2008). *Diretrizes e recomendações para o cuidado integral de doenças crônicas não transmissíveis: promoção da saúde, vigilância, prevenção e assistência.* Brasília: Ministério da Saúde.

Brasil. Ministério da Saúde. Secretaria de Vigilância à Saúde. Secretaria de Gestão Estratégica e Participativa. (2009). *Vigitel Brasil 2007: vigilância de fatores de risco e proteção para doenças crônicas por inquérito telefônico.* Brasília: Ministério da Saúde.

Brasil. Ministério da Saúde. Secretaria de Atenção à Saúde. (2011). *Vigilância de doenças crônicas não transmissíveis.* Recuperado em 15 de agosto de 2011 de <http://portal.saude.gov.br/portal/saude/profissional/visualizar_texto.cfm?idtxt=31877&janela=1>.

Cassel, E. J. (1982). The nature and suffering and the goals of medicine. *The New England Journal of Medicine, 306* (11), 639-645.

Castro, E. K., Ponciano, C. F., Pinto, D. W. (2010). Autoeficácia e qualidade de vida de jovens adultos com doenças crônicas. *Aletheia, 31,* 137-148.

Costa, V. T., Alves, P. C., & Lunardi, V. L. (2006). Vivendo uma doença crônica e falando sobre ser cuidado. *Revista Enfermagem UERJ, 14* (1), 27-31.

Guimarães, S. S. (1999). Psicologia da saúde e doenças crônicas. In R. R. Kerbauy (Org.), *Comportamento e saúde: explorando alternativas* (pp. 22-45). Santo André: ARBytes Editora.

Haynes, R. B. (1979) Determinants of compliance: the disease and the mechanics of treatment. In: Haynes, R. B; Taylor, D. W., & D. L. Sackett, (Eds.), *Compliance in Health Care* (pp. 49-62). Baltimore: The Johns Hopkins University Press.

Leventhal, H., Diefenbach, M., & Leventhal, E. A. (1992). Illness cognition: using common sense to understand treatment adherence and affect in cognition interactions. *Cognitive Therapy and Research, 16* (2), 143-163.

Lipp, M. E. N. & Malagris, L. E. N. (2011). Estresse: aspectos históricos, teóricos e clínicos. In B. Rangé (Org.), *Psicoterapias cognitivo-comportamentais: um diálogo com a Psiquiatria* (pp. 617-632). Porto Alegre: Artmed.

Malerbi, F. E. K. (2000). Adesão ao tratamento. In R. R. Kerbauy (Org.), *Sobre comportamento e cognição: Vol. 5. Conceitos, pesquisa e aplicação, a ênfase no ensinar, na emoção e no questionamento clínico* (pp. 144-151). São Paulo: Esetec.

Martins, L. M., França, A. P. D., & Kimura, M. (1996). Qualidade de vida de pessoas com doença crônica. Revista Latino-americana de enfermagem, 4 (3), 5-18.

Masson, V. A., Monteiro, M. I., & Vedovato, T. G. (2010). Qualidade de vida e instrumentos para avaliação de doenças crônicas: revisão de literatura. In R. Vilarta, G. L. Gutierrez, & M. I. Monteiro (Org.), *Qualidade de vida: evolução dos conceitos e práticas do século XXI* (pp. 45-54). Campinas: IPES.

Neves Neto, A. R. (2001). Terapia Cognitivo-Comportamental em instituições de saúde. *Psikhê – R. Curso Psicol. Cent. Univ. FMU, 6* (2), 22-29.

Pais-Ribeiro, J. (2009). A importância da qualidade de vida para a psicologia da saúde. In J. P. Cruz, S. N. de Jesus, & C. Nunes (Orgs.), *Bem-estar e qualidade de vida* (pp. 31-49). Alcochete, Portugal: Textiverso.

Paredes, T., Simões, M. R., Canavarro, M. C., Serra, A. V., Pereira, M., Quartilho, M. J., Rijo, D., Gameiro, S., & Carona, C. (2008). Impacto da doença crônica na qualidade de vida: Comparação entre indivíduos da população geral e doentes com tumor do aparelho locomotor. *Psicologia, Saúde & Doenças, 9* (1), 73-87.

Pereira, F. M. & Penido, M. A. (2010). Aplicabilidade teórico-prática da Terapia Cognitivo-Comportamental na psicologia hospitalar. *Revista Brasileira de Terapias Cognitivas, 6* (2), 189-216.

Pereira, M. G. & Silva, S. (2002). Atribuição de sintomas, comportamentos de saúde e adesão em utentes de centro de saúde da zona norte. *Análise Psicológica, 1* (XX), 35-43.

Scandlyn, J. (2000). When AIDS became a chronic disease. *Westerm Journal of Medicine, 172*, 130-133.

Simonetti, A. (2004). *Manual de Psicologia Hospitalar: o mapa da doença.* São Paulo: Casa do Psicólogo.

Sperry, L. (2009). *Treatment of chronic medical conditions: Cognitive-behavioral therapy strategies and integrative treatment protocols.* Washington, DC: American Psychological Association.

Straub, R. O. (2005). Introdução à psicologia da saúde. In R. O. Straub. *Psicologia da Saúde* (pp. 21-51). Porto Alegre: Artmed.

The WHOQOL Group (1995). The World Health Organization Quality of Life Assessment (WHOQOL): Position paper from the World Health Organization. *Social Science & Medicine, 41* (10), 1403-1409.

Weinman, J., Petrie, K. J, Moss-Morris, R. & Horne, R. (1996). The Illness Perception Questionnaire: a New Method for Assessing the Cognitive Representation of Illness. *Psychology and Health, 11*, 431-435.

White, C. A. (2001). *Cognitive behaviour therapy for chronic medical problems: a guide to assessment and treatment in practice.* England: John Wiley & Sons Ltd.

World Health Organization. (2003). *Adherence to long-term therapies: evidence for action.* Recuperado em 15 de agosto de 2011 de <www.who.int/chp/knowledge/publications/adherence_full_report.pdf>.

World Health Organization – WHO. (2005). *Preventing Chronic Diseases a vital investments.* Recuperado em 15 de agosto de 2011 de <www.who.int/chp/chronic_disease_report/full_report.pdf>.

World Health Organization – WHO. (2011a). *Chronic diseases.* Recuperado em 15 de agosto de 2011 de <www.who.int/topics/chronic_diseases/en/>.

World Health Organization – WHO. (2011b). *Chronic diseases and health promotion.* Recuperado em 15 de agosto de 2011 de <www.who.int/chp/en/index.html>.

Autoras:

Lucia Emmanoel Novaes Malagris – Mestre em Psicologia Clínica e Doutora em Fisiopatologia Clínica e Experimental. Professora do Programa de Pós-Graduação em Psicologia da UFRJ. Contato: lucianovaes@terra.com.br

Raquel Ayres de Almeida – Mestre e Doutoranda em Psicologia pelo Programa de Pós-Graduação em Psicologia da UFRJ. Contato: psi_raquel@yahoo.com.br

CAPÍTULO 29

Apresentação de um programa de controle do tabagismo

Aline Sardinha
Angela Donato Oliva
Eliane Mary de Oliveira Falcone

29.1 Introdução

O tabagismo, antes visto como um estilo de vida é atualmente reconhecido como uma dependência química que expõe os indivíduos a inúmeras substâncias tóxicas e, por essa razão, um problema de saúde pública (Oliva, 2008). A cada ano aumentam os investimentos públicos voltados para controle e cessação do tabagismo. Segundo dados do Ministério da Saúde, o tratamento para pessoas que querem parar de fumar – disponível no Sistema Único de Saúde (SUS) – terá acréscimo de 63% em seu orçamento. Em 2011, o valor investido foi de R$ 45,6 milhões, contra os R$ 28 milhões aplicados em 2010.

A partir da década de 1970, tornaram-se mais evidentes as manifestações organizadas para controle do tabagismo no Brasil. Em função do sucesso das políticas públicas implementadas nos últimos anos, em diversos âmbitos, alertando sobre os riscos do tabagismo, a cada dia mais fumantes relatam conhecer os males causados pelo cigarro e a necessidade de abandoná-lo. As principais ações realizadas são a formação de grupos de apoio, a realização de campanhas de prevenção ao início do consumo de cigarros, o endurecimento da legislação sobre ambientes livres de cigarro e o aumento da tributação sobre esse tipo de produto (Araújo, 2012).

Estatísticas mundiais no final dos anos 1990 indicavam a existência de 1,1 bilhão de fumantes e de 4,9 milhões de mortes anuais relacionadas ao tabagismo, o que corresponde a mais de dez mil mortes por dia. Mantida essa tendência de expansão do consumo, estima-se que os números aumentem para dez milhões de mortes anuais por volta do ano 2030, sendo metade delas em indivíduos em idade produtiva, variando entre 35 e 69 anos (WHO, 1999).

Embora os malefícios do tabagismo sejam grandes, parar de fumar pode reduzir danos. Estudos indicam que, quando comparados com as pessoas que continuam a fumar, aqueles que deixam de fumar antes dos 50 anos de idade reduzem à metade o risco de morte por doenças relacionadas ao tabagismo após 16 anos de abstinência (Doll, Wheatley, Gray & Sutherland, 1994). Além disso, de acordo com a revisão realizada por esses autores, o risco de morte por câncer de pulmão sofre uma redução de 30 a 50% em ambos os sexos após dez anos sem fumar; e o risco de doenças cardiovasculares cai pela metade após um ano sem fumar (Doll *et al.*, 1994; U. S. Department of Health and Human Services, 1998).

29.2 Tratamento da dependência de nicotina

A dependência à nicotina conta com três componentes básicos: dependência física, responsável por sintomas da síndrome de abstinência quando se deixa de fumar; dependência psicológica, responsável pela sensação de ter no cigarro um apoio ou um mecanismo de adaptação para lidar com sentimentos de solidão, frustração, com as pressões sociais etc.; e condicionamentos, representado por associações habituais de comportamentos com o fumar (como tomar café, trabalhar, dirigir, consumir bebidas alcoólicas, comer e outras atividades). Os condicionamentos relacionados ao hábito de fumar também podem envolver emoções, por isso é muito comum fumar quando se está ansioso, estressado, deprimido, alegre ou entediado. Como outras dependências, a da nicotina é um transtorno progressivo, crônico e recorrente, mediada pela ação da substância em receptores centrais e periféricos (Marques, Gigliotti, Lourenço, Ferreira, & Laranjeira, 2001).

A revisão realizada pelo Ministério da Saúde e pelo Instituto Nacional do Câncer (INCA) (2001) apresenta pesquisas indicando que cerca de 80% dos fumantes querem parar de fumar. No entanto, apenas 3% consegue abandonar o vício definitivamente sem nenhum tipo de tratamento a cada ano (Ministério da Saúde, 2001). Não se sabe ainda que fatores medeiam o sucesso nesses casos. Sabe-se, contudo, que tais fatores não parecem influenciar os hábitos da grande maioria dos tabagistas que desejam parar de fumar. A modificação de crenças a respeito do tabagismo, as razões lógicas para deixar esse hábito e a vontade declarada do paciente não parecem ser suficientes para a cessação do tabagismo. Ao contrário do senso comum, essas pesquisas sugerem que a força de vontade – a determinação de modificar um comportamento baseada em argumentos lógicos – não é um elemento capaz de levar uma pessoa a abandonar o cigarro com seus próprios recursos (Balmford, 2008).

O papel da emoção tem ganhado espaço em estudos empíricos nos últimos 20 anos. Uma pesquisa desenvolvida por Bechara, Damasio e Damasio, por exemplo, evidenciou que a tomada de decisão é, essencialmente, um processo governado pela emoção (Bechara, Damasio & Damasio, 2000). Entretanto a emoção que embasa a tomada de decisão é processada conscientemente. Destaca-se desse novo conceito a ideia de motivação como processo, bem como a necessidade de se trabalhar com a valência emocional atribuída ao comportamento a ser alterado. Assim, a ambivalência deixa de representar um entrave ao tratamento, para se tornar parte necessária do processo de tomada de decisão e, consequentemente, um processo passível de intervenção. É nesse contexto que emergem as técnicas da Entrevista Motivacional (Miller & Rollnick, 2002). Ao entender a motivação como um processo, fica implícito que ela sofrerá variações ao longo do tempo. Nesse sentido, em vez de se considerar o quanto um paciente está ou não motivado para mudar, parece mais interessante avaliar em que estágio do processo de motivação para a mudança ele se encontra para, então, planejar a intervenção a ser realizada. A motivação pode ser entendida, aqui, como a probabilidade de ocorrer mudança e a adesão comportamental ao plano de tratamento. A função do terapeuta, dessa forma, será diferente para cada momento do processo de motivação do paciente, contribuindo para que ele avance de maneira segura e confortável rumo à tomada de decisão (Miller & Rollnick, 2002).

De acordo com o documento produzido pelo Ministério da Saúde em conjunto com o Instituto Nacional do Câncer (INCA) (2001), há duas grandes abordagens para as quais existem evidências científicas suficientes que apresentam eficácia na cessação de fumar: a abordagem cognitivo-comportamental e as estratégias farmacológicas (reposição de nicotina, bupropiona e vareniclina) (Bailey *et al.*, 2012; Ministério da Saúde, 2001). O atendimento em grupos com a intervenção cognitivo-comportamental tem sido aplicado com sucesso em indivíduos que desejam abandonar o cigarro. A abordagem cognitivo-comportamental combina intervenções cognitivas com treinamento de habilidades comportamentais e é muito utilizada para o tratamento das dependências químicas.

Os componentes principais dessa abordagem envolvem a detecção de situações de risco de recaída e o desenvolvimento de estratégias de enfrentamento. Dentre as várias estratégias empregadas pela TCC estão a automonitoração, o controle de estímulos, o emprego de técnicas de relaxamento e procedimentos aversivos (Vázquez, 1996). Em essência, esse tipo de abordagem envolve o estímulo ao autocontrole ou ao automanejo para que o indivíduo possa aprender como escapar do ciclo vicioso da dependência e a tornar-se, assim, um agente de mudança de seu próprio comportamento (Vázquez, 1996). Essa abordagem poderá, dependendo da situação, ter melhor resultado quando apoiada por medicamentos que diminuem os sintomas da síndrome de abstinência, para os pacientes que têm um alto grau de dependência (Ministério da Saúde, 2001).

29.3 Desenvolvimento do Programa de Controle do Tabagismo

O Programa de Controle do Tabagismo (PCT) foi desenvolvido em 2002, pelas psicólogas Eliane Falcone e Angela Donato Oliva – ambas as professoras do Instituto de Psicologia da Universidade do Estado do Rio de Janeiro, UERJ – para atender pessoas que procuravam o setor de pneumologia do Hospital Universitário Pedro Ernesto (HUPE) (Sardinha, Oliva, D'Augustin, Ribeiro & Falcone, 2005). O programa estrutura-se na abordagem cognitivo-comportamental e entre seus objetivos pode-se mencionar a intenção de informar o fumante sobre os riscos de fumar e de explorar nas sessões os benefícios de parar de fumar, contribuindo para motivar a decisão de deixar o comportamento aditivo. Um ponto importante é o desenvolvimento de estratégias de enfrentamento para as situações que os pacientes identificam como aquelas que representam risco para fumar. Além disso, o programa apoia o processo de cessação de fumar fornecendo orientações para que os pacientes possam lidar com a síndrome de abstinência, com a dependência psicológica e com os condicionamentos associados ao hábito de fumar.

As sessões, estruturadas a partir do modelo proposto por Becoña (1998), totalizam entre dez e quinze encontros na primeira etapa. A lógica dessa intervenção é levar a uma redução gradual do uso da nicotina, conduzindo de maneira programada o paciente para a parada completa – cigarro zero. Ao mesmo tempo, o programa tem como meta levar o paciente a desenvolver estratégias de enfrentamento diante de situações que representam risco de fumar. O trabalho procura identificar tais situações críticas e definir um plano de ação para enfrentá-las, mantendo o sujeito abstêmio e prevenindo recaídas.

As intervenções ainda são realizadas atualmente no Instituto de Psicologia da Universidade do Estado do Rio de Janeiro como projeto de extensão universitária coordenado pela professora Angela Donato Oliva. Cabe ressaltar que, nos grupo atendidos, os pacientes não fazem uso de terapia farmacológica para deixar de fumar. A seguir, serão delineadas as principais diretrizes dessa intervenção (Sardinha *et al.*, 2005).

29.3.1 Entrevista de triagem

A escolha do tratamento mais adequado ao paciente depende de uma boa avaliação inicial, que leve em consideração tanto fatores extrínsecos (modelo disponível, condições socioeconômicas) quanto intrínsecos (motivação do paciente e diagnóstico) (Haxby, 1995). No PCT, há uma primeira etapa na qual são feitas entrevistas de triagem para averiguar quais sujeitos podem ser encaminhados para o grupo de parada.

As entrevistas de triagem, duas no total, são estruturadas e realizadas por um membro da equipe que passou pela etapa de capacitação. Na primeira sessão de entrevista, é feita um explanação sucinta do programa para o paciente e são feitas seis perguntas sobre dados sociodemográficos e mais vinte perguntas que buscam obter informação sobre a história familiar e sobre a história do paciente relacionada ao fumar. A triagem visa a conhecer o cotidiano dos pacientes, seu relacionamento com pessoas significativas, a existência de outros problemas físicos ou psicológicos, a utilização de medicamentos e, principalmente, aspectos específicos do tabagismo, como a quantidade de cigarros fumados por dia, o histórico de tentativas prévias para parar de fumar e o impacto do tabagismo no funcionamento e na vida em geral do paciente.

Na segunda sessão, os participantes respondem à escala Beck de Depressão (Cunha, 2001). Casos de depressão grave ou outras comorbidades são encaminhados para tratamento específico. É feita também uma entrevista motivacional, de acordo com o modelo de Miller e Rollnick (2002) para avaliar a motivação e garantir a formação de grupos mais homogêneos e oferecer ao paciente um tratamento mais adequado.

29.3.2 Sessão de preparação

Antes da organização do grupo propriamente dito, ocorre uma sessão de preparação, que tem como metas motivar o paciente para a mudança, dentro do modelo transteórico da Entrevista Motivacional e fazer com que ele conheça um pouco mais sobre os problemas advindos do fumar. Nessa sessão, o paciente, além de se familiarizar com as técnicas, é informado sobre a importância de seu comprometimento e sua adesão ao tratamento. De acordo com Miller e Rollnick (2002), a motivação deve ser pensada como um estado de prontidão para a mudança, que pode oscilar e ser influenciada, inclusive, por fatores externos ao paciente. Até que um indivíduo realmente resolva parar de fumar, ele percorre um caminho sutil e cíclico em direção à mudança. São os chamados "estágios de mudança", que foram assim descritos por Prochaska e Di Clemente (1983):

a) Estágio pré-contemplativo: nesse estágio o indivíduo não pretende parar de fumar nos próximos seis meses. São aqueles pacientes que veem mais prós do que contras em fumar, que negam os malefícios do tabaco à saúde.

b) Estágio contemplativo: o paciente pretende seriamente parar de fumar nos próximos seis meses, mas está ambivalente. Encontra um pouco mais contras do que prós em fumar, mas não para.

c) Preparação para ação: o indivíduo pretende seriamente parar no curso do próximo mês. Já começa intuitivamente a usar técnicas comportamentais para livrar-se do fumo. Adia o primeiro cigarro do dia, diminui o número de cigarros fumados etc. Fez pelo menos uma tentativa de parar de fumar no último ano.

d) Ação: o indivíduo parou de fumar.

e) Manutenção: até seis meses após o indivíduo ter abandonado o tabaco. Esse período não ocorre passivamente, apenas deixando as coisas como estão. O indivíduo utiliza mecanismos comportamentais de adaptação ao meio sem cigarro, podendo até mesmo alterar seus hábitos rotineiros (como passar a não tomar mais café, por exemplo).

A conceituação dessas fases é importante para o tratamento, uma vez que, de acordo com os autores, a intensidade, a duração e o tipo de intervenção devem se adequar ao estágio de mudança do paciente. Indivíduos em um processo inicial de mudança (pré-contemplativos, por exemplo) precisam ser ajudados a se mover até o estado de ação para que possam iniciar um programa de parada de fumar com mais possibilidades de êxito.

A ambivalência, como o próprio nome sugere, se refere à possibilidade de existirem valências emocionais positivas e negativas ocorrendo concomitantemente em relação a um mesmo objeto. No caso do tabagismo, é possível inferir que, se o paciente fuma, é provável que exista uma valência emocional positiva atribuída ao hábito de fumar. Contudo, se ele pretende deixar de fumar, é possível também que exista alguma valência emocional negativa relacionada ao tabagismo, que coexiste com a emoção positiva. Fumar é, ao mesmo tempo, bom e ruim.

Além disso, ao projetar um cenário de abandono do tabagismo, o paciente experimentará emoções positivas e negativas com relação às expectativas tanto do processo de cessação quanto das modificações que ocorrerão em sua vida após deixar de fumar. Abandonar o cigarro é também, concomitantemente, bom e ruim. Temos, assim, quatro aspectos que serão considerados pelo sujeito para a tomada de decisão de parar ou não de fumar: vantagens e desvantagens de continuar a fumar e vantagens e desvantagens de parar de fumar. Tais pontos serão avaliados na denominada Balança de Decisão (Figura 1) (Velicer, DiClemente, Prochaska & Brandenburg, 1985).

Figura 1   Balança de decisão.

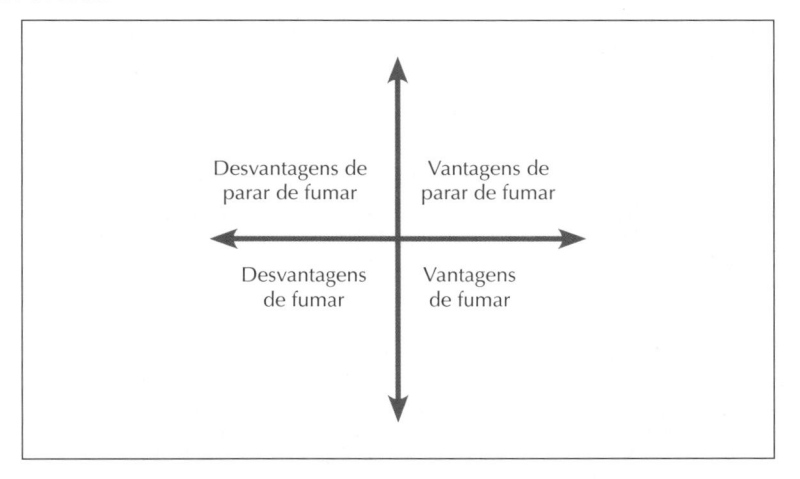

É importante atentar para o fato de que, a despeito de muitos pacientes compartilharem questões quanto ao fumar e ao processo de cessação, as razões e, principalmente, o valor emocional atribuído a cada um dos argumentos para manter ou abandonar o tabagismo é, necessariamente, idiossincrático. Nesse sentido, cada paciente terá sua própria balança de decisão e, a cada momento, o valor atribuído a cada item pode variar, na medida em que o indivíduo muda de estágio no dinâmico processo de motivação. Nesse modelo de ganhos e perdas provenientes da mudança, podem ser salientadas quatro principais categorias apontadas por Janis e Mann (1977): (1) ganhos e perdas relacionados à própria vida, (2) ganhos e perdas para os outros significativos, (3) autoaprovação ou autodesaprovação e (4) aprovação ou desaprovação por parte dos outros significativos. Portanto, ao elaborar, juntamente com o paciente, os aspectos formadores da balança de decisão, é importante verificar a existência de itens relacionados a cada uma dessas categorias. Neste ponto, é necessária uma atitude mais ativa do terapeuta para, sem sugerir, questionar sobre o impacto da decisão de parar de fumar em cada um desses domínios.

Nesse sentido, terapeuta e paciente buscam inclinar a balança de decisões no sentido de a mudança a partir da associação da possibilidade de mudança a valências emocionais positivas e a expectativa de ocorrência de emoções positivas. Por isso as técnicas motivacionais apresentam, além dos clássicos componentes cognitivos e comportamentais, um trabalho específico no aspecto emocional da tomada de decisão (Wagner & Ingersoll, 2008).

29.3.3 Grupo de parada

A fase de parada do tratamento está estruturada em dez sessões semanais, com duração média de duas horas. Os grupos são compostos por no máximo dez pacientes de ambos os sexos que apresentam em comum a necessidade de romper com o vício da nicotina. No início desse processo estabelece-se uma data em que o paciente vai parar de fumar. Ao final dessas sessões, espera-se que o paciente tenha atingido seu objetivo.

Os procedimentos adotados nas sessões consistem em: (1) psicoeducação dos participantes sobre questões relacionadas à dependência de nicotina e às principais ferramentas cognitivo-comportamentais; (2) estabelecimento de uma adequada relação terapêutica; (3) realização de autorregistros; (4) avaliação dos pensamentos automáticos; (5) análise das vantagens e desvantagens de parar de fumar; (6) treinamento em técnicas de solução de problemas; (7) desenvolvimento de estratégias de enfrentamento para situações de risco e (8) treino de técnicas de relaxamento e respiração para o manejo da ansiedade.

Figura 2   Estratégias de enfrentamento em situações de risco

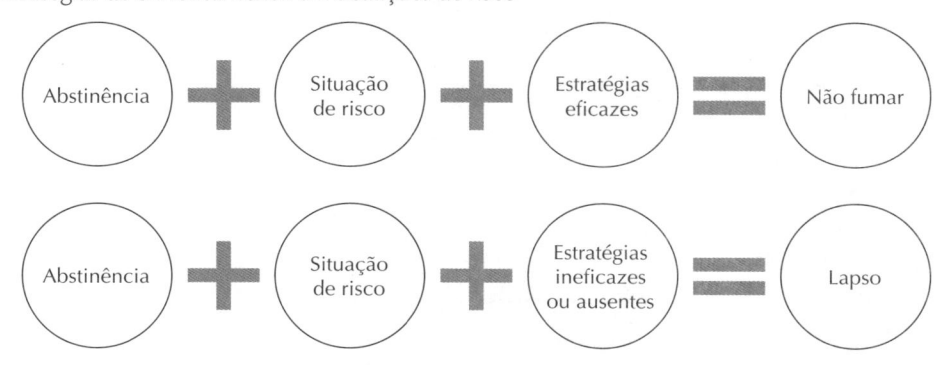

A cada sessão, propõe-se um novo comprometimento no sentido de reduzir gradualmente o número de cigarros naquela semana. A cada semana, não apenas o número de cigarros vai sendo reduzido, como também são trabalhadas técnicas de controle de estímulos, em que o paciente passa a abdicar de fumar em situações ou lugares determinados, em uma escala hierárquica na qual ele identifica as situações mais fáceis de manejar sem cigarro (por onde começa) até as mais difíceis. Dentre as técnicas de controle de estímulos, está ainda a estratégia de adiar os cigarros, aumentando o intervalo entre eles, de maneira gradual. Por último, os cigarros vão sendo cortados de modo que a quantidade de nicotina seja reduzida mesmo nas situações em que o participante ainda fuma (Becoña, 1998). Assim, podem-se resumir as principais estratégias utilizadas para manejo da dependência da nicotina como: (1) atrasar o momento de acender cigarro; (2) reduzir o número de cigarros diários; (3) cortar o tamanho do cigarro; (4) não tragar mais profundamente; (5) restringir os locais para fumar; (6) não aceitar oferta de cigarros.

Formulários de autorregistro são fornecidos aos pacientes semanalmente para que possam monitorar tanto a quantidade de cigarros quanto as situações em que tiveram necessidade de fumar e os sentimentos e as emoções experimentados nessas situações. Dessa forma, cada participante consegue se colocar em uma postura ativa no processo de mudança, aumentando seu autoconhecimento sobre como ocorre esse processo para cada um. O objetivo dessas intervenções é fortalecer a autoeficácia percebida, ou seja, as crenças que o paciente nutre acerca de suas próprias capacidades para organizar e executar o curso de ação necessário para o desdobramento de situações prospectivas que afetam sua vida e seu objetivo de parar de fumar (Bandura, 1982). Quanto mais positivas forem as crenças relacionadas à autoeficácia, melhores serão as expectativas de desempenho e, consequentemente, maior será o comprometimento do paciente com a mudança (Hammond, McDonald, Fong, & Borland, 2004).

Além da autoavaliação, a autoeficácia também pode ser influenciada externamente, através da modelação, da persuasão verbal e do direcionamento do processamento cognitivo do paciente, corrigindo as distorções. Dessa forma, é possível, através das técnicas terapêuticas comportamentais e da entrevista motivacional, trabalhar para ajustar as crenças autorreferentes dos pacientes aos dados objetivos (Sardinha, 2012).

As crenças relacionadas à autoeficácia são importantes não apenas para que o paciente atinja seu objetivo de parar de fumar, mas também para prevenir recaídas. Nesse sentido, inicialmente é preciso abordar com o paciente suas expectativas a respeito do processo, as dificuldades que imagina que irá encontrar e os sentimentos associados a essas crenças. Em muitos momentos, o profissional deverá corrigir expectativas improváveis, como a de que consegue parar de fumar quem tem força de vontade, que o processo de parada de fumar é simples ou de que se o paciente tiver um lapso significa que tem menores chances de conseguir ficar sem fumar (Marlatt & Gordon, 1993). Isso porque, uma vez que os processos cognitivos são também mediados pelas crenças já formadas de autoeficácia, estas podem vir a estimular ou a depreciar o desempenho, através dos pensamentos antecipatórios ou inferenciais que estão associados a esses processos. Tais pensamentos se traduzem em incentivos e cursos de ação com o auxílio dos mecanismos emocionais de autorregulação. O processamento desses pensamentos antecipatórios acaba formando e reforçando as crenças do que podemos ou não fazer, nos alertam para os supostos desfechos positivos e negativos, nos proporcionam, com maior ou menor clareza, os recursos internos a serem utilizados para conquistarmos o futuro que almejamos e para evitarmos resultados aversivos. A autoeficácia percebida opera, portanto, como um regulador cognitivo da elevação da ansiedade. Dessa forma, essas crenças exercem um papel fundamental na regulação cognitiva da motivação, ao passo que expectativas improváveis podem minar a motivação do paciente mesmo que o tratamento esteja caminhando bem (Sardinha, 2012).

29.3.4 Grupo de manutenção

O ideal é que todos os fumantes que estão em processo de cessação de fumar sejam acompanhados com consultas de retorno para garantir um apoio na fase inicial da abstinência, quando os riscos de recaída são maiores. O Consenso do Ministério da Saúde e do Instituto Nacional do Câncer (INCA) sugere que o paciente que está em processo de cessação de fumar retorne para acompanhamento em pelo menos três momentos durante os seis meses subsequentes à parada de fumar (Ministério da Saúde, 2001).

No programa aqui apresentado, são ainda oferecidas sessões quinzenais de manutenção por um período de pelo menos seis meses após o término do grupo de parada. As sessões de manutenção são abertas para todos os pacientes que já passaram pelo programa de controle do tabagismo, sendo obrigatórias durante os primeiros três meses de abstinência. De acordo com a necessidade de cada paciente, é indicada, se for o caso, sua permanência na manutenção por períodos de tempo mais longos. Além disso, mesmo os pacientes que não estão mais sofrendo com a fissura (*craving*) ou com os sintomas de abstinência são estimulados a comparecer esporadicamente nas sessões a fim de que possam, com seu depoimento, encorajar e reforçar outros membros do grupo que enfrentam mais dificuldades no processo de parada.

As sessões de manutenção são estruturadas de acordo com os temas que os pacientes e os coordenadores designam em função da necessidade específicas de cada grupo. Durante as sessões é feito um acompanhamento do tempo de abstinência, da fissura e dos sintomas de abstinência vivenciados pelos pacientes e alguns temas relacionados ao processo de parada. Dentre os temas mais discutidos, pode-se citar o ganho de peso que ocorre nos primeiros meses após a parada de fumar, o impacto social da cessação do hábito de fumar e o aparecimento ou o aumento da ansiedade e de outras emoções negativas.

São analisadas também as vantagens e as desvantagens do abandono do cigarro, as diferenças notadas pelo paciente em seu corpo e em sua condição física, sua respiração, seu hálito, sua percepção de odores e sabores etc. São discutidos e ensinados, ainda, recursos para que os pacientes possam lidar com os sintomas e para que possam manejar as situações de crise e de fissura. Os sintomas de abstinência, geralmente, surgem algumas horas após o último cigarro, atingem o pico em dois a três dias e desaparecem depois de duas a quatro semanas (U. S. Department of Health and Human Services, 1998).

No início de cada sessão, todos os membros do grupo relatam brevemente como transcorreu sua última quinzena sem fumar, ressaltando os momentos críticos enfrentados e as estratégias de enfrentamento utilizadas ou não. Esses relatos são aproveitados pelos coordenadores para analisar funcionalmente cada situação a fim de evidenciar para o grupo quais os fatores desencadeadores, os fatores mantenedores e as estratégias utilizadas para manejar as situações de fumar ou de fissura. Tais depoimentos também são úteis porque frequentemente fornecem, tanto para o grupo quanto para os coordenadores, novas e criativas estratégias e soluções para o manejo da abstinência, que passam, então, a ser utilizadas pelos membros do grupo e ensinadas aos novos grupos. Quando um membro não pode mais frequentar as reuniões de manutenção, é feito um acompanhamento telefônico, também quinzenalmente, em que são discutidos os principais problemas enfrentados e as estratégias utilizadas. Após os seis meses obrigatórios, o paciente tem autonomia para frequentar ou não as sessões de manutenção, porém um acompanhamento trimestral é feito por telefone, para saber se a pessoa continua em abstinência de nicotina, se apresenta algum sintoma de abstinência ou se teve alguma recaída ou lapso.

A avaliação e o manejo da autoeficácia do paciente devem ser contínuos ao longo do processo de parada e manutenção, levando em consideração sua flutuação esperada. Por ser uma variável influenciada por diversos fatores, é natural que ocorram flutuações e isso não necessariamente significa um entrave ao tratamento. Entretanto, em alguns momentos críticos, esse deve ser o foco da intervenção de maneira mais específica como, por exemplo, nos momentos de lapso, em que o paciente acaba fumando um cigarro ou que se sente sem forças para resistir à tentação de fumar. O manejo do lapso inclui uma série de medidas de prevenção de recaídas. Apesar de não haver ainda evidências robustas que avalizem a utilização de técnicas específicas, parece que o manejo da autoeficácia do paciente no sentido de resignificar o lapso como algo esperado e não necessariamente indicativo de fracasso, é especialmente importante (Becoña & Vazquez, 1997). Nesse momento, adotar estratégias baseadas na solução de problemas e elaborar, junto com o paciente, estratégias para manejar tanto os sentimentos negativos advindos do lapso quanto comportamentos de segurança para evitar sua recorrência parecem ser eficazes (Hajek, West, Jarvis & Lancaster, 2009).

29.4 Considerações finais

As técnicas cognitivo-comportamentais parecem ter papel importante no processo de parada de fumar, mas há diferentes propostas de implementação de técnicas. Os resultados obtidos ao longo dos anos serviram para aprimorar e modificar o programa em sua forma atual de quinze sessões. De qualquer maneira, o PCT tem sido utilizado para atendimento da população e não passou por procedimentos experimentais nos quais haveria maior controle das variáveis que atuam na manutenção do comportamento aditivo. O que se percebe é que, sem receber ajuda, pacientes não conseguem abandonar o tabagismo. O controle dos pacientes em manutenção é um aspecto delicado do tratamento. Por não ser obrigatório após o terceiro mês, muitos pacientes deixam de comparecer e muitos não respondem aos contatos e recados da equipe.

Outro aspecto que se destaca é que os dados obtidos baseiam-se no autorrelato. Devido à natureza do projeto, não cabe propor uma medida mais objetiva do consumo de cigarros, como se observa em alguns outros estudos experimentais. De qualquer maneira, avalia-se que o PCT é eficaz. Ao longo dos dez anos de atendimento aos grupos de fumantes, em todos os grupos pelo menos 60% de pessoas deixa de fumar e isso permanece durante os três primeiros meses. Parar de fumar é, assim, uma possibilidade para quem busca esse tipo de tratamento.

29.5   Referências

Araújo, A. J. (Ed.). (2012). *Manual de práticas e condutas em tabagismo – Sociedade Brasileira de Pneumologia e Fisiologia*. São Paulo: AC Farmaceutica.

Bailey, S. R., Crew, E. E., Riske, E. C., Ammerman, S., Robinson, T. N. & Killen, J. D. (2012). Efficacy and tolerability of pharmacotherapies to aid smoking cessation in adolescents. *Paediatric Drugs, 14* (2), 91-108.

Balmford, J. B. R. (2008). What does it mean to want to quit? *Drug and Alcohol Review, 27* (1), 21-27.

Bandura, A. (1982). Self-efficacy mechanism in human agency. *The American Psychologist, 37* (2), 122-147.

Bechara, A., Damasio, H., & Damasio, A. R. (2000). Emotion, decision making and the orbitofrontal cortex. *Cerebral Cortex, 10* (3), 295-307.

Becoña, E. (1998). Tratamiento del tabaquismo. In V. E. Caballo (Ed.), *Manual para el tratamiento cognitivo-conductual de los transtornos psicológicos* (Vol. 2). Madrid: Siglo Veintiuno de España Editores.

Becona, E. & Vazquez, F. L. (1997). Does using relapse prevention increase the efficacy of a program for smoking cessation? An empirical study. *Psychological Reports, 81* (1), 291-296.

Cunha, J. (2001). *Manual em português das Escalas Beck*. São Paulo: Casa do Psicólogo.

Doll, R. P. R., Wheatley, K., Gray, R., & Sutherland I. (1994). Mortality in relation to smoking: 40 years' observations on male Britsh doctors. *Journal of Consulting and Clinical Psychology, 51* (3), 390-395

Hajek, P. S. L., West, R., Jarvis, M., & Lancaster T. (2009). Relapse prevention interventions for smoking cessation. *Cochrane Database of Systematic Reviews 21* (1), CD003999.

Hammond, D., McDonald, P. W., Fong, G. T., & Borland, R. (2004). Do smokers know how to quit: Knowledge and perceived effectiveness of cessation assistance as predictors of cessation behaviour. *Addiction, 99,* 1042-1048.

Haxby, D. G. (1995). Treatment of nicotine dependence. *American Health-System Pharmacy, 52* (3), 265-281; quiz 265-281.

Janis, I. L. & Mann, L. (1977). *Decision making: A psychological analysis of conflict, choice and commitment*. New York: Free Press.

Marlatt, G. A. & Gordon, J. R. (1993). *Prevenção de recaída: estratégias no tratamento de comportamentos aditivos*. Porto Alegre: Artes Médicas.

Marques, A. C. A., Gigliotti, A. P., Lourenço, M. T. C., Ferreira, M. P., & Laranjeira, R. (2001). Consenso sobre o tratamento da dependência de nicotina. *Revista Brasileira de Psiquiatria, 23,* 200-214.

Miller, W. R. & Rollnick, S. (2002). *Motivational interviewing: Preparing people for change* 2 ed. New York: Guilford Press.

Ministério da Saúde (2001). *Abordagem e tratamento do fumante: consenso*. Rio de Janeiro: INCA.

U. S. Department of Health and Human Services (1990). *The Health Benefits of Smoking Cessation: A Report of the Surgeon General*. Atlanta, GA: CDC, Office on Smoking and Health.

Oliva, A. D. (2008). Parar ou não parar de fumar? Tabagismo é dependência e tem tratamento. *POLÊM!CA, 7* (4), 77-82.

Prochaska, J. O. & DiClemente, C. C. (1983). Stages and processes of self-change of smoking: toward an integrative model of change. *Journal of Consulting and Clinical Psychology, 51* (3), 390-395.

Sardinha, A. (2012). Como se avalia e qual o papel da autoeficacia no tratamento do fumante? In A. J. Araújo (Ed.), *Manual de condutas e práticas em tabagismo – Sociedade Brasileira de Pneumologia e Tisiologia* (pp. 154–156). São Paulo: AC Farmaceutica.

Sardinha, A., Oliva, A., D'Augustin, J., Ribeiro, F., & Falcone, E. (2005). Intervenção cognitivo-comportamental com grupos para o abandono do cigarro. *Revista Brasileira de Terapias Cognitivas, 1* (1), 83-89.

Vázquez, F. L. B. E. (1996). Los programas conductuales para dejar de fumar. Eficacia a los 2-6 años de seguimiento. *Adicciones, 8,* 369-392.

Velicer, W. F., DiClemente, C. C., Prochaska, J. O., & Brandenburg, N. (1985). Decisional Balance Measure for Assessing and Predicting Smoking Status. *Journal of Personality and Social Psychology, 48* (5), 1279-1289.

Wagner, C. C. & Ingersoll, K. S. (2008). Beyond Cognition: Broadening the Emotional Base of Motivational Interviewing. *Journal of Psychotherapy Integration, 18* (2), 191-206.

World Health Organization – WHO (1999). *The world health report: making a difference*. Genebra: World Health Organization.

Autoras:

Aline Sardinha – Psicóloga Clínica, terapeuta cognitivo-comportamental. Mestre e Doutoranda do Laboratório de Pânico e Respiração. Programa de Pós-Graduação em Psiquiatria e Saúde Mental do Instituto de Psiquiatria da Universidade Federal do Rio de Janeiro (IPUB/UFRJ). Instituto Nacional de Ciência e Tecnologia Translational Medicine (INCT-TM, CNPq). Contato: alinesardinhapsi@gmail.com

Angela Donato Oliva – Doutora em Psicologia da Aprendizagem e do Desenvolvimento Humano pela Universidade de São Paulo. Professora do Instituto de Psicologia da Universidade do Estado do Rio de Janeiro e da Universidade Federal do Rio de Janeiro; Docente do Programa de Pós-Graduação em Psicologia Social – UERJ. Contato: angeladonatoliva@uol.com.br

Eliane Mary de Oliveira Falcone – Mestre em Psicologia Clínica pela PUC-Rio; Doutora em Psicologia Clínica pela Universidade de São Paulo; Pós-Doutora em Psicologia Experimental pela Universidade de São Paulo. Professora adjunta do Instituto de Psicologia do Estado do Rio de Janeiro; Docente do Programa de Pós-Graduação em Psicologia Social – UERJ. Contato: elianefalcone@uol.com.br

Estresse, raiva e hipertensão: uma revisão teórica

Glória Moxotó

Lucia Emmanoel Novaes Malagris

"É importante frisar que nem todo mundo que tem *stress* tem raiva, mas, provavelmente, quem tem raiva tem *stress*."

(Lipp, 2005).

30.1   Introdução

Níveis elevados de estresse e raiva estão envolvidos na deterioração das relações humanas, tanto nos âmbitos conjugais, familiares e nas práticas parentais quanto no trabalho e na vida social, acarretando um decréscimo significativo de qualidade de vida (Lipp, 2005). Ao lado de outros fatores – como hereditariedade, vida sedentária e nutrição inadequada –, estresse e raiva estão também relacionados à etiologia de diversas patologias crônicas e degenerativas, como câncer, úlceras, obesidade e hipertensão arterial (Straub, 2005). Dentre as doenças citadas, a hipertensão arterial apresenta grande expressividade epidemiológica em termos de saúde pública, afetando mais de 30 milhões de pessoas no Brasil (Lipp & Rocha, 2008).

Torna-se importante, portanto, a compreensão dos mecanismos envolvidos no estresse, na raiva e na pressão arterial para que tais relações sejam exploradas e seja possível planejar estratégias psicoterápicas que possam contribuir para o controle da hipertensão arterial quando já estabelecida ou, até mesmo, para a prevenção da doença. Intervenções baseadas na Terapia Cognitivo-Comportamental podem ser extremamente úteis para o controle do estresse e da raiva desadaptativa e, assim, se constituir em uma abordagem não medicamentosa para tratamento e prevenção da hipertensão arterial (Lipp & Malagris, 2010).

30.2   Estresse

O estresse emocional é tema de estudos e pesquisas diversos que têm possibilitado maior entendimento desse processo, bem como vêm proporcionando a divulgação do que é estresse e de suas consequências (Lipp & Malagris, 2011). Seu impacto na saúde e na qualidade de vida dos seres humanos tem sido estudado intensamente por diversos autores (Lipp & Rocha, 2008; Malagris, 2004; Savoia, 2003). Lipp e Malagris (2001) descrevem implicações familiares, ocupacionais, sociais e clínicas do estresse excessivo. De acordo com Malagris (2004), o estresse excessivo atua como agente facilitador no surgimento, na manutenção e no agravamento de diversas patologias físicas e mentais.Esse mesmo posicionamento é observado em Straub (2005), que afirma que uma vez que o estresse se prolonga consumindo as reservas de energia do indivíduo e levando-o a um estado de exaustão, aumenta a probabilidade de aparecer várias enfermidades, como a hipertensão arterial, objeto de atenção do presente estudo.

Embora o conceito de estresse tenha sofrido consideráveis alterações durante sua evolução até os dias de hoje, pode-se observar ampla aceitação pela definição de Lipp e Malagris (2001). Segundo as autoras:

> *Stress* é uma reação do organismo, com componentes psicológicos e físicos, causada pelas alterações psicofisiológicas que ocorrem quando a pessoa confronta-se com uma situação que de alguma forma a irrite, amedronte, excite ou confunda, ou mesmo que a faça imensamente feliz (p. 477).

Em 1956, Selye definiu três fases de desenvolvimento do processo do estresse: alerta, resistência e exaustão (Selye, 1965; Lipp & Malagris, 2011). Esse modelo trifásico vinha sendo empregado desde sua formulação, em 1956, como base para estudos sobre os efeitos da excessiva tensão no ser humano, tanto física quanto mental, sem que houvesse sido realizada pesquisa alguma de validação do mesmo (Lipp, 2003). Porém, durante os procedimentos de padronização do Inventário de Sintomas de Estresse para Adultos de Lipp, inicialmente baseado no modelo trifásico, foi identificada, tanto clínica como estatisticamente, outra fase, que por situar-se entre a de resistência e a de exaustão foi denominada quase-exaustão. Os dados obtidos evidenciaram que a fase de resistência, conforme propôs Selye, era extensa demais, contendo duas etapas diferentes caracterizadas não por sintomas distintos, mas por quantidade e intensidade desses sintomas. Assim, no modelo quadrifásico de Lipp, a fase de resistência remete à parte inicial do conceito de resistência de Selye e a de quase-exaustão, à parte final, quando a resistência da pessoa está quase se exaurindo. Dessa maneira, é possível afirmar que o modelo quadrifásico de Lipp é um desenvolvimento complementar ao trifásico concebido por Selye.

Já as fontes geradoras de estresse, também denominadas estressores, são quaisquer estímulos que produzem quebra de homeostase em organismo. Essa ruptura acarretará uma reação de adaptação, seja o estressor de natureza positiva ou negativa. Assim, todo evento ou fato desencadeante da reação de estresse é denominado estressor (Lipp, 1996).

Uma das formas de classificação de estressores é o meio no qual são produzidos: interno ou externo ao indivíduo. As fontes externas são quaisquer eventos extrínsecos ao indivíduo que o afetam direta ou indiretamente e, muitas vezes, não têm qualquer relação de dependência com suas características idiossincráticas. São exemplos de fontes externas os eventos vitais, de âmbitos individuais, conjugais, familiares, sociais e ocupacionais, naturais ou acidentais (Lipp & Malagris, 2001).

As fontes internas, por sua vez, são inteiramente decorrentes de aspectos pessoais, da história de vida e, consequente, do modo de interpretação dos fatos, além de depender dos padrões comportamentais. Uma importante fonte interna de estresse é a raiva quando muito intensa e frequente na vida de uma pessoa (Lipp, 2005). Embora seja um sentimento natural e necessário ao ser humano, quando mal administrada, a raiva pode estar associada a sérias consequências negativas. Geralmente a raiva desadaptativa ocorre a partir da predisposição do indivíduo a perceber as situações como desagradáveis e frustrantes. O problema se agrava quando, além de ocorrer de maneira intensamente e frequente, o indivíduo expressa a raiva excessivamente para dentro ou para fora, observando-se uma falta de manejo adequado desse sentimento. Nos dois casos pode haver prejuízos de interação social e, ao mesmo tempo, agressão ao próprio organismo (Lipp, 2005; Lipp & Malagris, 2010; Spielberger, 1992).

Embora as pesquisas indiquem a relação do estresse com algumas patologias, não se pode afirmar que o estresse excessivo cause doenças isoladamente, pois o desenvolvimento da maioria das doenças é, em geral, multifatorial. Na verdade, o estresse atua enfraquecendo o organismo que, uma vez debilitado, sucumbe a patologias oportunistas, ou então o organismo pode apresentar, nesse momento de fraqueza, as condições necessárias para o desenvolvimento de doenças de transmissão hereditária (Lipp & Malagris, 2001; Lipp & Rocha, 2008).

A associação do estresse com patologias diversas já foi descrita por muitos autores. Enquanto Brasio e Honda (2009) citam a associação do estresse com a dispepsia funcional, Lipp e Rocha (2008) o relacionam às doenças cardiovasculares. Já Joca, Padovan e Guimarães (2003) apontam para a associação do estresse com a depressão. Com base nesse breve panorama, observa-se que os estudos indicam que o estresse pode estar presente como um dos fatores envolvidos no surgimento ou na manutenção de transtornos físicos e mentais.

De acordo com Straub (2005), trabalhos de diversos pesquisadores corroboram as proposições de Selye sobre os danos potenciais ao organismo submetido ao estresse excessivo. Assim, uma vez que o estresse se prolonga consumindo as reservas de energia do indivíduo, leva-o a um estado de exaustão, o que aumenta a probabilidade de aparecerem doenças às quais Selye (1965) chamou "de adaptação", como as alergias, os estados gripais de repetição e a hipertensão arterial. O estresse origina, assim, alterações físicas, clínicas e sociais.

Lipp e Malagris (2001) descrevem implicações psicológicas, emocionais, comportamentais, laborativas e sociais do estresse. As autoras citam como alguns dos sintomas observáveis a fadiga mental, a apatia, o decréscimo de produtividade e de criatividade, dúvidas em relação a si próprio, diminuição do interesse sexual e alterações de sono, apetite e energia. Tendência ao choro, à agressividade, evitação de compromissos e uso de substâncias psicotrópicas, são ainda citadas entre as implicações psicológicas decorrentes do estresse. Nos âmbitos laborativo e social, o absenteísmo e o aumento do número de licenças médicas provocado pelas patologias associadas ao estresse acarretam grande prejuízo à produção do trabalho, quando não há o gerenciamento adequado, o que pode ocasionar perdas não apenas aos indivíduos diretamente afetados, mas também às empresas e à nação, atingindo a sociedade como um todo (Lipp e Malagris, 2001).

Além das patologias já citadas, o estresse crônico influi na etiologia da hipertensão arterial, objeto de estudo do presente capítulo, ao lado de outros fatores como predisposição genética, hipersensibilidade do sistema nervoso simpático, nutrição inadequada e sedentarismo (Lipp & Rocha, 2008). Dessa maneira, em indivíduos geneticamente predispostos e com comportamentos de risco, o estresse excessivo aumenta as chances de desenvolvimento da hipertensão arterial ao longo do tempo (Lipp & Rocha, 1994; 2008; Sociedade Brasileira de Cardiologia, Sociedade Brasileira de Hipertensão & Sociedade Brasileira de Nefrologia, 2010).

30.3   Raiva

Assim como o estresse, a raiva também aparece constantemente associada, na literatura, à hipertensão e a aumentos excessivos de reatividade cardiovascular. No que se refere à hipertensão, a tendência a suprimir constantemente a raiva, direcionando-a para dentro, vem sendo associada positivamente a essa doença (Gentry, Chesney, Hall & Harburg, 1982; Johnson, Spielberger, Worden & Jacobs, 1987; Vögele, Jarvis & Cheeseman, 1997).

Spielberger (1992) distinguiu o conceito de raiva dos conceitos de hostilidade e agressão, ressaltando a confusão gerada pela alternância indiscriminada do emprego desses termos. Segundo esse autor, a raiva é um conceito mais básico que hostilidade e agressão e se refere a um estado emocional que pode variar de mero aborrecimento ou irritação até a fúria, sendo acompanhada por uma excitação do sistema nervoso autônomo. A hostilidade é definida como um complexo de sentimentos e atitudes que servem de motivo para comportamentos agressivos e, muitas vezes, de vingança. O conceito de agressão é distinto dos conceitos de raiva e da hostilidade que se referem a sentimentos e atitudes, sendo empregado para descrever os comportamentos efetivamente destrutivos e punitivos. Embora a emoção de raiva seja uma precursora necessária, ela não é suficiente para o desenvolvimento de atitudes hostis e a manifestação de agressividade. DiGiuseppe e Tafrate (2007) distinguem, ainda, o conceito de irritabilidade dos conceitos de raiva, hostilidade e agressão, descrevendo-o como um estado de reduzido limiar para responder com raiva ou agressividade aos estímulos. Lipp (2005) acrescenta que a raiva é um sentimento universal, podendo ocorrer diante de importante frustração ou adiante da oposição de alguém contra desejos ou ideias que valorizamos, funcionando como um mecanismo ativado pela perda de poder real ou imaginária. Essa autora destaca também o papel adaptativo da raiva, descrevendo-a como uma resposta natural do ser humano diante de alguma ameaça, preparando-o para enfrentar o inimigo em defesa de sua integridade física e de seus princípios morais.

Spielberger (1992) divide o conceito de raiva em dois componentes principais, estado e traço, e os define diferenciando-os de sua expressão. O estado é caracterizado por sentimentos subjetivos que variam em intensidade, em função da percepção de injustiça ou frustração proveniente de impedimento de atingir um objetivo. Já o traço de raiva é definido como a disposição de avaliar os eventos como frustrantes e desagradáveis, seguida de tendência a responder a esses eventos com aumento frequente de estado de raiva. Lipp (2005) esclarece que o temperamento raivoso faz com que o indivíduo que está constantemente sob o efeito desse sentimento produza uma liberação permanente dos hormônios adrenalina, noradrenalina, prolactina e testosterona, debilitando o sistema imunológico e elevando pressão arterial e a frequência cardíaca. O indivíduo, então, permanece em constante estado de alerta contra tudo o que interpreta como ameaçador. A expressão, por sua vez, é dividida em três componentes: raiva para fora, raiva para dentro e controle. A raiva para fora é expressa em relação a outras pessoas ou objetos ao redor; a raiva para dentro é aquela que é suprimida ou guardada em forma de mágoa, ressentimentos ou ruminações; o controle de expressão de raiva refere-se às diferenças individuais no grau de tentativas deliberadas de controlar a expressão desse sentimento (Spielberger, 1992).

A direção da expressão de raiva (para fora, para dentro ou ambas) quando excessiva, tem sido associada à etiologia, à manutenção e ao agravamento de diversas patologias (Kassinove & Tafrate, 2007). Raiva para fora é associada aos aumentos dos níveis de colesterol (Waldstein *et al.*, 1993) e aos acidentes vasculares cerebrais (Everson, Kaplan, Goldberg, Lakka & Sivenius, 1999). Lipp (2005) afirma que o estresse é especialmente deletério em indivíduos que expressam excessivamente a raiva, seja para fora ou para dentro. Em um mesmo indivíduo, níveis acima da média de raiva para dentro e para fora são associados à vulnerabilidade para distúrbios da artéria coronária e ataques cardíacos (Spielberger, 1992). A raiva para dentro é associada constantemente à hipertensão arterial (Gentry *et al.*, 1982; Spielberger, 1992). De forma complementar, Lipp (2005) enfatiza a existência de evidências na literatura científica apoiando a associação entre hipertensão e a expressão inadequada de raiva. A ruminação de raiva, característica da direção de expressão de raiva para dentro, costuma ser deflagrada por decepções e rejeições sociais e falhas em receber atenção de outros (DiGiuseppe & Tafrate, 2007). A presença de ruminação de raiva após eventos que provocam essa emoção tem sido associada a aumento do tempo de recuperação da elevação da reatividade cardiovascular

(Gerin, Davidson, Christenfeld, Goyal & Schwartz, 2006). Hogan e Linden (2004) afirmam que a ruminação é uma variável moderadora crítica na relação entre a raiva e a pressão sanguínea. De acordo com Key, Campbell, Bacon e Gerin (2008), a ruminação pode influenciar a associação entre estresse e hipertensão, prolongando a ativação cardiovascular após exposição a um estressor emocional negativo.

30.4 Hipertensão arterial

A hipertensão arterial é uma patologia com múltiplos fatores etiológicos e variados mecanismos fisiopatológicos envolvidos (Malagris, 2004). Segundo as VI Diretrizes Brasileiras de Hipertensão, a existência de níveis tensionais elevados acompanhados de alterações hormonais, metabólicas e fenômenos tróficos caracterizam a hipertensão arterial (Sociedade Brasileira de Cardiologia, Sociedade Brasileira de Hipertensão & Sociedade Brasileira de Nefrologia, 2010).

A hipertensão arterial pode ser classificada de dois modos: levando em conta sua origem ou sua gravidade. Quanto a sua origem, ela pode ser classificada em primária ou secundária. A hipertensão primária caracteriza-se pela elevação da pressão sem uma causa identificável. Já a hipertensão secundária é caracterizada pela elevação da pressão ocasionada por uma patologia antecedente (Lipp & Rocha, 2008). Para classificar a hipertensão arterial quanto a sua gravidade, devem ser levados em conta os valores de pressão e os fatores de risco envolvidos. São considerados fatores de risco pelas VI Diretrizes Brasileiras de Hipertensão: hereditariedade, idade, sexo, etnia, condições socioeconômicas, sedentarismo, obesidade, consumo excessivo de sal ou de álcool, tabagismo e estresse (Sociedade Brasileira de Cardiologia, Sociedade Brasileira de Hipertensão & Sociedade Brasileira de Nefrologia, 2010).

A classificação segundo a gravidade pode ser analisada conforme os critérios descritos na seguinte tabela apresentada por Lipp e Rocha (2008, p. 26).

Tabela.1 Classificação da pressão arterial (> 18 anos), recomendações de seguimento (prazos máximos), alteráveis de acordo com a condição clínica do paciente.

Classificação	Sistólica	Diastólica	Seguimento
Ótima	<120	<80	Reavaliação após um ano
Normal	<130	<85	Reavaliação após um ano
Limítrofe	130-139	85-89	Reavaliação em seis meses*
Hipertensão			
Estágio 1 (leve)	140-159	90-99	Confirmação após dois meses*
Estágio 2 (moderada)	160-179	100-109	Confirmação após um mês*
Estágio 3 (grave)	>180	>110	Intervenção imediata ou reavaliação após
Sistólica isolada	>140	<90	uma semana**

* Se a sistólica e a diastólica estiverem em categorias diferentes, a classificação deverá ser baseada na maior delas.
** A intervenção deverá ser planejada levando em consideração fatores de risco maiores e comorbidades.

A elevação do risco cardiovascular ocorrerá sempre que houver aumento da pressão arterial, sendo necessário o controle com a finalidade de diminuir ou evitar as consequências deletérias ao aparelho cardiovascular. Tanto para hipertensão primária ou secundária, a redução da pressão é primordial para evitar prejuízos em órgãos alvos, como coração e cérebro (Lipp & Rocha, 2008). Quando comparados a normotensos, indivíduos pré-hipertensos apresentam 90% de risco de desenvolver hipertensão (Larkin, 2005).

A hipertensão arterial apresenta expressiva prevalência mundial. O VI *Joint National Committee on Detection, Evaluation, and Treatment of High Blood Pressure* aponta a transformação dessa realidade como um dos mais significativos desafios deste milênio. Estima-se que pelo menos 50 milhões de norte-americanos são portadores de hipertensão e estudos nacionais têm apresentado prevalência entre 12 e 35 % em regiões diversas (Brandão, Brandão, Magalhães & Pozzan, 2003).

Segundo Olmos e Lotufo (2002), a prevalência da hipertensão no Brasil fica em torno de 20% e deve ser considerada um problema de saúde pública, além de importante fator de risco cardiovascular. No Brasil, entre 2000 e 2009, as doenças cardiovasculares foram responsáveis por 65% dos óbitos na população adulta em período laborativo e por 40% das aposentadorias precoces. Levando-se em conta que a hipertensão arterial é um fator de risco associado a diversas doenças cardiovasculares – como aterosclerose, doença isquêmica do coração e morte súbita –, é indiscutível a importância do conhecimento dos fatores relacionados ao controle dessa patologia (Nogueira et al., 2010).

A medida da pressão arterial é um método diagnóstico simples, de custo reduzido e não invasivo. A despeito disso, pesquisas epidemiológicas revelam que grande parcela de hipertensos desconhece sua condição. Da mesma forma, embora exista um amplo conjunto de medidas terapêuticas para o tratamento dessa patologia, somente um terço dos hipertensos em acompanhamento médico apresentam pressão arterial sob controle (Bloch, Rodrigues & Fiszman, 2006).

30.5   Estresse, raiva e hipertensão

Ao lado de outros fatores, como hereditariedade, vida sedentária e nutrição inadequada, estresse e raiva estão também relacionados à etiologia de diversas patologias crônicas e degenerativas como câncer, úlceras, obesidade e hipertensão arterial (Straub, 2005). Dentre as doenças citadas, a hipertensão arterial apresenta grande expressividade epidemiológica em termos de saúde pública, afetando mais de 30 milhões de pessoas no Brasil (Lipp & Rocha, 2008). Considerando a magnitude desse problema, torna-se necessário conhecer profundamente as relações entre os fatores envolvidos na origem, na evolução e no agravamento da hipertensão arterial.

Um dos fatores envolvidos é a reatividade cardiovascular, ou seja, as modificações de pressão arterial ou de frequência cardíaca, decorrentes de estímulos específicos. Embora a tendência geral da maioria das pessoas seja de demonstrar reatividade cardiovascular na forma de elevações de pressão arterial em situações de estresse, indivíduos hipertensos apresentam maiores e mais frequentes elevações do que pessoas normotensas em situações similares. Por serem transitórias, essas elevações não produzem efeitos prejudiciais em indivíduos sem tendência à hipertensão, pois a capacidade normal de flexibilização das artérias permite a recuperação do organismo sem ocasionar sequelas (Lipp & Rocha, 2008).

Pode-se compreender o aumento de pressão sanguínea decorrente do estresse como resultado da mediação de mudanças autonômicas e neuroendócrinas na contratibilidade cardíaca e na resistência vascular periférica. Essas alterações fisiológicas induzidas pelo estresse fornecem suporte metabólico para o comportamento necessário à reação de luta e fuga. Alguns indivíduos apresentam, contudo, a tendência de demonstrar excessivos aumentos de pressão sanguínea, excedentes às demandas provenientes dos estressores. Essas excessivas elevações de pressão sanguínea são preditoras de risco aumentado para hipertensão (Gianaros, Jennings, Sheu, Derbyshire & Matthews, 2007). Além disso, Lipp e Rocha (2008) esclarecem que, nas pessoas que apresentam predisposição ao desenvolvimento da hipertensão, a frequente ativação do mecanismo orgânico é vista, por muitos autores, como responsável por produzir, pela repetição, um espessamento das paredes arteriais, o que ao longo do tempo poderia atuar no desenvolvimento da hipertensão permanente. Assim, a excessiva reatividade cardiovascular tem sido apontada por vários autores (Light, Sherwood & Turner, 1992; Treiber et al., 2003), como capaz de atuar na patofisiologia da hipertensão arterial.

Assim como o estresse, a raiva também aparece constantemente associada, na literatura, à hipertensão e a aumentos excessivos de reatividade cardiovascular. No que se refere ao estresse, diversas pesquisas têm investigado suas repercussões nas duas condições. Lipp, Pereira, Justo e Matos (2006) investigaram a reatividade cardiovascular de adultos hipertensos durante situações de estresse emocional. Os resultados indicaram que situações socialmente desafiadoras se configuram em estressores cujos efeitos variam de acordo com a forma que os indivíduos regulam a expressão de suas emoções. Os autores concluíram que a dificuldade de expressão de emoções encontrada em muitos indivíduos hipertensos pode ter uma função de controle ou redução da reatividade cardiovascular. Outro estudo (Gianaros *et al.*, 2007) investigou a associação entre estresse, reatividade cardiovascular e ativação neural de áreas cerebrais envolvidas no controle do sistema cardiovascular. A reatividade de 46 participantes diante de estressores mentais foi avaliada enquanto eram simultaneamente submetidos a exames de ressonância magnética funcional. As imagens obtidas nos exames demonstraram que indivíduos que apresentaram excessivas reações de elevação de pressão sanguínea quando expostos a estressores também apresentaram aumentada ativação neural em áreas cerebrais envolvidas no controle do sistema cardiovascular diante de estímulos estressores. Nealey-Moore, Smith, Uchino, Hawkins e Olson-Cerny (2007) investigaram a associação da reatividade cardiovascular com o estresse emocional proveniente da interação conjugal por intermédio da avaliação de 114 casais em interações de conteúdo neutro, negativo e positivo. Foi observado que as interações negativas, quando comparadas às neutras e positivas, produziram expressivos aumentos de pressão sanguínea tanto nos homens quanto nas mulheres. Associações entre estresse emocional e hipertensão foram também investigadas por diferentes autores, em pesquisas com diversificados enfoques. Linden, Lenz e Con (2001), assim como Lipp, Alcino, Bignotto e Malagris (1998), relataram redução dos níveis de pressão sanguínea em participantes hipertensos após treino de controle de estresse (TCS). Abrindo uma nova dimensão para o estudo da associação entre estresse e hipertensão, Malagris (2004) verificou mudanças de transporte celular em hipertensos após TCS.

O TCS é um tratamento de base cognitivo-comportamental focal realizado em no máximo quinze sessões, que ensina aos indivíduos a ele submetidos maneiras alternativas e mais eficientes de lidar com o estresse. O cerne do TCS é o reconhecimento dos estressores internos e a consequente modificação desses mecanismos por meio da reestruturação cognitiva. O objetivo do TCS é a modificação de estilo de vida e de hábitos e comportamentos potencialmente prejudiciais nas quatro áreas que são as bases do TCS: nutrição, relaxamento, atividade física e modificações cognitivo-comportamentais. Além de ter caráter preventivo e de tratamento em relação a patologias diversas, pode ser aplicado individualmente ou a grupos como coadjuvante na abordagem farmacológica de várias enfermidades a populações de diferentes faixas etárias, como crianças, adolescentes e adultos (Lipp & Malagris, 2011). De acordo com as autoras, o TCS tem sido adaptado de acordo com as demandas de diferentes populações-alvo. Além disso, o TCS para hipertensos foi denominado TCS-H e consiste numa adaptação do TCS direcionada a atender as necessidades específicas de pessoas com hipertensão, enfatizando como o estresse pode influenciar a pressão arterial (Lipp & Malagris, 2011).

De forma similar, a raiva tem sido correlacionada à hipertensão em diferentes estudos (Spielberger, 1992; Player, King, Mainous & Geesey, 2008). Muitos desses estudos investigam especificamente, a associação da direção da expressão de raiva com a hipertensão e com a reatividade cardiovascular. Segundo Spielberger (1992), a maneira pela qual a raiva é expressa é uma variável crítica para o entendimento do papel dessa emoção em sua associação frequente com patologias como a hipertensão. Assim, dois estilos de expressão de raiva têm sido estudados na literatura: para fora, ou seja, direcionada a outras pessoas e objetos do meio; e para dentro, em forma de supressão, ruminação, ressentimentos e mágoas. Alguns autores defendem a relação do aumento da reatividade cardiovascular com a expressão de raiva para fora (Diamond *et al.*, 1984); outros concluem que tal aumento está relacionado à a expressão da raiva para dentro (Holroyd & Gorkin, 1983; MacDougall, Dembroski & Krantz, 1981). Já Lipp (2005), a partir de pesquisas, concluiu que, independentemente do estilo de expressão da raiva ser para fora ou para dentro, quando esse sentimento é muito frequente, ele se mostra associado a aumentos da reatividade cardiovascular.

A tendência a suprimir constantemente a raiva, direcionando-a para dentro, vem sendo associada positivamente a hipertensão (Gentry *et al.*, 1982; Jonhson *et al.*, 1987; Vögele *et al.*, 1997). Para compreender melhor essa relação, Davidson, MacGregor, Stuhr, Dixon e MacLean (2000) demonstraram numa pesquisa com 1862 adultos que a expressão construtiva da raiva (ECR) se associou positivamente a medidas mais baixas de pressão sanguínea basal. A ECR se refere a comportamentos verbais orientados a atingir metas e solucionar problemas, atuando como meios de comunicar a raiva. Esses comportamentos baseiam-se não apenas na própria perspectiva, mas também levam em conta a perspectiva da outra pessoa envolvida na interação provocadora de raiva. Assim, os indivíduos com altos índices de ECR lidam diretamente com o outro envolvido na situação provocadora de raiva, conversando sobre seus sentimentos. A situação é, assim, solucionada considerando a compreensão do ponto de vista alheio. Esses indivíduos também procuram pessoas não envolvidas na interação, para discutir sobre sua raiva e tentam construir novas maneiras de perceber e lidar com a situação que provoca esse sentimento. Durante o desenvolvimento da escala de ECR, realizado pelos autores do estudo, foi verificado que os itens de ECR apresentaram associação positiva com assertividade, cooperação e sociabilidade e negativa com passividade, hostilidade e agressividade.

Além de considerar a raiva e suas formas de expressão na relação com a reatividade cardiovascular e a hipertensão, é necessário enfatizar que essa emoção, quando expressa frequentemente para fora ou para dentro, também pode atuar como um fator corrosivo nos relacionamentos interpessoais, contribuindo para prejuízo de qualidade de vida do indivíduo (Lipp, 2005). A raiva excessiva, por fragilizar as relações sociais, pode interferir na manutenção de apoio social, que é um fator protetor significativo contra o adoecimento e facilitador da reabilitação da maioria das patologias. Corroborando essas proposições, Parrot, Zechner e Evces (2005) afirmam que, mesmo na ausência de um diagnóstico clínico, a raiva pode interferir de forma negativa no funcionamento social.

Além dessas conclusões, uma meta-análise realizada por Chida e Hamer (2008) incluiu 729 estudos realizados num período de 30 anos, que investigavam, entre amostras de populações saudáveis, a associação entre fatores psicossociais e resposta a estresse induzido em laboratório. Os autores identificaram uma associação positiva entre raiva, hostilidade e elevações da reatividade cardiovascular.

A partir dos resultados desses estudos podem ser observadas interseções entre estresse, raiva e hipertensão que demandam análise simultânea, visando a esclarecer lacunas ainda existentes sobre as relações entre estas três variáveis que parecem potencializar-se mutuamente. A relação entre estresse, emoções e reatividade cardiovascular tem sido objeto de estudo em diferentes pesquisas: diversos autores têm investigado variáveis psicológicas possivelmente estejam relacionadas ao desencadeamento da reação de estresse e a influência das emoções na saúde e na reatividade cardiovascular (Lipp, Frare & Santos, 2007). Uma meta-análise de estudos de coorte que investigavam os efeitos do estresse na elevação da pressão arterial mostrou que indivíduos que apresentavam respostas mais intensas a estressores eram 21% mais propensos à elevação de pressão arterial do que aqueles participantes que não respondiam tão intensamente a situações de estresse (Gasperin, Netuveli, Dias-da-Costa & Patussi, 2009). Assim, o estresse tem sido relacionado à hipertensão, e o TCS tem apresentado efeitos benéficos quando aplicado a indivíduos hipertensos (Linden, Lenz & Con, 2001; Malagris, 2004; Lipp, 2007; Malagris *et al.*, 2009), sendo, dessa forma, recomendado pelas V Diretrizes Brasileiras de Hipertensão. Malagris *et al.*, (2009) verificaram que quando o TCS foi aplicado a pacientes hipertensas houve redução do estresse em 71,4% da amostra; além disso, essa diminuição do estresse por meio do TCS resultou em uma restauração dos níveis de transporte de L-arginina através do sistema y+ a níveis similares aos observados em pacientes hipertensas não estressadas. O estudo demonstrou assim, que o transporte de L-arginina é afetado tanto pela hipertensão quanto pelo estresse.

A raiva, já vimos, tem sido relacionada ao estresse (Lipp, 2005) e à hipertensão (Spielberger, 1992), assim como a expressão de raiva excessivamente direcionada para dentro tem sido relacionada à hipertensão e ao aumento da reatividade cardiovascular (Spielberger, 1992; Hogan & Linden 2004). Como já mencionado, níveis de raiva para dentro e para fora acima da média em um mesmo indivíduo foram associados à vulnerabilidade para distúrbios da artéria coronária e a ataques cardíacos por Spielberger (1992). Concordantemente, Lipp (2005) enfatiza que o estresse é especialmente tóxico em indivíduos que possuem os dois tipos de direção de expressão de raiva: para fora e para dentro. A autora explica que a pressão arterial aumenta significativamente em situações de estresse quando essas pessoas expressam a raiva de forma explosiva ou a suprimem de maneira acentuada.

De forma similar, em estudo recente, Linden, Klassen e Philips (2008) avaliaram 62 adultos hipertensos, investigando a influência de fatores psicossociais na ausência do declínio de pressão durante o sono. Esse declínio é normal em adultos saudáveis e os autores concluíram que os estilos extremos de expressão de raiva estavam associados a menor redução de pressão durante o sono nos hipertensos que participaram da pesquisa. Além disso, a eficácia de tratamentos de base cognitiva para raiva em hipertensos tem sido relatada por diversos autores (Di Giuseppe & Tafrate, 2007, Larkin & Zayfert, 1996).

Em comparação à expressiva diversidade e quantidade de pesquisas internacionais, no Brasil estão disponíveis poucos relatos na literatura científica de experiências de tratamento cognitivo da raiva. Lipp (2005), de forma pioneira em âmbito nacional, descreve a aplicação de estratégias de gerenciamento de raiva com sucesso no Laboratório de Estudos Psicofisiológicos do *Stress* da PUC-Campinas, em pesquisas financiadas pelo CNPq (Lipp, 2005). A autora descreve, inclusive, êxito na aplicação do tratamento denominado por Lipp e Malagris (2010) de Treino Cognitivo de Controle da Raiva (TCCR) em indivíduos hipertensos. O TCCR objetiva, em primeiro lugar, desenvolver a habilidade de discriminar se há utilidade e justiça na raiva ou se ela é injusta, inadequada ou excessiva. Uma vez que o participante do treino consegue fazer essa distinção, implementa-se a abordagem da expressão construtiva dessa emoção na medida em que ela auxilia a resolver a injustiça, sem dar origem a um problema mais grave que o inicial. Se a raiva, porém, é identificada pelo próprio indivíduo como excessiva, injusta ou mesmo inútil, inicia-se o treinamento para que, de forma assertiva, possa ser gerenciada a situação que está provocando a raiva. Estão inclusos no TCCR:

a) identificação de cognições e sensações físicas e emocionais que precedem a expressão da raiva;

b) reestruturação cognitiva e técnicas comportamentais;

c) respiração profunda e relaxamento visando à diminuição da excitabilidade fisiológica originada pela raiva;

d) emissão de um comportamento que possa atuar na redução ou na resolução da situação na qual a raiva se originou;

e) autorreforço nas ocasiões em que foi obtido o controle satisfatório da raiva; quando este não for obtido, é feito um planejamento de como gerenciar situações análogas de forma construtiva no futuro.

O tratamento não deve ser interrompido de forma abrupta, sendo recomendáveis sessões de manutenção quinzenais, seguidas por mensais e semestrais até que possa ser dada a alta definitiva (Lipp & Malagris, 2010).

30.6 Considerações finais

É possível afirmar que as evidências apresentadas pelos diversos resultados de trabalhos de diferentes autores, tanto em âmbito nacional quanto internacional, confirmam a expressiva associação entre estresse, raiva e hipertensão.

Assim, uma vez que a hipertensão é uma doença de grande expressividade epidemiológica, atingindo a população muitas vezes em plena fase laborativa, é fundamental pensar em intervenções que incluam não somente uma abordagem biológica mas também psicológica. Nesse sentido, a Terapia Cognitivo-Comportamental tem oferecido importante contribuição através do treino psicológico de controle do estresse e do treino cognitivo de controle da raiva (Lipp & Malagris, 2010; Lipp & Malagris, 2011).

Tais medidas podem proporcionar aos hipertensos mais uma ferramenta terapêutica para o controle dessa patologia, evitando seu recrudescimento e possíveis complicações secundárias. Dessa maneira, pode-se contribuir para a elevação da qualidade de vida dessa população, oferecendo-lhe a possibilidade de participar ativamente no controle da hipertensão, por meio, principalmente, das modificações de estilo de vida e da reestruturação cognitiva, processos envolvidos tanto no tratamento do estresse quanto da raiva.

30.7 Referências

Bloch, K. V., Rodrigues, C. S., & Fiszman, R. (2006). Epidemiologia dos fatores de risco de hipertensão arterial – uma revisão crítica da literatura brasileira. *Revista Brasileira de Hipertensão, 13* (2), 134-143.

Brandão, A. P., Brandão, A. A., Magalhães, M. E. C., & Pozzan, R. (2003). Epidemiologia da Hipertensão Arterial. *Revista da SOCESP, 13* (1), 7-19.

Brasio, K. M. & Honda, G. C. (2009). Comportamento inassertivo na dispepsia funcional. *Psicologia. Teoria e Prática. 1*, 1-20.

Chida, Y. & Hamer, M. (2008). Chronic psychosocial factors and acute physiological responses to laboratory-induced stress in healthy populations: a quantitative review of 30 years of investigations. *Psycho Bull, 134* (6), 829-885.

Davidson, K., MacGregor, M. W., Stuhr, J., Dixon, K., & MacLean, D. (2000). Construtive Anger Verbal Behavior predicts blood pressure in a population-based sample. *Health Psychology, 19* (1), 55-56.

Diamond, E. L., Schneiderman, N., Schwartz, D., Smith, J. C., Vorp, R., & Pasin, R. D. (1984). Harassment, hostility, and type A as determinants of cardiovascular reactivity during competition. *Journal of Behavioral Medicine, 7* (2), 171-189.

Di Giuseppe, R. & Tafrate, R. C. (2007). *Understanding Anger Disorders*. Oxford University Press.

Everson, S. A., Kaplan, G. A., Goldberg, D. E., Lakka, T. A., & Sivenius, J. S. (1999). Anger expression and incident stroke. Prospective evidence from the Kuopio Ischemic Heart Study. *Stroke, 30*, 523-528.

Gasperin, D., Netuveli, G., Dias-da-Costa, J. S., & Patussi, M. P. (2009). Effects of psychological stress on blood pressure increase: a meta-analysis of cohort studies. *Cadernos de Saúde Pública, 25* (4), 715-726.

Gentry, W. D., Chesney, A. P., Hall, R. P., & Harburg, E. (1982). Habitual anger coping styles: Effect on mean blood pressure and risk for essential hypertension. *Psychosomatic Medicine, 44*, 195-202.

Gerin, W., Davidson, K. W., Christenfeld, N. J., Goyal, T., & Scwartz, J. E. (2006). The role of angry rumination and distraction in blood pressure recovery from emotional arousal. *Psychosomatic Medicine, 68* (1), 64-72.

Gianaros, P. J., Jennings, J. R., Sheu, L. K., Derbyshire, S. W., & Matthews, K. A. (2007). Heightened functional neural activation to psychological stress covaries with exaggerated blood pressure reactivity. *Hypertension, 49* (1), 134-140.

Hogan, B. E. & Linden, W. (2004). Anger response styles and blood pressure: at least don't ruminate about it! *Annals of Behavioral Medicine, 27* (1), 1-2.

Holroyd, K. A. & Gorkin, L. (1983). Young adults at risk for hypertension: effects of family history and anger management in determining responses to interpersonal conflict. *Journal of Psychosomatic Research, 27* (2), 131-138.

Joca, S. R. L., Padovan, C. M., & Guimarães, F. S. (2003). Estresse, depressão e hipocampo. *Revista Brasileira de Psiquiatria, 25* (2), 46-51.

Johnson, E. H., Spielberger, C. D., Worden, T. J., & Jacobs, G. A. (1987). Emotional and familial determinants of elevated blood pressure in black and white adolescent males. *Journal of Psychosomatic Research, 31* (3), 287-300.

Kassinove, H. & Tafrate, R. C. (2007). *Anger Management: The complete guidebook for practitioners*. Atascadero, California: Impact Publishers.

Key, B. L., Campbell, T. S., Bacon, S. L., & Gerin, W. (2004) The influence of trait and state rumination on cardiovascular recovery from a negative emotional stressor. *Journal of Behavioral Medicine, 31* (3), 237-248.

Larkin, K. T. (2005). *Stress & Hypertension: Examining the relation between psychological stress and high blood pressure*. New Haven: Yale University Press.

Larkin, K. T. & Zayfert, C. (1996). Anger management training with mild essential hypertensive patients. *Journal of Behavioral Medicine, 19* (5), 415-33.

Light, K. C., Sherwood, A., & Turner, J. R. (1992). High cardiovascular reactivity to stress: a predictor of later hypertension development. In J. R. Turner, A. Sherwood, & K. C. Light (Eds.), *Individual differences in cardiovascular response in stress* (pp. 281-293). New York: Plenum.

Linden, W., Lenz, J. W., & Con, A. H. (2001). Individualized stress management for primary hypertension: a randomized trial. *Archives of Internal Medicine, 161* (8), 1071-1080.

Linden, W., Klaseen, K., & Phillips, M. (2008). Can psychological factors account for a lack of a nocturnal blood pressure dipping? *Annals of Behavioral Medicine, 36* (3), 253-258.

Lipp, M. E. N. (1996). *Stress*: conceitos básicos. In M. E. N. Lipp (Org.), *Pesquisas sobre* stress *no Brasil: saúde, ocupações e grupos de risco* (pp. 17-31) Campinas: Editora Papirus.

Lipp, M. E. N. (2003). *Mecanismos neuropsicofisiológicos do* stress*: teoria e aplicações clínicas*. São Paulo: Casa do Psicólogo.

Lipp, M. E. N. (2005). Stress *e o turbilhão da raiva*. São Paulo: Casa do Psicólogo.

Lipp, M. E. N. (2007). Controle do estresse e hipertensão arterial sistêmica. *Revista Brasileira de Hipertensão, 14* (2), 89-93.

Lipp, M. E. N., Alcino, A. B., Bignotto, M. M., & Malagris, L. E. N. (1998). O treino de controle do *stress* para hipertensos: uma contribuição para a medicina comportamental. *Estudos de Psicologia, 15* (3), 59-66.

Lipp, M. E. N., Frare, A., & Santos, F. U. (2007). Efeitos de variáveis psicológicas na reatividade cardiovascular em momentos de *stress* emocional. *Estudos de Psicologia, 24* (2), 161-167.

Lipp, M. E. N. & Malagris, L. E. N. (2001). O *stress* emocional e seu tratamento. In B. Rangé (Org.), *Psicoterapias cognitivo-comportamentais: um diálogo com a Psiquiatria* (pp. 475-490). Porto Alegre: Artmed.

Lipp, M. E. N. & Malagris, L. E. N. (2010). *O treino cognitivo de controle da raiva: o passo a passo do tratamento*. Rio de Janeiro: Cognitiva.

Lipp, M. E. N. & Malagris, L. E. N. (2011). Estresse: aspectos históricos, teóricos e clínicos. In B. Rangé (Org.), *Psicoterapias cognitivo-comportamentais: um diálogo com a Psiquiatria* (pp. 617-632). Porto Alegre: Artmed.

Lipp, M. E. N., Pereira, M. M. B., Justo, A. P., & Matos, T. M. G. (2006). Cardiovascular reactivity in hypertensives: Differential effect of expressing and inhibiting emotions during moments of interpersonal *stress*. *The Spanish Journal of Psychology, 9* (2), 154-161.

Lipp, M. E. N. & Rocha, J. C. (1994). Stress, *hipertensão arterial e qualidade de vida: um guia de tratamento para o hipertenso*. Campinas:Papirus.

Lipp, M. E. N. & Rocha, J. C. (2008). *Pressão alta e* stress*: o que fazer agora? Um guia de vida para o hipertenso*. Campinas: Papirus.

MacDougall, J. M., Dembroski, T. M., & Krantz, D. S. (1981). Effects of types of challenge on pressor and heart rate responses in type A and B women. *Psychophisiology, 18* (1), 1-9.

Malagris, L. E. N. (2004). *A via L-arginina-óxido nítrico e o controle do* stress *em pacientes com hipertensão arterial sistêmica*. Tese de Doutorado não publicada. Rio de Janeiro: Faculdade de Ciências Médicas, Universidade do Estado do Rio de Janeiro.

Malagris, L. E. N., Brunini, T. M. C., Moss, M. B., Silva, P. J. A., Espósito, B. R., & Ribeiro, A. C. M. (2009). Evidências biológicas do treino de controle do *stress* em pacientes com hipertensão. *Psicologia: Reflexão e Crítica, 22* (1), 1-9.

Nealey-Moore, J. B., Smith, T. W., Uchino, B. N., Hawkins, M. W., & Olson-Cerny, C. (2007). Cardiovascular reactivity during positive and negative marital interactions. *Journal of Behavioral Medicine, 30* (6), 505-519

Nogueira, D., Faerstein, E., Coeli, C. M., Chor, D., Lopes, C. S., & Werneck, G. L. (2010). Reconhecimento, tratamento e controle da hipertensão arterial: Estudo Pró-Saúde, Brasil. *Revista Panamericana de Salud Pública, 27* (2), 103-109.

Olmos, R. D. & Lotufo, P. A. (2002). Epidemiologia da hipertensão arterial no Brasil e no mundo. *Revista Brasileira de Hipertensão, 9* (1), 21-23.

Parrot, D. J., Zeichner, A., & Evces, M. (2005). Effect of trait anger on cognitive processing of emotional *stimuli. Journal of General Psychology, 132* (1), 67-80.

Player, M. S., King, D. E., Mainous, A. G., & Geesey, M. E. (2008). Psychosocial factors and progression from prehypertension to hypertension or coronary heart disease. *Annals of Family Medicine, 5* (5), 403-411.

Savoia, M. G. (2003). A relação entre *stress* e Transtorno de Pânico. In M. E. N. Lipp (Org.), *Mecanismos neuropsicofisiológicos do* stress*: teoria e aplicações clínicas* (pp. 161-166). São Paulo: Casa do Psicólogo.

Selye, H. (1965). Stress: *a tensão da vida*. São Paulo: IBRASA.

Sociedade Brasileira de Cardiologia, Sociedade Brasileira de Hipertensão & Sociedade Brasileira de Nefrologia (2010). VI Diretrizes Brasileiras de Hipertensão Arterial. *Revista Brasileira de Hipertensão, 17* (1), 31-43.

Spielberger, C. D. (1992). *Inventário de expressão de raiva como estado e traço (STAXI)* (A. Biaggio, Trad.). São Paulo: Vetor Editora Psicopedagógica.

Straub, R. O. (2005). *Psicologia da saúde.* (R. C. Costa, Trad.). Porto Alegre: Artmed Editora. (Trabalho original publicado em 2002.)

Treiber, F. A., Kamarck, T., Scheneiderman, N., Sheffield, D., Kapppuku, G., & Taylor, T. (2003). Cardiovascular reactivity and development of preclinical and clinical disease states. *Psychosomatic Medicine, 65* (1), 46-62.

Waldstein, S. R., Polefrone, J. M., Bachen, E. A., Muldoon, M. F., Kaplan, J. R., & Manuck, S. B. (1993). Relationship of cardiovascular reactivity and anger expression to serum lipid concentrations in healthy young men. *Journal of Psychosomatic Research, 37* (3), 249-256.

Vögele, C., Jarvis, A., & Cheeseman, K. (1997) Anger suppression, reactivity, and hypertension risk: gender makes a difference. *Annals of Behavioral Medicine, 19* (1), 61-69.

Autores:

Glória Moxotó – Doutoranda da Universidade Federal do Rio de Janeiro; Psicóloga da Policlínica Naval Nossa Senhora da Glória – Marinha do Brasil.

Lucia Emmanoel Novaes Malagris –Mestre em Psicologia e Doutora em Fisiopatologia Clínica e Experimental; Professora do Programa de Pós-Graduação em Psicologia da UFRJ. Contato: lucianovaes@terra.com.br

CAPÍTULO 31

Estresse ocupacional em profissionais de saúde

Aurineide Canuto Cabraíba Fiorito
Heitor Pontes Hirata

31.1   Introdução

Atualmente estudos referentes ao estresse na área ocupacional vêm ganhando mais espaço no âmbito científico em razão dos custos e das consequências que essa situação traz para o individuo e para a instituição (Murphy, Hurrel, Sauter & Keita, 1995). Diversos autores têm ampliado seu interesse em compreender esse fenômeno, em especial no que se refere a suas causas, seus efeitos e suas consequências no exercício das variadas profissões. Além disso, tem-se procurado estratégias para combater o estresse de forma preventiva com o intuito de minimizar o sofrimento de um número expressivo de trabalhadores em diversas ocupações (Gomes & Cruz, 2004).

O estresse ocupacional é resultado de relações complexas entre condições internas e externas do trabalho, além de ser influenciado por características do trabalhador. Quando as demandas da função excedem as habilidades do trabalhador para enfrentá-las, há o agravamento do problema (Murphy, 1984; Ross & Altmaier, 1994). Nesse momento ocorre grande desgaste, que leva à redução da capacidade do organismo para as atividades laborais (Cooper, 1994; Moraes, Swan & Cooper, 1993; Swan, Moraes & Cooper, 1993). Em decorrência da incapacidade do trabalhador para suportar, vencer ou se adaptar às exigências de ordem psicológica, que tendem a ser percebidas como exageradas, invencíveis e intermináveis, sua produtividade cai drasticamente (Cooper, 1994; Moraes *et al.*, 1993; Swan *et al.*, 1993). Quando essa situação é vivenciada por longos períodos, alguns sintomas negativos persistentes – como fadiga, redução da autoestima, depressão e ansiedade – podem aparecer (Lipp, 2003b).

A elevada prevalência de estresse na sociedade contemporânea vem despertando o interesse das autoridades da área de saúde. Isso porque, quando em excesso, essa reação interfere na qualidade de vida do ser humano, provocando doenças físicas, transtornos psicológicos, conflitos nas interações familiares, prejuízos sociais, ausência ou diminuição da motivação para atividades de forma geral e problemas no trabalho (Lipp, 2004a; Lipp & Malagris, 2004).

O estresse ocupacional está relacionado a um estado emocional desagradável desencadeado por situações que ocorrem no trabalho. Tais momentos podem ocasionar sintomas como ansiedade, tensão, sentimentos de frustração, insatisfação crescente, falhas e ineficiência, podendo levar à exaustão emocional (Martins *et al.*, 1996).

Segundo Martins *et al.* (1996), diversos problemas de adaptação podem surgir quando as exigências organizacionais e individuais presentes no ambiente de trabalho não são correspondidas. Dentre os reveses que podem ocorrer, os autores apontam: desligamento da empresa, perda de promoções e isolamento na carreira (Malagris, 2004b). É importante destacar que problemas relacionados à liderança autoritária, ausência de autoridade, incompatibilidades, limites indefinidos, desumanização no trabalho, mecanização, burocratização, pressões e trabalho em excesso podem contribuir para insatisfações individuais e diminuição da realização pessoal e profissional (Martins *et al.* 1996; Malagris, 2004b).

Martins *et al.* (1996) se referem a alguns indicadores para detecção de pessoas com comprometimento em seu desempenho profissional, como: "queda de eficiência, ausências repetidas, insegurança nas decisões, sobrecarga voluntária de trabalho, aumento do consumo de cigarros, bebidas, alimentos e drogas, uso abusivo de medicamentos ou agravamento de doenças" (Martins *et al.*, 1996, p. 4). Na área da saúde, os profissionais de medicina e enfermagem vêm despertando o interesse de pesquisadores devido à elevada prevalência de estresse excessivo, assim como pela exposição a estressores crônicos (Lipp & Tanganelli, 2002).

31.2   Estresse

Na área da saúde os primeiros estudos sobre estresse foram realizados na década de 1930 por Hans Selye, que definiu a reação como uma "síndrome geral de adaptação" na qual o organismo busca retornar ao estado de homeostase perdido diante de certos estímulos. Selye (1984) redefiniu o termo estresse como "resposta não específica do corpo a qualquer exigência" (Lipp & Malagris, 1995). Para Lipp e Malagris (2001), o estresse pode ser definido como:

> Uma reação do organismo com componentes físicos e/ou psicológicos, causada pelas alterações psicofisiológicas que ocorrem quando a pessoa se confronta com uma situação que, de um modo ou de outro, a irrite, amedronte, excite ou confunda, ou mesmo que a faça imensamente feliz (p. 477).

Esse fenômeno tem sido objeto de estudo de muitos pesquisadores da área de saúde, pois há preocupação crescente com as consequências que ele pode acarretar para a qualidade de vida do ser humano (Lipp & Malagris, 2004; Straub, 2005). O estresse consiste em um processo que contribui para a adaptação do organismo em situações de risco (Lipp & Malagris, 1995). Assim, não pode ser considerado um problema *per se* e sim um mecanismo que pode auxiliar na solução de determinadas situações. No entanto, quando a reação é excessiva, tal processo de adaptação pode se transformar em um risco para o indivíduo (Lipp & Malagris,1995).

O estresse não ocorre somente em decorrência de eventos negativos. Acontecimentos altamente reforçadores – como o casamento, o nascimento de filhos ou a conquista de um novo emprego – podem ser consideravelmente estressores (Lipp, Malagris & Novais, 2007). Embora seja aparentemente difícil compreender por que uma situação agradável pode ocasionar estresse e desencadear uma sequência de reações psicofisiológicas, como as que ocorrem em eventos negativos, esse processo pode ser explicado pelas exigências de adaptações experimentadas nos momentos de mudança, sejam eles reforçadores ou aversivos (Lazarus & Folkman, 1984).

Outro ponto importante a ser destacado refere-se à interpretação das situações diante dos estressores. Segundo Lazarus e Folkman (1984), é essencial não dar importância somente à adaptação às mudanças, mas também estar atento para a interpretação dada aos eventos. Em geral são as avaliações feitas pelo indivíduo que causam desconforto emocional e não os acontecimentos em si (Beck, 1997; Straub, 2005). De acordo com Lipp (1996), as interpretações estão relacionadas às experiências de vida de cada um, seus valores e suas crenças.

As reações do estresse estão vinculadas não apenas ao estressor, mas também às cognições utilizadas pelo indivíduo na interpretação dos eventos, suas características de personalidade e suas vulnerabilidades. A seguir serão explicitadas as fases do estresse de acordo com o modelo quadrifásico (Lipp, 2003a).

31.2.1 Fases do estresse

Selye (1965) em seus estudos concluiu que o processo do estresse é dividido em três fases: alerta, resistência e exaustão. A primeira fase – alerta – é caracterizada pela produção e ação da adrenalina no organismo, o que torna a pessoa mais atenta e motivada para lidar com a situação desafiadora. Ocorre no momento em que o indivíduo se depara com a fonte estressora e, nesse enfrentamento, se desequilibra internamente, apresentando reações características, como sudorese excessiva, taquicardia, respiração ofegante e picos de hipertensão (Selye, 1965). A segunda fase – resistência – caracteriza-se pela produção de cortisol, acentuando a vulnerabilidade do indivíduo a vírus e bactérias. Essa fase acontece no momento em que há uma tentativa de recuperação do organismo após o desequilíbrio sofrido na fase anterior (Selye, 1965). Nesse momento ocorre um gasto de energia que pode ocasionar cansaço excessivo, problemas de memória e dúvidas quanto a si mesmo (Lipp & Malagris, 2001). Caso o equilíbrio não seja reestabelecido por meio dessa mobilização, o processo pode evoluir para a terceira fase – exaustão – quando ressurgem sintomas ocorridos na fase inicial com maior intensidade. É a fase mais nociva do estresse, sendo considerada patológica. É importante ressaltar que na fase de exaustão ocorre um grande comprometimento físico que se manifesta em forma de doenças (Lipp & Novaes, 1996).

Também é relevante destacar que, embora Selye tenha identificado as três fases de estresse citadas, Lipp (2000, 2003a), em estudos posteriores, identificou, clínica e estatisticamente, uma quarta fase do estresse denominada quase-exaustão, localizada entre as fases de resistência e exaustão. A fase de quase-exaustão ocorre no momento em que a pessoa não consegue mais adaptar-se ou resistir ao estressor. Nessa fase o cortisol é produzido em maior quantidade e destrói as defesas imunológicas. Em virtude disso, pode ocorrer o aparecimento de doenças (Lipp *et al.*, 2007). A produtividade do indivíduo é bastante comprometida, sem, entretanto, atingir patamares equivalentes à fase de exaustão, quando a produtividade praticamente cessa. Assim, o indivíduo apresenta sérias dificuldades de trabalhar e/ou concentrar-se. Adicionalmente a esse fato, doenças podem se instalar no organismo de maneira grave (Lipp, 2002; Lipp, 2004c; Lipp & Malagris, 2001).

31.2.2 Fontes de estresse

Os estressores, definidos por Lipp e Rocha (1996) como "qualquer evento que confunda, amedronte ou excite a pessoa" (p. 64), são estímulos que podem ser de origem interna ou externa ao indivíduo. Segundo Lipp e Malagris (1995), os estímulos internos são:

> tudo aquilo que faz parte do mundo interno, das cognições do indivíduo, seu modo de ver o mundo, seu nível de assertividade, suas crenças, seus valores, suas características pessoais, seu padrão de comportamento, suas vulnerabilidades, sua ansiedade e seu esquema de reação à vida (p. 280).

Já os estímulos externos se referem aos acontecimentos da vida da pessoa. Podem ser dificuldades financeiras, acidentes, mortes, doenças, conflitos, questões político-econômicas do país, ascensão profissional, desemprego e problemas de relacionamento no trabalho (Lipp & Malagris, 1995; 2001).

O que costuma ocasionar ou não o desenvolvimento do estresse excessivo é a associação entre os estímulos internos e externos. Isso também está relacionado ao repertório de estratégias de enfrentamento do indivíduo (Lipp, 2001). A interpretação distorcida dos eventos é um dos principais fatores que contribuem para o desenvolvimento do estresse excessivo (Beck, 1997; Lazarus & Folkman, 1984; Straub, 2005). No entanto, alguns acontecimentos são intrinsecamente estressantes, como calor, frio, fome e dor (Everly, 1989).

31.2.3 Sintomas do estresse

O Inventário de Sintomas de *Stress* para adultos de Lipp – ISSL (Lipp, 2000; 2004b) permite a identificação da sintomatologia apresentada pelo paciente, verificando a presença ou não de sintomas de estresse, o tipo de estresse que se apresenta (somático ou psicológico) e em qual fase se encontra o indivíduo. Esse inventário tem embasamento nos princípios de Selye (1984), sendo de grande importância para a avaliação clínica, uma vez que possibilita um diagnóstico rápido, assim como ação terapêutica imediata (Lipp 2004b; Lipp & Malagris, 1995; 2001).

Ainda que existam sintomas comuns ao estresse presentes em outras doenças, é de grande valia mencionar sinais comumente presentes em indivíduos estressados. Alguns são de fácil identificação (respiração rápida, taquicardia, cefaleia, sudorese palmar, hiperacidez gástrica, inapetência), enquanto outros são mais sutis (dificuldade de relacionamento interpessoal, sensação de estar doente sem presença de distúrbio físico, desinteresse por qualquer atividade não relacionada ao motivo causador do estresse) (Lipp & Malagris, 2001).

A interação entre corpo e mente no estresse causa reações hormonais que provocam no corpo notáveis alterações físicas e emocionais tão interligadas que, frequentemente, o que é de origem psicológica se manifesta no corpo e vice-versa (Lipp & Novaes, 1996). Alguns sintomas psicológicos relacionados ao estresse são: apatia, depressão, desânimo, sensação de desalento, hipersensibilidade emotiva, raiva, ira, irritabilidade e ansiedade. Além disso, pode, em pessoas predispostas, ter o potencial para o desencadeamento de surtos psicóticos (Lipp & Novaes, 1996). Os sintomas descritos anteriormente, quando dizem respeito a um quadro de estresse, desaparecem no momento em que ocorre a diminuição da reação para níveis toleráveis. O estresse, além de desencadear os sintomas descritos, contribui também para a etiologia de diversas doenças de maior gravidade (Straub, 2005). É importante assinalar que o estresse não é a causa das doenças, mas a ação agravante ou desencadeadora da doença (Lipp *et al.*, 2007).

O nível de estresse em que se encontra uma pessoa afeta diretamente sua qualidade de vida e seu desempenho em várias áreas — afetiva, social, profissional e saúde. O estresse está presente na ontogênese de várias doenças já estudadas, seja como um fator contribuinte, seja como o desencadeador. Dentre elas, podem ser citadas: hipertensão arterial essencial, retração das gengivas, úlceras gastroduodenais, colite ulcerativa, câncer, psoríase, vitiligo, lúpus, obesidade, depressão, pânico, surtos psicóticos, tensão pré-menstrual, cefaleia, herpes simples, doenças imunológicas, doenças respiratórias (Lipp & Malagris, 1995).

31.2.4 Consequências do estresse excessivo

O estresse excessivo ocasiona uma série de consequências importantes para a vida dos indivíduos. Considera-se especialmente relevante as consequências do estresse para as mulheres, que em vários estudos realizados revelam-se mais estressadas do que os homens (Lipp & Malagris, 2004). De acordo com Calais (2003), estudos apontam que provavelmente as mulheres apresentam-se mais estressadas por estarem sujeitas a ação do estresse tanto por sua condição biológica quanto pelos papéis culturais que lhes são impostos pela sociedade. Também é provável que as mulheres apresentem estratégias próprias de enfrentamento diferentes das que apresentam os homens nessa condição.

Como enfatizam Lipp e Malagris (2001), altos níveis de estresse podem influenciar negativamente o bem-estar físico e emocional das pessoas. Tais influências podem gerar problemas de ajustamento social, familiar/afetivo, de saúde e profissional.

No que se refere aos aspectos sociais, observa-se uma tendência ao isolamento do indivíduo, além de conflitos interpessoais (Santos & Rocha, 2003). Quanto às consequências familiares, verifica-se que as reações do estresse do indivíduo podem contribuir negativamente para a saúde física e mental de todos os membros da família (Tanganelli, 2001).

Na área da saúde é possível apontar uma variedade de doenças que podem ser desencadeadas a partir do estresse excessivo. Tais doenças são decorrentes das alterações psicofisiológicas que ocorrem no organismo e são associadas às predisposições individuais (Lipp & Malagris, 2001). Quanto às consequências na área profissional, observa-se absenteísmo, atrasos, desempenho insatisfatório, queda da produtividade e problemas de relacionamento (Fontana, 1994; Santos & Rocha, 2003).

Os efeitos do estresse excessivo em algumas funções cognitivas que podem afetar produtividade são descritos por Lipp, Romano, Covolan e Nery (1986) e por Fontana (1991). Segundo esses autores, no decorrer do processo subjacente ao estresse excessivo ocorre, no que se refere à atenção, comprometimento da concentração, o que aumenta a desatenção e diminui a capacidade de observação. No que diz respeito à memória, retenções de curto e longo prazo deterioram-se, reduzindo a amplitude e até mesmo o reconhecimento de aspectos familiares. Para o tempo de reação, observa-se que a velocidade da resposta torna-se imprevisível, contribuindo, assim, para o aumento do índice de erros. (Outras consequências prejudiciais envolvem a diminuição de habilidades de organização e o planejamento em longo prazo (Lipp *et al.*, 1986); Fontana, 1991).

Além dessas consequências, e os estudos desses autores apontam fatores adicionais relativos ao estresse excessivo, dentre os quais estão o aumento das tensões, os distúrbios de pensamento, as mudanças nos traços de personalidade e o crescimento dos problemas já existentes na vida do indivíduo. Pode-se observar também o enfraquecimento das restrições de ordem moral e emocional, o aparecimento de depressão, assim como sensação de desamparo e diminuição da autoestima. Lipp *et al.* (1986) e Fontana (1991) enfatizam ainda que podem aumentar ou aparecer problemas de articulação verbal, diminuir o interesse e o entusiasmo pelo trabalho, o que incorre no aumento do número de faltas. Eles acrescentam que os níveis de energia ficam reduzidos, rompendo-se os padrões de sono e pode ter início o uso de drogas. Para os autores é comum ocorrer cinismo em relação aos colegas ou à própria clientela e uma tendência a ignorar novas informações resolvendo os problemas de forma cada vez mais superficial, o que compromete a qualidade do serviço prestado.

Além disso, é importante assinalar que o desgaste produzido pelo estresse pode levar o indivíduo a desenvolver o que se conhece como síndrome de *burnout*, isto é, o estresse crônico encontrado em profissionais cujas atividades exigem alto grau de demandas ocupacionais estressantes (Perlman & Hartan, 1982). Tal síndrome é caracterizada por sintomas e sinais de exaustão física, psíquica e emocional que ocorrem quando as tarefas intelectuais exigem grande qualificação, decisões importantes e têm peso emocional muito intenso (França, 1987).

Como já mencionado anteriormente, o desenvolvimento do estresse ocorre como consequência da relação entre os estímulos internos, externos e as estratégias de *coping* do indivíduo. Tais formas de enfrentamento podem já estar presentes no repertório comportamental e cognitivo da pessoa, no entanto, nem sempre isso ocorre (Lipp, 2001). Muitas vezes há a necessidade de mudança de hábitos e de aprendizagem de novos valores, modos de pensar e de enfrentar a vida, buscando uma visão mais positiva. É importante que o indivíduo aprenda a reavaliar os estressores a fim de interpretá-los de modo mais otimista e realista, além de aumentar a resistência pessoal a esses eventos (Lipp, 2000, 2004b; Lipp *et al.*, 1986, Lipp & Malagris, 2001).

31.3   Área de saúde e o estresse

A necessidade de aprimoramento e a competitividade profissional, entre outras exigências da sociedade moderna, produz, de forma contínua, novos comportamentos nas pessoas (Miquelim, Carvalho, Gir & Pelá, 2004).

Na área da saúde as novas tecnologias disponibilizadas para o processo de diagnóstico e tratamento evidenciam o surgimento de grandes mudanças. Essas novas tecnologias colocam à disposição da população uma variedade de alternativas terapêuticas para o tratamento das diferentes patologias, favorecendo, assim, maior expectativa de vida (Miquelim *et al.*, 2004). Os profissionais que exercem atividades nessa área são obrigados a se aprimorar constantemente e a diversificar de conhecimentos especializados, criando uma exigência frequente de adaptação e de mudanças de comportamento em curto espaço de tempo. Diante desse quadro, verifica-se que é inevitável uma forma diferente de atuação dos profissionais de saúde em função dessas exigências, pois eles devem buscar constantemente estar atentos às evoluções técnico-científicas (Miquelim *et al.*, 2004).

Os profissionais da saúde pertencem a um grupo de indivíduos que são mais suscetíveis ao estresse. Segundo Melo, Gomes e Cruz (1997), a pressão sofrida por esses profissionais ao lidar constantemente com pacientes, contribui de forma significativa para a exaustão emocional e o "esgotamento". Além disso, o estresse pode ser exacerbado em decorrência do envolvimento com situações de intenso sofrimento e, por vezes, morte (Melo *et al.*, 1997). O fato de testemunhar o sofrimento e também precisar administrá-lo por meio de procedimentos, torna as interações entre o profissional de saúde e o paciente diferentes daquelas que ocorrem com grupos de outras categorias de trabalhadores. Os profissionais que atuam na área da saúde, incluindo o pessoal administrativo, também estão sujeitos a outros fatores estressantes, como carga horária excessiva, baixa remuneração, condições de trabalho insatisfatórias e não reconhecimento profissional (Melo *et al.*, 1997). Vários estudos nessa área apontam para elevada relação entre o estresse ocupacional e a responsabilidade com pessoas (Malagris, 2004b).

Os temas "estresse ocupacional" e "síndrome de *burnout*" são de suma importância pelo fato de que os profissionais envolvidos nessas situações exercerem atividades que demandam contatos humanos frequentes. Sua ação negativa irá refletir-se em sentimentos de mal-estar por parte dos profissionais e em desempenho inferior de suas atividades, colocando em risco seus pacientes (Gomes & Cruz, 2004).

O estresse afeta todos os trabalhadores, sem exceção, incluindo os profissionais de saúde, que se dedicam ao cuidado dos outros. O fato de esses profissionais estarem aptos a cuidar de outras pessoas não lhes confere imunidade ao sofrimento e à doença, tampouco impede a manifestação de reações emocionais delineadas pelo estresse (Figueiredo & Soares, 1999; Vélez, 2003).

Segundo Gómez *et al.* (2005), o ambiente hospitalar em si já oferece estímulos estressores de várias naturezas e em vários níveis, por exemplo: assistir ao sofrimento alheio sentindo-se muitas vezes impotente; falta de adesão ao tratamento por parte dos pacientes; convivência com o estresse do paciente, de sua família e dos demais profissionais de saúde, além de seu próprio sem que, muitas vezes, esteja devidamente preparado para isso.

Estudos com médicos e enfermeiros vêm despertando grande interesse, por estarem relacionados a atividades profissionais que envolvem responsabilidade pelo bem-estar do outro, lidam com a dor e, muitas vezes, com a morte. É fundamental que esses profissionais se encontrem em condições físicas e psicológicas favoráveis para que possam contribuir positivamente no tratamento efetivo de seus pacientes (Gómez *et al.*, 2005). Outro motivo de incentivo às pesquisas na área do estresse ocupacional se deve aos gastos dispendidos e as consequências do estresse, tanto no nível individual como organizacional (Cooper & Payne, 1990).

Um estudo realizado por Reis (1986) com profissionais de saúde, especialmente sobre o auxiliar de enfermagem e o atendente hospitalar, salienta, que como consequência dos problemas de saúde desses profissionais, há dificuldade de manter a qualidade da assistência de enfermagem prestada ao hospital devido ao absenteísmo, às limitações no desempenho das funções, além de restrições em trabalhos que exijam esforço físico maior. A enfermagem é considerada uma profissão desgastante, cujos trabalhadores sofrem impacto total e imediato do estresse por defrontar-se com situações imprevisíveis e execução de tarefas constantes que são, muitas vezes, realizadas sem estrutura apropriada (Reis, 1986). O fato de esses profissionais cuidarem de pacientes com diferentes patologias aliado à remuneração inadequada, que geralmente não condiz com a dedicação ao trabalho, conduz a situações extremamente aversivas, bastante comum, sobretudo, nas unidades de emergência (Martins, 2004).

Como apontam Melo, Gomes e Cruz (1997), uma fonte de tensão especial para os profissionais de saúde consiste na possibilidade de seu próprio estresse ser capaz de gerar mal-estar naquele que é o centro da sua atenção: o paciente. Além disso, é importante ressaltar os perigos para a própria saúde do profissional, uma vez que algumas das patologias dos doentes são de natureza infecciosa (por exemplo, AIDS, hepatite etc.), o que impõe pressão e desafios constantes ao exercício dessa profissão (Melo *et al.*, 1997).

Diferentes trabalhos de pesquisa na área do estresse ocupacional em profissionais da saúde sugerem estratégias para controle do nível de estresse. Gomes e Cruz (2004) sugerem implementação de estratégias e programas adequados de prevenção e tratamento, não apenas ao nível individual, mas também ao nível organizacional. Malagris e Fiorito (2006) propõem a implantação de algumas medidas para reduzir e manejar o estresse e, consequentemente, proporcionar melhoras ao ambiente hospitalar: investigação mais aprofundada dos estressores desses profissionais de acordo com o setor de atuação; elaboração de folheto que informe sobre o estresse e sobre formas de prevenção e controle; implantação de um espaço para atividade física orientada; implantação de sessões de relaxamento semanais em grupo, para aqueles que desejarem. Lima (2010) sugere a execução de um programa de prevenção do estresse para os funcionários, destacando o uso de técnicas de relaxamento, seminários sobre a importância de combater o estresse, ginástica laboral, dentre outras estratégias que venham proporcionar saúde às pessoas e, desse modo, melhor qualidade de vida no trabalho.

31.4 Considerações finais

A sociedade contemporânea é marcada por um ritmo acelerado de transformações que exige do trabalhador constantes adaptações e mudanças de comportamento em um curto espaço de tempo. Essas exigências, associadas a cobranças por excelência e urgência por novos conhecimentos, incentivam o desequilíbrio da homeostase interna e o surgimento do estresse (Miquelim *et al.*, 2004). O estresse como um processo dinâmico pode ser agravado ou diminuído; isso dependerá da forma como o indivíduo o enfrenta (Lipp, 2003).

A maioria dos estudos nessa área aponta para uma alta prevalência de estresse entre os profissionais da área da saúde, dentre os quais os médicos e enfermeiros são ainda mais afetados, sobretudo por estarem em contato diário com estressores. Pela particularidade de suas atividades, esses profissionais devem dar maior atenção à própria saúde, para que possam oferecer a seus pacientes um atendimento de qualidade (Melo *et al.*, 1997).

Como demonstra a literatura, são necessários mais estudos para que se possa determinar com mais precisão os estressores ocupacionais nas diferentes profissões na área da saúde. Essa identificação poderá servir de fundamento para programas de profilaxia e de intervenção nas instituições de saúde, para, assim, diminuir de forma significativa tanto a possibilidade de doenças emocionais e físicas quanto os custos organizacionais gerados por essas patologias.

31.5 Referências

Beck, J. S. (1997). *Terapia Cognitiva: teoria e prática.* Porto Alegre: Artes Médicas.

Calais, S. L. (2003). Diferenças entre homens e mulheres na vulnerabilidade ao estresse. In M. E. N. Lipp (Org.), *Mecanismos neuropsicológicos do stress: teoria e aplicações clínicas* (pp. 87-89). São Paulo: Casa do Psicólogo.

Caplan, R. D., Cobb, S., French, J. R., Van Harrison, R., & Pinneau, S. R. (1985). *Job demands and worker healther.* Washington: National Institute of Occupation Safety and Health.

Cooper, C. L. (1994). Identifying workplace stress: costs, benefits and the way forward. *New Solutions, 4* (4), 38-40.

Cooper, C. & Payne. R. (1990). *Causes, coping and consequences of stress at work.* New York: Wiley.

Everly, G. S. (1989). *A clinical guide to the treatment of the human stress response.* New York: Plenum Press.

Figueiredo, M. & Soares, V. (1999). Estresse em profissionais de saúde. *Psiquiatria Clínica, 20* (1), 51-61.

Fontana, D. (1991). *Estresse.* São Paulo: Saraiva.

Fontana, D. (1994). *Estresse: faça dele um aliado e exercite a autodefesa.* São Paulo: Saraiva.

França, H. H. (1987). A síndrome de burnout. *Revista Brasileira de Medicina, 44* (8), 197-199.

Gomes, A. R. & Cruz, J. F. (2004). A experiência de estresse e "burnout" em psicólogos portugueses: um estudo sobre as diferenças de gênero. *Psicologia: Teoria, Investigação e Prática, 2,* 193-212.

Gomes, A. R., Cruz, J. F., & Cabanelas, S. (2009) Estresse ocupacional em profissionais de saúde: um estudo com enfermeiros portugueses. *Psicologia: Teoria e Pesquisa, 25* (3), 307-318.

Gómez, N., Dodino, C. N., Aponte, C. F., Caycedo, C. E., Riveros, M. P., Martinez, M. M. D. P., & Duran, C. S. (2005). Relación entre perfil psicológico, calidad de vida y estrés assistencial em personal de enfermaria. *Universitas psychologica, 4* (1), 63-75.

Lazarus, R. S. & Folkman, S. (1984). *Stress, appraisal and coping.* New York: Guilford.

Lima, J. C. (2010). *Estresse ocupacional dos trabalhadores da Saúde.* Monografia de Especialização em Saúde Mental não publicada. Criciúma: Universidade do Extremo Sul Catarinense.

Lipp, M. E. N. (1996). *Pesquisas sobre stress no Brasil. Saúde, ocupações e grupos de risco.* Campinas: Papirus.

Lipp, M. E. N. (2000). *Inventário de sintomas de stress de Lipp.* São Paulo: Casa do Psicólogo.

Lipp, M. E. N. (2001). Estresse emocional: a contribuição de estressores internos e externos. *Revista de Psiquiatria Clínica, 28* (6), 347-349.

Lipp, M. E. N. (2002). *Manual do inventário de sintomas de stress para adultos de Lipp (ISSL).* São Paulo: Casa do Psicólogo.

Lipp, M. E. N. (2003a). O modelo quadrifásico do *stress.* In M.E.N. Lipp (Org.), *Mecanismos neuropsicofisiológicos do stress: teoria e aplicações clínicas* (pp. 17-21). São Paulo: Casa do Psicólogo.

Lipp, M. E. N. (2003b). *Mecanismos neuropsicológicos do stress: teoria e aplicações clínicas.* São Paulo: Casa do Psicólogo.

Lipp, M. E. N. (2004a). Prefácio. In M. E. N. Lipp (Org.), *O* stress *no Brasil: pesquisas avançadas* (pp. 11-13). Campinas: Papirus.

Lipp, M. E. N. (2004b). O diagnóstico do *stress* em adultos. In M. E. N. Lipp (Org.), *O* stress *no Brasil: pesquisas avançadas* (pp. 53-58). Campinas Papirus

Lipp, M. E. N. (2004c). *Stress* emocional: esboço da teoria de "temas de vida". In M. E. N. Lipp (Org.), *O* stress *no Brasil: pesquisas avançadas* (pp. 17-30). Campinas: Papirus.

Lipp, M. E. N. & Malagris, L. E. N. (1995). Manejo do estresse. In B. Rangé (Org.), *Psicoterapia comportamental e cognitiva: pesquisa, prática, aplicações e problemas* (pp. 279-292). Campinas: Ed. Psy II.

Lipp, M. E. N. & Malagris, L. E. N. (2001). O *stress* emocional e seu tratamento. In B. Rangé (Org.), *Psicoterapias cognitivo-comportamentais: um diálogo com a Psiquiatria* (pp. 475-490). Porto Alegre: Artmed.

Lipp, M. E. N. & Malagris, L. E. N. (2004). O *stress* no Brasil de hoje. In M. N. Lipp (Org.), *O stress no Brasil: pesquisas avançadas* (pp. 215-222). Campinas: Papirus.

Lipp, M. E. N. & Novaes, L. E. (1996). *Mitos & verdades: o* stress. São Paulo: Contexto.

Lipp, M. E. N. & Rocha, J. C. (1996). Stress, *hipertensão e qualidade de vida.* Campinas: Papirus.

Lipp, M. E. N., Malagris, L. E. N., & Novais, L. E. (2007). Stress *ao longo da vida.* São Paulo: Ícone

Lipp, M. E. N., Romano, A. S. P. F., Covolan, M. A., & Nery, M. J. G. S. (1986). *Como enfrentar o* stress. São Paulo: Ícone.

Lipp, M. E. N. & Tanganelli, M. S. (2002). *Stress* e qualidade de vida em magistrados da justiça do trabalho: diferenças entre homens e mulheres. *Psicologia: reflexão e crítica, 15* (3), 537-548.

Malagris, L. E. N. (2004a). *A via L-arginina-óxido nítrico e o controle do* stress *em pacientes com hipertensão arterial sistêmica* Tese de Doutorado não publicada. Rio de Janeiro: Universidade do Estado do Rio de Janeiro.

Malagris, L. E. N. (2004b). *Burnout:* o profissional em chamas. In F. P. Nunes Sobrinho & I. Nassaralla (Orgs.), *Pedagogia institucional – fatores humanos nas organizações* (pp. 196-213). Rio de Janeiro: Zit Editores.

Malagris, L. E. N. & Fiorito, A. C. C. (2006). Avaliação do nível de *stress* de técnicos da área de saúde. *Estudos de Psicologia, 23* (4), 391-398.

Martins, L. G. L. M., Bucheroni, M. S. M., Toledo, M. F. L., Furquim, P. M., Oliveira, R. M. R., Lelli, S. A., Meneguetti, V. R. S., & Neves, Y. M. C. (1996). *Fontes de estresse ocupacional na equipe de auxiliares de enfermagem do Hospital e Maternidade Celso Pierrô.* Trabalho de conclusão do curso de Especialização em Psicologia da Saúde, Campinas: Pontifícia Universidade Católica de Campinas.

Martins, M. O. C (2004). *O estresse no trabalho em médicos e enfermeiros do bloco operatório de um hospital central do Porto.* Dissertação de Mestrado não publicada. Porto: Universidade do Porto.

Melo, B. T., Gomes, A. R., & Cruz, J. F. (1997). *Stress* ocupacional em profissionais da saúde e do ensino. *Psicologia: teoria, investigação e prática, 2,* 53-72.

Mendes, A. M., Borges, L. O., & Ferreira, M. C. (2002). *Trabalho em transição, saúde em risco.* Brasília: Editora Universidade de Brasília.

Miquelim, J. D. L., Carvalho, C. B. O., Gir, E., & Pelá, N. T. R. (2004) Estresse nos profissionais de enfermagem que atuam em uma unidade de pacientes portadores de HIV-AIDS. *DST – Jornal Brasileiro de Doenças Sexualmente Transmissíveis, 16* (3), 24-31.

Moraes, L. F. R., Swan. J. A., & Cooper, C. L. (1993). A study of occupational stress among government white-collar workers in Brazil using the occupational stress indicator. *Stress Medicine, 9,* 91-104.

Murphy, L. R. (1984). Occupational stress management: a review and appraisal. *Journal of Occupational Psychology, 57,* 1-15.

Murphy, L. R., Hurrell, J. J., Sauter S. L., & Keita, G. P. (1995). *Job stress interventions.* Washington, DC: American Psychological Association.

Perlman, B, & Hartman A. E. (1982). Burnout: summary and future research. *Human Relations, 35* (4), 283-305.

Reis, I. N. (1986). Doenças ocupacionais: estudo retrospectivo em unidades hospitalares do Distrito Federal. *Hospital das Forças Armadas: publicação técnico-científica, 1* (2), 113-122.

Ross, R. R. & Altmaier, E. M. (1994). *Intervention in occupational stress.* London: SAGA Publications.

Santos, C. M. C. & Rocha, L. S. A. D. (2003). *O estresse e o professor em uma escola de formação de professores na cidade do Rio de Janeiro.* Monografia não publicada. Rio de Janeiro: Universidade Federal do Rio de Janeiro.

Selye, H. (1965). Stress*: a tensão da vida.* São Paulo: IBRASA.

Selye, H. (1984) History and present status of the stress concept. In L. Goldberger & M. Breznit (Orgs.), *Handbook of Stress: Theoretical and Clinical Aspects.* London: Free Press.

Silva, M. C. M. & Gomes, A. R. S. (2009). Estresse ocupacional em profissionais de saúde: um estudo com médicos e enfermeiros portugueses. *Estudos de Psicologia, 14* (3), 239-248.

Straub, R. O. (2005). *Psicologia da Saúde.* Porto Alegre: Artmed.

Swan, J. A.; Moraes, L. F. R. & Cooper, C. L. (1993). Developing the occupational stress indicator (OSI) for use in Brazil: a report on the reliability and validity of the translated OSI. *Stress Medicine, 9,* 247-253.

Tanganelli, M. S. (2001). Você me estressa, eu estresso você. In M. E. N. Lipp (Org.), *O estresse está dentro de você* (pp. 155-168). São Paulo: Contexto.

Vélez, C. P. G. (2003). Gestão do estresse nos profissionais de saúde. *Nursing, 179,* 10-13.

Autores:

Aurineide Canuto Cabraíba Fiorito – Centro Psicológico de Controle do Estresse.

Heitor Pontes Hirata – Mestrando em Psicologia pela Universidade Federal do Rio de Janeiro e especialista em Psicologia Clínica. Contato: heitorph@gmail.com

As relações entre habilidades sociais e estresse ocupacional em submarinistas

Camila Menkes
Angela Donato Oliva

32.1 Introdução

Este presente capítulo se propõe a fazer uma revisão teórica acerca das possíveis relações entre o repertório de habilidades sociais e o nível de estresse em submarinistas. Essa atividade submete os profissionais a diversos riscos e à situação de confinamento, caracterizando-se como um ambiente de trabalho bastante específico, o que demanda dos indivíduos uma série de requisitos pessoais e profissionais.

Estudos mostram que o trabalho em submarinos proporciona experiências de grande estresse ao militar embarcado (Carrére, Evans, Palsane & Rivas, 1991; Sandal, 1999; Sandal, Leon & Palinkas, 2006). Outros estudos também indicam que deficiências em habilidades sociais podem contribuir para o desenvolvimento do estresse (Ayres, 1996; Furtado, Falcone & Clark, 2003; Segrin, Hanzal, Donnerstein, Taylor & Domschke, 2007; Vinnick & Erickson, 1994). Considerando ainda as especificidades do trabalho dos submarinistas ressalta-se que essa população está exposta a grandes estressores em diversos momentos, o que os torna um grupo de risco e, portanto, suscetíveis às consequências dessa agressão.

32.2 Estresse

32.2.1 Aspectos gerais

O termo estresse vem sendo utilizado de forma corriqueira para explicar inúmeros acontecimentos que afligem a vida humana moderna, gerando grande confusão conceitual. O termo tem origem na Engenharia, sendo utilizado para descrever uma força aplicada contra uma resistência, representando a carga que um material pode suportar antes de se romper (Bauk, 1985). Na área da saúde o termo foi utilizado pela primeira vez por Hans Selye, em 1936, quando definiu a reação do estresse como uma "Síndrome Geral de Adaptação" (Lipp, Pereira & Sadir, 2005).

Apesar das peculiaridades de cada tipo de definição e de diferentes modelos existentes para explicar o estresse, diversos autores têm considerado as percepções individuais como mediadoras do impacto do ambiente sobre as respostas do indivíduo (Jex, 1998; Lazarus, 1995; Lipp & Tanganelli, 2002; Malagris, 2003). Nessa perspectiva, o conceito de estresse pode ser definido como um processo que apresenta caráter relacional e no qual o indivíduo avalia as demandas da situação como excessivas para seus recursos de enfrentamento, provocando reações físicas e/ou psicológicas (Lazarus, 1995).

O desencadeamento do estresse foi classificado por Selye (1984) em três diferentes fases: alerta, resistência e exaustão. A fase de alerta, considerada uma reação saudável do organismo, ocorre quando o indivíduo entra em contato com o agente estressor, iniciando-se a quebra da homeostase. É caracterizada pela ação da adrenalina, que torna a pessoa mais atenta e motivada. A segunda fase – a da resistência – ocorre quando há a persistência do estressor; o indivíduo tenta, então, se recuperar do desequilíbrio, gerando maior desgaste do organismo. Já a terceira fase – a de exaustão – ocorre quando o indivíduo não consegue retomar a homeostase, os sintomas são agravados e há maior comprometimento físico e psicológico, com o surgimento de uma série de doenças. Lipp (2003) propôs a inclusão de uma quarta fase do estresse, localizada entre a fase de resistência e a de exaustão: a fase de quase-exaustão. Nesse momento a pessoa já apresenta desgaste e outros sintomas, mas ainda consegue trabalhar e atuar na sociedade, uma vez que os problemas não são ainda tão graves quanto na fase de exaustão.

O estresse pode, então, ser considerado, em sua fase inicial, uma resposta adaptativa do organismo humano. Entretanto, quando suas causas se prolongam e os meios de enfrentamento são escassos, o estresse irá avançar para fases de maior gravidade, tornando o corpo vulnerável a diversas doenças e comprometendo o bem-estar e a qualidade de vida (Murta & Tróccoli, 2004).

Nos últimos anos, os estudos sobre estresse foram conduzidos em diversos contextos e tem sido observada uma crescente preocupação com a investigação acerca da relação entre estresse e trabalho. Isso ocorre porque são muitos os prejuízos ocasionados pelo estresse ocupacional, levando-se em consideração a saúde e o bem-estar dos trabalhadores, assim como o funcionamento eficiente da organização (Sadir, Bignotto & Lipp, 2010).

O estresse ocupacional pode ser definido como um processo em que o indivíduo avalia as demandas do trabalho como excessivas para serem enfrentadas com suas habilidades, e esse situação lhe desperta reações negativas (Lazarus, 1995). Esse conceito opera com a ideia de é que a percepção pessoal e a interpretação da situação que conferem ao estímulo o efeito estressor.

Um evento estressor pode ser entendido como qualquer situação geradora de um estado emocional intenso, que leve à quebra da homeostase interna e que exija adaptação (Lipp *et al.*, 2005). Os principais estressores organizacionais podem ser de natureza física – como calor, frio, esforço físico, ruído ou iluminação deficiente – e/ou de natureza psicossocial, conforme destacados a seguir:

1. fatores intrínsecos ao trabalho: repetições de tarefas, sobrecarga de trabalho, condições desfavoráveis à segurança no trabalho;

2. relacionamento interpessoal: representam os conflitos interpessoais, bem como a relação abusiva entre superiores e subordinados e retaliações;

3. papel do indivíduo na organização: inclui conflito e ambiguidade de papéis. O conflito entre papéis ocorre quando informações advindas de um membro entram em conflito com as informações advindas de outro membro. Já a ambiguidade de papéis ocorre quando as informações associadas ao papel que o empregado deve desempenhar são pouco claras e consistentes

4. carreira e realização: abrange a falta de estabilidade, poucas perspectivas de promoção, indisponibilidade de treinamento e orientação;

5. controle e autonomia no trabalho: baixo nível de autonomia/controle sobre a tarefa, tomada de decisão e escolha de métodos de trabalho. O funcionário tem pouca autonomia para tomar decisões sobre seu trabalho, incluindo quando, onde e como trabalhar, e quais tarefas desempenhar.

Dado o comprometimento financeiro e humano, diversos modelos de intervenção têm sido elaborados para minimizar ou prevenir o estresse ocupacional. Alguns focam as intervenções no ambiente organizacional, produzindo mudanças na estrutura organizacional, nas condições de segurança, no treinamento e na autonomia (Murta, Laros & Tróccoli, 2005). Outros utilizam estratégias focadas no trabalhador, com o desenvolvimento de modos de enfrentamento a agentes estressores no ambiente de trabalho e hábitos de vida – possibilitando que o trabalhador proteja sua saúde ao se engajar em comportamentos que amenizem o impacto do estresse (Steffy, Jones & Noe, 1990).

32.2.2 O estresse no contexto profissional de um submarino

Os submarinistas são um grupo profissional que vive e trabalha em um ambiente extremamente hostil, expostos a estressores tecnológicos, biológicos, psicológicos e sociais. A complexidade encontrada em seu ambiente de trabalho é algo notável. Esses militares são preparados para executar as funções administrativas e operativas a bordo de um submarino e desempenham seu exercício profissional em um ambiente bastante específico, com viagens frequentes, longas e cansativas.

Em grande parte do tempo, encontram-se submersos, sem contato com o mundo externo, sem notícias da família ou acesso a jornais e televisão e, ainda, sem a liberdade de ir e vir. O espaço é restrito, a iluminação e a ventilação são artificiais, há presença de ruídos e odores intensos. As atividades desenvolvidas são interdependentes e envolvem alto grau de risco, nas quais situações de emergência podem ocorrer a qualquer momento.

Esses militares estão expostos a um ambiente extremo, entendido como qualquer configuração em que haja extraordinárias exigências físicas, psicológicas e interpessoais, que necessitam de significativa adaptação humana para a sobrevivência e o desempenho (The Society for Human Performance in Extreme Environments, 2011). Além do trabalho em submarinos, outras ocupações se desenvolvem nesse tipo de ambiente: mineração, mergulho, expedições polares, missões espaciais, entre outras. Essas atividades profissionais, embora tenham suas especificidades, compartilham uma série de similaridades, pois apresentam diversos desafios do ponto de vista pessoal, como a necessidade de interação em pequenos grupos, comunicação restrita com o mundo externo, trabalho realizado em compartimentos limitados, monotonia, falta de privacidade, tensão constante e redução das atividades sociais (Sandal, 1999; Sandal *et al.*, 2006).

O trabalho do submarinista, por sua própria natureza e características, revela-se especialmente suscetível ao fenômeno do estresse ocupacional. Viver e trabalhar em um ambiente extremo, isolado e confinado por períodos prolongados produz um nível de estresse inaceitável, que pode comprometer o desempenho profissional desses sujeitos (Carrére *et al.*, 1991). O efeito cumulativo dos estressores aumenta as chances de ocorrer um acidente e de um desempenho inadequado em situações de emergência, colocando a segurança de todos em risco.

A adaptação a esse ambiente tão específico é algo determinante para a segurança material e humana e a inabilidade em lidar com essa realidade pode afetar diretamente o desenvolvimento social e profissional dos submarinistas. Sandal *et al.* (2006) reporta alguns efeitos negativos do estresse sobre o trabalho em ambientes extremos, incluindo queda no desempenho profissional, humor deprimido, queixas psicossomáticas, conflitos interpessoais, lapsos de atenção e labilidade emocional.

A prevalência de estresse em 219 submarinistas foi investigada na Marinha do Reino Unido por Brasher, Dew, Kilminster and Bridger (2010). Os resultados foram surpreendentes, uma vez que não foram identificadas diferenças significativas em termos de estresse, ao comparar submarinistas com os demais militares não embarcados. Foram oferecidas algumas razões para esse resultado:

a) os submarinistas apresentariam maior capacidade inata de resiliência. Por isso, quando voluntários para o trabalho em condições extremas, estariam naturalmente protegidos do impacto negativo desse tipo de trabalho;

b) trabalhar em um submarino é uma ocupação altamente especializada, que envolve certo grau de prestígio, o que pode ajudar esse grupo a lidar melhor com os aspectos negativos do trabalho;

c) o distanciamento da família pode ser um fator de proteção na medida em que o submarinista fica alheio às demandas e problemas familiares.

Nesse mesmo estudo foram levantados os principais fatores que apresentaram correlação com o estresse em submarinistas, sendo destacados: o comprometimento excessivo com a função desempenhada, a labilidade emocional, o ambiente físico de trabalho, a pouca idade dos militares e, ainda, o pouco suporte de pares e de líderes.

A questão do apoio social como um fator que minimiza o estresse apresenta-se de forma controversa. Alguns estudos relatam que o suporte da família, o apoio de pares e de líderes estão associados à maior facilidade para lidar com o estresse do trabalho em condições isoladas (Kanas *et al.*, 2007; Limbert, 2004; Rotter & Boveja, 1999). Entretanto, outros autores entendem que procurar por suporte dos pares em missões submarinas prolongadas – como um mecanismo para lidar com o estresse – está relacionado à pouca capacidade de adaptação psicológica (Sandal, Endresen, Vaernes & Ursin, 1999). Palinkas (2003) relata que pessoas que precisam de muito apoio dos pares são mais suscetíveis a tensões no grupo, enquanto aqueles que têm pouca necessidade de suporte dos pares parecem se adaptar melhor a esse tipo de ambiente.

Bridger, Brasher, Dew e Kilminster (2011), em pesquisa realizada na Marinha do Reino Unido com 2596 militares embarcados, concluíram que a insatisfação com as condições de conforto e habitabilidade nos navios, em especial, a falta de privacidade, era forte preditor de estresse no futuro e não apenas uma questão de conforto e conveniência. Outros estressores ocupacionais, como pouca autonomia e controle da tarefa, também mostraram afetar a saúde mental da amostra estudada.

Existem na literatura científica nacional estudos sobre o estresse em diversas ocupações como, por exemplo, em policiais civis (Tamayo & Tróccoli, 2002), em bancários (Pinheiro, Tróccoli & Paz, 2002), em atletas (Maciel, 1996), em professores (Codo, 2000), em jornalistas (Proença, 1998) e em enfermeiros (Stacciarini & Tróccoli, 2002). No entanto, são poucos os estudos nacionais que investigam os níveis de estresse em profissionais que atuam em ambientes extremos e não há estudos relacionados aos submarinistas.

32.3   As habilidades sociais

Levando-se em consideração o contexto profissional do submarinista, há que se considerar as interações sociais que se estabelecem nesse ambiente. As circunstâncias do trabalho em um submarino impõem aos militares uma alta demanda a ser enfrentada, pois envolve uma forte interação entre pessoas, seja entre colegas de mesmo nível hierárquico, superiores ou subordinados, e quando essas interações resultam em conflitos, tem-se outra fonte de estresse (Glowinkowski & Cooper, 1987; Jex, 1998).

Na descrição da atividade profissional realizada por submarinistas (Herkenhoff, 2008) fica claro que as relações interpessoais permeiam a qualidade de sua execução e estabelecem um papel de especial destaque:

> A interdependência, aliada ao ambiente confinado em que os submarinistas realizam suas atividades, estimula o companheirismo entre toda a tripulação. O bom relacionamento aparece com frequência nas seleções de submarinistas como uma das motivações que levam os militares a escolher esta atividade como profissão. A qualidade do relacionamento entre os submarinistas é muito importante porque funciona como um suporte para enfrentar o ambiente adverso a que são expostos (p. 53).

Diante da intensa demanda de convívio social e da necessidade de estabelecimento de relações interpessoais satisfatórias para o desempenho das atividades profissionais, as habilidades sociais revelam-se como um conjunto de ferramentas essenciais para os profissionais que trabalham embarcados em um submarino.

Os enfoques iniciais a respeito das habilidades sociais priorizam os aspectos comportamentais, revelando falta de ênfase sobre os processos cognitivos. Para Elliot e Ershler (1990), as habilidades sociais incluem comportamentos verbais e não verbais específicos que são adquiridos através da aprendizagem. Para Gresham (1992) as habilidades sociais são comportamentos específicos que geram resultados e atendem a determinadas expectativas.

Mais recentemente, outros autores passaram a considerar também os aspectos cognitivos na definição das habilidades sociais. Hidalgo e Abarca (2000) definem habilidades sociais como a habilidade para organizar cognições e competências comportamentais em um curso integrado de ações dirigidas a metas interpessoais e culturalmente aceitas, permitindo o estabelecimento de relações interpessoais satisfatórias.

O conceito de habilidades sociais de Bedell e Lenox (1997) parece ser um dos mais abrangentes. Para eles, habilidades sociais são entendidas como a combinação de habilidades cognitivas – capacidade para perceber e selecionar as informações relevantes de um contexto interpessoal – e de habilidades comportamentais – que possibilitam realizar a escolha e a execução dos comportamentos verbais e não verbais apropriados à situação, aumentando a probabilidade de estabelecimento de um relacionamento interpessoal efetivo.

No âmbito do trabalho, a preocupação com as consequências negativas dos conflitos interpessoais tornou-se objeto de diversas pesquisas. Vários estudos têm mostrado que os conflitos interpessoais estão relacionados a desempenhos profissionais improdutivos e, por outro lado, que pessoas socialmente competentes apresentam relações profissionais mais satisfatórias, além de proporcionar clima organizacional mais estimulante e produtivo (Falcone, 2000; Limongi-França & Arellano, 2002). Para desenvolver suas atividades profissionais, o trabalhador precisa se comunicar com o chefe e com os colegas de trabalho e mesmo quem trabalha isoladamente é impelido, em alguns momentos, a estabelecer interações com os demais indivíduos; assim, a utilização das habilidades sociais é um aspecto fundamental para um bom desempenho profissional.

Considerando esse contexto, algumas habilidades sociais ganham especial relevância, como a habilidade para resolver conflitos interpessoais e intergrupais, expressar sensibilidade e empatia diante das necessidades do outro e expressar-se de forma honesta e assertiva em situações interpessoais críticas (Del Prette & Del Prette, 2006). Outra habilidade a que esses autores se referem é a capacidade de lidar de modo efetivo com o estresse e as situações estressantes da vida profissional.

32.4 Relações empíricas entre habilidades sociais e estresse

Nos últimos anos, uma série de estudos passou a investigar a relação entre estresse e habilidades sociais, sugerindo que as estas são um fator de vulnerabilidade para o desenvolvimento do estresse (Ayres, 1996; Furtado *et al.*, 2003; Segrin *et al.*, 2007). Assim, as deficiências em habilidades sociais contribuiriam para o desenvolvimento do estresse e, em contrapartida, pessoas com habilidades sociais teriam maior resiliência ao se deparar com agentes estressores, apresentando menor chance de desenvolvimento do estresse (Segrin, 2001). Mas, quais seriam as razões pelas quais as pessoas com elevado desempenho social teriam maior resistência ao estresse?

Os mecanismos pelos quais tal relação se estabelece ainda não estão muito claros. Murta e Tróccoli (2009) sugerem que pessoas socialmente habilidosas teriam mais recursos cognitivos e comportamentais, reduzindo a probabilidade de ativação fisiológica e, por conseguinte, apresentando menos reações de estresse. Carvalho (2003) relata que pessoas socialmente competentes teriam maior acesso a uma rede de apoio social bem estruturada, uma vez que apresentam grande capacidade para atrair e manter o suporte social, o que seria de especial relevância para favorecer a adaptação a situações de estresse.

Algumas pesquisas têm sido realizadas com o objetivo de verificar quais seriam as características pessoais que estão associadas a maior nível de estresse. A alta sensibilidade interpessoal e a utilização de estratégias diretas de enfrentamento de problemas parecem favorecer a habilidade de lidar com as dificuldades encontradas em ambientes extremos e isolados, minimizando a quantidade de sintomas de estresse (Chidester, Helmreich, Gregorich & Geis, 1991; Sandal *et. al.*, 1999; Sandal *et. al.*, 2006).

Outras pesquisas sugerem que altos níveis de extroversão e baixo neuroticismo (Steel, 1997), baixa agressividade interpessoal e baixa competitividade (Chidester *et. al.*, 1991) parecem favorecer a habilidade de lidar em ambientes estressores. Sandal (1999) relata que pessoas muito competitivas e com alto senso de autoeficácia parecem não se adaptar tão bem às demandas sociais de ambientes extremos, apresentando comprometimento na saúde e no desempenho, além de gerar tensão e hostilidade no ambiente.

A relação entre a capacidade de resolução de problemas e o nível de estresse foi investigada por Baker (2003). Em um estudo longitudinal com estudantes de uma Universidade do Reino Unido, Baker (2003) verificou que a capacidade de resolução de problemas estava associada a menores níveis de percepção do estresse. A habilidade de resolver problemas estaria, desse modo, relacionada à implementação de estratégias efetivas de enfrentamento das demandas encontradas no cotidiano.

A associação entre bem-estar subjetivo, estresse e habilidades sociais também foi corroborada em um estudo conduzido por Segrin *et al.* (2007) com 500 estudantes universitários americanos. Os resultados obtidos confirmaram a relação entre habilidades sociais e bem-estar subjetivo, bem como entre as habilidades sociais e o nível de estresse percebido. De fato, quanto maior o nível de habilidades sociais, menor era o nível de estresse percebido e maior era a sensação de bem-estar subjetivo.

Outro estudo, realizado por Furtado *et al.* (2003), corrobora os dados que apontam para uma relação significativa entre os níveis de estresse e de habilidades sociais. Entretanto, na pesquisa realizada com 178 estudantes universitários brasileiros, a elevada habilidade social mostrou-se associada à baixa incidência de estresse apenas no grupo masculino. No grupo feminino, ter um alto nível de habilidade social estava associado com maior nível de estresse. Os autores levantaram a hipótese de que o comportamento assertivo exibido por mulheres resultaria em avaliações sociais negativas, o que poderia ter contribuído para a alta incidência de estresse.

32.5 Considerações finais

Os dados apresentados apontam cada vez mais para as relações entre os comportamentos sociais saudáveis e a diminuição dos níveis de estresse. As consequências da exposição prolongada ao estresse parecem estar relacionadas com estratégias individuais para lidar com a situação, sendo as deficiências em habilidades sociais relatadas como relevantes para o desenvolvimento do estresse. Nesse sentido, um bom repertório de habilidades sociais pode se apresentar como fator de proteção para esse quadro. Considerando as especificidades da ocupação profissional dos submarinistas, fica evidente que ainda é necessária a realização de estudos mais aprofundados, que evidenciem, de forma mais clara, a associação entre habilidades sociais e estresse nesse ambiente.

Minimizar a chance de ocorrência de problemas de saúde mental no futuro demanda maior conhecimento sobre esse contexto específico e as relações que o permeiam, permitindo, dessa forma, criar estratégias efetivas de seleção e treinamento, no intuito de contribuir para o desenvolvimento social e profissional desses militares.

32.6 Referências

Ayres, A. M. M. (1996). *Stress* e afetividade nos hipertensos. In M. Lipp (Org.), *Pesquisas sobre* stress *no Brasil: saúde, ocupações e grupos de risco* (pp. 71-81). São Paulo: Papirus.

Baker, S. R. (2003). A prospective longitudinal investigation of social problem-solving appraisals on adjustment to university, stress, health, and academic motivation and performance. *Personality and Individual Differences, 35*, 569-591.

Bauk, D. A. (1985). Stress. *Revista Brasileira de Saúde Ocupacional, 13* (50), 28-36.

Bedell, J. R. & Lennox, S. S. (1997). *Handbook for communication and problem-solving skills training: A cognitive-behavioral approach.* New York: Wiley.

Brasher, K. S., Dew, A. B. C., Kilminster, S. G., & Bridger, R. S. (2010). Occupational stress in submariners: The impact of isolated and confined work on psychological well-being. *Ergonomics, 53* (3), 305-313.

Bridger, R. S., Brasher, K, Dew, A., & Kilminster, S. (2011). Job stressors in naval personnel serving on ships and in personnel serving ashore over a twelve month period. *Applied Ergonomics, 42*, 710-718.

Carrére, S., Evans, G. W., Palsane, M. N., & Rivas, M. (1991). Job strain and occupational stress among urban public transit operators. *Journal of Occupational Psychology, 64*, 305-316.

Carvalho, V. A. (2003). Personalidade e câncer. In M. M. M. J. Carvalho (Coord.), *Introdução à psiconcologia.* Campinas: Editora Livro Pleno.

Chidester, T. R., Helmreich, R. L., Gregorich, E., & Geis, C. E. (1991). Pilot personality and crew coordination: Implications for training and selection. *The International Journal of Aviation Psychology, 1*, 25-44.

Codo, W. (Org.), (2000). *Educação: carinho e trabalho.* Petrópolis: Vozes.

Del Prette, A. & Del Prette, Z. A. P. (2006). *Relações interpessoais e habilidades sociais no âmbito do trabalho e das organizações.* Recuperado em 15 de dezembro de 2011 de <www.rihs.ufscar.br>.

Elliott, S. N. & Ershler, J. (1990). Best Practices in Preschool Social Skills Training. In A. Thomas & J. Grimes (Eds.), *Best Practices in School Psychology* 2ed. (pp. 591-606). Washington, DC: NASP.

Falcone, E. M. O. (2000). Habilidades sociais: para além da assertividade. In R. C. Wielenska (Org.), *Sobre comportamento e cognição: questionando e ampliando a teoria e as intervenções clínicas e em outros contextos* (pp. 211-221). São Paulo: SET Editora Ltda.

Furtado, E. S., Falcone, E. M. O., & Clark, C. (2003). Avaliação do estresse e das habilidades sociais na experiência acadêmica de estudantes de medicina de uma universidade do Rio de Janeiro. *Interação em Psicologia, 7* (2), 43-51.

Glowinkowski, S. P, & Cooper, C. L. (1987). Managers and professionals in business industrial settings: The research evidence. In J. M. Ivanovich & D. C. Ganster (Orgs.), *Job stress: From theory to suggestion* (pp. 177-194). New York: Haworth.

Gresham, F. M. (1992). Social skills and learning disabilities: Causal, concomitant or correlacional? *School Psychological Review, 21*, 348-360.

Herkenhoff, A. T. (2008). *Práticas e representações sociais do trabalho em equipe na Marinha do Brasil.* Dissertação de Mestrado não publicada. Rio de Janeiro: Universidade do Estado do Rio de Janeiro.

Hidalgo, C. G. & Abarca, M. N. (2000). *Comunicacion interpersonal. Programa de entrenamiento em habilidades sociales.* 5ed. Santiago: Ediciones Universidad Católica de Chile.

Jex, S. M. (1998). *Stress and job performance.* Londres: Sage.

Kanas, N. A., Salnitskiy, V. P., Boyd, J. E., Gushin, V. I., Weiss, D. S., Saylor, S. A, Kozerenko, O. P., & Marmar, C. R. (2007). Crewmember and mission control personnel interactions during international space station missions. *Aviation, Space, and Environmental Medicine, 78* (6), 601-607.

Lazarus, R. S. (1995). Psychological stress in workplace. In R. Crandall & P. L. Perrewé (Orgs.), *Occupational stress: A handbook* (pp. 3-14). Washington: Taylor & Francis.

Limbert, C. (2004). Psychological well-being and job satisfaction amongst military personnel on unaccompanied tours: The impact of perceived social support and coping strategies. *Military Psychology, 16* (1), 37-51.

Limongi-França, A. C. & Arellano, E. B. (2002). Qualidade de vida no trabalho. In M. T. L. Fleury (Org.), *As pessoas nas organizações* (pp. 295-306). São Paulo, SP: Gente.

Lipp, M. E. N. (2003). O modelo quadrifásico do *stress*. In M. E. N. Lipp (Org.), *Mecanismos neurofisiológicos do* stress*: teoria e aplicações clínicas* (pp. 17-21). São Paulo: Casa do Psicólogo.

Lipp, M. E. N., Pereira, M. B., & Sadir, M. A. (2005). Crenças irracionais como fontes internas de *stress* emocional. *Revista Brasileira de Terapias Cognitivas, 1* (1), 29-34.

Lipp, M. E. N. & Tanganelli, M. S. (2002). *Stress* e qualidade de vida em magistrados da justiça do trabalho: diferenças entre homens e mulheres. *Psicologia: Reflexão e Crítica, 15* (3), 537-548.

Maciel, S. V. (1996). Atleta juvenil feminina: correlação entre características psicológicas, *stress* e lesões osteomusculares. In M. E. N. Lipp (Org.), *Pesquisas sobre* stress *no Brasil: saúde, ocupações e grupos de risco* (pp. 211-224). São Paulo: Papirus.

Malagris, L. E. N. (2003). A influência da diátese personológica. In: M. E. N. Lipp (Org.), *Mecanismos neuropsicofisiológicos do* stress*: teoria e aplicações clínicas* (pp. 71-74). São Paulo: Casa do Psicólogo.

Murta, S. G., Laros, J. A., & Tróccoli, B. T. (2005). Manejo de estresse ocupacional na perspectiva da área de avaliação de programas. *Estudos de Psicologia, 10* (2), 161-176.

Murta, S. G. & Tróccoli, B. T. (2004). Avaliação de intervenção em estresse ocupacional. *Psicologia: Teoria e Pesquisa. 20* (1), 039-047.

Murta, S. G. & Troccoli, B. T. (2009). Intervenções psicoeducativas para manejo de estresse ocupacional: um estudo comparativo. *Revista Brasileira de Terapia Comportamental e Cognitiva, 11*, 25-42.

Palinkas, L. (2003). The psychology of isolated and confined environments: Understanding human behavior in Antarctica. *American Psychologist, 58*, 353-363.

Pinheiro, F. A., Tróccoli, B., & Paz, M. G. T. (2002). Aspectos psicossociais dos distúrbios osteomusculares (Dort/LER) relacionados ao trabalho. In A. M. Mendes, L. O. Borges & M. C. Ferreira (Orgs.), *Trabalho em transição, saúde em risco* (pp. 65-85). Brasília: Editora Universidade de Brasília.

Proença, I. M. (1998). Stress *ocupacional e qualidade de vida de jornalistas da mídia impressa diária*. Dissertação de Mestrado não publicada. Campinas: Pontifícia Universidade Católica de Campinas.

Rotter, J. & Boveja, M. (1999). Counselling military families. *The Family Journal: Counseling and Therapy for Couples and Families, 7*, 379-382.

Sadir, M. A., Bignotto, M. M., & Lipp, M. E. N. (2010). *Stress* e qualidade de vida: influência de algumas variáveis pessoais. *Paideia, 20* (45), 73-81.

Sandal, G. M. (1999). The effects of personality and interpersonal relations on crew performance during space simulation studies. *Journal of Human Performance in Extreme Environments, 4* (1), 43-50.

Sandal, G. M., Endresen, I. M., Vaernes, R., & Ursin, H. (1999). Personality and coping strategies during submarine missions. *Military Psychology, 11* (4), 381-404.

Sandal, G. M., Leon, G. R., & Palinkas, L. A. (2006). Human challenges in polar and space environments. *Reviews in Environmental Science and Biotechnology, 5*, 281-296.

Segrin, C. (2001). Social skills and negative life events: Testing the deficit stress generation hypothesis. *Current Psychology, 20* (1), 19-35.

Segrin, C., Hanzal, A., Donnerstein, C., Taylor, M., & Domschke, T. J. (2007). Social skills, psychological well-being, and the mediating role of perceived stress. *Anxiety, Stress e Coping, 20* (3), 321-329.

Selye, H. (1984). History and present status of the stress concept. In L. Goldberger & M. Breznit (Eds.), *Handbook of stress: theoretical and clinical aspects.* (pp. 7-20). London: Free Press.

Stacciarini, J. M. R. & Tróccoli, B. (2002). Estresse ocupacional. In A. M. Mendes, L. O. Borges & M. C. Ferreira (Orgs.), *Trabalho em transição, saúde em risco* (pp. 185-205). Brasília: Editora Universidade de Brasília.

Steel, G. D. (1997). People in high latitudes: The "big five" personality characteristics of the circumpolar sojourner. *Environment and Behavior, 29*, 324-347.

Steffy, B. D., Jones, J. W., & Noe, A. W. (1990). The impact of health habits and life-style on the stressor-strain relationship: An evaluation of three industries. *Journal of Occupational Psychology, 63*, 217-229.

Tamayo, M. R. & Tróccoli, B. (2002). Burnout no trabalho. In A. M. Mendes, L. O. Borges & M. C. Ferreira (Orgs.), *Trabalho em transição, saúde em risco* (pp. 43-63). Brasília: Editora Universidade de Brasília.

The Society for Human Performance in Extreme Environments (2011). *What is an extreme environment?* Recuperado em 10 de setembro de 2011, de <www.hpee.org>.

Vinnick, L. A. & Erickson, M. T. (1994). Social skill in third and sixth grade children: A moderator of lifetime stressful life events and behavior problems? *Journal of Child and Family Studies, 3,* 263-282.

Autores:

Camila Menkes

Angela Donato Oliva – Doutora em Psicologia da Aprendizagem e do Desenvolvimento Humano pela Universidade de São Paulo. Professora adjunta do Instituto de Psicologia da Universidade do Estado do Rio de Janeiro e da Universidade Federal do Rio de Janeiro; Docente do Programa de Pós-Graduação em Psicologia Social – UERJ. Contato: angeladonatoliva@uol.com.br

PARTE V

TERAPIA COGNITIVO-COMPORTAMENTAL E PESQUISA

CAPÍTULO 33

A relação da empatia com estilos parentais: um estudo exploratório

Priscila Tenenbaum Tyszler
Angela Donato Oliva
Josemberg Moura de Andrade

33.1   Introdução

O tema relação parental é abordado na literatura sob diferentes perspectivas. Empatia é considerada por alguns autores (Da Dalt de Mangione & Difabio de Anglat, 2002; Gomide, 2003) característica importante na relação entre pais e filhos. Embora possa variar em muitos contextos, a empatia pode ser definida de acordo com seus aspectos cognitivos, afetivos e comportamentais. Para Falcone *et al.* (2008) empatia é a habilidade de reconhecer a emoção do outro, a partir da tomada de perspectiva, diferenciando-se e demonstrando acolhimento pelo interlocutor.

Muitos são os estudos que indicam a influência do comportamento dos pais no desenvolvimento mental de seus filhos (Belsky, 1984; Bolsoni-Silva, Del Prette & Del Prette, 2002; Costa, Teixeira & Gomes, 2000; Gomide, Salvo, Pinheiro & Sabbag, 2005; Kilpatrick, 2005; Krakow, 2007; Oliveira, 2002; Peters, 2007; Weber, Prado, Viezzer & Brandenburg, 2004). Na revisão realizada por Belsky (1984) foram destacadas diversas variáveis que influenciam o comportamento parental no cuidado com os filhos: a história de desenvolvimento do cuidador, sua personalidade, as relações com seus pais, o trabalho, as redes sociais, as características e o desenvolvimento da criança.

Pesquisas (Peters, 2007; Krakow, 2007) sugerem que a agressividade dos pais tende a gerar estresse nos filhos, além de propiciar o aparecimento de distúrbios emocionais e comportamentos disruptivos. Isso ocorreria porque comportamentos dos pais, norteados por emoção de raiva, não permitem que a criança preveja o que deve ou não ser feito em certas circunstâncias. Pais agressivos seriam menos consistentes em seus limites e possivelmente menos empáticos com seus filhos (Peters, 2007). A empatia dos pais em relação aos filhos parece, portanto, contribuir para o desenvolvimento saudável.

A empatia pode ser observada nas situações em que há trocas sociais. Pais e filhos, nos diversos grupos culturais, desenvolvem formas diferentes de interagir e isso envolve, entre outras coisas, empatia. De acordo com Hoffman (1992), empatia seria a habilidade de compreender os pensamentos e os sentimentos de outra pessoa. Para Decety e Jackson (2004) a manifestação desse constructo inclui uma resposta afetiva. Embora haja muitas definições, nem sempre consensuais, a empatia parece ser crucial na relação entre pais e filhos (Kilpatrick, 2005) e, a partir das informações já apresentadas, verifica-se também a definição de empatia como a capacidade de compreender o ponto de vista e necessidades do outro.

A percepção acurada da necessidade do outro permite reconhecer as necessidades físicas e emocionais da criança. Em termos evolucionistas, é importante distinguir rapidamente as motivações, as necessidades e as intenções dos outros nos variados contextos para tomar decisões de fugir, de lutar, de proteger etc. A precisão dessa avaliação determinará a sobrevivência e o sucesso reprodutivo de determinado grupo. Bjorklund (1997) destaca o papel da empatia na reprodução, pois essa atitude permite cuidados e proteção em relação à prole.

33.2   Estilos parentais

Os estilos parentais foram identificados pela primeira vez por Baumrind em 1967 e subdivididos em três classes: autoritário, autoritativo (democrático-recíproco/participativo) e permissivo (Maccoby & Martin, 1983). Em 1991, Baumrind acrescentou mais uma classe, a negligente, antes compreendida como integrante dos estilos permissivo e autoritário (Baumrind, 1991). No Brasil, a tradução do termo autoritativo varia e podem ser encontrados sinônimos como "monitoria positiva" e "comportamento moral" (Gomide, 2003); "democrático recíproco" (Oliveira, 2002); "participativo" (Weber, 2008) e "autorizante" (Boeckel & Sarriera, 2005). Essa falta de unicidade na nomenclatura dificulta a realização de estudos na área.

Estilo parental compreende um conjunto de práticas parentais educativas ou atitudes que os pais utilizam com o objetivo de educar, socializar e controlar seus filhos (Gomide, 2006). Os estilos parentais são, portanto, a linha condutora dos comportamentos dos pais. É possível identificar um padrão quando se avalia uma gama de comportamentos parentais, e esse padrão varia em dimensões de exigência e responsividade, como será discutido a seguir.

O protótipo de Baumrind de 1966, posteriormente revisto por Maccoby e Martin (1983), pode ser organizado nas dimensões exigência e responsividade (Costa *et al.*, 2000; Weber *et al.*, 2004). Essas duas dimensões fundamentam-se em práticas educativas parentais coercitivas por um lado (punição física e gritos) e atitudes afetivas (mostrar emoções como desagrado, orgulho e afeto). Ainda, de acordo com Costa, Teixeira e Gomes (2000), os níveis de responsividade e exigência variam nos estilos parentais. A responsividade assemelha-se à sensitividade e possui uma dimensão qualitativa ou afetiva, traduzida em termos de calor, proximidade e intimidade; e outra dimensão temporal da contingência de resposta –definida pelo tempo desde a demanda do bebê até o momento que a mãe o atende (Seidl-de-Moura & Ribas, 2004). Para ilustrar didaticamente a posição de cada estilo em relação aos níveis de afeto (responsividade) e limite (exigência), apresenta-se na Figura 1 o modelo bidimensional de Baumrind, no qual a linha horizontal representa o contínuo de afeto e a vertical o de limite.

Figura 1   Modelo bidirecional de estilos parentais

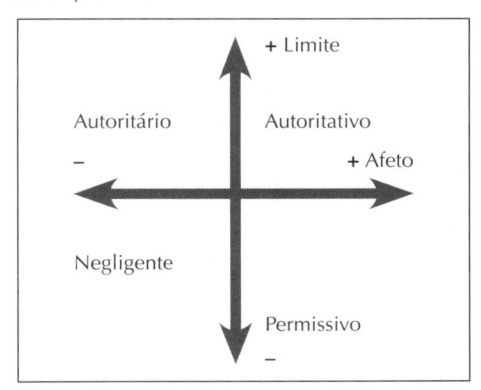

Dessa forma, segundo o modelo anteriormente apresentado, o pai autoritário é muito exigente, coloca muitos limites, é pouco responsivo ou sensitivo às demandas emocionais do filho, ou seja, é pouco afetivo. O pai autoritativo, por sua vez, consegue agregar a exigência à responsividade, estabelecendo regras e limites claros; ao mesmo tempo escuta e atende às necessidades do filho, sendo, portanto, responsivo e afetuoso (Weber, 2008). O pai permissivo é muito responsivo, atendendo prontamente às demandas do filho, mas abre mão de suas próprias necessidades, não impondo limites para não gerar frustração (Weber, 2008). O pai negligente apresenta baixa responsividade e, tampouco, impõe regras (Weber, 2008).

33.3   Empatia

A palavra alemã *einfühlung*, traduzida para o inglês como *empathy* foi empregada pela primeira vez por Titchner, no início do século XX. A definição de empatia é muito discutida e pouco consensual (Wispé, 1992). Psicólogos clínicos – em sua maioria Rogerianos, psicólogos sociais, neuropsicólogos e evolucionistas – desenvolvem diferentes enfoques do construto (Decety & Jackson, 2004; Preston & de Waal, 2002; Wispé, 1992). Alguns autores compreendem a empatia como um fenômeno primordialmente afetivo (Sampaio, Camino & Roazzi, 2009; Strayer, 1992), outros já enfatizam seu componente cognitivo (Strayer, 1992) e há ainda aqueles que a compreendem a partir dos três componentes: afetivo (sentir como o outro), cognitivo (flexibilidade cognitiva para se colocar no lugar do outro) e comportamental (demonstrar com algum comportamento esse sentimento) (Falcone *et al.*, 2008).

Na revisão feita por Falcone (1999), a empatia é considerada uma habilidade social mais útil do que a assertividade na manutenção de laços sociais. Ela tende a provocar efeitos interpessoais mais positivos do que a autorrevelação, permite também que o sujeito seja mais popular, desenvolva habilidades de enfrentamento, além de reduzir os problemas emocionais. Decety e Jackson (2004) não acreditam que a empatia seja produto de uma mutação dada ao acaso e esteja presente na espécie humana sem nenhuma história evolutiva. Segundo eles, durante a evolução do cérebro dos mamíferos e dos primatas, a organização da atividade neural foi moldada pela necessidade rápida da avaliação da motivação do outro. Isso contribui para a detecção de predadores, a caça por comida, a formação de redes sociais e assegura o sucesso reprodutivo (Plutchik, 1992). Isso não quer dizer que uma única área cerebral tornou-se responsável pela "leitura mental" e pela "hipertrofiada inteligência social nos humanos" (Decety & Jackson, 2004). Segundo essa visão evolucionista, pode-se observar um contínuo ontogenético da empatia (Preston & de Waal, 2002, Eisenberg & Miller, 1992), no qual há etapas como o contágio emocional (presentes em bebês), a empatia e o altruísmo (comportamento em prol do outro mesmo que implique em autossacrifício).

A empatia propicia a percepção da necessidade do outro, de modo que o pai será mais hábil a reconhecer as necessidades físicas e emocionais da criança (Del Prette & Del Prette, 1999; Young, 2003). A sensibilidade afetiva, um dos fatores descritos por Falcone *et al.* (2008), parece ser a habilidade que permite a percepção dessas necessidades. A literatura sugere que esses comportamentos empáticos sejam possibilitados por um aparato neuroanatômico e os neurônios espelhos parecem desempenhar papel fundamental nessa atividade (Decety & Jackson, 2004).

A empatia permite que a mãe, o pai ou os cuidadores reajam de forma diferente às solicitações do bebê, através do reconhecimento de suas emoções. Preston e de Waal (2002) apontam para pesquisas que indicam que riso e choro induzem respostas autonômicas que motivam ações nas mães. Um aumento do batimento cardíaco é observado apenas quando o choro do próprio filho é ouvido. O contágio emocional age no progenitor como estímulo incondicionado motivando a ação do pai ou da mãe antes do estresse. Isso pode ser observado, por exemplo, quando a mãe amamenta pouco antes de o bebê chorar ou quando atende às solicitações da criança, mesmo em ataques de birra, por sentir aversão ao sofrimento da prole (Feshbach, 1997). Nesse caso, o contágio emocional materno deve ser modulado, para que o comportamento da criança seja devidamente conduzido e a situação de estresse reduzida. Os pais podem tender a apresentar um comportamento mais permissivo, caso não suportem presenciar o sofrimento do filho. A consequência indesejada disso, em muitos casos, é o aumento da frequência de comportamentos de birra da criança.

Considerando a dimensão do afeto dos pais e a habilidade de impor limites aos filhos, este estudo parte de uma investigação mais ampla: teve como objetivo correlacionar empatia e estilos parentais, como apresentado no quadro a seguir.

Estilo autoritário Pouco afeto + Muito limite Pouco empático	Estilo autoritativo Muito afeto + Muito limite Muito empático
Estilo negligente Pouco afeto + Pouco limite Pouco empático	Estilo permissivo Muito afeto + Pouco limite Muito empático

O objetivo deste capítulo é investigar se a habilidade empática dos cuidadores poderia estar correlacionada aos estilos parentais descritos por Baumrind (1991). Esse tema é importante, pois mostra como as práticas educacionais dos pais são norteadas por suas crenças e acabam interferindo no desenvolvimento sociocognitivo e emocional de seus filhos.

Em função do que foi aqui apresentado, a hipótese que norteia esta pesquisa é a de que pais pouco empáticos seriam menos propensos a dar limites aos filhos de maneira firme e suave. Pais empáticos possivelmente seriam mais capazes de estabelecer limites sem abalar o vínculo com os filhos. Supõe-se, então, que haveria uma correlação entre níveis baixos de empatia do pai/mãe com o estilo parental autoritário; assim como uma correlação direta de alto nível de empatia com o estilo autoritativo. A empatia e o estilo parental serão medidos através de instrumentos apropriados e validados. Possivelmente, nível alto de empatia pode estar relacionado ao estilo permissivo, enquanto o nível baixo de empatia pode estar correlacionado ao estilo negligente.

33.4   Método

33.4.1   Participantes

Com o objetivo de correlacionar estilos parentais e empatia do cuidador, foram contactados 21 homens e 43 mulheres, que tivessem filhos com idade entre 2 e 9 anos e que se predispuseram a responder a alguns instrumentos. Destes, apenas três participantes não haviam completado o Ensino Fundamental e sete possuíam apenas o Ensino Fundamental completo. Treze cursavam o superior e 27 já haviam concluído a universidade.

Os participantes foram acessados por terem filhos matriculados em uma de duas escolas privadas selecionadas: uma da cidade do Rio de Janeiro e a outra de Niterói. Outros participantes, a partir de indicação de conhecidos, foram convidados a participar da pesquisa. A amostra de conveniência, portanto, utilizou técnica *snow ball* para sua composição.

33.4.2   Instrumentos

Foram utilizadas duas escalas de frequência de tipo autoinforme: Inventário de Empatia (IE) – Falcone, para avaliar empatia e o *Parental Authority Questionnaire* (PAQ) para avaliar estilo parental, descritos abaixo. O IE – Falcone foi escolhido por ser um instrumento brasileiro e por abarcar tanto aspectos afetivos quanto cognitivos da empatia, além de possuir boa consistência interna. O PAQ foi escolhido para a análise dos estilos parentais e por possuir as subescalas relativas a cada estilo.

O PAQ é um instrumento de 30 itens designado a mensurar a autoridade parental, ou as práticas disciplinares, do ponto de vista da criança; porém, para esta pesquisa, foi adaptado para o ponto de vista do adulto. O PAQ tem três subscalas baseadas em protótipos de autoridade parental: Permissivo (P) – relativamente afetuoso, sem demandas, sem controle (P: itens: 1, 6, 10, 13, 14, 17, 19, 21, 24, 28); Autoritário (A) – pais que valorizam obediência sem questionamento e pretendem controlar o comportamento de seus filhos, normalmente através de procedimentos punitivos (A: itens: 2, 3, 7, 9, 12, 16, 18, 25, 26, 29); Participativos (F) – entre as duas dimensões anteriores, uso firme, claro, porém flexível e racional dos modos parentais (F: itens: 4, 5, 8, 11, 15, 20, 22, 23, 27, 30). Os formulários para pais e mães foram idênticos. Tal questionário foi traduzido por Oliveira *et al.* (2002) e seus itens, que originalmente referiam-se ao progenitor (a criança respondendo sobre o pai/mãe), foram adaptados para a primeira pessoa.

O IE – Falcone (Falcone *et al.*, 2008) é um inventário de autoinforme, composto por 40 afirmações que descrevem reações em diversas situações sociais. O respondente deve, utilizando uma escala de frequência ("um" indicando nunca e "cinco" indicando sempre), marcar um número de acordo com a frequência que as afirmações se aplicam a ele. É composto por 4 fatores: Tomada de Perspectiva (TP) avaliada pelos itens (6, 10, 11, 12, 17, 18, 21, 23, 25, 28, 31, 33); Flexibilidade Interpessoal (FI) identificada nos itens (4, 5, 8, 9, 13, 19, 24, 30, 32, 35); Sensibilidade Afetiva (SA) medida pelos itens (1, 7, 14, 15, 27, 29, 34, 37, 39); Altruísmo (Al) avaliado pelos itens (2, 3, 16, 20, 22, 26, 36, 38, 40).

33.4.3   Resultados

Os resultados encontrados das estatísticas descritivas da amostra total de respondentes em relação aos fatores do PAQ foram: Fator Permissivo ($M = 1,65$; $DP = 0,47$), Fator Autoritário ($M = 2,96$; $DP = 0,80$) e Fator Autoritativo ($M = 4,19$; $DP = 0,50$). Com base nos escores médios dos fatores, os pais do estudo foram classificados como "Permissivos", "Autoritários" ou "Autoritativos". Considerando a maior média para definição em uma das três categorias, pode-se afirmar que 83,8% dos pais podem ser considerados "Autoritativos", enquanto 16,2% da amostra de respondentes podem ser considerados "Autoritários". Nenhum dos pais apresentou maior média no fator "Permissivo".

No que se refere ao Inventário de Empatia (IE), verificam-se os seguintes resultados: Fator 1 – Tomada de Perspectiva ($M = 3,41$; $DP = 0,73$), Fator 2 – Flexibilidade Interpessoal ($M = 2,99$; $DP = 0,78$), Fator 3 – Altruísmo ($M = 3,21$; $DP = 0,72$) e Fator 4 – Sensibilidade Afetiva ($M = 3,89$; $DP = 0,76$).

Foram efetuadas correlações de Pearson (r) entre os fatores do PAQ e os fatores do IE. Em relação ao fator autoritário, foi verificada uma correlação negativa ($r = -0,242$, $p < 0,05$) com o fator altruísmo do IE. Embora seja uma correlação fraca (menor que 0,30), sugere uma associação inversa entre autoritarismo e altruísmo, indicando que quanto mais altruísta for o pai, menos autoritário ele tende a ser.

Em relação ao fator autoritativo foram encontradas correlações positivas com os seguintes fatores do IE: Fator 1 – Tomada de Perspectiva ($r = 0,331$, $p < 0,01$), Fator 3 – Altruísmo ($r = 0,250$, $p < 0,05$) e Fator 4 – Sensibilidade Afetiva ($r = 0,249$, $p < 0,05$). Três dos fatores relacionados às habilidades empáticas relacionam-se a uma atuação autoritativa por parte dos pais. Essas correlações apoiam a hipótese apresentada nesta pesquisa, de que pais empáticos seriam mais autoritativos. O fator Tomada de Perspectiva apresentou correlação mais alta em relação aos demais, embora, também nesse caso, trate-se de uma correlação fraca. Um aspecto a ser considerado é que a tomada de perspectiva pode ser treinada nos pais.

33.5 Discussão e conclusões

Os resultados indicaram correlação significativa e positiva entre a empatia e o estilo parental autoritativo e correlação negativa entre a empatia e o estilo autoritário. No entanto, como mencionado anteriormente, na amostra estudada não foram encontrados sujeitos com o estilo Permissivo. Não se sabe por que isso ocorreu. Pode-se especular que talvez essa característica não seja desejada socialmente e os pais tendessem a responder de acordo com os valores considerados melhores. De qualquer forma, isso sugere a necessidade de uma pesquisa com maior número de sujeitos e de diferentes contextos sociais.

A revisão da literatura aponta para a existência de mecanismos inatos de cuidado, necessários para a manutenção da espécie (Preston & de Waal, 2002). É possível que tais mecanismos sejam constituídos por vários componentes da empatia, dentre os quais o altruísmo e a flexibilidade cognitiva. Eles ajudariam a proporcionar aos pais a aptidão para identificar as dicas comportamentais e não verbais referentes às necessidades do bebê ou da criança. Os mecanismos cognitivos presentes na empatia, responsáveis pela flexibilidade cognitiva, são possibilitados pelo aparato neuroanatômico, como os neurônios espelhos, os quais parecem desempenhar papel na sensibilidade afetiva (Decety & Jackson, 2004).

O resultado positivo da correlação realizada neste estudo sugere que a empatia (principalmente no que diz respeito à Tomada de Perspectiva, à Sensibilidade Afetiva e ao Altruísmo), apesar de não indicar forte correlação parece promissor. Sugere-se, a partir dos resultados encontrados, ser importante a inclusão da avaliação e do treinamento de habilidades empáticas no trabalho com os pais, seja em escolas ou na clínica particular.

33.6 Referências

Baumrind, D. (1991). The influence of parenting style on adolescent competence and substance use. *Journal of Early Adolescence*, *11* (1), 56-95.

Belsky, J. (1984). The determminants of parenting: A process model. *Child Development*, *55*, 83-96.

Bjorklund, D. F. (1997). The role of immaturity in human development. *Psychological Bulletin*, *122* (2), 153-169.

Boeckel, M. G. & Sarriera, J. C. (2005). Análise fatorial do Questionário de Estilos Parentais (PAQ) em uma amostra de adultos jovens universitários. *Psico-UFS*, *10* (1), 1-9.

Bolsoni-Silva, A. T. & Del Prette A. (2002). O que os pais falam sobre suas habilidades sociais e de seus filhos? *Revista Argumento*, *3* (7) 71-86.

Costa, F. T, Teixeira, M. A. P., & Gomes, W. B. (2000). Responsividade e exigência: duas escalas para avaliar estilos parentais. *Psicologia: Reflexão e Crítica*, *13* (3) 465-473.

Da Dalt de Mangione, E. C. & Difabio de Anglat, H. E. (2002). Assertividad: Su *relación* con los estilos Educativos Familiares. *Interdisciplinaria*. *19* (2) 119-140.

Decety, J. & Jackson, P. L. (2004). The functional architecture of human empathy. *Behavioral and Cognitive Neuroscience Reviews*, *3* (2), 71-100.

Del Prette, A. & Del Prette, Z. A. P. (1999). *Psicologia das habilidades sociais: terapia e educação*. Petrópolis, RJ: Vozes.

Eisenberg, N. & Miller, P. (1992). La empatia y su desarrollo. In N. Eisenberg & J. Strayer (Eds.), *La empatia y su desarrollo*. Bilbao: Desclée de Brower.

Falcone, E. M. O., Ferreira, M. C., Luz, R. C. M., Fernandes, C. S., Faria, C. A., D'Augustin, J. F., Sardinha, A., & Pinho, V. D. (2008). Inventário de Empatia (I.E.): desenvolvimento e validação de uma medida brasileira. *Revista Avaliação psicológica*, *7* (3), 321-334.

Falcone, E. M. O. (1999). A avaliação de um programa de treinamento da empatia com universitários. *Revista Brasileira de Terapias Cognitivas*, *1* (1), 23-32.

Feshbach, N. D. (1997). Empathy: The formative years – implications for clinical practice. In A. Bohart & L. Greenberg (Eds.), *Empathy reconsidered: New directions in psychotherapy* (pp. 33-59). Washington, DC: American Psychological Association.

Gomide, P. (2003). Estilos parentais e comportamento antissocial. In A. Del Prette & Z. Del Prette (Eds.), *Habilidades sociais, desenvolvimento e aprendizagem: questões conceituais, avaliação e intervenção*. Campinas, SP: Editora Alínea.

Gomide, P. (2006). *Inventário de estilos parentais IEP: modelo teórico – manual de aplicação apuração e interpretação*. Petrópolis, RJ: Vozes.

Gomide, P., Salvo, C., Pinheiro, D., & Sabbag, G. (2005) Correlação entre práticas educativas, depressão, estresse e habilidades sociais. *Psico UFS [online]*, *10* (2), 169-178.

Hoffman, M. L. (1992). La aportación de la empatia a la justicia y al jucio moral. In N. Eisenberg & J. Strayer (Eds.), *La empatia y su desarrollo*. Bilbao: Desclée de Brower.

Kilpatrick, K. L. (2005). The parental empathy measure: A new approach to assessing child maltreatment risk. *American Journal of Orthopsychiatry*, *75* (4), 608-620.

Krakow, E. (2007). La importancia d las condutas parentales. *Boletin del centro de excelencia para el desarollo de la primeira infância*, *6* (1), 2-9.

Maccoby, E. E. & Martin, J. A. (1983). Socialization in the context of the family: Parent-child interaction. In P. H. Mussen & E. M. *Hetherington, Handbook of child psychology: Vol. 4. Socialization, personality, and social development*. New York: Wiley.

Oliveira, E. (2002). Estilos parentais autoritário e democrático-recíproco internacionais, conflito conjugal e comportamentos de externalização e internalização. *Psicologia, Reflexão e Crítica*, *15* (1), 1-11.

Peters, R. (2007). Que deben hacer los padres? *Boletin del centro de excelência para el desarrollo de la primeira infância*, *6* (1), 1-6.

Plutchik, R. (1992). Bases evolucionistas de la empatia. In N. Eisenberg & J. Strayer (Eds.), *La empatia y su desarrollo*. Bilbao: Desclée de Brower.

Preston, S. D. & de Waal, F. B. M. (2002). Empathy: its ultimate and proximate bases. *Behavioral and Brain Sciences, 25,* 1-72.

Sampaio, L. R., Camino, C. P. S., & Roazzi, A. (2009). Revisão de aspectos conceituais, teóricos e metodológicos da empatia. *Psicologia: Ciência e Profissão, 29* (2), 212-227.

Seidl-de-Moura, M. L., Ribas, R. C., Piccinini Jr., C. A., Bastos, A. C. S., Magalhães, C. M. C., Vieira, M. L., *et al.* (2004). Conhecimento sobre desenvolvimento infantil em mães primíparas de diferentes centros urbanos do Brasil. *Estudos de Psicologia, 9* (3) 421-429.

Seidl-de-Moura, M. L. & Ribas, A. F. P. (2004). Evidências sobre características de bebês recém-nascidos: Um convite a reflexões teóricas. In M. L. Seidl-de-Moura (Ed.), *O bebê do século XXI e a psicologia em desenvolvimento* (pp. 21-60). São Paulo, SP: Casa do Psicólogo.

Strayer, J. (1992). Perspectivas afectivas y cognitivas sobre la empatia. In N. Eisenberg & J. Strayer (Eds.), *La empatia y su desarrollo.* Bilbao: Desclée de Brower.

Weber, L. N. D., Prado, P. M., Brandenburg, O. J., & Viezzer, A. P. (2004). Identificação de estilos parentais: o ponto de vista dos pais e dos filhos. *Psicologia. Reflexão e Crítica, 17* (4), 323-332.

Weber, L. N. D. (2008). *Eduque com carinho – para pais e filhos.* São Paulo: Juruá.

Wispé, L. (1992). Historia del concepto de empatía. In N. Eisenberg & J. Strayer (Eds.), *La empatia y su desarrollo.* Bilbao: Desclée de Brower.

Young, J. (2003). *Schema Therapy* – a practitioner's guide. New York: GuilfordPress.

Autoras:

Priscila Tenenbaum Tyszler – Mestre em Psicologia pelo Programa de Pós-Graduação em Psicologia Social da Universidade do Estado do Rio de Janeiro.

Angela Donato Oliva – Doutora em Psicologia da Aprendizagem e do Desenvolvimento Humano pela Universidade de São Paulo. Professora adjunta do Instituto de Psicologia da Universidade do Estado do Rio de Janeiro e da Universidade Federal do Rio de Janeiro; Docente do Programa de Pós-Graduação em Psicologia Social – UERJ. Contato: angeladonatoliva@uol.com.br

Josemberg Moura de Andrade – Doutor em Psicologia Social e do Trabalho na área de Avaliação e Medida pela Universidade de Brasília. Professor adjunto do Departamento de Psicologia da Universidade Federal da Paraíba.

CAPÍTULO 34

O perdão interpessoal em mágoas muito e pouco intensas e suas relações com a habilidade empática

Vanessa Dordron de Pinho

Eliane Mary de Oliveira Falcone

34.1   Introdução

O tema do perdão interpessoal não recebeu, de forma sistemática, atenção dos campos da ciência psicológica desde o advento da psicologia científica até os anos 1980. É a partir dessa época que os aspectos psicossociais do perdão começam a aparecer em publicações de Psicologia Social e da personalidade de modo mais frequente (McCullough, Pargament & Thoresen, 2000).

Por ser um tema de estudo complexo e ainda novo, não se encontra uma definição consensual na literatura acadêmica para o perdão interpessoal. Contudo, há uma concordância entre os teóricos de que quando alguém perdoa, suas respostas (o que pensa, o que sente, o que quer fazer ou o que de fato faz) em relação ao ofensor se tornam mais positivas e menos negativas (McCullough *et al.*, 2000).

Esse entendimento pode ser observado na definição de Enright e Rique (2007), que definem o perdão interpessoal como "uma disposição para abandonar o próprio direito de ressentimento, julgamento negativo e comportamento indiferente em relação a outrem que injustamente nos prejudicou, enquanto encoraja as qualidades desmerecidas de compaixão, generosidade e mesmo de amor em direção a essa pessoa" (p. 4). Essa conceituação contempla aspectos afetivos (superação do ressentimento; desenvolvimento de compaixão), cognitivos (mudança de julgamento) e comportamentais (abandono do comportamento indiferente; desenvolvimento da generosidade) do perdão.

O interesse pelo tema está associado aos diversos benefícios pessoais e interpessoais que o processo do perdão promove. Estudos indicam que o perdão está relacionado à redução de transtornos ansiosos e depressivos (Freedman & Enright, 1996; Hebl & Enright, 1993), à maior esperança sobre o futuro, ao aumento da autoestima, à diminuição da ansiedade-traço (Al-Mabuk & Enright, 1995; Freedman & Enright, 1996), à redução do estresse pós-traumático, à percepção de maior controle sobre a própria vida, à possibilidade de maior atribuição de significado para o sofrimento (Reed & Enright, 2006), à diminuição da raiva e do estresse, ao aumento da autoconfiança e da conexão espiritual (Luskin, 2007), e à maior satisfação geral com a vida (Thompsom *et al.*, 2005; Ysseldyk, Matheson & Anisman, 2007), sugerindo sua importância para o bem-estar psicológico.

O perdão se associa também a ganhos para a saúde física, como menor tensão facial, menor excitação do sistema nervoso simpático, menor reatividade cardiovascular e melhor pressão sanguínea (Waltman *et al.*, 2009; Witvliet, Ludwig & Laan, 2001), bem como a menos queixas somáticas, ao uso reduzido de medicações e à melhor qualidade do sono (Lawler-Row *et al.*, 2005). Em termos psicossociais, o perdão se relaciona à cicatrização de relações interpessoais (Luskin, 2007) e a relações maritais mais comprometidas, ajustadas (McCullough *et al.*, 1998), satisfatórias e duradouras (Thompsom *et al.*, 2005). Desse modo, as pesquisas têm evidenciado que o perdão está ligado a benefícios físicos, psicológicos e relacionais.

Dados esses efeitos positivos, muitos pesquisadores têm se interessado por investigar os fatores que facilitam a promoção do perdão. Investigações empíricas têm encontrado variáveis que favorecem o perdão, como: o arrependimento do ofensor e seus esforços para restaurar a relação (Fitness, 2001); traços de personalidade como a agradabilidade, a extroversão, a "mente aberta" e a consciência (Ballester, Sastre & Mullet, 2009; Berry, Worthington Jr,, Parrott III, O'Connor & Wade, 2001; Brown, 2003; DeShea, 2003); o estilo de apego seguro (Lawler-Row, Younger, Piferi & Jones, 2006); a percepção sobre a possibilidade de vir a cometer uma ofensa similar à de seu ofensor (Exline, Baumeister, Zell, Kraft & Witvliet, 2008); a legitimação dos próprios sentimentos de raiva (McLernon, Cairns & Hewstone, 2002); as crenças cristãs (Toussaint & Williams, 2008; Witvliet, Hinze & Worthington Jr., 2008); as funções executivas e a regulação das emoções pelo controle cognitivo (Pronk, Karremans, Overbeek, Vermulst & Wigboldus, 2010), dentre outras.

A empatia é outra variável apontada na literatura como facilitadora do perdão interpessoal (Berry, Worthington Jr., O'Connor, Parrott III & Wade, 2005; Exline *et al.*, 2008; Fincham, Paleari & Regalia, 2002; Hill, 2010; McCullough, Fincham & Tsang, 2003; Zechmeister & Romero, 2002), dado seu papel de ampliar o entendimento sobre o outro e de desenvolver a compaixão. Outra evidência da importância da empatia é que diversas estratégias clínicas para a promoção do perdão abarcam o desenvolvimento da consideração empática e da tomada de perspectiva pelo agressor (por exemplo, Davenport, 1991; Fitzgibbons, 1986; Luskin, 2007).

A empatia é considerada uma habilidade de interação social que abrange componentes cognitivos, afetivos e comportamentais. Para Falcone (2009), o componente cognitivo é caracterizado pela capacidade de compreender, acuradamente, os sentimentos e as perspectivas de outra pessoa. O componente afetivo é identificado por sentimentos de compaixão e simpatia pela outra pessoa, bem como por preocupação com o bem-estar do outro. E o componente comportamental consiste na transmissão explícita, verbal e/ou não verbal, de que o sentimento e a perspectiva da outra pessoa foram entendidos, de modo que o outro se sinta validado. A habilidade empática pode, então, ser definida como "a capacidade de compreender, de forma acurada, bem como de compartilhar ou considerar sentimentos, necessidades e perspectivas de alguém, expressando este entendimento de tal maneira que a outra pessoa se sinta compreendida e validada" (Falcone *et al.*, 2008, p. 323).

É importante ressaltar que a habilidade empática se diferencia de outros fenômenos relacionados, como a angústia pessoal e o contágio emocional. Na habilidade empática, muitos processos cognitivos superiores entram em cena para modular a experiência emocional, como a autoconsciência e a consciência do outro, os processos autorregulatórios e a flexibilidade cognitiva (Decety & Jackson, 2004; Decety & Ickes, 2009).

A partir da compreensão da empatia e do perdão como fenômenos interpessoais multidimensionais, ou seja, com aspectos cognitivos, afetivos e comportamentais, esta pesquisa objetivou avaliar as relações entre esses construtos em uma amostra nacional, destrinchando melhor as relações entre as diferentes dimensões empáticas e do perdão. Para este trabalho, diferentemente de pesquisas anteriores, foram conduzidas investigações separadas para os casos de mágoa pouco e muito intensa.

A separação entre dois níveis de intensidade da mágoa está relacionada a evidências da literatura de que quanto maior a severidade da ofensa ou a intensidade da mágoa, mais difícil é perdoar (Hayashi *et al.*, 2010; McCullough *et al.*, 2003; Rique & Camino, 2010), e a alguns indícios de que nos casos mais graves, mais recursos cognitivos são necessários para que o perdão ocorra (Pronk *et al.*, 2010; Romero, 2008). Assim, a hipótese do estudo aqui apresentado foi de que as dimensões da empatia (especialmente as dimensões cognitivas) e as dimensões do perdão estariam associadas positivamente, principalmente no caso de mágoas muito intensas.

34.2 Método

34.2.1 Participantes

Foi utilizada uma amostra de conveniência para a realização da pesquisa com base na rede social dos pesquisadores e dos colaboradores envolvidos. Participaram do estudo 128 pessoas, 69 do sexo feminino e 59 do sexo masculino. A média de idade foi de 35 anos e a de escolaridade foi de 13 anos. Dos participantes, 53 eram solteiros, 67 casados, seis divorciados e um viúvo. Quanto à religião, 43 eram católicos, 44 evangélicos, 24 declararam não ter religião e 17 eram de outras religiões. A Tabela 1 indica os dados sociais da amostra em separado para mágoas pouco e muito intensas.

Tabela 1 Dados sociais da amostra segundo a intensidade da mágoa

		Mágoas pouco intensas		Mágoas muito intensas	
		n	%	n	%
Sexo	Masculino	30	47	29	45
	Feminino	34	53	35	55
Estado civil	Solteiros	23	36	30	47
	Casados	38	59	29	46
	Divorciados	3	5	3	5
	Viúvos	–	–	1	2

Continua

Continuação

		Mágoas pouco intensas		Mágoas muito intensas	
Religião	Sem	10	16	14	22
	Católica	24	37,5	19	30
	Evangélica	24	37,5	20	31
	Outras	6	9	11	17
		Média (DP)	Intervalo Mín-Máx	Média (DP)	Intervalo Mín-Máx
Idade		36,0 (12,4)	18-65	34,6 (12,0)	18-71
Escolaridade		13,0 (2,6)	5-16	13,6 (2,2)	5-16

34.2.2 Instrumentos

1. Ficha dos participantes: foi elaborada para a caracterização da amostra. Os dados coletados foram: idade, sexo, escolaridade, estado civil e religião.

2. Inventário de Empatia (IE), elaborado por Falcone *et al.* (2008): trata-se de um instrumento de autorrelato que avalia a habilidade empática como um construto multidimensional. É composto por 40 itens distribuídos em quatro fatores: Tomada de Perspectiva (TP), Flexibilidade Interpessoal (FI), Altruísmo (Al) e Sensibilidade Afetiva (SA). Os participantes respondem os itens do IE com base em uma escala de cinco pontos, que varia de (1) – "nunca" a (5) – "sempre". O primeiro fator do instrumento (TP) refere-se à capacidade de entender a perspectiva e os sentimentos da outra pessoa, mesmo em situações que envolvam conflito de interesses. O segundo fator (FI) expressa a capacidade para tolerar comportamentos, atitudes e pensamentos dos outros, os quais são muito diferentes dos próprios ou provocam frustração. Ambos os fatores constituem componentes cognitivos da empatia. O terceiro fator (Al) reflete a capacidade para sacrificar os próprios interesses com a finalidade de beneficiar ou ajudar alguém, sendo um componente que indica uma tendência ao comportamento pró-social. E por último, o quarto fator (SA) reflete sentimentos de compaixão e de interesse pelo estado emocional do outro, sendo um componente afetivo da empatia.

3. Escala de Atitudes (EFI), adaptada para a população brasileira por Camino, Rique Neto, Enright e Araújo (1994) a partir do *The Enright Forgiveness Inventory* (EFI): trata-se de um instrumento de autorrelato que avalia o perdão como um fenômeno multidimensional em relação a uma ofensa real e específica. A escala EFI é composta de duas partes. A primeira parte contém um questionário sobre a mágoa que coleta informações sobre as seguintes variáveis: a intensidade com que se sentiu magoado, o agente da mágoa, se esse agente ainda é vivo e há quanto tempo a ofensa ocorreu. Após isso, o participante deve oferecer uma breve descrição da ofensa. A segunda parte da EFI é composta de 60 itens em que os participantes devem marcar sua resposta em uma escala de concordância de seis pontos (1 – Discordo Fortemente, 6 – Concordo Fortemente). Esses itens distribuem-se em três subescalas, cada uma delas contendo 20 itens, que avaliam, respectivamente, as emoções, os comportamentos e as cognições atuais, positivas e negativas, para com o ofensor (Enright & Rique, 2007).

34.2.3 Procedimentos

A pesquisa passou pela aprovação do Comitê de Ética em Pesquisa da Universidade do Estado do Rio de Janeiro (COEP-UERJ), mediante o parecer 042/2010. Os possíveis participantes foram contatados com base na rede social dos pesquisadores e dos colaboradores. O requisito para a participação era que os indivíduos fossem adultos (população de interesse dos pesquisadores). Eles recebiam uma breve explicação sobre o estudo e, se aceitassem participar, assinavam o Termo de Consentimento Livre e Esclarecido e respondiam individualmente aos instrumentos da pesquisa. Os participantes podiam responder os instrumentos na hora ou levar para responder em casa, sendo, na ocasião, combinada uma data para a devolução do material.

34.2.4 Análise dos dados

Os indivíduos que indicaram na EFI "nenhuma mágoa", "um pouco magoado" ou "alguma mágoa" foram categorizados como "mágoa pouco intensa" e aqueles que indicaram "muito magoado" ou "tremendamente magoado" foram categorizados como "mágoa muito intensa". Por meio do *Statistical Package for Social Sciences* (SPSS), obtiveram-se as análises descritivas dos participantes, calculou-se a consistência interna das medidas para a presente amostra, foram realizados testes *t* para verificar diferenças em empatia e perdão entre os grupos de mágoa pouco e muito intensa e aplicou-se a correlação de Pearson para avaliar relações entre empatia e perdão para os dois grupos de mágoa.

34.2.5 Resultados

Consistência interna das medidas

Os valores dos coeficientes Alfa de Cronbach foram bons e indicam a confiabilidade das escalas utilizadas neste estudo. Nas três escalas de perdão, afetiva, cognitiva e comportamental, os valores da consistência interna foram os mesmos ($\alpha = 0,96$). Para tomada de perspectiva, $\alpha = 0,83$; para flexibilidade interpessoal, $\alpha = 0,82$; para altruísmo, $\alpha = 0,75$; e para sensibilidade afetiva, $\alpha = 0,77$.

Empatia e perdão em mágoas pouco e muito intensas

O teste *t* indicou não haver diferenças significativas entre o grupo de mágoa pouco intensa e o grupo de mágoa muito intensa quanto aos fatores da empatia (TP, FI, Al e SA), porém as diferenças foram significativas estatisticamente quanto às medidas de perdão. O perdão afetivo, comportamental e cognitivo foi mais baixo nos casos de mágoas muito intensas. Esses resultados podem ser observados na Tabela 2.

Tabela 2 Níveis de perdão e empatia nos dois grupos de mágoa

	Intensidade da mágoa	n	MÉDIA	DPM	*t*	gl	p
TP	Pouca	64	42	1,0	-0,9	126	0,42
	Muita	64	43	0,9			
FI	Pouca	64	29	0,9	-1,0	126	0,06
	Muita	64	30	0,8			
Al	Pouca	64	29	0,7	-1,9	126	0,92
	Muita	64	31	0,8			
SA	Pouca	64	35	0,7	-2,9	126	0,55
	Muita	64	38	0,6			
Perdão afetivo	Pouca	64	89	2,4	2,2	126	0,00
	Muita	64	79	3,5			
Perdão comportamental	Pouca	64	89	2,6	1,3	126	0,01
	Muita	64	84	3,3			
Perdão cognitivo	Pouca	64	99	2,0	2,5	126	0,00
	Muita	64	90	3,0			

Relações entre empatia e perdão em mágoas pouco e muito intensas

Correlações de Pearson indicaram relações positivas significativas estatisticamente entre empatia e perdão no caso de mágoas muito intensas, porém não foram encontradas relações significativas entre as variáveis estudadas em mágoas pouco intensas. Os valores dos coeficientes das correlações e a significância estatística estão na Tabela 3.

Tabela 3 Relações entre empatia e perdão para mágoas pouco e muito intensas

	Intensidade da mágoa	Perdão afetivo	Perdão comportamental	Perdão cognitivo
TP	Pouca	0,05	0,12	–0,07
	Muita	0,33**	0,30*	0,22
FI	Pouca	–0,17	–0,09	–0,14
	Muita	–0,14	–0,05	–0,12
AI	Pouca	–0,06	–0,02	0,03
	Muita	0,21	0,25*	0,17
SA	Pouca	0,11	0,24	0,07
	Muita	0,16	0,25*	0,13

* $p < 0,05$
** $p < 0,01$

Como se pode observar na Tabela 3, as correlações positivas significativas se deram entre tomada de perspectiva e perdão afetivo ($r = 0,33$; $p < 0,01$), entre tomada de perspectiva e perdão comportamental ($r = 0,30$; $p < 0,05$), entre altruísmo e perdão comportamental ($r = 0,25$; $p < 0,05$) e entre sensibilidade afetiva e perdão comportamental ($r = 0,25$; $p < 0,05$). Esses resultados indicam que empatia e perdão caminham em uma mesma direção, mas apenas no caso de mágoas muito intensas. Mais especificamente, em mágoas muito intensas, a maior capacidade para adotar a perspectiva do outro, para abrir mão dos próprios interesses em prol do outro e para se importar genuinamente com o outro está associada a mais comportamentos indicativos de perdão para com o ofensor. Além disso, a capacidade maior de tomar a perspectiva do outro também está relacionada a mais afetos positivos, indicativos de perdão emocional, em relação ao ofensor.

34.2.6 Discussão

Neste estudo, foram avaliadas as relações entre quatro dimensões da empatia (tomada de perspectiva, flexibilidade interpessoal, altruísmo e sensibilidade afetiva) e três domínios do perdão interpessoal (afetivo, comportamental e cognitivo) em casos de mágoas pouco e muito intensas. As hipóteses foram parcialmente confirmadas. Conjecturou-se que relações positivas seriam encontradas entre empatia e perdão, especialmente nas mágoas muito intensas. Isso foi verificado, porém nem todas as dimensões da empatia e do perdão apresentaram correlações significativas estatisticamente. Também havia sido levantada a hipótese de que os fatores cognitivos da empatia seriam os que mais apresentariam correlações com o perdão. Isso foi verificado para a tomada de perspectiva, mas não para a flexibilidade interpessoal.

Neste trabalho, os níveis de perdão afetivo, cognitivo e comportamental foram maiores nos casos de mágoas pouco intensas do que nos casos de mágoas muito intensas, corroborando evidências anteriores de que quanto mais profunda é a mágoa, mais difícil é a concessão do perdão (por exemplo, Rique & Camino, 2010). Com relação à empatia, os níveis nessa habilidade não foram significativamente diferentes em mágoas mais ou menos intensas. Ou seja, os resultados sugerem que a intensidade da mágoa produz um efeito no perdão interpessoal, mas não na habilidade empática.

Os achados deste estudo podem ser compreendidos se forem considerados os níveis de especificidade dos instrumentos de pesquisa utilizados. O IE é uma medida que avalia a habilidade empática de um modo geral, e não a habilidade para ter empatia em relação a um ofensor específico. Assim, faz sentido que diferenças significativas em empatia não tenham sido encontradas entre as duas condições da mágoa, pois a disposição empática de uma pessoa não mudaria em função da intensidade da mágoa experienciada. Por outro lado, a EFI avalia o perdão em relação a uma ofensa e ofensor específicos, e não a disposição geral ao perdão. Desse modo, os níveis reais de perdão podem variar em função do quanto se experienciou mágoa em um contexto interpessoal específico.

Essas conjecturas levantadas podem ser investigadas em futuros estudos, a partir da aplicação de medidas com outro nível de especificidade. Por exemplo, pode ser que o nível de empatia por um ofensor específico seja menor quando a mágoa for mais intensa. Porém, para investigar tal hipótese, é preciso avaliar não a disposição empática, mas o nível de empatia em uma situação interpessoal específica de ofensa. Seguindo a mesma linha de raciocínio, pode ser que a disposição ao perdão não mude em função da intensidade da mágoa.

No que diz respeito a relações entre empatia e perdão, os resultados deste estudo são congruentes aos de pesquisas prévias que indicam associações positivas entre essas variáveis ou que apontam o papel da empatia na promoção do perdão (Berry *et al.*, 2005; Exline *et al.*, 2008; Fincham *et al.*, 2002; Hill, 2010; McCullough *et al.*, 2003; Zechmeister & Romero, 2002). Os resultados trazem contribuições novas a esses estudos anteriores no sentido de que apenas foram encontradas relações significativas entre empatia e perdão em mágoas mais intensas.

A relação entre esses fenômenos interpessoais é interessante e facilmente compreensível. A empatia, enquanto uma habilidade de interação social, diz respeito à capacidade de um indivíduo para adotar o ponto de vista do outro, para experienciar consideração pela outra pessoa e para fazer algo em prol dela. Desse modo, faz todo sentido que pessoas mais hábeis em empatia consigam compreender melhor as ações do ofensor a partir do ponto de vista deste, experienciar afetos mais positivos e menos negativos em relação ao ofensor e agir positivamente com ele, alcançando, assim, o perdão.

Embora o estudo aqui apresentado tenha sido correlacional, não permitindo, desse modo, a extração de conclusões sobre causalidade, futuras pesquisas com diferentes delineamentos podem investigar melhor as inferências extraídas a partir dos resultados encontrados. Um raciocínio plausível a ser investigado seria que a capacidade para compreender as razões e as ações do ofensor a partir de sua perspectiva, em vez da própria perspectiva, levasse a vítima a entender o outro, a superar a mágoa e a desenvolver compaixão e outros sentimentos indicativos do perdão pelo ofensor. As mudanças cognitivas e afetivas levariam, consequentemente, a comportamentos mais positivos em relação ao agressor.

O fato de as relações entre empatia e perdão ter ocorrido de modo significativo apenas quando as mágoas eram muito intensas (em que os níveis de perdão eram menores) sugere que quando a mágoa é mais profunda, mais árduo é para se chegar ao perdão. Com isso, mais habilidades da vítima precisam entrar em jogo para modular os afetos, as cognições e os comportamentos negativos experienciados em relação ao ofensor e para desenvolver afetos, cognições e comportamentos positivos para com ele.

Essa tendência é observada no estudo de Pronk *et al.* (2010), em que as funções executivas, relacionadas a processos mentais complexos e controlados, foram fundamentais para perdoar ofensas mais severas, mas não para perdoar ofensas menos severas, que parecem ser mais simples de serem resolvidas. No estudo de Romero (2008), a correlação encontrada entre tomada de perspectiva e perdão foi maior em ofensas mais severas que em ofensas menos severas. Esses dois estudos sugerem que uma maior habilidade cognitiva é necessária em ofensas mais graves para alcançar o perdão.

É sabido que os processos cognitivos superiores, como a autorregulação, a diferenciação eu–outro, a flexibilidade cognitiva e as funções executivas podem exercer um papel modulatório sobre emoções e comportamentos (Decety & Ickes, 2009; Decety & Jackson, 2004). Desse modo, acredita-se que em ofensas mais severas ou em que a mágoa é maior, esses mecanismos cognitivos complexos se tornam mais necessários, a fim de modular as experiências aversivas, como a ruminação mental e os afetos desagradáveis, bem como de regular os comportamentos, para que consequentemente se alcance o perdão.

No presente estudo, a tomada de perspectiva, um processo cognitivo complexo ligado a diversos mecanismos superiores controlados (Falcone, 2009), foi a dimensão da empatia que mais se associou ao perdão, notadamente em mágoas mais intensas. Isso corrobora a relevância dos mecanismos cognitivos superiores para o manejo da mágoa e o processo do perdão.

Entretanto, a flexibilidade interpessoal, outro processo cognitivo elaborado, não apresentou relações significativas com o perdão, o que não era esperado. Sugere-se, assim, que novos estudos sejam realizados para se chegar a uma segurança maior acerca desses resultados iniciais, e a avaliação por meio de outras medidas pode ser elucidativa sobre essas relações. Como já mencionado anteriormente, o IE e a EFI são instrumentos com níveis de especificidade diferentes, e isso pode ter afetado os resultados encontrados.

A escala de perdão comportamental foi a que apresentou mais relações com empatia em mágoas intensas. Os resultados indicaram que pessoas com escores maiores em tomada de perspectiva, em altruísmo e em sensibilidade afetiva tendem a apresentar mais comportamentos positivos e menos comportamentos negativos em relação ao ofensor. É fácil compreender que, quando as mágoas são intensas, entender e ter interesse pelo outro e ter disposição para agir em prol de outra pessoa são atitudes que estão associadas a comportamentos favoráveis em direção ao agressor. O mais difícil é explicar por que essas habilidades também não se associaram significativamente a cognições e a afetos positivos em relação ao ofensor (ou seja, às escalas cognitivas e afetivas de perdão).

Como discutido antes sobre o papel dos processos cognitivos superiores, pode-se presumir que a tomada de perspectiva seja realmente o aspecto da empatia mais importante para promover o perdão, uma vez que envolve mecanismos mais complexos cognitivamente que a sensibilidade afetiva e o altruísmo. Mas ressalta-se, mais uma vez, que a especificidade das medidas pode ter influenciado os resultados, o que indica a necessidade de pesquisas posteriores com outros métodos.

Era esperado também que o perdão cognitivo estivesse relacionado aos fatores empáticos. Isso não foi observado. Pode ser que por ser mais fácil de ocorrer que o perdão afetivo e comportamental (Camino & Rique, 2010), o perdão cognitivo dependa de menos recursos empáticos, mesmo em mágoas intensas. Porém, uma explicação alternativa diz respeito à escala cognitiva de perdão que compõe a EFI. Ela abrange julgamentos em relação ao ofensor, do tipo "ele é imoral" (item negativo) e "ele é legal" (item positivo). Pode-se cogitar que, ao perdoar um ofensor cognitivamente, a vítima passe a ter uma visão mais complexa deste e o compreenda melhor, porém não necessariamente mude seus julgamentos e suas opiniões sobre aquele que a ofendeu. Nesse caso, essa escala de perdão cognitivo não seria muito adequada. Verifica-se, então, que uma forma alternativa de avaliar o domínio cognitivo do perdão seria necessária para esclarecer o papel da empatia sobre o perdão neste domínio.

Os achados desta pesquisa são interessantes porque trazem contribuições novas. Pela primeira vez, relações entre empatia e perdão foram investigadas com uma amostra nacional e os resultados foram congruentes aos de estudos internacionais. Também pela primeira vez o IE está sendo usado em associação à EFI, o que permitiu avaliar a empatia e o perdão como fenômenos multifatoriais e constatar que dimensões diferentes da empatia se relacionam de modo distinto aos domínios do perdão. Além disso, as relações entre empatia e perdão foram avaliadas em condições diferentes, em casos de mágoas pouco e muito intensas, elucidando que as relações entre os fenômenos estudados são particulares aos casos de mágoas muito intensas.

Deve-se salientar, no entanto, que os resultados apresentados são preliminares. Eles trouxeram questionamentos novos para estudos futuros. Para que as inferências levantadas anteriormente sejam mais bem esclarecidas, outras pesquisas, com delineamentos diferentes e com os mesmos objetivos precisam ser realizadas. Contudo, como sugerido por este trabalho, pode-se estar relativamente seguro de que a importância da empatia para a ocorrência do perdão seja maior em mágoas muito intensas do que em mágoas pouco intensas.

34.3   Referências

Al-Mabuk, R. H. & Enright, R. D. (1995). Forgiveness education with parentally love-deprived late adolescents. *Journal of Moral Education. 24* (4), 427-444.

Ballester, S., Sastre, M. T. M., & Mullet, E. (2009). Forgivingness and lay conceptualizations of forgiveness. *Personality and Individual Differences, 47,* 605-609.

Berry, J. W., Worthington Jr., E. L., , O'Connor, L. E., Parrott III, L., & Wade, N. G. (2005). Forgivingness, vengeful rumination, and affective traits. *Journal of Personality, 73* (1), 183-226.

Berry, J. W., Worthington Jr., E. L., Parrott III, L., O'Connor, L. E., & Wade, N. G. (2001). Dispositional forgivingness: development and construct validity of the Transgression Narrative Test of Forgivingness (TNTF). *Personality and Social Psychology Bulletin, 27*(10), 1277-1290.

Brown, R. P. (2003). Measuring individual differences in the tendency to forgive: construct validity and links with depression. *Personality and Social Psychology Bulletin, 29* (6), 759-771.

Camino, C. P. S., Rique Neto, J., Enright, R. D., & Araújo, R. M. (1994). Alguns resultados da validação interna de uma escala do perdão. In *Anais do II Conhecimento em Debate, II Conhecimento em Debate do CCHLA/UFPB* (p. 55). João Pessoa-PB.

Davenport, D. S. (1991). The functions of anger and forgiveness: guidelines for psychotherapy with victims. *Psychoterapy, 28* (1), 140-144.

Decety, J. & Ickes, W. (Orgs.), (2009). *The social neuroscience of empathy.* Massachusetts: A Bradford Book.

Decety, J. & Jackson, P. L. (2004). The Functional Architecture of Human Empathy. *Behavioral and Cognitive Neuroscience Reviews, 3,* 71-100.

DeShea, L. (2003). A Scenario-Based Scale to Willingness to Forgive. *Individual Differences Research, 1* (3), 201-217.

Enright, R. D. & Rique, J. (2007). *The Enright Forgiveness Inventory (EFI). User's manual.* Madison: Mind Garden.

Exline, J. J., Baumeister, R. F., Zell, A. L., Kraft, A. J., & Witvliet, C. V. O. (2008). Not so innocent: does seeing one's own capability for wrongdoing predict forgiveness? *Journal of Personality and Social Psychology, 94,* 495-515.

Falcone, E. M. O. (2009). Empatia: a sabedoria do vínculo afetivo e das relações sociais. In *Anais do II Seminário Internacional de Habilidades Sociais,* (p. 5-14). Rio de Janeiro.

Falcone, E. M. O., Ferreira, M. C., Luz, R. C. M., Fernandes, C. S., Faria, C. A., D'Augustin, J. F., Sardinha, A., & Pinho, V. D. (2008). Inventário de Empatia (IE): desenvolvimento e validação de uma medida brasileira. *Avaliação Psicológica, 7* (3), 321-334.

Fincham, F. D., Paleari, F. G., & Regalia, C. (2002). Forgiveness in marriage: the role of relationship quality, attributions, and empathy. *Personal Relationships, 9,* 27-37.

Fitness, J. (2001). Betrayal, rejection, revenge, and forgiveness: an interpersonal script approach. In M. Leary (Ed.), *Interpersonal rejection* (pp.73-103). New York: Oxford University Press.

Fitzgibbons, R. P. (1986). The cognitive and emotive uses of forgiveness in the treatment of anger. *Psychoterapy, 23* (4), 629-633.

Freedman, S. R. & Enright, R. D. (1996). Forgiveness as an intervention goal with incest survivors. *Journal of Consulting and Clinical Psychology, 64* (5), 983-992.

Hayashi, A., Abe, N., Ueno, A., Shigemune, Y., Mori, E., Tashiro, M., & Fujii, T. (2010). Neural correlates of forgiveness for moral transgressions involving deception. *Brain Research, 1332,* 90-99.

Hebl, J. H. & Enright, R. D. (1993). Forgiveness as a psychology goal with elderly females. *Psychotherapy, 30* (4), 658-667.

Hill, E. W. (2010). Discovering forgiveness through empathy: implications for couple and family therapy. *Journal of Family Therapy, 32,* 169-185.

Lawler-Row, K. A., Younger, J. W., Piferi, R. L., Jobe, R. L., Edmondson, K. A., & Jones, W. H. (2005). The unique effects of forgiveness on health: an exploration of pathways. *Journal of Behavioral Medicine, 28* (2), 157-167.

Lawler-Row, K. A., Younger, J. W., Piferi, R. L., & Jones, W. H. (2006). The role of adult attachment style in forgiveness following an interpersonal offense. *Journal of Counseling & Development, 84,* 493-503.

Luskin, F. (2007). *O poder do perdão* 7 ed. São Paulo: Francis.

McCullough, M. E., Fincham, F. D., & Tsang, J. (2003). Forgiveness, forbearance, and time: the temporal unfolding of transgression-related interpersonal motivations. *Journal of Personality and Social Psychology, 84* (3), 540-557.

McCullough, M. E., Pargament, K. I., & Thoresen, C. E. (2000). The Psychology of Forgiveness. In M. E. McCullough, K. I. Pargament, & C. E. Thoresen (Eds.), *Forgiveness: theory, research, and practice* (pp. 1-14). New York: The Guilford Press.

McCullough, M. E., Rachal, K. C., Sandage, S. J., Worthington, E. L., Jr., Brown, S. W., & Hight, T. L. (1998). Interpersonal forgiving in close relationships II: theoretical elaboration and measurement. *Journal of Personality and Social Psychology. 75* (6), 1586-1603.

McLernon, F., Cairns, E., & Hewstone, M. (2002). Views on forgiveness in Northern Ireland. *Peace Review, 14* (3), 285-290.

Pronk, T. M., Karremans, J. C., Overbeek, G., Vermulst, A. A., & Wigboldus, D. H. J. (2010). What it takes to forgive: when and why executive functioning facilitates forgiveness. *Journal of Personality and Social Psychology, 98* (1), 119-131.

Reed, G. L. & Enright, R. D. (2006). The effects of forgiveness therapy on depression, anxiety, and posttraumatic stress for women after spousal emotion abuse. *Journal of Consulting and Clinical Psychology, 74* (5), 920-929.

Rique, J. & Camino, C. P. S. (2010). O perdão interpessoal em relação a variáveis psicossociais e demográficas. *Psicologia: Reflexão e Crítica, 23* (3), 525-532.

Romero, C. (2008). Writing wrongs: promoting forgiveness through expressive writing. *Journal of Social and Personal Relationships, 25* (4), 625-642.

Thompsom, L. Y., Snyder, C. R., Hoffman, L., Michael, S. T., Rasmussen, H. N., Billings, L., Heinze, S. L., Neufeld, J. E., Shorey, H. S., Roberts, J. C., & Roberts, D. E. (2005). Dispositional forgiveness of self, others, and situations. *Journal of Personality, 73* (2), 313-360.

Toussaint, L. & Williams, D. R. (2008). National survey results for protestant, catholic, and nonreligious experiences of seeking forgiveness and of forgiveness of self, of others, and by God. *Journal of Psychology and Christianity, 27* (2), 120-130.

Waltman, M. A., Russell, D. C., Coyle, C. T., Enright, R. D., Holter, A. C., & Swoboda, C. M. (2009). The effects of a forgiveness intervention on patients with coronary artery disease. *Psychology & Health, 24* (1), 11-27.

Witvliet, C., Hinze, S. R., & Worthington Jr., E. L., (2008). Unresolved injustice: christian religious commitment, forgiveness, revenge, and cardiovascular responding. *Journal of Psychology and Christianity, 27* (2), 110-119.

Witvliet, C., Ludwig, T. E., & Laan, K. L. V. (2001). Granting forgiveness or harboring grudges: implications for emotion, physiology, and health. *Psychological Science, 12* (2), 117-123.

Ysseldyk, R., Matheson, K. & Anisman, H. (2007). Rumination: bridging a gap between forgivingness, vengefulness, and psychological health. *Personality and Individual Differences, 42* (8), 1573-1584.

Zechmeister, J. S. & Romero, C. (2002). Victim and offender accounts of interpersonal conflict: autobiographical narratives of forgiveness and unforgiveness. *Journal of Personality and Social Psychology, 82* (4), 675-686.

Autoras:

Vanessa Dordron de Pinho – Mestre e doutoranda em Psicologia Social (PPGPS-UERJ). Psicoterapeuta Cognitivo-Comportamental (Desperta!). Psicóloga da Fundação de Saúde de Angra dos Reis. Contato: vanessanessapsi@gmail.com

Eliane Mary de Oliveira Falcone – Mestre em Psicologia Clínica pela PUC-Rio; Doutora em Psicologia Clínica pela Universidade de São Paulo; Pós-Doutora em Psicologia Experimental pela Universidade de São Paulo; Professora adjunta do Instituto de Psicologia do Estado do Rio de Janeiro; Docente do Programa de Pós-Graduação em Psicologia Social – UERJ.

CAPÍTULO 35

As relações entre empatia e transtornos mentais: um estudo exploratório

Monique Gomes Plácido
Stèphanie Krieger
Lucimar da Costa Torres Electo
Evlyn Rodrigues Oliveira
Juliana Furtado D´Augustin
Vanessa Dordron de Pinho
Eliane Mary de Oliveira Falcone

35.1   Introdução

Estudos recentes revelam a importância da empatia no campo das relações interpessoais (Falcone, 2008; Falcone & Azevedo, 2006; Davis, 1983). A habilidade empática é reconhecida por seus efeitos positivos na interação com o outro, tendo considerável influência também na promoção do bem-estar pessoal. Por outro lado, dificuldades em experienciar empatia estão associadas a problemas interpessoais, a um pior desempenho social e a maiores riscos à saúde física e mental (Trower, O'Mahony & Dryden, 1982).

Recentemente, a empatia tem sido considerada uma habilidade social multidimensional, composta de elementos cognitivos, afetivos e comportamentais (Davis, 1980; Falcone, 1998; 1999; Koller, Camino & Ribeiro, 2001). O componente cognitivo diz respeito a uma inferência acurada dos sentimentos e dos pensamentos do outro. Essa dimensão tem sido referida como tomada de perspectiva e inclui processos como flexibilidade mental, autoconsciência e consciência do outro. O componente afetivo se refere a um interesse genuíno pelo outro, englobando sentimentos de preocupação e consideração por seu estado, sem envolver, necessariamente, a experimentação dos mesmos sentimentos da pessoa alvo. O componente comportamental está relacionado à expressão verbal ou não verbal de entendimento, de modo que o outro se sinta validado (Falcone *et al.*, 2008).

Com base nesse modelo, a empatia é conceituada como: "capacidade de compreender de forma acurada, bem como de compartilhar ou considerar sentimentos, necessidades e perspectivas de alguém, expressando este entendimento de tal maneira que a outra pessoa se sinta compreendida e validada" (Falcone *et al.*, 2008, p. 323). Com base nesse entendimento, é necessário que os três componentes estejam presentes, e a ausência de um deles descaracteriza a experiência empática (Falcone *et al.*, 2008). De acordo com o contexto, a experiência da empatia pode ocorrer de forma automática, envolvendo o mínimo de esforço no processamento cognitivo e maior compartilhamento emocional, ou de modo mais controlado, envolvendo mais aspectos cognitivos como a tomada de perspectiva, flexibilidade e regulação emocional (Preston, & de Waal, 2002).

Deficiências em empatia têm sido relacionadas a transtornos do espectro autista (Decety & Jackson, 2004); esquizofrenia (Luz & Bussab, 2009); transtornos de personalidade (Bec, & Freeman, 1993), especialmente os transtornos de personalidade antissocial (Decety & Jackson, 2004; Frey, Hirschstein & Guzzo, 2000) e narcisista (Beck & Freeman, 1993; Caballo, 1998); ansiedade elevada e estilo cognitivo disfuncional (Davis & Kraus, 1997); e conflitos conjugais (Epstein & Schlesinger, 2004).

Dificuldades em experimentar e expressar empatia têm sido também relacionadas à agressividade na infância, enquanto competência para experimentar e expressar essa habilidade tem sido associada ao autocontrole da agressividade (Pavarino, Del Prette & Del Prette, 2005). O estudo de Falcone (2008) confirma o papel da empatia na capacidade de moderação da raiva, sugerindo que a dimensão cognitiva da primeira é mais requerida que a afetiva no manejo da segunda.

O impacto social da empatia nas relações conjugais também é mencionado na literatura. Segundo Sardinha, Falcone e Ferreira (2009), parceiros capazes de experimentar e de expressar empatia contribuem para satisfação de seus companheiros, facilitando um comportamento de retribuição por parte do outro. Ao contrário, a dificuldade de inferir pensamentos e sentimentos do cônjuge leva ao fracasso do relacionamento.

Ickes (2009) relata estudos que evidenciam que homens abusam de suas mulheres ao inferir pensamentos e sentimentos errôneos sobre elas. Estudos revisados pelo autor sugerem que maridos mais violentos com suas parceiras obtiveram menor índice de acuidade empática em comparação com maridos não abusadores. Esses dados apoiam a suposição de que maridos abusadores são motivados a não tomar a perspectiva de suas mulheres para exercer o domínio na relação. Desse modo, o parceiro que busca compreender seu companheiro tomando sua perspectiva, evita atritos na interação. Consequentemente, quanto maior o grau de empatia recebida pelo cônjuge, melhor a influência mútua e a satisfação no casamento (Sardinha *et al.*, 2009).

Baron-Cohen (2011a) aponta que a ausência de empatia leva a menor consciência de como o outro se encontra e a menor interação com outras pessoas, o que, por sua vez, dificulta a antecipação dos sentimentos e das reações, favorecendo o egocentrismo. Assim, a crença exagerada nas próprias ideias como certas e o julgamento negativo daqueles que não compartilham tais crenças podem levar a atos de crueldade ou ao isolamento social.

Nos transtornos de personalidade, as deficiências em empatia podem estar relacionadas a padrões cognitivos disfuncionais (por exemplo, interpretações distorcidas das intenções dos outros), gerando problemas interpessoais frequentes e impedimento no estabelecimento de relações saudáveis (Falcone, 2008). Trower *et al.* (1982) apontam que esses indivíduos apresentam comportamentos prejudiciais, como isolamento social, inabilidade social, depressão, baixa motivação e baixa autoestima. Segundo esses autores, pacientes com esse transtorno respondem menos à mudança terapêutica e apresentam baixa qualidade em suas relações interpessoais, o que constitui um prognóstico desfavorável.

Anormalidades no circuito cerebral da empatia foram encontradas em indivíduos com transtornos de personalidade *borderline*, narcisista e antissocial. Parece que essas pessoas falhariam, por causa de seus esquemas e padrões, em reconhecer que as relações são vias de mão dupla, mostrando se importar somente com os próprios sentimentos e desejos. Dessa forma, nos dois primeiros transtornos, parecem ser apresentadas dificuldades em ler as intenções e as emoções do outro, buscando uma compreensão de sua perspectiva, assim como em expressar esse entendimento, respondendo ao outro de forma empática (Baron-Cohen, 2011a).

Já os indivíduos com transtorno antissocial são capazes de perceber as necessidades e as perspectivas dos outros, mas usam essas informações em benefício próprio (Blair, 2005; Decety & Jackson, 2004; Falcone, 1998; Mealey & Kinner, 2002; Richell *et al.*, 2003), caracterizando a ausência de empatia. Além disso, eles parecem apresentar certa disfunção emocional, que os impede de sentir interesse genuíno pelo outro (Blair & Blair, 2009). Tal disfunção empática emocional parece ser seletiva, uma vez que esses indivíduos são prejudicados no processamento de expressões como medo e tristeza, sendo também mais difícil inferir esses sentimentos pela perspectiva de outras pessoas. É possível que essa deficiência seja central neste distúrbio (Blair, 2005; Decety & Jackson, 2004).

Segundo Baron-Cohen (2011b), a falta de empatia também promove evitação do contato com os outros e caracteriza pessoas com transtornos do espectro autista. Estudos apontam que no autismo severo há dificuldade em inferir os pensamentos e os sentimentos de outra pessoa (Ickes, 2009). Baron-Cohen, Wheelwright, Hill, Raste e Plumb (2001), aplicaram um teste para medir diferenças sutis na sensibilidade ao mundo social, por meio da expressão de emoções através de fotos dos olhos de atores, em sujeitos com autismo de alto-funcionamento e Síndrome de Asperger, e em um grupo controle. Eles encontraram um prejuízo significativo dessa habilidade no primeiro grupo. Em relação ao componente emocional da empatia, parece haver sugestões de que o autismo está relacionado a um prejuízo inato na habilidade de responder a expressões afetivas dos outros (Blair, 2005). Indivíduos que possuem essas dificuldades não têm ideia do que o outro está pensando ou sentindo, tampouco conseguem responder aos sentimentos das outras pessoas, parecendo apresentar uma atividade baixa em toda a área do circuito cerebral relacionada à empatia (Baron-Cohen, 2011b; Blair, 2005; Ickes, 2009).

Os estudos de Falcone (2008), Gallup e Platek (2002) e de Fujiwara e Bartholomeusz (2010) ressaltam que esquizofrênicos possuem dificuldade em reconhecer as emoções, porém, a capacidade de compreender a perspectiva do outro é apontada como a principal dificuldade dessas pessoas. Essa proposição poderia, de alguma forma, explicar parte dos sintomas apresentados por indivíduos com essa patologia.

A literatura indica que a ansiedade interfere de forma negativa no componente cognitivo da empatia. A ansiedade elevada e o estilo cognitivo disfuncional parecem se relacionar a uma capacidade baixa de compreender os pensamentos e os sentimentos dos outros de forma acurada (Davis, 1983; Davis & Kraus, 1997).

O estudo realizado por D'Augustin (2010) aponta que indivíduos com transtornos alimentares também possuem grande dificuldade na habilidade empática. A tomada de perspectiva parece ser o item para os quais esses indivíduos possuem déficits mais significativos. Por apresentarem constante preocupação com a rejeição e o abandono, essas pessoas se tornam autofocadas, o que dificulta o direcionamento da atenção para o outro e gera um comportamento inadequado nas relações interpessoais.

Deficiências em empatia também têm sido encontradas em indivíduos com depressão. Em estudo de Bellini, Baime e Shea (2002), verificou-se que variações de humor em estudantes internos de medicina alteraram componentes da empatia, avaliados através de uma escala de autorrelato. Tse e Bond (2004) e Libet e Lewinsohn (1973) apresentaram evidências de que os comportamentos sociais característicos da depressão – como baixa atenção dada ao interlocutor, frequência excessiva de fala autocentrada negativa, pouca iniciativa, menos reações positivas etc. – indicam ausência de preocupação com o interlocutor, interferindo com a experiência da empatia. Fernandes (2011) encontrou menor capacidade para tomar a perspectiva do outro em indivíduos deprimidos, quando comparados aos não deprimidos, a partir dos resultados do Inventário de Empatia (Falcone *et al.*, 2008).

Em seu conjunto, os estudos citados anteriormente sugerem haver relação direta entre empatia e saúde mental e inversa entre empatia e transtornos mentais. Em razão da grande influência que a empatia parece exercer na saúde mental, foi realizado um estudo que buscou avaliar as relações entre os componentes da empatia e a propensão a desenvolver algum transtorno psicológico. A hipótese do estudo foi de que indivíduos menos empáticos teriam maior probabilidade de apresentar um quadro psicopatológico.

35.2   Método

35.2.1 Participantes

Participaram do estudo 534 sujeitos, sendo 399 mulheres e 134 homens. A média de idade foi de 32 anos, variando de 18 a 79 anos. Quanto ao estado civil, 60% dos participantes eram solteiros, 34% eram casados, 4% eram divorciados e 2% eram viúvos. Com relação à escolaridade, 1% tinha o Ensino Médio incompleto, 16% tinham o Ensino Médio completo, 42% tinham Ensino Superior incompleto e 41%, o Ensino Superior completo. Finalmente, 32% da amostra tinham filhos e 68% não.

35.2.2 Instrumentos

Para medir as variáveis citadas, os participantes preencheram uma ficha que pedia informações dos seguintes dados: sexo, idade, escolaridade, estado civil e número de filhos. Além da ficha, responderam a dois instrumentos especificados a seguir.

1. Inventário de Empatia (IE) (Falcone *et al.*, 2008). Trata-se de uma medida de autorrelato, composta por 40 itens, subdivididos em quatro fatores: Tomada de Perspectiva (TP; $\alpha = 0,85$); Flexibilidade Interpessoal (FI; $\alpha = 0,78$); Sensibilidade Afetiva (SA; $\alpha = 0,72$); Altruísmo (Al; $\alpha = 0,75$). A TP refere-se à capacidade de assumir o ponto de vista do outro; a FI diz respeito à capacidade de tolerar pontos de vistas divergentes ou frustrantes; a SA indica a capacidade de se preocupar genuinamente com o bem-estar do outro; o Al denota a capacidade de se sacrificar em prol de outra pessoa. Os dois primeiros fatores dizem respeito à dimensão cognitiva da empatia, ao passo que os dois últimos referem-se à dimensão afetiva dessa habilidade. Os valores dos coeficientes Alpha de Cronbach indicados, que avaliam a consistência interna de cada fator, sugerem a confiabilidade desse instrumento.

2. *Self-Reported questionnaire (SRQ-20)*. É um questionário de autoavaliação, desenvolvido por Harding *et al.* (1980) e validado no Brasil por Mari e Williams (1986). Constituído por 20 itens, refletem sintomas depressivos, de ansiedade e problemas psicossomáticos. É a versão de 20 itens do *SRQ-30* para detectar a presença de possível transtorno mental não psicótico. Nesse instrumento os itens são pontuados como 0 (ausência de sintoma) ou 1 (presença do sintoma), e depois essas pontuações são somadas para dar o escore total no instrumento. Quando validado, o instrumento apresentou boas propriedades psicométricas, com valores de sensibilidade de 86,3% e de especificidade de 89,3%. O poder discriminante do *SRQ-20* para diagnóstico psiquiátrico foi de 0,9 e seu Alpha de Cronbach obteve o valor de 0,86 (Gonçalves, Stein & Kapczinski, 2008).

35.2.3 Procedimento

Foi utilizada uma amostra de conveniência, a partir da rede social dos pesquisadores envolvidos. A aplicação dos instrumentos ocorreu individualmente, os participantes assinaram o Termo de Consentimento Livre e Esclarecido e responderam aos instrumentos da pesquisa no tempo médio de 30 minutos.

35.2.4 Resultados

Para o estudo das relações entre o IE e o *SRQ-20*, foi utilizada a Correlação de Pearson, e os resultados serão descritos a seguir.

Dois fatores do IE se correlacionaram inversamente de modo significativo estatisticamente com o *SRQ-20*: a Tomada de Perspectiva (TP) ($r = -0,12$; $p < 0,01$) e o Altruísmo (AL) ($r = -0,12$; $p < 0,01$). Isso indica que uma menor capacidade de adotar o ponto de vista do outro e de abrir mão dos próprios interesses em prol do outro estão relacionados a maior número de sintomas.

Os fatores Flexibilidade Interpessoal (FI) ($r = 0,08$; $p > 0,05$) e Sensibilidade Afetiva (SA) ($r = 0,02$; $p > 0,5$) não apresentaram correlações estatisticamente significativas com o *SRQ-20*. Esse resultado sugere que tanto a capacidade de tolerar comportamentos, atitudes e pensamentos muito divergentes dos próprios, quanto a habilidade de se preocupar de forma verdadeira com o estado emocional do outro não se associam à probabilidade do desenvolvimento de um transtorno psicológico para a presente amostra.

35.2.5 Discussão

Os resultados desse estudo corroboraram parcialmente a hipótese, uma vez que apenas dois fatores do IE – a Tomada de Perspectiva e o Altruísmo – apresentaram correlações significativas com o *SRQ-20*. Parece que uma das dificuldades de indivíduos propensos a desenvolver quadros psicopatológicos refere-se a adotar a perspectiva de alguém e a responder adequadamente, de forma empática, para que o outro se sinta compreendido, assim como agir de forma altruísta, sacrificando necessidades pessoais em prol de outra pessoa.

Esses resultados confirmam os estudos previamente citados, os quais apontam que pessoas com baixa tomada de perspectiva e altruísmo parecem ter menos consciência do estado do outro, e prestam, assim, menos atenção às necessidades de seus interlocutores e têm menos atitudes pró-sociais. Desse modo, esses indivíduos tenderiam a ser mais egocêntricos e a manter elevada atenção autofocada, o que prejudica a experiência e a manifestação da empatia. Neste estudo, as dificuldades das pessoas que teriam maior propensão a desenvolver um transtorno mental parecem ser encontradas nas etapas de reconhecimento (tomada de perspectiva) e manifestação da empatia (comportamento de ajuda ou altruísta), propostas por Baron-Cohen (2011a; 2011b).

Nos estudos revisados, a habilidade de tolerar posições muito divergentes aparece como uma dificuldade nos principais quadros psicopatológicos, já que esses indivíduos tenderiam a manifestar crenças mais rígidas, demonstrando menos tolerância a pensamentos e atitudes diferentes dos próprios, o que favorece o conflito e dificulta a experiência empática. Entretanto, tais relações não foram confirmadas neste estudo através do Fator Flexibilidade Interpessoal, que não se relacionou significativamente com os escores obtidos no *SRQ-20*. Deve-se ressaltar, no entanto, que as dificuldades para adotar a perspectiva do outro também podem estar relacionadas à intolerância com relação a pensamentos e atitudes divergentes (Feshbach, 1997). Essa pode ser a razão pela qual o Fator Tomada de Perspectiva, e não o Fator Flexibilidade Interpessoal, tenha se relacionado significativamente com maior propensão a transtornos mentais.

Da mesma forma, o Fator Sensibilidade Afetiva, que indica compaixão e consideração pelas necessidades dos outros, não se relacionou significativamente com a pontuação marcada no *SRQ-20*. Tal resultado sugere que sentimentos de compaixão não se diferenciam entre indivíduos com ou sem propensão a desenvolver transtornos psicológicos. Em outras palavras, pessoas perturbadas emocionalmente ou não podem ser capazes de experimentar compaixão ou contágio emocional diante de situação de alguém, mesmo com baixos níveis de tomada de perspectiva (de Waal, 2009). Tais sentimentos podem levar a preocupação pessoal e a respostas egocêntricas ou a comportamentos orientados para o outro (de Waal, 2009; Goubert, Craig & Buysse, 2009).

Estudos têm apontado a tomada de perspectiva como um componente cognitivo que permite regular as emoções envolvidas na experiência da empatia, a partir da diferenciação entre o eu e o outro (Preston & de Waal, 2002). Decety e Lamm (2009) sugerem, a partir de contribuições das neurociências, que a capacidade para tomar a perspectiva de alguém é o que irá permitir a superação do egocentrismo, guiando o comportamento em direção às necessidades dos outros e facilitando a ajuda. Para esses autores, a tomada de perspectiva produz ativação em partes específicas do córtex pré-frontal implicadas nas funções executivas, principalmente relacionadas ao controle inibitório. Os lobos frontais, por sua vez, podem servir para separar as próprias perspectivas das dos outros, permitindo que o indivíduo resista à interferência da própria perspectiva ao buscar entender o interlocutor (Decety & Jackson, 2004).

Em estudo que avaliou o impacto da tomada de perspectiva sobre a raiva, Mohr, Howells, Gerace, Day e Wharton (2007) concluíram que a tomada de perspectiva modera a ativação da raiva em situações de provocação interpessoal, além de ser negativamente preditiva de traço de raiva e positivamente preditiva de controle na expressão de raiva. Por outro lado, as medidas de preocupação empática apresentaram fraca associação negativa com a expressão de raiva, indicando, nesse estudo, que o componente afetivo da empatia parece não exercer influência significativa sobre a moderação da raiva.

Os estudos apresentados apontam a tomada de perspectiva como elemento regulador na experiência da empatia. A partir da capacidade de diferenciar as próprias perspectivas das do outro, o indivíduo pode reduzir emoções negativas que interferem no comportamento de ajuda e que fomentam o egocentrismo, provendo motivação para o cuidado e o altruísmo. Assim, a ausência de relações significativas entre a flexibilidade interpessoal e a sensibilidade afetiva, por um lado, e a propensão ao desenvolvimento de transtornos mentais encontradas neste estudo, por outro, pode ser compreendida pela suposição de que a tomada de perspectiva constitui-se como o principal elemento que diferencia indivíduos saudáveis daqueles com propensão a desenvolver transtornos mentais.

35.3 Conclusão

A literatura aponta que em muitos transtornos mentais há, caracteristicamente, dificuldade na interação social. Neste trabalho, a empatia foi inversamente relacionada a maior probabilidade do desenvolvimento de um quadro clínico. Com isso, pode-se pensar em duas relações: as deficiências em empatia podem influenciar no desenvolvimento de transtornos mentais ou os transtornos mentais podem interferir na experiência da empatia. Uma vez que o presente estudo foi de natureza correlacional, não permitindo extrair relações causais entre as variáveis, estudos futuros com outros delineamentos poderiam esclarecer melhor essas questões.

Seria interessante a realização de estudos que dessem maior atenção a cada um dos problemas relatados, podendo elucidar questões sobre esses pontos, uma vez que neste trabalho a empatia foi correlacionada a um instrumento que avaliava a propensão do desenvolvimento de transtornos psicológicos em geral.

O presente trabalho permitiu observar que deficiências em empatia parecem estar relacionadas a diversos quadros psicopatológicos. Assim, verifica-se a importância dessa habilidade para o bem-estar individual e social, sendo interessante pensar no treinamento da empatia como recurso preventivo de transtornos mentais. O aprimoramento empático pode visar também a melhoria da qualidade de vida dos indivíduos que não possuem transtornos mentais e contribuir para a redução de conflitos interpessoais.

35.4 Referências

Baron-Cohen, S. (2011a). When zero degrees of empathy is negative. In Baron-Cohen, S. *The Science of Evil: on empathy and the origins of cruelty* (pp. 43-123). New York: Basic Books.

Baron-Cohen, S. (2011b). When zero degrees of empathy is positive. In Baron-Cohen, S. *The Science of Evil: on empathy and the origins of cruelty* (pp. 95-123) New York: Basic Books.

Baron-Cohen, S., Wheelwright, S., Hill, J., Raste, Y., & Plumb, I. (2001). The "Reading the mind in the eyes" test revised version: a study with normal adults, and adults with Asperger Syndrome or high-functioning autism. *J. Child Psychol. Psychiat, 42* (2), 241-251.

Beck, A. & Freeman, A. (1993). *Terapia Cognitiva dos transtornos de personalidade*. Porto Alegre: Artes médicas.

Bellini, L. M, Baime, M., & Shea, J. A. (2002). Variation of Mood and Empathy During Internship. *Jama, 287*, 3143-3146.

Blair, R. J. R. (2005) Responding to the emotions of others: dissociating forms of empathy through the study of typical and psychiatric populations. *Consciousness and Cognition, 14* (4), 698-718.

Blair, R. J. R. & Blair, K. S. (2009). Empathy, Morality, and Social Convention: Evidence from the Study of Psychopathy and Other Psychiatric. In J. Decety & W. Ickes (Orgs.), *The social neuroscience of empathy* (pp. 139-152). Massachusetts: A Bradford Book.

Caballo, V. E. (1998). El entrenamiento de las habilidades sociales como estrategia de intervención en los transtornos psicológicos. In F. Gil & J. M. Leon. *Habilidades sociales: teoria, investigación y intervención*. Madrid: Síntesis.

D'Augustin, J. F. (2010). *As relações entre estilos de apego e habilidades sociais em indivíduos com transtornos alimentares*. Dissertação de Mestrado em Psicologia Social, Instituto de Psicologia, não publicada. Rio de Janeiro: Universidade do Estado do Rio de Janeiro.

Davis, M. H. (1980). A multidimensional approach to individual differences in empathy. *Catalog of Selected Documents in Psychology, 10*, 85.

Davis, M. H. (1983). The effects of dispositional empathy on emotional reactions and helping: a multidimensional approach. *Journal of Personality and Social Psychology, 51*, 167-184.

Davis, M. H. & Kraus. L. A. (1997). Personality and empathic accuracy. In W. Ickes (Ed.), *Empathic Accuracy* (pp. 144-168). New York: Guilford.

Decety, J. & Jackson, P. L. (2004). The functional architecture of human empathy. *Behavioral and Cognitive Neuroscience Reviews, 3*, 71-100.

Decety, J. & Lamm, C. (2009). Empathy versus personal distress: Recent evidence from social neuroscience. In J. Decety & W. Ickes (Orgs.), *The social neuroscience of empathy* (pp. 199-213). Massachusetts: A Bradford Book.

de Waal, F. (2009). *The age of empathy*. New York: Harmony Books.

Epstein, N. B. & Schlesinger, S. E. (2004). Casais em crise. In Dattilio, F. M. & Freeman, A. (Orgs.), *Estratégias cognitivo-comportamentais de intervenção em situações de crise* (pp. 243-263). 2 ed. Porto Alegre: Artmed.

Falcone, E. M. O. (1998). *A avaliação de um programa de treinamento da empatia com universitários*. Tese de Doutorado não publicada, Curso de Pós-Graduação em Psicologia Clínica. São Paulo: Universidade de São Paulo.

Falcone, E. M. O. (1999). A avaliação de um programa de treinamento da empatia com universitários. *Revista Brasileira de Terapia Comportamental e Cognitiva, 1*, 23-32.

Falcone, E. M. O. (2003). *A evolução e as relações entre os estilos de vinculação, a empatia e a raiva*. Relatório final de pesquisa de pós-doutoramento, não publicado. São Paulo: Universidade de São Paulo.

Falcone, E. M. O. & Azevedo, V. S. (2006). Um estudo sobre a reação de terapeutas cognitivo-comportamentais frente à resistência de pacientes difíceis. Em E. F. M. Silvares (Org.), *Atendimento psicológico em clínicas-escola* (pp. 159-184). Campinas: Alínea.

Falcone, E. M. O., Ferreira, M. C., Luz, R. C. M., Fernandes, C. S., Faria, C. A., D'Augustin, J. F., Sardinha, A., & Pinho, V. D. (2008). Inventário de Empatia (I.E.): desenvolvimento e validação de uma medida brasileira. *Avaliação Psicológica, 7*, 321-334.

Fernandes, C. S. (2011). *Avaliação das relações entre habilidades sociais e sintomas depressivos*. Dissertação de Mestrado em Psicologia Social, Instituto de Psicologia, não publicada. Rio de Janeiro: Universidade do Estado do Rio de Janeiro.

Feshbach, N. D. (1997). Empathy: the formative years – implications for clinical practice. In A. C. Bohart & L. S. Greenberg (Orgs.), *Empaty reconsidered* (pp. 33-59). Washington DC: APA.

Frey, K. S., Hirschstein, M. K., & Guzzo, B. A. (2000). Second step: preventing aggression by promoting social competence. *Journal of Emotional and Behavioral Disorders, 8*, 102-112.

Fujiwara H. & Bartholomeusz, C. (2010). Neural basis for social cognitive impairment in schizophrenia. *J Bras Psiquiatr., 59* (2), 85-87.

Gallup, G. G. & Platek, S. M. (2002). Cognitive empathy presupposes self-awareness: Evidence from phylogeny, ontogeny, neuropsychology, and mental illness. *Behavioral and Brain Sciences, 25*, 36-37.

Goubert, L., Craig, K. D., & Buysse, A. (2009). Perceiving others in pain: Experimental and clinical evidence on the role of empathy. In J. Decety & W. Ickes (Orgs.), *The social neuroscience of empathy* (pp. 153-165). Massachusetts: A Bradford Book.

Gonçalves, D. M., Stein, A. T., & Kapczinski, F. (2008). Avaliação de desempenho do *Self-Reporting Questionnaire* como instrumento de rastreamento psiquiátrico: um estudo comparativo com o *Structured Clinical Interview for DSM-IV-TR. Cad. Saúde Pública, 24* (2), 380-390.

Harding, T. W., De Arango, V., Baltazar, J., Climent, C. E., Ibrahim, H. H. A., Ladrido-Ignacio, L., & Wig, N. N. (1980). Mental disorders in primary health care: a study of their frequency and diagnosis in four developing countries. *Psychological Medicine, 10*, 231-241.

Ickes, W. (2009). Empathic Accuracy: Its Links to Clinical, Cognitive, Delopmental, Social, and Physiological Psychology. In J. Decety & W. Ickes (Orgs.), *The social neuroscience of empathy* (pp. 57-70). Massachusetts: A Bradford Book.

Koller, S. H., Camino, C., & Ribeiro, J. (2001). Adaptação e validação interna de duas escalas de empatia para uso no Brasil. *Estudos de Psicologia, 18*, 43-53.

Libet, J. M. & Lewinsohn, P. M. (1973). Concept of social skill with special reference to the behavior of depressed persons. *Journal of Consult and Clinical Psycholohgy, 40* (2), 304-312.

Luz, F. & Bussab, V. S. R. (2009). Psicopatologia evolucionista. In Yamamoto, M. E. & Otta, E. (Orgs.), *Psicologia evolucionista* (pp. 163-175). Rio de Janeiro: Guanabara-Koogan.

Mari, J. J. & Williams P. (1986). A validity study of a psychiatric screening questionnaire (SRQ-20) in primary care in the city of São Paulo. *Br J Psychiatry, 148*, 23-26.

Mealey, L. & Kinner, S. (2002). The Perception-Action Model of empathy and psychopathic "cold-heartedness". *Behavioral and Brain Sciences, 25*, 42-43.

Mohr, P., Howells, K., Gerace, A., Day, A., & Wharton, M. (2007). The role of perspective taking in anger arousal. *Personality and Individual Differences, 43*, 507-517.

Pavarino, M. G., Del Prette, A., & Del Prette, Z. A. P. (2005). O desenvolvimento da empatia como prevenção da agressividade na infância. *Psico, 36*, 127-134.

Preston, S. D. & de Waal, F. B. M. (2002). Empathy: its ultimate and proximate bases. *Behavioral and Brain Sciences, 25*, 1-72.

Richell, R. A, Mitchell, D. G. V., Newman, C., Leonard, A., Baron-Cohen, S., & Blair, R. J. R. (2003). Theory of mind and psychopathy: can psychopathic individuals read the "language of the eyes"?. *Neuropsychologia, 41*, 523-526.

Sardinha, A., Falcone, E. M. O., & Ferreira, M. C. (2009). As relações entre satisfação conjugal e as habilidades sociais percebidas no cônjuge. *Psicologia: Teoria e Pesquisa, 25* (3), 395-402.

Trower, P., O'Mahony, J. F., & Dryden, W. (1982). Cognitive aspects of social failure: some implications for social-skills training. *British Journal of Guidance & Counseling, 10*, 176-184.

Tse, W. S. & Bond, A. J. (2004). The impact of depression on social skills. *Journal Nery Mental Disease, 192* (4), 260-268.

Autores:

Monique Gomes Plácido – Graduanda em Psicologia pela Universidade do Estado do Rio de Janeiro. Bolsista de Iniciação Científica – PIBIC-UERJ. Contato: monique_placido@yahoo.com.br

Stèphanie Krieger – Graduanda em Psicologia pela Universidade do Estado do Rio de Janeiro. Bolsista de Iniciação Científica – FAPERJ.

Lucimar da Costa Torres Electo – Graduanda em Psicologia pela Universidade do Estado do Rio de Janeiro. Aluna voluntária de Iniciação Científica.

Evlyn Rodrigues Oliveira – Graduanda em Psicologia pela Universidade do Estado do Rio de Janeiro. Aluna voluntária de Iniciação Científica.

Juliana Furtado D´Augustin – Mestre e Doutoranda em Psicologia Social pela Universidade do Estado do Rio de Janeiro. Psicóloga do Núcleo de Assistência e Pesquisa em Transtornos Alimentares da Policlínica Piquet Carneiro/UERJ.

Vanessa Dordron de Pinho – Mestre e Doutoranda em Psicologia Social (PPGPS-UERJ). Psicoterapeuta Cognitivo-Comportamental. Psicóloga da Fundação de Saúde de Angra dos Reis.

Eliane Mary de Oliveira Falcone – Mestre em Psicologia Clínica pela PUC-Rio; Doutora em Psicologia Clínica pela Universidade de São Paulo; Pós-Doutora em Psicologia Experimental pela Universidade de São Paulo; Professora adjunta do Instituto de Psicologia do Estado do Rio de Janeiro; Docente do Programa de Pós-Graduação em Psicologia Social – UERJ.

A habilidade de falar em público e o uso do *video feedback* no tratamento para Transtorno de Ansiedade Social (TAS)

Maria Amélia Penido
Carla Giglio
Larissa Lessa
Bernard Rangé

36.1   Introdução

O Transtorno de Ansiedade Social (TAS) é considerado um transtorno grave, de curso crônico, que pode chegar a ser incapacitante. Trata-se do terceiro transtorno psiquiátrico mais comum, havendo estimativas de que possa atingir, nos países ocidentais, a prevalência para toda a vida entre 7 e 13%, estando entre os mais prevalente quadros psiquiátricos, ultrapassado apenas por depressão e alcoolismo (Furmak *et al.*, 2002). É um transtorno cuja característica básica é o medo de ser avaliado negativamente, em situações sociais. O *video feedback* é uma técnica que vem sendo utilizada para a modificação da autopercepção negativa do desempenho, fenômeno que ocorre em indivíduos com fobia social (Clark *et al.*, 2003).

Um aspecto comum apontado pela literatura em pacientes com TAS é a dificuldade na habilidade social de falar em público. Essa prática envolve uma situação de exposição considerada bastante desconfortável por pessoas com TAS, e muitas vezes a dificuldade nessa habilidade tem impacto significativo na carreira das pessoas, pois interfere no desempenho desde a faculdade até a vida profissional, impedindo o crescimento e trazendo frustração (Caballo, 2003). A maioria dos protocolos de tratamento para TAS inclui o desenvolvimento dessa habilidade como parte importante (Caballo, 2003; Clark *et al.*, 2003; Echeburúa, 1997).

Indivíduos com TAS tendem a subestimar seu desempenho em situações sociais, como apontam alguns estudos. Modelos propostos têm pontuado a importância da diferença entre a imagem/desempenho que o indivíduo gostaria de representar e a imagem/desempenho que ele se sente capaz de representar diante do quadro de ansiedade (Alden & Wallace, 1995; Clark & Wells, 1995).

Rapee e Hayman (1996) acreditam que indivíduos com fobia social subestimam seu desempenho na maioria das situações sociais porque utilizam os sinais internos como indicadores para sua autoavaliação. Assim, uma vez que os sinais internos na situação de ansiedade estão fortemente ativados, cria-se uma representação mental negativa do desempenho.

O *video feedback* tem sido utilizado para modificar a autopercepção negativa do desempenho que ocorre em indivíduos com TAS. O estudo de Rapee e Hayman (1996) indicou melhor desempenho com o uso do *video feedback* em pacientes com dificuldade de falar em público, especialmente ao repetir a tarefa após 10 minutos do *video feedback*. Como já mencionado, em uma situação social, os fóbicos sociais formam uma representação mental de seu desempenho com base em uma avaliação dos sintomas internos que funcionam reforçando seus pensamentos e percepções. Ao observar o desempenho no vídeo, a representação mental pode ser alterada. O resultado encontrado nessa pesquisa – em que a representação modificada continua em um segundo discurso feito após dez minutos da atividade com *video feedback* – sugere que, de algum modo, a informação fica integrada na memória.

De acordo com Clark e Wells (1995), o *video feedback* pode ser útil no tratamento do TAS, já que aqueles que sofrem desse transtorno superestimam sua ansiedade em decorrência de uma percepção distorcida sobre eles mesmos. Outros estudos chamam atenção para o fato de que as pessoas que ficam ansiosas ao discursar ou falar em público, diagnosticadas ou não com o quadro de TAS, tendem a subestimar seu desempenho em comparação às avaliações feitas por observadores (Harvey, Clark, Ehlers & Rapee 2000; Hofmann, 2004; Rapee & Hayman, 1996). Nesses modelos, as impressões distorcidas estão fortemente ligadas aos sintomas ansiosos cognitivos, somáticos e comportamentais. Então, se o *video feedback* pode apontar informações corretas e reais, por extensão, diminuirá os sintomas ansiosos apontados.

Clark e Wells (1995) observaram que durante o *video feedback* indivíduos com TAS tendem a lembrar de imagens de como estavam se sentindo na situação social e essas imagens diferem das imagens no vídeo, o que leva a um estado de confusão. Eles então propuseram a realização de um preparo cognitivo anterior ao *video feedback* com o objetivo de maximizar os efeitos da técnica. O preparo cognitivo proposto pelos autores conta com três etapas:

1. Propor ao paciente refletir sobre cada detalhe do conteúdo que aparecerá no vídeo.
2. Formar uma imagem do desempenho.
3. Instruir os pacientes a assistirem ao vídeo como se estivessem vendo outra pessoa.

Apoiados nesse modelo, Harvey *et al.* (2000) realizaram uma pesquisa comparando os resultados de um grupo que recebeu o preparo cognitivo com os de um grupo sem preparo. Os participantes que receberam o preparo cognitivo anterior ao vídeo fizeram avaliações significantemente mais positivas sobre seu desempenho do que aqueles que apenas assistiram ao vídeo. No entanto, durante o experimento foi pontuada a importância de estabelecer a generalização, pedindo aos participantes que fizessem uma segunda apresentação. Resolver essa limitação ficou como sugestão de encaminhamento para estudos futuros. Kim, Lundh e Harvey (2002) realizaram um estudo com o propósito de replicar o achado de Harvey *et al.* (2000), além de buscar demonstrar o efeito de generalização a partir de uma segunda apresentação.

Esse estudo confirmou as conclusões de Harvey *et al.* (2000), indicando que o efeito do *video feedback* é melhorado quando há preparo cognitivo. Além disso, essa nova pesquisa complementou o estudo anterior ao demonstrar que o comportamento é generalizado ao avaliar uma segunda apresentação e tal efeito tende a ganhar mais força. Um aspecto importante destacado por aqueles autores foi que os indivíduos que receberam apenas o *video feedback* mostraram uma tendência a avaliar negativamente o segundo discurso.

Em outra vertente, o estudo realizado por Smits, Powers, Buxkamper e Telch (2006) não encontrou resultados que comprovassem a eficácia do *video feedback*. Os autores tentaram avaliar o uso de duas formas de *video feedback* em associação ao tratamento de exposição ao vivo para fobia social. O estudo contou com 77 pacientes diagnosticados com fobia social, aleatoriamente distribuídos em quatro grupos: a) grupo placebo; b) exposição ao vivo sem *video feedback*; c) exposição ao vivo com *video feedback* e d) exposição com *feedback* de outras pessoas (plateia). Os resultados encontrados indicaram que a técnica do *video feedback* não aumentou a eficácia do tratamento de exposição ao vivo. Esse resultado difere, contudo, daquele encontrado em outro estudo realizado por Rodebaugh (2004), nos mesmos moldes, porém comparando apenas dois grupos: a) exposição com *video feedback* e b) exposição sem *video feedback*. Ambos os estudos realizaram preparo cognitivo antes da observação do vídeo, conforme indicado na literatura. Esses dois estudos levantam duas hipóteses para os dados encontrados:

1. As técnicas de *video feedback* ajudam a reestruturar uma imagem distorcida que os pacientes com TAS tendem a ter, porém não mudam diretamente a Idea de que o desempenho precisa ser perfeito, ou seja, não diminuem o grau de exigência e a preocupação com o desempenho.

2. Na literatura existe um consenso de que terapias baseadas em exposição ao vivo têm um resultado efetivo para TAS e ainda não está claro se as terapias com intervenções cognitivas produzem resultados mais efetivos.

Os estudos mais recentes dedicados ao tratamento do TAS têm focado no desenvolvimento de estratégias que tornem o tratamento mais efetivo, uma vez que a eficácia da Terapia Cognitivo-Comportamental para esse transtorno está bem estabelecida na literatura. O desenvolvimento de novas técnicas tem ocorrido a partir dos modelos psicossociais contemporâneos, focando, sobretudo, nos processos envolvidos na manutenção do transtorno. No modelo proposto por Clark e Wells (1995) os principais fatores de manutenção são: (1) a atenção autofocada e a construção de uma impressão de si mesmo como objeto social (autoprocessamento); (2) a influência dos comportamentos de segurança na manutenção das crenças negativas e de ansiedade; (3) o efeito do comportamento dos fóbicos sociais sobre o comportamento das outras pessoas e (4) os processamentos antecipatórios e pós-evento.

Com base nesse modelo, Clark *et al.* (2003) propõem um novo programa de tratamento cognitivo para TAS, que inclui técnicas baseadas nos fatores de manutenção, como o *video feedback*, além de técnicas para mudança do autoprocessamento, do processamento pré e pós-evento e da modificação de comportamentos de segurança. O resultado desse estudo sugere que a inclusão dos novos procedimentos aumenta a eficácia da Terapia Cognitivo-Comportamental, porém esses resultados precisam ser confirmados em estudos que comparem tratamentos com e sem os novos procedimentos.

O estudo aqui exposto investigou o uso do *video feedback* no tratamento cognitivo-comportamental em grupo para TAS, especificamente na habilidade social de falar em público. Foram avaliados 24 sujeitos que estavam participando de um tratamento cognitivo-comportamental em grupo para TAS. Essa pesquisa foi realizada na Divisão de Psicologia Aplicada (DPA) Isabel Adrados, na Universidade Federal do Rio de Janeiro. Foram convidados a participar pacientes que receberam o diagnóstico de TAS generalizada de acordo com os critérios do DSM-IV e procuraram a DPA para atendimento. Participaram adultos com idade média de 34 anos, dos quais 60% eram mulheres e 40% homens, a maioria com Ensino Superior incompleto e solteiros.

36.2 Método

Essa pesquisa fez parte de uma pesquisa maior (Penido, 2009) que realizou quatro grupos de tratamento cognitivo-comportamental para TAS com 16 sessões, durando duas horas cada, duas vezes por semana e uma sessão extra de *video feedback*. Essa pesquisa comparou um grupo que participou do tratamento a um grupo controle em lista de espera. Para investigar especificamente o uso do *video feedback* no desenvolvimento da habilidade de falar em público, foi realizada uma sessão extra, apenas no grupo de tratamento, com duração de quatro horas. Optou-se por uma sessão mais longa para evitar comportamentos de esquiva após a apresentação, fazendo todos participarem do *video feedback* no mesmo dia. Antes dessa sessão, foi entregue um texto a cada participante sobre a habilidade de falar em público, destacando quais os componentes importantes nesse processo e como se poderia organizar uma apresentação com base em revisão da literatura. Caballo (2003) e Echeburúa (1997) destacam que a habilidade de falar em público é composta por alguns elementos comportamentais, como contato visual, expressão facial, orientação corporal, gestos, entonação da voz, fluência, velocidade, clareza, conteúdo e aparência do palestrante.

Foi solicitado que cada participante escolhesse um tema e preparasse, com base nas instruções do texto, uma apresentação de cinco minutos para a sessão de *video feedback*. Ao chegar para essa sessão, cada participante preencheu os questionários da pesquisa. Em seguida, em duplas, treinaram a apresentação e tiraram dúvidas com o terapeuta e o coterapeuta. Nesse momento, foi realizada reestruturação cognitiva de pensamentos disfuncionais prévios à apresentação, com objetivo de encorajá-los à exposição. Após essa etapa, cada membro do grupo fez sua apresentação, que foi filmada. Os participantes foram instruídos a olhar para a plateia e não para a câmera. Terminadas todas as apresentações, o grupo foi convidado pelo terapeuta e pelo coterapeuta a realizar um preparo cognitivo prévio ao *video feedback*, conforme descrito na literatura. Em seguida foi realizado o *video feedback* de todas as apresentações e cada participante preencheu novamente os instrumentos da pesquisa.

36.2.1 Instrumentos

Nessa categoria podem ser destacados componentes cognitivos e comportamentais da habilidade de falar em público. Dentre os fatores cognitivos, destacam-se aqueles apontados por Del Prette e Del Prette (1999): conhecimentos prévios, expectativas, crenças, estratégias e habilidades de processamento. Essas variáveis cognitivas influenciam a expressão ou não da habilidade. Conforme destaca Falcone (1999), a autoconsciência, como componente cognitivo para a habilidade assertiva, também tem sua importância na habilidade social de falar em público, por isso é relevante que o indivíduo tenha consciência dos próprios desejos, pensamentos e sentimentos.

De acordo com os elementos comportamentais descritos por Caballo (2003) e Echeburúa (1997), os instrumentos indicados a seguir, ainda não validados, foram desenvolvidos pelos autores desta pesquisa.

36.2.1.1 Escala de avaliação de desempenho da habilidade falar em público (Anexo I)

Trata-se de um instrumento de autorrelato que avalia o desempenho para cada componente da habilidade social de "falar em público". Os componentes avaliados são: contato visual, expressão facial, orientação corporal, gestos, volume da voz, entonação, fluência, velocidade, clareza, conteúdo, organização dos tópicos, domínio do tema, organização do tempo e aparência do palestrante. Cada participante, baseado nos componentes da habilidade de falar em público propostos por Caballo (2003) e Echeburúa (1997), é avaliado em: muito ruim; ruim; um pouco ruim; moderado; um pouco bom; bom; ou muito bom.

36.2.1.2 Escala de avaliação global de desempenho da habilidade falar em público (Anexo II)

É um instrumento de autorrelato que avalia, de forma geral, o desempenho da habilidade social de "falar em público". Avaliando em: muito pior; pior; um pouco pior; igual; um pouco melhor; melhor; ou muito melhor.

36.2.1.3 Escala de percepção dos sintomas da ansiedade da habilidade falar em público (Anexo III)

É um instrumento de autorrelato que avalia o quão incomodado(a) se sente o paciente com os sintomas comuns da ansiedade, ao falar ou mesmo pensar em falar em público. Os sintomas avaliados são: dormência ou formigamento, calores, pernas bambas, boca seca, tonteira ou cabeça leve, coração acelerado, inquietação, voz embargada, nervoso, sensação de sufocamento, mãos tremendo, trêmulo, brancos, gagueira, placas vermelhas pelo corpo, indigestão ou desconforto no abdômen e face ruborizada. Avaliando em: nada, fraco ("Não me incomodou muito"), moderado ("Foi muito desagradável, mas aguentei"), ou muito forte ("Quase não consegui aguentar").

36.2.2 Análise dos dados

Foram realizadas duplas digitações dos dados de todos os instrumentos utilizados na pesquisa e posteriormente todas as informações foram checadas de novo, com correções dos itens discordantes. Para a análise dos dados foi utilizado o pacote estatístico SPSS (versão 8.0).

Para comparação dos dois momentos sob investigação neste estudo, o pré e o pós-*video feedback*, foram verificadas as diferenças no tempo (teste de Friedman), ou seja, se ocorreu modificação das médias dos escores totais ao longo do tempo (avaliações pré-teste e pós-teste). Além disso, para visualização dos resultados das comparações de médias foram elaborados *box-plot* dos resultados pré e pós-*video feedback*.

36.2.3 Resultados

36.2.3.1 Escala de Avaliação Global de Desempenho (*video feedback*)

Os resultados da Escala de Avaliação Global de Desempenho, comparando o grupo experimental nas categorias pré e pós-*video feedback* indicam no pré-teste uma distribuição de frequência mais concentrada nas categorias de pior desempenho e no pós-teste uma distribuição mais concentrada nas categorias de melhor desempenho. Essas diferenças são significativas ao nível de 5% (p = 0,002) e podem ser observados na Tabela 1.

Tabela 1 Distribuição de frequência dos pacientes por categorias de acordo com Escala de Avaliação Global de Desempenho (EAGD) no grupo experimental em dois períodos de avaliação (pré-*video feedback* e pós-*video feedback*). DPA-UFRJ, Rio de Janeiro, 2008.

Grupo	Escala de Avaliação Global de Desempenho		Avaliações		Total
			pré-teste	pós-teste	
Experimental (*)	Muito pior	n	2	1	3
		%	8,3	4,3	6,4
	Pior	n	5	0	5
		%	20,8	0	10,6
	Um pouco pior	n	5	0	5
		%	20,8	0	10,6

Continua

Continuação

Grupo	Escala de Avaliação Global de Desempenho		Avaliações		Total
			pré-teste	pós-teste	
Experimental (*)	Igual	n	4	6	10
		%	16,7	26,1	21,3
	Um pouco melhor	n	7	8	15
		%	29,2	34,8	31,9
	Melhor	n	1	6	7
		%	4,2	26,1	14,9
	Muito melhor	n	0	2	2
		%	0	8,7	4,3
	Total	n	24	23	47
		%	100	100	100

(*) p = 0,002

Ao comparar as diferenças das médias dos resultados da Escala de Avaliação Global de Desempenho no tempo (teste de Friedman), encontrou-se diferença entre o pré e pós-teste, ao nível de 5% (p = 0,000). Esses resultados podem ser observados no Gráfico 1.

Gráfico 1 *Box-plot* das médias da Escala de Avaliação Global de Desempenho (EAGD) segundo o grupo experimental em dois períodos de avaliação (pré-*video feedback* e pós-*video feedback*). DPA-UFRJ, Rio de Janeiro, 2008.

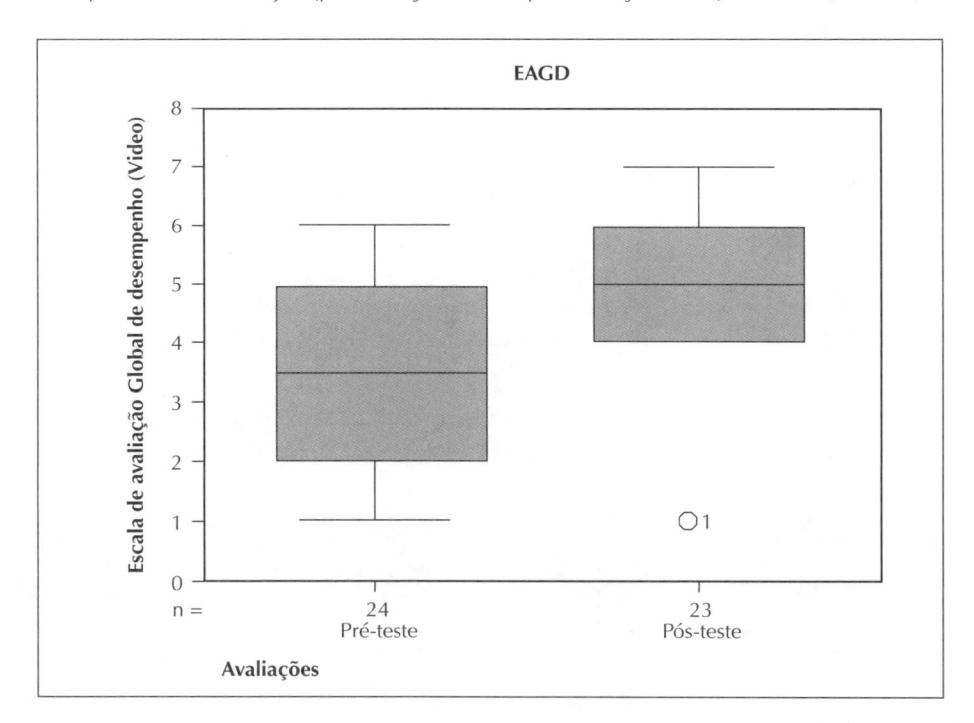

36.2.3.2 Escala de Percepção de Sintomas de Ansiedade (*video feedback*)

Comparando os resultados da Escala de Percepção de Sintomas de Ansiedade, no grupo experimental, entre as categorias pré e pós-*video feedback* foi encontrada diferença significativa ao nível de 5% (p = 0,002). A distribuição entre as categorias nos dois momentos, respectivamente pré e pós-*video feedback*, foi: 8,3% na categoria "sem problemas" para 52,2%; 45,8% na categoria "fraco" para 39,1% e 41,7% na categoria "moderado" para 8,7% Esses resultados podem ser observados na Tabela 2.

Tabela 2 Distribuição de frequência dos pacientes por categorias de acordo com Escala de Percepção de Sintomas de Ansiedade (EPSA) segundo o grupo experimental em dois períodos de avaliação (pré-*video feedback* e pós-*video feedback*). DPA-UFRJ, Rio de Janeiro, 2008.

Grupo	Escala de Sintomas de Ansiedade		Avaliações		Total
			pré-teste	pós-teste	
Experimental (*)	Sem problemas	n	2	12	14
		%	8,3	52,2	29,8
	Fraco	n	11	9	20
		%	45,8	39,1	42,6
	Moderado	n	10	2	12
		%	41,7	8,7	25,5
	Muito forte	n	1	0	1
		%	4,2	0	2,1
		n	24	23	47
	Total	%	100	100	100

(*) p = 0,002

Ao comparar as diferenças das médias dos resultados da Escala de Percepção de Sintomas de Ansiedade no tempo (teste de Friedman), encontrou-se diferença entre o pré e pós-teste, ao nível de 5% (p = 0,000). Esses resultados podem ser observados no Gráfico 2.

Gráfico 2 *Box-plot* das médias da Escala de Percepção de Sintomas de Ansiedade (EPSA) segundo o grupo experimental em dois períodos de avaliação (pré-*video feedback* e pós-*video feedback*). DPA-UFRJ, Rio de Janeiro, 2008.

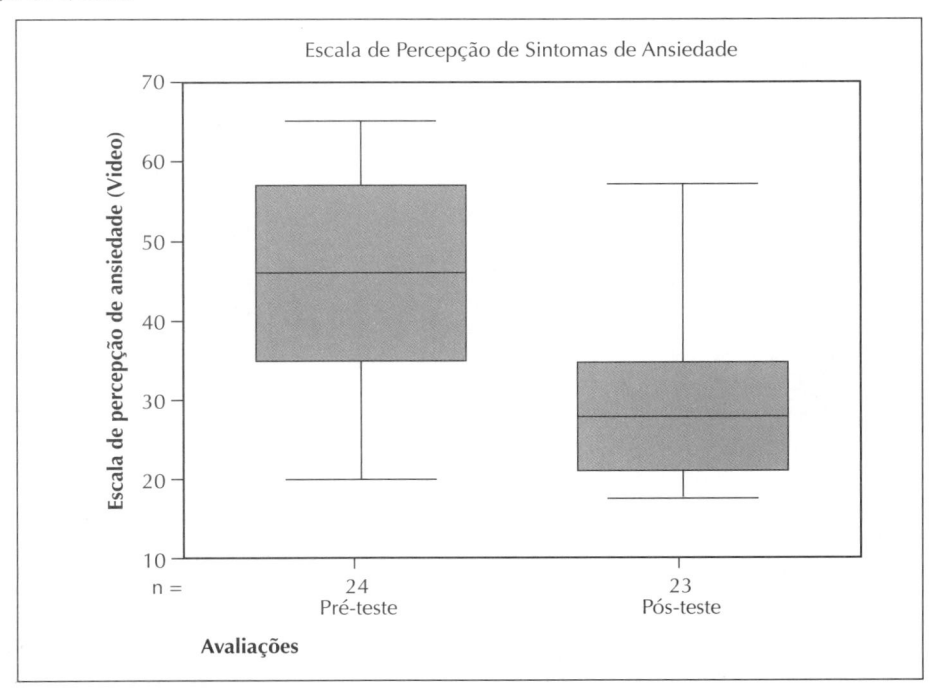

36.2.3.3 Escala de Avaliação de Desempenho (*video feedback*)

Comparando os resultados da Escala de Avaliação de Desempenho, no grupo experimental, entre as categorias pré e pós-*video feedback* foi encontrada diferença significativa ao nível de 5% (p = 0,000). A distribuição entre as categorias nos dois momentos, respectivamente pré e pós-*video feedback*, foi: 25% na categoria "ruim" para 0%; 41,7% na categoria, "moderado" para 17,4%; 33,3% na categoria "bom" para 43,5% e 0% na categoria "muito bom" para 39,1%. Esses resultados podem ser observados na Tabela 3.

Tabela 3 Distribuição de frequência dos pacientes por categoria de acordo com a Escala de Avaliação de Desempenho (EAD) segundo o grupo experimental em dois períodos de avaliação (pré-*video feedback* e pós-*video feedback*). DPA-UFRJ, Rio de Janeiro, 2008.

Grupo	Escala de Avaliação de Desempenho		Avaliações		Total
			pré-teste	pós-teste	
Experimental (*)	Ruim	n	6	0	6
		%	25,0	0,0	12,8
	Moderada	n	10	4	14
		%	41,7	17,4	29,8
	Bom	n	8	10	18
		%	33,3	43,5	38,3
	Muito bom	n	0	9	9
		%	0,0	39,1	19,1
		n	24	23	47,0
	Total	%	100	100	100

(*) p = 0,000

Ao comparar as diferenças das médias dos resultados da Escala de Avaliação de Desempenho no tempo (teste de Friedman), encontrou-se diferença entre o pré e pós-teste, ao nível de 5% (p = 0,000). Esses resultados podem ser observados no Gráfico 3.

Gráfico 3 *Box-plot* das médias da Escala de Avaliação de Desempenho (EAD) segundo o grupo experimental em dois períodos de avaliação (pré-*video feedback* e pós-*video feedback*). DPA-UFRJ, Rio de Janeiro, 2008.

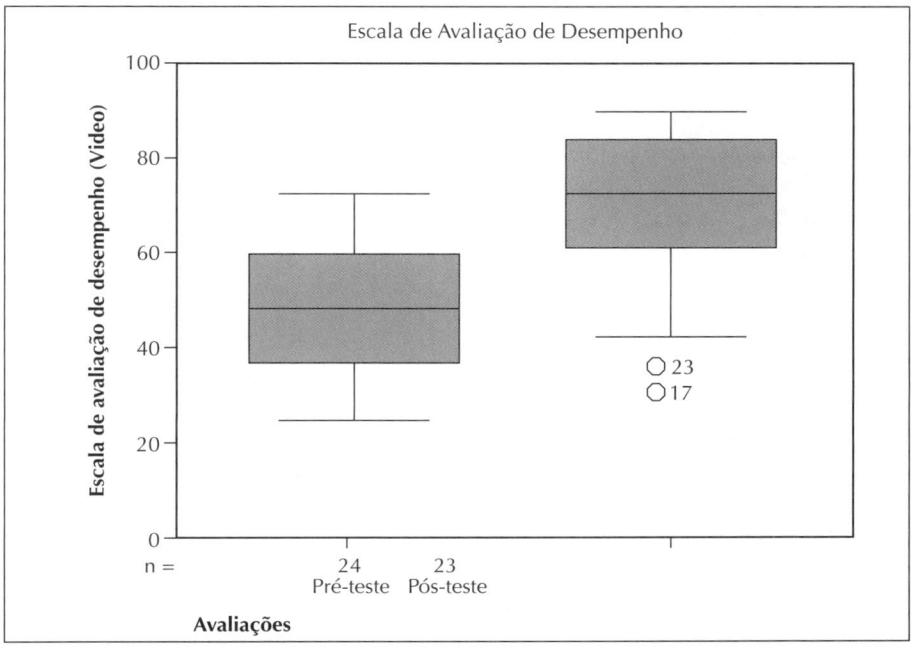

36.3 Conclusões

Atualmente a literatura apresenta estudos com resultados controversos em relação à eficácia do uso de técnicas de *video feedback* no tratamento de pacientes com TAS. Porém, existem mais estudos que apontam a eficácia dessa ferramenta do que o inverso, principalmente se um preparo cognitivo for incluído no processo.

Nesta pesquisa foi realizada a análise de distribuição de frequência no tempo e diferenças de médias no tempo (pré e pós-*video feedback*). Os resultados, nos três instrumentos, foram significativamente positivos, tanto na análise de frequência quanto na de médias. O uso do *video feedback* teve impacto positivo no treinamento da habilidade social falar em público, confirmando os dados encontrados na literatura que apontam o uso dessa técnica com preparo cognitivo como estratégia eficaz para tratamento desse problema.

O presente estudo apresenta muitas limitações, a primeira a ser destacada se refere ao número pequeno da amostra, o que limita a generalização dos resultados. Os instrumentos utilizados não são validados, foram criados para essa pesquisa após cuidadosa revisão da literatura, em função da não disponibilidade de instrumentos brasileiros validados. Dessa forma, recomenda-se a necessidade de pesquisas que busquem preencher esta lacuna.

Não foi realizada uma segunda apresentação, conforme apontado em alguns estudos para confirmação dos resultados positivos e sua consolidação na memória. Também não foi realizada uma avaliação no tempo para saber se os resultados obtidos se mantêm. Outras pesquisas, incluindo a avaliação desses aspectos, são indicadas para confirmação e generalização dos resultados.

36.4 Referências

Alden, L. E. & Wallace, S. T. (1995). Social phobia and social appraisal in successful and unsuccessful social interactions. *Behaviour Research and Therapy, 33*, 497-505.

Caballo, V. E. (2003). *Manual de avaliação e treinamento das habilidades sociais.* São Paulo: Santos.

Clark, D. & Wells, A. A. (1995). A cognitive model of social phobia. In R. G. Heimberg, M. R. Liebowitz, D. A. Hope & F. R. Schneier (Eds.), *Social phobia: diagnosis, assessement and treatment.* New York: Guillford.

Clark, D. M., Ehlers, A., McManus, F., Hackmann, A., Fennell, M., & Campbell, H. (2003). Cognitive therapy versus fluoxetine in generalized social phobia: A randomized placebo-controlled trial. *Journal of Consulting and Clinical Psychology, 71,* 1058-1067.

Del Prette, A. & Del Prette, Z. A. P. (1999). *Psicologia das habilidades sociais.* Petrópolis: Vozes.

Echeburúa, E. (1997). *Vencendo a timidez.* São Paulo: Mandarim.

Falcone, E. (1999). A avaliação de um programa de treinamento da empatia com universitários. *Revista Brasileira de Terapia Comportamental e cognitiva, ABPMC. 1,* 23-32.

Furmark, T., Tillfors, M., Marteinsdottir, I., Fischer, H., Pissiota, A., Langstom, B., & Fredrikson, M. (2002). Common Changes in Cerebral Blood Flow in Patients With Social Phobia Treated With Citalopram or Cognitive Behavioral Therapy. *Arch Gen Psychiatry, 59* (5), 425-433.

Harvey, A. G., Clark, D. M., Ehlers, A., & Rapee, R. M. (2000). Social anxiety and self-impression: Cognitive preparation enhances the beneficial effects of video feedback following a stressful social task. *Behaviour Research and Therapy, 38,* 1183-1192.

Kim, H. Y., Lundh, L. G., & Harvey, A. (2002). The enhancement of video feedback by cognitive preparation in treatment of social anxiety – A single session experiment. *Journal of Behavior Therapy, 33,* 19-37.

Penido, M. A. (2009). *Tratamento cognitivo-comportamental, em grupo, para fobia social: desenvolvimento e avaliação de uma proposta combinando teatro do oprimido e* videofeedback. Tese de Doutoramento não publicada, Instituto de Psicologia. Rio de Janeiro: Universidade Federal do Rio de Janeiro.

Rapee, R. M. & Hayman, K. (1996). The effects of video feedback on the self-evaluation of performance in socially anxious subjects. *Behaviour Research and Therapy, 34,* 315-322.

Rodebaugh, T. L. (2004). I might look OK, but I'm still doubtful, anxious, and avoidant: The mixed effects of enhanced video feedback on social anxiety symptoms. *Behavior Research Therapy, 42,* 1435-1451.

Smits, J. A. J., Powers, M. B., Buxkamper, R., & Telch, M. J. (2006). The efficacy of videotape feedback for enhancing the effects of exposure-based treatment for social anxiety disorder: a controlled investigation. *Behavior Research and Therapy, 44,* 1773-1785.

Anexos

I. Escala de Avaliação Global de Desempenho da Habilidade de falar em público

1. Código de Identificação _____

2. Data: _____ / _____ / _____

3. Avaliação: 1 (   ) pré-vídeo 2 (   ) pós-vídeo

J.1. Assinale como você avalia, de forma geral, o seu desempenho na habilidade "Falar em Público".

1   2   3   4   5   6   7

II. Escala de Avaliação de Desempenho da Habilidade de falar em público

1. Código de Identificação _____

2. Data: _____ / _____ / _____

3. Avaliação: 1 (   ) pré-vídeo 2 (   ) pós-vídeo

Indique em que grau você avalia o seu desempenho para cada componente da habilidade social "falar em público". Deste modo, faça um círculo no algarismo que melhor corresponder à sua opinião:

Respostas

1 = Muito ruim

2 = Ruim

3 = Um pouco ruim

4 = Moderado

5 = Um pouco bom

6 = Bom

7 = Muito bom

I-1. Contato visual: ao falar para um público, fazer contato visual com pessoas da plateia

1   2   3   4   5   6   7

I-2. Expressão facial: forma pela qual as emoções expressadas se identificam com o conteúdo da fala.

1   2   3   4   5   6   7

I-3. Orientação corporal: posição do corpo que busca o meio termo entre a rigidez e a flexibilidade total, procurando sentir-se confortável e confiante.

1   2   3   4   5   6   7

I-4. Gestos: forma de comunicação que procura acompanhar as palavras de forma a enfatizar a mensagem dando mais franqueza, autoconfiança e entusiasmo à fala.

1   2   3   4   5   6   7

I-5. Volume da voz: sua função é fazer com que a mensagem chegue até o ouvinte.

1   2   3   4   5   6   7

I-6. Entonação: a variação do tom da voz. É utilizada para comunicar sentimentos como a raiva, excitação, ironia, desinteresse etc.

1   2   3   4   5   6   7

I-7. Fluência: fala sem perturbações excessivas, como: períodos longos de silêncio, repetições, gaguejos, erros de pronúncia, excesso de expressões ("tipo", "ah", "eh", "uhm",...).

1   2   3   4   5   6   7

I-8. Velocidade: velocidade em que se passa o conteúdo de maneira que se entenda o que é dito.

1   2   3   4   5   6   7

I-9. Clareza: discursar sem: balbuciar as palavras, sotaques excessivos etc.

1   2   3   4   5   6   7

I-10. Conteúdo: a fala empregada está diretamente ligada ao momento em que a pessoa se encontra, sua função, nesta situação, pode variar entre expor ideias, persuadir e argumentar.

1   2   3   4   5   6   7

I-11. Organização dos tópicos: devem estar organizados de acordo com os objetivos da apresentação, de forma que facilite a compreensão do conteúdo e torne mais interessante para o publico.

1   2   3   4   5   6   7

I-12. Domínio do tema: um bom nível de conhecimento torna a fala coerente, além de transmitir segurança à plateia.

1   2   3   4   5   6   7

I-13. Otimização do tempo: dentro de um tempo já determinado, expor as informações de forma que a apresentação não se torne monótona ou exaustiva, procurando o meio termo.

1   2   3   4   5   6   7

I-14. Aparência do palestrante: varia de acordo com o ambiente em que se encontra, mas devendo estar, em geral, mais arrumado que a plateia.

1   2   3   4   5   6   7

III Escala de Percepção dos Sintomas da Ansiedade

1. Código de Identificação _____
2. Data: _____ / _____ / _____
3. Avaliação: 1 (   ) pré-vídeo 2 (   ) pós-vídeo

Abaixo há uma lista de sintomas comuns de ansiedade. Leia e identifique o quanto você se sente incomodado(a) por cada sintoma ao falar ou pensar em falar em público, circulando o algarismo correspondente:

Respostas

1 = Nada

2 = Fraco ("Não me incomodou muito")

3 = Moderado ("Foi muito desagradável mas aguentei")

4 = Muito forte ("Quase não consegui aguentar")

L-1. Dormência ou formigamento	1	2	3	4
L-2. Calores	1	2	3	4
L-3. Pernas bambas	1	2	3	4

L-4. Boca seca	1	2	3	4
L-5. Tonteira ou cabeça leve	1	2	3	4
L-6. Coração acelerado	1	2	3	4
L-7. Inquietação	1	2	3	4
L-8. Voz embargada	1	2	3	4
L-9. Nervoso(a)	1	2	3	4
L-10. Sensação de sufocamento	1	2	3	4
L-11. Mãos tremendo	1	2	3	4
L-12. Trêmulo(a)	1	2	3	4
L-13. Brancos	1	2	3	4
L-14. Gagueira	1	2	3	4
L-15. Placas vermelhas pelo corpo	1	2	3	4
L-16. Indigestão ou desconforto no abdômen	1	2	3	4
L-17. Face ruborizada	1	2	3	4
L-18. Suores (não ligado ao calor)	1	2	3	4

Autores:

Maria Amélia Penido – Doutora pela Universidade Federal do Rio de Janeiro. Professora e supervisora da Universidade Veiga de Almeida.

Carla Giglio – Psicóloga graduada pela Universidade Federal do Rio de Janeiro. Clínica Particular.

Larissa Lessa – Psicóloga graduada pela Universidade Federal do Rio de Janeiro. Clínica Particular.

Bernard Rangé – Doutor em Psicologia e Professor da Pós-Graduação em Psicologia da UFRJ.

CAPÍTULO 37

Habilidades sociais e apego na dependência de substância psicoativa

Vanuza Francischetto
Adriana Benevides Soares

37.1   Introdução

Alguns estudos mostram que as habilidades sociais são importantes para qualidade de vida em diversos campos – para o desenvolvimento pessoal e para o profissional, por exemplo – e que deficiências no relacionamento interpessoal podem se relacionar a transtornos psicológicos (Del Prette & Del Prette, 1999; Falcone, 2000; Caballo, 2006). Muitos transtornos mentais estão, de alguma forma, relacionados ao ambiente social em que o indivíduo vive; por isso, é importante considerar a relação do indivíduo com seu contexto social no processo de avaliação desses transtornos (Caballo, 2006). As habilidades sociais são fundamentais na relação entre o indivíduo e seu entorno, assim, é fácil compreender a importância que os pesquisadores têm dado a esse tema.

A família tem sido identificada como um importante grupo social, já que é nesse contexto que as primeiras interações interpessoais se realizam e, consequentemente, possibilitam que os indivíduos desenvolvam suas competências sociais (Del Prette & Del Prette, 2005). No entanto, outro aspecto essencial para que o indíviduo se desenvolva de maneira saudável é a sua capacidade para estabelecer relações próximas com pessoas significativas. Segundo Bowlby (2006/1976), uma relação prazerosa entre mãe e bebê é fundamental para a saúde mental da criança. Os primeiros laços afetivos da criança são estabelecidos com seus pais ou cuidadores. Essa sólida associação afetiva estabelecida na infância foi denominada de apego e se refere ao laço afetivo estabelecido entre a criança e as figuras de apego. Essas pessoas representam uma base segura, e promovem sentimentos de conforto e proteção (Bowlby, 1989; 2006/1979). O apego pode, ainda, ser estabelecido de forma segura e insegura. No modelo seguro constrói-se uma vinculação confiante e confortável na infância com a principal figura cuidadora; já no modelo inseguro, existe uma ameaça em relação à presença dos cuidadores, assim, constrói-se uma interação contraproducente ao desenvolvimento saudável do indivíduo (Bowlby, 2002/1969).

O indivíduo com apego seguro em situações interpessoais tende a agir de forma competente (Grossmann, Grossmann & Kindler, 2008; Sroufe, Egeland, Carlson & Collins, 2008); já o indivíduo com estilo de apego inseguro apresenta dificuldades na regulação de afeto, o que compromete o seu comportamento social (Allen, Hauser & Borman-Spurrell, 1996; Wei, Vogel, Ku & Zakalik, 2005). Dessa forma, pessoas com estilo de apego inseguro apresentam vulnerabilidade ao desenvolvimento de psicopatologias, dentre elas, o uso abusivo de drogas (Rosenstein & Horowitz, 1996; Caspers, Yucuis, Troutman & Spinks, 2006).

O que se pode observar é que tanto as habilidades sociais quanto o vínculo afetivo seguro podem contribuir de forma positiva para o desenvolvimento humano, portanto este estudo tem como objetivo descrever e relacionar as contribuições das habilidades sociais e da teoria do apego para a dependência de substância psicoativa. Para isso, inicialmente é caracterizada a dependência dessas substância e posteriormente, a relação desse transtorno com a psicologia das habilidades sociais (Wagner & Oliveira, 2007; Cunha, Carvalho, Kolling, Silva & Kristensen, 2007; Wagner, Silva, Zanettelo & Oliveira, 2010) e a teoria do apego (Rosenstein & Horowitz 1996; Caspers *et al.*, 2006; Hoffman & Marvin, 2006). Alguns estudos empíricos são descritos com a finalidade de identificar características de competência social (Alexandre, Del Rio & Pol, 2004; Francischetto, 2012) e de estilos de apego (Rosenstein & Horowitz 1996; Nakash-Eisikovits, Dutra & Westen, 2002; Francischetto, 2012) em sujeitos que apresentam esse transtorno.

37.2   Caracterização da dependência de substância psicoativa

As pessoas, na maioria das vezes, usam substâncias psicoativas com o objetivo de obter prazer e o aliviar do mal-estar físico e psicológico. Essas substâncias possuem a condição de mudar os processos de consciência, o humor e os pensamentos. Em relação ao estado prazeroso que trazem – seja em uma dimensão real ou aparente –, essas substâncias promovem, com muita frequência, graves prejuízos pessoais e sociais (OMS, 2006). O consumo de drogas, quando tem como consequência acidentes, brigas entre familiares e amigos, perda de compromissos escolares e profissionais, é denominado de abuso. No entanto, quando o consumo é frequente e compulsivo, busca a evitação de sintomas de abstinência e traz como consequências problemas físicos, psicológicos e sociais, pode ser classificado como dependência (Laranjeira & Ribeiro, 2007).

Conforme a OMS (2006):

dependência de substância – ou síndrome de dependência – é atualmente a terminologia técnica para o conceito de adicção. No centro desse conceito está a ideia de que o controle ou a volição do usuário sobre o uso de drogas foi perdido ou prejudicado. O usuário não está mais escolhendo usar simplesmente em razão dos aparentes benefícios; o uso tornou-se hábito e a fissura para voltar a usar mostra que o usuário sente que o hábito não está mais sob seu controle (p. 12).

A dependência química é uma síndrome multifatorial. O consumo é influenciado por uma série de fatores de proteção e risco, de base biológica, psicológica e social (Laranjeira & Ribeiro, 2007). Lemos, Gigliotti e Guimarães (2010) apontam que a predisposição genética, fatores neurobiológicos, comorbidades psiquiátricas, a estrutura psicológica do indivíduo e suas habilidades de manejo emocional e de situações conflitante, a oferta e a disponibilidade da droga, o tipo de substância e a via de administração escolhidos, o histórico familiar e suas disfunções, a presença de hereditariedade, de estresse e de eventos traumáticos de vida dentre outros, são fatores que podem estar presentes no desenvolvimento da dependência de substância.

De acordo com Messas e Vallada Filho (2004), apesar das evidências científicas dos aspectos genéticos, não existem genes específicos para abuso e dependência do álcool, tampouco para a manifestação final do fenótipo. Conforme estudos realizados por esses autores, foram encontradas evidências a respeito da genética como fator potencial para o desenvolvimento da dependência do álcool. Esse modelo que envolve a vulnerabilidade genética e a interferência de fatores ambientais é chamado de epigenético.

Lemos *et al.* (2010) indicaram alguns resultados acerca dos fatores genéticos preditores da dependência química: 1) estudos com gêmeos, adotados e variações fisiológicas, mesmo que evidenciando um componente genético, devido à heterogeneidade e o número de genes envolvidos nesse transtorno, não são suficientes para a identificação do mecanismo patológico e dos genes predisponentes à dependência; 2) diversos estudos com pessoas adotadas foram apontados como evidências à predisposição genética para o alcoolismo; 3) a herdabilidade do alcoolismo e do tabagismo são compartilhadas, o que leva a compreender a associação dessas substâncias.

Assim como os fatores genéticos, os fatores neurobiológicos também são apontados como elementos importantes para a compreensão dos transtornos por uso de substâncias. De acordo com as novas pesquisas e os avanços na neurociência, para OMS (2006), a dependência, assim como as demais doenças neurológicas ou psiquiátricas, é considerada um transtorno do cérebro que envolve seus sistemas motivacionais.

Palmini (2007), para compreender o processo neurobiológico envolvido na dependência química, acredita ser importante desvendar o circuito cerebral ligado à tomada de decisões, o sistema cerebral de recompensa (SCR). Esse sistema possui dois polos antagônicos: 1) subcortical – representado pelo sistema límbico, considerado mais antigo; responsável por organizar o comportamento de busca do prazer imediato; 2) cortical – constituído pelas regiões pré-frontais; mais recente no processo evolutivo; busca regular as vontades ou as ânsias agudas que o indivíduo apresenta de aliviar ou conseguir imediatamente o que deseja. Tem o papel de ponderar, trazendo para a consciência suas as possíveis consequências.

Segundo Higgins e George (2010), as drogas de abuso causam alterações fundamentalmente nos neurônios, que não foram planejados para experimentar níveis fisiológicos altíssimos de neurotransmissores. Eles apontam que algumas drogas têm efeitos diretos sobre o circuito mesolímbico, enquanto outras funcionam indiretamente nesse sistema e, uma vez que o indivíduo se torna dependente, as substâncias alteram as vias cerebrais. A tolerância e a abstinência são exemplos claros de alterações que ocorrem no cérebro do dependente. Esses autores descrevem que a redução no volume cerebral em alcoolistas crônicos, principalmente nos lobos frontais, com prejuízos na cognição e na memória, é a descoberta mais precisa no meio científico no que se refere à dependência.

A dependência, além da base biológica, resulta da interação dos efeitos fisiológicos e do aprendizado em relação às drogas. Esse aprendizado se dá pelas interações entre drogas e ambiente, o que pode acarretar sintomas clássicos da dependência após exposição repetitiva (OMS, 2006).

Monti, Kadden, Rohsenow, Cooney e Abrams (2005) argumentam que a teoria de aprendizagem social defende que a dependência de álcool pode ser compreendida de maneira mais clara através da interação entre influências dos fatores genéticos e psicossociais. O comportamento de beber, portanto, pode ser adquirido e mantido por reforço, modelagem, resposta condicionada, expectativas em relação aos efeitos do álcool e dependência física. A modelagem do consumo de álcool por meio de modelos de poder, sucesso da mídia, reforço social em relação aos amigos e atitudes e comportamentos dos pais em relação à bebida são exemplos de influências que podem exercer grande poder para o aprendizado do jovem em relação ao consumo dessa substância.

O padrão de consumo dos indivíduos é estruturado por uma conjuntura de proteção (que diminuem o potencial do uso da droga) e risco (que aumentam o potencial do uso da droga). Os fatores ambientais de risco e/ou de proteção são circunscritos nas seguintes áreas: meio familiar (relação e atitudes parentais); escola (ambiente seguro ou inseguro); grupo de amigos (que usam ou não drogas) e sociedade (violência, estabilidade social e oportunidades) (Laranjeira & Ribeiro, 2007). Uma importante observação é que quanto mais fatores de risco estiverem presentes na família, maior é o consumo de todas as drogas pelos adolescentes (Ramos, 2007).

Paiva e Ronzani (2009) fizeram uma revisão sistemática da literatura relacionando os modos parentais de socialização e o uso de substâncias psicoativas entre adolescentes. A amostra foi composta de 30 artigos de diferentes países. Foi possível constatar a associação da ingestão excessiva de álcool e outras drogas na adolescência e os estilos parentais, além de identificar a influência da família em vários contextos e amostras pesquisados. Esses autores apontam que os vínculos afetivos bem estabelecidos, as posturas e as experiências de socialização positivas entre pais e filhos são elementos significativos na aquisição de melhores resultados e proteção para o abuso de substâncias nessa fase de vida. O apoio, a compreensão, o afeto, o interesse e a firmeza de medidas disciplinares por parte dos pais são fatores que contribuem para a proteção ao consumo de drogas.

Para Gigliotti, Carneiro e Aleluia (2008), a associação da dependência de drogas e comorbidades psiquiátricas podem se dar de três formas: 1) comorbidades como precedentes ao uso de substâncias; 2) a dependência como transtorno primário; 3) a ocorrência da dependência e dos demais transtornos no mesmo momento da vida do indivíduo. Transtorno do déficit de atenção e hiperatividade, transtornos do humor, transtornos ansiosos, transtornos psicóticos e transtornos alimentares são as comorbidades mais comumente encontradas como fatores de risco para o desenvolvimento de abuso ou de dependência de substâncias.

Além dos fatores sociais e culturais descritos, os fatores psicológicos são igualmente importantes e significativos para o desenvolvimento dos transtornos por uso de substâncias. Segundo McMullin (2005), os abusadores apresentam baixa tolerância à frustração, baixa autoestima e poucas habilidades de enfrentamento em situações conflitantes. Usar a droga é uma forma de reduzir ou eliminar as emoções negativas como ansiedade, medo e raiva quando se deparam com situações com as quais não conseguem lidar. Dessa forma, os conflitos psicológicos são importantes fatores na etiologia da dependência, pois muitos indivíduos tentam regular suas emoções com o uso da droga, deixando de desenvolver habilidades fundamentais para solucionar seus problemas intrapessoais e interpessoais. Daí a importância de se estudar habilidades relacionais e vínculos afetivos que estejam associados a esse transtorno.

37.3   Habilidades sociais e dependência de substância psicoativa

As habilidades sociais devem ser levadas em conta dentro de um contexto cultural específico, dependendo de fatores como a idade, o sexo, a classe social e a educação. Observa-se que as pessoas, nas diversas situações sociais, estão envolvidas com suas crenças, seus valores, suas atitudes, suas capacidades cognitivas e seus próprios estilos pessoais de comportamento; dessa forma é difícil estabelecer um critério único do que seja habilidade social (Caballo, 2006). Para esse autor, habilidade social é um agrupamento de comportamentos que um indivíduo apresenta em um contexto social que possibilita uma interação de modo apropriado à situação, com respeito às condutas dos demais, e que proporciona, muitas vezes, a resolução de problemas interpessoais e reduz futuras ocorrências dessas situações desagradáveis. Portanto, um conceito adequado do que vem a ser comportamento competente deve incluir a especificação de três componentes: o comportamental, o pessoal e o situacional (Del Prette & Del Prette, 2005).

Diversos grupos sociais servem de modelos para comportamentos competentes. A família é um deles; os pais são modelos para muitos comportamentos sociais dos filhos. A criança, nos primeiros anos de vida, reproduz constantemente o comportamento e o padrão emocional de seus pais. Quando os pais não possuem um repertório adequado de habilidades sociais, a convivência familiar pode ser geradora de grande mal-estar para todos os demais, proporcionando a ocorrência de comportamentos desadaptativos no meio social (Del Prette & Del Prette, 2005). Conforme a OMS (2007), a formação de um ambiente que possibilite escolhas nocivas ao bem-estar pelos jovens, como o consumo de substâncias psicoativas, pode ser orquestrado pela família. Isso se confirma pelo fato de os comportamentos sociais, dentre os quais se encontra o uso abusivo de drogas, serem aprendidos e modulados justamente nas interações familiares.

O estudo realizado por Figlie, Fontes, Moraes e Payá (2004) possibilitou constatar essas afirmações acima descritas, ao investigar o perfil de 54 crianças, 45 adolescentes e 63 familiares de um serviço de prevenção seletiva para filhos de dependentes químicos. Nos resultados encontrados, observou-se que na maioria das famílias, o pai é o dependente químico e o álcool é a substância mais utilizada; as crianças e os adolescentes filhos desses alcoolistas pertencem ao grupo de risco para a ocorrência de problemas psicológicos e sociais. Nas crianças, os comportamentos identificados foram inibição, baixa autoestima, humor deprimido e necessidades afetivas, existindo um risco quatro vezes maior para o desenvolvimento da dependência química quando comparados com outras crianças de pais não abusadores de drogas.

Alguns estudos foram desenvolvidos com o objetivo de evidenciar a relação entre os abusadores e os dependentes de drogas, bem como os déficits em habilidades sociais. Wagner e Oliveira (2007), em uma revisão bibliográfica sobre habilidades sociais e abuso de substâncias, identificaram, em pesquisas empíricas, a existência de déficits em assertividade para repelir a oferta da droga. O desenvolvimento dessa habilidade, somada à autoeficácia e à capacidade de tomada de decisões podem levar ao uso restrito das drogas. Em outro estudo, Cunha *et al.* (2007), com objetivo de avaliar as habilidades sociais em alcoolistas e investigar as crenças e as expectativas pessoais sobre os efeitos do uso do álcool, fizeram uma pesquisa com 26 indivíduos dependentes dessa substância. De maneira geral, não identificaram déficits em habilidades sociais, mas apontaram deficiências em alguns fatores, como a autoafirmação, o sentimento positivo, a conversação e a desenvoltura social. Identificaram também nesses indivíduos crenças e expectativas de facilitação com o uso de álcool nas situações sociais.

Com o mesmo propósito de verificar a existência de uma relação entre déficits de habilidades sociais e usuários de drogas, Wagner *et al.* (2010) fizeram um estudo comparativo, a partir da descrição de dados de avaliação das habilidades sociais de um grupo de 30 adolescentes usuários e não usuários de maconha. Identificaram que a área com mais déficits em habilidades está relacionada ao autocontrole da agressividade a situações aversivas, com presença de comportamento pouco competente para lidar com sentimentos produzidos nessas situações. As famílias com comportamento de uso de substâncias são consideradas fatores de contribuição para o desenvolvimento da dependência. Nessa mesma direção, Alexandre *et al.* (2004) realizaram uma pesquisa com 314 jovens entre 18 e 30 anos, com o intuito de verificar o peso atribuído às estratégias de enfrentamento, bem como às habilidades sociais e individuais relacionadas ao consumo de substâncias psicoativas. Eles concluíram que déficits em habilidades sociais exercem efeito significativo no que se refere ao consumo do tabaco, do álcool e da maconha, e que as bebidas fermentadas são mais usadas pelos indivíduos com ausência de habilidades de enfrentamento. As modificações dessas deficiências podem contribuir para a proteção do uso de tais substâncias.

Caballo (2006), em uma revisão teórica, refere-se à existência de uma associação entre abuso de substâncias psicoativas e déficits em habilidades sociais, mas, como se pode observar nas pesquisas citadas, não existe uma relação causal evidenciada entre esses dois elementos. Entretanto, entender e conhecer os fatores que contribuem para o desenvolvimento do comportamento do uso de drogas possibilita intervenções preventivas e remediativas de tal transtorno. A literatura tem atribuído bastante relevância aos modelos primários infantis como um fator de proteção e de socialização satisfatória quando os vínculos afetivos são estabelecidos com base no respeito, na confiança, no carinho e em limites.

37.4 Teoria do apego e dependência de substância psicoativa

A construção da teoria do apego se iniciou com o estudo sobre o desenvolvimento individual e psicopatológico (Abreu, 2010). Os estudos de Bowlby (2002/1969; 2006/1976) mostraram a importância de reconhecer os efeitos primordiais dos cuidados parentais que uma criança deve recebe em seu desenvolvimento emocional e social. O apego é considerado por Bowlby (1989; 2002/1969) um mecanismo de base biológica e de enorme importância para a sobrevivência dos seres humanos. O papel do apego na vida do indivíduo envolve a compreensão de que uma figura de referência está acessível e disponível, e essa sensação promove sentimentos de segurança.

Bowlby (2002/1969) considerou que uma criança apegada tem disponibilidade de buscar proximidade e contato com a figura de apego, principalmente quando se sente desprotegida. A tendência de comportar-se dessa forma é inerente à criança e essa característica só se modifica com o tempo. Dessa maneira, pode-se entender apego como um tipo de vínculo afetivo no qual o sentimento de segurança da criança está ligado à figura adulta protetora. Se a criança se sente em segurança e tranquila na relação com a figura de apego, a presença dessa pessoa pode ser considerada fonte de segurança. Nessa companhia, a criança permite-se atuar e explorar o meio ambiente, com a possibilidade de retornar para essa figura durante os períodos de aflição ou ameaça (Bowlby, 2006/1976). Tal comportamento torna possível o desenvolvimento e a continuidade de laços afetivos na infância com os pais e em futuros relacionamentos na vida adulta. Esse comportamento permanece ao longo da vida, mesmo com a perda ou ausência da figura inicial de referência e é acionado intensamente em situações alarmantes, ameaçadoras e na indisponibilidade da figura de apego (Bowlby, 2002/1969).

A teoria do apego desenvolveu também o conceito de modelos internos de funcionamento ou de trabalho (Abreu, 2010). Bowlby, em 1969, segundo Steele e Steele (2008), buscou na psicologia cognitiva o conceito de "modelo de funcionamento interno", intrinsecamente relacionado à construção das representações internas da criança a partir de suas experiências de relacionamento. Essas representações mentais orientam a percepção do indivíduo em relação a si próprio e aos outros, incluindo estratégias de interpretações e gerenciamento de emoções negativas e comportamentais. Conforme Ramires e Schneider (2010), os modelos internos influenciam a concepção do indivíduo, sejam eles reais ou distorcidos. Tais modelos funcionam como base estrutural para os relacionamentos na vida adulta. Para Abreu (2010) esses modelos se integram na personalidade do indivíduo e podem determinar as características do *self*.

Para Grossmann *et al.* (2008), o modelo interno que a criança constrói depende da forma como foi tratada por seus cuidadores. Se o cuidado partiu de uma base segura, então o modelo interno construído é, provavelmente, de autoconfiança. Bretherton (2008), nessa mesma perspectiva, também sustenta que as crianças que não conseguem contar com uma figura de apego disponível e responsiva têm mais possibilidade de ver o mundo como perigoso e imprevisível, o que as leva a estratégias de fuga ou de luta contra ele. Pode-se concluir, a partir desses estudos, que as ligações satisfatórias são preditivas de um modelo representacional favorável e adequado; já as ligações impróprias na infância podem conduzir à construção de um modelo inadequado de si (Bowlby, 2002/1969). No entanto, é importante ressaltar que não se pode determinar que a falta evidente da ligação de apego produza futuros problemas. O cerne da questão é a interpretação que se faz da situação, que define os significados de ter sido cuidado de maneira afetiva ou não, constituindo, assim, o perfil emocional do indivíduo (Abreu, 2010).

De acordo com os estudos de Collins e Read (1990), a teoria do apego constitui um modelo de desenvolvimento social e de personalidade. Segundo esses autores, Bowlby, em 1973 apontou que a relação de apego tem grande impacto no desenvolvimento da personalidade da criança e que a natureza e a qualidade dessa relação precoce são amplamente determinadas pela disponibilidade emocional do cuidador, assim como por sua resposta às necessidades da criança.

Ainsworth. em 1978, verificou três padrões principais de apego: seguro, inseguro/evitativo e inseguro/resistente ou ambivalente (Bowlby, 2002/1969). As crianças com *padrão de apego seguro* apresentam confiança no outro, sem medo de não serem aceitas; buscam ajuda e exploram o meio com segurança (Bowlby, 2002/1969), são alegres na presença dos pais, expressam emoção negativa e confiam no cuidador quando têm necessidade dessas pessoas (Steele & Steele, 2008). As crianças se relacionam de forma amigável com os pais, tendo uma intimidade espontânea e se comunicando de forma tranquila (Abreu, 2010).

Para Bowlby (2002/1969), as crianças com o *padrão de apego inseguro/evitativo* são distantes afetivamente, expressam seus sentimentos de maneira disfuncional, negam suas necessidades de vinculação e fingem ser autossuficientes. De acordo com Abreu (2010), crianças com o apego inseguro/evitativo normalmente sentem-se intranquilas em relação à ajuda que seus pais podem dar e apresentam muita ansiedade quando distantes deles. Segundo Nakash-Eisikovits *et al.* (2002), indivíduos com esse estilo de apego buscam não falar sobre si e, e tampouco discutem problemas diários de sua vida.

As crianças com o *padrão inseguro/resistente ou ambivalente* têm a possibilidade de apresentar oscilações de comportamentos entre a busca de proximidade e a aversão ao contato com o outro, além de baixa autoestima e muita ansiedade para fazer explorações do meio social (Bowlby, 2002/1969). Segundo Nakash-Eisikovits *et al.* (2002), indivíduos com estilo de apego inseguro apresentam busca intensa por intimidade emocional se comportam de maneira exagerada, são carentes, dependentes e, muitas vezes, se relacionam com pessoas que possam excluí-las e que não atendem satisfatoriamente as suas demandas. Oscilam entre o desejo de contato e a necessidade de privacidade e podem se tornar agressivos; além disso, tendem a apresentar medo intenso de perda. Esse padrão de apego está mais relacionado aos transtornos de personalidade histriônico, *borderline* e dependente.

A partir dessa revisão da literatura, conclui-se, portanto, que vivências iniciais negativas com a figura de apego podem favorecer a formação de modelos internos de funcionamento interpessoal disfuncionais, desencadeando, por sua vez, um desenvolvimento pobre do repertório de habilidades sociais. Por outro lado, se os pais se relacionam com a criança com formas eficazes de socialização, podem, consequentemente, facilitar o desenvolvimento da competência social (Baumrind, 1991). Custódio e Cruz (2008) buscaram verificar as associações entre as representações mentais das crianças em relação aos pais (quanto ao afeto e à disciplina) e a competência social dessas crianças. O estudo foi realizado em Portugal e a amostra foi constituída de 59 crianças de 8 e 9 anos. Essas pesquisadoras encontraram relação entre as representações mentais e a competência social das crianças, bem como relações significativas entre as representações das crianças (representações mentais de seus pais como figuras que punem e excluem), as habilidades sociais, os problemas comportamentais internalizados e o sucesso acadêmico. As crianças (que possuíam representações mentais de pais que punem fisicamente) foram vistas pelos professores com baixa competência social e acadêmica, além de apresentar níveis altos de problemas comportamentais internalizados. As crianças com representações mentais de exclusão por parte dos pais apresentaram baixo autocontrole comportamental, baixa assertividade, baixa competência acadêmica e maiores níveis de problemas de comportamento internalizados.

Grossmann *et al.* (2008), conforme estudos de Bowlby em 1991/1982, descreveram que a habilidade de formar laços afetivos se desenvolve através de algumas influências que se apoiam em processos como: a) se a criança compreender as respostas das figuras de apego, em situações estressantes, tende a moldar suas estratégias comportamentais e cognitivas, ao enfrentar as demandas futuras; b) se a criança em sua experiência inicial encontrar suporte dos pais, desenvolve valor pessoal, confiança em que o outro pode ajudar e um modelo favorável para relacionamentos futuros e c) se a exploração do ambiente for incentivado de forma eficaz e segura pelos pais, pode promover na criança um sentido de competência.

Os estudos de Sroufe *et al.* (2008) sugerem que a condição que o indivíduo tem de se relacionar com os pares faz parte do conceito do desenvolvimento. A construção dessa condição acontece por uma série de fases da vida do indivíduo. O apego seguro promove cinco bases para a posterior efetividade nos relacionamentos com os pares: 1) base motivacional – expectativas positivas em relação aos relacionamentos, conectividade, confiança em relacionamentos futuros; 2) base das atitudes – crença de que irá conseguir respostas dos outros e expectativas de domínio social; 3) base instrumental – comando do objeto com o apoio para a exploração e capacidade de aproveitar as coisas prazerosas; 4) base emocional – estímulo ajustado e autorregulação da emoção; 5) base relacional – expectativas sobre a reciprocidade e a empatia desenvolvida a partir dos cuidados empáticos.

Com o objetivo de verificar as relações entre vinculação, a psicopatologia e os traços de personalidade, Rosenstein e Horowitz (1996) observaram 60 adolescentes internados em hospital psiquiátrico. A concordância da classificação de apego foi analisada em 27 pares (mãe-adolescente). A maioria dos pares apresentaram estilos de apego inseguro. Os indivíduos com organizações inseguras de apego demonstraram maior possibilidade de apresentar transtorno de personalidade, incluindo o abuso de drogas, quando comparados ao grupo controle. Esse estudo mostrou claramente a associação entre transtornos psiquiátricos e os traços de personalidade com os estilos de apego inseguro. Nessa mesma direção, Nakash-Eisikovits *et al.* (2002), com o objetivo de identificar a relação entre o estilo de apego e transtornos de personalidade, fizeram uma pesquisa com 290 psiquiatras e psicólogos, que forneceram dados de pacientes entre 14 e 18 anos com padrões de personalidade disfuncional. Os resultados indicaram que o apego seguro estava relacionado à personalidade saudável e adaptativa, enquanto as organizações inseguras de apego, em especial o estilo inseguro, promoveram a personalidade patológica. Segundo Hoffman e Marvin (2006), o apego inseguro não é visto como indicador único para ocorrência de psicopatologia, mas é considerado um fator predisponente para tal.

Allen *et al.* (1996) sugeriram que o estilo inseguro é indicativo de psicopatologias. Pessoas com esse estilo de apego apresentam formas disfuncionais de se expressar e de lidar com o afeto, prejudicando as interações sociais. Conforme Patterson, De Baryshe e Ramsey (1989), as relações parentais disfuncionais contribuem para a ocorrência de transtornos de conduta na infância. Dessa forma, a presença dessas dificuldades interpessoais infantis pode proporcionar o desenvolvimento de condutas antissociais; distanciamento de amigos, professores e dos próprios pais; fracasso escolar e humor deprimido. Na adolescência, podem, ainda, se envolver com grupos desviantes e assim entrar no mundo da delinquência e das drogas.

Corroborando a ideia apresentada por Patterson *et al.* (1989) e outros autores, Francischetto (2012), em seu estudo empírico, comparou as habilidades sociais e os estilos de apego em 71 sujeitos dependentes de substância psicoativa e 71 não dependentes pareados quanto ao sexo, idade e classe social. Constatou que os sujeitos dependentes apresentam maiores níveis de apego inseguro e repertórios de habilidades sociais mais pobres em relação aos não dependentes. No que se refere ao apego, os indivíduos dependentes apresentaram escores inferiores na escala de apego total e em todos os seus fatores: proximidade, confiança e ansiedade. No que diz respeito à proximidade, que se refere ao grau de conforto com a proximidade e a intimidade com o outro, seu efeito foi significativo na combinação linear com os fatores relativos às habilidades sociais na análise multivariada. Em relação às habilidades sociais, as diferenças foram significativas em todas as dimensões (autoafirmação na expressão de afeto positivo; conversação e desenvoltura social; autoexposição a desconhecidos ou a situações novas; autocontrole da agressividade a situações aversivas) a exceção da dimensão enfrentamento com risco. Os sujeitos dependentes apresentaram escores inferiores aos indivíduos não dependentes.

Dessa maneira, pode-se concluir que o apego inseguro e déficits em habilidades sociais estão relacionados à dependência de uso de substâncias. Assim, as organizações de apego eficazes e o desenvolvimento de habilidades sociais podem contribuir para a saúde psicológica do indivíduo.

37.5 Considerações finais

Conforme a literatura apresentada, as contribuições dos estudos sobre habilidades sociais e sobre a teoria do apego são inúmeras; fornecem informações e dados empíricos fundamentais e possibilitam intervenções apropriadas quanto aos problemas relacionados à dependência de substâncias. Tais contribuições possibilitam expandir a compreensão de como incorporar o conhecimento apresentado pela teoria do apego e habilidades sociais à prática da psicoterapia.

A dependência de substância psicoativa é um transtorno complexo que envolve diversos aspectos – mecanismos neurobiológicos e genéticos; fatores psicológicos, culturais e sociais – e têm na família um grupo social crucial para seu desenvolvimento. Como vários fatores estão implicados na etiologia de tal transtorno, se faz necessário harmonizar teoria e prática, ou seja, conhecimentos produzidos em pesquisas para a realização de trabalhos eficazes e efetivos tanto na prevenção quanto no tratamento desse transtorno.

Este estudo ressalta a importância do desenvolvimento dos laços afetivos de forma segura e tranquila como fator de proteção aos transtornos por uso de substâncias. De acordo com as pesquisas citadas anteriormente, uma vinculação segura favorece um repertório de habilidades sociais apropriado, permitindo que o indivíduo utilize estratégias saudáveis e adaptativas para lidar com os conflitos sociais. Pessoas com organizações inseguras de apego podem apresentar dificuldades em lidar com suas emoções e, consequentemente, usar estratégias inadequadas – como o uso de drogas – para resolver seus problemas. Dessa forma, o indivíduo, a partir de organizações seguras de apego, tende a ser autoconfiante, a expressar de maneira apropriada seus sentimentos, a solicitar ajuda e a interagir com as pessoas de forma competente; portanto, quando o vínculo é estabelecido com qualidade durante a infância, maior é a possibilidade de desenvolver de maneira satisfatória as habilidades sociais e, com isso, uma vida mais saudável.

Realizar encontros com a família proporcionando conhecimento, suporte e orientação em relação à importância dos laços afetivos, bem como promover o treinamento em habilidades sociais são estratégias que podem permitir ações preventivas e curativas para melhor qualidade e saúde psicológica dos indivíduos em seu meio social.

37.6   Referências

Abreu, C. N. (2010). *Teoria do apego: fundamentos, pesquisas e implicações clínicas.* São Paulo: Casa do Psicólogo.

Allen J. P., Hauser S. T., & Borman-Spurell E. (1996). Attachment theory as a framework for understanding sequelae of sever adolescent psychopathology: An 11-year follow-up study. *Journal of Consulting and Clinical Psychology, 64* (2), 254-263.

Alexandre, N. L., Del Rio, M. P., & Pol, A. P. (2004). Estrategias de afrontamiento: factores de protección en el consumo de alcohol, tabaco y cannabis. *Adicciones, 16* (4), 1-6.

Baumrind, D. (1991). Effective parenting during the early adolescent transition. In P. A. Cowan & M. Hetherington (Orgs.), *Family transitions* (pp. 111-163). New Jersey: Lawrence Erlbaum.

Bowlby, J. (1989). *Uma base segura: aplicações clínicas da teoria do apego.* Porto Alegre: Artes Médicas.

Bowlby, J. (2002/1969). *Apego e perda: a natureza do vínculo. Volume 1.* 3 ed. São Paulo: Martins Fontes.

Bowlby, J. (2006/1976). *Cuidados maternos e saúde mental.* 5 ed. São Paulo: Martins Fontes.

Bretherton, I. (2008). Em busca de um modelo interno de funcionamento e sua relevência para os relacionamentos de apego. In K. E. Grossmann, K. Grossmann & E. Waters (Orgs.), *Apego da infância à idade adulta: os principais estudos longitudinais* (pp. 13-46). São Paulo: Roca.

Caballo, V. E. (2006). *Manual de avaliação e treinamento das habilidades sociais.* São Paulo: Santos Editora.

Caspers, K. M, Yucuis, R., Troutman, B., & Spinks, R. (2006). Attachment as an organizer of behavior: Implications for substance abuse problems and willingness to seek treatment. *Substance Abuse Treatment, Prevention, and Policy, 2,* 1-32.

Collins, N. L. & Read, S. J. (1990). Adult attachment Style, Working Models and Relationship Quality in Dating Couples. *Journal of Personality and Social Psychology, 58,* 644-663.

Cunha, S. M., Carvalho, J. N., Kolling, N. M., Silva, C. R., & Kristensen, C. H. (2007). Habilidades sociais em alcoolistas: um estudo exploratório. *Revista Brasileira de Terapias Cognitivas, 3* (1), 31-39.

Custodio, S. & Cruz, O. (2008). As representações mentais das crianças acerca das figuras parentais. *Psicologia: Teoria e Pesquisa, 24* (4), 393-405.

Del Prette, Z. A. P. & Del Prette, A. (1999). *Psicologia das habilidades sociais: terapia, educação e trabalho.* Petrópolis: Vozes.

Del Prette, Z. A. P. & Del Prette, A. (2005). *Psicologia das habilidades sociais na infância: teoria e prática.* Petrópolis: Vozes.

Falcone, E. (2000). Habilidades sociais: para além da assertividade. In R. C. Wielenska (Org.), *Sobre comportamento e cognição: questionando e ampliando a teoria e as intervenções clínicas e em outros contextos.* São Paulo: ESETec.

Figlie, N., Fontes, A., Moraes, E., & Payá, R. (2004). Filhos de dependentes químicos com fatores de risco bio-psicossociais: necessitam de um olhar especial? *Revista de Psiquiatria Clínica, 31* (2), 53-62.

Francischetto, V. (2012). *A relação entre habilidades sociais e estilos de apego em sujeitos com dependência de substância psicoativa.* Dissertação de Mestrado não publicada. Niterói: Universidade Salgado de Oliveira.

Gigliotti, A., Carneiro, E., & Aleluia, G. (2008). *Drogas.sem. Aprenda a ajudar pessoas a se livrar de dificuldades com álcool e drogas.* Rio de Janeiro: BestSeller.

Grossmann, K., Grossmann, K. E., & Kindler, H. (2008). Cuidado precoce, raízes do apego e representações de parceria: estudos longitudinais de Bielefeld e Regensburg. In K. E. Grossmann, K. Grossmann & E. Waters (Orgs.), *Apego da infância à idade adulta: os principais estudos longitudinais* (pp. 95-131). São Paulo: Roca.

Higgins, E. S. & George, M. S. (2010). *Neurociências para psiquiatria clínica. A fisiopatologia do comportamento e da doença mental.* Porto Alegre: Artmed.

Hoffman, K. T. & Marvin, R. S. (2006). Changing toddlers' and preschoolers' attachment classifications: the circle of security intervention. *Journal of Consulting and Clinical Psychology, 74* (6), 1017-1026.

Laranjeira, R. & Ribeiro, M. (2007). A evolução do conceito de dependência química. In A. Gigliotti & A. Guimarães (Orgs.), *Dependência, compulsão e impulsividade* (pp. 9-17). Rio de Janeiro: Editora Rubio.

Lemos, T., Gigliotti, A., & Guimarães, A. (2010). Da neurobiologia ao tratamento biopsicossocial da dependência química. In A. Gigliotti & A. Guimarães (Orgs.), *Diretrizes gerais para tratamento da dependência química* (pp. 15-31). Rio de Janeiro: Editora Rubio.

McMullin, R. E. (2005). *Manual de técnicas em Terapia Cogntiva*. Porto Alegre: Artmed.

Messas, G. P. & Vallada Filho, H. P. (2004). O papel da genética na dependência do álcool. *Revista Brasileira de Psiquiatria*, *26*, 54-58.

Monti, P. M., Kadden, R. M., Rohsenow, D. J., Cooney, N. L., & Abrams, D. B. (2005). *Tratando a dependência de álcool – um guia de treinamento das habilidades de enfrentamento*. São Paulo: Roca.

Nakash-Eisikovits, O., Dutra, L., & Westen, D. (2002). The relationship between attachment patterns and persolity pathology in adolescents. *Journal of the American Academy of Child and Adolescent Psychiatry*, *41* (9), 1111-1123.

Organização Mundial da Saúde – OMS. (2007). *Neurociência do uso e da dependência de substâncias psicoativas*. São Paulo: Roca.

Paiva, F. S. & Ronzani, T. M. (2009). Estilos parentais e consumo de drogas entre adolescentes: revisão sistemática. *Psicologia em Estudo, 14* (1), 177-183.

Palmini, A. (2007). A tomada de decisões e as patologias da vontade: o cérebro em constante conflito. In A. Gigliotti & A. Guimarães (Orgs.), *Dependência, compulsão e impulsividade* (pp. 1-7). Rio de Janeiro: Editora Rubio.

Patterson, G. R., De Baryshe, B. D., & Ramsey, E. (1989). A developmental perspective on antisocial behavior. *American Psychologist, 44* (2), 329-335.

Ramires, V. R. & Schneider, M. S. (2010). Revisitando alguns conceitos da teoria do apego: comportamento versus rerpesentação? *Psicologia: Teoria e Pesquisa, 26* (1), 25-33.

Ramos, S. D. (2007). Modelo psicossocial das dependências – conferência proferida no simpósio internacional sobre dependência, compulsão e impulsividade. In A. Gigliotti & A. Guimarães (Orgs.), *Dependência, compulsão e impulsividade* (pp. 225-231). Rio de Janeiro: Editora Rúbio.

Rosenstein, D. S. & Horowitz, H. A. (1996). Adolescent attachment and psychopathology. *Journal of Consulting and Clinical Psychopathology, 64* (2), 244-253.

Sroufe, L. A., Egeland, B., Carlson, E., & Collins, W. A. (2008). Estabelecimento das primeiras experiências de apego em um contexto do desenvolvimento: Minnesota lingitudinal study. In K. E. Grossmann, K. Grossmann & E. Waters (Orgs.), *Apego da infância á idade adulta: os principais estudos longitudinais* (pp. 47-68). São Paulo: Roca.

Steele, H. & Steele, M. (2008). Compreensão e resolução do conflito emocional: London parent-child project. In K. E. Gossmann, K. Grossmann & E. Waters (Orgs.), *Apego da infância à idade adulta: os principais estudos longitudinais* (pp. 133-158). São Paulo: Roca.

Wagner, M. F. & Oliveira, M. S. (2007). Habilidades sociais e abuso de drogas em adolescentes. *Psicologia Clínica, 19* (2), 101-116.

Wagner, M. F., Silva, J. G., Zanettelo, L. B., & Oliveira, M. S. (2010). O uso da maconha associado ao déficit de habilidades sociais em adolescentes. *SMAD. Revista eletrônica saúde mental álcool e drogas, 6* (2), 255-273.

Wei, M., Vogel, D. L., Ku, T., & Zakalik, R. A. (2005). Adult Attachment, Affect Regulation, Negative Mood, and Interpersonal Problems: The Mediating Roles of Emotional Reactivity and Emotional Cutoff. *Journal of Counseling Psychology, 52* (1), 14-24.

Autoras:

Vanuza Francischetto – Psicóloga, Mestre em Psicologia pela Universidade Salgado de Oliveira – UNIVERSO, Docente do Instituto Brasileiro de Hipnose Aplicada – IBHA e da Pós-Graduação da Universidade Candido Mendes/CPAF.

Adriana Benevides Soares – Pós-doutora pela Universidade Federal de São Carlos, Docente da Graduação e da Pós-Graduação da Universidade Salgado de Oliveira – UNIVERSO e Docente da Graduação da Universidade do Estado do Rio de Janeiro – UERJ. Contato: adribenevides@gmail.com

Avaliação de um protocolo de tratamento para o transtorno de ansiedade generalizada

André Pereira

38.1 Introdução

A Terapia Cognitivo-Comportamental (TCC) é uma abordagem psicoterápica e uma de suas principais características é testar a eficácia dos tratamentos que utiliza para as diversas psicopatologias. Com o aperfeiçoamento dos critérios diagnósticos para transtornos psiquiátricos a partir de 1980 com o DSM-III, diversos estudos têm sido desenvolvidos com esse objetivo. Atualmente, existem na literatura centenas de estudos que apontam a eficácia da Terapia Cognitivo-Comportamental para diversos transtornos psiquiátricos: transtornos de ansiedade, transtornos de humor, transtornos alimentares, entre outros (Wright, Basco & Thase, 2008).

Desenvolver modelos de tratamento psicológico para transtornos mentais é uma tarefa complexa e rodeada de desafios. Ainda que diversos indivíduos experimentem situações de vida semelhantes, é nítido que cada pessoa reage de maneira distinta aos mesmos estímulos. Apesar disso, percebemos também que existem padrões de comportamento afetados por inúmeros fatores – biológicos, psicológicos e sociais – e que os últimos influenciam de maneira importante nossa maneira de pensar, sentir e de agir no mundo. Desse modo, testar de forma sistemática modelos de tratamentos para transtornos mentais pode ser bastante útil para obtermos mais conhecimento sobre essas patologias, assim como sobre a utilização de técnicas que se mostrarem potencialmente úteis para determinado transtorno em particular.

Os transtornos de ansiedade são especialmente frequentes. Estima-se que quase 25% da população será afetada por um transtorno de ansiedade durante a vida (Kessler *et al.*, 1994). Compõem esse grupo os seguintes transtornos: transtorno de pânico (TP), agorafobia (AGO), fobias específicas (FE), fobia social (FS), transtorno de estresse pós-traumático (TEPT), transtorno de estresse agudo (TEA), transtorno obsessivo-compulsivo (TOC) e o transtorno de ansiedade generalizada (TAG).

O TAG é caracterizado por preocupações excessivas e difíceis de controlar, relacionadas às diversas situações do dia a dia. Preocupar-se é um fenômeno comum, experimentado por todos e que, em muito momentos, ajuda a planejarmos melhor. Entretanto, para pessoas com TAG as preocupações são intensas e difíceis de interromper, o que afeta diretamente sua qualidade de vida. O tratamento dessas pessoas não envolve ensiná-las a não se preocupar mais, o que seria igualmente disfuncional; na verdade, o que se objetiva é ajustar a intensidade e a frequência desses sintomas para torná-los úteis aos pacientes, os quais se tornam mais adaptativos.

A seguir, estão descritos os critérios diagnósticos para o TAG de acordo com o DSM-IV-TR:

Critérios Diagnósticos para Transtorno de Ansiedade Generalizada

a) Ansiedade e preocupação excessivas (expectativa apreensiva), ocorrendo na maioria dos dias pelo período mínimo de 6 meses, com diversos eventos ou atividades (como desempenho escolar ou profissional).

b) O indivíduo considera difícil controlar a preocupação.

c) A ansiedade e a preocupação estão associadas com três (ou mais) dos seguintes seis sintomas (com pelo menos alguns deles presentes na maioria dos dias nos últimos 6 meses). Nota: apenas um item é exigido para crianças.

1. inquietação ou sensação de estar com os nervos à flor da pele

2. fatigabilidade

3. dificuldade em concentrar-se ou sensações de "branco" na mente

4. irritabilidade

5. tensão muscular

6. perturbação do sono (dificuldades em conciliar ou manter o sono, ou sono insatisfatório e inquieto)

d) O foco da ansiedade ou da preocupação não está confinado a aspectos de um transtorno do eixo I.

e) A ansiedade, a preocupação ou os sintomas físicos causam sofrimento clinicamente significativo ou prejuízo no funcionamento social, ocupacional ou em outras áreas importantes da vida do indivíduo.

e) A perturbação não se deve aos efeitos fisiológicos diretos de uma substância ou de uma condição médica geral nem ocorre exclusivamente durante um transtorno do humor, transtorno psicótico ou transtorno global do desenvolvimento.

Fonte: APA, 2002.

Devido às mudanças nos critérios diagnósticos do TAG, desde seu surgimento em 1980, torna-se difícil informar sua prevalência com exatidão. Estima-se que a prevalência em um ano seja entre 3 e 5%, enquanto a prevalência ao longo da vida varie entre 4 e 7%. Entretanto, esses dados foram coletados em pesquisas que utilizavam os critérios diagnósticos do DSM-III e DSM-III-R. Alguns pesquisadores acreditam que a prevalência na população possa estar entre 5 e 8% (Kessler, Walters & Wittchen, 2004). Muitos estudos têm demonstrado alta taxa de comorbidade do TAG com outros transtornos de ansiedade e do humor, sendo rara a apresentação do quadro em sua forma simples (Mennin, Heimberg & Turk, 2004).

38.2 Modelo psicológico

Dugas, Gagnon, Ladouceur e Freeston (1998) desenvolveram um modelo psicológico do TAG no qual a intolerância à incerteza exerce um papel central. Para esses pesquisadores, crenças negativas sobre a incerteza levam uma pessoa a interpretar situações ambíguas de maneira distorcida, com uma conotação ameaçadora. Assim, quando vivenciam situações como essas, pessoas com TAG se sentem impelidas a avaliar cada possível consequência que pode decorrer, com pensamentos do tipo "e se...", o que gera altos níveis de preocupação.

Uma vez que esse processo tem início, crenças positivas sobre a preocupação ajudam a mantê-lo. Alguns exemplos de tais crenças são: "preocupando-me ajudo a evitar surpresas desagradáveis", "preocupando-me evito que coisas ruins aconteçam" etc. Tais crenças são reforçadas negativamente, pela não ocorrência, na maioria das vezes, do evento temido. Desse modo, cria-se um estado de ansiedade relacionado a outros dois elementos importantes: a orientação disfuncional para problemas e a evitação cognitiva. A primeira refere-se à resposta emocional, comportamental e cognitiva que são ativadas quando uma pessoa enfrenta um problema; muitas vezes, essas respostas chegam a prejudicar o manejo adequado dos reais problemas enfrentados. A evitação cognitiva ocorre devido às próprias características da preocupação (pouco concreta e essencialmente verbal/linguística), o que inibe o processamento emocional relacionado à situação temida (Borkovec & Hu, 1990; Borkovec & Inz, 1990). Assim, mais pensamentos do tipo "e se..." são produzidos, dando continuidade ao processo, que pode, ainda, ser influenciado por alterações de humor e eventos importantes da vida.

Em suma, a intolerância à incerteza pode levar ao TAG de duas maneiras: diretamente, através da tendência da pessoa em antecipar todas as possíveis consequências negativas de determinado evento, superestimando a probabilidade e a magnitude dessas possibilidades; e indiretamente, pelo efeito da evitação cognitiva, da orientação disfuncional para os problemas e das crenças positivas sobre a preocupação.

38.3 Tratamento

No decorrer da década de 1970, novas técnicas de tratamento para transtornos de ansiedade foram desenvolvidas. Isso se deve, em parte, pela dificuldade em tratar pessoas que apresentavam sintomas mais difusos de ansiedade com técnicas de dessensibilização sistemática e inundação. Dessa forma, outras técnicas – como treino em manejo de ansiedade, relaxamento aplicado, treino de inoculação do estresse e reestruturação cognitiva – começaram a ser testadas e utilizadas amplamente no tratamento dos transtornos de ansiedade (Öst, 1987). Pesquisas recentes demonstraram que pacientes com TAG se beneficiavam das técnicas aprendidas, porém, sintomas residuais permaneciam e afetavam a qualidade de vidas desses indivíduos (Durham, Chambers, MacDonald, Power & Major, 2003; Gould, Safren, Washington & Otto, 2004).

Após diversos estudos conduzidos por inúmeros pesquisadores nos últimos anos sobre a etiologia, a manutenção e o tratamento do TAG, Dugas e seus colegas (1998) desenvolveram um modelo psicológico, empiricamente validado, que facilitou o delineamento de um tratamento eficaz para o transtorno. Esse tratamento tem como foco a intolerância à incerteza, já que esse sentimento influencia diretamente os níveis de preocupação de uma pessoa. Os pesquisadores acreditam que o foco na intolerância à incerteza pode levar a mudanças no desconforto emocional, nos níveis de preocupação e também nos sintomas físicos do TAG. Dessa maneira, não utilizam técnicas de relaxamento aplicado em seus protocolos de tratamento.

O presente trabalho teve como objetivo investigar a eficácia de um protocolo de tratamento cognitivo-comportamental para o transtorno de ansiedade generalizada com foco na intolerância à incerteza, associado a técnicas de relaxamento.

38.4.1 Sessão 1

- Introduzir o modelo cognitivo
- Oferecer informações sobre a ansiedade
- O que é o TAG? Intolerância à incerteza (Modelo Dugas)
- Tarefas da semana: folha de automonitoria; identificar pensamentos automáticos

38.4.2 Sessão 2

- Discutir as principais distorções cognitivas
- Transformar preocupações em previsões
- Iniciar treino em registro de pensamentos: "testando seus pensamentos"
- Tarefas da semana: automonitoria; transformar preocupações em previsões; RDPD; avaliar distorções cognitivas

38.4.3 Sessão 3

- Diferenciar os três tipos de preocupações:
    1. problemas imediatos e solucionáveis
    2. problemas imediatos e não solucionáveis
    3. problemas hipotéticos
- Treino em solução de problemas (comportamentos e pensamentos que atrapalham o processo, aumentar a autoeficácia);
- Tarefas da semana: automonitoria; registro de preocupações

38.4.4 Sessão 4

- Discutir crença de Albert Ellis: "Para se ter valor, é necessário ser competente e bem-sucedido em todos os aspectos da vida"
- Aumentar a tolerância à incerteza (exposição comportamental à incerteza); por exemplo: postergação, reasseguramento, checagens – discutir evitação emocional
- Tarefas da semana: automonitoria; exposições comportamentais à incerteza; registro de preocupações

38.4.5 Sessão 5

- Relaxamento muscular progressivo

- Discutir crença de Albert Ellis: "É terrível e catastrófico quando as coisas não acontecem do jeito que a gente quer" (problemas imediatos e não solucionáveis)
- Tarefas da semana: automonitoria; registro de preocupações; relaxamento muscular progressivo

38.4.6 Sessão 6

- Relaxamento soltura-somente
- Desafiar crenças sobre a preocupação (Dugas & Robichaud, 2007)
- Tarefas da semana: automonitoria; registro de preocupações; relaxamento soltura-somente

38.4.7 Sessão 7

- Relaxamento controlado por sinais
- Aprofundar discussão sobre evitação cognitiva
- Treino de exposição à preocupação
- Tarefas da semana: automonitoria; registro de preocupações; exposição (escrita) a situação menos ansiogênica

38.4.8 Sessão 8

- Relaxamento diferencial
- Discutir crença de Albert Ellis: "É absolutamente necessário para mim ser amado e aprovado pelas pessoas que me são importantes"
- Treino de assertividade: introduzir o conceito
- Tarefas da semana: automonitoria; registro de preocupações; relaxamento diferencial; discriminar comportamentos passivos, assertivos e agressivos

38.4.9 Sessão 9

- Relaxamento rápido
- Treino de assertividade: assertividade negativa em geral; sempre focar na ideia de processamento emocional e de aumentar a tolerância à incerteza
- Tarefas da semana: automonitoria; registro de preocupações; relaxamento; aumentar comportamento assertivo; crenças sobre direito assertivo

38.4.10 Sessão 10

- Manejo de problemas interpessoais
- Construir curtograma
- Tarefas da semana: automonitoria; registro de preocupações; curtograma; manejo de problemas interpessoais

38.4.11 Sessão 11

- Manejo dos problemas interpessoais
- Planejamento de atividades prazerosas (*Worry Free*);

- Manejo do tempo
- Tarefas da semana: automonitoria; registro de preocupações; manejo de problemas interpessoais; incluir atividade prazerosa

38.4.12 Sessão 12

- Prevenção da recaída
- Encerramento

38.5 Método

38.5.1 Participantes

A seleção dos participantes da pesquisa foi feita a partir do cadastro de pessoas para acompanhamento psicoterápico e que aguardavam vaga em lista de espera, segundo avaliação da equipe de Terapia Cognitivo--Comportamental da Divisão de Psicologia Aplicada da UFRJ,. Após a primeira avaliação, caso atendessem aos critérios de inclusão, os pacientes eram convidados a participar da pesquisa, caso contrário, seguiam o procedimento comum de tratamento.

Ao todo, 14 pessoas foram avaliadas e 11 iniciaram tratamento. Três participantes não atendiam aos critérios para o TAG e por isso não puderam participar da pesquisa. Entre os 11 que iniciaram tratamento, quatro não finalizaram o protocolo: houve uma desistência, duas pessoas tiveram os dados comprometidos, por terem tido sessões com conteúdo que não condizia com o protocolo utilizado e por isso seus dados foram desconsiderados e um participante teve mais sessões do que o estipulado e, portanto, não pôde ter os dados analisados. Dessa forma, a amostra final foi composta por sete participantes.

38.5.2 Instrumentos

Visando a avaliar de maneira mais objetiva os efeitos da terapia, foram aplicados, antes e após o tratamento, os seguintes instrumentos:

a) *Inventário Beck de Ansiedade (BAI)*: originalmente desenvolvido por Beck, Epstein, Brown e Steer (1988) e validado para o Brasil por Cunha (2001).

b) *Inventário Beck de Depressão (BDI)*: desenvolvido originariamente por Beck, Ward, Mendelson, Mock e Erbaugh (1961) e validado para o Brasil por Cunha (2001).

c) *Questionário de Preocupação do Estado da Pensilvânia (QPEP)*: desenvolvido por Meyer, Miller, Metzger e Borkovec (1990) e traduzido para o português por Castillo e Landeira-Fernandez (2007).

d) *Escala de Intolerância à Incerteza (EII)*: originalmente desenvolvida por Freeston *et al.* (1994).

38.5.3 Procedimentos

Os pacientes indicados para participar da pesquisa foram avaliados através de uma entrevista diagnóstica padronizada (MINI) com o objetivo de confirmar o diagnóstico principal de TAG, assim como as possíveis comorbidades apresentadas. Foram empregados os seguintes critérios de inclusão: 1) pessoas com idade superior a 18 anos, de ambos os sexos e alfabetizadas; 2) ter recebido um diagnóstico principal de transtorno de ansiedade generalizada.

Foram empregados os seguintes critérios de exclusão: 1) presença de quadro psicótico de qualquer natureza; 2) presença de abuso ou dependência química; 3) presença de depressão grave; 4) presença de ideação suicida; 5) presença de transtorno de personalidade.

38.5.4 Resultados

Para análise dos dados foi utilizado o pacote estatístico SPSS versão 17.0. Considerando que o nível de medida é ordinal e a amostra era pequena, foi utilizado um teste não paramétrico: teste T de Wilcoxon (Dancey & Reidy, 2006). Dos dez instrumentos de avaliação utilizados, em seis deles foi possível verificar uma diferença estatisticamente significativa entre os escores de antes e após o tratamento. Quando o grupo analisado foi composto pelos participantes com nível superior, foi constatada uma diferença estatisticamente significativa em oito instrumentos de avaliação. Na Tabela 1 são apresentados os dados referentes às quatro principais escalas de avaliação utilizadas.

Tabela 1

Escalas		Participantes						
		1	2	3	4	5	6	7
EII	Pré	86	59	107	92	84	43	51
	Pós	88	47	90	49	58	52	59
QPEP	Pré	68	48	62	67	47	57	57
	Pós	51	37	49	40	34	49	55
BAI	Pré	39	7	11	52	22	1	48
	Pós	16	2	5	8	7	8	45
BDI	Pré	18	9	8	22	16	0	19
	Pós	7	9	4	12	7	5	12

EII = Escala de Intolerância à Incerteza
QPEP = Questionário de Preocupações do Estado da Pensilvânia
BAI = Inventário Beck de Ansiedade
BDI = Inventário Beck de Depressão

Na Escala de Intolerância à Incerteza (EII), quatro sujeitos apresentaram redução do escore após o tratamento e três apresentaram aumento, o que indicou maior intolerância à incerteza após o fim da terapia. Não foi encontrada diferença estatisticamente significativa nos níveis de intolerância à incerteza entre antes e após o tratamento (p < 0.08). Quando o tratamento estatístico dos dados foi realizado apenas com os cinco primeiros participantes, que possuem nível superior (completo ou incompleto), foi encontrada uma diferença estatisticamente significativa (p < 0,04). Dessa maneira, o grau de instrução dos pacientes parece exercer um efeito importante no resultado do tratamento. A pontuação da escala varia entre 27 a 135 pontos, sendo que a média para pessoas com TAG é de 70,79 pontos (DP = 20,35) (Dugas *et al.*, 2007). Assim, entre os três participantes que aumentaram os escores após terem realizado o tratamento, dois deles (6 e 7) ainda permaneciam com um escore relativamente baixo, apesar desse aumento. Diferentemente, um dos pacientes que apresentou queda acentuada no escore (paciente 3), ainda permanecia com alto nível de intolerância à incerteza no fim do tratamento, apesar de ter ocorrido considerável redução desse escore.

No Questionário de Preocupação do Estado da Pensilvânia, todos os pacientes apresentaram redução do escore após o tratamento. O questionário varia de 16 a 80 pontos, sendo que pessoas com TAG apresentam uma média de 60,05 pontos (DP = 8,45) (Dugas *et al.*, 2007). Os participantes 1 e 4 foram os que apresentaram maior redução do nível de preocupação, enquanto o paciente 7 apresentou apenas pequena redução. Foi encontrada uma diferença estatisticamente significativa para a amostra como um todo (p < 0,009) e também quando foram analisados apenas os participantes com nível superior (p < 0,02).

No Inventário Beck de Ansiedade, seis participantes apresentaram redução do escore de quando iniciaram a terapia. Os participantes 1, 4 e 5 foram os que apresentaram maior redução dos sintomas de ansiedade, sendo que os dois primeiros tinham um nível grave de ansiedade antes do tratamento e passaram para um nível leve e mínimo, respectivamente, após as intervenções terapêuticas. O quinto paciente tinha um nível moderado de ansiedade antes da terapia, e chegou ao nível mínimo. O sétimo participante teve uma redução discreta do escore e permaneceu com um nível grave de ansiedade, mesmo após o tratamento. O sexto participante teve um aumento do escore após o fim do tratamento, entretanto manteve-se no nível mínimo de ansiedade. Houve diferença estatisticamente significativa dos sintomas de ansiedade, para toda a amostra, antes e após o tratamento (p < 0.04).

No Inventário Beck de Depressão, todos os participantes tiveram redução do escore após o tratamento, exceto o segundo participante que permaneceu estável, e o sexto, que teve um aumento de 0 para 5 pontos. Apesar disso, este indivíduo permaneceu com um escore mínimo de depressão que varia entre 0 e 11 pontos. Entre os outros participantes, o primeiro e o quinto tiveram uma redução do nível leve para o nível mínimo de depressão, e o quarto paciente, que apresentava nível moderado de depressão, o reduziu para um nível leve (de 22 para 12 pontos). O sétimo paciente manteve-se com nível leve de depressão, entretanto, antes do tratamento encontrava-se no limite superior desse nível (19 pontos) e após o tratamento passou para o limite inferior (12 pontos). Foi encontrada uma diferença estatisticamente significativa entre os escores, antes e após o tratamento, para a amostra total e para a amostra com nível superior (ambas p < 0,03).

38.6 Conclusão

O presente estudo está de acordo com dados obtidos em pesquisas internacionais de tratamento do TAG que demonstram redução do principal sintoma do transtorno – preocupação excessiva – após os pacientes passarem por um tratamento cognitivo-comportamental com foco na intolerância à incerteza. A inclusão de técnicas de relaxamento parece exercer efeito positivo sobre os resultados, principalmente para os sintomas físicos. Entretanto, novos estudos ainda são necessários para elucidar se a inclusão desse componente de tratamento, de fato, exerce efeito diferencial.

Entre as maiores dificuldades clínicas encontradas neste tratamento, está a paralisia frente à incerteza. Alguns pacientes, principalmente aqueles que não tiveram boa resposta ao tratamento, afirmam que é muito difícil para eles modificar seus comportamentos. Pessoas com TAG podem relatar poucas preocupações em alguns períodos, mas que podem ser justificadas pela emissão de comportamentos de segurança, que são fortalecidos por reforço negativo. Quando são incentivados a reduzir comportamentos – por exemplo, expor mais seus sentimentos ou o que pensam às outras pessoas, deixar de monitorar o comportamento dos filhos de maneira muito intensa, diminuir o reasseguramento no trabalho etc. – os pacientes sentem muita dificuldade em colocar tais objetivos em prática. Talvez, um formato de terapia menos protocolar, como o utilizado em pesquisas, permita que tais objetivos sejam alcançados com mais facilidade. É importante lembrar que pessoas com TAG apresentam os sintomas desde muito novos e que, muitas vezes, esses sintomas são vistos positivamente, como a preocupação, por exemplo. Dessa forma, modificar as crenças disfuncionais sobre as incertezas e os hábitos comportamentais muito fortalecidos requer tempo, paciência e perseverança. Fatores não específicos, como o conhecimento do transtorno pelo terapeuta, uma boa relação terapêutica, confiança e motivação para o tratamento, são importantes componentes para o sucesso da terapia.

Através dessa pesquisa foi possível constatar quão complexo é o tratamento do TAG. A crença na funcionalidade das preocupações gera conflitos aos pacientes que muitas vezes necessitam de um tempo maior para se automonitorar e reconhecer os mecanismos envolvidos com seus sintomas de ansiedade. Eles desejam reduzir os sintomas do TAG, entretanto, consideram que isso pode ser perigoso. Atitudes como parar de se preocupar ou de se expor a emoções mais intensas adquirem conotações de ameaça, afinal, durante muitos anos aprenderam esses recursos para lidar com as dificuldades do dia a dia. Muitos pacientes relatam que assumiram responsabilidades excessivas quando ainda eram muito novos, como ter que cuidar de um parente próximo ou ajudar nas despesas do lar, e isso parece exercer algum efeito em seus sintomas de ansiedade. Talvez a preocupação ou as esquivas de emoções intensas possam ter sido úteis em momentos nos quais os recursos ou a capacidade de enfrentamento eram ruins. Desse modo, com o início da vida adulta, esse tipo de enfrentamento fica fortalecido e torna-se difícil para o indivíduo abandonar essas estratégias. Caso uma pessoa tenha dificuldade em notar o início do processo de preocupação ou os gatilhos que comumente eliciam as reações de ansiedade, será mais difícil desenvolver formas mais adaptativas de enfrentamento. A duração do tratamento, muitas vezes, ficará condicionada à velocidade de cada paciente para discriminar esses gatilhos, e esse tempo deve ser respeitado sempre. O protocolo aqui proposto serve apenas como uma linha de orientação para o tratamento; a criatividade e a sensibilidade de cada terapeuta no contato com os pacientes, para avaliar quais procedimentos devem ser utilizados em cada momento, é fundamental para que as pessoas não se sintam desanimadas por não responder à terapia.

38.7   Referências

American Psychiatric Association – APA (2002). *Manual diagnóstico e estatístico de transtornos mentais*. 4 ed. São Paulo: Artmed.

Beck, A. T., Ward, C. H., Mendelson, M., Mock, J., & Erbaugh, J. (1961). An inventory for measuring depression. *Archives of general Psychiatry, 4*, 561-571.

Beck, A. T., Epstein, N., Brown, G., & Steer, R. A. (1988). An inventory for measuring anxiety: psychometric properties. *Journal of Consulting and Clinical Psychological, 56*, 893-897.

Borkovec, T. D. & Hu, S. (1990). The effect of worry on cardiovascular response to phobic imagery. *Behaviour Research and Therapy, 28* (1), 69-73.

Borkovec, T. D. & Inz, J. (1990). The nature of worry in generalized anxiety disorder: a predominance of thought activity. *Behaviour Research and Therapy, 28* (2), 153-158.

Buhr, K. & Dugas, M. J. (2006). Investigating the construct validity of intolerance of uncertainty and its unique relationship with worry. *Journal of Anxiety Disorders, 20*, 222-236.

Castillo, C. S. & Landeira-Fernandez, J. (2007). *Propriedades psicométricas e estrutura latente da versão em português do questionário de preocupação do estado da Pensilvânia*. Dissertação de Mestrado, Programa de Pós-Graduação em Metrologia, não publicada. Rio de Janeiro: Pontifícia Universidade Católica do Rio de Janeiro (PUC-RJ).

Cunha, J. A. (2001). *Manual da versão em português das Escalas Beck*. São Paulo: Casa do Psicólogo.

Dancey, C. P. & Reidy, J. (2006). *Estatística sem matemática para Psicologia*. Porto Alegre: Artmed.

Dugas, M. J., Gagnon, F., Ladouceur, R., & Freeston, M. H. (1998). Generalized anxiety disorder: a preliminary test of a conceptual model. *Behaviour Research and Therapy, 36*, 215-226.

Dugas, M. J., Buhr, K., & Ladouceur, R. (2004). The role of intolerance of uncertainly in etiology and maintenance. In R. G. Heimberg, C. L. Turk, & D. S. Mennin (Org.), *Generalized anxiety disorder: Advances in research and practice.* (pp 143-163). New York: The Guilford Press.

Dugas, M. J., Marchand, A., & Ladouceur, R. (2005). Futher validation of a cognitive-behavioral model of generalized anxiety disorder: diagnostic and symptom specificity. *Anxiety Disorders, 19*, 329-343.

Dugas, M. J., Savard, P., Gaudet, A., Turcotte, J., Laugesen, N., Robichaud, M., Francis, K., & Koerner, N. (2007). Can the components of a cognitive model predict the severity of generalized anxiety disorder? *Behavior Therapy, 38*, 169-178.

Dugas, M. J. & Robichaud, M. (2007). *Cognitive-behavioral treatment for generalized anxiety disorder: from science to practice*. New York: Routledge.

Durham, R. C., Chambers, J. A., MacDonald, R. R., Power, K. G., & Major, K. (2003). Does cognitive-behavioural therapy influence the long-term outcome of generalized anxiety disorder? An 8-14 year follow-up of two clinical trials. *Psychological Medicine, 33* (3), 499-509.

Ellis, A. (1962). *Reason and emotion in psychotherapy*. New York: Lyle Stuart.

Foa, E. B, & Kozak, M. J. (1986). Emotional processing of fear: exposure to corrective information. *Psychological Bulletin, 99* (1), 20-35.

Freeston, M. H., Rhéaume, J., Letarde, H., Dugas, M. J., & Ladouceur, R. (1994). Why do people worry? *Personality and Individual Differences, 17* (6), 791-802.

Gould, R. A., Safren, S. A., Washington, D., & Otto, M. W. (2004). A meta-analytic review of cognitive-behavioral treatments. In R. G. Heimberg, C. L. Turk, D. S. Mennin (Org.), *Generalized Anxiety Disorder: Advances in Research and Practice.* (pp 248-264). New York: The Guilford Press.

Kessler, R. C., McGonagle, K. A., Zhao, S., Nelson, C. B., Hughes, M., Eshleman, S., Wittchen, H.-U., & Kendler, K. S. (1994). Lifetime and 12-month prevalence of DSM-III-R psychiatric disorders in the United States. *Archives of General Psychiatry, 51* (1), 8-19.

Kessler, R. C, Walters, E. E., & Wittchen, H. U. (2004). Epidemiology. In R. G. Heimberg, C. L. Turk, D. S. Mennin (Org.), *Generalized Anxiety Disorder: Advances in Research and Practice* (pp. 29-50). New York: Guilford.

Mennin, D. S., Heimberg, R. G., & Turk, C. L. (2004). Clinical presentation and diagnostic features. In R. G. Heimberg, C. L. Turk, & D. S. Mennin (Org.), *Generalized Anxiety Disorder: Advances in Research and Practice.* (pp 3-28). New York: The Guilford Press.

Meyer, T. J., Miller, M. L., Metzger, R. L., & Borkovec, T. D. (1990). Development and validation of the Penn State Worry Questionnaire. *Behaviour Research and Therapy, 6,* 487-496.

Öst, L.-G. (1987). Applied relaxation: description of a coping technique and review of controlled studies. *Behaviour Research and Therapy, 25* (5), 397-409.

Pereira, A. L. S, & Rangé, B. (2005). *Construção de um protocolo de tratamento para o transtorno de ansiedade generalizada.* Dissertação de Mestrado, Programa de Pós-Graduação em Psicologia, não publicada. Rio de Janeiro: Universidade Federal do Rio de Janeiro (IP/UFRJ).

Wright, J. H., Basco, M. R., & Thase, M. E. (2008). *Aprendendo a Terapia Cognitivo-Comportamental: um guia ilustrado.* Porto Alegre: Artmed.

Autor:

André Pereira – Doutor em Psicologia pela Universidade Federal do Rio de Janeiro e Psicólogo Clínico.

CAPÍTULO 39

Estudo piloto: a eficácia da Terapia Cognitivo-Comportamental em crianças e adolescentes portadores de transtorno obsessivo-compulsivo

Maria Alice de Castro
Ana Paula Gester
Gabriel Bronstein
Loredana Zubcich
Lucia Marmulsztejn
Márcia Votre
Olga Souto
Vera Lucia França
Fábio Barbirato

39.1 Introdução

O transtorno obsessivo-compulsivo (TOC) na infância foi descrito pela primeira vez por Pierre Janet, ainda em 1903. Inicialmente esse transtorno era considerado raro em crianças, mas aproximadamente um terço dos pacientes adultos relata o início dos sintomas durante a infância (Campos, 2001). Ao se considerar o TOC nessa população específica, percebe-se a importância de distinguir os comportamentos repetitivos, que fazem parte do desenvolvimento normal daqueles que são patológicos, ou seja, que interferem nas atividades diárias da criança e em seu desenvolvimento. Na fase pré-escolar, dos 2 aos 4 anos de idade, a criança pode apresentar rituais na hora de dormir, de comer e de tomar banho. Após os 6 anos, começam as coleções de figurinhas, carrinhos, bonecas etc. Os jogos começam a ter regras rígidas que precisam ser seguidas. Logo depois, aparecem as superstições e com elas alguns rituais. Entretanto, esses rituais são normais e fazem parte do desenvolvimento, não interferindo no funcionamento da criança e não tendo a frequência e a intensidade dos sintomas do TOC (Campos, 2001; Campos & Mercadante, 2000; Flament, Whitaker & Rapoport, 1988).

Tendo em vista o conhecimento descrito acima, podem-se descrever as manifestações clínicas mais usuais apontadas por March e Mulle (1998) no TOC infantil, as ideias obsessivas, sendo as mais comuns aquelas com o foco na contaminação ou para evitar germes; seguidas pelo medo de que alguma coisa de mal possa acontecer para si ou para familiares; moralização ou religiosidade excessiva, incluindo pensamentos sobre pecados; e medo de ferir-se ou de ferir os outros. As compulsões mais comuns incluem rituais para andar (não pisar aqui e ali), lavagem excessiva, repetição, checagem, tocar, contar e ordenar. Os rituais de lavagem (mãos, banho, escovação) chegam a ocorrer com uma frequência de 85% nas crianças com TOC. Os autores assinalam, ainda, que podem ocorrer mudanças com o passar do tempo na sintomatologia do quadro. Outro aspecto a que se deve prestar atenção é que as compulsões comumente antecedem o início das obsessões, e podem ser menos frequentes do que na idade adulta. Pacientes cujos sintomas apareceram antes dos 10 anos de idade, geralmente, apresentam um intervalo médio de um ano e meio entre o início das compulsões e o surgimento das obsessões (Campos & Mercadante, 2000).

Examinando-se a etiologia do TOC, não se definiu, até o momento, uma causa específica. Existem fortes evidências de que o transtorno tenha suas origens e seja mantido por fatores biológicos, psicológicos e influências ambientais (Cordioli, 2007). Somando-se aos trabalhos que abordam as características do TOC pediátrico, a família pode ficar alerta para a possibilidade do transtorno quando ocorrer o declínio do rendimento escolar consequente à diminuição da capacidade de concentração. Também alguns problemas dermatológicos podem chamar atenção, sobretudo as dermatites eczematoides, geralmente ocasionadas por lavagens excessivas com água ou detergentes. É importante estar atento, pois a criança com TOC, de modo geral, tem crítica da estranheza de suas atitudes e esconde essas "manias", procurando executar seus rituais em casa e não diante de professores ou estranhos.

Em uma análise mais ampla, os trabalhos de Ferrão e Florão (2010) e de March e Mulle (1998) fazem referência às famílias de portadores de TOC, que na maioria dos casos, mudam seu comportamento para acomodar-se aos sintomas ou se envolvem, de alguma forma, na realização dos rituais. É comum a restrição ao uso de objetos (móveis, roupas, talheres) e ao acesso a peças da casa (tanto por parte do portador como da família); a demora no banheiro; a preocupação excessiva com sujeira ou contaminações; manias de limpeza (por exemplo, lavando excessivamente as mãos, as roupas, o piso da casa), obrigando os demais membros da família a fazerem o mesmo. Essas preocupações, os cuidados excessivos e as exigências acabam interferindo nas rotinas da família e até no lazer, provocando discussões, atritos e desarmonia. Exigências no sentido de não interromper ou de participar dos rituais, dificuldades para sair, atrasos etc., comprometem a vida social, podendo levar à ruptura de relações conjugais ou à demissão de empregos. A família, na maioria das vezes, se envolve nos rituais do TOC, por acreditar que eles proporcionam alívio ao sofrimento do portador, não se dando conta de que com esse procedimento estão reforçando o transtorno.

Partindo das peculiaridades do TOC na infância, estudos sugerem que o modelo da Terapia Cognitivo-
-Comportamental (TCC) é a melhor modalidade de tratamento para o TOC, quando comparado à eficácia
de outros tratamentos (Maj, Sartorius, Okasha & Zohar, 2005; Prazeres, Souza & Fontenelle, 2007; Raffin,
Ferrão, Souza & Cordioli, 2008). A justificativa se dá pela utilização da estratégia de exposição e prevenção
de respostas (E/PR), própria da Terapia Comportamental, associada às estratégias e técnicas da Terapia
Cognitiva. O modelo comportamental do TOC tem seus fundamentos nas teorias da aprendizagem, principalmente no condicionamento (pavloviano e operante), na aprendizagem social e no fenômeno da habituação
(Cordioli, 2007). Tomando como referência os estudos de Cordioli (2007), cabe assinalar o pressuposto de que
as compulsões e a evitação interrompem ou impedem a exposição a estímulos que, por alguma razão, provocam medos ou desconforto, o que resulta em seu reforço e estimula sua perpetuação, consolidando, assim, os
sintomas do TOC.

Com base nas teorias de aprendizagem, mostra-se relevante explicar a habituação, que se refere ao
desaparecimento espontâneo das reações de medos inadequados ou desconforto, ocorrendo sempre que o indivíduo entra em contato direto com os objetos ou com as situações que provocam tais reações. À medida que
a exposição é continuada, a intensidade do desconforto é menor, podendo, com as repetições, desaparecer por
completo como indicam alguns autores (Maj *et al.*, 2005; Prazeres *et al.*, 2007; Raffin *et al.*, 2008).

Ainda de acordo com esse modelo, Cordioli (2004) e March e Mulle (1998) ilustram as técnicas comportamentais mencionadas anteriormente, descrevendo que o paciente pode desafiar seus medos, expondo-se
às situações que evita ou tocando nos objetos que considera contaminados (exposição) e, ao mesmo tempo,
deixando de realizar os rituais de descontaminação ou verificação (prevenção da resposta). Assim, a ansiedade,
embora num primeiro momento aumente, em pouco tempo tende a diminuir até desaparecer por completo,
espontaneamente (habituação). Com a repetição de tais exercícios, os medos de tocar em coisas sujas ou
contaminadas, de fazer verificações ou a necessidade de realizar rituais acabam desaparecendo por completo.

O modelo cognitivo do TOC descrito por Cordioli (2007) tem seus fundamentos na suposição de que
as interpretações distorcidas são responsáveis pelo fato de determinados pensamentos intrusivos assumirem
um significado especial para o indivíduo, ativando pensamentos automáticos de natureza negativa ou catastrófica e emoções desagradáveis, como medo, desconforto, ansiedade e depressão. Como resultado dessas
interpretações distorcidas, esses pensamentos que assumem um significado especial acabam aumentando de
frequência, compelindo o indivíduo a adotar estratégias para neutralizá-los: aumentar a vigilância, realizar
atos voluntários (rituais, evitações, reasseguramentos) para afastá-los ou para evitar os desfechos catastróficos
imaginados. O sucesso momentâneo de tais estratégias acaba perpetuando o transtorno. Pesquisas recentes
conseguiram identificar algumas das crenças erradas ou distorcidas presentes no TOC, como: a) exagerar o
risco de contrair doenças ou de se contaminar ("Se eu tocar no meu cachorro e não lavar a mão posso contrair
doenças"); b) exagerar a responsabilidade que acredita ter no sentido de provocar e impedir desastres ("Não
fechei a porta de casa e minha mãe será sequestrada"); c) valorizar de maneira excessiva os pensamentos e
a necessidade de controlá-los ("Pensar algo ruim pode fazer com que o pensamento se torne realidade"); d)
valorizar a necessidade de ter certeza para não cometer falhas ("Se eu falhar, não irão me perdoar"); e) perfeccionismo ("A falha é imperdoável") (Cordioli, 2007).

Todas essas constatações, segundo estudos desses autores, sugerem que a inclusão de técnicas cognitivas,
além da exposição e da prevenção de respostas (E/PR), é útil na abordagem terapêutica de obsessões e compulsões. Cordioli (2007) seleciona algumas dessas técnicas como mais efetivas no tratamento do transtorno:
reatribuição de responsabilidade, lembretes e reestruturação cognitiva. A reatribuição de responsabilidade
consiste em elaborar uma figura em forma de pizza, na qual o paciente representará em cada fatia o percentual
de responsabilidade que atribui a si e a outros fatores sobre um determinado sintoma. O uso de lembretes
auxilia o paciente a retomar o controle dos pensamentos e a praticar as intervenções aprendidas na terapia.
A reestruturação cognitiva ajuda na identificação de pensamentos e de crenças distorcidas, que conduzem o
paciente a interpretar equivocamente os pensamentos automáticos.

É importante ressaltar a necessidade de conhecer bem a apresentação clínica do TOC nas crianças para melhor planejamento da TCC. A relação entre obsessão e compulsão é menos clara do que nos adultos; algumas crianças não conseguem perceber os medos obsessivos que desencadeiam as compulsões. Isso pode gerar dificuldades na obtenção de uma lista hierárquica dos sintomas do TOC e na seleção de exercícios de exposição efetivos. Outro fator que também pode influenciar no tratamento é a dificuldade que as crianças têm para identificar seus comportamentos repetitivos ou ritualizados como sendo sintomas. A estranheza que lhes causam suas atitudes excessivas ou irracionais tende a levá-las a reagir no contexto familiar de forma agressiva e a apresentar crises de explosão, por se sentir estressadas ao perceber que são prisioneiras dos próprios comportamentos. Portanto, o terapeuta deve ter conhecimento dessas características e planejar estratégias para ajudar a criança a lidar com tais dificuldades (Castillo & Castillo, 2007).

39.2 Método

39.2.1 Participantes

Os participantes da pesquisa foram convocados por anúncios veiculados pela mídia e inscritos no Setor de Neuropsiquiatria Infanto-juvenil da Santa Casa da Misericórdia do Rio de Janeiro. Foi realizada, inicialmente, uma avaliação psiquiátrica por profissionais do setor de Psiquiatria Infantil, que utilizaram uma entrevista clínica semiestruturada dirigida aos responsáveis. Esse procedimento teve como finalidade colher dados sobre os sintomas do paciente, o histórico da doença, os tratamentos anteriores e o estabelecimento do diagnóstico de TOC de acordo com o DSM-IV-TR, APA (2002). Também foram coletados dados demográficos, socioeconômicos, educacionais, o uso ou não de medicação específica para o TOC e observados os critérios de inclusão para o estudo.

O estudo contou com a participação de duas crianças e oito adolescentes (sete meninos e três meninas), com idades entre 11 e 15 anos, diagnosticados com o transtorno obsessivo-compulsivo, de acordo com o *Manual diagnóstico e estatístico de transtornos mentais* (DSM-IV-TR) (APA, 2002). Os menores cursavam o segundo segmento do Ensino Fundamental (do sétimo ao nono ano) e o primeiro ano do Ensino Médio, em escolas da rede pública do Rio de Janeiro. O estudo também contou com a presença dos responsáveis, sendo realizado no Setor de Neuropsiquiatria Infanto-Juvenil do Serviço de Psiquiatria Professor Jorge Alberto Costa e Silva, na Santa Casa da Misericórdia do Rio de Janeiro. Os critérios de inclusão no estudo piloto foram: a) ter idade entre 9 e 15 anos; b) apresentar sintomas do TOC sem comorbidade, de acordo com o DSM-IV-TR, APA, (2002); c) possuir nível cognitivo preservado – avaliado através da Escala Wechsler de Inteligência para Crianças (*Wechsler Intelligence Scale for Children* – WISC-III), pela equipe de neuropsicologia do Setor de Neuropsiquiatria Infanto-Juvenil da Santa Casa da Misericórdia do Rio de Janeiro; d) não estar tomando medicação específica para o TOC.

39.2.2 Procedimento

O procedimento inicial foi realizado pelas psicólogas através de uma entrevista clínica estruturada com a presença dos responsáveis, levantando informações que possibilitassem a conceituação de caso e o diagnóstico. Além disso, procurou-se avaliar a condição do paciente em tolerar a ansiedade para maior possibilidade na adesão ao tratamento (Friedberg & McClure 2004; Reinecke, Dattilio & Freeman, 1999; Stallard, 2007).

O protocolo de tratamento foi formulado em quatro etapas, distribuídas em 24 sessões, de uma hora e trinta minutos (em média), uma vez por semana. Algumas sessões foram individuais e outras tiveram a participação dos responsáveis. Os terapeutas receberam orientação e supervisão semanais. Cada sessão incluiu um relatório de objetivos, uma cuidadosa revisão da semana anterior, tarefa de casa para a próxima semana e procedimentos de monitoração.

A primeira etapa, nomeada de psicoeducação, procurou motivar e educar tanto o paciente quanto os responsáveis. Os terapeutas descreveram o TOC como uma doença neurocomportamental desagradável e opressiva que afeta tanto a criança quanto sua família. Além disso, esclareceram que a criança e a família ingressariam numa espécie de batalha contra o TOC e que o objetivo do tratamento seria conseguir aliados e oferecer estratégias para vencer essa batalha. Introduziram metáforas e histórias para aumentar a motivação e a adesão das crianças e dos adolescentes ao tratamento. Nessa etapa também foram apresentados os riscos e os benefícios do tratamento.

A segunda etapa teve como objetivo iniciar o treino cognitivo. Embora a utilização de técnicas de exposição e prevenção de resposta seja suficiente, na maioria dos casos, para diminuir sintomatologia, muitos pacientes precisaram de uma psicoeducação sobre aspectos cognitivos para possibilitar melhor realização das tarefas de E/PR. Assim, tornou-se de grande ajuda o treino cognitivo na identificação das afirmações falsas evocadas pelo TOC, principalmente os sintomas que são guiados por afetos negativos – como medo, culpa ou nojo. As estratégias desenvolvidas no treino cognitivo foram: diálogo interno; reestruturação cognitiva; e cultivo do desprendimento, da separação e do desligamento, visando a aumentar o senso de eficácia pessoal, a previsibilidade, a controlabilidade e a probabilidade autoatribuída de um resultado positivo para as tarefas de E/PR.

Na terceira etapa, os terapeutas iniciaram o mapeamento do TOC, desenvolvendo a ideia de um mapa de ruas para esse transtorno e introduziram o conceito de uma zona de transição entre o território controlado pelo TOC e o território sob o controle da criança. Foi utilizada a *Escala Yale-Brown de Obsessões e Compulsões – versão para crianças* (*Yale-Brown Obsessive Compulsive Scale – Y-BOCS-vc*) e os dados da entrevista inicial do paciente para conhecer seus sintomas, gerando uma "hierarquia de estímulos". No mapeamento com crianças, houve a possibilidade de se utilizar uma ferramenta para medir a ansiedade subjetiva associada aos sintomas específicos do TOC – termômetro do medo – com o objetivo de quantificar a intensidade de cada sintoma, através do desenho de um termômetro numerado de zero a dez, no qual zero significa ausência de ansiedade e dez seria o extremo oposto, ou seja, a ansiedade mais intensa.

A quarta etapa abarcou a essência da TCC para o transtorno do TOC, a chamada exposição e prevenção de resposta graduada. Essa etapa abrangeu a maior parte do tratamento. Nesta fase executou-se o planejamento dos exercícios de exposição ao pensamento, à ação ou ao objeto temido, resistindo-se (prevenção de resposta) às compulsões ou comportamentos de fuga que a ansiedade desencadeava. Reassegurou-se, principalmente aos pacientes, que eles iriam fazer as tarefas propostas no seu ritmo. Dando prosseguimento ao programa, pacientes e responsáveis foram instruídos a anotar em folha padronizada o que havia acontecido durante a semana: se houve resistência ou não ao exercício. Cabe ressaltar que só era acrescentada nova tarefa quando havia ocorrido a diluição da ansiedade. Cada sucesso era reforçado com elogios e atenção, entretanto, algumas crianças precisaram de uma programação prévia de recompensa para ajudá-las na motivação do enfrentamento (Maj *et al.*, 2005; March & Mulle, 1998). As últimas sessões foram programadas com o intuito de desenvolver estratégias que ajudassem na prevenção de recaídas.

Nessa proposta de atendimento, é forte a evidência a favor da necessidade da participação dos pais no processo de tratamento (March & Mulle, 1998). Levantava-se com os pais, no início e ao final de cada sessão, detalhes acerca do andamento do trabalho, as estratégias utilizadas pela criança para manejar e enfrentar o TOC, durante a semana. A dificuldade da maioria das crianças no reconhecimento dos sintomas como irracionais ou excessivos, como alguns estudos apontam (Castillo & Castillo, 2007; Hyman & Pedrick, 2010), levou as terapeutas a solicitar a presença dos responsáveis na sessão planejada para mapear o TOC e na sessão em que seria construída a escala hierárquica, para auxiliar no planejamento das tarefas de exposição e prevenção de resposta a serem realizadas pelas crianças e pelos adolescentes.

Podem-se destacar alguns dos principais objetivos da intervenção familiar: fornecer a psicoeducação sobre o TOC para reduzir a culpa e ajudar a família a distinguir o transtorno de outros comportamentos; liberar os familiares do envolvimento nas rotinas do TOC; reconstruir ou reforçar padrões saudáveis da interação familiar.

No que se refere à aplicação do protocolo, foram criados pelos autores do estudo materiais de apoio para o desenvolvimento do processo terapêutico: apostila de psicoeducação elaborada para facilitar a educação das crianças e dos responsáveis a respeito do quadro e da natureza do TOC (Chansky, 2000; Noppen, Pato & Rasmussen, 2000; Torres, Shavitt & Miguel, 2001); um livro de histórias para crianças menores de 10 anos e outro para adolescentes, com a finalidade de auxiliar na identificação e na adesão ao tratamento. Utilizou-se também um texto, originalmente escrito em inglês – *"Welcome to Holland"*, de Emily Perl Kingsley, citado no manual de March e Mulle (1998), portanto, com dados referentes a outra cultura, que foi traduzido e adaptado às peculiaridades da cultura brasileira, cujo título passou a ser: "Bem-vindos à Argentina", para auxiliar no trabalho com os responsáveis. Além disso, foram organizados roteiros para as sessões e compilado material de apoio para ser utilizado nos encontros, como desenho para a criança preencher os balões identificando seus principais pensamentos, folha digitada para registrar os pensamentos disfuncionais, lista com os bons e maus pensamentos, cartão de enfrentamento e frases de motivação (Chansky, 2000; Friedberg & McClure, 2004; Stallard, 2007).

O instrumento utilizado antes e após a intervenção foi Y-BOCS-vc. A escala foi aplicada em crianças e em adolescentes em sessões individuais, o que auxiliou na elaboração de uma lista com os sintomas apontados. Os procedimentos éticos para pesquisa com seres humanos foram respeitados, assegurando-se o sigilo e a confidencialidade dos dados obtidos com os pacientes e com os responsáveis, atendendo assim, à resolução 016/200 do Conselho Federal de Psicologia e à Resolução 196 do Conselho Nacional de Saúde.

39.2.3 Resultados

Verificou-se que dos dez pacientes atendidos, seis tiveram o resultado na avaliação inicial do Y-BOCS caracterizados como sintomas moderados (variando na pontuação de 16 a 20 pontos) e quatro pacientes com sintomas graves (24 a 27 pontos), havendo a predominância da dimensão contaminação e limpeza. Ao final da intervenção, com a reaplicação do instrumento, foi constatada redução significativa dos sintomas, com escores abaixo dos 35% da pontuação inicial em todos os pacientes. Esses resultados podem ser mais bem visualizados na Figura 1, que mostra a evolução dos pacientes, antes e depois do tratamento, quanto à diminuição e à gravidade dos sintomas do TOC.

Figura 1 Escores dos pacientes no Y-BOCS, antes e após participação no grupo de pesquisa.

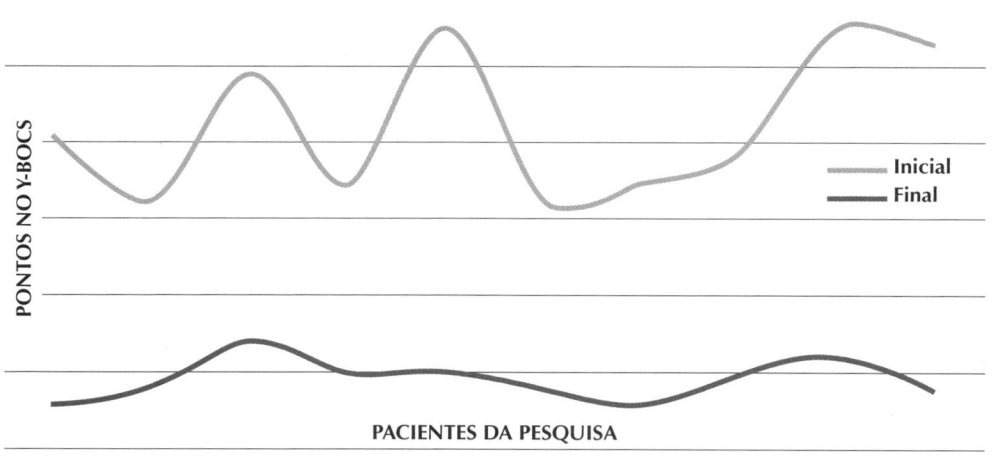

39.3 Considerações finais

Os dados aqui apresentados demonstram a eficácia da Terapia Cognitivo-Comportamental no tratamento do TOC na infância e na adolescência na amostra estudada. Entretanto, é necessário que se considere as limitações metodológicas deste estudo, tais como: (a) reduzido tamanho da amostra; (b) ausência de um grupo controle; (c) a utilização de apenas um instrumento de avaliação. Embora a intervenção implementada tenha seguido a base do protocolo de March e Mulle (1998), a equipe de terapeutas considerou a necessidade de criar materiais de apoio, como recursos lúdicos, para possibilitar maior motivação e adesão da criança ao tratamento.

Ao final deste estudo, comparando-se os relatos dos pacientes no decorrer do tratamento, verificou-se que o funcionamento psicossocial de todos apresentou melhora global significativa. A participação da família mostrou-se fundamental na capacitação dos participantes no que se refere ao domínio das tarefas de exposição e de prevenção de respostas. A partir do relato dos participantes, constatou-se que a família exibia comportamentos mais funcionais do que no início da pesquisa.

Relacionando os sintomas assinalados no Y-BOCS, no início e ao final do tratamento (Figura 1), pode-se inferir que as estratégias comportamentais de exposição e prevenção de resposta associadas à Terapia Cognitiva resultaram em benefícios significativos para os pacientes. Apesar das limitações metodológicas, o estudo abre caminho para novas pesquisas na área, de modo que a reaplicação da intervenção possa dar maior consistência aos resultados encontrados.

39.4 Referências

Associação Psiquiátrica Americana – APA (2002). *Manual diagnóstico e estatístico de transtornos mentais*. (DSM-IV-TR). 4 ed. . Porto Alegre: Artmed.

Campos, M. C. R. & Mercadante, M. T. (2000). Transtorno obsessivo-compulsivo. *Revista Brasileira de Psiquiatria, 22* (2). 24-26. Recuperado em maio de 2009 de <www.scielo.br/scielo.php?script=sci_arttext&pid=S1516444620000006 00005&lng=en&tlng=pt. http://dx.doi.org/10.1590/S1516-44462000000600005>.

Campos, M. C. R. (2001). Peculiaridades do transtorno obsessivo-compulsivo na infância e na adolescência. *Revista Brasileira de Psiquiatria, 23* (2), 21-29. Recuperado em 16 de abril de 2009 de <www.scielo.br/scielo.php?script=sci_ arttext&pid=S1516-44462001000600008&lng=en&tlng=pt.http://dx.doi.org/10.1590/S151644462001000600008>.

Castillo, A. R. G. L. & Castillo J. C. R. (2007). Terapia Cognitivo-Comportamental em crianças e adolescentes com transtorno obsessivo-compulsivo e Síndrome de Tourette. In I. R. Oliveira, M. C. Campos, & E. C. Miguel. (Org.), *Princípios e prática em transtornos do espectro obsessivo-compulsivo* (pp. 259-274). Rio de Janeiro: Guanabara Koogan.

Chansky, T. E. (2000). *Freeing your child from obsessive-compulsive disorder – a powerful, practical program for parents of children and adolescents*. New York: Three Rivers Press.

Cordioli, A. V. (2004). *Vencendo o transtorno obsessivo-compulsivo*. Porto Alegre: Artmed.

Cordioli, A. V. (2007). *TOC – manual de Terapia Cognitivo-Comportamental para o transtorno obsessivo-compulsivo*. Porto Alegre: Artmed.

Ferrão. Y. A. & Florão, M. S. (2010). Acomodação familiar e criticismo percebido em pacientes com transtorno obsessivo-compulsivo. *Jornal Brasileiro de Psiquiatria*. 59 (1), 34-43. Recuperado em 18 de outubro de 2010 de <http://dx.doi.org/10.1590/S0047-20852010000100006>.

Flament, M. F., Whitaker, A., & Rapoport, J. L. (1988). Obsessive-compulsive disorder in adolescent: an epidemiological study. *Journal child and adolescent Psychiatry, 27* (6), 64-71.

Friedberg, R. D. & McClure, J. M. (2004). *A prática clínica de Terapia Cognitiva com crianças e adolescentes*. Porto Alegre: Artmed.

Hyman, B. & Pedrick, C. (2010). *The OCD workbook. Your guide to breaking free from obsessive-compulsive disorder*. Oakland: New Hrabinger Publications, Inc.

Maj, M., Sartorius, N., Okasha, A. A., & Zohar, J., (2005). *Transtorno obsessivo-compulsivo*. Porto Alegre: Artmed.

March, J. S. & Mulle, K. (1998). *OCD in children and adolescents – a cognitive-behavioral treatment manual*. New York: The Guilford Press.

Noppen, B. L. V., Pato, M. T., & Rasmussen, S. (2000). *Aprendendo a viver com TOC – transtorno obsessivo-compulsivo*. São Paulo – PROTOC.

Prazeres, A. M., Souza, W. F., & Fontenelle, L. F. (2007). Terapias de base cognitivo-comportamental do transtorno obsessivo-compulsivo: revisão sistemática da última década. *Revista Brasileira de Psiquiatria, 29* (3), 16-27.

Raffin, A. L., Ferrão, Y. A., Souza, I., F. P., & Cordioli, A. V. (2008). Fatores preditores de resultados no tratamento do transtorno obsessivo-compulsivo com as terapias Comportamental e Cognitivo-Comportamental: uma revisão sistemática. *Revista Brasileira de Psiquiatria, 30* (1), 32-42.

Reinecke, M . A., Dattilio, F. M., & Freeman, A. (1999). *Terapia Cognitiva com crianças e adolescentes*. Porto Alegre: Artmed.

Stallard, P. (2007). *Bons pensamentos – bons sentimentos: manual de Terapia Cognitivo-Comportamental para crianças e adolescentes*. Porto Alegre: Artmed.

Torres, A. R., Shavitt, R. G., & Miguel, E. C. (2001). *Medos, dúvidas e manias: orientações para pessoas com transtorno obsessivo-compulsivo e seus familiares*. Porto Alegre: Artmed.

Autores:

Maria Alice de Castro – Mestre em Psicologia Social pela Universidade do Estado do Rio de Janeiro, Especialista em Psicopedagogia na Educação.

Ana Paula Souza Leão Gester – Mestre em Avaliação pela Fundação Cesgranrio. Especialista em Neuropsicologia e em Saúde Mental pela Santa Casa de Misericórdia do Rio de Janeiro. Especialista em Psicopedagogia pela Universidade Estácio de Sá e em Psicologia Educacional pela PUC-MG.

Gabriel Bronstein Landsberg – Médico psiquiatra.

Loredana Zubcich – Especialista em Neuropsicologia e em Psicoterapia Breve Integrada pela Santa Casa de Misericórdia do Rio de Janeiro. Especialista em Saúde Mental Infantil pelo Instituto Philippe Pinel.

Lucia Marmulsztejn – Mestre em Psicologia pelo ISOP/FGV. Especialista em Psicoterapia Psicodinâmica Breve pela Santa Casa de Misericórdia do Rio de Janeiro e em Psicoterapia Infantil – Grupsi.

Marcia Cristina Votre Ferreira – Especialista em Neuropsicologia e em Saúde Mental e Desenvolvimento da Criança e do Adolescente pela Escola de Pós-Graduação da Santa Casa da Misericórdia do Rio de Janeiro. Especialista em Clínica Interdisciplinar dos Transtornos Psicopatológicos da Criança e do Adolescente pela Universidade Católica de Brasília.

Olga Souto – Psicóloga clínica.

Vera Lucia de Carvalho França – Especialista em Neuropsicologia e em Saúde Mental e Desenvolvimento da Criança e do Adolescente pela Escola de Pós-Graduação da Santa Casa da Misericórdia do Rio de Janeiro.

Fábio Barbirato – Médico psiquiatra.

Transtorno de estresse agudo em queimados

Maria Pia Coimbra
Cristiane Figueiredo

40.1 Introdução

O tema tratado neste capítulo foi pensado durante o treinamento profissional da primeira autora em um Centro de Tratamento de Queimados (CTQ) de um hospital geral no município do Rio de Janeiro, onde se percebeu grande número de pacientes internados após acidente por queimadura com sintomas comuns ao quadro do Transtorno de Estresse Agudo (TEA). Segundo estudo recente (Palmu, Suominen, Vuola & Isometsä, 2011), mais da metade dos pacientes que sofreram queimaduras graves desenvolveram algum tipo de transtorno mental após esse evento. Devido à gravidade do quadro clínico desse tipo de paciente, além de seu estado psíquico, percebeu-se a importância de uma avaliação minuciosa desses dois aspectos para que houvesse a possibilidade de controle precoce dos sintomas e da prevenção de outros transtornos psiquiátricos como o Transtorno de Estresse Pós-Traumático (TEPT).

De acordo com o DSM-IV-TR (APA, 2002), o TEA é caracterizado por sintomas dissociativos e elevada ansiedade que têm início em até quatro semanas após um evento traumático extremo. A duração mínima dos sintomas deve ser de dois dias e eles devem provocar sofrimento ou prejuízo significativo em áreas importantes da vida do indivíduo, incluindo sua capacidade de lidar ou de executar alguma ação necessária em relação ao próprio evento traumático ou a suas consequências. Semelhante ao que ocorre no TEPT, para o desenvolvimento desse transtorno é necessário que tenha havido exposição direta, testemunho ou confronto com uma ou mais situações envolvendo morte, ferimento ou ameaça à integridade física de si mesmo ou de outras pessoas. A resposta ao evento deve ter envolvido intenso medo, impotência ou horror.

Durante ou após o evento traumático o indivíduo deve relatar pelo menos três dos sintomas dissociativos a seguir: sentimento subjetivo de anestesia, distanciamento ou ausência de resposta emocional, redução da consciência quanto às coisas que o rodeiam, desrealização, despersonalização e amnésia dissociativa (isto é, incapacidade de recordar um aspecto importante do trauma). Após o evento traumático, o paciente que desenvolve esse transtorno pode apresentar sintomas que se dividem em três classes: revivescência, entorpecimento emocional/esquiva e hiperestimulação autonômica (APA, 2002).

As revivescências são caracterizadas pela sensação de o indivíduo estar vivendo o trauma novamente, o que pode ocorrer através de lembranças intrusivas, *flashbacks* e/ou pesadelos recorrentes. Já o entorpecimento emocional/esquiva é caracterizado pela evitação ativa de pensamentos e de sentimentos associados ao trauma; esforço em evitar atividades, locais ou pessoas associados ao trauma; redução do interesse nas atividades; e sentimento abreviado de futuro. Os pacientes relatam, ainda, certa incapacidade de ter sentimentos bons. A hiperestimulação autonômica pode ser diagnosticada por excitabilidade aumentada, insônia, irritabilidade, dificuldade em se concentrar, resposta de sobressalto exagerada. Para que seja feito o diagnóstico de estresse agudo, esses sintomas devem persistir por no mínimo dois dias após o trauma e no máximo até quatro semanas e causar comprometimento social e ocupacional significativos (APA, 2002, Boscarino & Adams, 2009).

Considerando o elevado índice de pacientes que chegam ao CTQ após evento traumático envolvendo grande injúria física, sofrimento psíquico, risco de morte e dor intensa, é possível supor que muitos apresentem sintomas de transtorno de estresse agudo, tornando ainda mais complexo seu tratamento. O acompanhamento psicológico desses pacientes para identificar o nível de risco em relação ao desenvolvimento de um transtorno e a intervenção precoce com estratégias cognitivo-comportamentais que visem à redução dos sintomas de estresse e ao fortalecimento da capacidade de enfrentamento da situação são ações que podem contribuir para um restabelecimento mais rápido e integral desses pacientes (Abueg, Woods & Watson, 2004).

Atualmente alguns estudos apontam para a possível prevenção do TEPT a partir da intervenção precoce em pacientes com sintomas de TEA por meio de uma abordagem cognitivo-comportamental (Bisson, Shepherd, Joy, Probert & Newcombe, 2004; Bryant et al., 2008; Foa, Hearst-Ikeda & Perry, 1995). Essa proposta de prevenção se justifica em pesquisas que mostram que indivíduos com TEA têm maior predisposição a desenvolver TEPT (Bryant, 2003).

A Terapia Cognitivo-Comportamental é apontada como o tratamento psicoterápico mais eficaz para pacientes diagnosticados com TEA e TEPT. Segundo 58 estudos controlados, esse tipo de paciente deve receber tratamento focado no trauma, com técnicas de dessensibilização sistemática aos estímulos evitados (exposição *in vivo*), enfrentamento das memórias relacionadas ao trauma em um ambiente seguro (exposição imaginária), além da identificação, do confronto e da alteração de pensamentos distorcidos sobre o evento traumático (reestruturação cognitiva) (Forbes *et al.*, 2007; Knapp & Caminha, 2003).

O modelo cognitivo-comportamental de intervenção com pacientes traumatizados utiliza estratégias como a reestruturação cognitiva da experiência traumática e a dessensibilização sistemática, entre outras (Knapp & Caminha, 2003). A primeira técnica consiste em buscar o significado que o evento teve para o paciente, identificando pensamentos automáticos e sentimentos relacionados que podem estar ajustados ao fato ocorrido ou distorcidos pela percepção do paciente. Ao levantar a presença de distorções cognitivas, o terapeuta pode ajudar o indivíduo a reestruturá-las, reduzindo sentimentos de medo e ansiedade característicos dos quadros de estresse agudo (Bryant *et al.*, 2008). Após chegar a pensamentos alternativos, o paciente consegue incorporar novos pensamentos à memória do trauma. No entanto, na maioria dos casos o questionamento e a reavaliação dos pensamentos não são suficientes para desconfirmar a crença no significado original dos *hot spots*: pensamentos que estão diretamente relacionados ao momento de mais estresse na memória do trauma (Ehlers, Clark, Hackmann, McManus & Fennell, 2005; Ehlers *et al.*, 2002). Por isso a associação com outras ferramentas psicoterapêuticas, especialmente as técnicas comportamentais de dessensibilização sistemática e exposição gradual, é recomendada para que se aumente a chance de recuperação do paciente após um evento traumático.

Tais estratégias comportamentais são muito úteis na medida em que auxiliam o paciente a desvincular estímulos anteriormente neutros que passam a ser aversivos a partir do emparelhamento com os estímulos traumáticos (Knapp & Caminha, 2003). No caso de acidentes com queimaduras, por exemplo, é comum que estímulos como frigideira, embalagem de álcool ou de óleo de cozinha e determinados odores desencadeiem uma resposta de ativação autonômica no paciente. A exposição gradual visa a reduzir esse desconforto e aumentar o senso de autoconfiança do indivíduo (Bryant *et al.*, 2008).

Nos últimos anos, uma série de estudos indicou que o número de sessões necessárias e eficazes para se prevenir o TEPT seria de cinco a seis, todas estruturadas com exposição prolongada e reestruturação cognitiva (Bryant, 2003; Bryant, Harvey, Sackville, Dang & Basten, 1998; Bryant, Moulds, Guthrie & Nixon, 2005; Bryant, Sackville, Dang, Moulds & Guthrie, 1999). Dados indicam a alta prevalência de TEPT em pacientes acometidos por queimaduras graves, atingindo uma faixa que varia de 11 a 32% (McKibben, Bresnick, Askay & Fauerbach, 2008), outras pesquisas sugerem que indivíduos queimados sem tratamento psicoterápico durante a internação hospitalar apresentam maior gravidade nos sintomas de evitação e de pensamentos intrusivos (Difede & Barocas, 1999). A partir dessas informações, foi proposto um estudo-piloto para avaliar se o uso de estratégias cognitivo-comportamentais pode reduzir os sintomas de estresse agudo e amenizar o sofrimento de pacientes queimados com sintomas de Transtorno de Estresse Agudo internados em um CTQ. A seguir, são descritas a metodologia, os resultados e as reflexões possíveis a partir dos dados deste estudo.

40.2 Método

40.2.1 Participantes

Participaram deste estudo seis pacientes que estavam internados em um centro de tratamento especializado no período de janeiro e fevereiro de 2011, sendo quatro do sexo feminino e dois do masculino. As idades variaram entre 17 e 43 anos. Todos apresentavam sintomas compatíveis com Transtorno de Estresse Agudo e concordaram em participar voluntariamente do estudo.

40.2.2 Instrumentos

Para ter acesso aos dados de avaliação psicológica dos pacientes pré e pós-intervenção foi utilizada uma entrevista de anamnese com base nos critérios diagnósticos do DSM-IV e a Escala de Estresse Agudo (ASDS), criada por Bryant, Moulds e Guthrie (2000) em uma tradução livre, ainda não validada. Essa escala apresenta 19 itens e a intensidade varia de 1 (nada) a 5 (muito). O diagnóstico do TEA é apresentado se o examinando marcar pontuação maior ou igual a 56 na soma dos escores marcados (Bryant, Moulds & Guthrie, 2000).

40.2.3 Procedimento

Após a fase inicial de avaliação dos participantes, aqueles que apresentaram sintomas compatíveis com Transtorno de Estresse Agudo foram divididos em dois grupos. Os pacientes do primeiro grupo receberam atendimento psicológico individual com técnicas cognitivo-comportamentais. Os pacientes do segundo grupo receberam a visita da pesquisadora ao longo do mesmo tempo do primeiro grupo, também de modo individual, no entanto não foram utilizadas, nesse primeiro momento, técnicas ou procedimentos cognitivo--comportamentais, mas estratégias de apoio psicológico, como a escuta empática.

Após o término das seis sessões de psicoterapia, os pacientes de ambos os grupos foram convidados a preencher novamente a Escala de Estresse Agudo (ASDS). Foi verificado se houve alteração nos escores e se os procedimentos cognitivo-comportamentais empregados foram eficazes para a redução dos sintomas de TEA nos pacientes do primeiro grupo em comparação com os pacientes que não receberam a mesma intervenção (segundo grupo). Aos pacientes de ambos os grupos que não relataram alívio significativo dos sintomas ou que apresentaram demanda para permanecer em acompanhamento psicológico por um tempo mais longo foi oferecido encaminhamento para o serviço de saúde mental da própria unidade ou daquela que melhor se ajustasse às necessidades do paciente, como proximidade com o local de moradia, por exemplo.

40.2.3.1 Estrutura dos atendimentos

Os pacientes do primeiro grupo receberam atendimento psicoterápico individual, três vezes por semana ao longo de 15 dias. Esses atendimentos tiveram duração média de 45 minutos e foram utilizadas as seguintes técnicas e procedimentos cognitivo-comportamentais: psicoeducação, identificação de pensamentos e sentimentos relacionados ao evento traumático, reestruturação de distorções cognitivas, exercícios de relaxamento, exposição imaginária e exposição *in vivo*.

1ª **sessão**: nesse primeiro momento era feito o acolhimento após a internação. A psicóloga realizava a entrevista para avaliar os sintomas apresentados pelo pacientes, além da administração da ASDS. Nessa etapa dedicava-se tempo à psicoeducação sobre a experiência traumática e seus possíveis efeitos psicológicos para o indivíduo traumatizado. Essa estratégia parece ser extremamente importante para redução inicial de alguns sintomas de ansiedade e melhor compreensão do que está sendo vivido, além de contribuir para o estabelecimento do vínculo terapêutico.

2ª **sessão**: avaliação mais minuciosa dos sintomas relatados pelo paciente, que era, então, estimulado a relatar com mais detalhes o evento traumático vivido. Eram explicadas as técnicas que seriam administradas durante o tratamento e construída uma possível escala hierárquica para exposição gradual.

3ª **sessão**: reestruturação cognitiva e exposição imaginária (relato da memória sobre acontecimento traumático).

4ª **sessão**: reestruturação cognitiva e exposição *in vivo* (exposição a objetos inicialmente neutros que tenham ficado associados à situação traumática).

5ª **sessão**: exposição imaginária e *in vivo*.

6ª **sessão**: reestruturação cognitiva; fechamento do tratamento com o *feedback* por parte do paciente e uma nova administração ASDS. Entrevistas e aconselhamento com familiares e amigos foram realizados para melhor continuidade do tratamento, orientando-os sobre o estado psicológico do paciente, explicando sobre o TEA e seus sintomas e ajudando-os na maneira de lidar com a pessoa traumatizada.

40.2.4 Cuidados éticos

Ainda que os procedimentos propostos como terapêuticos neste estudo – a saber, reestruturação cognitiva, relaxamento, exposição gradual imaginária e *in vivo* – estejam amplamente descritos na literatura especializada e não apresentem resultados potencialmente prejudiciais ou de risco para o paciente, aquele que se sentisse desconfortável com qualquer intervenção ou simplesmente não desejasse mais permanecer no estudo poderia declinar de sua participação a qualquer momento, sem prejuízo para seu tratamento como um todo, inclusive psicológico. Ainda assim, não houve desistência ou abandono por parte de nenhum participante da pesquisa, tanto do grupo de tratamento quanto do grupo controle.

Os pacientes que no primeiro momento ficaram no grupo que recebeu acompanhamento psicológico de apoio puderam, ao final do estudo, receber a intervenção cognitivo-comportamental como forma de complementar o tratamento psicológico. Para isso, a pesquisadora se comprometeu a comparecer à unidade de saúde até que todos os participantes do estudo tivessem recebido o atendimento proposto a título de intervenção psicoterapêutica.

Não foram incluídos como participantes deste estudo pacientes que apresentaram sintomas compatíveis com transtorno de personalidade, relato de abuso de substâncias psicoativas ou comportamento suicida. Aos que se enquadraram nesses critérios, também foi oferecido encaminhamento a atendimento psicológico na unidade ou na rede referenciada.

40.2.5 Resultados

Foram avaliados no grupo de tratamento três pacientes que preencheram todos os critérios de inclusão no período da pesquisa. No grupo de apoio (controle), foram avaliados três pacientes que deram entrada CTQ-A no mesmo período. Todos apresentaram redução dos sintomas segundo o instrumento utilizado.

A média de redução de sintomas no grupo de tratamento foi de 35 pontos e no grupo controle de 23,3 pontos. Os escores obtidos após a intervenção foram menores no grupo que recebeu tratamento de TCC. Como o número de participantes foi pequeno para cada grupo, não foram realizadas análises estatísticas. Não se pode afirmar, portanto, que as diferenças observadas tenham se devido ao tratamento. De qualquer forma, considera-se esse estudo um indicativo da necessidade de serem realizadas novas investigações.

Quadro 1 Resultados grupo de TCC (Branco) e grupo de apoio (Cinza)

Paciente	Idade	Situação/Trauma	Pré	Pós
L.C.	21	Ônibus incendiado em atentado. Queimaduras de 2º e 3º graus em 35% da superfície corporal.	59	23
B.S.	17	Rebelião. Queimadura provocada por álcool, de 2º e 3º graus em 35% da superfície corporal.	58	38
R.S.	45	Queimadura por óleo quente ao cozinhar. Queimaduras de 2º em 15% da superfície corporal.	60	26
M.P.	41	Acidente de trabalho por combustão de querosene. Queimaduras de 2º e 3º graus em 32% da superfície corporal.	57	43
P.A.	23	Ônibus incendiado em atentado. Queimaduras de 2º e 3º graus em 25% da superfície corporal.	62	27
G.B.	18	Explosão de gás. Queimaduras de 2º profundo e 3º graus em 28% da superfície corporal.	65	29

40.3 Considerações e perspectivas futuras

A partir dos resultados observados nos pacientes por meio da Escala de Estresse Agudo pode-se notar que houve diminuição dos sintomas de Transtorno de Estresse Agudo em todos os pacientes. Ainda que não seja possível afirmar que apenas o fator de utilização de estratégias cognitivo-comportamentais tenha sido responsável pela redução de tais sintomas, percebe-se que o atendimento psicológico apresenta bons resultados e a sistematização e a organização oferecida pela TCC podem fazer diferença. Variáveis não controladas podem ter interferido para que a redução do estresse ocorresse em ambos os grupos como, como a passagem do tempo, a capacidade de resiliência individual e a estratégia de apoio psicológico dada aos pacientes do grupo de apoio, por exemplo. Apesar disso, o grupo que recebeu a intervenção de base cognitivo-comportamental também se beneficiou da redução mais acentuada dos sintomas de evitação e hiperestimulação autonômica. Desse modo, é possível sugerir que essas estratégias devam apresentar efeitos terapêuticos relevantes nesses casos e deveriam ser testadas em estudos futuros.

Segundo Roberts, Kitchiner, Kenardy & Bisson (2009), oito estudos comparando grupos de apoio à pacientes com diagnóstico de TEA e grupos que não sofreram nenhuma intervenção não apresentaram diferença estatística significativa nos resultados finais das escalas utilizadas. Esse dado pode ser considerado importante, pois vai de encontro aos resultados dos outros estudos que indicam tendência de melhora dos sintomas com a TCC, reforçando o fato de que são necessárias mais pesquisas dentro desse campo de conhecimento.

O pequeno número de pacientes que puderam participar deste estudo não permite que se façam generalizações sobre a eficácia das estratégias psicoterapêuticas cognitivo-comportamentais para um grupo mais amplo. No entanto, a partir do estudo dos casos que foram acompanhados, é possível refletir sobre a influência que o atendimento psicológico, com ênfase na TCC, pode ter para a melhora mais imediata dos sintomas de estresse agudo tão frequentes nestes casos.

Os sintomas mais comuns encontrados nos pacientes da pesquisa foram dificuldade para iniciar o sono e para dormir por períodos longos, fato que pode ser confirmado pela literatura (Difede, 2002). Verificou-se também que 50% dos pesquisados apresentavam fortes sintomas de evitação (falar ou pensar sobre o evento traumático). O tratamento psicoterápico era iniciado até uma semana após o evento traumático, o que se encontra bem próximo dos achados na literatura em que os protocolos eram iniciados com até 72 horas após a internação.

Outros fatores limitaram um melhor delineamento dos resultados, como a exposição imaginária que não pode ser repetida o número de vezes necessárias devido à dificuldade de material como aparelhos de som e fones de ouvido, já que os pacientes não podem permanecer com aparelhos eletrônicos dentro do CTQ-A.

Ainda são muito poucos os trabalhos na literatura sobre o tratamento de pacientes queimados diagnosticados com TEA. Apesar das limitações deste estudo, através dele foi possível levantar questões a respeito do tratamento de pessoas que sofrem com as traumáticas e dolorosas situações de queimaduras e das possibilidades de contribuição da abordagem cognitivo-comportamental associada ao tratamento clínico desses pacientes.

40.4 Referências

Abueg, F. R., Woods, G. W., & Watson, D. S. (2004). Trauma de desastre. In F. Dattilio & A. Freeman (Orgs.), *Estratégias cognitivo-comportamentais de intervenção em situações de crise*. 2ed. (pp. 205-228). Porto Alegre: Artmed.

American Psychiatric Association – APA (2002). *Manual diagnóstico e estatístico de transtornos mentais – DSM-IV-TR* 4 ed. (C. Dornelles, Trad). Porto Alegre: Artmed.

Boscarino, J. A. & Adams, R. E. (2009). PTSD onset and course following the World Trade Center disaster: findings and implications for future research. *Social Psychiatry and Psychiatric Epidemiology, 44* (10), 887-898.

Bisson, J. I., Shepherd, J. P., Joy, D., Probert, R., & Newcombe, R. G. (2004). Early cognitive behavioral therapy for post-traumatic stress symptoms after physical injury: randomized controlled trial. *British Journal of Psychiatry, 184*, 63-69.

Bryant, R. A. (2003). Early predictors of post-traumatic stress disorder. *Biological Psychiatry. 53* (9), 789-795.

Bryant, R. A., Harvey, A. G., Sackville, T., Dang, S., & Basten, C. (1998). Treatment of acute stress disorder: a comparison of cognitive-behavioral therapy and supportive counseling. *Journal of Consulting and Clinical Psychology, 66* (5), 862-866.

Bryant, R. A., Mastrodomenico, J., Felmingham, K. L., Hopwood, S., Kenny, L., Kandris, E., Cahill, C., & Creamer, M. (2008). Treatment of Acute Stress Disorder. *Archives of General Psychiatry, 65* (6), 659-667.

Bryant, R. A., Moulds, M. L., & Guthrie, R. M. (2000). Acute Stress Disorder Scale: a Self-Report Measure of Acute Stress Disorder. *Psychological Assessment, 12* (1), 61-68.

Bryant, R. A., Moulds, M., Guthrie, R. M., & Nixon, R. D. (2005) The additive benefit of hypnosis and cognitive behavior therapy in treating acute stress disorder. *Journal of Consulting and Clinical Psychology, 73* (2), 334-340.

Bryant, R. A., Sackville, T., Dang, S. T., Moulds, M., & Guthrie, R. (1999). Treating acute stress disorder: an evaluation of cognitive behavior therapy and counseling techniques. *American Journal of Psychiatry, 156* (11), 1780-1786.

Difede, J. (2002). Acute stress disorder after burn injury: A predictor of posttraumatic stress disorder? *Psychosomatic Medicine, 64*, 826-834.

Difede, J. & Barocas, D. (1999). Acute intrusive and avoidant PTSD symptoms as predictors of chronic PTSD following burn injury. *Journal of Traumatic Stress, 12*, 363-369.

Ehlers, A., Clark, D. M., Hackmann, A., McManus, F., & Fennell, M. (2005). Cognitive therapy for post-traumatic stress disorder: development and evaluation. *Behavioral Research and Therapy, 43* (4), 413-431.

Ehlers, A., Hackmann, A., Steil, R., Clohessy, S., Wenninger, K., & Winter, H. (2002). The nature of intrusive memories after trauma: the warning signal hypothesis. *Behavioral Research and Therapy, 40* (9), 995-1002.

Foa, E. B., Hearst-Ikeda, D., & Perry, K. J. (1995). Evaluation of a brief cognitive-behavioral program for the prevention of chronic PTSD in recent assault victims. *Journal of Consulting and Clinical Psychology, 63* (6), 948-955.

Forbes, D., Creamer, M., Phelps, A. J., Couineau, A. L., Cooper, J. A., Bryant, R. A., McFarlane, A. C., Devilly, G. J., Matthews, L. R., & Raphael, B. (2007). Treating adults with acute stress disorder and post-traumatic stress disorder in general practice: a clinical update. *Medical Journal of Australia, 187*, 120-123.

Knapp, P. & Caminha, R. M. (2003). Terapia Cognitiva do transtorno de estresse pós-traumático. *Revista Brasileira de Psiquiatria, 25* (1), 31-36.

McKibben, J. B. A., Bresnick, M. G., Askay, S. A. W., & Fauerbach, J. A. (2008). Acute stress disorder and post-traumatic stress disorder: a prospective study of prevalence, course and predictors in a sample with major burn injuries. *Journal of Burn Care & Research, 29* (1), 22-35.

Palmu, R., Suominen, K, Vuola, J., & Isometsä E. (2011). Mental disorders after burn injury: A prospective study. *Burns, 37* (4), 601-609.

Roberts, N. P., Kitchiner, N. J., Kenardy, J., & Bisson, J. (2009). Systematic review and meta-analysis of multiple-session early interventions following traumatic events. *American Journal of Psychiatry, 166*, 293-301.

Autores:

Maria Pia Coimbra – Mestranda em Psicologia e Psicóloga clínica. Contato: mariapia.coimbra@gmail.com

Cristiane Figueiredo – Mestre em Psicologia Social pela Universidade do Estado do Rio de Janeiro. Psicóloga clínica e hospitalar. Contato: crisfigueiredo2@gmail.com

CAPÍTULO 41

Atenção básica: estresse e estressores ocupacionais em médicos e enfermeiros[1]

Liliane de Carvalho

Lucia Emmanoel Novaes Malagris

[1] Artigo baseado na Dissertação de Mestrado da autora principal, tendo a mesma sido bolsista da Coordenação de Aperfeiçoamento de Pessoal de Nível Superior (Capes).

41.1 Introdução

Quanto mais se busca entender as relações entre o universo laboral e a saúde, mais os pesquisadores esbarram em questões relacionadas à saúde mental dos trabalhadores (Palácios, Duarte & Câmara, 2002). Apesar disso, ainda é bastante obscura a relação entre saúde mental e trabalho e, consequentemente, há precariedade nos programas de intervenção. Glina, Rocha, Batista e Mendonça (2001) chamam atenção para a especificidade do processo de adoecimento do indivíduo, destacando a importância de sua história de vida e também profissional, para que se possa estabelecer nexo causal entre trabalho e saúde mental. As autoras deste último estudo também apontam a necessidade de descrição detalhada da situação de trabalho, do ambiente, da organização, bem como da percepção do trabalhador diante da influência do trabalho no processo de adoecimento, para o completo entendimento dessa relação.

Embora existam tais dificuldades, são diversos os modelos teóricos que visam ao entendimento da conexão entre saúde mental e trabalho, dentre os quais se destacam a Psicopatologia do Trabalho, advindo, sobretudo, das pesquisas de Dejours (1994), e os relacionados a estresse e trabalho.

Neste estudo privilegia-se a abordagem do estresse, por entender que o ambiente laboral pode estar relacionado ao desencadeamento dessas, o que acarreta problemas de saúde grave aos trabalhadores, bem como gastos excessivos por parte de empregadores, devido a absenteísmo, queda na produtividade, problemas de relacionamento com os pares, dentre outros.

Na esfera da saúde, Hernández (2003) desenvolveu um estudo com médicos e enfermeiros dos níveis primários e secundários de atenção e observou que as fontes de estresse mais frequentes relatadas giraram em torno da necessidade de constante atualização profissional, conflitos com superiores, responsabilidade pelos resultados de sua atuação, baixo reconhecimento por parte da população atendida, incerteza quanto ao manejo da informação com o paciente e seus familiares e cuidado das necessidades emocionais dos pacientes.

Um modelo bastante aceito para explicar o estresse decorrente do mundo do trabalho é o modelo demanda-controle de Karasek (1979). Segundo Araújo, Graça e Araújo (2003), esse autor ampliou o enfoque sobre estressores relacionados ao trabalho, até então baseados no delineamento de Selye (1956), que considerava apenas a relação estresse e demanda psicológica, e inseriu o grau de controle como importante nível de análise.

Karasek, com colaboradores, desenvolveu seu modelo a partir de estudos com trabalhadores de dois países industrializados, Estados Unidos e Suécia, concluindo haver relação causal entre trabalho e desgaste mental, estando o desgaste relacionado a estressores organizacionais divididos em duas dimensões: demanda psicológica e controle do trabalho (Karasek, 1979). Este último é apontado como importante fator para o desenvolvimento ou não de estresse por parte do trabalhador.

Por demanda psicológica entendem-se as exigências psíquicas provocadas pelo ambiente externo, estando o estresse relacionado a situações em que a demanda exceda a capacidade do indivíduo de responder adequadamente aos estímulos (Araújo, Aquino, Menezes, Santos & Aguiar, 2003). No ambiente de trabalho, as demandas podem ser quantitativas – arroladas ao tempo e à velocidade – e/ou qualitativas – ligadas à dependência de outras pessoas para o término de suas atividades, ao nível de concentração requerido e ao conflito entre demandas contraditórias (Karasek, 1979; Mello Alves, Chor, Faerstein, Lopes & Werneck, 2004).

A dimensão controle do trabalho refere-se ao uso de habilidades, ou seja, aprendizagem de conhecimentos, criatividade, repetição, tarefas variadas e desenvolvimento de habilidades especiais, bem como a autoridade decisória, exigindo habilidade por parte do indivíduo para a tomada de decisões a respeito de seu trabalho. Os dados da pesquisa de Karasek (1979) revelam ser esta a dimensão mais relacionada ao estresse, conforme mencionado.

Diante dessas definições, Karasek distingue quatro possibilidades de experiência no trabalho geradas pelas interações entre os níveis de demanda psicológica e grau de controle, ilustradas na Figura 1 (Karasek, 1979, p. 288): alta exigência do trabalho (alta demanda e baixo controle), trabalho ativo (alta demanda e alto controle), trabalho passivo (baixa demanda e baixo controle) e baixa exigência (combinando baixa demanda e alto controle).

Figura 1 Modelo demanda-controle de Karasek.

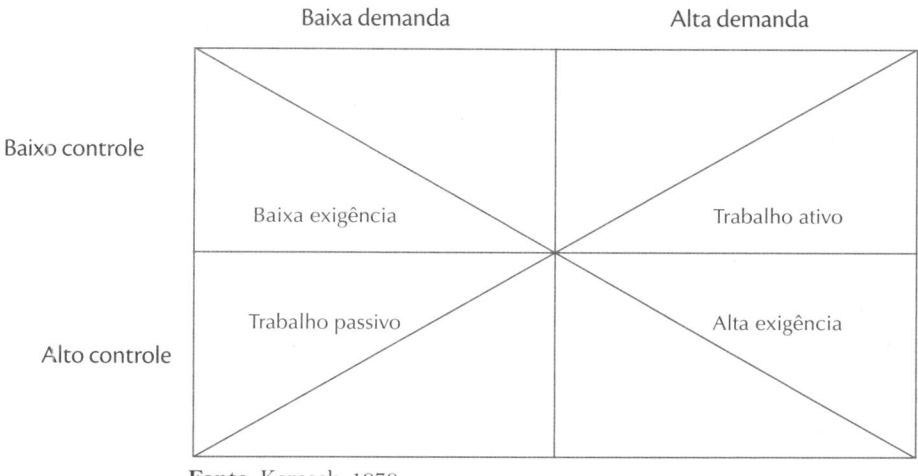

Fonte: Karasek, 1979.

Os maiores problemas psicológicos ocorrem, segundo o autor, quando há alta demanda psicológica e baixo controle sobre o trabalho, por gerar grande desgaste ao trabalhador, o que prejudica sua saúde e pode levar ao surgimento de quadros de depressão, fadiga, ansiedade e doenças físicas. Igualmente nociva é a combinação baixa demanda e baixo controle (trabalho passivo), pois pode ocorrer declínio na atividade global do indivíduo e desinteresse pelo trabalho (Karasek, 1979; Araújo *et al.*, 2003; Mello Alves *et al.*, 2004). Em contrapartida, com alta demanda e alto controle, o trabalhador sente-se ativo, mesmo que as tarefas exijam muito, pois pode decidir como e quando desenvolvê-las, traçando estratégias para lidar com as dificuldades. A situação ideal de trabalho conjuga baixa demanda e alto controle. O trabalhador é pouco exigido e tem grande domínio sobre seu trabalho (Mello Alves *et al.*, 2004).

Posteriormente, Johnson incluiu no modelo de Karasek uma terceira dimensão psicológica, apoio social no ambiente de trabalho, definida como níveis de interação social com chefes e colegas e capaz de modificar as dimensões de ordem individuais entre demanda e controle (Karasek & Theorell, 1990 citado por Mello Alves *et al.*, 2004; Reis, Carvalho, Araújo, Porto & Neto, 2005). É importante ressaltar que a perspectiva do modelo idealizado por Karasek é sociológica, pois considera o local de trabalho como determinante do grau de demanda psicológica e controle. Assim, para minimização do estresse laboral, é necessário haver modificações no ambiente de trabalho (Reis, Araújo, Carvalho, Barbalho & Silva, 2006).

As carreiras de medicina e enfermagem são relacionadas ao cuidado do outro, que frequentemente está em completa vulnerabilidade. Isso exige do profissional, além da técnica, equilíbrio emocional para lidar com as situações de dificuldade, encontradas com o paciente e sua família.

Segundo Soar Filho (1998), é desejável que o profissional de saúde possua determinados atributos e atitudes, a fim de que a relação com seu cliente seja estabelecida com eficácia terapêutica. Tais atributos e atitudes dizem respeito à empatia e à capacidade de colocar-se no lugar do outro; à continência, tolerar determinadas atitudes e pensamentos que os pacientes possam ter durante o contato com o profissional; à humildade e ao respeito pelas verdades dos pacientes; ao respeito às diferenças, não desqualificando o que o cliente traz como queixa; à curiosidade; à capacidade de conotar positivamente, isto é, trabalhar no sentido de entender determinado funcionamento de um paciente antes de criticá-lo; e, por fim, à capacidade de comunicação, de estabelecer diálogo com o cliente, com intuito de que ele compreenda seu quadro e se engaje no tratamento.

Sabendo que o estresse pode contribuir para o desenvolvimento de doenças (Lipp, 2003), é necessário avaliar, prevenir e tratar o estresse dos profissionais, de modo geral, e dentre aqueles atuantes na Atenção Básica (AB) do Sistema Único de Saúde (SUS), a fim de proporcionar melhorias, tanto em sua qualidade de vida quanto no atendimento aos clientes. Considerando que a AB é a porta de entrada do usuário no serviço de saúde e que um atendimento efetivo resulta em menos gastos públicos e redução de possíveis transtornos àquele que busca o serviço público de saúde, a avaliação do nível de estresse dos profissionais desse ambiente de trabalho, bem como a prevenção e o tratamento desse sintoma são fundamentais.

Com base nos elementos expostos, os objetivos deste estudo foram avaliar o nível de estresse de médicos e enfermeiros da AB de um município da região metropolitana do Estado do Rio de Janeiro, além de identificar e analisar os estressores ocupacionais mais frequentes das categorias estudadas.

41.2 Método

41.2.1 Participantes

Este estudo contou com amostra não probabilística e acidental, pois, de todos os 28 médicos e 11 enfermeiros das 17 Unidades Básicas de Saúde (UBSs) de um município do Rio de Janeiro, concordaram em participar 20 profissionais de medicina (71%) e 10 profissionais de enfermagem (91%). Observou-se, portanto, que 30 profissionais, 77% da população total, fizeram parte da pesquisa. Como se almejou investigar toda a classe médica das UBSs, bem como todos os enfermeiros, não houve critério de exclusão, estando aptos todos os profissionais das duas categorias.

O município estudado se localiza na região metropolitana do estado do Rio de Janeiro e possui 42.936 mil habitantes distribuídos ao longo de sua extensão territorial, grande parte localizada na zona rural. Apenas 8% de toda a área corresponde à zona urbana, dividida em bairros, nos quais se localizam o maior contingente populacional. A pesquisa foi feita em 17 UBSs localizadas nos diferentes bairros da cidade, sendo nove Módulos de Saúde Comunitário, dois Centros Municipais de Saúde Coletiva e seis Postos de Saúde.

Inicialmente foi solicitada e concedida autorização por escrito do Coordenador Municipal de Saúde Coletiva para a realização da pesquisa com os médicos da Atenção Básica do município. A seguir, o projeto foi encaminhado e aprovado pelo Comitê de Ética em Pesquisa da Secretaria Municipal de Saúde do Rio de Janeiro. Após as devidas concordâncias, a pesquisadora percorreu as Unidades Básicas de Saúde a fim de solicitar a autorização de seus responsáveis para o desenvolvimento das atividades. Posteriormente, os profissionais médicos das Unidades foram contatados, sendo informados do objetivo da pesquisa e pediu-se que aqueles que concordaram em participar do estudo assinassem o Termo de Consentimento Livre e Esclarecido. As aplicações ocorreram ao longo dos meses abril, maio, junho, julho, agosto e setembro de 2007.

41.2.2 Instrumentos

a) Questionário Informativo (QI), elaborado pela autora, cujo objetivo foi traçar o perfil biográfico e profissional da amostra e relacionar esses dados aos obtidos nos demais instrumentos utilizados.

b) Inventário de Sintomas de *Stress* para Adultos de Lipp (ISSL) (Lipp, 2000), que visa a investigar a presença ou não de estresse, a fase do estresse e a predominância de sintomas, físicos e/ou psicológicos.

c) Questionário sobre Estresse no Local de Trabalho (QELT), de autoria de Glina e Rocha (2000), cujo objetivo é avaliar o risco de desenvolvimento de estresse a partir do local de trabalho, possibilitando também a identificação e a quantificação de estressores ocupacionais. Em nota ao final do instrumento, as autoras enfatizam que os itens *Requisitos do Trabalho*, *Autoridade Decisória* (em parte), *Discriminação de Tarefas* e *Condições de Emprego* (em parte) foram baseados no Questionário sobre o Conteúdo das Tarefas desenvolvido por Karasek. O QELT é constituído por cinco itens – *Requisitos do Trabalho*, *Autoridade Decisória*, *Discriminação de Tarefas*, *Condições de Emprego* e *Apoio dos Chefes e Colegas*. Cada item é composto por subitens que possuem peso 0 ou 1, de acordo com seu potencial estressor.

A cada participante ofereceu-se de receber ou não o resultado do ISSL, sendo entregue aos interessados um relatório individual. Todos os profissionais que responderam aos instrumentos receberam um folheto informativo sobre causas, consequências e formas de manejo do estresse excessivo. O objetivo desse último procedimento foi contribuir com informações específicas sobre estresse, para que os profissionais, a partir do entendimento sobre o tema, pudessem refletir e implantar estratégias de prevenção e redução do nível estresse, para melhorar sua qualidade de vida.

41.2.3 Resultados e discussão

A análise descritiva dos resultados do QI, ISSL e QELT foi realizada através do programa Microsoft EXCEL. Para o estudo das possíveis relações de dependência entre as variáveis dos instrumentos, utilizou-se o programa de computador GraphPad Prism 3.0, realizando-se tratamento dos dados através de estatística não paramétrica, mais especificamente Prova Exata de Fisher. É importante ressaltar que em todas as análises o nível de significância utilizado foi de 0,05 (= 5%).

Os resultados descritos permitem tecer considerações acerca dos médicos e dos enfermeiros do município estudado no que tange à caracterização da amostra, ao nível de estresse detectado e à quantidade e à qualidade dos estressores identificados. Relações entre as variáveis também foram feitas, a fim de avaliar se possuíam vinculação entre si. Convém ressaltar que embora não tenha sido objetivo do estudo analisar comparativamente médicos e enfermeiros, em alguns momentos isso será feito por se mostrar pertinente e interessante.

Há no município 28 médicos e 11 enfermeiros na AB. O estudo contou com 71% do total de médicos e 91% do total de enfermeiros. A quantidade de participantes revela-se representativa da população, logo, os dados mostram-se relevantes para caracterizar esses profissionais.

Quanto ao gênero dos profissionais, o número de médicos do gênero masculino, 13 (65%), foi maior que do gênero feminino, sete (35%). O contrário pôde ser observado na categoria de enfermeiros, sendo dominante o número de enfermeiras, oito (80%), em relação à quantidade de enfermeiros, dois (20%). A possível explicação para tal fato na categoria dos médicos é de que, embora o número de mulheres nesse campo tenha aumentado nos últimos anos, a profissão ainda é predominantemente masculina. Quanto à enfermagem, observa-se que grande parte dos profissionais é do gênero feminino, não fugindo da realidade da profissão, cuja preponderância é de mulheres.

Analisando a questão da faixa etária, foi maior o número de médicos mais velhos, 12 (60%), com 40 anos ou mais. Não foi constatado o mesmo em relação aos enfermeiros, dentre os quais oito (80%) tinham 39 anos ou menos. Em pesquisa realizada com médicos do Brasil, verifica-se que a grande maioria tem menos de 45 anos de idade (65,8%), dado que contraria o encontrado na amostra (Machado, 1998). No caso dos enfermeiros, a média de idade se mostrou semelhante à encontrada para os enfermeiros brasileiros que atuam em UBSs (Ministério da Saúde, 2007).

Observou-se que na amostra de médicos preponderou o número de casados(as), 14 (70%), não ocorrendo o mesmo com a amostra de enfermeiros, na qual foi encontrado número igual para casados(as) e solteiros(as), quatro (40%). A explicação para esse fato pode estar na média de idade dos participantes, pois a amostra de médicos mostrou média de idade maior (43,7) do que a de enfermeiros (32,2). A faixa etária dos médicos e a estabilidade financeira talvez indiquem uma vida já mais definida em termos gerais, incluindo casamento. Não se pode ignorar também a tendência cada vez mais comum de as pessoas se casarem com mais de 30 anos.

Resultado interessante que corrobora a mudança na questão da natalidade dos dias atuais foi constatado na investigação do número de filhos dos participantes. Predominaram na amostra de médicos aqueles que tinham apenas um filho, oito (40%); na amostra de enfermeiros, predominaram os que não tinham nenhum filho, cinco (50%). Dados de 2007 do IBGE revelam que entre 1996 e 2006 houve significativa redução no número de filhos dentre as mulheres, sendo observado, em 2006, 30,9% de mulheres com um filho; 33,3%

com dois filhos e 35,8% com três filhos ou mais, ao passo que em 1996 esses percentuais eram de 25%, 30,1% e 44,9%, respectivamente.

No que tange ao tempo de serviço profissional, observou-se que prevaleceu, tanto na categoria médica quanto na de enfermeiros, os que atuavam há 15 anos ou menos no mercado de trabalho, sendo 15 (60%) médicos e dez (100%) enfermeiros. A profissão médica tem experimentado mudanças importantes no que concerne à sua prática e um dos fatores que têm provocado essas transformações é justamente o rejuvenescimento do profissional de medicina.

Observa-se, atualmente, percentual elevado de médicos com menos de 15 anos de formado, fato que pode explicar o maior número de profissionais dessa área com 15 anos ou menos de carreira. Além disso, o perfil do médico e do enfermeiro que trabalha na AB é de profissionais jovens, observando-se, nos médicos, predomínio de pessoas com cinco a 14 anos de carreira e nos enfermeiros, pessoas com até quatro anos de profissão (Ministério da Saúde, 2007).

No caso do tempo de serviço profissional na AB do município em questão, a mesma justificativa é cabível, pois na medida em que os profissionais têm pouco tempo de profissão, possuem também pouco tempo de trabalho na AB. O número de pessoas vinculadas ao município há 15 anos ou menos foi 15 (79%) dentre os médicos e dez (100%) dentre os enfermeiros. É também importante afirmar que a AB tem sido porta de entrada para os profissionais da saúde no mundo do trabalho, primeiro por não necessitar de especialistas, segundo pelos serviços cada vez mais amplos dessas unidades de atendimento.

Quanto à questão da carga horária, nove (50%) dos 18 médicos relataram trabalhar 25 horas ou menos na AB e nove (50%) 26 horas ou mais, diferenciando-se dos enfermeiros, que trabalham todos (100%) mais de 26 horas na AB. Devido à sua formação, o enfermeiro está habilitado a desempenhar atividades de administração, o que o leva a exercer trabalhos assistenciais e administrativos nas UBS, necessitando, assim, de maior carga horária.

A multiplicidade de vínculo empregatício do médico foi também detectada nesta amostra, na qual 17 (89,5%) profissionais relataram possuir outro trabalho além do que mantinham na AB. Tal dado pode se dever à precarização do trabalho, sob forma de cooperativa de serviços, e à baixa remuneração, o que exige que o profissional aumente seus vínculos empregatícios para obter maiores rendimentos. O mesmo não foi observado entre os enfermeiros, revelando que quatro (40%) possuíam outro trabalho. Esse fato nos remete à carga horária, pois os médicos possuíam carga horária menor que os enfermeiros, possibilitando que se dedicassem também a outras atividades.

No que diz respeito ao nível de estresse, constatou-se que tanto no grupo dos médicos quanto no dos enfermeiros houve considerável número de estressados, nove (45%) e quatro (40%), respectivamente. O índice de estresse nessas duas categorias profissionais se mostra acima da média dos brasileiros, 30% (Lipp, 2004). Esse fato gera preocupação porque essas pessoas podem apresentar prejuízos em sua qualidade de vida, bem como comprometimento na qualidade de seus atendimentos. O usuário mal atendido tenderá a buscar outros serviços, provocando inchaço em determinadas instituições, além disso, o paciente corre o risco de, ao ser atendido por profissionais estressados, não resolver seu problema em função de déficits no atendimento.

Todos os profissionais estressados encontravam-se na segunda fase de estresse, denominada resistência, que já é considerada estágio de estresse excessivo por afetar a vida do indivíduo. Segundo Lipp e Malagris (2011), nessa fase o organismo tenta restabelecer a homeostase perdida na fase de alerta (primeira fase do estresse) e, com isso, apresenta desgaste de suas energias. Sintomas como sensação de desgaste físico constante – relatado por sete (78%) dos nove médicos estressados –, cansaço constante – relatado por seis (67%) –, e sensibilidade emotiva excessiva – também apontado por seis (67%) participantes – podem aparecer e minar a capacidade de a pessoa de viver plenamente sua qualidade de vida. Nos enfermeiros, a sintomatologia predominante foi semelhante: cansaço constante e sensibilidade emotiva excessiva. Os dois sintomas foram apontados por quatro (100%) dos enfermeiros estressados. Porém, um sintoma se diferenciou: irritabilidade excessiva, assinalado por todos os enfermeiros estressados. A partir da sintomatologia que predominou entre os profissionais, imaginam-se os prejuízos que eles estejam vivenciando, incluindo problemas pessoais, como também os que afetam a terceiros, através de relações profissionais de saúde-cliente deficitárias. O profissional irritado, cansado, hipersensível, pode ter suas relações altamente comprometidas e, consequentemente, seu desempenho profissional afetado. Considerando que esses profissionais lidam com pessoas já debilitadas, em sua maioria, que buscam apoio afetivo e técnico da instituição e de seus profissionais, a questão se mostra bastante séria.

Conforme encontrado na avaliação do estresse, a preponderância da sintomatologia psicológica ocorreu em ambas as categorias, em seis (67%) participantes médicos estressados e em dois (50%) dos enfermeiros estressados, o que pode se dever às exigências do trabalho de ambos os profissionais, a saber, o cuidado com o outro. Vale ressaltar, ainda, que um enfermeiro(25% do total de profissionais dessa área estressados) apresentou como dominantes ambas as sintomatologias, física e psicológica, o que engrossa a importância do fator psicológico no modo como o estresse é apresentado. A sintomatologia psicológica compromete a autoestima do indivíduo e pode influenciar em suas relações e em seu desempenho. Pode também gerar desânimo, descrença em seu potencial de trabalho e falta de motivação em suas atividades.

No que concerne aos estressores, percebeu-se que, dentre os médicos, preponderaram estressores relativos às demandas do trabalho (Requisitos do Trabalho) e às condições em que ele acontece (Condições de Emprego), tais como trabalho repetitivo, 12 (60%); não tirar dias de folga quando deseja, dez (55,5%); necessidade de concentração intensa, 11 (55%); volume e ritmo de trabalho elevados, 11 (55%). Nota-se que as condições de trabalho oferecidas a esses profissionais, provavelmente, contribuem para que as atividades sejam vivenciadas como estressantes, já que eles atendem a um grande número de usuários, em geral, em condições deficitárias por falta de recursos.

Na categoria dos enfermeiros observou-se também predominância de estressores relacionados aos requisitos do trabalho e às condições de emprego: falta de segurança do trabalho, nove (90%); interrupção de tarefas antes de serem completadas, oito (80%); não tirar dias de folga quando deseja, oito (80%). Os enfermeiros, por atuarem também na administração das UBSs, são solicitados com frequência em outras esferas que não a assistencial, o que gera interrupção de suas atividades. O estressor relacionado à segurança corresponde à realidade do SUS no município, cujo vínculo empregatício do trabalhador com a Prefeitura se dá através de cooperativa de serviços, fato que gera dúvida quanto à permanência no emprego. Já a ausência de folgas é possivelmente explicada pelo número reduzido de recursos humanos.

Além dos estressores já mencionados, observou-se que a falta de autonomia incomoda os enfermeiros, além da carência de apoio. Tais fatores podem minar a satisfação no emprego e gerar ausência de motivação, contribuindo para a falta de empenho. Segundo Karasek (1979), se o trabalhador é livre no uso de suas habilidades, as demandas relativas ao trabalho podem não gerar estresse, devido ao controle sobre suas atividades. Esse procedimento não é utilizado no caso dos enfermeiros da AB da cidade analisada, que, além de altas demandas, possuem pouco domínio sobre o trabalho. Além disso, diante de tal quadro, a falta de apoio é mais um fator que, somado aos outros, contribui para o desenvolvimento do estresse.

A comparação entre as categorias não foi objetivo inicialmente proposto no presente estudo; no entanto, pareceu interessante compreender as diferenças na quantidade de estressores entre os profissionais. Isso pode ser explicado pelo fato de o enfermeiro possuir uma relação mais intensa do que o médico com o trabalho na AB, devido à carga horária e também ao comprometimento com atividades não apenas assistenciais, mas também administrativas. O tempo que o enfermeiro passa na UBS permite-o vivenciar de forma mais intensa os estressores, possibilitando, assim, a identificação desses elementos.

Diante do quadro de agentes estressantes encontrados como mais frequentes, as categorias de estressores assinaladas tanto por médicos quanto por enfermeiros foram Requisitos do Trabalho e Condições de Emprego, o que demonstra que as demandas relativas ao trabalho e a condição na qual o trabalho acontece são, possivelmente, as maiores causadoras de estresse entre os profissionais. Além disso, é possível afirmar que, apesar das mudanças implantadas no SUS e das propostas bastante avançadas descritas anteriormente, ainda não se alcançou o ideal em termos de condições de emprego. É importante tornar real aquilo que se planejou para que os benefícios dos avanços ideológicos e tecnológicos sejam usufruídos de maneira mais ampla.

Considerando agora apenas os profissionais avaliados como estressados, de modo geral, observa-se novamente que os estressores assinalados foram os relacionados às demandas do trabalho, como também às condições de emprego. Ainda que não se possa afirmar que os estressores das categorias relacionadas sejam os desencadeadores do estresse desses profissionais, é profícuo observar que as altas demandas e as condições em que o trabalho ocorre, dentre os outros itens do QELT, são os que mais contribuem para a manutenção do nível de estresse. Observou-se uma variedade de estressores na amostra de médicos estressados, o que demonstra que tanto a tarefa com suas especificidades quanto as condições de trabalho vivenciadas são consideradas desfavoráveis; esse quadro pode gerar falta de motivação para o enfrentamento do dia a dia.

Analisando os estressores mais marcados pelos enfermeiros estressados, nota-se que o mesmo quadro se repete: Condições de Emprego e Requisitos do Trabalho foram os itens mais apontados, embora essa categoria profissional apresente maior variedade de estressores relacionados a outros itens do QELT, como, por exemplo, os arrolados ao apoio de chefes e colegas. Isso se deve à múltipla inserção desse profissional nas Unidades Básicas. Ele atua não apenas no cuidado e assistência aos pacientes, como também na área administrativa. As categorias mais assinaladas por médicos e enfermeiros estressados, Requisitos do Trabalho e Condições de Emprego, também corresponderam aos estressores relatados pelas amostras totais de médicos e enfermeiros participantes da pesquisa.

O fato de ter-se encontrado predominância de estressores relacionados às duas categorias mencionadas, tanto na amostra de estressados quanto na de não estressados, remete à questão do próprio SUS, que ainda está muito aquém de suas reais possibilidades na contratação de recursos humanos. Quanto menor o número de profissionais, maior será a demanda e piores serão as condições de trabalho, o que marca a falta de estrutura que o profissional encontra em seu ambiente de trabalho.

A Prova Exata de Fisher mostrou que não há relação de dependência entre estresse e dados sociobiográficos, profissão e estressores. Tal fato possivelmente se deve ao número reduzido de participantes da amostra, apesar de ela ser representativa da população local. É interessante a realização de estudos em outros municípios, para que se possa fazer análise comparativa dos dados.

41.3 Conclusão

É importante refletir sobre a porcentagem de estresse encontrada entre os profissionais estudados: ela é bastante alta, principalmente em se tratando de profissionais de saúde – nove (45%) médicos e quatro (40%) enfermeiros. Esses números sugerem prejuízos na qualidade de vida desses profissionais e no atendimento oferecido por eles à população que utiliza o SUS. Grande parte do investimento no SUS pode ficar comprometido se os profissionais não se sentem satisfeitos em seu dia a dia por estarem estressados, alguns já doentes, e percebendo seu desempenho deficitário. Além disso, os usuários dos serviços também podem estar insatisfeitos com tipo de atendimento que recebem e por não encontrarem apoio emocional e técnico da qualidade que necessitam e esperam.

Outro ponto importante quando se pensa sobre os dados aqui encontrados diz respeito ao conhecimento dos estressores dos profissionais. Saber o que os estressa contribui para que haja maior domínio sobre tais variáveis e possibilita redução de sua influência. O fato de se constatar que estressores ligados às atividades específicas do trabalho e às condições para sua realização estão tão presentes leva a se conjeturar sobre a necessidade de mudanças estruturais em termos institucionais: maior quantidade de profissionais contratados e mudanças na formação dos profissionais que os tornem mais capacitados para exercer suas funções.

Outros fatores que merecem reflexão dizem respeito à independência das variáveis sociobiográficas, profissionais e estressores, o que leva à hipótese de que tal ausência de relação se deva ao pequeno número da amostra, sugerindo-se, portanto, replicações do estudo para outras cidades, a fim de que se investigue melhor a relação entre estresse e estressores de médicos e enfermeiros da Atenção Básica.

Embora de pequeno alcance, este estudo contribui para o entendimento do perfil de médicos e enfermeiros da Atenção Básica de uma cidade do interior do Rio de Janeiro, bem como sobre a presença de estresse e sobre a relação entre estresse e estressores desses profissionais, além, de fornecer dados importantes para outras pesquisas na área.

41.4   Referências

Araújo, T. M.; Graça, C. C., & Araújo, E. (2003). Estresse ocupacional e saúde: contribuições do Modelo Demanda-Controle. *Ciência & Saúde Coletiva, 8* (4), 991-1003.

Araújo, T. M.; Aquino, E., Menezes, G.; Santos, C. O., & Aguiar, L. (2003). Aspectos psicossociais do trabalho e distúrbios psíquicos entre trabalhadoras de enfermagem. *Revista de Saúde Pública, 37* (4). Recuperado em 16 de agosto de 2007 da SCIELO (Scientific Electronic Library Online) <www.scielo.br>.

Brasil. Mistério da Saúde (2007). Atenção básica e a saúde da família [*On-line*]. Recuperado em 16 de agosto de 2007 de <http://portal.saude.gov.br/saude/>.

Dejours, C. (1994). *Psicodinâmica do trabalho: contribuições da escola dejouriana à análise da relação prazer, sofrimento e trabalho.* São Paulo: Atlas.

Glina, D. M. R. & Rocha, L. E. (2000). Distúrbios psíquicos relacionados ao trabalho. In M. Ferreira Junior (Org.), *Saúde no trabalho: temas básicos para o profissional que cuida da saúde dos trabalhadores* (pp. 320-351). São Paulo: Roca.

Glina, D. M. R., Rocha, L. E., Batista, M. L., & Mendonça, M. G. V. (2001). Saúde mental e trabalho: uma reflexão sobre o nexo com o trabalho e o diagnóstico, com base na prática. *Cadernos de Saúde Pública, 17* (3). Recuperado em 16 de agosto de 2007 da SciELO (Scientific Electronic Library Online) <www.scielo.br>.

Hernández, J. R. (2003). Estrés y Burnout en Profesionales de la Salud de los Niveles Primário Y Secundario de Atención. *Revista Cubana de Salud Pública, 29* (2), 103-110.

Karasek, R. A. (1979). Job demands, job decision latitude, and mental strain: implications for job redesign. *Administrative Science Quarterly, 24* (2), 285-308.

Lipp, M. E. N. (2000). *Manual do inventário de sintomas de stress para adultos de Lipp* (ISSL). São Paulo: Casa do Psicólogo.

Lipp, M. E. N. (2003). O Modelo quadrifásico do *stress*. In M. E. N. Lipp (Org.), *Mecanismos neuropsicofisológicos do stress – teoria e aplicações clínicas* (pp. 17-21). São Paulo: Casa do Psicólogo.

Lipp, M. E. N. (2004). *Stress* emocional: esboço da teoria de "temas de vida". In M. E. N. Lipp (Org.), *O stress no Brasil: pesquisas avançadas* (pp. 17-30). Campinas: Papirus.

Lipp, M. E. N. & Malagris, L. E. N. (2001). O *stress* emocional e seu tratamento. In B. Rangé (Org.), *Psicoterapias cognitivo-comportamentais – um diálogo com a Psiquiatria* (pp. 475-490). Porto Alegre: Artmed.

Lipp, M. E. N. & Malagris, L. E. N. (2011). Estresse: aspectos históricos, teóricos e clínicos. In B.Rangé (Org.), *Psicoterapias cognitvo-comportamentais: um diálogo com a Psiquiatria* (p. 617-632). Porto Alegre: Artmed.

Machado, M. H. (1998). A profissão médica no contexto de mudanças. In F. A. A. Goulart & G. C. M. Carvalho (Orgs.), *Os médicos e a saúde no Brasil* (pp. 181-198). Brasília: Conselho Federal de Medicina.

Mello Alves, M. G., Chor, D., Faerstein, E., Lopes, C. S., & Werneck, G. L. (2004). Versão resumida da *"job stress scale"*: adaptação para o português. *Revista de Saúde Pública, 38* (2). Recuperado em 16 de agosto de 2007, da SciELO (Scientific Electronic Library Online) <www.scielo.br>.

Palácios, M., Duarte, F., & Câmara, V. M. (2002). Trabalho e sofrimento psíquico de caixas de agências bancárias na cidade do Rio de Janeiro. *Cadernos de Saúde Pública, 18* (3). Recuperado em 16 de agosto de 2007, da SciELO (Scientific Electronic Library Online) <www.scielo.br>.

Reis, E. J. F. B., Carvalho, F. M., Araújo, T. M., Porto, L. A., & Neto, A. M. S. (2005). Trabalho e distúrbios psíquicos em professores da rede municipal de Vitória da Conquista, Bahia, Brasil. *Cadernos de Saúde Pública, 21* (5 Recuperado em 16 de agosto de 2007, da SciELO (Scientific Electronic Library Online) <www.scielo.br>.

Reis, E. J. F. B., Araújo, T. M., Carvalho, F. M., Barbalho L., & Silva, M. O. (2006). Docência e exaustão emocional. *Educação & Sociedade,* Campinas, *27* (94). Recuperado em 16 de agosto de 2007 de <www.cedes.unicamp.br>.

Selye, H. (1956). Stress: *a tensão da vida* 2 ed. São Paulo: IBRASA.

Soar Filho, E. J. (1998) A interação médico-cliente. *Revista da Associação Médica Brasileira, 44* (1), 35-42.

Autoras:

Liliane de Carvalho – Mestre em Psicologia pela Universidade Federal do Rio de Janeiro

Lucia Emmanoel Novaes Malagris – Mestre em Psicologia e Doutora em Fisiopatologia Clínica e Experimental; Professora do Programa de Pós-Graduação em Psicologia da Universidade Federal do Rio de Janeiro. Contato: lucianovaes@terra.com.br.

CAPÍTULO 42

Avaliação do nível de estresse e da depressão em pacientes portadores da Hepatite Viral Crônica C

Juliana Caversan de Barros
Lucia Emmanoel Novaes Malagris

42.1 Introdução

As doenças crônico-degenerativas têm sido fonte de grande preocupação em todo o mundo por sua alta prevalência e pela dificuldade de controlá-las. Tais doenças têm sido associadas à influência negativa do estresse (Freitas & Mendes, 2007, Mendes, 2010) e presença de depressão (Duarte & Rego, 2007). O próprio recebimento da notícia de um diagnóstico de doença crônica já pode ser altamente impactante emocionalmente para o indivíduo, pois pode ser permeado por uma série de ideias negativistas em relação a si, aos outros e ao futuro (White, 2001).

No caso específico da Hepatite Viral Crônica C, as incertezas associadas ao futuro, a necessidade de mudanças no estilo de vida e as demais limitações decorrentes da doença podem contribuir para o desenvolvimento de depressão (Kraus, Schäfer, Csef, Scheurlen & Faller, 2000). Além disso, tem sido encontrado estresse emocional significativo em pacientes portadores da Hepatite Viral Crônica C, (Fontana *et al.*, 2002). Convém acrescentar que os sintomas psicológicos concomitantes ao tratamento da doença podem interferir negativamente na adesão dos pacientes e, dessa forma, contribuir para o agravamento da patologia e risco de mortalidade (Miyazaki, Domingos, Valério, Souza & Silva, 2005).

O tratamento antiviral vigente é eficaz em pouco mais da metade dos pacientes que o recebem (Sociedade Brasileira de Hepatologia, Sociedade Brasileira de Infectologia, Sociedade Brasileira de Clínica Médica, 2009) e possui elementos potencialmente estressores. O paciente precisará se expor a muitos efeitos desagradáveis da medicação sem, contudo, ter certeza de resposta positiva. Durante o tratamento, o acompanhamento psicológico é extremamente importante, pois pode contribuir para o gerenciamento do nível de estresse do paciente e, assim, conduzir a maior adesão às intervenções (Lustosa, Alcaires & Costa, 2011).

Estudos realizados por Miyazaki *et al.* (2005), apontam para o possível impacto negativo das medicações utilizadas pelos portadores de Hepatite Viral Crônica C, (interferon e ribavirina) sobre o curso da doença e seu tratamento. Diversos sintomas psicológicos e transtornos mentais podem ser desencadeados pelos remédios, como depressão, ideação suicida e estresse pós-traumático. Esse cenário destaca a importância da avaliação psicológica anterior ao início do tratamento e o acompanhamento durante o esse processo, para eventual necessidade de intervenção.

Considerando a seriedade da doença e suas repercussões biopsicossociais, o presente estudo se justifica por contribuir com informações sobre aspectos emocionais entre portadores de Hepatite Viral Crônica C e, assim, estimular trabalhos de intervenção psicológica que possam ajudar esses pacientes a lidar melhor com a doença e seu tratamento. Desse modo, objetivou-se investigar o nível de estresse e de depressão em pacientes portadores da Hepatite Viral Crônica C, e a possível associação entre essas variáveis.

42.2 Sobre a Hepatite C

O Departamento de Vigilância Epidemiológica da Secretaria de Vigilância em Saúde do Ministério da Saúde (MS), em material informativo de 2005, destacou alguns pontos importantes sobre essa patologia. Inicialmente, chama-se atenção para a descoberta recente da doença, que ocorreu em 1989. Até a referida data, a doença não podia ser identificada, o que contribuiu para um grande número de infecções nas décadas de 1970 e 1980. Outro aspecto levantado diz respeito à população de risco: pessoas que receberam transfusão de sangue antes de 1993 (quando os primeiros exames foram desenvolvidos para detectar a presença do vírus em amostras sanguíneas), usuários de drogas intravenosas, pessoas com tatuagens e *piercings*, por exemplo. Também são destacadas, além das informações já mencionadas, outras vias de infecção: consultórios odontológicos, podólogos e manicures que não seguem normas de biossegurança. A transmissão por via sexual é reduzida, assim como a de mãe para filho.

Outro ponto fundamental a ser considerado é a característica assintomática da doença, que pode permanecer silenciosa por 20 a 30 anos. Quando os primeiros sintomas começam a se manifestar, a doença já está se apresentando em sua forma crônica (o que ocorre em 70% a 85% dos casos), o que faz do HCV o maior responsável por cirrose e transplante hepático no mundo ocidental (Ministério da Saúde, 2005).

A quantidade de pessoas infectadas pelo vírus HCV no mundo é de aproximadamente 130 milhões de indivíduos; desses, há uma estimativa de que 15% possam eliminar o vírus espontaneamente, 25% desenvolvam a doença de forma leve, e que 60% poderão evoluir para a doença crônica progressiva (Sociedade Brasileira de Infectologia, 2008).

42.3   O estresse e sua relação com doenças crônicas

Lipp e Malagris (1998) se basearam nos conceitos de Selye (1965) para construir a seguinte definição sobre estresse:

> stress é definido como uma reação do organismo, com componentes físicos e/ou psicológicos, causada pelas alterações psicofisiológicas que ocorrem quando a pessoa se confronta com uma situação que, de um modo ou de outro, a irrite, amedronte, excite ou confunda, ou mesmo que a faça imensamente feliz (p. 279).

De acordo com Lipp (2003) e Lipp e Malagris (2011), o estresse é um processo que ocorre em quatro fases (alerta, resistência, quase-exaustão e exaustão) e apresenta diversos sintomas fisiológicos e psicológicos. Compreeder essas fases e esses sintomas é fundamental para identificar em qual estágio o indivíduo se encontra, e propor soluções adequadas ao quadro existente. Igualmente importante é a identificação das fontes estressoras.

Straub (2005) define estressor como "qualquer evento ou situação que desencadeie adaptações nos modos de enfrentamento" (p. 116). De acordo com essa visão, são os estímulos ambientais (fontes externas) que podem desencadear um processo de estresse. Entretanto o mesmo autor vai mais além ao destacar o papel do julgamento que uma pessoa faz sobre um evento vivenciado (fontes internas).

Quando o julgamento da situação a caracteriza como desafiadora ou ameaçadora, ela se torna potencialmente estressora, ou seja, o papel da interpretação do indivíduo sobre o evento é fator crucial para que ele seja entendido como um estressor e mobilize o indivíduo para a ação (Lazarus & Folkman, 1984). Segundo Lipp & Malagris (1995), o estresse, até certo ponto, é considerado necessário à sobrevivência humana, pois gera produtividade; porém, se ele se mostrar excessivo e se for mantido por longo período de tempo, pode acarretar riscos para a saúde física e mental.

Atualmente muito se investiga o papel do processo de estresse na etiologia, na manutenção e no agravamento das doenças crônico-degenerativas. De acordo com Straub (2005) "A ideia de que o *stress* persistente ou crônico influencia a vulnerabilidade da pessoa a doenças é, de fato, um dos principais temas da psicologia da saúde" (p. 117). Lipp e Malagris (2001) concordam com esse posicionamento e afirmam que o estresse pode ser considerado um dos fatores de risco que, junto a outros, está presente na etiologia de várias doenças crônicas que comprometem a qualidade de vida de muitas pessoas. No entanto, pode-se compreender a atuação do estresse para além de um fator etiológico para as doenças, já que ele também pode atuar durante o processo de adoecimento, bem como na manutenção e no agravamento do quadro patológico.

42.4   A depressão e sua relação com doenças crônicas

A depressão é um problema de saúde mental que acomete grande parte da população e gera impacto significativo na estrutura social, ocupacional e em diversos outros aspectos da vida. De acordo com o Protocolo Clínico e Diretrizes Terapêuticas para Hepatite Viral C (Ministério da Saúde, 2007) a depressão pode aparecer como reação adversa à medicação usada para o tratamento da Hepatite C, ou seja, o interferon e a ribavirina podem desencadear reações depressivas nos pacientes sob tratamento.

De acordo com o *Manual diagnóstico e estatístico dos transtornos mentais (DSM-IV-TR)* da Associação Psiquiátrica Americana (APA, 2002), uma forma de manifestação da depressão é o episódio depressivo maior (EDM). Para que esse quadro seja caracterizado, os critérios do DSM-IV-TR especificam que pelo menos cinco dos nove critérios a seguir devem estar presentes: insônia ou hipersonia, humor deprimido, redução do interesse ou prazer em todas ou quase todas as atividades, perda ou ganho de peso, agitação ou retardo psicomotor, fadiga ou perda de energia, sentimentos de desvalia ou culpa inapropriados, redução da concentração e ideação suicida. Os sintomas devem durar pelo menos duas semanas, sendo um deles humor deprimido ou perda de interesse ou prazer. De acordo com o modelo cognitivo da depressão desenvolvido por Beck, Rush, Shaw e Emery (1982), os pacientes acometidos por esse transtorno apresentam processamento cognitivo disfuncional classificado pelos autores de tríade cognitiva. Esse funcionamento cognitivo mal adaptativo consiste em visão negativista que o paciente tem de si, visão negativa do mundo a sua volta e visão negativa do futuro. Tais avaliações distorcidas podem comprometer imensamente a adesão de um paciente ao tratamento, pois a doença pode ser interpretada como algo sem solução, o que reduz as chances de eficácia da terapêutica adotada. Grande parte da maneira como o paciente lida com sua doença e seu tratamento depende da forma como ele interpreta esses elementos. Miyazaki *et al.* (2005), estudando aspectos psicológicos da Hepatite C, enfatizam que a avaliação individual sobre determinada situação, no caso a doença, influenciará diretamente a forma como ela será enfrentada.

42.5   Objetivos

O presente estudo teve como objetivo principal fazer um levantamento sobre o nível de estresse e depressão em um grupo de pacientes portadores da Hepatite Viral Crônica C, considerando diferentes momentos do tratamento. Objetivou também analisar a possível associação entre estresse e depressão nesses pacientes. Acredita-se, assim, contribuir fornecendo informações que possam ser úteis para o desenvolvimento de intervenções psicológicas que visem maior adesão ao tratamento e melhor qualidade de vida de portadores de Hepatite Viral Crônica C.

42.6   Método

42.6.1   Participantes

Participaram do estudo 50 pacientes portadores do vírus da Hepatite Viral Crônica C que ainda não haviam iniciado o tratamento medicamentoso ou que já estivessem em tratamento com o interferon peguilado associado à ribavirina ou interferon peguilado monoterapia seguindo o *Protocolo Clínico e Diretrizes Terapêuticas para Hepatite Viral Crônica C* recomendados pelo Ministério da Saúde (2007). A pesquisa foi realizada no Ambulatório de Gastroenterologia e Hepatologia do Hospital Universitário Antonio Pedro (HUAP) da Universidade Federal Fluminense, Niterói – RJ.

42.6.2   Instrumentos

Para levantamento de dados sociobiográficos e médicos dos participantes utilizou-se o Questionário de Avaliação Biopsicossocial (QAB), elaborado pela autora do presente estudo, que teve como objetivo investigar idade, sexo, forma de contaminação do vírus e estágio do tratamento.

Para avaliação do nível de estresse, utilizou-se o Inventário de Sintomas de *Stress* para Adultos de Lipp – ISSL (Lipp, 2000). O ISSL foi elaborado por Lipp com o objetivo de responder a três questões fundamentais: 1) se a pessoa está estressada; 2) caso positivo, em que fase (alerta, resistência, quase-exaustão ou exaustão) está 3) e se há prevalência de sintomas físicos ou psicológicos. Tal instrumento é composto por três quadrantes, sendo o primeiro referente aos sintomas experimentados pelo indivíduo nas últimas 24 horas, o segundo quadrante à lista dos sintomas da última semana, e o terceiro relacionado aos sintomas do último mês.

Para avaliação do grau de depressão, aplicou-se o Inventário Beck de Depressão – BDI (Beck, Rush, Shaw & Emery, 1979). O BDI é um instrumento para avaliação da depressão desenvolvido por Aaron Beck e adaptado para o Brasil por Cunha (2001). Consta de uma escala de 21 itens, que avaliam presença e gravidade de sintomas de depressão; cada item é graduado em uma escala de 0 a 3. O escore total pode variar entre 0 e 63 pontos e os resultados estão significativamente associados a avaliações clínicas de depressão. O nível de depressão é determinado pelo escore total atingido pelo indivíduo, sendo sugeridas as categorias: "Mínimo" para escores de 0 a 11, "Leve" para escores de 12 a 19, "Moderado" pare escores de 20 a 35 e "Grave" para escores de 36 a 63.

42.6.3 Procedimento

A partir da autorização dos responsáveis pelo ambulatório de Gastroenterologia para realização da pesquisa no HUAP, os pacientes diagnosticados como portadores de Hepatite Viral Crônica C que estavam liberados para tratamento com o interferon e ribavirina foram encaminhados pelos médicos, sendo que alguns ainda não haviam iniciado o tratamento. Após serem contatados, aqueles que concordaram em participar da pesquisa, assinaram o Termo de Consentimento Livre e Esclarecido (TCLE) e foram convidados a responder individualmente ao QAB, ao BDI e ao ISSL. Convém ressaltar que o presente estudo foi aprovado no Comitê de Ética do HUAP, sob número de protocolo 285/10.

42.6.4 Resultados

Os dados coletados foram analisados de modo descritivo e através de estatística não paramétrica, utilizando-se a Prova Exata de Fisher para verificar possível associação entre as variáveis do estudo (estresse e depressão). Quanto à caracterização da amostra, dos 50 pacientes avaliados, 33 (66%) eram mulheres e 17 (34%) homens, com média de idade de 54 anos ± 9,8. Dezoito (36%) pacientes encontravam-se no estágio pré-tratamento e 32 (64%) no período de tratamento. De acordo com as respostas ao QAB, observou-se que as fontes de contaminação relatadas foram: transfusão de sangue 27 (54%), sendo 20 mulheres e sete homens; desconhecidas dez (20%), sendo sete mulheres e três homens; compartilhamento de equipamentos para uso de drogas seis (12%), sendo três mulheres e três homens; relação sexual três (6%), sendo duas mulheres e um homem; e outras fontes quatro (8%), sendo todas mulheres.

Quanto aos resultados apontados pelo BDI, como pode ser verificado na Figura 1, observou-se sintomas de depressão em 16 (89%) dos pacientes em pré-tratamento, tendo sido encontrados sete (39%) pacientes com depressão leve, cinco (28%) com depressão moderada e apenas um com depressão grave. Em relação aos pacientes que já haviam iniciado o tratamento, 27 (84%) apresentavam sintomas de depressão, sendo que 14 (44%) foram classificados com depressão leve, dois (6%) com depressão moderada e apenas um com depressão grave (Figura 2).

Figura 1 Índice de depressão nos pacientes em pré-tratamento

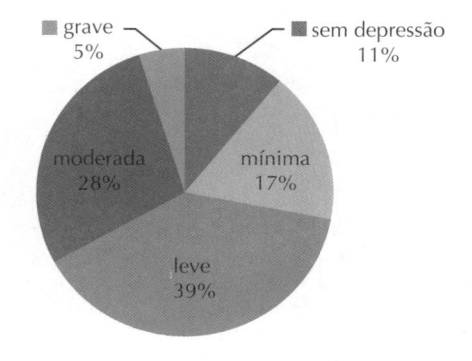

Figura 2 Índice de depressão nos pacientes em tratamento

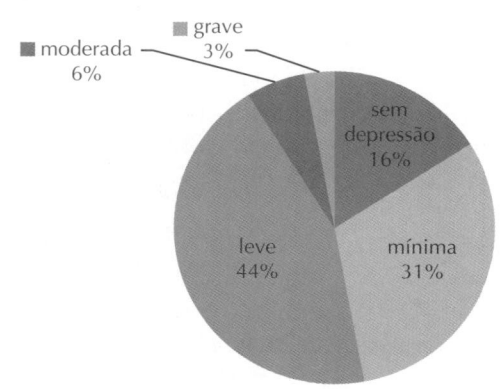

Quanto ao nível de estresse dos participantes, como pode ser verificado na Figura 3, dos pacientes pré--tratamento, 14 (78%) estavam estressados, sendo que dois (11%) se encontravam na fase de alerta e doze (67%) apresentavam um nível de estresse avançado (56% na fase de resistência e 11% na fase de quase-exaustão). Em relação aos pacientes com tratamento já iniciado, 22 (68%) estavam estressados, sendo quatro (12%) na fase de alerta e 56% (18) apresentavam nível de estresse elevado (50% na fase de resistência e 6% na fase de quase-exaustão) (Figura 4).

Figura 3 Nível de estresse dos pacientes pré-tratamento

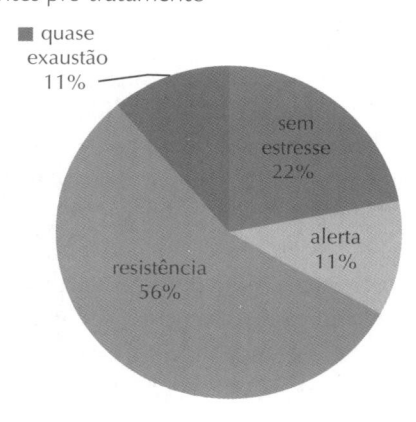

Figura 4 Nível de estresse dos pacientes em tratamento

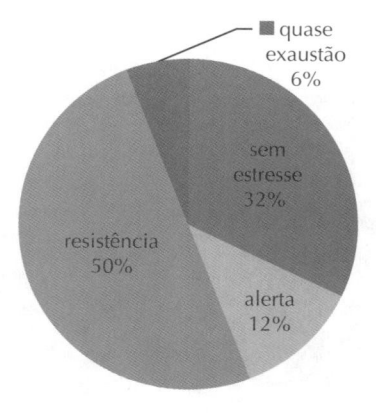

Para a análise da associação entre estresse e depressão por meio da Prova Exata de Fisher, em função do pequeno número de participantes da amostra, optou-se por agrupar os resultados e classificá-los nas seguintes categorias:

- Estresse: 1 – ausência de estresse + fase de alerta; 2 – estresse em fase de resistência + estresse em fase de quase-exaustão + estresse em fase de exaustão;

- Depressão: 1 " ausência de sintomas depressivos + depressão mínima e leve; 2 – depressão moderada + depressão grave.

Verificou-se, então, que para os participantes em período pré-tratamento não houve associação entre estresse e depressão (p = 1, 000). Já para os pacientes que estavam em tratamento observou-se resultado significativo, verificando-se que há relação de dependência entre estresse e depressão nesse subgrupo (p < 0, 0001).

42.6.5 Discussão

Verificou-se que a média de idade dos participantes do estudo (54 ± 9,8) está de acordo com o *Protocolo Clínico e Diretrizes Terapêuticas para Hepatite Viral C* recomendados pelo Ministério da Saúde (Ministério da Saúde, 2011), o qual relata que a maior proporção de casos encontra-se na faixa etária de 40 a 59 anos, e que ao longo desse período, as taxas de detecção mais elevadas são aquelas correspondentes à faixa etária de 50 a 59 anos. Os dados relativos à presença da doença em relação ao sexo diferem daqueles apontados pelas diretrizes acima citadas, que indicam 16,3 casos para cada cem mil habitantes entre o sexo masculino e 10,3 entre o feminino.

Quanto às vias de contaminação, na amostra investigada houve maioria de relatos quanto à transfusão de sangue (54%), enquanto que na população brasileira essa via encontra-se em segunda posição (16%). Segundo as diretrizes, a principal via de contaminação é a relacionada ao uso de drogas (18%), tal via foi a segunda mais citada no presente estudo (12%). Essa diferença pode ser interpretada pela alta prevalência de mulheres no grupo, pois elas estão mais expostas a cirurgias gestacionais, com consequente transfusão de sangue. Dentre os pacientes que citaram essa via de contaminação, 20 (74%) eram mulheres e sete (26%) homens. Dentre as mulheres, a transfusão foi apontada por 20 (60%) das participantes da pesquisa, e no grupo dos homens essa via foi apontada por sete (41%) participantes.

Observou-se na população estudada elevado número de pacientes com algum grau de depressão e de estresse, tanto nos participantes que ainda não haviam iniciado o tratamento quanto naqueles que já o haviam iniciado. Tais dados apontam para o entendimento do quão impactante é o diagnóstico de uma doença crônica na vida de uma pessoa e quantas expectativas um tratamento pode gerar, principalmente quando não se tem chances totais de cura.

Considerando os resultados apontados pela Prova Exata de Fisher, identificou-se uma relação de dependência entre as variáveis estresse e depressão nos pacientes que já haviam iniciado o tratamento medicamentoso. Esses dados parecem mostrar os danos provocados por uma exposição prolongada desses pacientes ao estresse, ou seja, desde o momento em que recebem o diagnóstico até o início do tratamento. É possível que os pacientes, ao iniciar o tratamento, já se encontrem demasiadamente desgastados pela espera de uma intervenção medicamentosa sobre a qual já foram informados quanto aos efeitos colaterais. Logo, durante o tratamento, podem se encontrar em fases avançadas de estresse e apresentar sintomas de depressão associados, como cansaço, falta de interesse e dificuldades em tomar decisões. A depressão se constitui em um dos sintomas de estresse em fases avançadas, segundo Lipp (2000).

42.7 Conclusão

A Hepatite Viral Crônica C é uma doença grave e incapacitante e seu tratamento expõe o paciente a um quantitativo elevado de diferentes reações adversas. O presente estudo apontou, com seus resultados, a importância da compreensão de aspectos psicológicos envolvidos no processo de adoecimento em pacientes com Hepatite Viral Crônica C, a partir da identificação dos níveis de estresse e depressão na amostra. Esses dados podem embasar o desenvolvimento de tratamentos psicológicos específicos que objetivem minimizar o impacto negativo do estresse excessivo e da depressão em pacientes portadores da Hepatite Viral Crônica C. Acredita-se que tais intervenções possam contribuir para a melhoria de qualidade de vida de portadores da doença, facilitando a adesão e melhor resposta ao tratamento medicamentoso.

42.8   Referências

American Psychiatric Association – APA (2002). *Manual diagnóstico e estatístico de transtornos mentais* – DSM-IV-TR. Washington, DC: APA.

Beck, A. T., Rush, A. J., Shaw, B. F., & Emery, G. (1979). *Cognitive therapy of depression.* New York: Guilford Press.

Beck, A. T., Rush, A. J., Shaw, B. F., & Emery, G. (1982). *Terapia Cognitiva da depressão.* Rio de Janeiro: Zahar.

Cunha, J. A. (2001). *Manual da versão em português das Escalas Beck.* São Paulo: Casa do Psicólogo.

Duarte, M. B. & Rego, M. A. V. (2007). Comorbidade entre depressão e doenças clínicas em um ambulatório de geriatria. *Cadernos de Saúde Pública, 23* (3), 691-700.

Fontana, R. J., Hussain, K. B., Schwartz, S. M., Moyer, C. A., Su, G. L., & Lok, A. S. (2002). Emotional distress in chronic hepatitis C patients not receiving antiviral therapy. *Journal of Hepatology, 36* (3), 401-407.

Freitas, M. C. & Mendes, M. M. R. (2007). Condição crônica: análise do conceito no contexto da saúde do adulto. *Revista Latino-Americana de Enfermagem* [online], *15* (4), 590-597. <www.scielo.br/pdf/rlae/v15n4/pt_v15n4a11.pdf>.

Kraus, M. R., Schäfer, A., Csef, H., Scheurlen, M., & Faller, H. (2000). Emotional state, coping styles, and somatic variables in patients with chronic hepatitis C. *Psychosomatics, 41* (5), 377-384.

Lazarus, R. S. & Folkman, S. (1984). *Stress, appraisal, and coping.* New York: Springer.

Lipp, M. E. N. (1999). O que eu tenho é *stress?* De onde ele vem? In M. N. Lipp (Org.), *O stress está dentro de você.* São Paulo: Editora Contexto.

Lipp, M. E. N. (2000). *O stress.* São Paulo: Editora Contexto.

Lipp, M. E. N. (2003). *Mecanismos neuropsicofisiológicos do* stress. São Paulo: Casa do Psicólogo.

Lipp, M. E .N, & Malagris, L. E. N. (1995) O manejo do *stress.* In B. Rangé (Org.), *Psicoterapia comportamental e cognitiva: pesquisa, prática, aplicações e problemas, II.* Campinas: Fundo Editorial Psy.

Lipp, M. E. N. & Malagris, L. E. N. (2001). O *stress* emocional e seu tratamento. In B. Rangé (Org.), *Psicoterapias cognitivo-comportamentais: um diálogo com a Psiquiatria* (pp. 475-490). Porto Alegre: Artmed.

Lipp, M. E. N. & Malagris, L. E. N. (2011). *Stress:* aspectos históricos, teóricos e clínicos. In B. Rangé (Org.), *Psicoterapias cognitivo-comportamentais: um diálogo com a Psiquiatria* (pp. 617-632). Porto Alegre: Artmed.

Lustosa, M. A., Alcaires, J., & Costa, J. C. (2011). Adesão do paciente ao tratamento no Hospital Geral. *Rev. SBPH* [online]. *14* (2), pp. 27-49. <http://pepsic.bvsalud.org/scielo.php?pid=S1516-08582011000200004&script=sci_arttext>.

Mendes, E. V. (2010). As redes de atenção à saúde. *Ciência e Saúde Coletiva, 15* (5), 2297-2305.

Ministério da Saúde (2005). *Hepatites virais: o Brasil está atento.* Departamento de Vigilância Epidemiológica da Secretaria de Vigilância em Saúde. Recuperado em 15 de agosto de 2010, de <http://portal.saude.gov.br/portal/arquivos/pdf/hepatites_virais_brasil_atento.pdf>.

Ministério da Saúde (2007). *Protocolo clínico e diretrizes terapêuticas para Hepatite Viral C.* Secretaria de Vigilância em Saúde. Portaria n.º 34. Recuperado em 5 de julho de 2010, de <http://bvsms.saude.gov.br/bvs/saudelegis/svs/2007/prt0034_28_09_2007.html>.

Ministério da Saúde (2011). *Protocolo clínico e diretrizes terapêuticas para Hepatite Viral C e coinfecções – série A. Normas e manuais técnicos.* Secretaria de Vigilância em Saúde, Departamento de DST, AIDS e Hepatites Virais, Brasília.

Miyazaki, M. C. O. S., Domingos, N. A. M., Valério, N. I., Souza, E. F., & Silva, R. C. M. A. (2005). Tratamento da hepatite C: sintomas psicológicos e estratégias de enfrentamento. *Revista Brasileira de Terapias Cognitivas, 1* (1). Recuperado em 5 de julho de 2010 de <http://pepsic.bvs-psi.org.br/scielo.php?script=sci_arttext&pid=S1808-56872005000100014&lng=pt&nrm=>.

Organização Mundial da Saúde – OMS. *Classificação estatística internacional de doenças e problemas relacionados à saúde – CID-10.* Recuperado em 20 de abril de 2012 de <www.datasus.gov.br/cid10/v2008/cid10.htm>.

Selye, H. (1965). Stress: *a tensão da vida.* São Paulo: IBRASA.

Sociedade Brasileira de Infectologia (2008). *I Consenso da Sociedade Brasileira de Infectologia para o Manuseio e Terapia da Hepatite C.*

Sociedade Brasileira de Hepatologia, Sociedade Brasileira de Infectologia, Sociedade Brasileira de Clínica Médica (2009). *Projeto diretrizes: Hepatite C Crônica – tratamento*. Recuperado em 20 de abril de 2012 em <www.projetodiretrizes.org.br/8_volume/35-Hepatite.pdf>.

Straub, R. O. (2005). *Psicologia da saúde*. Porto Alegre: Artmed.

White, C. A. (2001). *Cognitive behaviour therapy for chronic medical problems: a guide to assessment and treatment in practice*. England: John Wiley & Sons Ltd.

Autoras:

Juliana Caversan de Barros – Mestre e Doutoranda em Psicologia pelo Programa de Pós-Graduação em Psicologia da Universidade Federal do Rio de Janeiro. Contato: juliana_ifsm@yahoo.com.br

Lucia Emmanoel Novaes Malagris – Mestre em Psicologia e Doutora em Fisiopatologia Clínica e Experimental; Professora do Programa de Pós-Graduação em Psicologia da Universidade Federal do Rio de Janeiro.

CAPÍTULO 43

Estressores e fases de estresse em militares brasileiros servindo no Haiti

Débora Barbosa Gil
Lucia Emmanoel Novaes Malagris
Angela Maria Monteiro Silva

43.1 Introdução

O Haiti é o país mais pobre das Américas e do Hemisfério Ocidental. Tornou-se a segunda colônia livre do continente, depois somente dos Estados Unidos, a partir de um levante de escravos liderados por Toussaint Louverture (James, 2000). Em 1804, o país se tornou a primeira república negra livre do mundo (Rosa, 2006). Nos anos seguintes à revolução, o cenário político da ilha passou a ser instável e marcado por golpes de Estado. Devido a isso, o país sofreu diversas intervenções de países como Estados Unidos e França, bem como da Organização das Nações Unidas (ONU), cuja atuação na ilha é feita através das Forças Militares de Paz (FMP). Atualmente, a MINUSTAH (acrônimo para *Mission des Nations Unies pour la stabilisation en Haïti*) é a FMP que vem atuando no Haiti e está sob o comando do Exército Brasileiro.

A ONU foi fundada logo após o término da Segunda Guerra Mundial. Sua atuação na mediação de conflitos internacionais se expandiu com o fim da Guerra Fria, quando conflitos de ordem étnica, religiosa e territorial se tornaram mais comuns. Por conta do caráter mais complexo de tais conflitos, as missões da ONU também passaram a ser mais complexas e perigosas. Em função disso, as Forças Militares de Paz (FMPs) se tornaram eventos potencialmente estressores e deflagradores de transtornos psicológicos (Litz, King, King, Orsillo & Friedman, 1997).

43.2 Estresse

O estresse é considerado a resposta do organismo a uma situação ou a um acontecimento potencialmente ameaçador. A resposta se constitui tanto em características psicológicas quanto fisiológicas. Estas últimas seriam os sintomas resultantes de ativação corporal, como taquicardia, contração estomacal, transpiração e boca seca. Os componentes psicológicos podem ser emocionais, comportamentais e cognitivos (padrões de pensamentos). As respostas emocionais podem se manifestar, sobretudo, na forma de ansiedade e medo; já as comportamentais podem se manifestar, por exemplo, na forma de choro ou riso. As respostas em forma de pensamento podem surgir como referências desfavoráveis que um indivíduo possa ter a respeito dele mesmo (Straub, 2005). Os estímulos desafiadores ou ameaçadores que deflagram as reações de adaptação são chamados de estressores.

Selye (1956) observou em suas pesquisas que a síndrome de adaptação geral se dividia em três fases distintas: alarme, resistência e exaustão. Esse é o modelo trifásico de Selye. A primeira fase, alarme, caracteriza-se pelas reações encontradas na resposta de luta ou fuga; há aumento das funções cardiovasculares e das glândulas adrenocorticais, que liberam noradrenalina, adrenalina e cortisol no organismo. Se a situação de estresse perdurar, o organismo entrará na fase de resistência, na qual a atividade do organismo continua alta, mas não tanto quanto na fase de alarme. Nesse momento, o indivíduo pode mostrar-se ansioso e irritável, ao passo que aumenta o risco de aparecimento de doenças. Por fim, com a continuidade da situação de estresse, o organismo entrará em uma fase em que a resistência não será mais possível, já que seus recursos estarão consumidos. É a fase de exaustão, em que a suscetibilidade ao aparecimento de doenças e processos degenerativos está muito aumentada (Lupien *et al.*, 1998).

Em pesquisa conduzida por Lipp (2000), que resultou na padronização do Inventário de Sintomas de *Stress* para Adultos de Lipp, uma quarta fase foi detectada estatística e clinicamente. Situada entre a fase de resistência e de exaustão do modelo trifásico, ela foi denominada de quase-exaustão. A descoberta dessa fase fundamentou o modelo quadrifásico de Lipp (Lipp & Malagris, 2001). Enquanto na fase de quase-exaustão o indivíduo ainda se mantém funcional, mesmo que de forma limitada; na fase de exaustão o indivíduo apresenta déficits de atenção e concentração e não consegue atuar de maneira eficaz em seu cotidiano. Nesta pesquisa, o referencial usado foi o modelo quadrifásico. O banco de dados utilizado constou do Inventário de Sintomas de *Stress* de Lipp (ISSL) (Lipp, 2000) – que contemplam as fases de alarme, resistência, quase-exaustão e exaustão – e do Inventário de Estressores de Força Militar de Paz (IEFMP) (Monteiro da Silva & Teixeira Junior, 2006), respondidos pelos participantes.

43.3 Objetivos

Com base nos dados da literatura que apontam para a intensificação do desenvolvimento de estados de estresse e comportamentos prejudiciais para a saúde em tropas de operações de paz da ONU (MacDonald, Chamberlain, Long & Mirfin, 1999), percebe-se a relevância de avaliar os militares que participam desses grupos. O presente estudo teve como objetivos gerais avaliar e comparar o índice de estressados, o nível de estresse e os estressores específicos da Força Militar de Paz nos contingentes de I a IV de tropas brasileiras na missão de paz da ONU no Haiti (MINUSTAH). Como objetivo específico, foram analisados os estressores mais intensos entre os contingentes.

43.4 Método

O presente estudo se constituiu em uma pesquisa do tipo *ex-post-facto*, que estudou os níveis de estresse e estressores específicos de Força Militar de Paz nos quatro primeiros contingentes brasileiros enviados ao Haiti. Os dados seriam utilizados como fonte de informações para o preparo psicológico dos próximos contingentes a serem enviados, além de fornecer subsídios para que fossem efetuadas melhorias nas estruturas físicas e de serviços das próximas bases.

Os militares foram submetidos a três instrumentos, cujos resultados foram utilizados na pesquisa: Ficha de Informações Demográficas, Inventário de Sintomas de *Stress* de Lipp (ISSL) e o Inventário de Estressores da Força Militar de Paz (Monteiro da Silva & Teixeira Junior, 2006).

Os questionários foram respondidos voluntariamente. A cada contingente eram enviados aproximadamente 1200 militares e os respondentes voluntários variaram de 871 a 920, dependendo do contingente. O sigilo e a confidencialidade dos dados foram garantidos aos respondentes e foi esclarecido que esses dados não seriam usados em nenhum tipo de análise de desempenho ou algo semelhante. Assim, os bancos de dados foram inseridos em *software* estatístico (SPSS) contendo apenas as respostas aos inventários de estresse e de estressores específicos e dados sociodemográficos para auxiliar nas correlações e perfis das amostras – como idade, escolaridade, estado civil, religião e outros.

43.4.1 Participantes

Compuseram a base de dados utilizada no presente estudo 3.598 militares brasileiros, todos do sexo masculino, divididos entre os contingentes I a IV. O contingente I, oriundo do Rio Grande do Sul, foi composto por 919 militares; os contingentes II e IV, oriundos de São Paulo, contavam com 888 e 920 militares, respectivamente, e o contingente III, oriundo do Rio de Janeiro, composto por 871 militares. Todos foram enviados para atuação em Operações de Paz nas cidades de Porto Príncipe e Gonaives, no Haiti. A base de dados de cada contingente está distribuída na Tabela 1.

Todos os militares foram voluntários para servir na Força Militar de Paz e cada contingente permaneceu por seis meses no Haiti. O contingente I serviu durante o 2° semestre de 2004, o contingente II durante o 1° semestre de 2005, o contingente III durante o 2° semestre de 2005 e o contingente IV durante o 1° semestre de 2006.

Tabela 1 Distribuição da base de dados de cada contingente

	Contingente I (n=919)	Contingente II (n=888)	Contingente III (n=871)	Contingente IV (n=920)
Média de idade	26,24	26,13	27,54	26,58
Cabos e soldados	74,40%	72,20%	68,70%	68,60%

Continua

Continuação

	Contingente I (n=919)	Contingente II (n=888)	Contingente III (n=871)	Contingente IV (n=920)
Sargentos e subtenentes	15,20%	19,60%	19,30%	23,40%
Oficiais	8,90%	7,70%	8,60%	8%
Estado-Maior do Comando da Brigada Haiti	1,40%	0,50%	–	–
Posto não especificado	–	–	3,40%	5,90%
Não possuem filhos	59%	61,90%	52,50%	56,30%
Ensino Fundamental Incompleto	5,90%	1,50%	4,50%	1,90%
Ensino Fundamental Completo	8,50%	2,80%	6,70%	5%
Ensino Médio Incompleto	30,70%	26,60%	33,10%	24,10%
Ensino Médio Completo	35,50%	52,40%	34,40%	49,80%
Ensino Superior Incompleto	11,20%	5,70%	9,50%	7,50%
Ensino Superior Completo	8,20%	10,80%	11,80%	11,80%

43.4.2 Resultados

Com o objetivo de estudar as relações entre os grupos (contingentes) e os resultados dos instrumentos, foram utilizados os testes não paramétricos qui-quadrado, Kruskal-Wallis e Mann-Whitney. Os testes t e Mann-Whitney foram empregados para contrastar os subgrupos de estressados e não estressados em cada contingente.

Cabe esclarecer que dois participantes foram excluídos do estudo, pois, por motivos desconhecidos, seus resultados no ISSL não foram encontrados no banco de dados. Outro ponto a ser esclarecido é a ausência de respostas (*missing*) de alguns militares no IEFMP quanto à intensidade dos estressores. Para sanar esse problema, foi decidido com base em orientação de estatístico e epidemiologista na área da saúde, que seriam desconsiderados os participantes com mais de dez *missings* entre os 46 possíveis estressores do inventário. Dessa forma, foram excluídos 155 participantes (4,3%), os quais continuaram a fazer parte do estudo nas referências dos demais instrumentos. Para os militares que tiveram número de *missings* variando de 1 a 10 (n = 1179, 32,7%), foi realizada uma correção a partir do cálculo da média de intensidade atribuída aos itens por eles assinalados.

O presente estudo pretendeu testar seis hipóteses. A primeira hipótese se refere à previsão de que seria encontrada alta porcentagem de militares estressados ao término da missão. Encontrou-se que 10,9% (n = 391) dos indivíduos estavam clinicamente estressados ao término da missão. Essa prevalência foi considerada baixa, pois se tomou como base os estudos brasileiros com o ISSL (Lipp, 2000) com amostras do sexo masculino das regiões Sul e Sudeste, locais de origem dos quatro contingentes. Nas pesquisas de Lipp, a prevalência de militares, considerando a média entre os resultados das várias pesquisas realizadas, foi de 42,2% ± 17,18. Portanto, a maioria dos participantes (89,1%, n = 3.205) não relatou qualquer nível de militares clínico. Assim, a primeira hipótese não foi confirmada.

A segunda hipótese se refere à estimativa de haver diferença significativa quanto ao diagnóstico de estresse (sim ou não) entre os quatro contingentes. Usando-se o teste de qui-quadrado, foi verificada associação significativa entre os quatro contingentes e o diagnóstico de militares, conforme mostra a Tabela 2.

Tabela 2   Diferença entre os contingentes quanto ao diagnóstico de estresse

Indivíduos clinicamente estressados		Contingentes				
		Conting I	Conting II	Conting III	Conting IV	Totais
Não	Totais	835	818	744	808	3205
	Porcentagem intragrupo	90,9%	92,3%	85,4%	87,8%	89,1%
Sim	Totais	84	68	127	112	391
	Porcentagem intragrupo	9,1%	7,7%	14,6%	12,2%	10,9%

A terceira hipótese se refere a uma comparação entre os índices (presença ou ausência) de estresse entre os quatro contingentes e se esse índice aumentaria dos primeiros para os últimos contingentes. Portanto, foi realizado um contraste entre os contingentes dois a dois. A terceira hipótese foi parcialmente comprovada, uma vez que houve um incremento significativo dos contingentes I para o III, I para o IV, II para III, II para IV. Todavia, não houve um incremento significativo do número de estressados dos contingentes I para o II e dos contingentes III para o IV.

A quarta hipótese se refere a uma comparação dos níveis ou fases de estresse entre os contingentes, antecipando um incremento dos primeiros para os últimos contingentes. Primeiramente, verificou-se se havia diferença significativa quanto às fases de estresse entre os quatro contingentes (Tabela 2), empregando-se o teste Kruskal-Wallis. Após ser encontrada diferença significativa, os grupos foram posteriormente comparados, dois a dois, por meio do teste Mann-Whitney. A hipótese quatro foi parcialmente confirmada: houve incremento no nível de estresse dos contingentes II para III, II para IV, I para III e I para IV. Em contrapartida, não houve diferença do I para II e do III para IV. É importante notar que, dentre os militares estressados, a maior parte estava na fase de resistência do estresse.

Tabela 3   Diagnóstico de stress e distribuição por fases nos quatro contingentes

Diagnóstico de estresse e fases		Contingentes				
		Conting I	Conting II	Conting III	Conting IV	Totais
Sem estresse	Totais	835	818	744	808	3205
	Porcentagem intragrupo	90,9%	92,3%	85,4%	87,8%	89,1%
Alarme	Totais	12	2	14	4	32
	Porcentagem intragrupo	1,3%	0,2%	1,6%	0,4%	0,9%
Resistência	Totais	69	62	112	105	348
	Porcentagem intragrupo	7,5%	7,0%	12,9%	11,4%	9,7%
Quase-exaustão	Totais	1	3	1	2	7
	Porcentagem intragrupo	0,1%	0,3%	0,1%	0,2%	0,2%
Exaustão	Totais	2	1	0	1	4
	Porcentagem intragrupo	0,2%	0,1%	0,0%	0,1%	0,1%
	Totais	919	886	871	920	3596
		100%	100%	100%	100%	100%

A quinta hipótese previa o aumento na intensidade de estressores percebidos e relatados da força militar de paz, do primeiro para o quarto contingente. O escore de intensidade do Inventário de Estressores de Força Militar da Paz varia de 0 a 230. Os militares relataram, nesse inventário, se presenciaram ou experienciaram um estressor e, caso a resposta fosse positiva, responderam com que intensidade essa ocorrência foi percebida como estressante, variando de 1 a 5. Quando os quatro grupos foram comparados por uma análise da variância dos escores totais da intensidade dos estressores, foi encontrada diferença significativa. Em seguida, foram produzidos testes *post-hoc* para a comparação entre os grupos. A hipótese cinco não foi confirmada, já que a média de intensidade de estressores teve uma tendência de queda dos primeiros para os últimos contingentes. Somente houve incremento – ainda assim não significativo – do contingente I para o contingente II. As médias e desvios-padrão por contingente estão especificados na Tabela 4.

Tabela 4 Média de estressores e desvios-padrão

		Escore de estressores	
		Média	Desvio-Padrão
Contingentes	Contigente I	66,48	34,51
	Contigente II	69,83	39,93
	Contigente III	52,77	36,12
	Contigente IV	49,49	34,74

A sexta hipótese refere-se a variações entre os dez mais intensos estressores que foram encontrados de um contingente para outro. Para este estudo, foi estabelecido um ponto de corte levando-se em consideração até o décimo estressor mais intenso entre os 46 possíveis elencados no IEFMP. Convém ressaltar que os dez estressores mais intensos foram aqueles que obtiveram maior pontuação no IEFMP no que se refere à intensidade, de acordo com atribuição dos militares que os presenciaram. Os estressores mais intensos por contingente encontram-se nas tabelas de 5 a 8.

Tabela 5 Estressores mais intensos do primeiro contingente da MINUSTAH

I Contingente				
Estressores mais intensos	Média	DP	N	Ordem
Estressor 4 – Estar vulnerável ou sujeito a incidentes e não poder reagir com poder de fogo	4,10	1,22	594	1
Estressor 9 – Risco pessoal de ferimento e morte durante a missão	3,92	1,29	634	2
Estressor 27 – Dificuldade do(s) superiores para tomar a decisão cabível e adequada		1,26	391	
Estressor 12 – Ficar confinado/isolado na base	3,82	1,39	507	3
Estressor 11 – Condições miseráveis de vida da população local	3,78	1,41	783	4
Estressor 33 – Problemas com equipamento de trabalho	3,76	1,35	508	5
Estressor 35 – Risco de morte ou ferimento por explosão de mina	3,73	1,68	11	6
Estressor 31 – Dificuldade para aliviar a tensão sexual	3,72	1,40	456	7
Estressor 28 – Falta de informações precisas sobre o que lhe cabia fazer	3,66	1,26	341	8
Estressor 37 – Falta de poder para mudar as circunstâncias de vida da população local	3,65	1,36	539	9
Estressor 26 – Estar longe da família e amigos	3,63	1,36	709	10

Tabela 6 Estressores mais intensos do segundo contingente da MINUSTAH

II Contingente				
Estressores mais intensos	**Média**	**DP**	**N**	**Ordem**
Estressor 23 – Poucos recursos (computadores e telefones) para se comunicar com a família e amigos	4,00	1,24	517	1
Estressor 9 – Risco pessoal de ferimento e morte durante a missão	3,99	1,23	652	2
Estressor 31 – Dificuldade para aliviar a tensão sexual	3,97	1,24	381	3
Estressor 27 – Dificuldade do(s) superiores para tomar a decisão cabível e adequada	3,93	1,17	437	4
Estressor 28 – Falta de informações precisas sobre o que lhe cabia fazer	3,88	1,22	407	5
Estressor 11 – Condições miseráveis de vida da população local	3,83	1,39	714	6
Estressor 4 – Estar vulnerável ou sujeito a incidentes e não poder reagir com poder de fogo	3,81	1,28	563	7
Estressor 30 – Falta de clareza dos superiores na comunicação do que devia ser feito	3,77	1,16	368	8
Estressor 32 – Quebra de regras por superiores	3,76	1,25	191	9
Estressor 29 – Falta de informações sobre o que realmente estava acontecendo fora da base	3,74	1,25	325	10

Tabela 7 Estressores mais intensos do terceiro contingente da MINUSTAH

III Contingente				
Estressores mais intensos	**Média**	**DP**	**N**	**Ordem**
Estressor 31 – Dificuldade para aliviar a tensão sexual	3,71	1,38	359	1
Estressor 15 – Má qualidade de alimentação e água	3,68	1,33	434	2
Estressor 9 – Risco pessoal de ferimento e morte durante a missão	3,66	1,38	532	3
Estressor 27 – Dificuldade do(s) superiores para tomar a decisão cabível e adequada	3,62	1,34	257	4
Estressor 23 – Poucos recursos (computadores e telefones) para se comunicar com a família e amigos	3,61	1,33	447	5
Estressor 16 – Escassez ou falta de alimentação ou água	3,56	1,35	205	6
Estressor 28 – Falta de informações precisas sobre o que lhe cabia fazer	3,53	1,36	229	7
Estressor 11 – Condições miseráveis de vida da população local		1,48	675	
Estressor 30 – Falta de clareza dos superiores na comunicação do que devia ser feito	3,52	1,34	212	8
Estressor 12 – Ficar confinado/isolado na base		1,44	401	
Estressor 29 – Falta de informações sobre o que realmente estava acontecendo fora da base	3,51	1,33	195	9
Estressor 46 – Falta de poder para mudar as coisas na base		1,40	281	
Estressor 22 – Pouca oportunidade de lazer na base	3,48	1,37	496	10
Estressor 21 – Falta de apoio para resolução de problemas que ocorreram no Brasil		1,34	121	

Tabela 8 Estressores mais intensos do quarto contingente da MINUSTAH

IV Contingente				
Estressores mais intensos	Média	DP	N	Ordem
Estressor 29 – Falta de informações sobre o que realmente estava acontecendo fora da base	3,72	1,47	172	1
Estressor 28 – Falta de informações precisas sobre o que lhe cabia fazer	3,70	1,32	229	2
Estressor 27 – Dificuldade do(s) superiores para tomar a decisão cabível e adequada	3,67	1,36	307	3
Estressor 23 – Poucos recursos (computadores e telefones) para se comunicar com a família e amigos		1,39	492	
Estressor 30 – Falta de clareza dos superiores na comunicação do que devia ser feito	3,62	1,44	221	4
Estressor 16 – Escassez ou falta de alimentação ou água	3,60	1,38	197	5
Estressor 31 – Dificuldade para aliviar a tensão sexual	3,54	1,40	357	6
Estressor 32 – Quebra de regras por superiores	3,53	1,43	159	7
Estressor 46 – Falta de poder para mudar as coisas na base	3,52	1,47	264	8
Estressor 15 – Má qualidade de alimentação e água	3,51	1,40	332	9
Estressor 21 – Falta de apoio para resolução de problemas que ocorreram no Brasil	3,49	1,51	115	10

43.4.3 Discussão

Embora submetidos a diversos estressores, não foi encontrada alta prevalência de militares estressados neste estudo. Esse resultado pode ser explicado por alguns fatores. O primeiro deles é o treinamento e as simulações aos quais os militares são submetidos, de maneira a dessensibilizá-los ou torná-los resilientes para o estresse ou, ao menos, para os estressores mais comuns nas tarefas militares. Outro fator a ser considerado é o momento em que os dados foram coletados, isto é, ao final da missão. É possível que, nesse momento, os militares antevejam o momento de voltar para casa, para suas famílias, e que ocorra uma reavaliação cognitiva que permite que os indivíduos vejam o afastamento da situação de modo tão aliviante que deixem de notar os sintomas de estresse. Outra possibilidade é a de que os militares possam ter se adaptado aos estressores ao longo da missão e, ao final, já não estejam mais estressados clinicamente. Estudos anteriores confirmam que a maior parte dos militares servindo em missões de paz adaptava-se bem à missão (Bolton, Glenn, Orsillo, Roemer & Litz, 2003).

Outro aspecto que possivelmente tem influência nesse resultado é o fato de que os militares enviados à MINUSTAH são todos voluntários, apresentando, portanto, alto grau de motivação, que pode ter se refletido em sua menor suscetibilidade ao estresse durante toda a missão. Isso pode ser especialmente importante ao término da missão, pois a percepção de "missão cumprida" pode ser bastante gratificante, compensando, talvez, o tempo em que ficaram submetidos a estressores. Pesquisas anteriores sugerem que, uma vez que capacetes azuis (termo usado para referir-se às tropas da ONU, por usarem tipicamente capacetes em cor azul clara) encontrem significado relevante em sua missão, eventos estressores podem ser vistos como fatores de crescimento de autoconfiança, resiliência ao estresse e melhoramento de qualificações militares (Mehlum, 1995; Park, Cohen & Murch, 1996). Em estudo sobre Transtorno do Estresse Pós-Traumático envolvendo militares brasileiros servindo à MINUSTAH (Souza *et al.*, 2008), foi administrado antes do início da missão o inventário PANAS (*Positive Affects and Negative Affects Scale*) (Crawford & Henry, 2004), usado para medir afeto positivo e negativo. Os resultados encontrados apontam altos níveis de afeto positivo e baixos níveis de afeto negativo. Os autores sugerem que os altos níveis de afeto positivo tipificam esses militares como altamente resilientes e capazes de lidar com situações estressantes.

Por fim, alguns autores têm se referido a aspectos da cultura militar como possíveis geradores de medo de ser julgado como "fraco" e estigmatizado se o profissional assumir sinais de comprometimento da saúde física e emocional (Hoge *et al.*, 2004; Greene-Shortridge, Britt & Castro, 2007; Souza *et al.*, 2008).

Em relação à diferença da prevalência de estresse entre os militares dos quatro contingentes, de fato, foram encontradas diferenças significativas, com os dois últimos contingentes apresentando maior ocorrência de estresse clínico que os dois primeiros –o contingente III foi o que apresentou a maior ocorrência de militares estressados. Os contingentes III e IV foram expostos a aumento de violência e instabilidade no Haiti. Isso pode explicar suas maiores prevalências de estresse quando comparadas às dos dois primeiros contingentes, que aparentemente serviram em um ambiente com menor violência manifesta, com a visita do presidente do Brasil e a realização de jogo amistoso entre a seleção brasileira e haitiana de futebol.

Avaliando-se os quatro contingentes como um todo, percebe-se que os estressores mais intensos estavam mais frequentemente relacionados a fatores de ambiguidade e ambiente de mobilização (estressores ocupacionais e condições físicas). É interessante notar que as categorias de estressores apontadas – de acordo com os referenciais de Lazarus & Folkman (1984) e Adler, Litz e Bartone (2003) – que abarcam a maior parte dos estressores pontuados pelos militares mostram-se mais frequentes nos últimos contingentes. Nos primeiros contingentes ainda aparecem com mais recorrência as categorias Ameaça e Função de Manutenção de Paz (estressores potencialmente traumáticos), ao passo que nos dois últimos, aparecem com mais frequência estressores relacionados à ambiguidade e ao ambiente de mobilização (estressores ocupacionais). Nos contingentes iniciais, os estressores relacionados a atividades militares propriamente ditas eram relatados como mais intensos, e esses fatores aparecem de maneira mais esporádica nos dois últimos, possivelmente com militares já melhor preparados e treinados, com maior controle destas situações.

Por fim, avaliou-se se havia relação entre escore de estressores e presença/ausência de estresse clínico. De fato, militares com estresse clínico – mensurado pelo ISSL – tiveram maiores escores de estressores – mensurado pelo IEFMP – em todos os contingentes. Assim, os resultados apontam não apenas para uma correlação entre os dois instrumentos, como também sugerem que o escore de estressores pode ser um preditor significativo para o diagnóstico de estresse clínico. No entanto, convém ressaltar que o escore médio de estressores decresceu dos primeiros para os últimos contingentes, tomando rumo inverso à prevalência de estresse clínico. Tal dado parece indicar que apesar de os militares terem identificado menor intensidade de potencial estressor associada aos eventos, isso não reduziu a prevalência de estresse. É possível que o treinamento aprimorado desenvolvido a partir da experiência dos contingentes anteriores tenha contribuído para diminuir os fatores novidade e ambiguidade e aumentar o fator previsibilidade, causando, possivelmente, uma diminuição de percepção da intensidade dos estressores nos últimos contingentes estudados. Dessa forma, apesar de o cenário da missão para os contingentes III e IV ter sido mais conturbado e ter gerado maior estresse clínico, os militares já sabiam pelo que iriam passar, fato que, contudo, não foi suficiente para não estressá-los. Ou seja, nesse estudo, conclui-se que o fato de os militares poderem prever a presença de um evento não eliminou o seu efeito estressor sobre o organismo.

43.4.4 Limitações do estudo

Os dados utilizados neste estudo foram coletados inicialmente como subsídios para preparação e seleção dos próximos contingentes a serem enviados ao Haiti e não para produção de literatura científica. Dessa forma, todo o processo referente à metodologia poderia ter sido diferente e mais aprimorado. Outra importante limitação, que pode ter causado alteração dos resultados, é a possibilidade de os participantes, por serem militares, interpretarem que não seria adequado admitir sintomas físicos ou dificuldades emocionais que, no imaginário militar, poderiam indicar sinais de fraqueza. O receio do estigma pode ser uma influência notável e talvez tenha levado parte dos militares a não expressar a presença do estresse e a não especificar os estressores. Além disso, os dados também podem indicar a resiliência da maioria dos participantes em relação a esse tipo de operação militar, voltada para a manutenção da paz.

43.5 Conclusão

É inegável que a população militar é uma das mais submetidas a estresse. Internacionalmente, existe extensa literatura sobre o estresse e os estressores em Forças Militares de Paz. Como felizmente o Brasil é um país pacífico, as pesquisas sobre as forças militares em atividades de combate são mais escassas. Depois da participação brasileira na Segunda Guerra Mundial, a MINUSTAH é a maior operação das Forças Armadas Brasileiras. Como o comando militar dessa operação é atribuição do Brasil e o mandato da MINUSTAH vem sendo repetidamente renovado, indicando o sucesso da missão, é de se esperar que o Brasil receba novos convites dessa natureza por parte da ONU no futuro. Portanto, torna-se relevante a produção de conhecimento científico sobre esse tipo de operações militares, com seus estressores diferenciados e exigências diversas das funções cotidianas ou de combate propriamente ditas.

O presente estudo pode ser usado como fonte de informações para pesquisas posteriores sobre o tema e, sobretudo, pode auxiliar na compreensão da ocorrência de estresse, na identificação de estressores mais relevantes, no delineamento de programas de treinamento e suas consequências para o desempenho e, principalmente, na elaboração de estratégias que garantam o bem-estar da tropa, antes, durante e após o período de serviço em Missão de Paz, não apenas no Haiti, mas em outras que possam vir a surgir.

43.6 Referências

Adler, A. B., Litz, B. T., & Bartone, P. T. (2003). The nature of peacekeeping stressors. In T. W. Britt & A. B. Adler (Orgs.), *The psychology of the peacekeeper: Lessons from the field* (pp.149-167). Connecticut: Praeger Publishers.

Bolton, E. E., Glenn, D. M., Orsillo, S., Roemer, L., & Litz, B. T. (2003). The relationship between self-disclosure and symptoms of posttraumatic stress disorder in peacekeepers deployed to Somalia. *Journal of Traumatic Stress, 16* (3), 203-210.

Crawford, J. R. & Henry, J. D. (2004). The Positive and Negative Affect Schedule (PANAS): Construct validity, measurement properties and normative data in a large non-clinical sample. *British Journal of Clinical Psychology, 43,* 245-265.

Greene-Shortridge, T. M., Britt, T. W., & Castro, C. A. (2007). The Stigma of Mental Health Problems in the Military. *Military Medicine, 172* (2), 157-161.

Hoge, C. W., Castro, C. A., Messer, S. C., McGurk, D., Cotting, D. I., & Koffman, R. L. (2004). Combat duty in Iraq and Afghanistan mental health problems. *The New England Journal of Medicine, 351* (1), 13-22.

James, C. L. R (2000). *Os jacobinos negros.* São Paulo: Boitempo Editorial.

Lazarus, R. S. & Folkman, S. (1984). *Stress, appraisal, and coping.* New York: Springer.

Lipp, M. E. N. (2000). *Inventário de Sintomas de Stress para Adultos de Lipp.* São Paulo: Casa do Psicólogo.

Lipp, M. E. N. & Malagris, L. E. N. (2001). O *stress* emocional e seu tratamento. In B. Rangé (Org.), *Psicoterapias cognitivo-comportamentais – um diálogo com a Psiquiatria* (pp. 475-490). Porto Alegre: Artmed.

Litz, B. T., King. L. A., King, D. W., Orsillo, S. M., & Friedman, M. J. (1997). Warriors as peacekeepers: features of the Somalia experience and PTSD. *Journal of Consulting and Clinical Psychology, 65* (6), 1001-1010.

Lupien, S. J., De Leon, M., De Santi, S., Convit, A., Tarshish, C., Nair, N. P. V., Thakur, M., McEwen, B., Hauger, R., & Meaney, M. J. (1998). Cortisol levels during human aging predict hippocampal atrophy and memory deficits. *Nature Neuroscience, 1* (1), 69-72.

Macdonald, C., Chamberlain, K., Long, N., & Mirfin, K. (1999). Stress and mental health status associated with peacekeeping duty for New Zealand defence force personnel. *Stress and Health, 15* (4), 235-241.

Mehlum, L. (1995). Positive and negative consequences of serving in a UN peacekeeping mission. A follow-up study. *International Review of Armed Forces Medical Services, 68,* 289-295.

Monteiro da Silva, A. M. & Teixeira Junior, J.C. (2006). Military Peace Force Stressor Inventory: Development and Psychometric Properties. *The 48th International Military Testing Association Conference Proceedings,* 2006, Kingston, Canada. Recuperado em 21 de abril de 2008 em:<http://www.internationalmta.org/Documents/2006/2006060P.pdf>.

Park, C. L., Cohen, L. H., & Murch, R. L. (1996). Assessment and prediction of stress related growth. *Journal of Personality, 64,* 71-105.

Rosa, R. M. (2006). A construção da desigualdade no Haiti: experiências históricas e situações atuais. *Universitas Relações Internacionais, 4* (2). 1-24.

Selye, H. (1956). *The stress of life.* New York: McGraw-Hill.

Souza, W. F., Figueira, I., Mendlowicz, M. V., Volchan, E., Mendonça de Souza, A. C., Duarte, A. F. A., Monteiro da Silva, A. M., Portella, C. M., Mari, J. J., & Coutinho, E. S. F. (2008). Negative affect predicts posttraumatic stress symptoms in Brazilian peacekeepers: A longitudinal study. *The Journal of Nervous and Mental Disease.*

Straub, R. O. (2005). *Psicologia da saúde.* Porto Alegre: Artmed Editora.

Autoras:

Débora Barbosa Gil – Mestre em Psicologia pela UFRJ. Psicóloga do Hospital Central do Exército – EB.

Lucia Emmanoel Novaes Malagris – Mestre em Psicologia e Doutora em Fisiopatologia Clínica e Experimental; Professora do Programa de Pós-Graduação em Psicologia da Universidade Federal do Rio de Janeiro. Contato: lucianovaes@terra.com.br

Angela Maria Monteiro Silva – Mestre em Psicologia pela FGV-RJ e Doutora em Psicologia pela University College of London. Atualmente é professora associada do Centro de Estudos de Pessoal/Forte Duque de Caxias-EB. Professora aposentada da UFRRJ.

CAPÍTULO 44

Construção de uma escala de crenças conjugais: estudos preliminares

Camila Morais Ribeiro
Eliane Mary de Oliveira Falcone
Eliane Gerk

44.1   Introdução

As crenças conjugais podem ser compreendidas como um conjunto de ideias acerca de como o casamento e o cônjuge devem ser. Observa-se que tais concepções sobre o casamento prescrevem os modos de funcionamento conjugal e, nesse sentido, evidencia-se uma relação entre as crenças mantidas no casamento e a qualidade dos relacionamentos íntimos (Dattilio, 2011).

Segundo o que alguns autores sugerem, mais importante do que o conteúdo das crenças em si parece ser o estilo de crenças adotado no casamento. Sobre isso, a literatura científica indica a existência de dois tipos de crenças: as realistas e as irrealistas. As crenças realistas seriam concepções mais coerentes com a realidade do casamento, mais flexíveis às adversidades conjugais e, por isso mesmo, constituem padrões mais passíveis de concretização no espaço conjugal. Já as crenças irrealistas correspondem a padrões rígidos e exagerados sobre o casamento, os quais não encontram suporte nos indícios da realidade, sendo pautados basicamente em função dos desejos pessoais e na perspectiva do próprio indivíduo (Dattilio & Padesky, 1995; Goodwin & Gaines Jr., 2004; Hall, 2006).

Desse modo, estudos como o de Hamamci (2005) indicam a associação entre crenças realistas e casamentos mais satisfatórios, enquanto as crenças irrealistas estariam vinculadas ao baixo ajustamento conjugal e à percepção de insatisfação no casamento, o que demonstra a necessidade de lidar com os estilos de crenças que emergem na relação conjugal.

Como proposta de manejo das crenças no casamento, um passo inicial pode ser a identificação da natureza das crenças mantidas na relação, o que evidencia a questão da avaliação das crenças conjugais. Numa revisão da literatura internacional é possível encontrar importantes instrumentos criados e validados para avaliar elementos cognitivos influentes nas relações entre casais (Baucom, Epstein, Rankin & Burnett, 1996; Dattilio, 2011; Eidelson & Epstein, 1982; Epstein, 2010), no entanto, em âmbito nacional observa-se uma lacuna metodológica neste campo de estudo.

Por essa razão, esta pesquisa objetivou criar de uma escala de crenças conjugais (ECC) como uma nova medida a ser utilizada em pesquisas com amostras brasileiras.

44.2   Método

44.2.1 Participantes

Para as entrevistas, contou-se com a participação de dez sujeitos casados, quatro homens e seis mulheres, residentes do estado do Rio de Janeiro, com idades variando de 34 a 65 anos.

Em relação à análise qualitativa da ECC, participaram dez juízes, dentre os quais havia psicólogos, terapeutas de família e casal, mestres e doutores em Psicologia. Já para a análise quantitativa, contou-se com a participação de 120 sujeitos. Os critérios de inclusão na amostra exigiam que os participantes tivessem no mínimo 18 anos, sem limite máximo de idade, e escolaridade a partir do Ensino Médio completo. Foram recrutados para esse estudo participantes do sexo feminino e masculino, casados ou não. As características da amostra da análise quantitativa da ECC podem ser visualizadas na Tabela 1.

Tabela 1 Dados gerais da amostra da análise quantitativa da ECC (n = 120)

	Variáveis	Frequência (%)		
Sexo	Masculino	50		
	Feminino	50		

Continua

Continuação

	Variáveis	Frequência (%)		
Escolaridade	Ensino Médio completo	4,2		
	Ensino Superior	82,5		
	Ensino Superior completo	13,3		
Estado Civil	Solteiro	77,5		
	Casado	15,8		
	Divorciado	5		
	União estável	1,7		
Idade	**Média**	**Desvio-padrão**	**Mín.**	**Máx.**
Geral	27,03	10,025	18	63
Homens	26,23	8,99	18	63
Mulheres	27,82	10,981	18	61

44.2.2 Materiais

Foram utilizados os seguintes instrumentos na realização desta pesquisa:

a) Termo de Consentimento Livre e Esclarecido (TCLE): esse instrumento destinou-se a prestar esclarecimentos aos participantes do estudo acerca da natureza da pesquisa, dos riscos e dos desconfortos, bem como da confidencialidade e dos benefícios, entre outros fatores, de modo a assegurar a integridade de todas as pessoas que concordaram em participar da pesquisa. No TCLE também estavam disponíveis informações para contato com as pesquisadoras envolvidas. Esse instrumento foi direcionado tanto aos juízes que avaliaram os itens da escala quanto aos sujeitos que participaram da aplicação da ECC.

b) Folha de instruções aos juízes: esse instrumento intentou fornecer informações sobre a pesquisa, com a definição operacional do conceito de crença conjugal, a demarcação dos critérios de avaliação dos itens e as instruções de como proceder à análise dos itens da ECC.

c) Folha de avaliação dos itens da ECC: esse instrumento foi constituído pelos 40 itens construídos inicialmente para compor a ECC e seus respectivos campos de avaliação, que deveriam ser preenchidos pelos juízes que aceitaram participar da pesquisa.

d) Ficha do participante: esse instrumento destinou-se a obter informações gerais sobre os participantes da análise quantitativa da ECC, como idade, sexo, escolaridade e estado civil.

e) Escala de Crenças Conjugais (ECC) – versão preliminar: esse instrumento correspondeu à *versão preliminar* da ECC composta pelos 37 itens resultantes da análise qualitativa da escala. Correspondia a uma escala de frequência com cinco opções de resposta: (1) não acredito nem um pouco; (2) acredito um pouco; (3) acredito moderadamente; (4) acredito muito; (5) acredito totalmente. Dentre os itens havia tanto crenças realistas como irrealistas. A pontuação da escala foi feita de modo que quanto maior o escore obtido, maior o nível de crenças conjugais realistas. Assim, os itens que correspondiam a crenças irrealistas tinham suas pontuações invertidas na computação dos dados. No caso, ao responder a opção 5 em algum item irrealista sobre as crenças no casamento, a resposta do participante foi computada como 1 (e assim sucessivamente para as respostas 2 e 4).

44.2.3 Procedimentos

Esta pesquisa recebeu a aprovação da Comissão de Ética em Pesquisa da Universidade do Estado do Rio de Janeiro – UERJ, com o parecer de aprovação 018 de 2011. Com essa aprovação, então, deu-se início aos procedimentos descritos a seguir.

Para a construção dos itens da ECC foram realizadas entrevistas com pessoas casadas em conjunto com uma pesquisa na literatura a fim de relacionar crenças mais comuns sobre o casamento que repercutem na qualidade das relações entre casais. As pessoas que aceitaram participar das entrevistas voluntariamente, responderam a três perguntas: *1) Como você acredita que um casamento deve ser?; 2) Qual o papel da esposa num casamento, e qual o papel do esposo?; 3) O que você acha que destrói um relacionamento?* As entrevistas foram gravadas e as respostas dos participantes foram transformadas em categorias a fim de facilitar a seleção das crenças mais comuns entre os sujeitos.

Em relação à pesquisa na literatura, foram investigados alguns instrumentos internacionais (Baucom *et al.*, 1996; Eidelson & Epstein, 1982), e utilizadas algumas fontes como orientação e inspiração para a criação dos itens da ECC (Lazarus, 1992; Shulman, Rosenheim & Knafo, 1999).

Desse modo, com as crenças obtidas nas entrevistas realizadas com pessoas casadas e a partir dos conteúdos listados pela literatura, foram construídos 40 itens sobre crenças realistas e irrealistas.

Após a construção dos itens, procedeu-se a uma análise qualitativa da ECC, a qual correspondeu à realização de uma *análise semântica* e uma *análise de conteúdo* feita em cada um dos 40 itens construídos para compor a ECC. Para tanto, contou-se com a participação de juízes para realizar a avaliação dos itens.

A análise semântica teve como objetivo averiguar a clareza e a qualidade da redação dos itens de modo que o participante não encontrasse dificuldades de compreensão na leitura dos itens da escala. Assim, foi pedido ao juiz que avaliasse se os itens estavam compreensíveis ou incompreensíveis,; também se solicitou aos juízes que sugerissem formulações mais adequadas para os itens avaliados como incompreensíveis.

A análise de conteúdo teve como propósito verificar a adequação dos itens ao construto em avaliação, ou seja, buscou-se por meio dessa análise confirmar se os itens construídos para a ECC correspondiam, de fato, a crenças sobre o casamento. Para tanto, os juízes avaliaram cada um dos itens segundo o critério de adequação (quando o item era considerado uma crença conjugal) ou inadequação (quando o item não era considerado uma crença conjugal), e também de acordo com o critério do tipo de crença que estava sendo apresentado (se era uma crença realista ou irrealista).

Fora os critérios pré-estabelecidos para a avaliação dos itens, também foi fornecido um espaço para que os juízes apresentassem outras sugestões e observações sobre os itens da ECC; além disso, eles foram consultados se havia algum tema pertinente às crenças sobre o casamento que não estava sendo contemplado dentre os itens criados para a escala.

Após o recebimento das avaliações dos dez juízes, iniciou-se a uma análise da concordância das avaliações dos itens. Assim, estabeleceu-se que deveria existir, pelo menos, 80% de concordância entre os juízes para que os itens pudessem ser mantidos na escala, podendo ser modificados de acordo com as avaliações dos juízes. Os itens que não obtiveram 80% de concordância nas avaliações dos critérios de *adequação, tipo de crença* e *compreensão* foram excluídos da escala. Também foram avaliadas as sugestões de novos temas a serem abordados na escala e, de acordo com a pertinência das sugestões, alguns itens foram incluídos.

Já a análise quantitativa da ECC correspondeu aos procedimentos estatísticos empregados com o objetivo de determinar a seleção final dos itens da ECC. Segundo Pasquali (2010) uma das técnicas utilizadas para selecionar itens de uma escala de frequência é a análise da consistência interna dos itens, realizada por meio do Teste *t* de Student. De acordo com as vantagens apresentadas por esse método, como facilidade de implementação e praticidade, essa foi a técnica estatística escolhida para a determinação dos itens da ECC. As análises foram realizadas no *software* Excel.

44.2.4 Resultados

A partir da análise qualitativa da ECC, cujo resultado foi obtido mediante a concordância das avaliações dos juízes, permaneceram 27 itens, foram retirados 13 e incluídos dez itens novos na escala. A Tabela 2 e a Tabela 3 exibem os resultados da análise da concordância dos julgamentos dos itens para crenças realistas e irrealistas, respectivamente.

Tabela 2 Concordância dos juízes sobre os itens realistas da ECC

Itens que permaneceram na ECC (concordância ≥ 80%)			
Itens que representam crenças realistas			
	Análise de conteúdo		Análise semântica
Item	Adequado (%)	Realista (%)	Compreensível (%)
1. O amor é uma condição importante na vida de um casal.	90	100	100
2. A amizade entre os cônjuges é necessária para a relação.	90	100	100
3. O respeito é uma condição fundamental para a relação do casal.	100	100	100
11. No casamento, os parceiros devem ser livres para concordar ou discordar do(a) parceiro(a).	100	100	100
12. A divisão das tarefas fica mais harmônica quando ambos entram em acordo.	100	80	90
13. Ambos os cônjuges devem contribuir para as despesas da casa.	100	80	100
14. Os papéis de cada um no casamento devem ser flexíveis.	100	90	90
15. O diálogo é fundamental para a relação do casal.	100	100	100
21. A falta de compreensão entre os parceiros compromete a qualidade do casamento.	100	100	90
22. Marido e mulher devem ter objetivos em comum.	90	89	100
23. Apesar das dificuldades da convivência conjugal, um casamento pode ser feliz e prazeroso.	90	89	100
24. Cada um dos cônjuges é responsável por cultivar um relacionamento feliz e satisfatório.	100	100	90
25. Quando algo incomoda um dos cônjuges, eu acho que ele(a) deve revelar o motivo de seu descontentamento.	100	80	100
31. A presença de filhos não garante a felicidade do casal.	90	100	100
32. No casamento, os cônjuges devem ter espaço para cultivar atividades individuais, como *hobbies*, lazer e amigos.	90	100	100
33. Para o casamento dar certo, os cônjuges precisam ter confiança um no outro.	100	100	100
34. O casal precisa conversar sobre a qualidade de suas relações sexuais.	90	89	100
35. Marido e mulher devem participar ativamente da educação dos filhos.	89	100	100

Tabela 3 Concordância dos juízes sobre os itens irrealistas da ECC

Itens que permaneceram na ECC (concordância ≥ 80%)			
Itens que representam crenças irrealistas			
	Análise de conteúdo		Análise semântica
Item	Adequado (%)	Irrealista (%)	Compreensível (%)
7. Eu acho que a qualidade das relações sexuais depende do desempenho e da iniciativa do homem.	89	87,5	87,5
9. O marido e a esposa devem fazer tudo juntos.	100	90	100
10. Filhos ajudam a manter um casamento.	90	87,5	100
16. Quando tenho algum problema, espero que o(a) meu(minha) parceiro(a) perceba o que está acontecendo comigo, mesmo que eu não lhe fale explicitamente.	80	100	87,5
18. O casamento pode realizar todos os nossos sonhos.	90	100	100
19. Os opostos se atraem e se completam.	80	87,5	87,5
20. Os casais que se amam de verdade adivinham os pensamentos e sentimentos um do outro.	80	100	87,5
27. A competição entre marido e esposa estimula o casamento.	80	87,5	100
37. Uma relação extraconjugal destrói um casamento.	100	80	80

Além da análise da concordância das avaliações dos juízes, foi pertinente a inclusão de novos itens na escala de acordo com as sugestões fornecidas pelos juízes. A Tabela 4 apresenta os dez itens que foram incluídos na escala.

Tabela 4 Itens incluídos na ECC

Item	Tipo de crença
O homem sempre deve ganhar um salário maior do que a mulher.	Irrealista
A família de origem deve colaborar nas decisões do casal.	Irrealista
O casamento só é completo quando o casal tem filhos.	Irrealista
Se um dos membros do casal não deseja ter filhos, ele deverá ceder em função daquele que deseja.	Irrealista
Dentre as prioridades dos membros do casal, o sucesso na carreira profissional deve estar sempre em primeiro lugar.	Irrealista
O amor é uma condição fundamental para a qualidade das relações sexuais.	Irrealista
Os membros do casal devem compartilhar a mesma religião.	Irrealista
É preciso que exista cooperação entre os membros do casal.	Realista
O casal deve cultivar hábitos que os mantenham juntos com frequência (por exemplo, almoçar ou jantar junto diariamente)	Realista
A frequência de contato com os familiares deve ocorrer de forma equilibrada, de modo que ambos os parceiros não se sintam em desvantagem.	Realista

Assim, após a análise qualitativa da ECC ser finalizada, a escala passou a ser constituída por 37 itens, abrangendo crenças realistas e irrealistas sobre o casamento. Com esses 37 itens, então, seguiu-se uma análise quantitativa dos itens da escala. Para tanto, após coletar os dados de 120 sujeitos, os participantes foram classificados em dois grupos: o grupo de pessoas que mais pontuou na escala e o grupo que menos pontuou.

Desse modo, o Teste t de Student foi realizado com o objetivo de verificar se cada item apresentava poder de discriminação entre crenças realistas e irrealistas na escala (Pasquali, 2010). Verificou-se, então, se o grupo de pessoas que mais pontuou na escala (que deveria ter crenças mais realistas) diferia significativamente do grupo de pessoas que menos pontuou na escala (que deveria ter crenças menos realistas). O Teste t objetivou avaliar justamente essa diferença entre os dois grupos, em cada item, separados mediante o escore total obtido na ECC, sendo um grupo composto por 30% dos participantes com escores superiores e outro grupo por 30% de participantes com escores inferiores na escala (Pasquali, 2010).

Portanto, na amostra de 120 participantes, foram separados dois grupos de 36 sujeitos com escores superiores e inferiores na escala. Como ponto de corte adotou-se que os itens que apresentassem p-valor > 0,1 deveriam ser descartados da escala. A Tabela 5 exibe os resultados obtidos com a realização do Teste t.

Tabela 5 Teste de validação de itens (n = 120)

Itens que permaneceram na escala				Itens excluídos da escala		
p-valor ≤ 0,1				p-valor > 0,1		
1	0,10	19	0,00	8	0,69	
2	0,01	20	0,00	14	0,47	
3	0,09	21	0,00	35	0,18	
4	0,00	22	0,00	37	0,30	
5	0,02	23	0,01			
6	0,02	24	0,00			
7	0,00	25	0,00			
9	0,00	26	0,01			
10	0,00	27	0,02			
11	0,01	28	0,00			
12	0,00	29	0,03			
13	0,00	30	0,00			
15	0,00	31	0,01			
16	0,02	32	0,00			
17	0,06	33	0,00			
18	0,00	34	0,00			
		36	0,00			

A partir da análise quantitativa, observou-se a permanência de 33 itens na escala, sendo 20 correspondentes a crenças realistas (itens 1, 2, 3, 4, 5, 6, 7, 10, 11, 12, 13, 15, 16, 18, 19, 20, 22, 24, 26 e 31) e 13 à crenças irrealistas (itens 8, 9, 14, 17, 21, 23, 25, 27, 28, 29, 30, 32 e 33). Os 33 itens foram numerados novamente e reorganizados na escala para a realização de um estudo de validação de construto da ECC.

44.3 Conclusões

O estilo de crenças mantido nas relações entre casais constitui um importante aspecto a ser considerado no estudo da conjugalidade, o que evidencia a necessidade de estudos sistemáticos acerca dos efeitos desses tipos de crenças na qualidade conjugal. Todavia, observa-se em âmbito nacional uma carência de pesquisas e, principalmente, de métodos de avaliação das crenças no casamento. Nesse sentido, esta pesquisa objetivou o desenvolvimento da Escala de Crenças Conjugais (ECC).

Após o término das análises qualitativa e quantitativa da ECC, a escala passou a ser composta por 33 itens, abrangendo crenças realistas e irrealistas sobre o casamento. Ressalta-se que essa ainda não é a estrutura final da escala, uma vez que a partir dos resultados obtidos nas análises aqui descritas estudos de validação de construto da ECC têm sido realizados, com a intenção de fornecer uma medida válida para a avaliação das crenças conjugais a ser utilizada em pesquisas brasileiras.

Nesse sentido, esta pesquisa representa uma contribuição metodológica no estudo das relações conjugais, a partir da construção de um novo instrumento. Espera-se, assim, ser possível aumentar o conhecimento sobre os relacionamentos íntimos por meio da utilização dessa nova escala em outras pesquisas que busquem investigar as relações empíricas entre as crenças conjugais e outros aspectos relevantes da conjugalidade.

44.4 Referências

Baucom, D. H., Epstein, N., Rankin, L. A., & Burnett, C. K. (1996). Assessing relationship standards: the inventory of specific relationship standards. *Journal of Family Psychology*, *10* (1), 72-88.

Dattilio, F. M. (2011). *Manual de Terapia Cognitivo-Comportamental para casais e famílias*. Porto Alegre: Artmed.

Dattilio, F. M. & Padesky, C. A. (1995). *Terapia Cognitiva com casais*. Porto Alegre: Artes Médicas.

Eidelson, R. J. & Epstein, N. (1982). Cognition and relationship maladjustment: development of a measure of dysfunctional relationship beliefs. *Journal of Consulting and Clinical Psychology*, *50* (5), 715-720.

Epstein, N. B. (2010). Terapia Cognitivo-Comportamental de casais: *status* teórico e empírico. In Leahy, R. L. (Org.), *Terapia Cognitiva contemporânea: teoria, pesquisa e prática*. (pp. 326-344). Porto Alegre: Artmed.

Goodwin, R. & Gaines Jr., S. O., (2004). Relationships beliefs and relationship quality across cultures: country as moderator of dysfunctional beliefs and relationship quality in three former communist societies. *Personal Relationships*, *11*, 267-279.

Hall, S. S. (2006). Marital meaning: exploring young adults' belief systems about marriage. *Journal of Family Issues*, *27* (10), 1437-1458.

Hamamci, Z. (2005) Dysfunctional relationship beliefs in marital satisfaction and adjustment. *Social Behavior and Personality*, *33* (4), 313-328.

Lazarus, A. A. (1992). *Mitos conjugais*. São Paulo: Editorial Psy.

Pasquali, L. (2010). Escalas psicométricas. In L. Pasquali (Org.), *Instrumentação psicológica: fundamentos e práticas* (p. 116-135). Porto Alegre: Artmed.

Shulman, S., Rosenheim, E., & Knafo, D. (1999). The interface of adolescent and parent marital expectations. *The American Journal of Family Therapy*, *27*, 213-222.

Autoras:

Camila Morais Ribeiro – Mestranda em Psicologia pela Universidade do Estado do Rio de Janeiro.

Eliane Mary de Oliveira Falcone – Mestre em Psicologia Clínica pela PUC-Rio; Doutora em Psicologia Clínica pela Universidade de São Paulo; Pós-Doutora em Psicologia Experimental pela Universidade de São Paulo; Professora adjunta do Instituto de Psicologia do Estado do Rio de Janeiro; Docente do Programa de Pós-Graduação em Psicologia Social – UERJ.

Eliane Gerk – Doutora em Psicologia; Professora adjunta da Universidade Católica de Petrópolis.

PARTE VI

ENSAIOS CLÍNICOS EM TERAPIA COGNITIVO-COMPORTAMENTAL

Transtorno de estresse pós-traumático resistente ao tratamento farmacológico: relato de caso

Raquel Gonçalves
Maria Pia Coimbra
Mariana Pires Luz
Ivan Figueira
Paula Ventura

45.1 Introdução

O tratamento cognitivo-comportamental para o Transtorno de Estresse Pós-traumático (TEPT) é considerado eficaz. Inúmeros estudos publicados na literatura científica testaram com sucesso protocolos de tratamento com essa base teórica em pacientes com histórico de eventos traumáticos diversos, de diferentes idades, em quadros agudos ou crônicos e em diferentes culturas, tanto com tratamento individual quanto em grupo (Cahill, Rothbaum, Resick & Follette, 2009).

O modelo cognitivo do TEPT entende que um evento traumático pode reforçar crenças relacionadas à vulnerabilidade previamente existentes ou contrastar com crenças muito rígidas de segurança a tal ponto que o processamento da memória do trauma fica prejudicado. Dessa forma, interpretações distorcidas levam a um senso constante de medo, ansiedade, vergonha, raiva etc., e a comportamentos desadaptativos, como evitações. Caso um estímulo qualquer ative alguma lembrança do evento traumático, experimentam-se sintomas de revivescência, que ativam os sentimentos mencionados e levam o indivíduo a tentar estratégias para evitar que esses sintomas venham à tona novamente. Ocorre que essas estratégias, em vez de proteger a pessoa dos sintomas, têm o efeito de reforçá-los, mantendo o quadro de TEPT (Ehlers & Clark, 2000).

Portanto, o tratamento com TCC envolve flexibilizar essas interpretações rígidas e distorcidas, ao mesmo tempo em que as estratégias comportamentais que mantém o TEPT são alteradas. Para isso, conta com técnicas como reestruturação cognitiva, exposições *in vivo* e imaginária e técnicas de manejo da ansiedade.

1. Será exposto neste capítulo o tratamento de um caso de TEPT a fim de ilustrar de que maneira a TCC pode promover a melhora de casos graves e resistentes à medicação. A paciente, doravante denominada A., procurou atendimento no Laboratório Integrado de Pesquisas sobre Estresse (LINPES), localizado no Instituto de Psiquiatria da UFRJ (IPUB), em março de 2007, apresentando sintomas de TEPT relacionados a um acidente de trabalha ocorrido em novembro de 2005. Antes disso, havia passado por inúmeras emergências de hospitais com crises de ansiedade e submeteu-se, sem sucesso, a um tratamento psicoterápico por dois meses.

45.2 Identificação

2. Os dados a seguir foram divulgados após a assinatura do termo de consentimento livre e esclarecido pela paciente. Na época de sua chegada ao LINPES, A. tinha 46 anos, vivia em casa própria separada de seu marido, com quem tinha dois filhos. A. nasceu no Rio de Janeiro, tinha Ensino Fundamental completo, frequentava uma igreja evangélica e trabalhava como cobradora de ônibus até o acidente de trabalho. Seu círculo familiar é composto por alguns irmãos e sobrinhos que moravam próximos a ela, seus dois filhos (de 19 e 23 anos) e seu namorado. Relatava boa relação com sua família, ótima convivência com os vizinhos, embora tenha se afastado de muitas ocasiões sociais antes de buscar tratamento devido aos sintomas. Antes do acidente, era descrita como uma pessoa bem-humorada e forte, procurada sempre que alguém de sua convivência tinha problemas, pois era considerada boa conselheira e solucionadora de problemas pelas pessoas próximas. Tinha vida religiosa pouco ativa, embora relatasse vontade de ser mais presente em sua igreja. A paciente tinha laço afetivo mais estreito com a filha, pessoa que se encontrava quase diariamente ao seu lado.

45.3 Súmula psicopatológica

A paciente chegou ao LINPES vestida adequadamente e com boas condições de higiene pessoal. Sua atitude foi cooperativa com a entrevistadora. Apresentou consciência clara e boa orientação autopsíquica (em relação a si própria), mas se mostrou desorientada alopsiquicamente (em relação ao tempo e espaço) em alguns momentos. Mostrou-se normotenaz (capaz de manter atenção na terapeuta), mas hipervigil (alto grau de atenção a estímulos externos). Memória e inteligência aparentemente não apresentavam alteração. Apresentava-se normoprosódica (volume da fala adequado). Sensopercepção alterada, relatando alucinação auditiva. Pensamento sem alteração de forma, curso e conteúdo. Humor triste e ansioso. Afetividade preservada. Apresentou-se hipobúlica (atividade voluntária diminuída). Psicomotricidade alterada, com lentificação psicomotora. Consciência do eu sem alterações e consciência de morbidade presente.

45.4 Histórico de traumas

A. já havia passado por algumas situações traumáticas antes do acidente que levou ao desenvolvimento de TEPT: quando seu filho tinha 7 anos, foi acometido por uma grave pneumonia e, após seu tratamento, parou de andar devido a uma infecção hospitalar, tendo ficado internado durante quatro meses. Também relata que a morte de sua mãe, por câncer, foi fonte de grande sofrimento. Além disso, um de seus irmãos era soro positivo e morreu devido a uma pneumonia, e A. só tomou conhecimento da doença de seu irmão após sua morte. Mesmo após passar por todos esses eventos, A. mantinha uma postura resiliente e se mostrou apenas temporariamente abatida por esses acontecimentos.

45.5 História patológica pregressa

A paciente não apresentou histórico que revelasse patologias.

45.6 Evento traumático

O evento traumático que levou ao desenvolvimento de TEPT ocorreu durante o seu trabalho. A. estava realizando seu segundo trajeto do dia como cobradora da linha de ônibus pela qual trabalhava. O tempo estava bastante chuvoso, o que dificultava a visibilidade do motorista e deixava a pista escorregadia. Em dado momento do trajeto, o motorista do ônibus tentou ultrapassar uma van enquanto fazia uma curva. Nesse instante a roda do ônibus virou e o veículo tombou. A. ficou presa na cadeira de cobrador com seus movimentos temporariamente limitados. Enquanto isso, ajudou a tirar algumas crianças pela janela do ônibus e juntou alguns pertences de passageiros que estavam próximos a ela. Em seguida, conseguiu se desprender e travar a roleta do ônibus. Saiu do veículo sem dor e ajudou a acalmar os passageiros que queriam agredir o motorista.

No dia anterior, A. havia avisado sua filha a que horas passaria pelo ponto próximo ao local em que ela se encontraria, e combinaram que ela pegaria o mesmo ônibus no qual a paciente estava. Com medo de que ela visse o acidente, parou vários ônibus e perguntou aos motoristas se eles encontraram sua filha, sem pensar que a filha da paciente era uma desconhecida para eles. Depois, conseguiu levar o motorista até o carro da polícia para que ele não fosse agredido, e nesse momento ele a advertiu sobre seus ferimentos na perna e na cabeça. A partir de então, começou a sentir dor e foi levada a uma ambulância que se dirigiu a um hospital próximo, onde ficou internada por dois dias.

45.7 Diagnóstico nosológico

Transtorno de estresse pós-traumático
Episódio depressivo grave

45.8 Conduta farmacológica

Foi iniciado tratamento psiquiátrico em março de 2007, quando lhe foi prescrito flunitrazepan 1 mg, paroxetina 30 mg, trazodona 100 mg. Em janeiro de 2008, sua medicação se encontrava estável há um mês (paroxetina 50 mg e clorpromazina 100 mg).

45.9 Sintomas de TEPT

O tratamento foi focado no trauma relacionado ao acidente de trabalho, visto que esse era o evento considerado mais ansiogênico para a paciente no momento. No início do tratamento com TCC, em 15 de janeiro de 2008, a medicação pouco havia ajudado na melhora dos sintomas, e A. apresentava, além dos sintomas de TEPT, desânimo, tristeza intensa e alterações do sono e apetite. O diagnóstico de TEPT foi dado de acordo com os critérios propostos pelo *Manual Estatístico e Diagnóstico dos Transtornos Mentais*, quarta edição revisada (DSM-IV-R) a partir da administração da entrevista estruturada (SCID-I – *Structured Clinical Interview for DSM Disorders*) (Del-Bem *et al.*, 2001), por uma psiquiatra do LINPES.

Além de haver presença de evento traumático (critério A), A. apresentava revivescências, *flashbacks*, pesadelos relacionados ao trauma (critério B), evitações como andar de ônibus; dirigir carro; ver notícias de acidente; ter contato com pessoas do trabalho, família e amigos; sair de casa, principalmente em dias de chuva; ouvir barulho de ambulância, além de sensação de congelamento e entorpecimento emocional (critério C) e dificuldade de concentração, irritabilidade, resposta de sobressalto exagerada. Esses sintomas causavam prejuízo significativo na vida de A. (critério D) e não eram explicados por outro transtorno (critério E). Apresentava também Depressão Maior secundária ao TEPT, com sintomas que incluíam humor triste, desânimo, ideação suicida, crises de choro frequentes, desesperança. Não conseguia sentir prazer nas atividades de que gostava antes do trauma, como cozinhar, cuidar de sua casa, dentre outras, e por esse motivo saía cada vez menos de casa.

Esses sintomas se mantinham na medida em que A. evitava qualquer estímulo que a lembrasse o trauma. A simples menção a essas situações relacionadas ao trauma provocava fortes dores de cabeça e sensação de estar novamente no momento do acidente, o que representa um sintoma dissociativo (desrealização). Era comum a paciente dissociar frente a qualquer estímulo que lhe lembrasse o trauma, inclusive nas sessões de terapia e de exposição. Quando era inevitável a exposição a alguma dessas situações, fazia de tudo para fugir, o que muitas vezes acabava colocando-a em riscos reais.

A paciente mostrou-se bastante colaborativa, apesar de, na fase da terapia de exposição, ter desejado desistir do tratamento devido à alta ansiedade que sentia enquanto se expunha.

45.10 Conceituação cognitiva

Sempre foi considerada forte, "inatingível"
Geralmente era a pessoa consultada quando seus familiares, vizinhos e amigos tinham algum problema
História de traumas diversos
Acidente de ônibus

Crença central
"Sou vulnerável"
"Nada dá certo na minha vida"
"Estou em perigo o tempo todo"

Crenças condicionais
"Se eu me expuser a qualquer risco, outro acidente vai acontecer"

Estratégias comportamentais
Evitar qualquer situação na qual se perceba em risco
Evitar saber dos problemas de outras pessoas (telefonemas, noticiários)

Situação 1	**Situação 2**	**Situação 3**
Indo para o IPUB	Familiar foi internada e pediu que ela a acompanhasse na ambulância	Ao tentar dirigir
Pensamentos automáticos "Vai acontecer um acidente"	**Pensamentos automáticos** "Não irei tolerar o desconforto de estar novamente em uma ambulância"	**Pensamentos automáticos** "Vou me acidentar novamente"
Significado "Estou em perigo"	**Significado** "Sou vulnerável"	**Significado** "Estou em perigo"
Emoção Ansiedade	**Emoção** Ansiedade	**Emoção** Ansiedade
Comportamento Desceu do ônibus	**Comportamento** Recusou o pedido	**Comportamento** Parou o carro no meio da avenida

45.11 Protocolo de tratamento com Terapia Cognitivo-Comportamental

O protocolo de tratamento de TCC para o TEPT desenvolvido por Edna Foa e colaboradores (Foa & Rothbaum, 1998) foi adaptado pela equipe de Psicologia do LINPES (Pedrozo, 2009) e utilizado com pacientes do ambulatório.

Consiste em 16 sessões de terapia (semanais) com 90 minutos de duração, intercaladas com 45 sessões de coterapia (três vezes por semana). Definimos a coterapia como a participação de estudantes de graduação de Psicologia na implementação das técnicas cognitivo-comportamentais no período entre as sessões. Já as sessões de terapia foram conduzidas por uma psicóloga graduada pela UFRJ. Foram realizadas exposições imaginária (ao relato do evento gravado em fita) e *in vivo*, para a qual foi elaborada uma hierarquia de enfrentamento com as situações evitadas pela paciente, além de reestruturação cognitiva e técnicas de manejo da ansiedade, como respiração diafragmática, respiração polarizada e relaxamento muscular progressivo.

45.12 Tratamento cognitivo-comportamental

45.12.1 Reestruturação cognitiva

Foram identificadas cognições relacionadas à vulnerabilidade, como: "Nada dá certo na minha vida", "Se o acidente aconteceu, significa que acontecerá novamente". A paciente trazia situações ocorridas durante a semana que alteravam seu humor. Os pensamentos associados eram identificados, avaliados quanto a sua acurácia e, caso fossem distorcidos, fazia-se a reestruturação desses pensamentos. A reestruturação dessas cognições foi efetiva na flexibilização da maneira rígida e extrema de pensar da paciente. Consequentemente, observaram-se diminuição da ansiedade e aquisição de repertório comportamental mais adaptativo.

45.12.2 Técnicas de manejo da ansiedade

A. optou pela respiração diafragmática. A respiração diafragmática consiste em praticar a respiração mais profunda, expandindo o diafragma. Essa respiração controlada é praticada pela inspiração contando lentamente até 3 e expiração lenta contando até 3 (Greenberger e Padesky, 1999). Já o relaxamento muscular progressivo promove um relaxamento profundo, eficaz para pessoas cuja ansiedade é fortemente associada à tensão muscular. No protocolo foi utilizado o relaxamento muscular de Jacobson (Jacobson, 1993). A sessão de relaxamento foi gravada para que a paciente pudesse praticá-lo em casa. Durante o relaxamento, a paciente relatava sensação de calma e melhora de suas dores musculares. Foi retirado o exercício nos músculos da face, pois A. sentia tontura. Em vez disso, foi solicitado que ela imaginasse que estava contraindo e relaxando esse grupo muscular.

45.12.3 Exposição *in vivo*

Foi realizado o enfrentamento gradual dos estímulos provocadores de ansiedade condicionados ao trauma. Essa parte do tratamento foi realizada com o auxílio de um coterapeuta. Montou-se uma hierarquia de situações evitadas pela paciente, que foram enfrentadas desde a menos ansiogênica até a mais ansiogênica, e só se passava para o próximo enfrentamento quando ela não sentia mais ansiedade no último item combinado. Quando a ansiedade era alta, realizava-se treino de relaxamento muscular progressivo e/ou respiração diafragmática pela coterapeuta, de modo que houvesse um manejo da ansiedade.

Escala hierárquica:

Grau de ansiedade: Pré TCC – Pós TCC

1. ___Andar de ônibus prestando atenção no trânsito_____70%_____0%

2. ___Passar em viadutos no ônibus_____70%_____0%

3. ___Contato com colegas do trabalho_____80%_____0%

4. ___Andar em ônibus cheio_____80%_____0%

5. ___Andar de ônibus em dias chuvosos_____80%_____0%

6. ___Sentar do lado esquerdo do ônibus _____90%_____0%

7. ___Andar em ônibus com alta velocidade_____90%_____0%

8. ___Ler notícias sobre acidente de ônibus_____100%_____0%

9. ___Som de ambulância_____100%_____0%

10. ___assar em frente à empresa de ônibus na qual trabalhava _100% ___0%

11. ___Fazer trajeto da linha de ônibus em que trabalhava_____100%_____0%

Ao final do tratamento, A. enfrentou algumas situações da escala hierárquica sem o auxílio do coterapeuta.

45.12.4 Exposição imaginária

Foi realizado o enfrentamento falado do evento traumático com o máximo de detalhes possível. A. era orientada a falar no tempo presente, com "um pé no consultório e outro no momento do acidente". Depois, ouvia repetidamente o seu relato do trauma gravado em fita até que se habituasse completamente a ele e houvesse o reprocessamento da memória traumática. Inicialmente, como A. sentia fortes dores de cabeça ao tentar fazer a exposição imaginária e tinha sintomas de desrealização em vários momentos, ela foi estimulada a fazer o relato com os olhos abertos. Quando foi observada diminuição da ansiedade, ela foi encorajada a fechar os olhos e só abri-los nos piores momentos (*hot spots*). Quando A. dissociava durante a exposição, era interrompida temporariamente e realizava-se o procedimento para que a dissociação fosse revertida, no qual ela deveria dizer o nome da terapeuta, quem ela era, o nome do local onde estava, juntamente com a observação visual do local. Só foi observada alguma diminuição da ansiedade máxima, pela primeira vez, na 34ª sessão de coterapia.

Nas primeiras sessões de exposição, a paciente pensou em abandonar o tratamento. Nessa fase, houve aumento da frequência de pensamentos intrusivos, dos pesadelos e da ansiedade no dia a dia.

45.13 Resultado

Ao final do tratamento, a paciente não experimentava sensações físicas relacionadas à ansiedade, como sudorese na palma das mãos e dor no peito, e conseguia reestruturar os pensamentos distorcidos sem a ajuda da terapeuta. Passou a fazer viagens de ônibus, nas quais muitas vezes adormecia, iniciou um novo trabalho como vendedora de coco e biscoitos, voltou a se relacionar com pessoas de sua convivência antes do acidente, sendo inclusive chamada de "sorriso" pelos vizinhos, apelido que lhe foi dado antes do acidente e havia parado se ser utilizado após o desenvolvimento de TEPT, e passou a cuidar mais da aparência. Meses depois, passou a participar ativamente do grupo do coro de senhoras da igreja perto de sua casa, indo a encontros três vezes por semana e fazendo visitas a outras igrejas. Tem feito algumas viagens com uma de suas irmãs sem relatar ansiedade alguma por ficar muito tempo dentro no ônibus. Passou a não apresentar revivescências, pesadelos, *flashbacks* ou pensamentos e lembranças intrusivos relacionados ao trauma.

Durante todo o tratamento a filha de A. a apoiou e a ajudou a reavaliar certas situações, como, por exemplo, no momento em que ela tentou abandonar o tratamento psicoterápico. Sua filha também foi importante ao reforçar positivamente os enfrentamentos que a mãe realizava. Ao final do tratamento, sua filha escreveu uma carta de agradecimento à equipe pelo trabalho realizado.

O gráfico com o resultado da administração do *Post traumatic stress disorder scale civilian version-PCL--C)* (Berger, Mendlowicz, Souza & 2004) encontra-se abaixo. Trata-se de uma escala de autorrelato que mede sintomas de TEPT, sendo que o diagnóstico pode ser dado caso a pontuação total seja igual ou maior que 50. No Gráfico 1 temos tanto o escore total do PCL-C, quando os escores dos subgrupos de sintomas, em cores diferentes.

Gráfico 1

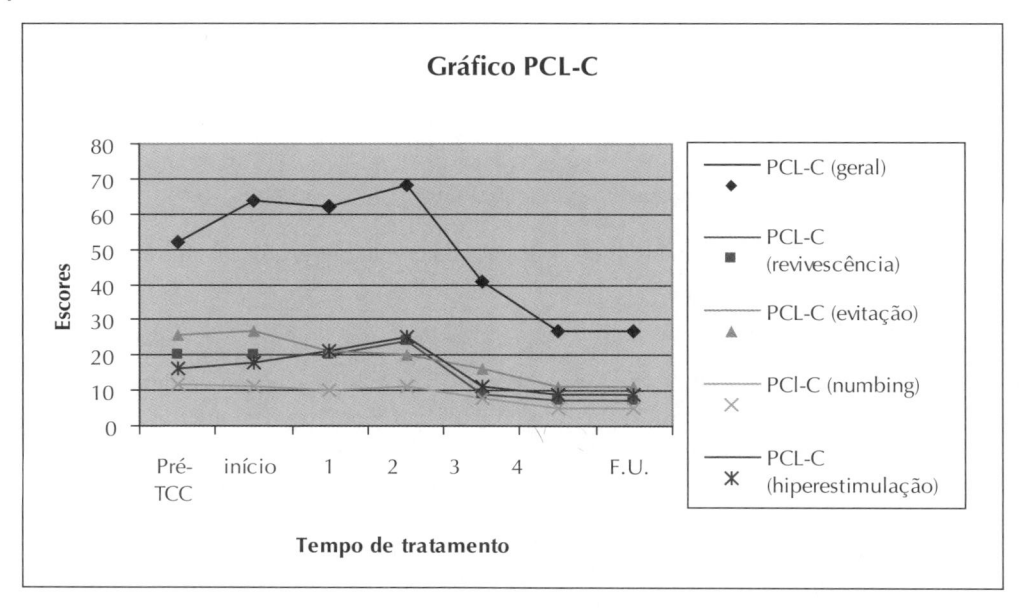

45.14 *Follow up* de um mês

A melhora se manteve. A., contudo, continuava tendo pesadelos com outros eventos traumáticos que não foram trabalhados no tratamento. Alguns sintomas de depressão permaneceram, mas A. não relatava relação deles com o TEPT, mas com problemas relacionados ao ex-marido que não puderam ser trabalhados em terapia.

Algum tempo depois da terapia, recebeu alta do tratamento farmacológico, sendo liberada do uso de medicamentos psicotrópicos e retomando completamente sua vida como era antes do acidente.

45.15 Conclusões

Mesmo sendo uma paciente dissociativa, o que a princípio vem acompanhado de maior gravidade e pior prognóstico (Ozer, Best, Lipsey & Weiss, 2003), A. teve excelente resposta ao tratamento convencional com TCC, com remissão da ansiedade na presença de estímulos considerados extremamente ansiogênicos antes do tratamento e reestruturações de crenças relacionadas à vulnerabilidade, o que é uma demonstração de que esse tipo de tratamento pode ser eficiente mesmo em casos mais difíceis.

45.16 Referências

American Psychiatric Association – APA (1994). *Diagnostic and statistical manual of mental disorders – DSM-IV*. Washington, DC: Autor.

Berger, W., Mendlowicz, M., Souza, W., Figueira, I. (2004). Equivalência semântica da versão em português da *Post-Traumatic Stress Disorder Checklist – Civilian Version (PCL-C)* para rastreamento do transtorno de estresse pós-traumático. *Revista de Psiquiatria do Rio Grande do Sul, 26* (2), 167-175.

Cahill, S. P., Rothbaum, B. O., Resick, P. A., Follette, V. M. (2009). Cognitive-behavioral therapy for adults. In Foa, E. B., Keane, T. M., Friedman, M. J., Cohen, J. A. *Effective treatments for PTSD. Pratice guidelines from the international society for traumatic stress studies*. 2 ed. New York, The Guilford Press.

Del-Ben, C. M., Vilela, J. A. A., Crippa, J. A. S., Hallak, J. E. C., Labate, C. M., Zuardi, A. W. (2001). Confiabilidade da "Entrevista Clínica Estruturada para o DSM-IV – Versão Clínica" traduzida para o português. *Revista Brasileira de Psiquiatria, 23*, 156-159.

Ehlers, A. & Clark, D. M. (2000). A cognitive model of posttraumatic stress disorder. *Behaviour Research and Therapy, 38*, 319-345.

Foa, E. & Rothbaum, B. (1998). *Treating de Trauma of Rape – Cognitive-Behavioral Therapy for PTSD*. New York: The Guilford Press.

Greenberger, D. & Padesky, C.A. (1999). *A mente vencendo o humor*. Porto Alegre: Artmed Editora.

Jacobson, E. (1993). *Relax – como vencer as tensões*. São Paulo: Cultrix. (Trabalho original publicado em 1934.)

Ozer E. J., Best S. R., Lipsey T. L., Weiss D. S. (2003). Predictors of posttraumatic stress disorder and symptoms in adults: a meta-analysis. *Psychological Bulletin, 129*, 52-73.

Pedrozo, A. L. (2009). *Tratamento cognitivo-comportamental do Transtorno Estresse Pós-Traumático em pacientes resistentes a medicação*. Dissertação de Mestrado, Instituto de Psicologia, não publicada. Rio de Janeiro: Universidade Federal do Rio de Janeiro.

Autores:

Raquel Gonçalves – Doutoranda em Saúde Mental pelo Instituto de Psiquiatria da UFRJ. Contato: raquelcalifornia@yahoo.com.br

Maria Pia Coimbra – Especialista em Psicologia da Saúde pela PUC-Rio. Contato: mariapia.coimbra@gmail.com

Mariana Pires Luz – Mestre e doutoranda em Psiquiatria do Instituto de Psiquiatria da UFRJ

Ivan Figueira – Professor adjunto do Instituto de Psiquiatria da UFRJ

Paula Ventura – Professora adjunta do Instituto de Psicologia e da Pós-Graduação do Instituto de Psiquiatria da UFRJ. Contato: paularventura@gmail.com

Depressão na adolescência a partir de um caso de *bullying* escolar: tratamento por meio do enfoque cognitivo-comportamental

Heitor Pontes Hirata
Lucia Emmanoel Novaes Malagris
Bernard Pimentel Rangé

46.1   Introdução

De acordo com a Organização Mundial de Saúde (OMS), a adolescência é a fase que contempla as idades entre 10 e 19 anos (Patara, 2010). Segundo essa agência, deve-se atentar para esse momento do desenvolvimento, uma vez que vários adolescentes morrem precocemente por diversas causas como acidentes, suicídio, complicações de parto e episódios de violência.

A adolescência é uma época marcada por diversas mudanças no que se refere a aspectos variados. Quando um indivíduo entra nessa etapa da vida, uma gama de modificações ocorre em seu corpo, seu cérebro e seu ambiente (Cole & Cole, 2004). Juntamente com as mudanças, podem surgir os conflitos e as crises, marcados por maior capacidade de questionamento, novas descobertas e experiências, além das exigências aumentadas (Belsky, 2010). Em muitas culturas, principalmente nas menos industrializadas, a transição para a adolescência é motivo para celebração e realização de ritos de passagem, que marcam a maior responsabilidade que aquele indivíduo então terá no meio social em que está inserido (Belsky, 2010). Paralelamente, nos meios urbanos, ao ingressar na adolescência, o jovem passa por outros ritos de passagem, que incluem, dentre outros pontos, a aceitação pelos colegas (Cole & Cole, 2004). Quando essa aceitação não ocorre, muitas vezes o adolescente permanece socialmente isolado. Esse fato, com outros aspectos, pode levar o jovem a desenvolver um quadro depressivo (Bahls, 2004).

Segundo o DSM-IV-TR (APA, 2002), o transtorno depressivo maior é caracterizado por dois ou mais episódios depressivos, diagnosticados por meio da presença de pelo menos cinco dos critérios a seguir: humor deprimido na maior parte do dia; diminuição do interesse por atividades que antes eram prazerosas; ganho ou perda de peso de forma significativa; alterações importantes no sono ou libido; fadiga recorrente; alteração qualitativa de capacidades cognitivas como atenção, memória e tomada de decisões além de pensamentos de morte recorrentes (APA, 2002). Beck, Rush, Shaw e Emery (1997) apontam a tríade cognitiva da depressão como fator importante para o entendimento desse transtorno. Esse posicionamento sugere que o indivíduo deprimido possui uma visão negativa de si mesmo, do mundo e do futuro (Beck *et al.*, 1997; Beck & Alford, 2011). Bahls (2004) destaca, ainda, que no adolescente mais frequentemente que no adulto, a depressão costuma se manifestar de forma particular por meio de características como irritabilidade e instabilidades excessivas, além de isolamento social. Tal dissolubilidade do ciclo interpessoal, muitas vezes, facilita a visão do adolescente como alguém esquisito, não sociável ou desinteressante, o que pode propiciar a ocorrência de comportamentos violentos contra ele (Fante & Pedra, 2008). Tais investidas agressivas, caso sejam repetitivas, podem originar o que é conhecido como *bullying* escolar.

Diversos autores apresentam definições para o vocábulo *bullying*, e, dessa forma, é possível encontrar definições muito parecidas. Na maior parte da literatura, o significado da palavra é associado a "comportamentos agressivos entre pares e que ocorrem de forma repetitiva, ao longo do tempo, com intenção de causar danos físicos e/ou psicológicos a alguém. Tal agressão pode ocorrer individualmente ou em grupo" (Olweus, 1993, p. 9). Essa definição do psicólogo norueguês Dan Olweus, que iniciou as pesquisas sobre o fenômeno no contexto escolar, passou a ser adotada por muitos outros autores. Constantini (2004) vai ainda além: enfatiza a importância de se distinguir o *bullying* de conflitos ou brigas normais da idade escolar. Os verdadeiros atos de intimidação, preconceitos e ameaças ocorrem de forma distinta e costumam ser voltados para indivíduos mais vulneráveis que, impossibilitados de se defender, acabam sendo levados a condições de sofrimento psicológico, isolamento e marginalização (Constantini, 2004). Para determinado ato ser considerado *bullying*, segundo as reflexões apresentadas, é necessário haver desequilíbrio de poder (Fante & Pedra, 2008).

Os comportamentos que compreendem atos de *bullying* podem ser variados. Entre eles estão xingamentos, humilhação, propagação de boatos ou fofocas, exposição ao ridículo, transformação em bode expiatório, acusações, isolamento, socos, agressões, ameaças, ofensas de cunho sexual, étnico, de gênero e de orientação sexual (Middelton-Moz & Zawadski, 2007). Teixeira (2006) acrescenta a essa lista os comportamentos de apelidar, perseguir, furtar e quebrar objetos pessoais. Embora na maioria das referências a menção ao termo *bullying* esteja ligada ao espaço escolar, o fenômeno pode se apresentar em diversos outros contextos em que há relações interpessoais como, por exemplo, no trabalho (Hadikin & O'Driscoll, 2000), nos hospitais, nas casas de repouso, nas prisões, nos quartéis (Constantini, 2004) e nos relacionamentos de casal (Middelton-Moz & Zawadski, 2007).

A forma de apresentação do fenômeno pode ser diferente conforme o sexo de quem o pratica. A participação dos meninos nos atos de *bullying* tem se mostrado maior de acordo com índices de pesquisas em países que desenvolvem estudos sobre o assunto (Fante & Pedra, 2008). No entanto, em pesquisa realizada pela Associação Brasileira de Proteção à Infância e Adolescência (ABRAPIA), no município do Rio de Janeiro, com 5482 alunos (Lopes Neto & Saavedra, 2008), os meninos obtiveram apenas 1% a mais em participação no fenômeno, o que sugere que as meninas também possuem expressiva representação nas práticas de *bullying*. Simmons (2004) descreve uma série de atitudes tomadas pelas meninas ao praticarem o *bullying*: boatos, fofocas e comportamentos não verbais que sugerem reprovação. A agressão feminina tende a ser mais oculta e fere, sobretudo, a autoestima paulatinamente. Algumas vezes, as garotas podem utilizar a amizade que têm umas com as outras para, futuramente, praticar o *bullying* (Simmons, 2004). A autora ressalta, no entanto, que nem todas as amizades femininas têm esse destino, mas que, em estudos realizados por ela, essas evidências se mostraram importantes (Simmons, 2004). Entre os meninos, observa-se que os comportamentos agressivos estão mais relacionados a ações físicas (bater, surrar, empurrar etc.) e verbais (xingar, humilhar, ameaçar), o que acaba ocasionando, também, dano psicológico (Fante, 2005).

Um aspecto importante a ser pontuado é a dinâmica do *bullying*. Para entendê-la, é preciso conhecer as partes envolvidas no bojo do processo. Caso se identifique determinado tipo de conduta considerada *bullying*, há a necessidade de traçar os papéis, ou seja, quem é o agressor (*bully*) e quem é (ou são) a(s) vítima(s). Apesar de essas partes serem as mais diretamente envolvidas no contexto, os alunos que testemunham também fazem parte do cenário (Olweus, 1993; Coloroso, 2004). Fante (2005) denomina "espectador" o aluno que presencia o ato de *bullying* sem o sofrê-lo ou praticá-lo. Essas pessoas representam a maior parte dos alunos envolvidos (Lopes Neto & Saavedra, 2008). Um engano não raro é considerar que as testemunhas não sofrem consequências dos comportamentos agressivos: em várias situações, há a possibilidade de divertimento ao ver um colega ser alvo de "brincadeiras". No entanto, em muitos casos, o clima de tensão é tamanho, que muitos espectadores permanecem em silêncio e temem se tornar a próxima vítima (Fante, 2005).

Um estudo realizado com ratos por neurocientistas da Universidade do Texas forneceu importantes informações acerca do mecanismo neural envolvido na resposta do medo e estresse associado à agressão e à intimidação. De acordo com a pesquisa, o isolamento social que ocorre quando um rato é exposto a situações de ameaça se deve às memórias armazenadas relacionadas ao episódio de perigo (Berton *et al.*, 2006). Tais recordações estão ligadas ao sistema límbico, o sistema cerebral que regula os estados emocionais (LeDoux, 2005). Assim, um rato exposto continuamente a episódios de intimidação produz com maior intensidade uma proteína denominada Fator Neurotrófico Derivado do Cérebro (FNDC), que é essencial para a maturação neuronal. Quando essa substância é produzida em maior quantidade no sistema mesolímbico, possivelmente há indicação de maior intensidade no mecanismo neurofisiológico ligado às emoções (Higgins & George, 2010). Nesse caso, por observação do comportamento dos ratos estudados, verificou-se amedrontamento em relação aos ratos intimidadores e também diante dos ratos que inicialmente não representavam ameaça (Berton *et al.*, 2006). Infere-se, portanto, que o *bullying* praticado entre os ratos aumentou a resposta de medo e o isolamento social. Esse estudo é um exemplo de como aspectos relacionados à área social podem ser explicados por meio de medições bioquímicas, o que corrobora o caráter multifatorial do *bullying*, isto é, a existência de fatores tanto sociais, culturais e psicológicos quanto biológicos.

Os resultados obtidos por Berton *et al.* (2006) chamam a atenção para outro aspecto relevante. Uma vez que crianças submetidas ao *bullying* possivelmente tendem a isolar-se e reagir a respostas de medo de forma mais intensa, muito provavelmente elas serão mais propensas a desenvolver transtornos de ansiedade e humor. Klomek *et al.* (2008) apontam que há correlação importante entre *bullying* e desenvolvimento de depressão e ideação suicida em anos posteriores. Além disso, como as crianças vítimas tendem a não interagir socialmente e se expressar de forma não assertiva, muitas vezes não treinam as habilidades sociais e tornam-se deficitárias nesse aspecto. Segundo Del Prette e Del Prette (2005), tais competências são de extrema importância para o desenvolvimento de interações entre os indivíduos e, quando expressadas adequadamente, propiciam o cultivo de uma rede de amigos sobre a qual a criança irá se apoiar, o que é de extrema importância para seu desenvolvimento socioafetivo (Bee, 2003).

A experiência pela qual o adolescente passa ao sofrer *bullying* afeta aspectos essenciais para seu bem--estar, como a autoestima, a autoeficácia, o nível de estresse, o rendimento acadêmico e a relação com os pares (Fante & Pedra, 2008). Intervenções efetivas que procuram dar conta do problema não podem envolver apenas a vítima de *bullying*, mas precisam acionar também os pais e a escola (alunos, professores, coordenação, direção, serviço de orientação educacional etc.). No entanto, o psicólogo que trabalha em consultório ou serviço de saúde nem sempre tem abertura para intervir em diversos níveis. Muitas vezes é possível trabalhar apenas com a vítima de *bullying* e seus familiares. Diversas escolas, por questões políticas, não abrem espaço para a discussão a respeito do assunto, especialmente porque assumir que dentro de seu próprio espaço há violência significa lidar com problemas que talvez não sejam interessantes de serem evidenciados (Fante, 2005). Há atualmente a possibilidade de se fazer denúncias e abrir processos judiciais em casos de *bullying*. Caso a escola não tome nenhuma providência e fique provado que houve negligência, uma penalidade aos responsáveis da instituição também pode ser aplicada (Brito, 2009).

Muitos adolescentes vítimas de *bullying* apresentam algum transtorno de humor e/ou ansiedade assim como vários aspectos psicológicos (por exemplo, baixa autoestima, déficit em habilidades sociais, dificuldades em resolução de problemas) que podem ser trabalhados por meio de um enfoque cognitivo-comportamental (McKay & Fanning, 2010; Caballo, 2003; D'Zurilla & Nezu, 2010). Doll e Swearer (2006) chamam a atenção para o cuidado que se deve ter para não expor a vítima, pois os agressores podem retaliar com medo de serem denunciados. No caso do trabalho com agressores, embora um tratamento psicoterápico seja desejável, tratar um agressor pode significar cortar a ponta de um *iceberg*, uma vez que a cultura de violência e intolerância ainda estará presente no espaço escolar. Por esse motivo, o trabalho junto aos pais e, sobretudo, à escola promove mudanças mais estruturais e contundentes em relação ao problema (Doll & Swearer, 2006).

O trabalho cognitivo-comportamental para *bullying* envolve reuniões com a equipe da escola. A finalidade desses encontros é realizar psicoeducação sobre o fenômeno assim como reestruturar cognições distorcidas das pessoas sobre o assunto; por exemplo, "*bullying* é coisa de crianças" ou "todas as crianças são assim" (Doll & Swearer, 2006).

A psicoeducação sobre *bullying* pode ser feita por qualquer profissional capacitado a expor e debater sobre o assunto. Esse trabalho pode ser realizado por meio de distribuição de cartilhas, exibição de filmes, debates, teatro, histórias e outros métodos. No caso de orientação a pais ou a profissionais da escola, pode-se sugerir a leitura de livro sobre o assunto. A bibliografia voltada para educadores sobre *bullying* cresceu exponencialmente nos últimos anos. Uma busca em bases de dados de livrarias, indica que em 2012 era possível encontrar 20 obras relacionadas ao assunto, número que em 2008 não passava de quatro.

Além desse trabalho, o terapeuta cognitivo-comportamental pode atuar nas salas de aula para desenvolver comportamentos pró-sociais e empatia entre os estudantes. A promoção do papel ativo para as testemunhas também é fundamental: uma vez que adolescentes que presenciam agressões sentem-se impotentes, o terapeuta ou o educador podem incentivar a postura ativa desses alunos, mostrando que algo pode ser feito (Doll & Swarer, 2006).

Além das medidas psicoeducativas e pontuais com alguns alunos envolvidos, toda a comunidade escolar e os familiares devem estar atentos para possíveis sinais de que está ocorrendo *bullying* (Olweus, 1993). Os funcionários da instituição de ensino e os alunos têm o papel de monitorar possíveis perseguições. Podem ser implementados serviço telefônico de denúncia ou caixa de denúncias para que testemunhas possam se sentir mais seguras ao relatarem de algum ocorrido (Fante, 2005). Na sequência, será apresentado caso clínico de um adolescente alvo de *bullying* e as etapas de seu tratamento cognitivo-comportamental.

46.2 Caso clínico

L. R., sexo masculino, 14 anos, estudante da oitava série do Ensino Fundamental, foi atendido na Divisão de Psicologia Aplicada da Universidade Federal do Rio de Janeiro (DPA/UFRJ). Apresentava problemas de aprendizagem, dificuldades de concentração, irritabilidade excessiva (socava a parede e chutava as coisas quando ficava com raiva), tristeza e dificuldades de sono. No decorrer das primeiras entrevistas, afirmou que sofria perseguições na escola em decorrência de seu jeito franzino e tímido, o que o deixava com muita raiva e com mais dificuldade em aprender. Como consequência tirava notas muito baixas e se sentia burro (sic.). Os pais eram ausentes, sendo os avós as figuras mais presentes em sua criação. Sentia raiva por causa da ausência dos pais (sic.). Dentro das modalidades de *bullying* que sofria estavam presentes agressões físicas, xingamentos, apelidos e exclusão. Quando sentia muita raiva, partia para cima dos agressores, apanhando ainda mais e sendo humilhado.

As primeiras sessões foram dedicadas à construção de uma boa relação terapêutica e estabelecimento de laço de confiança entre o cliente e o terapeuta. Por ser muito tímido, L. falava pouco. Logo, foi necessário dedicar tempo para estabelecimento de bom vínculo. Nas sessões seguintes foi feita avaliação, por meio da aplicação do Inventário Beck de Depressão (Beck, Ward, Mendelson, Mock & Erbaugh, 1961) e do Inventário Beck de Ansiedade (Beck, Epstein, Brown & Steer, 1988). Os escores pontuaram 21 e 12, respectivamente, ou seja, foram identificadas depressão moderada e ansiedade leve.

Foi feita também conceituação cognitiva (Beck, 1995). Os dados coletados encontram-se no Quadro 1:

Quadro 1 Conceituação cognitiva

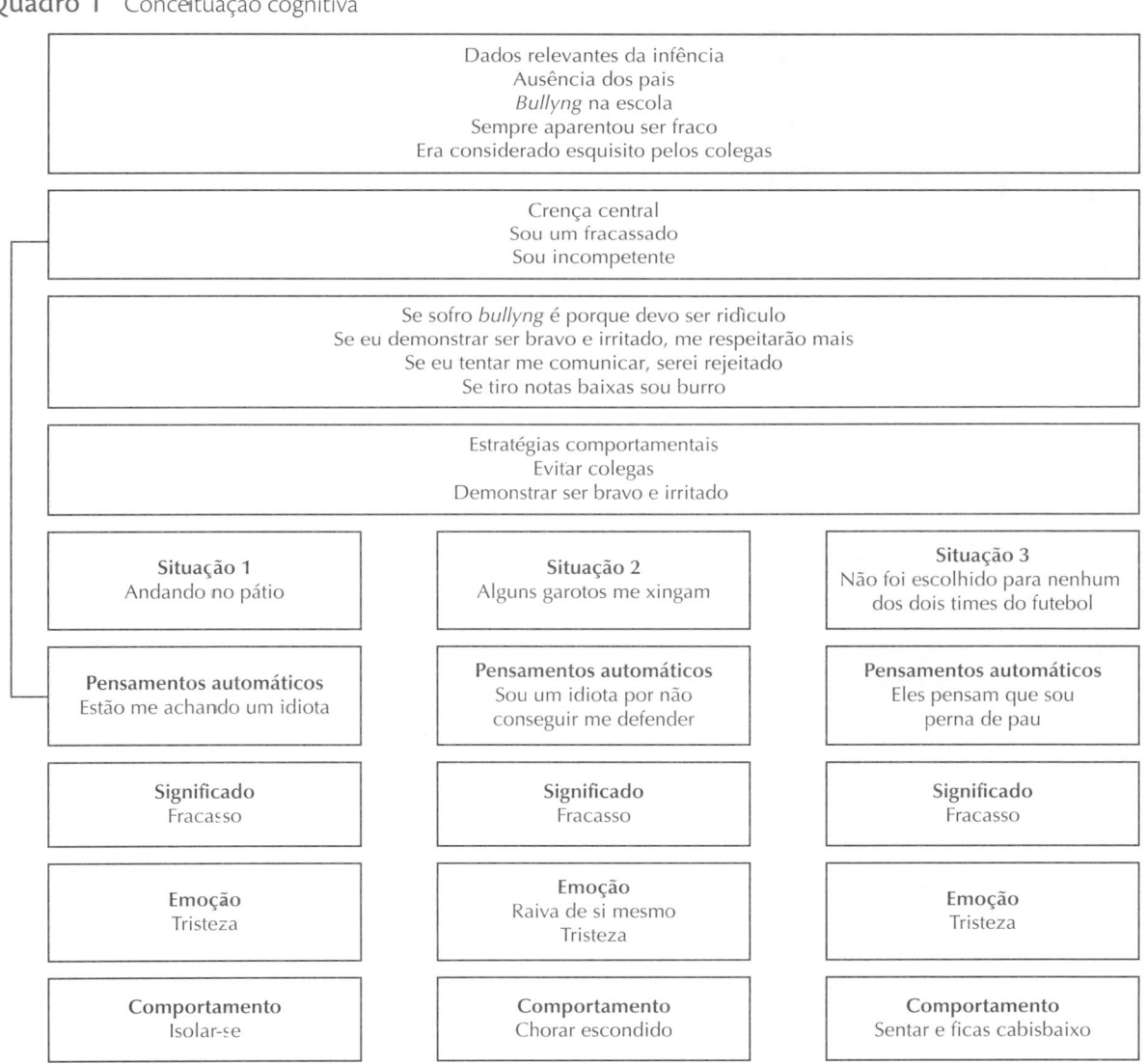

| Dados relevantes da infência |
| Ausência dos pais |
| *Bullyng* na escola |
| Sempre aparentou ser fraco |
| Era considerado esquisito pelos colegas |

| Crença central |
| Sou um fracassado |
| Sou incompetente |

| Se sofro *bullyng* é porque devo ser ridículo |
| Se eu demonstrar ser bravo e irritado, me respeitarão mais |
| Se eu tentar me comunicar, serei rejeitado |
| Se tiro notas baixas sou burro |

| Estratégias comportamentais |
| Evitar colegas |
| Demonstrar ser bravo e irritado |

Situação 1 Andando no pátio	**Situação 2** Alguns garotos me xingam	**Situação 3** Não foi escolhido para nenhum dos dois times do futebol
Pensamentos automáticos Estão me achando um idiota	**Pensamentos automáticos** Sou um idiota por não conseguir me defender	**Pensamentos automáticos** Eles pensam que sou perna de pau
Significado Fracasso	**Significado** Fracasso	**Significado** Fracasso
Emoção Tristeza	**Emoção** Raiva de si mesmo Tristeza	**Emoção** Tristeza
Comportamento Isolar-se	**Comportamento** Chorar escondido	**Comportamento** Sentar e ficas cabisbaixo

Percebeu-se um tema comum presente em seus pensamentos automáticos que incluíam uma visão extremamente negativa de si mesmo, levando-o a concluir que ele era um fracasso. Além disso, foi discutida a questão de L. R. isolar-se e expressar irritação constante. No momento que o cliente apontou a utilização dessa estratégia para defender-se dos ataques, o terapeuta perguntou o possível efeito que isso também poderia produzir nos outros. L. R., com o tempo, concluiu que sua postura contribuía para que o achassem esquisito de antemão. Assim, o adolescente treinou em sessão e em casa, expressões mais amigáveis e condizentes com alguém que deseja estabelecer contato com outras pessoas. Esse foi um passo importante para que ele conseguisse construir uma rede interpessoal dentro da escola. Uma vez que não ficava mais tão isolado, os ataques diminuíram de frequência, já que os agressores preferem atacar quando a vítima está isolada (Fante. 2005). Os resultados do experimento comportamental de demonstrar mais cordialidade ajudou muito L. R. a reestruturar a crença intermediária "se eu demonstrar ser bravo e irritado, me respeitarão mais".

Na lista de metas elaborada pelo adolescente em sessão com o terapeuta entraram os seguintes tópicos: aumentar as notas, parar de sofrer *bullying*, lidar melhor com a raiva e melhorar a autoestima. As estratégias utilizadas para trabalhar esses tópicos estão sintetizadas no Quadro 2.

Quadro 2   Aspectos trabalhados em terapia e estratégias utilizadas

Aspectos trabalhados	Estratégias
Autoestima	Reestruturação cognitiva
Falta de assertividade	Treino assertivo
Déficit em habilidades de comunicação	Treinamento em habilidades de comunicação
Problemas para resolver problemas e tomar decisões	Resolução de problemas
Raiva e irritabilidade excessiva	Manejo da raiva
Ansiedade excessiva	Psicoeducação sobre ansiedade, técnicas de relaxamento
Bullying	Psicoeducação. Orientação a responsáveis e escola, estratégias de enfrentamento

O trabalho para aumento da autoestima foi feito por meio da reestruturação dos pensamentos (Greenberger & Padesky, 1999; Beck, 1995) que o cliente tinha sobre ele mesmo. Foram identificadas algumas distorções cognitivas, como a generalização ("sempre me dou mal" e "ninguém gosta de mim"); leitura mental ("estão achando que sou um bobão"); rotulação ("sou um Zé ninguém") e abstração seletiva ("se me zoaram hoje, o dia acabou" – quando boas coisas tinham acontecido). Tais distorções foram contestadas e também foi feita reestruturação cognitiva de pensamentos automáticos que L. apresentava. Em associação, o trabalho de reestruturação auxiliou imensamente L. a construir uma visão mais positiva de si mesmo.

O trabalho com assertividade (Caballo, 2003) foi feito, inicialmente por meio de psicoeducação sobre comportamento passivo, assertivo e agressivo. Foram expostas três situações do universo adolescente em que um jovem era não assertivo, outro era violento e outro conseguia se expressar de modo firme sem agredir. L R. identificou que era passivo frente aos autores de *bullying*, mas que também era agressivo para tentar se defender, estratégia que não surtia efeito. Foram dramatizadas com o terapeuta algumas situações nas quais a assertividade foi trabalhada.

O *déficit* em habilidades de comunicação também foi tema de uma parte da terapia. L. queixava-se de não conseguir se expressar perante os colegas, isso o fazia perder-se nas palavras e virar motivo de brincadeiras. O terapeuta trabalhou com o adolescente uma série de perguntas abertas e modos de abordagem que poderiam ser realizados. Além disso, foi feita psicoeducação sobre linguagem não verbal (Caballo, 2003), para que L. passasse suas mensagens com mais confiança. Depois foram feitas dramatizações para reforçar o conteúdo aprendido.

No que se refere à dificuldade em tomar decisões e resolver problemas, foi utilizada a estratégia de solução de problemas (D'Zurilla & Nezu, 2010). O terapeuta providenciou um cartaz com uma grande interrogação segmentada, fazendo analogia com um caminho para tornar a estratégia mais lúdica. Cada segmento correspondia a um passo da resolução de problemas (como uma fase de um jogo de *videogame*) conforme reproduzido na Figura 1 (baseado em Moreira, 2007). Um exemplo de solução de problema foi feito na sessão em relação a um problema que L. estava passando no momento.

Figura 1 Exemplo de solução de problema

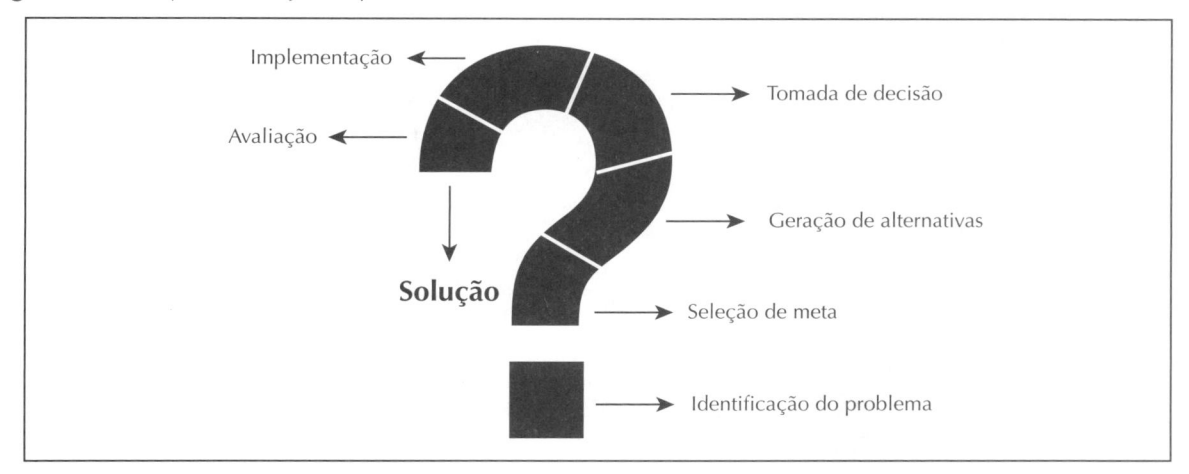

Outro ponto que recebeu atenção na terapia foi o manejo da raiva (McKay, Rogers & McKay, 2001). Como o jovem tendia a ter acessos de raiva e muitas vezes não conseguia controlá-los, esse foi considerado um tópico importante. O passo inicial foi debater com L. sobre o que é a raiva, até chegar a um consenso de que ela é uma emoção útil assim como todas as outras (alegria, tristeza, medo etc.). No entanto, a forma como se expressa é que fazia a diferença. Portanto, a primeira providência foi estabelecer a aceitação da raiva, uma vez que L. tendia a se recriminar depois por sentir raiva de si mesmo ou das situações. Refletiu-se sobre outras formas de lidar com a raiva e levantaram-se comportamentos alternativos para que a emoção fosse expressa adequadamente. Histórias serviram de exemplo para que essas reflexões ficassem claras. Além disso, elaborou-se o termômetro dos sentimentos (Stallard, 2004) em relação à raiva e foi combinado que quando a emoção começasse a atingir patamares altos, L. tentaria se acalmar e pensar em alguma providência mais adaptativa. Foram confeccionados cartões de enfrentamento para que ele se lembrasse do que poderia fazer nas situações. Por exemplo: "Ao sofrer um xingamento posso usar a raiva para dizer que fico ofendido e chateado; mesmo que riam de mim depois, é melhor do que ficar com raiva de mim como eu fazia antes".

Para trabalhar a ansiedade excessiva, foi explicado brevemente o que é a ansiedade e foram ensinadas técnicas de relaxamento (Vera & Vila, 1996). As principais foram o relaxamento respiratório, o relaxamento muscular e a visualização. A própria reestruturação cognitiva (Greenberger & Padesky, 1999; Beck, 1995) também auxiliou nesse tópico.

Em relação ao *bullying* especificamente, orientou-se os responsáveis sobre o ocorrido: em sessão, discutiu-se o que é *bullying* e eles receberam uma cartilha explicativa onde estavam pontuadas as possíveis consequências dessa prática. Caso estivesse publicado à época, a indicação de Beane (2010) seria interessante. Foi feito contato telefônico com a escola, que não pôde receber o terapeuta pessoalmente para psicoeducação, contudo, um material educativo foi enviado à instituição por meio dos responsáveis. Conforme afirmado anteriormente, nem sempre as escolas estão abertas a debater a questão do *bullying*, o que pode dificultar o combate ao problema de forma pontual e eficaz. No entanto, o simples fato de ter sido possível fazer contato telefônico e de os responsáveis poderem conversar com os responsáveis pela instituição, foi um passo importante.

46.3   Resultados

O tratamento surtiu alguns efeitos importantes na vida de L. R. Primeiramente, houve diminuição significativa dos comportamentos de *bullying*. O adolescente atribuiu esse avanço em parte ao trabalho da terapia e em parte à fiscalização da escola que melhorou em relação a isso. A partir desse fato, suas notas aumentaram, o que elevou sua autoeficácia e sua autoestima. Com isso, L. motivou-se a mudar um pouco a aparência e, com o uso das ferramentas que aprendeu em terapia, em especial as habilidades sociais, conseguiu fazer novos amigos. Isso o levou a engajar-se em mais atividades em grupo e inibir o comportamento dos agressores. Os índices de depressão e ansiedade foram medidos em três momentos e estão sintetizados no Gráfico 1.

Gráfico 1

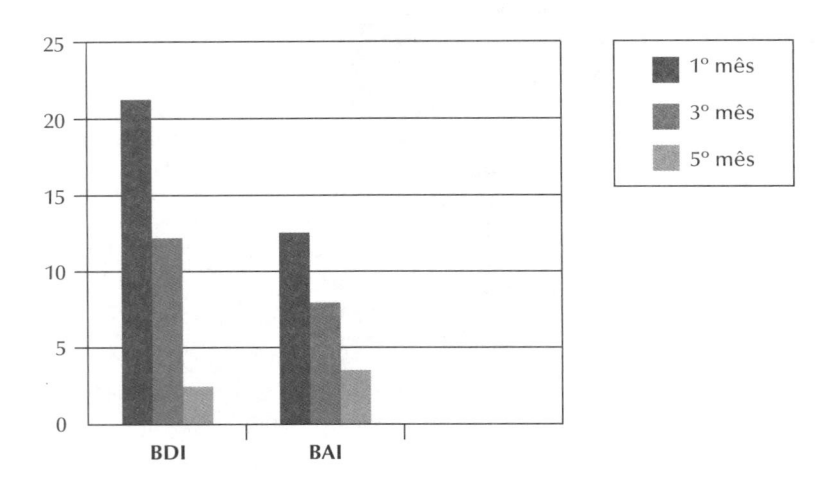

Com os níveis de depressão e ansiedade controlados, L. sentiu-se melhor para estudar mais e recuperar as notas que estavam muito baixas. Posteriormente, soube-se que passou de ano sem necessitar de recuperação.

46.4   Considerações finais

O *bullying* é um grande fator de risco para a depressão. Embora muitas escolas ainda não estejam preparadas para debater o assunto, muito material tem sido publicado a respeito desse tema nos últimos anos. Os livros e artigos brasileiros sobre o tema aumentaram muito em quantidade. No entanto, mais pesquisas necessitam ser feitas no que se refere a dados sobre o efeito de programas de intervenção em escolas e em clínicas.

A Terapia Cognitivo-Comportamental pode ser muito útil em âmbito clínico para o tratamento de vítimas de *bullying* com depressão, como mostra o caso descrito neste capítulo. Cabe, entretanto, ressaltar que são indicadas ações mais relevantes voltadas para o ambiente escolar e que a colaboração entre instituição, pais e terapeuta é condição *sine qua non* para o trabalho de máxima efetividade.

46.5 Referências

American Psychiatric Association – APA (2002). *Manual diagnóstico e estatístico de transtornos mentais: texto revisado*. Porto Alegre: Artmed.

Bahls, S. C. (2004). *A depressão em crianças e adolescentes e o seu tratamento*. São Paulo: Lemos.

Beane, A. L. (2010). *Proteja seu filho do bullying: impeça que ele maltrate os colegas ou seja maltratado por eles*. Rio de Janeiro: Best Seller.

Beck, A. T. & Alford, B. A. (2011). *Depressão: causas e tratamento*. Porto Alegre: Artmed.

Beck, A. T., Epstein, N., Brown, G., & Steer, R. A. (1988). An Inventory for Measuring Clinical Anxiety: Psychometric Properties. *Journal of Consulting and Clinical Psychology, 56*, 893-897.

Beck, A. T., Rush, A. J., Shaw, B. F. & Emery, G. (1997). *Terapia Cognitiva da depressão*. Porto Alegre: Artmed.

Beck, A. T., Ward, C. H., Mendelson, M., Mock, J. & Erbaugh, G. (1961). An Inventory for Measuring Depression. *Archives of General Psychiatry, 4*, 53-63.

Beck, J. S. (1995). *Terapia Cognitiva: teoria e prática*. Porto Alegre: Artmed.

Bee, H. (2003). *A criança em desenvolvimento*. Porto Alegre: Artmed.

Belsky, J. (2010). *Desenvolvimento humano: experienciando o ciclo da vida*. Porto Alegre: Artmed.

Berton, O., McClung, C. A., DiLeone, R. J., Krishnan, V., Renthal, W., Russo, S. J., Graham, D., Tsankova, N. M., Bolanos, C. A., Rios, M., Monteggia, L. M., Self, D. W., & Nestler, E. J. (2006). Essential Role of BDNF in the Mesolimbic Dopamine Pathway in Social Defeat Stress. *Science, 311*, 864-868.

Brito, L. S. (2009). *Responsabilidade penal do bullying no Brasil*. São Paulo: Blucher Acadêmico.

Caballo, V. E. (2003). *Manual de avaliação e treinamento das habilidades sociais*. São Paulo: Santos.

Cole, M. & Cole, S. R. (2003). *O desenvolvimento da criança e do adolescente*. Porto Alegre: Artmed.

Coloroso, B. (2004). *The Bully, the Bullied and the Bystander*. New York: Harper Resource.

Constantini, A. (2004). *Bullying: como combatê-lo*. São Paulo: Itália Nova.

Del Prette, Z. A. P. & Del Prette, A. (2005). *Psicologia das habilidades sociais na infância – teoria e prática*. Petrópolis: Vozes.

Doll, B. & Swearer, S. M. (2006). Cognitive-Behavioral Interventions for Participants in Bullying and Coercion. In R. B. Mennuti, A. Freeman, & R. W. Christner. *Cognitive-behavioral interventions in educational settings: a handbook for practice* (pp. 183-201). New York: Routledge.

D'Zurilla, T. J. & Nezu, A. M. (2010). *Terapia de solução de problemas: uma abordagem positiva à intervenção clínica*. São Paulo: Roca.

Fante, C. (2005). *Fenômeno bullying: como prevenir a violência nas escolas e educar para a paz*. Campinas: Verus.

Fante, C. & Pedra, J. A. (2008). *Bullying escolar: perguntas e respostas*. Porto Alegre: Artmed.

Greenberger, D. & Padesky, C. A. (1999). *A mente vencendo o humor*. Porto Alegre: Artmed.

Hadikin, M. & O'Driscoll, M. (2000). *The Bullying Culture*. Oxford: Butterworth-Heinemann.

Higgins, E. S. & George, M. S. (2010). *Neurociências para Psiquiatria Clínica: a fisiopatologia do comportamento e da doença mental*. Porto Alegre: Artmed.

Klomek, A. B., Sourander, A., Kumpulainen, K., Piha, J., Tamminen, T., Moilanen, I., Almqvist, F., & Gould, M. S. (2008). Chilhood bullying as a risk for later depression and suicidal ideation among Finnish males. *Journal of Affective Disorders, 109*, 47-55.

LeDoux, J. (1998). *O cérebro emocional*. Rio de Janeiro: Objetiva.

Lopes Neto, A. A. & Saavedra, L. H. (2008). *Diga não ao bullying: programa de redução de comportamento entre estudantes*. Passo Fundo: Battistel.

McKay, M. & Fanning, P. (2010). *Autoestima: como está a sua? Um programa de técnicas para melhorar a autoestima*. São Paulo: Consciência e Vida Editora.

McKay, M, Rogers, P. D., & McKay, J. (2001). *Quando a raiva dói: acalmando a tempestade interior*. São Paulo: Summus.

Middelton-Moz, J. M. & Zawadski, M. L. (2007). *Bullying: estratégias de sobrevivência para crianças e adultos.* Porto Alegre: Artmed.

Moreira, P. (2007). *Eu decido! Resolução de problemas e tomada de decisões.* Porto: Porto Editora.

Olweus, D. (1993). *Bullying at school: what we know and what we can do.* Oxford: Blackwell.

Patara, C. R. T. (2010). Adolescência – aspectos clínicos. In V.A.C. Tricoli (Org.), Stress *na adolescência: problema e solução.* São Paulo: Casa do Psicólogo.

Simmons, R. (2004). *Garota fora do jogo: a cultura oculta da agressão nas meninas.* Rio de Janeiro: Rocco.

Stallard, P. (2004). *Bons pensamentos, bons sentimentos: manual de Terapia Cognitivo-Comportamental para crianças e adolescentes.* Porto Alegre: Artmed.

Teixeira, G. (2006). *Transtornos comportamentais na infância e adolescência.* Rio de Janeiro: Rubio.

Vera, M. N. & Vila, J. (1996). Técnicas de relaxamento. In V.E. Caballo (Org.), *Manual de técnicas de terapia e modificação do comportamento* (pp. 147-165). São Paulo: Santos.

Autores:

Heitor Pontes Hirata – Mestrando em Psicologia pela Universidade Federal do Rio de Janeiro e especialista em Psicologia Clínica. Contato: heitorph@gmail.com

Lucia Emmanoel Novaes Malagris – Mestre em Psicologia e Doutora em Fisiopatologia Clínica e Experimental; Professora do Programa de Pós-Graduação em Psicologia da UFRJ. Contato: lucianovaes@terra.com.br

Bernard Pimentel Rangé – Doutor em Psicologia, Professor do Programa em Pós-Graduação em Psicologia da UFRJ.

CAPÍTULO 47

A prática da Terapia do Esquema como tratamento alternativo – relato de caso

Gabriela Malamut
Eliane Mary de Oliveira Falcone

47.1 Introdução

A Terapia do Esquema foi desenvolvida por Jeffrey Young (2003) com o objetivo de tratar pacientes considerados como difíceis ou com transtorno de personalidade. Diferencia-se da Terapia Cognitivo-Comportamental padrão em algumas práticas: a) utiliza um modelo desenvolvimental para discutir as origens do transtorno com o paciente, bem como seus estilos de enfrentamento ao longo da vida; b) utiliza técnicas emocionais vivenciais, especialmente diálogos; c) considera a relação terapêutica como um ingrediente ativo do tratamento (e não apenas como um recurso para facilitar a adesão do paciente); e d) trata os aspectos crônicos e de personalidade, em vez de se preocupar apenas com os sintomas agudos (Gluhoski & Young, 1997; Young, 2003; Young, Klosko & Weishaar, 2003).

Pretende-se apresentar neste capítulo a avaliação e o tratamento baseado em esquemas de uma cliente com diagnóstico de depressão maior e transtorno da personalidade dependente. Após 13 meses de Terapia Cognitivo-Comportamental padrão com resultados insuficientes e manutenção dos padrões evitativos, optou-se pela terapia focada em esquemas como método de tratamento.

A cliente foi atendida em clínica privada pela primeira autora, a qual recebeu supervisão da segunda autora em um curso particular de capacitação na prática da terapia do esquema. Foi obtida a permissão da cliente para a divulgação do tratamento; e seu nome e alguns de seus dados foram alterados para preservar sua identidade.

47.2 Dados da cliente

Flora é uma mulher de 46 anos, graduada em Psicologia, casada pela segunda vez em uma relação que mantém há 10 anos. Já passou por várias experiências psicoterápicas desde os 30 anos, sem resultados satisfatórios. Procurou a Terapia Cognitivo-Comportamental por orientação de um psiquiatra da família, que considerou que ela estava com depressão moderada, associada a sintomas ansiosos.

Quando chegou ao consultório, Flora queixava-se de profunda tristeza, afirmando estar deprimida e sentindo-se incapaz de suportar tanto sofrimento. Atribuía o motivo dessa tristeza ao falecimento de sua avó, com a qual mantinha até então forte ligação. Relatou sentir dores de cabeça intensas e um "sentimento de vazio enorme" que "sufocava" seu peito. Relatou, ainda, sentir dificuldades interpessoais para interagir com seus pais e seu marido, além de não saber definir objetivos para sua vida, razão pela qual se encontrava "perdida e solta na vida".

Flora também se sentia insatisfeita com a vida conjugal. Seu atual marido era um militar que teve uma educação muito rígida. Era frio e distante emocionalmente e indiferente a suas necessidades emocionais. Além disso, ele não atendia às solicitações de oficializar a união. Entretanto, ela mantinha essa relação por não ter condições de levar uma vida independente financeiramente, mesmo com tantos conflitos.

Embora desejasse muito ter filhos, Flora aceitou realizar dois abortos no primeiro casamento (o marido não queria filhos), fato que contribuiu para o divórcio mais tarde. Na união atual, renunciou definitivamente à ideia de ser mãe, pois seu companheiro já tinha um filho do casamento anterior. Flora é filha única e seus pais permaneciam casados há 48 anos, mesmo mantendo uma relação conturbada, o que contribuía para o sofrimento da cliente. Ela morou com os pais até 31 anos, saindo de casa em função de seu primeiro casamento. Após o divórcio, voltou a morar com eles por mais cinco anos até se casar novamente. Entretanto, sempre que ocorriam conflitos com o marido, voltava para a casa dos pais. Do mesmo modo, quando brigava com a mãe, voltava a viver com o marido. Essas frequentes mudanças levavam Flora a considerar que não pertencia a nenhum lugar.

Flora atuou na profissão por três anos na área de recursos humanos de uma empresa privada. Pediu demissão porque não se sentia reconhecida no que fazia, além de se considerar pouco capaz para atender às demandas da empresa, e desde então se dedicou aos cuidados do lar. Segue a religião espírita e participa como membro atuante no centro que frequenta.

47.3   Dados relevantes da história

O pai de Flora sempre foi ausente em decorrência de longas viagens que fazia para São Paulo, justificadas por motivo de trabalho. Sempre que viajava, dizia que retornaria em 15 dias, porém permanecia mais tempo sem retornar ou dar notícias. A cliente lembra-se da imensa ansiedade que sentia ao se despedir de seu pai a cada vez que ele partia, afirmando que "nunca sabia quando meu pai iria retornar para casa". Quando ele voltava, compensava sua ausência com muitos presentes, mas Flora entendia que essa era "uma forma de ele me pedir desculpas por ter me abandonado". Além de distante física e emocionalmente, seu pai era relatado como sério, autoritário, conservador e teimoso. Para ele, o dinheiro era mais importante do que qualquer coisa e, por se ausentar por longos períodos, acabou delegando a um irmão a tarefa de cuidar da mulher e da filha. Flora lembra-se das frequentes críticas que recebia do pai, como: "Que cabelo horrível!", "Essa menina normal já é chata, resmungando e chorando fica mais chata ainda!", "Você não consegue fazer nada do que peço direito!". Raramente recebia um elogio quando tirava uma boa nota ou fazia algo positivo.

A mãe de Flora era descrita como uma pessoa instável emocionalmente e imprevisível. Estava sempre deprimida e mal-humorada. Constantemente insatisfeita, reclamava da vida e queixava-se de estar com alguma doença. Flora não podia contar com sua mãe como alguém que a encorajasse e participasse de suas alegrias e tristezas. Pelo contrário, "ela parecia estar sempre me criticando e colocando para baixo". Só conseguia o seu carinho quando ficava doente. Além disso, era extremamente controladora e manipuladora. "Tudo tinha que ser como ela queria. Do contrário, eram dias sem falar comigo". Por serem muito diferentes, brigavam bastante. Entretanto, por temer que sua mãe tivesse um infarto ou "caísse em depressão", Flora se esforçava para evitar desavenças.

Uma vez que não se sentia amada pelos pais, a cliente vinculou-se mais fortemente à avó paterna, com a qual mantinha uma relação genuína de amor, carinho, atenção e compreensão. Dizia que "para minha avó eu não precisava inventar doenças para conseguir um pouco de atenção".

Flora foi boa aluna na escola e conseguiu estabelecer algumas amizades, embora nenhuma tenha perdurado. Na adolescência, achava-se feia e sem atrativos. Relata que era motivo de muitos deboches entre seus colegas. Considerava-se "burra e incapaz" de aprender as coisas como os outros. Além disso, não recebeu orientação dos pais em relação a assuntos gerais de "extrema importância para uma adolescente" (por exemplo, primeira menstruação, relacionamento sexual etc.). Achava-se boba e ingênua para sua idade dizendo que as colegas eram bem mais espertas do que ela.

Durante a graduação, Flora sentiu-se realizada com seu curso de Psicologia, quando pôde conhecer melhor o mundo e as pessoas a sua volta. Descobriu que se preocupava excessivamente em não decepcionar os professores e as pessoas em geral. Tendia também a se frustrar com os amigos por não ser retribuída como gostaria. Essas dificuldades permaneceram durante os anos em que trabalhou no setor de R. H. de uma empresa. Preocupava-se demasiadamente com a avaliação de seus pares e chefe quanto a seu desempenho e experimentava ansiedade na relação com os colegas de equipe por achar que não daria conta das tarefas. O medo de desagradar e de ser ridicularizada a impedia de expressar suas reais opiniões e/ou ideias sobre os assuntos debatidos, despertando críticas de seu chefe e gerando-lhe muito sofrimento.

47.4   Avaliação e conceituação cognitiva

Conforme especificado anteriormente, o diagnóstico de depressão já havia sido fornecido pelo psiquiatra. Entretanto, durante as sessões de avaliação, constatou-se que Flora também preenchia os seguintes critérios do DSM-IV-TR (APA, 2002) para o Transtorno da Personalidade Dependente: 1) renúncia a situações que exigissem responsabilidade e tomada de decisão; 2) sensação de incapacidade e impotência diante da vida; 3) percepção de falta de habilidades, virtudes e atrativos; 4) busca por outros significativos que dessem apoio emocional, suporte e proteção para sua sobrevivência; 5) negação de sua individualidade em prol do desejo de outros e 6) necessidade de garantia constante de que não será abandonada.

A partir dos dados obtidos nas entrevistas (padrões comportamentais, história desenvolvimental e problemas atuais), do Questionário de Esquemas de Young (QEY-L2; Young & Brown 1990) e do Inventário Parental de Young (IPY; Young, 1994), foram identificados os problemas atuais de Flora: 1) dificuldades para se comportar de forma assertiva com o marido, que se mostra indiferente às emoções e aos problemas da cliente; 2) dificuldades em traçar metas ou objetivos para sua vida; 3) dificuldades no relacionamento com os pais, manifestadas por um padrão alternado de submissão com rebeldia e agressividade. Foram também identificados os principais esquemas e estilos de enfrentamento da cliente que explicavam a formação e a manutenção de seus problemas.

De acordo com o modelo baseado em esquemas, os seres humanos possuem, desde o nascimento, necessidades emocionais (vínculos seguros, base estável, previsibilidade, amor, carinho, atenção, aceitação, elogio, empatia e limites realistas) para se desenvolver e estabelecer relações saudáveis. Quando essas necessidades não são satisfeitas (padrões parentais erráticos), o indivíduo tenta atingir essas necessidades através de esquemas desadaptativos remotos (EDR) ou precoces (Young et al., 2003). Os EDR são temas amplos relativos a si mesmo e às relações com os outros, constituídos de padrões cognitivos, emocionais, interpessoais e comportamentais autoderrotistas, que começam na infância ou na adolescência como representações baseadas na realidade do ambiente da criança, e se perpetuam ao longo da vida. Sua natureza disfuncional se torna mais evidente na idade adulta, na interação com as outras pessoas (Falcone, 2011; Gluhoski & Young, 1997; Young et al., 2003). Assim, uma criança que cresce em um ambiente carente de afeto, empatia e atenção, como ocorreu com Flora, poderá desenvolver um esquema de privação emocional, o qual se manifestará na vida adulta através de demandas excessivas por afeto e por crenças de não ser amada. Tais demandas irão sobrecarregar as outras pessoas, as quais podem se distanciar, situação que fortalece ainda mais o esquema.

Os EDR produzem emoções e/ou somatizações intensas, assim como comportamentos autodestrutivos, experiências interpessoais negativas ou prejuízo aos outros. Além disso, impedem que o indivíduo atinja suas necessidades básicas de autodeterminação, independência, relação interpessoal, validação, espontaneidade e limites realistas (Gluhoski & Young, 1997).

Young (Young et al., 2003) encontrou 18 EDR com suas estratégias cognitivas, comportamentais, experienciais e interpessoais específicas. Uma vez que a descrição de todos esses esquemas estaria fora do escopo deste capítulo, serão apresentados no Quadro 1 os principais EDR de Flora, com as suas respectivas origens infantis e manifestações atuais.

Quadro 1 Origens e manifestações atuais dos EDR identificados na avaliação da cliente

Esquemas	Origens infantis	Manifestações atuais
Abandono Senso de que os outros significativos não serão capazes de continuar a prover apoio emocional, conexão, força ou proteção prática porque eles são emocionalmente instáveis e imprevisíveis (por exemplo, têm explosões de raiva), não disponíveis ou estão erraticamente presentes; porque eles morrerão iminentemente; ou porque eles abandonarão o indivíduo em favor de alguém melhor (Young et al., 2003).	Mãe instável emocionalmente; pais não disponíveis; abandono frequente do pai, com longas viagens; brigas frequentes do casal, com a mãe ameaçando se matar.	Temor de abandono do marido, da terapeuta, dos pais e de todos aqueles com quem estabelece algum vínculo.
Privação emocional Expectativa de que os próprios desejos de apoio emocional não serão adequadamente atingidos pelos outros. As três principais formas de privação são: a) *privação de cuidado*: ausência de atenção, afeto, calor ou companhia; b) *privação de empatia*: ausência de entendimento, de ser ouvido, autorrevelação ou compartilhamento mútuo de sentimentos com os outros; c) *privação de proteção*: ausência de força, direção, ou orientação por parte dos outros (Young et al., 2003).	Pais frios emocionalmente; ausência de atenção, de carinho, de brincadeiras e de cuidado por parte dos pais; ausência de orientação para a vida.	Apego excessivo aos colegas de trabalho, acompanhado de expectativas de atenção correspondentes e de mágoa por não ser correspondida; necessidade excessiva de atenção e carinho do marido acompanhada de frustração e ressentimento por não obtê-la.

Continua

Continuação

Esquemas	Origens infantis	Manifestações atuais
Defectividade/Vergonha Sentimento de ser defeituoso, ruim, indesejável, inferior ou inválido em questões importantes, ou de que a pessoa não seria amada por outros significantes, se exposta. Pode envolver hipersensibilidade à crítica, rejeição e culpa; autoconsciência, comparações e insegurança em torno dos outros; ou senso de vergonha com relação às falhas percebidas (Young *et al.*, 2003).	Críticas e desqualificações frequentes por parte dos pais; experiências de humilhações e deboches por parte dos pares na escola.	Evitação de situações sociais; ansiedade social; crença de ser inadequada socialmente; baixa assertividade; hipersensível a críticas e a rejeição.
Fracasso Crença de haver falhado, de que inevitavelmente falhará, ou de ser fundamentalmente inadequado em relação aos pares em áreas de *realizações* (escola, carreira, esportes etc.). Costuma envolver a crença de ser estúpido, inepto, não ter talento, baixo *status*, menos sucesso do que os outros etc. (Young *et al.*, 2003).	Padrões de exigência elevados por parte dos pais, avaliações negativas do tipo "não fazer nada direito", tentativas frustradas frequentes de satisfazer a mãe, que nunca estava satisfeita; desqualificação dos pares na escola, gerando autoavaliações negativas (por exemplo, sou burra).	Considerava-se incapaz em relação aos colegas de trabalho e às pessoas em geral; acreditava não ser capaz de voltar ao mercado de trabalho.
Subjugação Excessiva submissão ao controle dos outros por sentir-se coagido – normalmente para evitar raiva, retaliação ou abandono. Envolve a percepção de que os próprios desejos, opiniões e sentimentos não são válidos ou importantes para os outros. Apresenta-se como obediência excessiva, combinada com hipersensibilidade a sentir-se encurralado. Pode levar, também, à escalação da raiva, manifestada em sintomas desadaptativos (por exemplo, comportamento passivo-agressivo, explosões descontroladas de raiva, sintomas psicossomáticos, retirada da afeição, "atuação", abuso de substâncias) (Young *et al.*, 2003).	Pais autoritários; mãe excessivamente controladora; obediência excessiva pelo temor de abandono e perda do afeto dos pais.	Obediência excessiva às decisões e opiniões dos pais, mesmo considerando-as absurdas; obediência às decisões do marido, temendo retaliação e abandono. Obediência excessiva durante as sessões de terapia e no cumprimento das tarefas, pelo medo de frustrar a terapeuta. Omissão da expressão das próprias necessidades.

A ativação de um esquema é ameaçadora, uma vez que provoca frustração de necessidades emocionais não atingidas, além de forte emoção ou somatização. Nessas circunstâncias o indivíduo irá utilizar estilos de enfrentamento os quais, embora funcionais na infância, são desadaptativos na vida adulta e contribuem para perpetuar o esquema. Esses estilos correspondem a padrões de comportamento utilizados na tentativa de atingir as próprias necessidades emocionais, mas que acabam fortalecendo esses esquemas (Young at al., 2003). Os estilos de enfrentamento inicialmente identificados por Young (2003) incluem: *resignação*, *evitação* e *supercompensação* do esquema.

Na *resignação* ao esquema, o indivíduo assume o esquema e não luta contra ele, agindo de modo a confirmá-lo. Faz escolhas autossabotadoras, buscando parceiros que irão tratá-lo da mesma forma errática como fizeram seus cuidadores (Young, 2003). A escolha de um marido frio e desinteressado, tal como era o pai, além de um padrão de aceitação do que os seus pais lhe impõem, mesmo na vida adulta, constituem exemplos de resignação manifestados por Flora.

No estilo de enfrentamento caracterizado pela *evitação*, o indivíduo procura impedir que o esquema seja ativado, bloqueando pensamentos e imagens, usando a distração quando estes surgem, sempre com o objetivo de não sentir o esquema. Alguns desses padrões incluem: usar drogas, limpar compulsivamente, trabalhar compulsivamente, evitar relações íntimas ou desafios no trabalho etc. (Young, 2003). Flora mantinha um padrão evitativo em muitas situações sociais, quando se isolava ou deixava de se expressar pelo temor de ser considerada incapaz. adiante da indiferença do marido, mostrava-se distante e aparentemente indiferente, em vez de se expressar de forma assertiva; demonstrava satisfação diante de situações, embora se sentisse frustrada; não enfrentava críticas e nem situações que envolvessem conflitos, entre outros. Finalmente, evitava os desafios envolvidos em ingressar novamente no mercado de trabalho, aceitando um casamento que não lhe fazia feliz pelo temor de enfrentar a vida.

No estilo de enfrentamento caracterizado pela *hipercompensação*, a pessoa pensa, sente, se comporta e se relaciona de maneira oposta ao esquema, na tentativa de ser diferente daquela criança que foi no passado. Se foi subjugada na infância, age de forma desafiadora; se foi abusada, torna-se abusadora etc. (Young, 2003). Flora manifestava um padrão supercompensatório quando se comportava de forma agressiva ou rebelde diante dos pais ou marido (comportamento passivo-agressivo); quando fazia exigências irrealistas sobre obter a atenção e a disponibilidade dos outros, especialmente o marido.

Em síntese, a depressão de Flora se apresentava de maneira crônica e recorrente em razão de seus estilos de enfrentamento, que mantinham seus esquemas fortalecidos, fazendo com que ela não conseguisse, por si mesma, ter as suas necessidades atendidas. Esses esquemas, assim como os estilos de enfrentamento, constituíam os fatores de vulnerabilidade para a depressão da cliente. Segundo Beck e Alford (2011), os fatores de vulnerabilidade cognitiva (conjunto de atitudes duradouras sobre si mesmo, sobre o mundo e sobre o futuro) predispõem uma pessoa à depressão quando ela se depara com as experiências estressantes da vida (Beck & Alford, 2011).

O tratamento de Flora teve como objetivo ajudá-la a obter suas necessidades básicas atendidas, de maneira adaptativa e adulta, através da mudança dos seus EDR e dos estilos desadaptativos de enfrentamento.

47.5 Tratamento

Flora fazia uso de um comprimido de Citalopram (20 mg) e de Clonazepam (1 mg) por dia, prescritos pelo psiquiatra que a encaminhou para a terapia. Foram realizadas sessões de 50 minutos, duas vezes por semana.

O tratamento priorizou inicialmente a familiarização com a abordagem dos esquemas, para que Flora se tornasse mais autoconsciente de suas reações emocionais, de seus esquemas e das dificuldades de enfrentamento (Young at al., 2003). Nessa fase, os procedimentos utilizados incluíram: 1) identificação de padrões e educação sobre os esquemas a partir das informações da obra *Reinventing your Life* (Young & Klosko,, 1993), escrito para os clientes de Terapia do Esquema; 2) compreensão das relações entre as origens dos esquemas de Flora e seus problemas atuais, assim como de sua história de vida, (Quadro 1); 3) estabelecer, durante as sessões, condições para que a cliente entrasse em contato com as próprias emoções (vergonha, culpa, rejeição, raiva e ansiedade) ativadas pelos esquemas que mantinha; 4) identificação dos próprios estilos de enfrentamento disfuncionais para cada esquema (resignação, evitação ou supercompensação).

Em seguida, a terapia focalizou-se na modificação dos esquemas e dos estilos de enfrentamento, através de intervenções cognitivas, experienciais e comportamentais. As estratégias cognitivas tinham como finalidade ajudar a cliente a perceber, ainda que em nível intelectual, que os esquemas que havia construído eram falsos, embora os sentisse como verdadeiros. Assim, parte de um modo adulto saudável estaria se contrapondo ativamente ao esquema, através de argumentos racionais e de evidências empíricas (Young *et al.*, 2003). As intervenções cognitivas utilizadas são descritas a seguir.

47.5.1 Avaliação das vantagens e das desvantagens dos estilos de enfrentamento

A meta desse procedimento foi ajudar Flora a reconhecer o padrão autodestrutivo de seus estilos de enfrentamento. O esquema abordado na sessão foi o de subjugação, tendo a rendição como estilo de enfrentamento. A dificuldade de Flora em ser assertiva com a terapeuta por temer que esta a abandonasse a levava a aceitar incondicionalmente o que esta última propunha nas sessões. O Quadro 2 ilustra como a terapeuta ajudou a cliente a avaliar as vantagens e as desvantagens de seu estilo de enfrentamento.

Quadro 2   Vantagens e desvantagens de Flora ser excessivamente obediente e não assertiva com a terapeuta

T: Quais as vantagens de você não dizer o que realmente sente e pensa para a sua terapeuta?
F: É mais confortável para mim. Assim você fica feliz de eu fazer direitinho o que me pede.

T: E quais são as desvantagens dessa sua forma de enfrentamento?
F: Bem, a verdade é que eu acabo fingindo para minha própria terapeuta ser uma pessoa que não sou. E assim não será possível você me ajudar de verdade.

T: Você sente alguma coisa mais?
F: Sim, me sinto triste e muito angustiada porque gostaria de ser mais verdadeira comigo e com você, e não ser assim me dói demais.

Ao abordar o abandono relacionado à terapeuta, a aliança terapêutica tornou-se um poderoso recurso para auxiliar na mudança. A intervenção feita pela terapeuta ilustra o ocorrido, a seguir:

T: Fico satisfeita de saber que você gostaria de ser você mesma comigo, pois somente assim, conhecendo seus reais sentimentos e pensamentos, poderei ajudar.
F: Mas você não ficará chateada comigo se eu não concordar com você?

T: Chateada eu ficaria se imaginasse que você está se prejudicando para me agradar. Uma relação verdadeira só é possível quando somos capazes de dizer adequadamente nossos reais sentimentos uma para a outra. Pois assim eu estarei te conhecendo melhor e sabendo lidar com você da melhor forma possível. Falar o que pensamos ajuda a estabelecer vínculos mais saudáveis e duradouros. Que tal começarmos a praticar isto durante as sessões?
F: Pra mim isso sempre foi muito complicado. Nunca podia dizer o que pensava na minha casa e com meu marido o que penso nunca tem valor. Mas sei que você está aqui para me ajudar como sempre fez. Prometo tentar dizer o que sinto e penso, mesmo sendo difícil para mim.

47.5.2   Diálogo entre o lado do esquema e o lado saudável

Flora representou o "lado do esquema" e o "lado saudável", sentando-se alternadamente em duas cadeiras. Primeiramente a terapeuta interpretou o lado saudável da cliente, enquanto ela defendia o seu lado do esquema. Posteriormente, Flora passou assumir o seu lado saudável com a ajuda da terapeuta, até que finalmente começou a representar os dois lados. Durante esse diálogo, é fundamental que o lado saudável responda a todos os argumentos ditados pelo esquema (Young *et al.*, 2003). Esse procedimento ocorreu diversas vezes até Flora distanciar-se de seu esquema, ainda que somente no plano racional. Ela passou a utilizar esse recurso sempre que sentia a ativação do esquema, colocando-o, como costumava dizer, em "xeque-mate". Na medida em que se tornou proficiente e autônoma na utilização dessa técnica, Flora passou a utilizá-la para enfrentar os esquemas de privação emocional e de defectividade.

47.5.3   Utilização de cartões-lembrete do esquema

Esse recurso teve como finalidade ajudar Flora a lidar com seu esquema quando este era ativado. Com o auxílio da terapeuta, ela completou os tópicos do cartão-lembrete (Young *et al.*, 2003). O esquema a ser enfrentado foi o de fracasso (ver Quadro 3).

Quadro 3   Enfrentando o esquema de fracasso através do cartão-lembrete

1. Conhecimento dos sentimentos atuais	No presente momento, me sinto *fracassada* porque *eu não fui bem-sucedida profissionalmente* (situação desencadeadora).
2. Identificação do esquema	No entanto, sei que essas reações são guiadas pelo meu esquema de *fracasso*, formado a partir *das críticas de meu pai, que desqualificava os meus feitos e de minha mãe, para quem nada era bom o suficiente, levando-me a acreditar que eu era burrinha, inapta e limitada.* Esse esquema me leva a exagerar o grau em que *percebo as situações.*

3. Teste da realidade	Apesar de eu acreditar (pensamento negativo) *que eu não tenho capacidade para atuar pro-fissionalmente*, a realidade é que (explicação alternativa) *nunca atuei plenamente em outras áreas ou em uma área específica para confirmar esta minha crença*. As evidências em minha vida que apoiam uma visão saudável incluem: *quando eu me empenhei e me dediquei em algo, como o recrutamento e entrevista, fui reconhecida pelo meu primeiro chefe.*
4. Orientação comportamental	Assim, ainda que seja mais confortável no momento evitar procurar novas oportunidades pro-fissionais (comportamento negativo), me mantendo em casa e sentindo-me *triste e magoada*, poderia em vez disso (comportamento alternativo) procurar uma atividade e *avaliar se o que penso e sinto tem sentido*.

No trabalho experiencial, não foi possível utilizar os procedimentos com imagem, uma vez que Flora revelava não conseguir formar imagens das cenas na infância. Assim, a técnica mais amplamente utilizada nessa fase foi a prática de escrever cartas dirigidas ao pai, com o objetivo de levar Flora a expressar adequada e verdadeiramente suas necessidades emocionais não atendidas, apontando o que seu pai deveria ter feito e não fez, assim como as consequências emocionais decorrentes disso. Cabe ressaltar que, embora não seja recomendado que as cartas dos clientes sejam entregues aos seus pais (Young *et al.*, 2003), Flora expressou sua vontade de fazê-lo, uma vez que estava segura de que essa seria uma forma de "colocar um ponto final em sua angústia", qualquer que fosse a consequência. Após a entrega da carta, pai e filha conversaram de forma franca, o que contribuiu para melhorar a interação entre ambos. Flora sentiu-se aliviada e satisfeita por estar sendo honesta consigo mesma. Nunca conseguiu estabelecer a relação que ela esperava ter com o pai, porém ambos se tornaram mais comunicativos e compreensivos com seus problemas.

Em decorrência de uma interação mais saudável estabelecida entre Flora e seu pai, este último admitiu manter uma família em outra cidade, razão de suas frequentes e longas ausências. Embora magoada com essa revelação, a cliente foi capaz de compreendê-lo, considerando a má qualidade da relação entre ele e sua mãe e dos problemas emocionais que a mãe apresentava. O Quadro 4 apresenta alguns trechos da carta de Flora ao pai.

Quadro 4   Trechos da carta de Flora dirigida ao pai

"...você nunca se preocupou comigo. Achava que poderia suprir a sua ausência me dando brinquedos e mais tarde dinheiro. Não pai (poderia te chamar assim??), não poderia não. Poderia sim com carinho, perguntando como foi meu dia, como estou no estágio..."

"...sei que sua vida não foi fácil ao lado da minha mãe. Mas EU que tinha que pagar por isso? Por que não se separou de uma vez? Uma casa da maneira como foi a nossa não me ajudou em nada!"

"...você deveria ter me contado sobre sua outra família. Eu que fui falar com você quando descobri uma outra família com nosso sobrenome pelo Orkut. Você foi honesto e não negou. Admirei sua atitude. Mas esperar 44 anos para eu entender o porquê de não ter você ao meu lado não é justo!"

"...não escrevi esta carta para te provocar, mas sim para aliviar a dor que já me acompanha há muito tempo. Tempo esse que me manteve calada por fora e borbulhando de questões por dentro. Espero que você me entenda, mas espero mais ainda que você reconheça o que me causou. O passado nem eu nem você podemos mudar, mas quem sabe daqui pra frente? Não conto que você conseguirá reparar e me dar agora tudo que precisei de você lá atrás, IMPOSSIVEL, e agora também não preciso mais de você da mesma forma, já sou uma adulta. Mas ainda assim, acredito que como adultos ainda temos chance. E você o que acha? Não, não quero uma resposta. De agora em diante eu só quero de você ATITUDE!"

A parte comportamental da terapia teve como finalidade quebrar os estilos desadaptativos de en-frentamento que perpetuavam os esquemas de Flora. Nesse sentido, o trabalho de exposição, através de dramatizações de jogos de papéis nas sessões, além de tarefas de enfrentamento de situações no contexto interacional da cliente, foram os recursos mais utilizados para quebrar os estilos desadaptativos e formar um estilo saudável de afirmar as próprias necessidades.

Embora experimentasse ansiedade, Flora conseguia realizar a agenda das exposições da semana. Ao identificar a ativação de seus esquemas durante o confronto com as situações que os ativavam, concluía que "o trabalho foi muito duro para eu desistir agora. Se fizer isso, farei exatamente tudo que fiz ao longo da minha vida e que não deu certo". Essa frase foi escrita em vermelho em um cartão de cartolina plastificado. Flora o levava na bolsa sempre que saía, pois isso a ajudava a lembrar de seus padrões autoderrotistas, além de todo o trabalho realizado ao longo de seu tratamento. Isso a motivava a seguir em frente. O Quadro 5 apresenta exemplos das exposições realizadas por Flora, em que seus antigos padrões (estilos desadaptativos de enfrentamento) foram substituídos por comportamentos saudáveis e adultos ao enfrentar os esquemas.

Quadro 5 Situações enfrentadas através de um estilo adulto saudável

Esquemas	Estilo saudável de enfrentamento
Fracasso	Coordenar uma reunião no centro espírita
Defectividade	Aceitar uma crítica do marido sem agredi-lo ou sem reprimir a própria frustração
Subjugação	Discordar da terapeuta durante a sessão caso não concordasse ou pensasse diferente de algo exposto

47.6   Resultados

Como mencionado anteriormente, os resultados mais marcantes e duradouros obtidos no tratamento de Flora ocorreram após o trabalho com os esquemas. Entretanto, não é possível afirmar a superioridade de um modelo sobre o outro. Em primeiro lugar, não foram utilizadas medidas de avaliação posteriores à primeira fase do tratamento, para que fosse realizada uma comparação mais objetiva dos ganhos adquiridos. Em segundo lugar, não se pode afirmar com total convicção que os resultados obtidos no segundo tratamento não foram facilitados pelas conquistas já obtidas no primeiro.

Entretanto, a decisão de iniciar um trabalho com os esquemas decorreu de algumas avaliações de Flora sobre o tratamento padrão. Embora ela já manifestasse melhoras em seu estado de humor e compreendesse com mais clareza as relações entre suas emoções, seus pensamentos e seus comportamentos, ainda apresentava dificuldades significativas em algumas respostas de enfrentamento envolvendo lidar com sentimentos de rejeição, com críticas e acreditar em sua capacidade.

Flora relatava nas sessões que faltava alguma coisa, que não havia ainda aprofundado a compreensão dessas dificuldades. Dizia sentir-se vulnerável e incerta sobre se realmente havia internalizado as novas experiências. Além disso, mantinha um padrão evitativo diante de algumas situações interpessoais que considerasse difícil, duvidando de sua capacidade para enfrentar. Finalmente, os conflitos com a mãe e com o marido permaneciam frequentes. Flora concluiu: "consegui melhoras periféricas, mas meu núcleo parece intocável".

Ao final do tratamento focalizado nos esquemas a cliente manifestou reconhecimento genuíno de mudança. Após seis meses do início da segunda intervenção, iniciou o processo de parada dos psicofármacos. Nesse período a frequência da terapia passou a ser semanal e, ao final de oito meses, quinzenal. As mudanças ocorridas após esse tratamento incluíram: 1) volta às atividades regulares de musculação; 2) resgate dos vínculos sociais com alguns amigos do passado; 3) passou a coordenar os projetos do Centro Espírita, sem medo de não saber responder a alguma pergunta que surgisse; 4) aumento da satisfação no casamento (expondo de forma adulta e assertiva as próprias necessidades, melhorando consideravelmente a qualidade da relação conjugal); 5) redução considerável dos conflitos com a mãe, através de limites aos abusos desta e da libertação dos medos de perdê-la.

De maneira geral, Flora passou a acreditar na própria capacidade de enfrentar os desafios naturais da vida. Relatou que os acertos de contas com o pai foram muito importantes para esses ganhos. Após o falecimento deste, há cerca de um ano, Flora conseguiu dar apoio à mãe, que mora sozinha. A cliente lhe dá assistência, mas não se deixa mais influenciar por suas reclamações. Está satisfeita com a vida e com o casamento.

Uma das importantes contribuições para as mudanças de Flora refere-se às experiências e às revelações obtidas a partir da relação terapêutica. Na fase inicial da terapia, ela costumava repetir os padrões interacionais existentes nas relações familiares e conjugais, evitando frustrar a terapeuta e agindo de forma excessivamente obediente. A repetição desse padrão gerava frustração, mágoa e posterior distanciamento (falta à sessão seguinte, sem dar notícias). Esse estilo evitativo foi exaustivamente trabalhado nas sessões, de tal forma que a cliente passou a compreender como seu comportamento era guiado pelo esquema de subjugação (ver Quadro 2), passando a agir de maneira mais saudável (expressando, por exemplo, claramente o que gostaria de abordar na sessão). Flora declarou sentir-se mais leve e feliz de poder dizer o que pensava sem que isso precisasse culminar em rompimento da aliança. Esse ganho se generalizou para outros contextos interacionais e foi reconhecido pela cliente como fundamental para suas relações sociais.

Em síntese, embora a cliente tenha obtido ganhos na primeira fase da terapia, o trabalho focalizado nos esquemas (segunda fase) parece ter promovido mudanças mais duradouras. Os procedimentos experienciais de interação com o pai e a autoconsciência dos próprios estilos interacionais adquiridos na relação terapêutica parecem ter sido os principais elementos de mudança na intervenção com Flora. No primeiro caso, ela conseguiu diferenciar a voz do pai (de que ela era problemática, carente etc.) de sua própria voz (de que os comportamentos frios e negligentes do pai não tinham nada a ver com as falhas dela, mas sim com as dificuldades pessoais dele). Esse é um indicador de mudança importante, na medida em que a cliente passa a atribuir o aspecto disfuncional de seus problemas à forma errática do padrão parental, mudando seus esquemas de egossintônicos para egodistônicos (Young *et al.*, 2003). Isso foi fundamental para a conquista da autoconfiança da cliente. No segundo caso, a terapeuta estabeleceu um modelo interacional saudável com Flora, ajudando-a a compreender melhor seu funcionamento interpessoal, descobrindo que bastaria ser ela mesma para se comunicar melhor e se sentir mais feliz.

Três anos após a alta, Flora procurou a terapeuta duas vezes. A primeira, para comunicar que os pais haviam se divorciado. A segunda, para compartilhar com a terapeuta a conquista de casar-se no civil com seu companheiro. O falecimento do pai, ocorrido há cerca de um ano, foi comunicado por telefone. Embora a experiência tenha sido dolorosa, Flora não entrou em depressão e continua sua vida, sem auxílio de psicoterapia.

47.7 Referências

American Psychiatric Association – APA (2002). *Manual diagnóstico e estatístico de transtornos mentais – DSM – IV – TR.* 4 ed. Porto Alegre: Artmed.

Beck, A. T. & Alford, B. A. (2011). *Depressão – causas e tratamento.* 2 ed. Porto Alegre: Artmed.

Falcone, E. M. O. (2011). Terapia do esquema. In B. P. Rangé (Org.), *Psicoterapias cognitivo-comportamentais: um diálogo com a Psiquiatria.* 2 ed. (pp. 50-66). Porto Alegre: Artmed.

Gluhoski, V. L. & Young, J. E. (1997). El estado de la cuestión en la terapia centrada en esquemas. In I. Caro (Org.), *Manual de Psicoterapias Cognitivas.* 3 ed. (pp. 223-250). Barcelona: Paidós.

Young, J. E. (1994). *Young Parenting Inventory.* New York: Cognitive Therapy Center of New York.

Young, J. E. (2003). *Terapia Cognitiva para transtornos da personalidade: uma abordagem focada no esquema.* 3 ed.). Porto Alegre: Artmed.

Young, J. E. & Brown, G. (1990). *Young Schema Questionnaire.* New York: Cognitive Therapy Center of New York.

Young, J. E. & Klosko, J. S. (1993). *Reinventing your life. The Breakthrough program to end negative behavior… and feel great again.* New York: A Plume Book.

Young, J. E.; Klosko, J. S. & Weishaar, M. E. (2003). *Schema therapy. A practitioner's guide.* New York: Guilford.

Autoras:

Gabriela Malamut – Psicóloga graduada pela PUC-Rio. Mestre em Psicologia Social pela Universidade do Estado do Rio de Janeiro. Terapeuta cognitivo-comportamental em Clínica Privada. Contato: gabimalamut@gmail.com

Eliane Mary de Oliveira Falcone – Docente da Graduação e da Pós-Graduação em Psicologia Social do Instituto de Psicologia da Universidade do Estado do Rio de Janeiro. Contato: elianefalcone@uol.com.br

Avaliação e tratamento cognitivo-comportamental da depressão – relato de caso

Cleyton Brust Marins
Eliane Mary de Oliveira Falcone

48.1   Introdução

A depressão unipolar maior corresponde a um dos principais problemas de saúde na atualidade, ocupando a quarta posição entre as doenças existentes no mundo. A projeção para os próximos 20 anos é de que a depressão será o segundo maior problema de saúde em todo o mundo, perdendo apenas para a doença isquêmica do coração (Scher, Segal & Ingram, 2010).

Além de apresentar um índice elevado de incidência, a depressão maior é caracterizada pela reincidência, pela recorrência e pela cronicidade. Entretanto, nem todas as pessoas correm os mesmos riscos de manifestar o transtorno. Além disso, embora o risco de recorrência futura para quem já sofreu um episódio de depressão seja de 16% a cada novo episódio, esse risco diminuirá com a capacidade de o indivíduo de permanecer bem por um período maior (Solomon *et al.*, citado por Scher *et al.*, 2010). Nesse sentido, o tratamento da depressão deve centrar-se não apenas no combate aos sintomas, mas também nos fatores de vulnerabilidade que predispõem o indivíduo para o transtorno (Beck & Alford, 2011; Scher *et al.*, 2010).

O termo *vulnerabilidade* é definido como uma "baixa capacidade para suportar experiências estressantes" (Öhman, Esteves & Parra, 1995, p. 178). Assim, indivíduos com vulnerabilidades específicas para algumas experiências da vida, poderão desenvolver o transtorno com mais facilidade. Dentre os fatores psicológicos de vulnerabilidade para depressão mais apontados, incluem-se: timidez e isolamento social; deficiências em habilidades sociais, especialmente em comportamento assertivo, e vulnerabilidades cognitivas (Youngren & Lewinsohn, 1980).

Os fatores de vulnerabilidade cognitiva (conjunto de atitudes duradouras sobre si mesmo, sobre o mundo e sobre o futuro) predispõem uma pessoa à depressão, quando ela se depara com experiências estressantes (Beck & Alford, 2011). Indivíduos predispostos à depressão tendem a ser pessimistas diante dos acontecimentos da vida, além de assumir a responsabilidade por esses acontecimentos e ficar ruminando a respeito (Scher *et al.*, 2010). A visão de mundo é decorrente da construção de crenças ou esquemas, os quais conduzem à determinada percepção dos acontecimentos. Esses esquemas ou crenças são formados no início da infância e se perpetuam no desenvolvimento. Quando ativados por alguma situação ou por acontecimentos da vida, indivíduos predispostos irão buscar e armazenar as informações negativas orientadas pelos esquemas, contribuindo para o desenvolvimento da depressão (Beck & Alford, 2011; Scher *et al.*, 2010).

De acordo com o enfoque cognitivo-comportamental, o indivíduo deprimido ou propenso à depressão possui padrões cognitivos (esquemas) idiossincráticos que, quando ativados por estressores específicos que atingem vulnerabilidades também específicas, passam a dominar o pensamento do indivíduo e a produzir reações emocionais e motivacionais associadas à depressão. Assim, o tratamento pode focalizar inicialmente os sintomas depressivos para ajudar o cliente a lidar de maneira objetiva com suas reações automáticas e, assim, neutralizá-las. Após a depressão haver se reduzido, a terapia busca modificar os padrões cognitivos idiossincráticos para reduzir a vulnerabilidade do indivíduo a futuros episódios (Beck & Alford, 2011).

Serão apresentados neste capítulo a avaliação e o tratamento de um indivíduo com depressão, atendido em clínica privada pelo primeiro autor e sob a supervisão do segundo autor em um curso de capacitação para terapeutas. A publicação desse caso clínico teve o consentimento prévio do cliente. Seu nome e alguns de seus dados foram modificados para preservar sua identidade.

48.2   Dados do cliente

Denis é advogado e trabalha como funcionário público. Procurou terapia há dois anos, quando estava com 35 anos. Divorciado há cerca de dois anos, morava sozinho quando buscou tratamento. Os pais são vivos e moram em outra cidade. Foi encaminhado para atendimento psicológico por um clínico geral, o qual considerou seus problemas estomacais e suas dores de cabeça persistentes como sintomas relacionados a um quadro de depressão.

Denis queixava-se de tristeza, diminuição de prazer, insônia, desesperança, choro frequente, isolamento social, diminuição de apetite e da libido. Relatou também problemas nas relações interpessoais, caracterizados por dificuldade em impor limites nos comportamentos dos outros, o que contribuía para frequentes sentimentos de raiva. A percepção dos próprios sentimentos de raiva gerava culpa e autoacusações de ser 'mau", resultando em comportamentos compensatórios de subjugação e autossacrifício. Referiu também dificuldade em manter a ereção na relação sexual.

Denis já havia se submetido quatro vezes a atendimento psicológico e uma vez a tratamento psiquiátrico e neurológico. Entretanto, não conseguiu obter sucesso em nenhum desses tratamentos, desistindo rapidamente desses processos. Relatou, ainda, que os fracassos em tratamentos anteriores fazia com que ele se sentisse desmotivado em começar a terapia.

Os sintomas depressivos de Denis tiveram início quando ele tinha 19 anos a partir da morte do irmão, com quem mantinha constantes conflitos desde a infância. Antes desse incidente, ele havia brigado seriamente com o irmão. Durante a briga, Denis lhe disse que queria que ele morresse e a partir de então deixaram de se falar. Dias depois, o irmão faleceu após levar um tiro acidental, quando examinava, junto com os primos, uma arma do tio em um casamento de familiares. Embora não estivesse presente no casamento, Denis revelou ao terapeuta: "Sou culpado por deixar alguém que amo morrer. Não mereço perdão". Dizia que pensava todos os dias no irmão e nunca mais foi feliz após sua morte. Disse também que, a partir desse acontecimento, evitava magoar as pessoas com medo de perdê-las.

A segunda crise depressiva sofrida por Denis ocorreu após o casamento, quando percebeu as diferenças existentes entre ele e a esposa e concluiu que a decisão de casar havia sido um engano. Ele conheceu a companheira na faculdade e se casaram após cinco anos. O motivo da separação após cinco anos de casados deveu-se ao estilo crítico e abusivo da esposa, aliado à incapacidade do cliente de estabelecer limites para esses abusos. Denis estava sempre cedendo às vontades da esposa, sem ter a recíproca. No período em que estava casado, começou a perceber dificuldade em obter e em manter a ereção no relacionamento sexual. Relatou também que ainda se sentia culpado por ter terminado o casamento e por ter gerado sofrimento para a esposa.

Poucos meses após terminar o casamento, iniciou um relacionamento que terminou 15 dias antes de começar a terapia. Esse relacionamento era conturbado, movido por diversos desentendimentos que o faziam se sentir humilhado e deprimido. As brigas recorrentes com a namorada e o excesso de cobranças e críticas por parte dela vinham gerando ansiedade, tristeza e dificuldades na relação sexual. Relatou que a namorada dizia a ele: "Você é um verme por não conseguir fazer sexo comigo. Você não me ama". Assim como a ex-esposa, a namorada também agia de forma crítica, exigente e abusiva e ele adotava um padrão dependente e submisso na forma de se comportar. Relatou estar sofrendo muito pelo término desse namoro e por ela tentar constantemente reatar o relacionamento com ele.

48.3 Dados relevantes da história

Embora tenha sido uma criança alegre, Denis era quieto e tímido, com dificuldades para iniciar conversas. Durante quatro meses sofreu agressões de um garoto mais velho que o humilhava e roubava seu lanche na escola. Teve ainda inúmeros apelidos, além de sofrer provocações frequentes de outras crianças. Pelo fato de o pai ter um trabalho que exigia constantes mudanças de cidade, não conseguia estabelecer contatos duradouros com seus pares. Além disso, a mãe não o deixava brincar na rua por medo da má influência das outras crianças. Tais fatos limitaram o desenvolvimento de habilidades sociais. Na adolescência tinha poucos amigos e saía pouco de casa. Sentia-se inseguro em conversar ou aproximar-se de meninas. Cursou o Ensino Médio e a Faculdade em outra cidade, onde conseguiu fazer maior número de amizades, tendo menos dificuldade em se socializar.

A mãe de Denis é descrita como superprotetora e o pai como quieto, frio e distante. Após o cliente nascer, a mãe abandonou o trabalho e dedicou-se integralmente a ele e posteriormente, também ao irmão. O pai trabalhava fora e dedicava pouco tempo aos filhos.

O cliente relatou ter bom relacionamento com os colegas no trabalho, porém se sentia sobrecarregado com as tarefas. Frequentemente abria mão de suas férias, seus horários e seus direitos para não parecer "mau" para as outras pessoas. Geralmente fazia o trabalho equivalente ao de três pessoas e sua chefa não cedia nenhum outro funcionário para ajudá-lo. Isso o obrigava a ficar após o expediente, sem usufruir de qualquer benefício. Além disso, havia uma colega que não cumpria com suas obrigações, deixando para ele toda a tarefa atrasada. Ela estava sempre lhe pedindo favores e isso o deixava esgotado. Denis sacrificava os próprios interesses para ajudá-la, sem qualquer recíproca. Em vez de impor limites, ele tentava inibir os próprios sentimentos de raiva decorrentes do abuso da colega.

O cliente afirmou ter bom relacionamento com a família (pais, avós, tios, primos) e não sentia dificuldades de interação social com eles. Tinha alguns amigos, mas não os procurava devido ao isolamento social causado por seu quadro depressivo e pela imposição da namorada. Relatou ainda ser tímido, porém sentia menos dificuldade em interagir com outras pessoas, mesmo as de sexo oposto, do que na adolescência.

48.4 Diagnóstico, avaliação e conceituação cognitiva

O diagnóstico de depressão maior já havia sido feito pelo médico que encaminhou Denis para a terapia, assim como pelo psiquiatra e pelo neurologista que o assistiram anteriormente. Tal diagnóstico se confirmou pelos sintomas declarados na primeira entrevista (tristeza, diminuição de prazer, insônia, desesperança, choro, isolamento social, diminuição de apetite e da libido) (APA, 2002). Além disso, o escore (32) obtido no Inventário Beck de Depressão (BDI) (Cunha, 2001) revelou depressão grave. Embora Denis não tivesse se queixado de sintomas de ansiedade, suas declarações sugeriam que essa sensação permeava uma série de problemas interpessoais experimentados em sua vida cotidiana (conflitos com a namorada, ansiedade de desempenho sexual e ansiedade social). O escore (23) obtido no Inventário Beck de Ansiedade (BAI) (Beck, Epstein, Brown & Steer, 1988) revelou ansiedade moderada.

A partir dos dados obtidos nas entrevistas e de alguns registros realizados por Denis, foi possível identificar seus pensamentos automáticos, as suposições condicionais e as estratégias utilizadas para lidar com os problemas. O Quadro 1 apresenta o diagrama de conceituação cognitiva, utilizado na terapia para identificar os diferentes níveis de crenças do cliente, as emoções relacionadas e as estratégias desadaptativas que contribuem para a manutenção da crença nuclear e perpetuam os problemas do cliente (Beck, 1997).

Quadro 1 Diagrama de conceituação cognitiva

Dados relevantes da história
Timidez na infância; superproteção materna; experiência de bulling; brigas frequentes com o irmão que constantemente provoca; medo de sofrer retaliações como consequencia, além de ansiedade social.
Prejuizo do desenvolvimento de habilidades de interação.

Crenças nucleares
Sou fraco; frágil.
Sou desamparado.
Não tenho valor.
Sou mau

Suposições condicionais
Se eu atender às necessidades dos outros a qualquer custo, significa que sou bom, serei valorizado, não serei abandonado.
Se eu frustrar ou magoar alguém, significa que sou mau e serei desvalorizado e me abandonarão.
Tenho que ser forte, viril e generoso para ser amado.
Se fracassar sexualmente, serei rejeitado.

Estratégias compensatórias
Padrão de comportamento submisso para evitar retaliação e se sentir generoso.
Evita tomar decisões pelo medo de errar ou frustrar os outros.
Permite ser explorado (sentimentos de raiva como consequência).
Tolera frustrações interpessoais pelo medo do abandono.
Inibe sentimentos de raiva através de atitude subserviente.

Consequências
Frustrações frequentes que levam a autodesvalorização e raiva
Ansiedade pelo medo de frustrar.
Comportamento submisso reforça o abuso e gera raiva, que gera culpa e comportamento submisso.
Fortalecimento das crenças de ser mau, sem valor.

Em síntese, Denis foi criado em ambiente protetor, além de ter temperamento tímido. Diante das dificuldades encontradas na escola, tendia a fugir e a se render, uma vez que não se sentia capaz de enfrentar os abusos físicos e verbais. O estilo submisso para evitar retaliações constituiu-se em uma estratégia importante para Denis. Dessa maneira ele poderia agradar às pessoas e evitar conflitos. A experiência adversa após a briga com o irmão contribuiu fortemente para a crença de ser mau, o que gerava intensa culpa. Como compensação, ele precisaria se sacrificar pelos outros para se considerar bom, generoso, podendo, assim, livrar-se da culpa e ser amado. Do mesmo modo, sentimentos de raiva indicavam que ele era "mau" e precisavam ser eliminados. Os principais esquemas vinculados às crenças nucleares do cliente eram: subjugação, dependência e autossacrifício (Young, 2003).

O diagnóstico de depressão surgiu em decorrência das vulnerabilidades de Denis: ansiedade social, baixa assertividade, submissão e obediência excessiva, que aumentavam a frustração e geravam raiva. Essas vulnerabilidades, guiadas por seus esquemas, constituíam os fatores predisponentes de sua depressão, que lhe impediam de construir habilidades de enfrentamento necessárias para lidar com os estressores da vida e geravam frustrações, culpa e medo do abandono. Os sentimentos de perda (morte do irmão) e de culpa (sentir-se responsável pelo acontecimento) corresponderam aos fatores precipitantes da ativação do quadro de depressão (Sher *et al.*, 2010). A partir de então, os padrões de submissão para evitar a culpa e obter a aprovação dos outros, assim como de ansiedade social, se tornaram ainda mais fortalecidos, agravados pelos sintomas da depressão. Finalmente, ambas as ex-mulheres de Denis eram dominadoras e abusivas, alimentando o estilo de rendição aos esquemas de subjugação e dependência (Young, Klosko & Weishaar, 2008), predispondo-o a novos episódios depressivos.

A partir da conceituação cognitiva, o tratamento focalizou-se inicialmente na redução dos sintomas da depressão e posteriormente modificação das vulnerabilidades e das crenças mantenedoras dos padrões desadaptativos de enfrentamento de Denis. Posteriormente, o desenvolvimento de habilidades sociais foi implementado.

48.5 Tratamento

O cliente e o terapeuta estabeleceram como principais metas: o combate à depressão e à ansiedade, a diminuição da culpa, o aumento da frequência dos relacionamentos (com amigos e cônjuge), progredir profissionalmente e conseguir obter e manter a ereção durante as relações sexuais. Denis esteve em tratamento psicoterápico regular por um período de 11 meses, com sessões semanais de cinquenta minutos. Posteriormente passou por sessões de *follow-up* de um mês, dois meses, três meses e finalmente seis meses após o tratamento. Durante a terapia o cliente fez uso de um comprimido diário de Fluoxetina (20 mg) por um período de dez meses.

Seguindo o modelo cognitivo-comportamental que valoriza a psicoeducação como um facilitador da adesão ao tratamento (Kuyken, Padesky & Dudley, 2010), Denis foi orientado a compreender as origens de seus problemas atuais, assim como a as razões pelas quais eles eram mantidos. Durante todo o processo de avaliação, ele recebeu informações sobre a depressão, bem como sobre seu sistema de crenças como um importante fator de vulnerabilidade para o desenvolvimento e a manutenção do transtorno.

Denis aprendeu a identificar as relações entre as situações, ao pensamentos, as emoções e os comportamentos, compreendendo de que forma suas crenças interferiam nas emoções e nos comportamentos. O diagrama de conceituação cognitiva (Quadro 1) foi útil para a compreensão do processo de retroalimentação envolvido no fortalecimento de suas crenças nucleares. Através da biblioterapia, o cliente também passou a compreender a proposta da Terapia Cognitivo-Comportamental, além de seus esquemas prevalentes e a forma como estes se manifestavam e influenciavam sua vida. Foram utilizados capítulos e trechos dos livros *A mente vencendo o humor* (Greenberger & Padesky, 1999) e *Terapia do Esquema* (Young, 2003).

Verificou-se que a conceituação cognitiva e o aumento dos conhecimentos que explicavam o funcionamento de Denis contribuíram para sua adesão ao tratamento. A postura empática do terapeuta, através de uma atitude atenta e disponível às necessidades emocionais do cliente, também foi importante nessa adesão.

Os principais procedimentos que focalizaram a eliminação dos sintomas depressivos, assim como a mudança das crenças que mantinham os problemas de Denis, incluíram: 1) monitoramento e planejamento de atividades; 2) registro de pensamento e questionamento socrático; 3) torta de responsabilidades; 4) dramatizações através de jogos de papéis. O Quadro 2 apresenta cada um desses procedimentos.

Quadro 2   Descrição das principais intervenções utilizadas no tratamento de Denis

Intervenção	Descrição
Monitoramento e planejamento de atividades (Beck, Rush, Shaw & Emery, 1979)	Usado para identificar a relação entre comportamentos e emoções para manutenção do quadro depressivo. Contribui também para a redução dos pensamentos negativos envolvidos na depressão. Através do planejamento e da realização de atividades mais agradáveis, o cliente obtém melhora dos sintomas e aumenta a sensação de que está fazendo algo para mudar. Finalmente, contribui para a identificação e a avaliação de pensamentos autoderrotistas.
Registro de pensamento e questionamento socrático (Beck, 1997)	Busca identificar, avaliar e questionar os pensamentos automáticos, os esquemas e as crenças de forma que se tornem mais evidentes, flexíveis e adaptativos. A partir da avaliação desses pensamentos, o cliente explora novas atribuições aos eventos, as quais são seguidas de teste das evidências. Esses testes contribuem para alicerçar novas crenças e enfraquecer as antigas. Denis descobriu, a partir desse registro, que sua permissividade excessiva era o principal fator que contribuía para ele ser abusado em várias situações; que seu sentimento de raiva era legítimo e não tinha relação com suas qualidades pessoais. Assim, frustrar as pessoas que lhe pediam coisas não razoáveis era uma forma de colocar limites, em vez de indicador de maldade pessoal.
Torta de responsabilidades (McMullin, 2005)	Foi utilizada para trabalhar a culpa com relação à morte do irmão e entender sua real responsabilidade sobre tal acontecimento. Inicialmente foram explorados os vários fatores envolvidos no acontecimento que gerou a culpa. Em seguida, foram atribuídos percentuais para cada um dos vários fatores envolvidos. Finalmente, uma torta foi desenhada e as fatias, com diferentes tamanhos, inseridas. O cliente passa, assim, a ter uma visão mais realista da própria participação na situação e reduz ou elimina sua responsabilidade. Esse procedimento ajudou Denis a compreender a responsabilidade do irmão no que lhe ocorreu, além da fatalidade do ocorrido.
Dramatizações em jogos de papéis (Young et al., 2008)	Utilizada para desenvolver habilidades sociais como: recusar pedidos não razoáveis, expressar sentimentos, principalmente a raiva, entre outras. Foi também utilizada para modificar crenças de culpa em relação à morte do irmão. Nesse procedimento, diálogos com o irmão foram realizados, fazendo-se uma projeção do irmão já mais velho, conversando com o cliente. Inicialmente o terapeuta era o cliente e Denis era o irmão. Posteriormente os papéis se invertiam. Muitos *insights* surgiram a partir dessas dramatizações, contribuindo para a melhor compreensão do ocorrido. Denis entendeu que seu irmão era imaturo, provocador e um tanto inconsequente. Essas foram as principais razões que contribuíram para a morte dele.

As técnicas foram realizadas durante as sessões, a partir das experiências relatadas por Denis durante a semana em que se sentiu ansioso, com raiva ou triste. Pensamentos automáticos eram identificados e avaliados, com subsequente reestruturação cognitiva. As dramatizações através de jogos de papéis serviam para promover enfrentamento de situações sociais do contexto de Denis (por exemplo, dizer não à colega que o explorava no trabalho). Crenças relacionadas a ser mau ou a ser desprezado por frustrar a colega eram identificadas e reestruturadas através do método socrático. Finalmente, o teste de realidade era planejado para ser praticado entre as sessões (por exemplo, negar um pedido à colega, recusar trabalho excessivo, defender direitos etc.).

As dramatizações de jogos de papéis com o irmão, assim como a técnica da torta ajudaram Denis a perceber que seu irmão era abusivo, razão pela qual entravam frequentemente em conflito, levando o cliente a sentir raiva. Compreender com mais clareza que sua raiva era resultante de constantes frustrações e por ser "bonzinho" demais, ajudaram Denis a livrar-se da culpa em geral e, mais especificamente, em relação ao que aconteceu com o irmão.

48.6   Resultados

Cinco meses após o início da terapia, Denis já apresentava redução importante do quadro depressivo. Não somente os sintomas depressivos haviam desaparecido como também o escore do BDI reduziu-se de depressão grave (32) para depressão não clínica (8). Da mesma forma, os sintomas de ansiedade também se reduziram. Embora a ansiedade do cliente fosse inicialmente apontada no BAI como moderada (23), esta decaiu para baixa (5). A Figura 1 apresenta as medidas de depressão e de ansiedade ao longo do tratamento, mostrando redução maior após cinco meses, mantendo-se por um tempo e declinando ainda mais após as fases do *follow-up*.

Figura 1   Escores dos níveis de depressão e ansiedade nas fases: antes, durante, após o tratamento e no *follow-up*

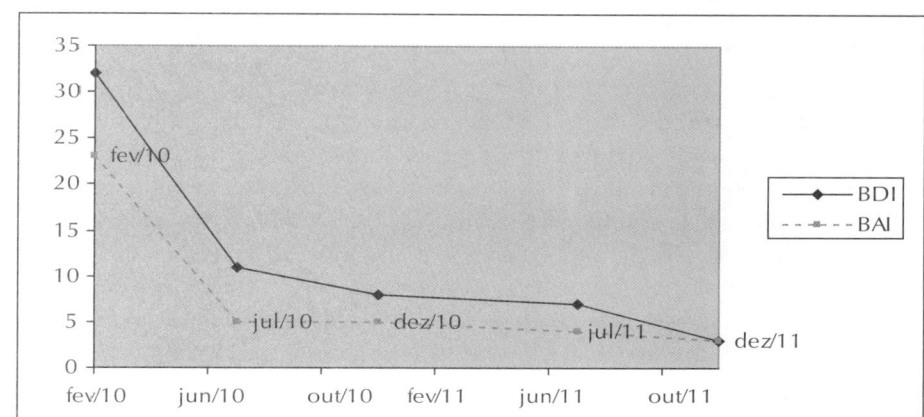

A terapia durou de janeiro a dezembro de 2010. Os escores apresentados na Figura 1 – referentes aos meses de fevereiro, julho e dezembro de 2010 – estão relacionados ao período de tratamento. Os meses de julho e dezembro de 2011 correspondem ao período de *follow-up*.

Durante o tratamento Denis reatou o relacionamento anterior, passando a se comportar de forma mais assertiva e independente, não somente com a namorada, com quem passou a morar, mas também no trabalho. Concomitantemente, os sentimentos de raiva e de culpa se reduziram. Além disso, voltou a ter contatos mais frequentes com os amigos.

Não foi utilizado nenhum procedimento direto para a melhora do desempenho sexual do cliente. Uma hipótese plausível é a de que a aquisição de um padrão de comportamento assertivo, aliado ao fortalecimento de autocrenças mais positivas possam ter contribuído de forma indireta para esse ganho de Denis. Carvalho (2011) aponta que um padrão passivo de interação, tanto na esfera sexual quanto em outras esferas do relacionamento está relacionado à disfunção sexual masculina.

Os padrões de autossacrifício e de subjugação, manifestados com muita frequência no trabalho, se reduziram consideravelmente. Denis passou a focalizar mais nas próprias necessidades, o que levou ao fortalecimento de um novo padrão mais assertivo e adulto de interação. Tais mudanças podem ter contribuído para sua transferência de cargo com aumento de salário. A modificação dos padrões de comportamento constitui-se como um poderoso elemento de enfraquecimento de crenças nucleares e de esquemas desadaptativos. Para Young *et al.* (2008), o enfraquecimento dos esquemas desadaptativos só poderá se manter a partir da mudança dos padrões comportamentais, quando o indivíduo substitui estilos de enfrentamento de evitação, subordinação e supercompensação por um modo adulto de lidar com os problemas interpessoais.

Em síntese, todas as metas do tratamento foram alcançadas. Denis teve alta da terapia e se mantém com os ganhos até o momento.

48.7   Considerações finais

Este capítulo teve como objetivo apresentar a avaliação e o tratamento de um indivíduo adulto com o diagnóstico de depressão. As mudanças apresentadas pelo cliente ao final da terapia indicam o sucesso da intervenção, reafirmando o reconhecimento já existente na literatura a respeito da eficácia da Terapia Cognitivo-Comportamental, bem como sua adequação às demandas de tratamentos eficazes e eficientes para os problemas de saúde mental, oriundas dos sistemas de saúde em todo o mundo (Dobson & Dobson, 2010).

Embora o presente caso não atenda rigorosamente às exigências metodológicas para atestar sua eficácia (trata-se de um caso isolado e sem comparação com procedimento controle), as evidentes mudanças ocorridas em onze meses de tratamento contribuem para a crença de que o tratamento foi eficiente, considerando-se que o cliente apresentava um quadro de depressão maior que recorria desde a morte do irmão. As medidas de depressão e de ansiedade avaliadas periodicamente ao longo do tratamento também se constituem importante indicador de mudança. As mudanças no estilo interpessoal e na postura de enfrentamento do cliente também ocorreram a partir da terapia.

Cabe também ressaltar, ainda, o foco do tratamento. Embora a terapia tenha inicialmente procurado eliminar os sintomas de depressão, os fatores de vulnerabilidade para o transtorno (padrão de submissão, comportamento passivo, que contribuíam para os sentimentos de culpa e ansiedade social; esquemas cognitivos remotos tais como de dependência, subjugação e autossacrifício) também foram alvo de mudança. Assim, conforme discutido anteriormente, os efeitos duradouros do tratamento dependem da identificação e da modificação dos fatores de vulnerabilidade, os quais se desenvolvem a partir da combinação do temperamento e das experiências infantis, na interação com os pais, com os pares, os professores entre outras pessoas que quem nos relacionamos (Beck & Alford, 2011; Scher *et al.*, 2010; Young *et al.*, 2008).

Outro ponto a ser considerado refere-se à questão da importância da conceituação cognitiva para a escolha do tratamento adequado às demandas do cliente. A conceituação cognitiva compreende uma hipótese geral que explica as origens e a manutenção dos problemas do cliente. É construída a partir de um trabalho colaborativo entre o cliente e o terapeuta e sua função principal é orientar a terapia de modo a aliviar o sofrimento do cliente (Kuyken *et al.*, 2010). Através da conceituação cognitiva é possível se estabelecer previsão sobre a adesão e a adequação dos procedimentos a serem adotados no tratamento, além de permitir a criação do foco do tratamento de forma colaborativa (Pereira & Rangé, 2011).

Espera-se que a apresentação desse caso clínico possa contribuir para aqueles que pretendem se desenvolver na prática da Terapia Cognitivo-Comportamental. Recomenda-se fortemente a conceituação cognitiva como um procedimento fundamental para a escolha da estratégia de mudança mais adequada, assim como para tratar os fatores de vulnerabilidade para a depressão.

48.8 Referências

American Psychiatric Association – APA (2002). *Manual diagnóstico e estatístico de transtornos mentais – DSM – IV – TR.* Porto Alegre: Artmed.

Beck, A. T. & Alford, B. A. (2011). *Depressão. Causas e tratamento.* 2 ed. Porto Alegre: Artmed.

Beck, A. T., Rush, A. J., Shaw, B. F., & Emery, G. (1979). *Terapia Cognitiva da depressão.* Rio de Janeiro: Zahar.

Beck, A. T., Epstein, N., Brown, G., & Steer, R. A. (1988). An Inventory for Measuring Clinical Anxiety: Psychometric Properties. *Journal of Consulting and Clinical Psychology, 56,* 893-897.

Beck, J. S. (1997). *Terapia Cognitiva – teoria e prática.* Porto Alegre: Artes Médicas.

Carvalho, A. (2011). Disfunções sexuais. In B. Rangé (Org.), *Psicoterapias cognitivo-comportamentais – um diálogo com a Psiquiatria.* 2 ed. (pp. 508-525). Porto Alegre: Artmed.

Cunha, J. A. (2001). *Manual da versão em português das Escalas Beck.* São Paulo: Casa do Psicólogo.

Dobson, D. Dobson, K. S. (2010). *A Terapia Cognitivo-Comportamental baseada em evidências.* Porto Alegre: Artmed.

Greenberger, D. & Padesky, C. (1999). *A mente vencendo o humor. Mude como você se sente.* Porto Alegre: Artmed.

Kuyken, W., Padesky, C. A., & Dudley, R. (2010). *Conceituação de caso colaborativa. O trabalho em equipe com pacientes em Terapia Cognitivo-Comportamental.* Porto Alegre: Artmed.

McMullin, R. E. (2005). *Manual de técnicas em Terapia Cognitiva.* Porto Alegre: Artmed.

Öhman, A., Esteves, F., & Parra, C. (1995). Estrategias de investigación en psicopatología: Una perspectiva vulnerabilidad-estrés. In V. E. Caballo, G. Buela-Casal & J. A. Carrobles (Orgs.), *Manual de psicopatología y trastornos psiquátricos, Vol. 1: Fundamentos conceptuales; trarstornos por ansiedad, afectivos y psicóticos* (pp. 163-204). Madrid: Sieglo XXI de Espana Editores.

Pereira, M., & Rangé, B. P. (2011). Terapia Cognitiva. In B. Rangé (Org.), *Psicoterapias cognitivo-comportamentais – um diálogo com a Psiquiatria.* 2 ed. (pp. 20-32). Porto Alegre: Artmed.

Scher, C. D.; Segal, Z. V., & Ingram, R. E. (2010). A teoria da depressão de Beck: origem, *status* empírico e direcionamentos futuros para a vulnerabilidade cognitiva. In R. L. Leahy (Org.), *Terapia Cognitiva contemporânea – teoria, pesquisa e prática* (pp. 39-67). Porto Alegre: Artmed.

Young, J. E. (2003). *Terapia Cognitiva para transtornos da personalidade – uma abordagem focada no esquema.* 3 ed. Porto Alegre: Artmed.

Young, J. E., Klosko, J. S., & Weishaar, M. E. (2008). *Terapia do Esquema: guia de técnicas cognitivo-comportamentais inovadoras.* Porto Alegre: Artmed.

Youngren, M. A. & Lewinsohn, P. M. (1980). The functional relation between depression and problematic interpersonal behavior. *Journal of Abnormal Psychology, 89* (3), 333-341.

Autores:

Cleyton Brust Marins – Psicólogo pela Universidade Estácio de Sá; Pós-Graduado em Neuropsicologia pela Santa Casa de Misericórdia; Psicólogo do Hospital São Lucas – Nova Friburgo; Terapeuta cognitivo-comportamental em Clínica Privada. Contato: cleytonbrust@gmail.com

Eliane Mary de Oliveira Falcone – Docente da Graduação e da Pós-Graduação em Psicologia Social do Instituto de Psicologia da Universidade do Estado do Rio de Janeiro. Contato: elianefalcone@uol.com.br

Conceituação e tratamento cognitivo-comportamental de um caso de fobia social generalizada em um contexto de clínica-escola

Conceição dos Santos Fernandes
Cristiane Figueiredo
Eliane Mary de Oliveira Falcone

49.1   Introdução

Segundo o DSM-IV-TR (APA, 2002), a fobia social é um transtorno marcado principalmente por um medo excessivo e persistente de uma ou mais situações sociais ou de desempenho em que o indivíduo esteja submetido e exposto à observação e à avaliação de outros não familiares. Há temor de ser avaliado negativamente por se comportar de forma inadequada ou embaraçosa e, como consequência, ser ridicularizado e rejeitado. Essa seria a característica central da fobia social, pois nela o paciente antecipa que irá falhar em seu desempenho (Wells, 1997). Seu curso é crônico e interfere na qualidade de vida, pois causa grande prejuízo no funcionamento social, prejudicando o trabalho, os estudos e os relacionamentos interpessoais, gerando limitações para a vida dessas pessoas (Garcia, Garcia-Portilla, Martinez & Garcia, 1999; Vorcaro, Rocha, Uchoa & Lima-Costa, 2004). Outros estudos mostram ainda que a fobia social é o terceiro transtorno mental mais comum, atrás apenas de abuso de substâncias e depressão. Relatam também a associação desse distúrbio com baixo nível educacional e reduzido poder aquisitivo (Furmark, 2002; Kessler *et al.*, 1994; Schneier, Johnson, Hornig, Liebowitz & Weissman, 1992).

A fobia social pode ser classificada em dois tipos. Quando o medo se restringe a uma situação social (por exemplo, falar, assinar ou comer em público) trata-se do subtipo específico e quando se expande para a maioria das situações denomina-se fobia social generalizada. A fobia social generalizada se associa a um maior déficit de habilidades sociais e ao início precoce, desde a infância (Falcone & Figueira, 2001).

É comum ainda encontrar comorbidades associadas à fobia social. O estudo da *Epidemiologic Catchment Area* (U. S. Dept. of Health and Human Services, National Institute of Mental Health, 1992) concluiu que 69% das pessoas com fobia social na comunidade tinham outras doenças mentais concomitantes e que o início da fobia social ocorreu primeiro em 77% dos casos (Schneier *et al.*, 1992). O estudo mostrou que os transtornos com prevalência de tempo de vida mais altos entre pessoas com fobia social eram: fobia simples (59%), agorafobia (45%), abuso de álcool (19%), depressão maior (17%) e abuso de droga (13%).

O modelo cognitivo da fobia social propõe que os pacientes temem determinadas situações sociais porque as avaliam como perigosas. Acreditam que não são capazes de agir adequadamente e que, por consequência, serão criticados ou desqualificados. Esse medo se relaciona à percepção negativa e disfuncional que o indivíduo fóbico tem de si mesmo, chamada de autoprocessamento negativo. Essa avaliação ativa ansiedade e promove mudanças cognitivas, comportamentais e fisiológicas (Falcone & Figueira, 2001; Wells, 1997).

A avaliação de perigo, ameaça ou vulnerabilidade em situações sociais cria um ciclo vicioso no qual a ansiedade antecipatória pela perspectiva de entrar em situações temidas leva o indivíduo a evitá-las (Heckelman & Schneier, 1995). O comportamento evitativo, por sua vez, aumenta o temor diante de novas situações, gerando, assim, mais ansiedade e desconforto. A preocupação com o próprio desempenho, o que inclui não tremer, suar, gaguejar ou demonstrar qualquer forma de ansiedade, faz com que os fóbicos sociais diminuam sua atenção para a situação social e para as outras pessoas, o que aumenta a chance de cometerem erros sociais, e confirmaria, então, suas crenças de que não são capazes de se comportar de forma adequada.

Assim, quando a pessoa que sofre desse transtorno se encontra em uma situação ameaçadora, ela foca atenção em si e não presta atenção no interlocutor. Essa atenção autofocada ativa sintomas de ansiedade, iniciando o autoprocessamento negativo. O indivíduo avalia negativamente as próprias reações e projeta no outro suas suposições disfuncionais sobre si e sobre os outros, pois acredita que todos irão notá-lo e criticá-lo. Dessa forma, a situação social é percebida como perigosa. Esse processamento cria um ciclo vicioso que ativa mais ansiedade, a qual gera sintomas comportamentais como evitação, falhas no comportamento e busca de comportamentos de segurança – como desviar o olhar, falar rápido, ensaiar o que irá falar, colocar as mãos nos bolsos etc. Os sintomas cognitivos aparecem na forma de pensamentos disfuncionais sobre a situação e os somáticos como manifestações fisiológicas da ansiedade (Falcone & Figueira, 2001).

O objetivo deste capítulo é apresentar um relato de caso clínico de um paciente diagnosticado com fobia social generalizada, desde sua conceituação cognitivo-comportamental, enfatizando a maneira como foram coletados os dados, passando pelo tratamento e finalizando com o processo de alta e avaliação do progresso. O tratamento ocorreu em contexto de clínica-escola, no Serviço de Psicologia Aplicada (SPA) da Universidade do Estado do Rio de Janeiro (UERJ). O paciente foi atendido pela primeira autora, quando esta era aluna de graduação, com a colaboração de outra aluna. A fase de avaliação e conceituação do caso foi supervisionada pela terceira autora. Em razão do afastamento desta para pós-doutoramento, a segunda autora supervisionou a fase de tratamento. O paciente assinou o termo de anuência, o qual permitia a gravação das sessões terapêuticas, bem como a divulgação do caso no meio científico. Seu nome e alguns dados foram modificados para preservar sua identidade.

49.2 Dados do paciente

À época do início do tratamento, João estava com 22 anos, era solteiro e trabalhava como auxiliar administrativo. Procurou o SPA por orientação de uma colega de trabalho, com queixa de timidez excessiva em diversas situações sociais e interpessoais. João evitava a maioria das situações sociais e manifestava alguns problemas de comunicação como: evitar contato ocular com uma frequência visível ao interlocutor; falava pouco e em tom baixo, quase inaudível e geralmente não conseguia responder a perguntas objetivas sobre seu comportamento social. Outros padrões comportamentais de esquiva incluíam: não conseguir iniciar ou manter uma conversa e evitar qualquer festa ou reunião social. Embora João se sentisse ansioso no contato com qualquer pessoa, sua dificuldade era maior com mulheres jovens, razão pela qual se mostrou bastante desconfortável na primeira entrevista, ao interagir com duas terapeutas.

49.3 Dados relevantes da história

João relatou que era uma criança tímida, calada e que não gostava de ser o centro das atenções. Além disso, sofreu experiências de humilhação no colégio por parte dos colegas, que o chamavam de "macarrão" por ser magro e debochavam dele por escrever poesias, dizendo que isso era "coisa de mulher". Também o apelidaram de "gaguinho", pois aos 11 anos apresentou um trabalho na feira de ciências e durante a apresentação gaguejou. Isso o fazia chorar em alguns momentos.

João tinha habilidades para escrever poesias, porém esses textos não eram devidamente valorizados por seus pares. Em um concurso de poesias realizado no colégio, a professora inscreveu uma poesia de João que alcançou o segundo lugar. Mesmo assim, ao pedir que lesse a poesia para os colegas, João se recusou a fazê-lo, acreditando que iria gaguejar e que os colegas iriam rir dele. A professora então leu a poesia por ele.

Filho único, João refere que seu pai, já falecido, era um homem muito exigente com notas na escola. O paciente não soube informar dados relevantes sobre sua mãe e nem sobre os padrões parentais.

As dificuldades de interação com meninas/mulheres apareceram por volta dos 12 anos, quando começou a se interessar pelo sexo oposto. Nessa idade já se esquivava das aproximações diretas. Suas tentativas se resumiam a deixar poesias para as meninas, mas elas nunca deram certo. Em uma festa ocorrida dois anos antes do início do tratamento, um amigo lhe apresentou uma garota, que não se interessou por ele, justificando que ele era magro demais. Nesse momento João pensou: "Todas vão me rejeitar".

49.4 Avaliação e conceituação do problema

João não recebeu avaliação e tratamento psiquiátrico antes ou durante o período da terapia e nem utilizou psicofármacos. Entretanto, suas queixas e sintomas indicavam que sofria de fobia social. Ele preenchia todos os critérios para o diagnóstico do transtorno, segundo o DSM-IV-TR (APA, 2002). A entrevista estruturada ADIS-R (Di Nardo & Barlow, 1988) também confirmou o diagnóstico. Finalmente, foram utilizados ainda alguns instrumentos para corroborar o diagnóstico – Escala de Fobia Social (Liebowitz, 1987), Escala para avaliar a gravidade da fobia social, Escala de Estresse e Fuga Social – SAD (Watson & Friend, 1969), Escala de Adaptação (Echeburúa & Corral, 1987), Escala de Medo de Avaliação Negativa (Watson & Friend, 1969) e Inventário Beck de Depressão (Cunha, 2001). Com base nessas medidas e nos critérios do DSM-IV-TR, o diagnóstico confirmou fobia social generalizada. João não apresentou histórico de transtornos psiquiátricos na família nem tratamentos anteriores.

A elevada ansiedade social de João aparecia em situações diversas, gerando avaliações negativas de si mesmo e um padrão comportamental de esquiva ou fuga. O paciente deixava de frequentar festas e evitava situações em que poderia ser avaliado. Com a repetição dessas experiências, ele passou a buscar namoros em salas de bate-papo, se esquivando cada vez mais de contatos diretos. A preocupação com as falhas que poderia cometer ou a atenção focada em erros imperceptíveis ao interlocutor desviavam a sua atenção da conversa, levando-o a cometer erros e gafes, pois ficava tenso e perdia a concentração.

A presença de déficits em habilidades sociais também pôde ser identificada. Como evitava regularmente o contato social, desenvolveu algumas dificuldades de comunicação, como falar pouco e em um tom muito baixo. Evitava também manter contato visual com o interlocutor. Além disso, tinha dificuldade para fazer questionamentos ao parceiro de interação, de iniciar e dar continuidade aos assuntos por medo de falar algo pouco interessante ou errado.

A investigação dos pensamentos e do autoprocessamento negativo de João através das entrevistas foi dificultada pelo fato de que ele evitava a grande maioria das situações sociais. Diante disso, ele não conseguia acessar e nem mesmo explicar que pensamentos passavam por sua cabeça diante das situações apresentadas pelas terapeutas. Tal problema é comum em indivíduos com fobia social generalizada e, diante desse impasse, o terapeuta deve lançar mão de experimentos comportamentais para provocar os pensamentos e identificar os momentos de atenção autofocada e do autoprocessamento negativo (Wells, 1997). Assim, alguns experimentos foram realizados, tanto dentro do consultório, quanto nas imediações da UERJ.

Primeiramente João foi solicitado a conversar com uma aluna voluntária, que manteve com ele uma conversação, sem saber o problema do paciente. Assim como ocorria normalmente durante as sessões, a conversa também foi gravada. Após a conversa, as terapeutas voltaram a gravação e João foi solicitado a parar o gravador nos momentos em que sua ansiedade estava mais intensa. Nesse momento, elas pediam para que ele informasse em que estava pensando, o que era mais ameaçador, em quem estava focado etc. Verificou-se que sua preocupação maior era ser considerado "burro" pela estudante. Posteriormente, ao ser abordada, a estudante revelou que não o considerou pouco inteligente. Sua única impressão foi a de que ele parecia não estar interessado em conversar com ela.

Outro experimento comportamental ocorreu quando as terapeutas solicitaram que João pedisse uma informação na secretaria do SPA. Elas observaram que ele falou muito baixo, evitou completamente o contato ocular e permaneceu com a cabeça baixa.

Através dos vários experimentos comportamentais realizados, as terapeutas conseguiram identificar os pensamentos automáticos e, com a técnica da seta descendente, foi possível identificar as suposições e as crenças nucleares de João. Além disso, com os experimentos, o paciente aprendeu a identificar seus pensamentos relacionados a experiências de seu passado recente. O Quadro 1 apresenta as relações entre situação, pensamento, sentimento e comportamento de algumas experiências de João.

Quadro 1 Relação de pensamentos, sentimentos e comportamentos em situações sociais

Contexto	Situação	Pensamento	Emoção	Comportamento
Iniciar e manter conversação com mulheres	Interessou-se por uma menina no trabalho	Ela não vai gostar de mim / Eu não estou nos padrões dela	Ansiedade	Esquiva total da menina
Falar em público	Ler a poesia para um grupo de 50 pessoas na escola	Todos irão achar a poesia ruim e eu posso gaguejar	Ansiedade, vergonha, sudorese, tremor, taquicardia	Recusou-se a ler a poesia

Continua

Continuação

Contexto	Situação	Pensamento	Emoção	Comportamento
Responder em público	Professor do curso de informática faz uma pergunta que ele sabe a resposta	As pessoas vão achar que a resposta não tem nada a ver com a pergunta / As pessoas vão me achar burro	Ansiedade	Não respondeu
Solicitar e dar informações	Pedindo uma informação na secretaria do SPA	Eu vou esquecer o que tenho que falar e vou gaguejar	Ansiedade e vergonha	Falou baixo, evitando contato ocular e com cabeça baixa
Conversar com desconhecidos	Saiu da academia com um amigo. Este encontrou um colega, que ele desconhecia	Não vou agradar, não vou falar nada interessante	Ansiedade	Permaneceu calado todo o tempo

O conjunto das informações obtidas a partir das queixas, dos dados relevantes da história e dos experimentos comportamentais permitiu a construção da conceituação cognitiva de João, cujo diagrama está representado no Quadro 2.

Quadro 2 Diagrama de conceituação cognitiva

Crenças centrais
"Não sou digno de ser amado"; "Não tenho valor"; "Sou defeituoso".

Suposições condicionais
"Se eu demonstrar ansiedade, então as pessoas vão rir de mim."
"Se eu não cometer erros, então as pessoas vão me dar valor."

Estratégias comportamentais
Padrões irrealistas de desempenho; vigilância dos próprios comportamentos e sintomas físicos; evitação de situações sociais; previsões catastróficas e ensaios mentais sobre o que fazer e falar para não errar.

Pensamentos automáticos mais comuns
"Eu vou gaguejar"; "Não vou conseguir explicar direito"; " Eu não estou nos padrões dela"; "Eu não vou saber o que falar"; "Não vou falar coisas interessantes"; " Ela está me olhando porque sou feio".

Respostas autonômicas
Taquicardia, sudorese, ondas de calor e frio, tremor, "bolo" na garganta e rubor.

De acordo com Clark e Beck (2012), experiências específicas de aprendizagem e eventos de vida negativos podem contribuir para o aumento do risco de ansiedade social patológica em indivíduos predispostos biologicamente a desenvolver fobia social. Tais afirmações são confirmadas no caso de João, que já apresentava timidez desde pequeno e sofreu várias experiências de constrangimento social. Essas experiências vivenciadas ainda na infância contribuíram para a construção da crença de ser defeituoso. A crença de não ser amado parece ter se formado no início da adolescência, quando passou a se sentir rejeitado pelas garotas. As estratégias de vigilância do próprio desempenho aliadas a um forte padrão de comportamento de esquiva contribuíram para fortalecer as crenças nucleares de desvalor e de desamor de João. Para não sofrer a rejeição, ele preferia se isolar. Com isso, ele concretizava a profecia autoconfirmatória de que não tinha valor e não merecia a atenção das pessoas.

49.5 Tratamento e avaliação do progresso

O protocolo de tratamento cognitivo-comportamental para a ansiedade social, segundo diversos manuais terapêuticos, tem como objetivos gerais a redução dos sintomas fisiológicos de ansiedade, da ansiedade antecipatória, dos pensamentos negativos auto e heteroavaliativos, do comportamento de evitação social e das demais limitações e prejuízos do paciente. Para atingir essas metas, propõe a utilização de técnicas e intervenções como reestruturação cognitiva, psicoeducação, dessensibilização sistemática, exposição gradual e treino em habilidades sociais (Falcone & Figueira, 2001; Picon & Penido, 2011; Wells, 1997).

Inicialmente foram fornecidas algumas informações importantes sobre o transtorno e seu tratamento para ajudar o paciente a compreender seu problema e o tratamento que seria proposto. Em seguida, desenvolveu-se de forma conjunta uma hierarquização das situações temidas e os principais medos envolvidos, com base na conceituação cognitiva. A partir dessas situações foram feitas dramatizações nas sessões com as terapeutas, com posterior exposição. A seguir, descreve-se a hierarquia.

1. Conversar com um desconhecido: foi estimulado que falasse com alguma pessoa desconhecida para perguntar a hora e, se possível, iniciar uma conversa.

2. Pedir informações: as terapeutas o acompanharam a alguns locais da universidade onde ele deveria pedir informações sobre a localização de alguns institutos e solicitar que as pessoas o explicassem como poderia chegar. Essa situação foi subdividida em níveis de dificuldade da seguinte forma: pessoas sozinhas, grupos de homens e por fim, grupos com alguma mulher.

3. Falar em público: ler as suas poesias para algum familiar, depois para as terapeutas e então para algum amigo/colega.

4. Situações de desempenho: era estimulado a fazer perguntas no seu curso sobre dúvidas relacionadas a alguma tarefa de trabalho para seus colegas. Essa etapa foi ultrapassada rapidamente sem necessidade de muitas exposições.

5. Encontros com mulheres: inicialmente foi levado a fazer perguntas e pedir informações para mulheres. Em etapa seguinte, foi estimulado a falar por telefone com a garota que havia conhecido na sala de bate-papo virtual e, depois de algum tempo, marcar um encontro.

Antes de praticar a exposição a cada uma das situações da hierarquia, o paciente dramatizava em sessão com as terapeutas para treinar suas novas habilidades sociais. Essa intervenção geralmente seguia uma determinada sequência para facilitar o aprendizado: a) João fazia seu papel sem qualquer intervenção; b) depois observava as duas terapeutas interagindo; c) a situação era interpretada por ele e uma das terapeutas, situação em que ele fazia o papel de interlocutor; d) após algumas discussões e orientações sobre comportamentos adequados e processamento cognitivo, ele desempenhava seu papel, tendo a terapeuta como interlocutora.

Após cada exposição, eram pontuadas expectativas de ameaça do paciente que não se concretizavam durante os exercícios. Com a estratégia de reestruturação cognitiva, as principais distorções identificadas foram a leitura mental, a catastrofização e a abstração seletiva. Para cada avaliação disfuncional que fazia, era incentivado a buscar evidências que confirmassem ou não seus pensamentos automáticos. A cada sessão era solicitado ao paciente que fizesse as mesmas tarefas durante a semana e que trouxesse registros para a sessão seguinte. Algumas etapas da exposição necessitaram de mais de duas sessões.

Dentre os resultados obtidos pelo paciente, ressaltam-se os seguintes: após algum tempo, o paciente conseguia pedir informações sem ansiedade. Mais confiante, passou a ser mais espontâneo com as terapeutas na sessão e voltou a frequentar algumas festas com um amigo. Decidiu também sair do emprego como auxiliar administrativo e entrou em um curso de operador de telemarketing. Em relação a aproximar-se de mulheres, apesar de sentir alguma ansiedade, ele a enfrentava, o que começou a render alguns encontros.

O tratamento teve a duração de um ano. Na entrevista final de avaliação, João estava namorando uma jovem que conheceu na internet, conseguiu marcar encontro e enfrentou todas as etapas envolvidas nas primeiras abordagens. Ele também deixou registrado, com suas próprias palavras, as outras conquistas que havia alcançado em seu processo terapêutico:

- "Evoluí bastante".
- "Sei me controlar quando estou nervoso, respiro fundo."
- "Vou mais tranquilo fazer perguntas, vou com objetivo."
- "Estou mais confiante, falo pelos cotovelos."
- "E estou conseguindo ter encontros"

49.6 Considerações finais

Apesar de ser um transtorno altamente incapacitante e crônico, a ansiedade social pode responder satisfatoriamente à abordagem cognitivo-comportamental. Este capítulo apresentou a história de tratamento de um paciente em clínica-escola que teve resultados bastante positivos em tempo relativamente curto. A partir de procedimentos tradicionalmente descritos na literatura como a exposição gradual às situações temidas e a reestruturação de padrões cognitivos disfuncionais, foi possível reduzir o desconforto provocado pela ansiedade e aumentar o senso de autoestima e a qualidade de vida do paciente.

Algumas considerações são dignas de nota nesta experiência. Uma delas refere-se à condição real de enfrentamento durante as sessões terapêuticas. O contato social com terapeutas mulheres e jovens já representou em si uma oportunidade de enfrentamento social. Além de conversar com elas, o paciente pôde modificar uma série de autocrenças negativas nessa interação, através de jogos de papéis. Vivenciar situações de abordar garotas na interação com as terapeutas foi de grande importância para a redução de sua ansiedade e o desenvolvimento de habilidades de convívio social. Acreditamos que essa condição contribuiu consideravelmente para o sucesso rápido do tratamento.

Outro aspecto importante a se considerar relaciona-se à facilidade de se praticar psicoterapia dentro da clínica-escola. Boa parte do trabalho de avaliação e do tratamento se deu nas imediações da UERJ, portanto, para além da experiência do consultório. A avaliação e a intervenção em ambiente natural permitem um levantamento de dados mais acurado e rico, assim como ganhos mais semelhantes ao contexto de vida do paciente, o que facilitou a generalização mais rápida dos resultados terapêuticos (Zamignani, Kovac & Vermes, 2007). Em síntese, o presente trabalho contribui para uma reflexão sobre a importância da prática em clínica-escola para a aprendizagem do aluno de graduação.

49.7 Referências

American Psychiatric Association – APA. (2002). *Manual diagnóstico e estatístico dos transtornos mentais*. Porto Alegre: Artmed.

Clark, D. A. & Beck, A. T. (2012). *Terapia Cognitiva para os transtornos de ansiedade*. Porto Alegre: Artmed.

Cunha, J. A. (2001). *Escalas Beck*. São Paulo: Casa do Psicólogo.

Di Nardo, P. A. & Barlow, D. H. (1988). *Anxiety Disorders Interview Schedule – Revised (ADIS-R)*. Albany, NY: Phobia and Anxiety Disorders Clinic, State University of New York.

Echeburúa, E. & Corral, P. (1987). *Escala de Inadaptación*. Manuscrito não publicado.

Falcone, E., & Figueira, I. (2001). Transtorno de ansiedade social. In B. Rangé (Org.), *Psicoterapias cognitivo-comportamentais: um diálogo com a Psiquiatria* (pp. 183-207). Porto Alegre: Artmed.

Furmark, T. (2002). Social phobia: overview of community surveys. *Acta Psychiatrica Scandinavica, 105*, 84-93.

Garcia, J. B., Garcia-Portilla, M., Martinez, P. S., & Garcia, M. B. (1999). *Abordaje actual del transtorno por ansiedad social*. Barcelona: Masson.

Heckelman, L. R. & Schneier, F. R. (1995). Diagnostic issues. In R. G. Heimberg, M. R. Liebowitz, D. A. Hope & F. R. Schneier (Orgs.), *Social phobia: diagnosis, assessment, and treatment* (pp. 3-20). New York: Guilford Press.

Kessler, R. C., McGonagle, K. A., Zhao, S., Nelson, C. B., Eshleman, S., Wittchen, H. U., & Kendler, K. S. (1994). Lifetime and 12-month prevalence of DSM-III-R psychiatric disorders in the United States: results from the National Comorbidity Survey. *Archives of General Psychiatry, 51* (1), 8-19.

Liebowitz, M. R. (1987). Social Phobia. *Modern Problems in Pharmacopsychiatry, 22*, 141-173.

Picon, P. & Penido, M. A. (2011). Terapia Cognitivo-Comportamental do transtorno de ansiedade social. In B. Rangé (Org.), *Psicoterapias cognitivo-comportamentais: um diálogo com a Psiquiatria* (pp. 269-298). Porto Alegre: Artmed.

Schneier, F. R., Johnson, J., Hornig, C. D., Liebowitz, M. R., & Weissman, M. M. (1992). Social phobia: comorbidity and morbidity in an epidemiologic sample. *Archives of General Psychiatry, 49* (4), 282-288.

U. S. Dept. of Health and Human Services, National Institute of Mental Health (1992). *Epidemiologic Catchment Área Study*. Rockville, MD: U. S. Dept. of Health and Human Services, National Institute of Mental Health.

Vorcaro, C. M., Rocha, F. L., Uchoa, E., & Lima-Costa, M. F. (2004). The burden of social phobia in a Brazilian community and its relationship with socioeconomic circumstances, health status and use of health services: the Bambui study. *The International Journal of Social Psychiatry, 50* (3), 216-226.

Watson, D. & Friend, R. (1969). Measurement of social-evaluative anxiety. *Journal of Consulting and Clinical Psychology, 33*, 448-457.

Wells, A. (1997). *Cognitive therapy of anxiety disorders: a practice manual and conceptual guide*. Chichester, Sussex: Wiley.

Zamignani, D. R., Kovac, R. & Vermes, J. S. (2007). A clínica de portas abertas: experiências e fundamentação do acompanhamento terapêutico e da prática clínica em ambiente extraconsultório. In D. R. Zamignani, R. Kovac & J. S. Vermes (Orgs.), *A clínica de portas abertas. Experiências e fundamentação do acompanhamento terapêutico e da prática clínica em ambiente extraconsultório* (pp. 11-18). Santo André: ESETec.

Autoras:

Conceição Santos Fernandes – Mestre em Psicologia Social pela Universidade do Estado do Rio de Janeiro. Psicóloga clínica com formação na área de Terapia Cognitivo-Comportamental e Neuropsicologia. Contato: conceicaosf@yahoo.com.br

Cristiane Figueiredo – Mestre em Psicologia Social pela Universidade do Estado do Rio de Janeiro. Psicóloga clínica e hospitalar. Contato: crisfigueiredo2@gmail.com

Eliane Mary de Oliveira Falcone – Docente da Graduação e da Pós-Graduação em Psicologia Social do Instituto de Psicologia da Universidade do Estado do Rio de Janeiro. Contato: elianefalcone@uol.com.br

CAPÍTULO 50

O uso da contratransferência como ferramenta terapêutica: relato de caso

Vanessa Dordron de Pinho
Cristiane Figueiredo

50.1   Introdução

Durante muito tempo, o estudo da relação terapêutica e dos fenômenos ligados à resistência, transferência e contratransferência ficou à margem das principais questões formuladas pelos terapeutas cognitivo-comportamentais. Como sugere Leahy (2001), isso pode ter ocorrido devido a uma confiança excessiva na eficácia dos procedimentos e das técnicas, que, acreditava-se, poderiam resolver problemas e minimizar sintomas em menos tempo do que as abordagens psicoterapêuticas tradicionais.

A Terapia Cognitivo-Comportamental (TCC) é reconhecida pela eficácia na resolução de diversos transtornos psicológicos, especialmente os do Eixo I, sendo considerada uma terapia focal, diretiva e estruturada (Beck, 1997). Desse modo, muitos terapeutas primam por promover mudanças rápidas em seus clientes e acabam, muitas vezes, negligenciando aspectos significativos da relação interpessoal que podem ter influência na manutenção de cognições e comportamentos disfuncionais.

Ainda que tenham encontrado bons resultados com uma parcela importante da população atendida, em algum momento de sua experiência profissional a maioria dos terapeutas relata ter se deparado com casos difíceis, em que, por mais que fossem aplicadas boas técnicas e fosse feita uma efetiva conceituação cognitiva de seus clientes, a terapia parecia não caminhar. Muitas vezes tais pacientes foram rotulados como "resistentes" e "não colaboradores", sendo responsabilizados pelo insucesso da terapia (Leahy, 2001).

J. Beck (2007), em sua obra dedicada ao trabalho com pacientes difíceis, enfatiza que ainda que parte dos problemas encontrados no tratamento possa estar fora do controle do terapeuta (como as dificuldades financeiras ou o ambiente familiar desagregador) outra parte pode estar ao alcance de sua ação. Conceituar adequadamente os aspectos que interferem no bom andamento da terapia inclui "lidar com reações problemáticas do paciente em relação ao terapeuta e vice-versa" (p. 16). Ao reconhecer a influência que as reações do terapeuta podem ter sobre a relação terapêutica e o tratamento, fica claro que o resultado da terapia é uma soma de habilidades teórico-técnicas e de habilidades de relacionamento.

Um dos primeiros autores cognitivistas a incluir consistentemente o uso de técnicas interpessoais para trabalhar com pacientes difíceis foi Jeffrey Young (Young, 2003; Young, Klosko & Weishaar, 2008), que desenvolveu a terapia focada em esquemas para trabalhar com pacientes que apresentavam transtornos de personalidade. Esses pacientes sempre foram conhecidos por terem esquemas mentais rígidos e desadaptativos, que os tornam mais resistentes à mudança quando submetidos à Terapia Cognitiva padrão.

Atualmente, diversos autores (Hayes, 2004; Leahy, 2001; Safran, 2002; Falcone, 2004, Beck, 2007) vêm ressaltando a importância de se trabalhar a relação terapêutica, principalmente com pacientes que representam desafios clínicos. A adoção de uma postura empática com as dificuldades por eles enfrentadas, buscando estruturar novas técnicas que permitam abordar essas dificuldades, tende a minimizar a resistência e aumentar o vínculo e as possibilidades de mudança.

Hayes é um autor que não está vinculado a nenhuma escola de terapia específica e desenvolve um programa de pesquisa sobre a contratransferência na Universidade do Estado da Pensilvânia (Hayes, 2001). Ele ressalta a importância de estudar a contratransferência por ser um fenômeno inevitável em qualquer empreendimento terapêutico e por ter impactos profundos sobre a terapia, podendo levar até mesmo ao término precoce do tratamento quando não manejada adequadamente.

Segundo esse autor, a definição de contratransferência, que de um modo geral diz respeito às reações desencadeadas pelo paciente no terapeuta, tem recebido sempre uma conotação negativa – evitação, distorção, ansiedade do terapeuta. Hayes defende, no entanto, que o construto merece ser ampliado para abarcar uma conotação mais positiva, pois quando os sentimentos tanto positivos quanto negativos do terapeuta são identificados conscientemente e elaborados cognitivamente, a contratransferência pode ser usada como fonte de empatia em prol de uma ajuda mais adequada às necessidades do cliente. Cabe pontuar ainda que Hayes (2004) valeu-se de métodos empíricos para pesquisar esses processos e chegou a propor uma teoria organizada sobre o fenômeno em questão, considerando que tanto variáveis do terapeuta quanto variáveis do cliente interagem nesse fenômeno.

Dentre os autores cognitivistas que mais contribuem para o estudo das implicações da relação terapêutica no processo terapêutico, optamos por destacar os trabalhos de Leahy (2001), Safran (2002), Falcone (2004) e J. Beck (2007). Eles enfatizam a importância da qualidade do vínculo como recurso a ser utilizado em benefício do cliente e do terapeuta, uma vez que trabalhar a própria relação constitui fonte de autoconhecimento e crescimento pessoal para ambos.

Leahy (2001) interessou-se por estudar a relação terapêutica e os fenômenos da transferência e da contratransferência a partir de seus próprios casos malsucedidos, que permitiram ao autor um *insight* sobre como seus próprios esquemas desadaptativos interferiam na relação com o cliente e como poderiam estar interagindo com os esquemas também desadaptativos dos pacientes. Ele nos fala da importância de o terapeuta conhecer os pensamentos e os esquemas que o paciente desencadeia nele (contratransferência) e utilizar esses dados como recursos terapêuticos. Para o autor, a contratransferência permite ao terapeuta conhecer melhor suas próprias crenças e conflitos, e, desse modo, aprender a manejá-los nas relações interpessoais pode prover compreensão sobre as reações que o paciente elicia nos outros na vida cotidiana.

Safran (2002) enfatiza a importância de se investigar minuciosamente a ruptura que pode ocorrer na relação terapeuta-cliente e de compreender o ciclo cognitivo-interpessoal disfuncional do cliente. Fala sobre como esse ciclo tende a se perpetuar nas relações interpessoais estabelecidas com os outros e com o próprio terapeuta e sobre o papel do terapeuta em romper com esse ciclo, promovendo, assim, uma desconfirmação das crenças disfuncionais do paciente.

Falcone (2004) discute como as demandas da Terapia Cognitivo-Comportamental, com suas diretrizes processuais que chamam pela responsabilidade do paciente, podem ativar esquemas e resistência. Discute também como os comportamentos de resistência do cliente ativam esquemas do terapeuta e como estes podem ser utilizados para ajudar o cliente a explorar formas mais construtivas de se relacionar interpessoalmente.

A solução de problemas da aliança terapêutica pode ser generalizada para outros relacionamentos do paciente (Beck, 2007). Através da elucidação e da avaliação das crenças do paciente sobre o terapeuta é possível corrigir modos disfuncionais de relacionamento interpessoal, criando um modelo positivo de resolução de conflitos interpessoais com o qual o paciente não está habituado. Por exemplo, quando o terapeuta utiliza suas próprias reações negativas ao paciente como uma fonte de informação sobre como outras pessoas do ambiente do paciente podem reagir, ficam mais evidentes quais comportamentos e atitudes precisam ser modificados em função de se obter melhor comunicação e interação social.

Partindo dessas contribuições e com o intuito de ilustrar os benefícios de promover a mudança terapêutica através da própria relação terapeuta-cliente, será apresentado a seguir um estudo de caso, atendido em clínica-escola, em que a paciente apresentou resistência à mudança influenciando a interação e os rumos do processo terapêutico.

50.2 Caso clínico

Lúcia, 23 anos, professora, solteira e mãe de um filho procurou atendimento psicológico devido a uma série de sintomas que caracterizavam a síndrome de *burnout*: esgotamento e distanciamento emocional, desenvolvimento de atitudes negativas, insensíveis para com pessoas no trabalho e no serviço prestado, irritabilidade, insônia, falta de realização profissional, sentimento de impotência, tendência a avaliar o trabalho de forma negativa, choro constante quando estava no local de trabalho, absenteísmo, dentre outros.

50.3 Dados relevantes da história

Lúcia foi criada por seus pais em uma cidade de interior. É a filha mais velha de quatro filhas mulheres. O pai era alcoólatra e costumava bater nas filhas e na esposa quando bebia, na maioria das vezes sem motivo algum. Quando criança buscava estratégias para ser a melhor filha para que não apanhasse do pai, entretanto, muitas vezes as estratégias não funcionavam, ou seja, mesmo com um comportamento exemplar, apanhava de seu pai. Desse modo, começou a desenvolver uma crença de que era impotente frente aos acontecimentos da vida. Sua mãe era muito religiosa e acreditava que com as orações conseguiria salvar o marido. Passava a maior parte de seu tempo na igreja rezando pela sua conversão. Com isso, Lúcia começou a acreditar que apenas Deus tinha o controle sobre os eventos e que deveria ser "perfeita" e ter comportamento exemplar para ter merecimento perante Deus. Lúcia e suas irmãs ficavam na casa dos avós maternos grande parte do tempo e ela reconhece neles a fonte de carinho recebida na infância. Apesar disso, sentia-se diferente das outras crianças, que conviviam com os pais e tinham uma família "normal".

Um dos fatos mais marcantes de sua vida foi ter engravidado aos 12 anos de idade, chamando a atenção negativamente para si especialmente por morar em uma cidade pequena onde não havia mães adolescentes. Lúcia sentiu raiva de seu filho até os 5 anos de idade e não conseguia entender por que Deus havia deixado que isso ocorresse justo com ela, uma menina tão nova, com bom comportamento e que "fazia tudo que agradava a Deus". Com a responsabilidade pelo cuidado do filho, não pode participar das mesmas atividades que as amigas, não desfrutando da sua adolescência como gostaria.

50.4 Conceituação cognitiva

Após as sessões iniciais de avaliação foi possível compreender a relação entre suas queixas, as situações de trabalho e os pensamentos e as crenças que interferiam em suas emoções e atitudes diante dos desafios. De modo esquemático, sua conceituação apresentava-se conforme as indicações da Tabela 1.

Tabela 1 Diagrama de conceituação cognitiva (Beck, 1997)

Dados relevantes da infância
Pai alcoólatra e violento. Mãe religiosa, procurava solução para os problemas na fé. A paciente e suas irmãs foram criadas pelos avós. Paciente tentava controlar o comportamento agressivo do pai através do perfeccionismo. Gravidez na adolescência.

Crenças centrais
Sou imperfeita; sou diferente; sou inaceitável; as pessoas são exigentes e agressivas; não tenho controle sobre os acontecimentos; apenas Deus tem poder para modificar as situações.

Suposições condicionais
Se eu não errar, não sofrerei punições. Se eu falhar, serei punida. Se eu for perfeita, Deus me ajudará a não ter problemas. Caso contrário, não haverá nada que eu possa fazer para modificar esse fato.

Estratégias compensatórias
Ser vigilante, perfeccionista.

Situação ativadora	Situação ativadora
Cobranças no trabalho	Cuidados com o filho

50.5 Tratamento

O tratamento inicial foi voltado para o manejo do estado de *burnout*. Com esse objetivo foram utilizadas técnicas de redução do estresse com ênfase em exercícios de relaxamento, mudanças no estilo de vida (alimentação, atividades físicas e apoio social), técnicas para reestruturação cognitiva, habilidades de resolução de problemas e biblioterapia (Lipp, 2004).

Em apenas algumas semanas, Lúcia obteve uma grande melhora e a meta da terapia, acordada entre terapeuta e cliente, passou a ser sobre a redução da autocrítica e do perfeccionismo. Iniciou-se um trabalho de reestruturação de crenças desadaptativas sobre incompetência e indesejabilidade social, que foram os fatores identificados como predisponentes de uma nova crise de estresse diante de uma futura situação de adaptação ou exigência profissional.

Foi durante o trabalho sobre suas cognições mais profundas que Lúcia começou a resistir à mudança. Ela tinha muita convicção de que nada poderia ajudá-la. A única solução que ela concebia seria voltar ao passado e modificar sua história, apagando fatos pelos quais não gostaria de ter passado e vivendo experiências que gostaria de ter vivido, mas fora impossibilitada. Como isso era obviamente inviável, confirmava-se a crença de nada poderia fazer a respeito de seu sofrimento. No momento dessas revelações e lembranças, a terapia parou de progredir. Lúcia deixou de aderir às tarefas de casa e seus pensamentos passaram a refletir um *locus* de atribuição externo, ou seja, sua crença de que os fatos se sucedem sem que ela tenha um controle efetivo, como se fosse realmente uma fatalidade.

Em paralelo, sua terapeuta começou a se sentir impotente e incapaz de ajudar. Identificava pensamentos que "concordavam" com o ponto de vista da paciente de que não havia muito a fazer diante de situações tão adversas, como a maternidade precoce. Diante desse impasse entre ajudar a paciente a mudar ou manter o *status quo*, questionava sua habilidade para ser terapeuta, revelando sentimentos de insegurança quanto a sua competência profissional. Como poderia ser possível ajudar uma pessoa que não acredita ter controle sobre sua vida a optar pela mudança?

A partir da identificação do sentimento contratransferencial de impotência da terapeuta, foi proposto em supervisão que se iniciasse um trabalho sobre a relação terapêutica, buscando suporte teórico-técnico na literatura (Beck, 1997, 2007; Falcone, 2004; Leahy, 2001; Safran, 2002 e Young, 2003). Beck (1997) sugere que diante de problemas que podem surgir no decorrer do processo terapêutico é importante retornar à conceituação e, se necessário, refazê-la de modo a elucidar aspectos do paciente que possam estar interferindo na relação terapêutica. O autor indica, ainda, que o próprio terapeuta preencha um registro de pensamentos em que possa identificar quais interpretações está fazendo dos fatos, as possíveis distorções que eventualmente de manifestam e influenciam suas atitudes, levando-o a cometer erros ou a corrigir o problema identificado.

A partir do trabalho sobre a relação terapêutica, foi possível para a terapeuta perceber e identificar que esquemas, crenças e pensamentos disfuncionais tinham sido despertados no contato com a paciente, promovendo maior autoconhecimento e possibilidade de aprender a lidar com esses temas para poder ajudar a paciente. Foi possível identificar crenças e atitudes perfeccionistas e a necessidade de resolver todos os problemas da cliente, o que levava a terapeuta a se sentir fracassada e impotente diante do comportamento resistente da cliente. Perceber o quanto sua expectativa era irreal ajudou-a a questionar suas crenças desadaptativas.

A partir do momento em que a terapeuta pode perceber o quanto seus próprios esquemas estavam influenciando no processo terapêutico, foi possível tomar consciência deles para que pudessem ser usados em benefício da relação terapêutica. Assim, a terapeuta se manteria no controle de seus esquemas que não mais determinariam automaticamente pensamentos, sentimentos e atitudes disfuncionais em função das questões da paciente.

Safran (2002) discute como o modo de interação do cliente se perpetua em ciclos que constantemente confirmam suas crenças disfuncionais. O papel do terapeuta seria o de romper com o ciclo disfuncional, não reagindo de forma impulsiva ao cliente, como os demais interlocutores em seu cotidiano normalmente já fazem.

Para que fosse possível entender como Lúcia desenvolveu ao longo de sua vida a crença na fatalidade e na impossibilidade de mudança e como seu comportamento desencadeava em seus interlocutores o mesmo sentimento de impotência que ela desencadeara na terapeuta, foi preciso rever sua conceituação cognitiva. Os fatos de sua história que a fizeram acreditar tão intensamente que era alguém diferente e impotente diante dos acontecimentos de sua vida: a) filha de pai alcoólatra, sofria abusos físicos e via sua mãe e suas irmãs apanharem do pai independente de existir motivo; b) sua mãe vivia boa parte do tempo na igreja rezando pela salvação do marido e obrigava as filhas a fazer o mesmo; c) seus pais não estavam presentes emocionalmente na criação das filhas; d) aos 12 anos, envolvida com o primeiro namorado, dependente de seu afeto, engravidou e passou a se sentir injustiçada e revoltada contra Deus.

Explorar o passado da paciente com empatia, validando suas emoções e mostrando compreensão por seu modo de ver o mundo, permitiu compreender como sua crença na incontrolabilidade fazia sentido dentro de sua história. Em uma etapa da terapia que demandaria esforço para mudanças mais profundas, era compreensível que a paciente se sentisse insegura de sua capacidade para apresentar um desempenho competente. Poderia ainda temer a reação da terapeuta caso não alcançasse o resultado esperado ou "perfeito". Essas considerações forneceram um suporte para entender a resistência à mudança e eximiu a paciente do rótulo de resistente.

Algumas das estratégias propostas para trabalhar a relação terapêutica foram:

a) refletir com a paciente respeito das reações que ela desencadeava na terapeuta ao iniciar a sessão colocando uma questão já "sem solução";

b) discutir com a paciente o quanto ela mesma devia ter se sentido impotente em muitas experiências pelas quais passou, o que validava seus sentimentos;

c) explorar com a paciente o conceito de ciclo cognitivo-interpessoal, para que ela pudesse pensar sobre como os outros devem se sentir quando ela age de determinada forma e como o que é eliciado nos outros pode contribuir para confirmar suas crenças disfuncionais;

d) agir "como se"... Nesse experimento comportamental foi proposto à paciente que se comportasse de uma nova forma. Agir "como se" não precisasse mostrar aos outros que seus problemas não têm solução, "como se" aceitasse os conselhos que seus amigos lhe davam na intenção de ajudá-la e observar que mudanças isso traria em suas relações interpessoais.

Posteriormente, a estratégia da reestruturação cognitiva de seus padrões de pensamentos disfuncionais foi reforçada com a paciente. Com o cuidado de não invalidar a história de vida difícil que de fato ela viveu, a terapeuta utilizou a seguinte verbalização:

(Terapeuta): Lúcia, eu compreendo o quanto sua história de vida foi difícil e que você não pode modificar ou escolher muitas coisas. Aliás, talvez eu nem possa entender totalmente, mas agora você está diante de uma possibilidade de escolha, talvez a primeira efetivamente possível na sua vida. Certamente não será fácil enfrentar o medo que pode surgir da ativação de certas crenças de incapacidade, mas quando isso ocorrer poderemos juntas falar sobre esse assunto e descobrir novas formas de lidar com essas situações.

Com a concordância da cliente, foram propostos os seguintes procedimentos:

a) biblioterapia: indicação do livro *O* stress *está dentro de você* (Lipp, 2004), em especial do capítulo "Valores e princípios: aprendi assim...";

b) registros de pensamento: apesar da dificuldade em preenchê-los entre as sessões (falta de tempo, esquecimento), esse procedimento era desenvolvido nas sessões para favorecer a busca de evidências contra e a favor de seus pensamentos automáticos, bem como de pensamentos alternativos mais adaptados à realidade;

c) identificação de distorções cognitivas, especialmente pensamentos dicotômicos (por exemplo, "Isso não vai adiantar nada");

d) experimentos comportamentais para desconfirmar previsões baseadas em suas crenças disfuncionais;

e) treino em habilidades sociais, especialmente assertividade.

Algum tempo depois, era possível perceber nos relatos de Lúcia que havia sido instaurada uma esperança na possibilidade de mudança, de escolha e de controle sobre muitos aspectos de sua vida. Certa vez, durante uma conversa que estava lhe causando desconforto com o ex-namorado, ela pode verbalizar que preferia não continuar aquele assunto no momento porque não estava lhe fazendo bem. Desse modo, ela percebeu que poderia escolher manter ou não uma conversa, respeitando seu direito de interromper o assunto e de manejar a situação de modo satisfatório, sem reforçar sentimentos de impotência e desamparo.

Após ter sido restaurada a crença na possibilidade de mudança, a meta terapêutica inicialmente estabelecida pode ser retomada: trabalhar o perfeccionismo e as crenças de inaceitabilidade social.

50.6   Considerações finais

Trabalhar a relação terapêutica é de fundamental importância para lidar com a resistência e a contratransferência de forma positiva em terapia. No caso clínico apresentado esses procedimentos foram recurso essencial para que a terapia voltasse a progredir.

A partir do que a relação com o cliente desencadeia no terapeuta, pode-se descobrir que reações ele tem eliciado nos outros com quem se relaciona, além dos esquemas e valores do próprio terapeuta que, uma vez ativados, podem interferir no curso do tratamento. É importante ressaltar que a validação e a mudança são processos que devem caminhar juntos em terapia, pois ainda que um comportamento seja disfuncional e precise ser modificado, o contexto no qual esse comportamento surgiu torna-o compreensível em sua função de proteger o indivíduo do contato com crenças centrais muito negativas e dolorosas. Explorar com empatia a história de vida do cliente a fim de buscar compreender sua resistência à mudança é fundamental para libertar o paciente do estigma de resistente, de paciente que não quer mudar.

Trabalhar a relação terapeuta-cliente é enriquecedor para ambos. Além de ajudar o paciente em seu processo de mudança pode ser fonte de crescimento pessoal, interpessoal e profissional para o próprio terapeuta.

50.7 Referências

Beck, J. S. (1997). *Terapia Cognitiva: teoria e prática*. Porto Alegre: Artes Médicas.

Beck, J. S. (2007). *Terapia Cognitiva para desafios clínicos: o que fazer quando o básico não funciona*. Porto Alegre: Artes Médicas.

Falcone, E. (2004). Relação terapêutica. In P. Knapp (Org.), *Terapia Cognitivo-Comportamental na prática psiquiátrica* (pp. 483-495). Porto Alegre: Artmed.

Hayes, J. (2004). The inner world of the psychotherapist: a program of research on countertransference. *Psychotherapy Research, 14* (1), 21-36.

Leahy, L. R. (2001). *Overcoming resistance in cognitive therapy*. New York: Guilford.

Lipp, M. (Org.), (2004). *O stress está dentro de você*. São Paulo: Contexto.

Safran, J. D. (2002). *Ampliando os limites da Terapia Cognitiva: o relacionamento terapêutico a emoção e o processo de mudança*. Porto Alegre: Artmed.

Young, J. E. (2003). *Terapia Cognitiva para transtornos de personalidade: uma abordagem focada no esquema*. 3 ed. Porto Alegre: Artmed.

Young, J. E., Klosko, J. S., & Weishaar, M. E. (2008). *Terapia do Esquema: guia de técnicas cognitivo-comportamentais inovadoras*. Porto Alegre: Artmed.

Autoras:

Vanessa Dordron de Pinho – Doutoranda em Psicologia Social pela Universidade do Estado do Rio de Janeiro. Contato: vanessanessapsi@gmail.com

Cristiane Figueiredo – Mestre em Psicologia Social pela Universidade do Estado do Rio de Janeiro. Psicóloga clínica e hospitalar. Contato: crisfigueiredo2@gmail.com